KB043364

개발도상국과 국제개발

변화하는 세계와 새로운 발전론

개발도상국과 국제개발 : 변화하는 세계와 새로운 발전론

초판 1쇄 발행 **2016년 6월 30일**
초판 2쇄 발행 **2021년 3월 19일**

지은이 **글린 윌리엄스(Glynn Williams)·폴라 메스(Paula Meth)·케이티 윌리스(Katie Willis)**
옮긴이 **손혁상·엄은희·이영민·허남혁**

펴낸이 **김선기**
펴낸곳 **(주)푸른길**
출판등록 **1996년 4월 12일 제16-1292호**
주소 **(08377) 서울특별시 구로구 디지털로 33길 48 대륭포스트타워 7차 1008호**
전화 **02-523-2907, 6942-9570~2**
팩스 **02-523-2951**
이메일 **purungilbook@naver.com**
홈페이지 **www.purungil.co.kr**

ISBN **978-89-6291-356-9 93340**

• 이 책은 저작권법에 따라 보호받는 저작물이므로 무단전재와 무단복제를 금하며, 이 책의 내용 전부 또는 일부를 이용하시려면 반드시 저작권자와 (주)푸른길의 서면 동의를 얻어야 합니다.

• 이 도서의 국립중앙도서관 출판시도서목록(CIP)은 서지정보유통지원시스템 홈페이지(http://seoji.nl.go.kr)와 국가자료공동목록시스템(http://www.nl.go.kr/kolisnet)에서 이용하실 수 있습니다.(CIP제어번호 : CIP2016014822)

* 이 저서는 2014년 정부(교육부)의 재원으로 한국연구재단의 지원을 받아 수행된 연구임(NRF-2014S1A3A2043652)
* 이 저서는 2015년 대한민국 교육부와 한국연구재단의 지원을 받아 수행된 연구임(NRF-2015S1A3A2046 224)

Geographies of Developing Areas ^{2nd} (2nd Edition)

: The Global South in a Changing World

개발도상국과 국제개발

변화하는 세계와 새로운 발전론

글린 윌리엄스 · 폴라 메스 · 케이티 윌리스

손혁상 · 엄은희 · 이영민 · 허남혁 옮김

푸른길

¨역자 서문

 역사적으로 선진국[혹은 북반부(Global North)]과 개발도상국[혹은 남반부(Global South)] 간의 구분은 독일의 전 총리 빌리 브란트의 주도로 발행된『브란트 보고서』(1980)를 통해 본격화되었다(〈그림 1.1〉의 지도 참조). 브란트 라인은 제2차 세계대전 이전의 국제질서, 즉 부유한 북반부의 선진국과 이들 국가에 의해 식민지배 및 그에 준하는 종속을 경험했던 국가들을 구분한다. 『브란트 보고서』이후 국제 정치경제에서의 핵심과제는 기존의 자본주의 진영과 사회주의 진영 간의 체제 경쟁과 갈등에 관한 '동−서 문제'에서 국가 간의 경제격차와 이로 인한 갈등 해소를 위한 선진국의 노력을 요구하는 '남−북 문제'로 전환되었다.

 그렇다면 동구권의 해체와 지구화가 본격화된 1990년대 이후에도 이 구분은 여전히 적절한가? 개발도상국(이하 개도국)의 많은 국가들이 유럽, 일본, 미국의 식민지 역사를 경험했으나, 개별 국가가 처한 환경적 조건, 문화적 가치와 관행, 정치경제 시스템, 생활양식에서 엄청난 차이와 다양성이 존재한다. 당장 우리가 발 딛고 살아가고 있는 한국의 사례로 이 질문에 답해 보자. 한국은 선진국(북반부 국가)인가, 개도국(남반부 국가)인가? 두 개의 주어진 범주 중 하나에 속한다고 선뜻 답하기보다 좀 더 차근차근 역사적·사회경제적 맥락에서 한국 사회의 '변화'를 설명하고 싶지 않은가? 경제적 성취의 측면에서 한국은 부인할 수 없는 고소득 국가군에 속하게 되었지만, 오늘날 한국 사회가 당면한 사회 정의와 형평성의 문제처럼 여전히 해결되지 못한 발전의 과제에도 주목해야 하지 않을까? 이처럼 지난 70년 동안 한국 사회와 한국인들이 경험한 경제·사회·정치적 변화는 기존의 선진국−개도국 구분에 균열을 만들어 내는 가장 대표적인 사례라고 할 수 있다.

 이 책의 핵심적인 주장은, 선진국−개도국 간의 구분은 오늘날 복잡하고 중층적인 설명을 요하는 논쟁적인 것이 되었으며, 개도국을 단일한 범주로 상상하며 외부적 개입을 정당화하는 대신

개도국 내부의 장소와 사람들의 다양성과 놀라운 정도의 사회문화적·정치적·경제적 역동성에 주목하자는 것으로 요약될 수 있다. 이 책의 저자들은 영국의 세필드 대학교와 로열 홀러웨이 대학교의 지리학과 교수로 오랜 기간 개도국 지역 연구와 개발 지리학 분야에서 활동한 이들이다. 이들은 개도국에서 생활하고 일하고 연구했던 스스로의 경험들이 서구 학계에 강하게 뿌리내리고 있는 선진국–개도국 구분 및 연구 접근방식과 잘 맞아떨어지지 않았음을 고백한다. 서구 학계, 나아가 국제관계에서는 하나의 범주로 표상되는 개도국에 대한 표준적인 방식이 여전히 강력한 영향력을 미치고 있다. 변화해 온 세계 속에서 개도국의 역동성을 이해할 필요가 있으며, 선진국이 경험해 온 정상적인 발전을 준거점으로 바라보는 대신 있는 그대로의 개도국의 장소와 사람들의 삶을 바라보자는 것이 이 책을 관통하는 핵심메시지이다.

이 책은 총 4부 12장으로 나누어지는데, 제1부에서는 개도국은 어떻게 표상되는가?(2장), 제2부에서는 개도국의 시각에서 이해하는 지구화는 어떤 모습인가?(3~5장), 제3부에서는 개도국 국민들의 삶의 형태를 직조하는 개도국의 역사와 지리 특수성은 무엇인가?(6~8장), 제4부에서는 국제개발의 상이한 개입전략이 개도국의 발전에 미친 가능성과 한계는 무엇인가?(9~11장)라는 질문에 답하는 방식으로 구성되어 있다. 이 책은 상당한 사진, 지도, 그래프와 표뿐 아니라 개도국에 대한 다양한 사례연구, 핵심개념, 주요 사상가들의 논점을 별도의 상자에 넣어 설명함으로써, 서구 학계가 구축해 온 개도국 연구의 현황을 풍부하게 보여 주고 있다. 역자들은 서구의 사례와 연구들을 소개하는 것을 넘어서기 위해 한국의 지리학과 국제개발 영역에서 바라본 개도국 현실에 대한 이해와 일부 연구사례들(예컨대 한국의 ODA, 공정무역, 송금경제, 한국의 다문화경관, 한국 농업–먹거리 부문에 미친 지구화의 영향 등)을 추가함으로써 개도국과 한국 사회의 접점 확보를 위해 노력하였다.

개도국 인구는 세계 총인구의 80%나 되며, 그 세계의 다양성은 당연한 결과다. 일부 개도국들은 급속한 경제성장을 통해 신흥국의 반열에 오르고 있다. 하지만 여전히 전 세계 빈민의 대다수가 개도국에서 살아가고 있으며, 기존의 경제적 성과가 무색할 만큼 경제적·정치적 실패와 퇴행을 보여 주는 국가들도 존재한다. 개도국 내부의 분화와 다양성 증대는 향후에 보다 심화될 것이다.

저자들은 개도국의 사람들과 국가정책 결정자들을 글로벌 체계의 수동적인 수용자 혹은 희생자로만 그려 내는 것에 분명한 반대의 입장을 피력한다. 그렇다고 저자들이 개도국의 입장만을 옹호하거나 미래를 낙관하는 것만은 아니다. 개도국에 대한 고정된 사고는 여전히 국제적·정치경제적 권력의 지형에 따라 강력한 영향력을 발휘하고 있으며, 이들이 개도국 안팎에서 부정적 심상지리를 재생산하는 것도 사실이다. 국제개발협력 분야에서 대안적 접근으로 주목받고 있는 풀뿌리 중심의 '참여적' 개발이 현실에서는 역량 강화(empowerment)의 이름하에 국가와 국제개발기구의 책임 축소와 개발과 정치의 분리의 경향을 낳고 있다는 경고도 잊지 않고 있다.

이 책의 원 제목은 *Geographies of Developing Areas: The Global South in a Changing World*이다. 지리학계 밖에서는 단수형의 지리학 대신 복수의 지리들(geographies)이라는 표현이 익숙하지 않을 수도 있겠다. 하지만 이 제목에는 '개발'이라는 주어진 렌즈를 통해 개도국의 사회와 사람들을 정형화된 틀로 해석하지 말고, 행위주체로서의 국가와 사람들의 맥락과 역량에 따라 그 특성은 언제나 복수형(the plural)으로 발현된다는 점을 강조하려는 의도로 볼 수 있다.

최근 여행, 학업이나 취업, ODA 사업 등을 통해 개도국으로 나가는 한국인들이 점점 더 많아지고 있다. 추격자 경제 모델을 기초로 선진국 따라잡기에 매진하던 한국 사회가 지금은 더 넓은 세계 안에서 새로운 경험, 새로운 가능성과 기회를 찾기 위해 개도국들과의 접점을 넓혀 가고 있는 셈이다. 한국 사회는 ODA 수원국에서 공여국으로 전환된 몇 안 되는 국가 중 하나이다. 한국과 다양한 개도국과의 교류와 협력이 강화되는 시점에서 이제 한국 사회도 개도국을 어떻게 바라봐야 하는지, 개도국의 장소와 사람들과 어떻게 교류하고 있으며, 향후 어떠한 관계를 만들어 나가게 될 것인지에 대해 진지한 고민과 학습이 필요한 시점이다.

역자들은 개발지리학, 개도국 지역연구자, 국제개발협력 분야에 관심을 지닌 이들에게 개도국에 대한 좋은 입문서를 제공하고픈 바람으로 이 책을 번역하게 되었다. '부풀려진' 일부 국제개발이나 투자의 성공담, 혹은 피상적인 여행일기를 넘어서 개도국의 장소와 사람들의 다양성을 발견하는 데 이 번역서가 도움이 되기를 기대한다.

2016년 6월
역자들을 대표하여 엄은희 씀

˙˙차 례

Geographies of Developing Areas
: The Global South in a Changing World

제3부 **개도국에서의 삶**

들어가며

개도국을 어떻게 정의할 것인가: 실제의 구분선과 상상의 구분선

이 책은 개발도상국(개도국)에 대한 교과서이다. 중남미, 카리브, 아프리카, 아시아 지역이 대개 '개발도상지역'으로 언급된다. 이 말이 책을 여는 문장으로는 간단하면서도 충분하겠지만, 여기에는 이 책을 쓰게 된 핵심적 이유들로 연결되는 몇 가지 논쟁적인 정의가 숨어 있다. 만약 우리가 20세기 후반에 이 책을 썼다면, 이 문제는 훨씬 쉽게 무시할 수 있었을 것이다. 1980년 전 독일 총리 빌리 브란트가 위원장을 맡았던 보고서 『선진국-개도국: 생존의 프로그램(North-South: A Programme for Survival)』은 부유하고 강력한 선진국과 빈곤하고 주변화된 개도국 간에 명확한 구분선을 제시하였다. 자본주의권 '제1세계'와 사회주의권 '제2세계' 바깥에 있는 개도국 또는 '제3세계'는 잔여적인 범주로 비쳐졌다. 즉 발전을 위해 지속적으로 국제적 원조를 필요로 하는 지역이었다(Pletsch, 1981 참조). 하지만 오늘날의 관점에서 보면 이제 달라지고 있다. 부국과 빈국은 브란트 라인의 어느 한쪽에 자리한다(〈그림 1.1〉). 구소련이 해체되면서 새로운 저소득 국가들(타지키스탄, 키르기스스탄 등)을 남겨 두었다. 개도국 일부의 경제발전은 몇몇 국가들에게 의문의 여지 없이 '고소득' 국가의 지위를 부여하였다(한국, 싱가포르, 쿠웨이트 등). 그리고 몇몇 국가들(브라질, 인도, 중국)은 스스로가 권역 내에서 또는 심지어 글로벌한 수준에서 강력해지고 있다.

비록 브란트 라인이 이제 더 이상 부국과 빈국, 강대국과 약소국을 깔끔하게 나누지 못한다 하

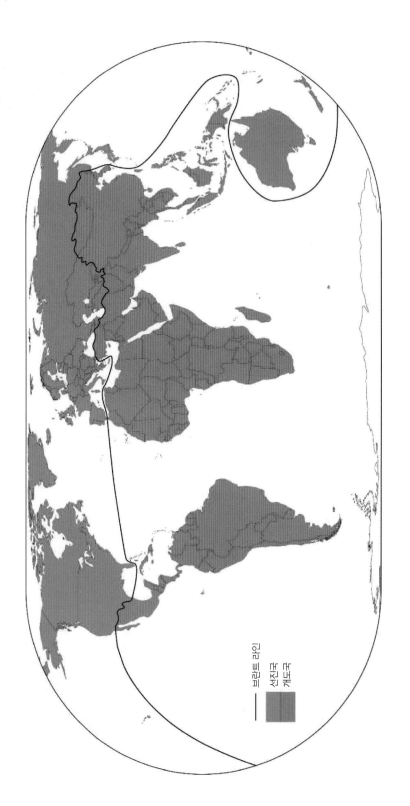

그림 1.1 브란트 라인에 따른 선진국-개도국 구분

선진국
개도국
브란트 라인

더라도, 선진국-개도국의 구분은 오늘날 개도국을 상상하고 언급하고 연구하는 방식을 형성한 다는 점에서 여전히 중요하다(Williams, 2011). 개도국은 사회과학 연구와 교육 속에서 여전히 주변적이고 잔여적이며 일반화된 범주로 남아 있다. 연구에서도 과소대표되고 있다. 전 세계 인구의 80%를 차지하고 있음에도 불구하고, 최근 상위 영미권 지리학 저널에 실리는 논문의 8분의 1만이 개도국 국가나 조건과 직접 관련된 것이다(Rigg, 2007: 2). 그뿐만 아니라 선진국 학생들이 강의를 통해 개도국을 소개받을 때는 대개가 일련의 문제들—빈곤, 외채, 환경파괴 등—을 통해, 그리고 이를 '해결'하기 위한 개발이론과 정책을 통해 이루어진다.

물론 여기에는 유용한 정보들이 담겨 있고, 많은 학생들의 개인적 관심은 글로벌 불평등이나 생태적 지속가능성 이슈 속에서 연결된다. 하지만 여기에는 상당한 어려움이 따른다. 그중 하나는 개발도상지역의 부정적 원형을 강화하면서, 개도국을 외부적(즉 선진국의) 개입을 필요로 하는 장소와 사람들의 집합체로 표상하고 있다는 점이다. 또 중요한 점은 개도국에 대한 연구를 '주류' 사회과학과 분리하여 '특수한 것'으로 자리매김하는 학계의 구분을 강화하는 데 기여할 수 있다는 점이다. 사회적·경제적·정치적 이론의 논쟁들은 대개 암묵적으로 선진국의 조건들을 준거점으로 간주하고 있다. 개도국이 이론적 논쟁에 기여하는 점이 있다 하더라도, 이는 '개발이론'이라는 별도의 범주를 통해서이다(이 점은 뒤에서 다시 다룬다).

이 책을 쓴 한 가지 이유는, 우리가 개도국에서 생활하고 일했던 경험들이 이러한 학계의 틀과 잘 맞아떨어지지 않는다는 점 때문이었다. 우리는 스스로를 '개발전문가'라기보다는 지리학자로 바라보는데, 멕시코, 남아공, 인도 등에서 다양한 연구주제를 생각했을 때 우리는 개발이론에서만이 아니라 사회과학 전반에 걸친 다양한 논쟁들로부터 연구를 이끌어 냈다. 우리의 작업이 사회적·경제적·정치적 관심사를 다룬다 하더라도, 개도국에서의 삶에는 문제들의 목록보다 훨씬 더 많은 것들이 있다는 사실을 잘 알고 있다. 그리고 집필 동기 중에는 개도국 장소와 사람들의 풍요로움에 대해 말하고 싶은 것도 있다(그중 몇몇은 학부 수업에서 얻은 것이다).

지리학자로서 우리는 개도국의 사람과 장소들에 대한 검토를 지리학적 개념에 근거하여 접근하고자 한다. 특히 그중 중요한 것은 공간과 장소이다(〈핵심개념 1.1〉과 〈핵심개념 1.2〉). 우리는 다양한 스케일에서 나타나는 공간적 패턴을 이해하는 데 관심을 갖고 있으며, 또한 서로 다른 장소들이 어떻게 사람, 생각, 사물의 네트워크와 흐름을 통해 연결되는지에도 관심이 많다. 특정 장소에 어떻게 의미가 부여되는지, 사람과 장소가 어떻게 표상되는지 하는 것도 이 책의 주요 주제로 다루어질 것이다(이 장과 2장). 지리학은 인간환경과 자연환경, 그리고 양자 간의 상호작용에 대한 연구 모두를 포괄한다. 하지만 이 책은 개도국의 자연지리에 관한 교과서는 아니다. 그렇더라도 개도국의 자연환경은 이 책 속의 다양한 곳에서 그 존재감을 느낄 수 있다(2장 개도국의 표상, 3장 국제적 거버넌스 주제, 8장 사람들의 삶이 갖는 물질적 맥락 등).

이 책에서 개도국에 대한 정의는 브란트가 제시한 문제적 구분을 차용하고 있다. 하지만 우리는 국가, 지역, 사람의 경험에 대한 단일한 견해를 제시하기보다는 브란트 라인 남쪽에 존재하고 있는 다양성을 조명하기 위해 이를 의도적으로 사용하였다. 오늘날 개도국 내에서는 강대국도 등장하고 실패한 국가도 생겨나고 있다. 또한 전 세계에서 가장 빠르게 성장하는 경제도 등장하고, 전 세계 빈민의 대다수도 존재한다. 이 같은 역동성과 다양성은 유엔개발계획(UNDP, United Nations Development Programme)이 발간한 2013 인간개발보고서 『개도국의 등장(The Rise of the South)』에 잘 포착되어 있다(UNDP, 2013). 많은 개도국의 역사 중 중요한 부분이 유럽, 일본, 미국의 식민주의에 종속된 적이 있지만, 그것이 모든 국가의 경험은 아니다(가령 에티오피아와 태국은 외국의 점령을 아주 짧게 경험했을 뿐이다). 개도국은 환경적 조건, 문화적 가치와 관행, 정치적·경제적 시스템, 생활양식에서 엄청난 차이를 갖고 있다(이 책은 대략적으로 보여줄 수 있을 뿐이다). 하지만 우리가 정의하는 지역들을 서로 연결시켜 주는 점은, 이곳들이 수십 년 동안 공통적으로 개발도상지역으로 기술되어 왔다는 것이다. 이 책은 이러한 장소들에 주목한다. 선진국의 주류 사회과학에서보다 더 큰 관심을 부여하고, 이들이 표상되는 표준적 방식에 도전하기 위해서이다.

'개발도상지역' 연구를 새롭게 사고하기 위한 우리의 의제는 네 가지 주장으로 구성되며, 각각은 개도국−선진국 구분에 관한 가정들에 도전하기 위함이다. 첫째, 개도국에 대한 표상이 중요하다. 개도국의 장소들이 글로 쓰이고 말로 이야기되는 방식은 중요한 효과를 가진다. 이는 대학 강의실에서뿐만 아니라 현실세계에서도 그러하다. 둘째, 개도국에서의 삶은 선진국의 삶과 분리되는 것이 아니라 다양한 글로벌한 과정들을 통해 긴밀하게 연결되어 있으며, 그로 인해 우리는 지구화가 의미하는 바를 개도국의 시각에서 생각해 볼 필요가 있다. 셋째, 개도국을 이해하기 위해서는 특수한 역사와 지리에 대해 세밀하게 관여해야 한다. 이는 반대로 그곳에서 살아가는 사람들의 행위주체성과, 그곳에 대한 연구 및 그곳에서의 연구에 긴밀한 관심을 가져야 함을 뜻한다. 마지막 네 번째 주장은, 개도국에 대해 서론을 쓰는 것이 국제개발에 대한 이야기를 하는 것

저자의 경험(1): 글린(Glyn)의 콜카타 도시연구

개도국에 대한 나의 이해는 인도에서 생활하고 일했던 경험으로 형성된 것이다. 그리고 내 연구를 이끄는 근본적인 질문은 오늘날 사람들의 일상생활에서 '민주주의'가 무엇을 의미하는가 하는 것이었다. 콜카타(Kolkata)는 그러한 경험 속에서 특별한 장소이다. 박사연구를 시작하기 전에 벵골 어를 배운 곳이고, 내가 살아 본 최초의 '적절한' 도시였다.

1992년 그곳에 도착했을 때 콜카타에 대한 마음속 이미지는 미디어가 만들어 낸 정형적인 것이었고(테레사 수녀와 영화 '시티 오브 조이'), 최근의 역사에 대해서는 거의 알지 못했다. 콜카타는 두 번에 걸쳐 위기로 인한 이민 행렬을 흡수했다(1947년, 그리고 1970년대 초반 방글라데시 독립투쟁 중). 또한 쇠퇴하는 산업 중심지였고, 급진적이고 때로는 폭력적인 정치로 유명했다. 난 콜카타에서 군중들, 빈곤, 정치적 폭력으로 가득한 도시를 보았을까? 기차에서 내리기 전부터 이 세 가지의 증거는 충분했다. 매일 하우라(Howrah) 역을 거치는 수많은 승객들, 플랫폼에서 노숙하는 많은 사람들, 지지자를 가입시키기 위해 서로 경쟁하는 정당들. 하지만 이런 이미지들은 곧 다른 이미지로 바뀌었다. 자발적인 거리 크리켓 게임이 파업 중에도, 공휴일에도 벌어졌다. 시민들은 해마다 열리는 책 축제를 자랑했다. 그리고 끊임없이 달콤한 차를 마시면서 자유롭게 벌이는 지적·정치적 논쟁의 한 형태인 아다(adda)에 대한 열정을 보였다. 콜카타는 달러와 코카콜라가 여전히 암시장에서 거래되는 곳이었다(인도의 경제자유화는 1990년대 초반에야 시작되었다). 하지만 다른 한편으로는 자기확신과 코즈모폴리터니즘(cosmopolitanism, 세계시민주의)를 갖고 있던 도시이기도 하다.

오늘날 콜카타는 빠르게 변화하는 도시이다. 구 주택가(〈사진 1.1〉)는 건설 광풍에 휩싸이고 있으며, 예전에는 논이었던 도시 외곽지에 고층 아파트가 등장하고, 새로운 쇼핑몰이 남부 교외 지역에 세워지고 있다(이제는 코카콜라를 판다, 인도와 외국의 호화로운 제품들도) 이제 더 이상 손으로 칠하지 않은 광고판들이 늘어나는 중산층에게 부동산 개발과 IT 경력직 모집을 홍보하기 위해 세워진다. 그러나 가장 부유한 주택가에서 발견할 수 있는 이러한 풍요의 신호들과 함께, 여전히 릭샤(인력거의 일종)를 끌며 빈민가에서 살아가는 사람들을 발견할 수 있다. 한 친구가 내게 설명해 주었다. "콜카타 사람들은 델리 사람들과는 달리 우리가 개발도상지역에서 살고 있다는 것을 한 번도 잊은 적이 없어. 빈민들은 우리 속에서 살고 있어. 그들은 이 도시의 핵심적인 일부야."

사진 1.1 인도 콜카타 남부의 중산층 주거지.
© Glyn Williams

사례연구 1.2

저자의 경험(2): 멕시코 오악사카 젠더 연구

내가 처음 멕시코에 간 것은 1990년이었다. 멕시코 남부 오악사카(Oaxaca) 시 외곽의 저소득 비공식 주거지에서의 여성 노동에 대해 3개월간 현지연구를 수행하는 석사과정의 학생 신분으로서였다. 영국 웨일스 북부의 한 농장에서 성장한 나는 자신의 경험과 성찰로부터 시작되어 젠더 문제에 오랫동안 관심을 갖고 있었다. 웨일스 북부는 남성이냐 여성이냐 하는 것이 일의 종류와 미래 인생경로에 강력한 영향을 미치는 곳이었다. 내가 대학에 들어간 1980년대 중반에 페미니스트 지리학이 이제 막 영향력을 갖기 시작했고, 웨일스 북부 농업의 젠더 간 노동분업에 대해 학부 논문을 쓰기로 했다. 또한 그 당시에 활발했던 여성단체와 페미니스트 조직에 많이 참여했다.

대학원생이 되면서 나는 연구의 관심을 '개발도상지역'의 맥락 속에 두고자 했다. 멕시코에서의 연구계획은 젠더와 노동에 초점을 맞추었지만, 문화적 맥락은 (학부 때와는) 달랐다. 중남미(그리고 특수하게는 멕시코)의 젠더 관계에 대해 갖고 있던 나의 원래 인식은 대체로 남성을 마초로, 여성을 취약하고 수동적인 존재로 바라보는 틀이었다. 남성과 여성의 행동에 대한 그러한 전형적 이해가 멕시코에 분명 존재해 왔고 지금도 존재하지만, 현실은 그보다 훨씬 복잡한 것이었고, 나의 순진한 가정을 위협했다.

석사연구를 하는 동안, 그리고 이후에도 계속된 빈번한 오악사카 현지조사 동안, 젠더 차이에 대한 여성들의 상이

사진 1.2 오악사카에 있는 성폭력 희생자들을 위한 추모소. ⓒ Katie Willis

개발도상국과 **국제개발**

한 해석과 마찬가지로 여성 경험의 다양성은 계속적으로 강화되었다. 오악사카는 멕시코에서도 민족적으로 가장 다양성이 높은 지방이다. 사포텍 족 여성들의 자신의 삶에 대한 해석, 그리고 불리한 지위가 이들의 남편, 아버지 및 남성 친척들의 지위와 떼놓을 수 없다는 점은 분명 젠더의 평등을 어떻게 달성할 것인가에 관한 서구의 특정한 페미니스트적인 관점에서 비롯된 나의 협소한 생각을 깨치게 만들었다.

수동적인 멕시코 여성이라는 처음의 이미지 역시 완전히 무너졌다. 여성들이 비공식 주거지의 상수도를 위한 캠페인에 참여하는 것을 보고, '로사리오 카스테야노스(Rosario Castellanos)' 여성센터를 통해 여성들에게 제공되는 교육·건강·심리적 지원을 보고, 또 '무에레스 릴라스(Mujeres Lilas, 라일락 여성)' 페미니스트 조합이 이끄는 가정폭력 반대 캠페인에 참여하는 것을 보면서 그렇게 바뀌었다.

사례연구 1.3

저자의 경험(3): 폴라(Paula)의 더반에서의 성장기

나는 아파르트헤이트(apartheid) 시절의 남아공 더반(Durban)에서 성장했다. 그 시기 그 장소에서는 인종, 계급, 언어, 젠더에 의해 시민들 간 구분이 이루어졌다. 백인에 중산층이고 영어를 말하는 여자아이라는 것은 해변에서의 놀이나, 레스토랑에서의 외식에 대한 나의 어릴 적 기억이 유쾌하고 특권적이며 매우 특수한 것이었음을 의미했다. 주립 초등학교에는 여학생만 있었고, 모두 백인이었으며, 대부분 '앵글로·색슨'이었다. 우리는 찰스 왕세자와 다이애나 왕세자비의 결혼식을 '시청'해야 했다. 성인이 되어서야 많은 내 친구들이 이민 2세대임을 알게 되었다. 1970년대 남아공이 백인 이민자들에게 기회의 땅으로 부각되면서, 이들의 부모는 레바논, 포르투갈, 그리스, 영국, 몰타, 프랑스, 독일에서 이주하였다.

나의 삶은 불평등한 노동관계로 구조화되어 있는 몇몇 흑인 남아공 사람들의 삶과 뒤엉키게 되었다. 우리는 두 명의 가사노동자를 고용했고, 학교 수위, 정원사, 건설노동자, 우유배달부, 신문배달부, 인도 식품 시장의 상인, 극장 세탁부 등과 마주쳤다. 이러한 조우는 '정상적'인 것은 아니었지만, 그리 극단적인 것도 아니었다. 무언가가 올바르지 않다는 내 첫 인식이 언제였는지 정확히 지목할 수는 없지만, 드라켄스버그 산에서 캠핑을 하며 휴일을 보내러 가는 길에 콰줄루 지역[현재 콰줄루나탈(Kwazulu-Natal) 주]을 지나가면서 보았던 농촌에 사는 흑인 남아공 사람들의 생활여건에 대해 심각하게 걱정했던 기억은 떠올릴 수 있다. 어릴 적 정치에 대한 이해는 제한적이었기 때문에(〈사진 1.3〉 참조), 아버지가 내 생일 파티에서 나를 '미스 아자니아(Miss Azania)'(나는 그저 철쭉꽃이라고 생각했다)라고 부른 일을 해석하지 못했다. 아자니아는 1960년 아파르트헤이트 정권에 의해 금지된 해방운동인 아자니아 범아프리카의회가 사용하기 시작한 용어였다.

10대인 나는 엄청나게 정치적으로 적극적인 아버지를 따라 정

사진 1.3 더반에서 미스 아자니아였던 폴라.
© Liz Johnston

치화가 빨리 진행되었다. 대부분 백인이지만 점차 변화해 가던 대학 내에서 좌파 성향의 교수진으로 인해 분리정책의 비열함에 대한 나의 인식도 더욱 빨라졌다. 도시지리학과 도시계획에 대한 공부 역시 큰 도움이 되었다. 그러나 여전히 금요일 밤에는 인디밴드에 맞춰 춤을 추었고, 미술 전시회에서 일했으며, 나의 관계들로 스트레스를 받았다. 더반의 발전에 대한 관심이 나를 둘러쌌고, 점차 내 의식의 깊은 일부가 되었다. 하지만 그럼에도 삶은 살아야 하고, 음악은 즐겨야 하고, 바퀴벌레는 두려워해야 하는 것이었다. 그때 이후로 더반의 비공식 주거지에 관한 나의 연구는 도시의 속살로 들어가 빈곤과 불평등이 상이한 사람들에게 실제로 어떻게 작동하는지를 드러내기 위한 것이 되었다.

핵심개념 1.1

공간

공간은 다양한 방식으로 이해할 수 있다. 가장 단순한 형태로는 '일이 벌어지는 장'(Kitchin, 2009: 269)으로 볼 수 있다. 이는 자연적인 공간에 근거하여 공간을 절대적인 개념으로 바라보는 것이다. 하지만 공간은 인지 과정을 통해 정신적으로 구성되는 것일 수도 있다. 가령 우리 모두는 중요한 도로, 건물, 오픈스페이스를 중심으로 우리가 사는 곳에 관한 '심상지도(mental maps)'(Gould and White, 1974)를 갖고 있다. 마지막으로 오늘날 지리학 연구에서 가장 중요한 개념은 공간을 물질적 공간 속에서의 사회적 상호작용을 통해 생산되는 것으로 이해하는 것이다. 이는 앙리 르페브르의 저작 『공간의 생산(The Production of Space)』([1974]1991)에 근거한 접근방식이다. 예를 들어 가정의 주방은 젠더화된 노동과 돌봄에 관한 사회적 규범으로 인해 종종 여성 노동과 결부되면서 여성적인 공간으로 구성된다. 하지만 고급 레스토랑의 주방은 종종 스태미나와 정서적 회복을 요하는 남성적 공간으로 구성된다. 따라서 주방이라는 물질적 공간이 특정 사회의 규범 및 관행과 서로 교차하면서 하나의 공간이 생산된다. 이 공간은 특정 사람과 행위는 포용하고, 다른 것들은 배제한다.

출처: Kitchen, 2009; Thrift, 2009에서 인용

과 같지 않다는 것이다. '개발'이 개도국의 국가적 열망에 중요한 일부일 수 있고 사람들의 일상생활을 구성하는 요소들에 영향을 미칠 수는 있지만, 〈사례연구 1.1~1.3〉이 보여 주듯이 개도국에서의 삶에는 개발 말고도 훨씬 많은 것들이 있다. 개발이라는 범주만을 통해 사람과 장소를 살펴보면 이러한 풍부함과 다양성을 보지 못하게 될 수도 있다고 우리는 주장한다.

이러한 각각의 주장들은 뒤에서 좀 더 상세하게 살펴볼 것이다. 이 주장들 자체는 각각 뜯어 놓고 보면 지리학, 개발학 등에서 이미 탐색된 바 있는 것들이라 새로운 것은 아니다. 그러나 이들을 한데 모아 놓으면 '개발도상지역'에 대한 강의와 학습에 있어 우리의 텍스트가 갖는 고유한 접근방식을 제공해 줄 것이라고 희망하고 있다. 특히 우리 책 속에서 '개발'에 대해 주변적인 위상

장소

'장소'를 정의하는 데 발생하는 한 가지 문제는 변화하는 다양한 의미들을 갖고 있다는 점이다. 하지만 팀 크레스웰(Tim Cresswell)이 간명하게 언급했듯이, "장소는 위치(location), 장면(locale), 장소감(sense of place)을 결합하는, 의미를 갖는 곳(site)"이다. 장소는 지구상의 유일한 위치 그 이상이다. 그보다는 '장소감'이라는 개념이 나타내듯이 한 개인이나 집단에게 의미를 갖는 곳으로 비쳐질 수 있다. 게다가 장소는 점차 일상적 활동이 벌어지는 장면(locale)으로 바라보게 되었다. 장소에 대한 지리학적 이해에서 중요한 발전 하나는, 장소를 분명한 경계를 가진 것으로 보는 데에서부터 좀 더 열려 있는 것으로 관점이 점차 옮겨 가는 것이다. 이를 도린 매시(Doreen Massey)는 '점진적 장소감'이라 불렀다(Massey, 1996). 장소는 변화하지 않는 본질적 특성을 갖고 있는 것이 아니라, 특정한 위치에서 벌어지는 경제적·사회적·정치적 과정의 상호작용을 통해 끊임없이 만들어지고 있는 것이다.

출처: Castree, 2009; Cresswell, 2009; Massey, 1996에서 인용

을 부여함으로써 독자들이 개도국에 대해, 그리고 그와 선진국의 연결지점(이론적·실용적 측면 모두에서)에 대해—단순히 둘을 구분하는 선을 보기보다는—좀 더 균형 잡힌 그림을 가지기를 희망한다.

표상의 권력

이 책의 핵심주장 첫 번째는 미디어, 학계, 정책 문서 및 기타 속에서 개도국의 사람과 장소들이 표상되는 방식은 권력이 행사되는 것이며, 이는 중요한 현실세계적 결과를 가져온다는 것이다. 장소에 대한 이미지와 묘사가 사람들이 생각하고 행동하는 방식을 형성하는 데 기여할 수 있다는 생각은 지리학에서는 오랫동안 확립된 주제였으며(예컨대 비판적 지정학에서는 Ó Tuathail, 1996), 지난 20여 년 동안 개도국에 관한 학계의 저술에서도 중요했다. 개도국에 대한 표상이 권력효과를 가질 수 있는 한 가지 방식은 제한적 묘사 형태가 반복적으로 사용되는 것이다. 이는 의도적이건 아니건 우리 생각 속에서 한 장소에 대한 사고를 '고정'시킬 수 있으며, 그에 반응하는 방식을 형성할 수 있다. 영국과 미국에서 아프리카에 대한 미디어 보도가 그 좋은 사례이

다. 아프리카에 대한 TV 보도는 기근, 전쟁, 자연재해에 관한 뉴스가 대부분인데, 대개는 사건의 맥락이나 배경은 거의 설명하지 않는 2분짜리 단신이다. 이는 시청자들에게 아프리카에 대한 다른 이미지들—좀 더 복잡하거나 긍정적이거나, 아니면 단순히 다른—은 보이지 않게(아니면 의식하지 못하게) 만드는 영향을 미칠 수 있다. 그리고 아프리카 대륙 전체에 대한 시청자들의 '심상지도'는 미디어 보도에 의해 미묘하게 제약을 받게 된다. 그러나 그러한 효과는 단순히 TV 시청자들에게 나쁜 정보를 제공하는 것 이상으로 더 심각할 수 있다. 필리파 앳킨슨(Philippa Atkinson, 1999: 105)은 서구 미디어가 아프리카의 갈등을 무정부적이거나 야만적인 행위로 표상하는 방식은 원조와 국제정책에 대한 의사결정을 형성하는 데에도 기여한다고 주장했다.

20세기 중반 이래로 개도국을 바라보는 한 가지 강력한 방식은 '개발'이라는 사고 자체가 제공되는 것이다. 개발이론 초기 저작들은 개도국을 중요한 방식(경제구조, 기술적 노하우, 기업가적 태도)이 결여되어 있거나 중요한 과정(산업화, 근대화, 민주화)이 서구에 비해 지체되어 있다고 묘사해 왔다(2장). 이들 국가를 단순히 일련의 결여와 지체로 특징짓는 것은 물론 심각하게 잘못된 표상이다. 지리학자, 인류학자 등은 개발 사상, 이미지, 저술이 개도국에 대한 이해를 형성하는 방식에 도전하면서 이를 해체하는 연구들을 수행해 왔다.

이러한 작업의 핵심에는 개발도상지역을 표상할 수 있는 권력을 갖는 것과, 이들 지역의 통제

핵심개념 1.3

권력

존 앨런(John Allen, 1997)에 따르면, 권력의 세 가지 측면을 확인하는 것이 가능하다. 그중 두 가지는 특정 개인이나 기관이 더욱 분명하게 갖는 것이다. 첫 번째는 타자의 행위를 지휘하거나 통제할 수 있는 능력이다. 타자에 대한 이러한 권력행사의 사례로는 가부장제 사회에서 남성 가장이 다른 가족성원에게 행사하는 통제력이나, 국민국가의 정부가 국민들에게 행하는 권위가 있다. 두 번째는 자원을 통제하고 이용할 수 있는 능력이다. 원하는 목적을 달성하기 위한 이러한 권력의 사례로는, 다국적기업이 인적 자원과 금융자원을 활용해서 신제품을 개발하거나 경쟁업체를 사 버릴 수 있는 능력이 있다. 마지막은 미셸 푸코(Michel Foucault)의 저작과 관련하여, 보다 산재하면서 일상적 기술, 전략, 관행이 작동하는 속에서 권력을 본다. 감옥의 엄격한 시간표와 감시체계 또는 기업의 보다 세심한 경영관행과 성과 기준 등은 재소자/노동자를 특수한 행위형태에 맞게끔 훈육시키는 효과를 갖는다. 때로는 직접적인 명령이 필요 없을 정도가 되기도 한다. 이것이 바로 표상의 권력에 대한 연구에 근거하여 도출된 권력의 세 번째 측면이다.

개발의 권력

1990년대 인문지리학은 다른 사회과학들과 마찬가지로, 세계에 대한 지배적인 표상들을 권력의 표출로 바라보면서 이를 해체하는 데 상당한 관심을 기울였다. 조너선 크러시(Jonathan Crush)의 영향력 있는 에세이 선집인 『개발의 권력(Power of Development)』(Crush, 1995)은 이러한 논쟁을 개발산업이 개도국을 (잘못) 표상하는 방식을 검토하고자 끌어오는 데 있어 중요했다. 공저자들은 이러한 표상들이 개인의 정체성을 형성함으로써(Shreshta, 1995), 지식의 생산을 통제함으로써(Mackenzie, 1995), 개발정책을 특정한 방향으로 이끌어 감으로써(Mitchell, 1995; Williams, 1995) 실제 세계에 영향을 미치는 다양한 방식을 살펴보았다.

후자의 한 가지 사례가 이집트에서 개발원조의 역할을 다룬 티머시 미첼(Timothy Mitchell)의 글이다. 미첼은 1980년대 미국국제개발처(USAID)의 정책문서들이 이집트의 농업개발 문제를 인구과잉에 관한 것으로 어떻게 반복적으로 표상했는지 보여 준다. 나일 강 유역의 강력한 시각적 이미지—거주에 좋지 않은 사막 속에서 인구과잉의 좁은 농업지역의 띠로 묘사되는—와 식량 불안정과 수입 곡물 의존도의 증가에 관한 통계수치가 이집트 농업정책에 개입하는 것을 정당화하기 위해 동원되었다. USAID가 제시한 정책처방은 이집트의 농업을 자유시장과 기술혁신 투자에 개방하라는 것이었다.

이는 일견 합리적인 처방으로 보일 수도 있지만, 미첼은 이집트의 농업 위기에 대한 USAID의 특수한 견해와 해법에 의문을 제기하면서 보고서 바깥에 있는 증거들을 주의 깊게 살펴보았다. 1980년대 동안 이집트의 곡물 수입량은 점차 사람보다는 가축을 먹이는 데 사용되었고, 빈민들의 식량 불안정 문제는 단순히 물리적 인구과잉의 결과라기보다는 토지소유의 불평등성 증가가 가져온 결과였다. USAID의 정책은 그 자체가 수출지향적 가축생산의 성장과 그에 따른 소농(토지를 공간적으로 가장 효율성 있게 이용했던 주체)의 추가적 대체에 기여했다. 게다가 기술적 지원을 위한 원조는 대체로 미국 제조업자들에게 혜택이 돌아갔고, 이집트는 미국의 계속된 지원에 의존하게 되었다. 인구과잉의 나일 강 유역이라는 이미지는 이집트의 문제를 자연적이고 필연적이며 나라 자체의 내부적인 문제로 '프레이밍'하는 강력한 방법이었으며, 이를 통해 '원조의 정치'를 시야에서 사라지도록 만들었다.

출처: Crush (ed.), 1995; Mitchell, 1995에서 인용

력을 갖는 것 간에 중요한 연결고리가 있다는 생각이 자리하고 있다. 이집트에 대한 티머시 미첼의 저작(〈사상가와 논쟁 1.1〉)이 보여 주듯이, USAID가 이집트를 특수한 개발 '문제'로 고통받는 것으로 투사할 수 있다면 이를 이집트 내정에 대한 개입을 정당화하는 데 사용할 수 있다. 이러한 생각을 제2장에서 다시 살펴보겠지만, 핵심메시지는 개도국에 대한 표상이 중요하다는 것이다. 특히 그곳에서 살아가는 사람들의 일상에 실제 영향을 미칠 수 있기 때문에 그러하다.

지구화의 지리

이 책의 두 번째 핵심주장은, 개도국은 지구화 과정에서 핵심적이고 능동적인 일부라는 것이다. 1990년대 이래로 지구화라는 용어의 일상적 사용이 엄청나게 늘어나면서, 보다 단순한 설명 속에서 지구화는 '작아지는 세계'라는 그림을 제시하기 위해 자주 사용된다. 현대 기술은 더욱 저렴한 항공이동이나 이메일을 통한 개선을 통해 우리를 한데 더 '가깝게' 모아 줌으로써, 물리적 거리의 중요성을 떨어뜨리는 데 기여하고 있다. 이와 동시에 우리는 '지구촌'에서 살고 있으며, '글로벌 시장' 속에서 경쟁하고 있는 것으로 묘사된다. 우리는 점차 서로 연결되면서 그 결과 장소들 간의 차이가 분명 사라져 가는 세계를 구성하고 있는 일부이다. 긍정적인 측면에서 이는 세계 곳곳에서 오는 더 싸고 다양한 제품들을, 그리고 '글로벌 공동체' 의식의 증대를 의미한다. 부정적인 측면에서는, 산업들이 더욱 저렴한 생산이 가능한 지역으로 재배치되거나 더 치열한 경쟁에 직면하여 몰락함에 따라 글로벌 시장은 일자리의 불안정성을 뜻할 수 있다. 연결성의 증대 또한 그 자체로 위협을 가져올 수 있다. 이는 글로벌 테러 네트워크에 대한 공포를 느끼고 있는 서구에서 가장 분명하게 나타난다(Murray, 2006: 197-201).

지구화의 이런 모든 측면에는 얼마간 진실이 존재할 수 있겠지만, 이 책에서는 지구화를 이해하는 상식 속에 자리하고 있는 가정들에 대해 몇몇 질문을 제기해 보고자 한다. 많은 지리학과 학생들은 이미 지구화에 대한 비판적 입장에 익숙할 수도 있겠지만, 특히 개도국의 맥락에서 이처럼 더욱 빨라지고 더 많이 연결되어 있는 초연결 세계에 대한 그림이 얼마나 정확한 것인가에 관해서는 충분히 생각해 볼 필요가 있다.

우선 주목해야 할 첫 번째는, 지구화가 새로운 과정이 아니라는 점이다. 지구화에 대한 설명들이 이를 최근의 현상으로 제시하는 데 따른 위험성이 있다. 전 세계 사람들의 삶과 장소들 간의 상호연결성은 훨씬 더 오래된 것이기 때문이다. 이미 유럽에 의한 식민지 팽창이 시작되기 한참 전부터 이슬람의 확산은 아시아, 아프리카, 유럽의 지역들을 긴밀한 정치적·경제적 관계 속에서 하나로 연결시켜 주었다(3장). 15세기 스페인의 알람브라 궁전(〈사진 1.4〉)은 현재 인도네시아까지 확장된 무슬림 세계의 북서쪽 경계에 자리하였다. 이는 글로벌한 상호연결성이 전혀 새로운 일이 아니며, 선진국에 집중된 일도 아니라는 것을 상기시켜 준다. 또한 19세기 후반에는 유럽 식민주의가 멀리 떨어진 장소들을 (서로 간에 불균등한 관계이긴 하지만) 가깝게 만들어 주면

사진 1.4 알람브라 궁전. © Margo Huxley

서, (영국 군사력에 의해 지탱되는) '자유'무역으로 엄청난 국제적 자본, 인구, 상품의 흐름이 발생하였다. 제2부에서는 개도국이 현대세계에서 갖는 위상을 검토하고, 글로벌한 상호연결성의 역사가 이러한 임무의 중요한 일부임을 보여 줄 것이다.

지구화에 대한 상식적 해석 중에서 우리가 의문을 제기하는 두 번째 요소는, 세계가 점점 획일화되고 있다는 가정이다. 지구촌이나 글로벌 시장이라는 생각들은 지구화가 장소들 간의 차이를 없애고 있다는 점을 제기하는데, 항상 그런 것은 아니기 때문이다. 첫째, 1970년대 이래로 세계경제의 국제화 정도의 폭증은 불평등의 증대를 수반하였다. 우리는 하나의 세계 속에서 살고 있지만, 이는 매우 불균등한 세계이다. 둘째, 장소들이 점차 상호연결되고 있긴 하지만, 그렇다고 문화와 정체성의 차이가 사라지고 있다는 뜻은 아니다. 개도국은 '글로벌' 문화에 의해 사라져 가고 있는 '전통적인' 문화적 관행들로 구성된 것이 아니다. 국제적 교환이 로컬 문화와 장소를 다시 만드는 데에 중요한 일부이며 또 그러했다(8장).

지구화에 대한 상식적 이해 중 우리가 도전하고자 하는 마지막 중요한 지점은, 지구화는 기술 변화나 '글로벌 시장' 같은 추상적인 힘에 의해 이끌리고 있는 중단시킬 수 없는 과정이라는 가정이다. 이는 글로벌한 과정들을 형성하는 행위자—G20 국가의 지도자나 다국적기업, 그리고 전세계의 일반인들에 이르기까지—의 능력을 가치 절하하는 경향을 보인다. 지구화에 대해 말할 때, 지구화는 얼굴 없는 또는 선결정되어 있는 과정이 아니라, 개인과 집단의 작은 행위들 간 연결로 구성되어 있다는 점을 기억하는 것이 중요하다. 그에 따라 지구화의 장래 결과는 예측하기 어려우며, 지구화의 경험들이 평등할 수도 아닐 수도 있고, 지속가능할 수도 아닐 수도 있으며, 아래로부터의 역량을 강화시킬 수도(empowering) 아닐 수도 있다. 지구화에 저항하는 것은 대세를 거스르는 일일 수 있다. 하지만 지구화의 영향들을 다시금 형성하는 것은 모든 사람이 할 수 있는 일이며, 얼마간은 스스로의 행동을 통해 참여하고 있는 일이다.

개도국에 대한 관여

이 책의 세 번째 주장은, 개도국을 이해하기 위해서는 특수한 역사와 지리에 대해 세밀한 관여가 필요하다는 것이다. 이는 지구화에 대한 단순한 시각을 우리가 비판하는 데서 비롯된 것이다. 즉 개도국 사람과 장소들을 단순히 이미 존재하고 있는 '글로벌한 과정'의 집합으로 언급해서는 제대로 이해할 수 없다. 따라서 이는 우리가 개도국 사람들의 경험에 대해 저술하고 이론화하는 방식에 중요한 함의를 갖게 된다. 특히 이 책 속에서는 다음과 같은 두 가지를 의미하는데, 개도국 사람과 국가들의 행위주체성을 강조하고, 개도국에 대한 맥락구체적인 이해를 통해 이론적 논쟁을 재고하게 되는 것이다.

개도국에 대한 관여에 따른 첫 번째 결과는 아마 좀 더 직설적인 설명이 가능할 것이다. 개도국의 장소들은 단순히 기존의 글로벌 체계와 '점점 더 연결되게' 된 것이 아니라, 그러한 체계를 만들어 내는 데 적극적으로 개입하고 있다. 따라서 개도국에서의 삶을 설명하는 데에 핵심은 개도국 사람과 국가들의 행위주체성에 관해 보다 적절한 관심을 기울이는 것이다. 이것이 당연한 것처럼 보일 수도 있겠지만, 개도국에 대한 지배적인 설명들은 이 점을 고려하지 못하고 있다. 개도국 사람들은 종종 단순히 반응하는 것처럼 비쳐지거나, 더 나쁜 경우에는 '외부'로부터 주어진 '글로벌한' 변화의 수동적인 수용자 혹은 그로 인한 희생자로 비쳐진다. 물론 여기에는 균형감이 필요하며, 개도국 국가와 시민들이 맺고 있는 많은 관계들이 대체로 불평등하다는 점을 인정하는 것이 중요하다. 보조금을 받는 미국이나 유럽산 수입농산물과 경쟁해야 하는 소농들, 아니면 국제통화기금(IMF)과 외채 상환을 재협상해야 하는 중앙정부이거나 이들이 행동할 수 있는 공간은 심각한 제약을 받을 수 있다. 중국이 아프리카 원조와 경제개발을 두고 기존에 확립되어 있는 선진국-개도국 관계에 대해 점점 도전을 제기하는 것(Mawdsley, 2012a; 〈사례연구 3.5〉와 〈사례연구 4.6〉 참조)은 개도국들이 글로벌한 중요성을 갖는 지정학적 관계를 다시금 형성하는 데 훨씬 더 능동적인 역할을 하고 있음을 보여 주는 한 사례가 될 것이다. 그러나 필리핀에 대한 한 연구가 시사하듯이(Gibson et al., 2010; 〈사례연구 7.1〉 참조), 훨씬 더 미시적인 수준이거나 어려운 상황에서조차도 사람들은 '경제개발'이나 '근대화'에 대한 표준적인 이해보다 훨씬 더 다양하고 복잡한 방식으로 자신들의 삶의 측면에 대해 선택을 하고 전략을 발전시킨다. 개도국에 대한 연구의 핵심임무는 이러한 행위와 그것이 가져오는 광범위한 효과를 모두 인식하고 이해하는 것이다.

개도국에 대한 맥락특수적 이해를 활용하여 이론적 논쟁을 성찰하는 데에는 두 가지 서로 다른 사고방식이 뒤따른다. 첫째는, 그곳에서 일어나는 과정들을 설명하는 데 있어 개도국의 장소들이 갖는 특수한 특성—역사, 문화, 경제구조, 정치체제 등을 비롯하여—을 고려하는 것이다. 여기서 지리학자 도린 매시(Doreen Massey, 1996)가 '점진적 장소감(progressive sense of place)'이라고 명명한 개념1)을 적용하는 것이 중요하다. 예를 들면, 남아공의 식민지 주거 역사에 관해, 그리고 아파르트헤이트 시기 공간계획 과정들을 1차적 연구방법으로 알아내지 못한다면, 더반(〈사례연구 1.3〉)의 도시지리를 이해하는 것은 불가능할 것이다. 이 점은 명백해 보이지만, 개도국 연구의 사례들은 그간 선진국 '주류' 지리학 내에서 상대적으로 큰 관심을 받지 못했기 때문에 이러한 주의 깊은 맥락적 분석을 하지 못하고 추상적 통계나 (서구 중심적인) 이론적 모델에 의존하게 될 우려가 있다. 오 투아타일은 미국에서 중동(및 다른 지역)의 정치지리학이 '얇은' 지식형태로 인해 고통받고 있다는 점을 들어, 이 점이 갖는 매우 커다란 실질적 중요성을 언급하였다.

9·11 공격은 얇은 지리적 지식의 문화가 미국의 대통령뿐만 아니라 미국 안보복합체의 제도적 정수 속을 깊숙이 흐르고 있음을 드러내 주었다. 그 근원은 1960년대로 거슬러 올라간다. 시스템 분석과 기술적 첩보가 정부 관료 내에서 지역연구와 인적 첩보를 대체하기 시작한 때이다. CIA, FBI, NSA(국가안보국), NIMA(국가영상지도국), 펜타곤(국방부) 등이 오늘날 국가과학재단(NSF)과 많은 지리학자들과 마찬가지로, 문화적·지리적·언어적 학습을 진정으로 요하는 과제들에 대해 기술적 해결책을 추구하는 기술적 근본주의의 문화 속에 뿌리내리고 있다. '얇고' 즉각적인 기술적 지식—위성카메라와 드론이 아프간의 어두운 산악 고갯길에 대한 실시간 영상 이미지를 제공할 수 있는 능력—이 '두텁고' 장기적인 지리지식을 몰아내고 있다(Toal [Ó Tuathail] 2003: 654).

개도국 장소와 문화에 대한 우리의 지리적 지식을 (공부를 통해, 혹은 일차적 연구와 지역에서 생산된 지식을 활용하여) '두텁게' 하는 것은 카불의 사물이 왜 미국 켄터키[아니면 케냐 킨샤사(Kinshasa)]의 것과 다른지를 설명하는 데 도움이 될 수 있다. 그뿐만 아니라 이는 선진국의 경험을 중심으로 하고 있는 '보편적'(이라고 간주되는) 사회이론이 갖는 숨겨진 한계를 드러내는 데 도움을 줄 수 있다.

이 같은 두 번째 사고방식은 첫 번째 것보다는 덜 분명하게 나타나며, 실제로 수행하기에도 좀 더 어려운 일이다. 그러나 우리가 뜻하는 것은 '주류' 사회과학이 종종 문화적으로 특수한 가정들을 새겨 넣어 왔다는 것이다. 예를 들어 경제이론의 대부분은 암묵적으로 개인은 이익을, 아니면

1) 역주: 도린 매시의 저서 『공간, 장소, 젠더』(서울대출판부, 2015)를 참조.

개발도상국과 **국제개발**

사진 1.5 인도 라다크의 취약한 환경에서 농사짓기. ⓒ Robert Harding

다른 형태의 이득을 극대화하고자 한다는 가정을 출발점으로 삼는다. 하지만 티베트 고원에 위치한 라다크(Ladakh)의 농민들(〈사진 1.5〉)은 완전히 다르게 행동할 수 있다. 개인이 아니라 가정이 사회의 기초라고 간주되며, 농사의 결정들은 이익을 극대화하기보다는 환경을 보전하는 데(물이 극히 부족한 경관 속에서 필수적인 행위), 그리고 가구들 간의 관계를 유지하는 데(많은 농사일을 이웃과의 노동교환에 의존할 경우에는 마찬가지로 중요한 일) 좀 더 많은 관심을 기울일 가능성이 크다. 라다크 농민들의 행동을 검토하는 한 가지 방법은 이들이 이윤 극대화를 추구하는 선진국의 '정상적인' 농민들과 어떻게, 왜 다른지를 확인하는 것이다. 좀 더 어렵지만 궁극적으로 보다 의미 있는 일은, 개도국의 증거들이라는 측면에서 주류 경제이론의 한계를 통해 사고하는 것이다. 예를 들어 라다크 농민들의 행동을 이해하면 서구 경제사상 속에서 개인이라는 생각이 어떻게 그토록 중요해졌으며, 그로 인한 결과가 어떠한 것인가에 대해 의문을 갖게 될 수 있다. 따라서 개도국에 대한 철저한 관여는 '멀리 떨어진' 장소들에 대한 이해를 증진할 뿐만 아니라, 선진국의 경험을 중심으로 구성된 이론적 모델에 대한 도전을 장려하게 될 것이다(이러한 접근법의 사례로 Robinson, 2006 참조).

개발의 지위에 도전한다

우리의 마지막 주장은 개도국학을 개발학과 동일시하는 현재의 '상식'과 학문적 구분에 도전해야 한다는 것이다. 앞서 언급했듯이, 영미권 지리학은 이 함정에 너무 깊숙이 빠져 버린 것 같다. 개도국을 다루는 학자들이 상대적으로 저변이 너무 얇고, 그중 대부분은 학생들에게 개발 문제와 개발정책의 측면에서 개발도상지역을 소개하는 강의를 진행하는 것으로 마무리하기 때문이다. 개도국 사람들의 실제 삶은 국제개발 커뮤니티의 현 관심사(경제성장이든, 기술이전이든, 빈곤경감이든)에서 시작해서 그것으로 마무리되는 것이 아니다. 그래서 이 책은 의도적으로 개도국을 '개발'하기 위한 국제적 계획들을 말미에서 검토하게끔 남겨 두었다.

〈사상가와 논쟁 1.1〉에서 살펴봤듯이, 개발 담론은 개도국 사람과 장소들에 대한 이해를 과잉단순화하고, 이를 통해 스스로가 강력한 현실세계 효과를 가질 우려가 있다. 가장 파괴적인 경우에는 개발이 사회와 장소를 '퇴행적'이라고 딱지를 붙이거나 문화 전체에 대해 '근대화'의 장애물이라고 딱지를 붙임으로써 사회와 장소가 외부적 행위자로부터 '교정받을' 필요가 있는 것으로 보이게 된다. 그러나 개발산업(그리고 개발학) 전체를 개도국 사람과 국가들에 대한 '신식민주의적' 지배라고 폄하하기 이전에, 가장 낙관주의적인 개발이라 하더라도 가능성, 진보, 해방의 느낌을 담지하고 있다는 점을 기억하는 것이 중요하다(Corbridge, 2007). 이런 점에서 많은 개도국 지도자와 사회운동은 자신들의 사회를 '개발'하기 위한 변화를 거부하는 것이 아니라 이를 옹호하기 위해 싸워 왔다.

개도국을 '개발'하기 위한 모든 계획들은 사회와 경관을 변혁시킬 수 있는 잠재력을 갖고 있다. 그 결과가 어떤 사람들에게는 이득이 되고 다른 어떤 사람들에게는 손실이 된다. 따라서 특정한 개발의 비전을 뭉뚱그려서 찬양하거나 악마화하는 것이 아니라, 그것이 지니고 있는 열망, 내용, 결과를 면밀히 평가하는 것이 중요하다. 개발의 목표는 더 나은 세상에 대한 인간의 상상력만큼이나 다양하다. 부족함이 없는 세상, 억압이 없는 세상, 생태적으로 조화로운 세상 등등. 그리고 이러한 서로 다른 열망들은 각자의 한계와 모순을 지니고 있다. 따라서 개발이론과 실천의 내용 역시 마찬가지로 다양하다는 것은 그리 놀라운 일도 아니다. 이 책에서 우리는 개발이 지닌 이처럼 경합적인 성격을 강조하고자 하며, 개발이론이 마치 시간이 흐르면서 진화하는 단일한 사고의 범주인 것으로 소개하고 싶지는 않다.

지리학의 역사가 몇 번에 걸친 패러다임 전환을 통해 진행되었다고 설명하는 것과 같은 방식으로(Johnston and Sidaway, 2004; 다른 설명을 보려면 Livingstone, 1992 참조), 개발 스토리도 이야기할 수 있다. 하지만 그 대신에 우리는 최근 역사를 통해 중요했던 세 가지 강력한 변화의 열망과 그에 수반된 개발의 형태를 선택하여 초점을 맞추었다. 부의 창출(그리고 시장 주도적 개발), 합리적 계획(그리고 발전국가), 대중의 참여(그리고 풀뿌리 개발 노력)가 그것이다. 이 세 가지가 '더 나은 세상'이 어떤 것이고 또 어떻게 만들어질 수 있는가를 설명하는 유일한 생각은 아니지만, 각각은 개도국을 형성하는 데 중요한 역할을 (특히 지난 50년 동안) 수행했다. 그리고 이러한 방식으로 제시함으로써 각각이 지니고 있는 가능성과 문제를 강조하였다.

일단 이 책을 다 읽고 나면 독자들도 이 책의 주된 주장들에 동의할 수 있기를 희망한다. 개도국의 표상이 중요한 효과를 가질 수 있고, 개도국이 지구화라는 복잡한 과정 속에서 능동적인 행위자이며, 지구화의 다양성을 인정하는 것이 중요하고, '개발'은 경합적인 과정이라는 점 말이다. 개도국 연구가 단순히 '개발 문제'에 관한 협소한 특수 분야가 아니라 사회과학에서, 또한 오늘날 세계를 이해하는 데 핵심적인 무언가라는 점을 독자들이 볼 수 있다면, 우리가 이 책을 쓴 목적을 이루는 것이다.

이 책의 활용법

이 책의 구성

이 책의 구성은 앞에서 살펴본 핵심주장과 핵심관심사를 반영하고 있다. 제1부 개도국의 표상에서는 선진국이 개도국을 살펴보는 방식, 그리고 개도국 스스로가 바라보는 상이한 방식들을 살펴본다. 특히 선진국에서 글이나 말로 개도국을 과도하게 단순화된 패턴화를 함으로써 발생하는 문제들을 살펴본다. 이를 통해 개도국의 저술가, 학계, 기관 들이 제기하는 대안적 이해를 통해 어떻게 여기에 도전할 수 있는지를 보여 줄 것이다.

제2부 글로벌 세계에서의 개도국에서는 개도국이 전 세계 정치적(3장)·경제적(4장) 구조, 복잡한 사회적·문화적 흐름(5장) 속에 자리하고 있는 방식이 어떻게 변화하고 있는지 살펴본다.

이를 통해 지구화에 대한 우리의 주장을 발전시키면서, 다음과 같은 핵심질문을 던진다. 개도국이 어떻게 현재의 형태를 가지면서 등장하였는가? 여기서는 대규모의 과정과 패턴을 살펴보지만, 사례연구들을 통해 개도국의 다양성을 보여 주기 위해 시도할 것이다. 다양성과 사람들의 행위주체성에 대한 우리의 주장은 제3부 개도국에서의 삶에서 더욱 발전된다. 제3부의 핵심질문은, 개도국의 상이한 장소와 사람들은 글로벌하고 로컬한 사건과 과정들에 어떻게 대응하고 이를 재형성하고 있는가 하는 것인데, 이에 대해 여기서는 더욱 미시적인 수준에서 답해 볼 것이다. 사람들이 정치에 관여하고(6장), 삶을 유지하고(7장), 변화하는 생활양식과 정체성을 경험(8장)하는 방식들을 살펴봄으로써 '글로벌'한 힘들을 형성하면서 '로컬'한 장소를 재창조하는 이들의 능력에 초점을 맞출 것이다. 중요한 것은, 지구화에 대한 우리의 주장을 감안했을 때 제2부와 제3부의 차이는 내용 면이 아니라 관점과 강조점에 있다는 것이다. 우리는 서로 다른 출발점으로서 '큰 그림'과 '미시적 수준'을 살펴보는데, 그 출발점으로부터 개도국 사람들의 삶이 갖는 글로벌한 측면과 로컬한 측면 양자를 동시에 형성해 나가는 동일한 과정과 연결점들을 탐구해 나가고자 한다.

개도국에 관해 개발만으로 국한하지 않고 사고하려는 우리의 의도를 유지하기 위해, 제4부 '변화 만들기'에 이르러서야 국제개발의 상이한 전략들을 직접 살펴보도록 한다. 여기서의 핵심질문은 무엇이 개도국을 '개발'하고자 하는 상이한 시도들을 고무시켰으며, 이러한 개입은 어떤 영향을 미치고 있는가 하는 것이다. 우리는 차례로 발전국가(9장), 시장 주도 개발(10장), 민중 중심적 개발(11장)을 살펴보면서 각각의 가능성과 한계를 살펴본다. 결론부에서는 이 책의 4대 핵심 주장들을 전반적으로 재검토한다. 이를 통해 개도국에 대한 새로운 상상을 위해 가지는 함의를 생각해 보고, 이를 위한 지리학 교육과 연구의 역할을 생각해 볼 것이다.

우리는 개도국 학습의 접근방식에 관한 주된 주장들이 분명하게 드러나도록 하기 위해 이 책을 구성하였다. 이 책을 '수평적'으로 읽는 방법도 있겠지만, 각 장을 '수직적'으로 읽는 방법도 있다(〈그림 1.2〉). 대체적으로 살펴보면 제3장, 제6장, 제9장은 정치적 주제들을 다루고 있다. 제4장, 제7장, 제10장은 경제적 논쟁을 다루고, 제5장, 제8장, 제11장은 사회적·문화적 이슈들을 다루고 있다. 이를 통해 학생(과 강사)이 이 책을 이용하여 정치지리학, 경제지리학, 사회지리학, 문화지리학의 논쟁들과 연결지점을 찾을 수 있기를 희망한다. 특히 영미권에서 세부 분야의 강의 때 유럽과 북아메리카의 사례들에만 심하게 의존하는 경향성 때문에 그러하다.

독자들이 지금 바로 해야 할 일

물론 독자들이 이 책을 처음부터 끝까지 정독하길 바라지만, 교과서가 그렇게(만) 사용될 것으로 생각하진 않는다. 이 책은 우리의 주장과 이 책의 전반적인 구성을 도식화했을 뿐 아니라 상이한 토픽, 아이디어, 사례 들에 대한 상세한 지도를 제공하고자 했다. 〈그림 1.2〉는 이 책에서 상자에 넣어 제시한 '사례연구'들의 위치를 세계지도상에서 상세하게 보여 준다. 각 장에서는 '핵심 개념'들이 별도의 상자로 설명된다. 이를 통해 독자들은 이 책의 중심 흐름을 방해하지 않고 배경 정보들에 접근할 수 있으며, '사상가와 논쟁' 상자들은 개도국에서 중요한 생각들을 좀 더 깊이 있게 다루고 있다. 그리고 이 책 말미에는 책 속의 주요 용어를 설명해 놓은 '용어정리'가 들어 있다. 그 밖에도 더 읽을거리, 유용한 웹사이트, 독자로 하여금 개도국의 탐사 및 논쟁에 대한 탐험

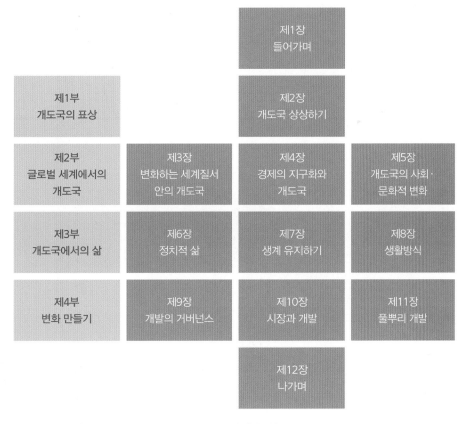

그림 1.2 이 책의 구성

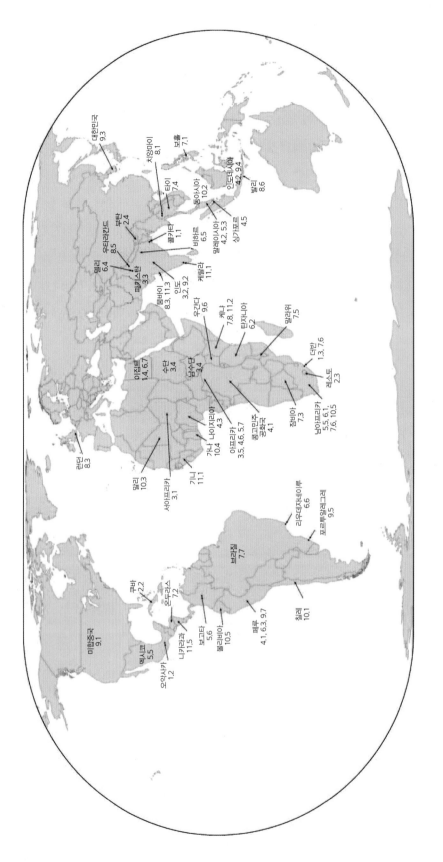

그림 1.3 사례연구 지역의 위치

을 도와주는 복습을 위한 질문/활동 등이 각 장 말미에 들어 있다.

더 읽을거리

Herod, A. (2009) *Geographies of Globalization: A Critical Introduction, Chichester*, UK: Wiley.
지구화에 대한 좋은 입문용 교과서로, 특히 경제적 측면에서 유용하다.

Ghosh, A. (1992) *In an Antique Land: History in the Guise of a Traveller's Tale*, London: Granta.
벵골 출신의 소설가 아미타브 고시는 이 책과 다른 책[*The Glass Palace*(2000), *Sea of Poppies*(2008)]
에서 지구화에 대해 상당히 다른 서론을 제시한다. 그의 저작은 개도국을 가로지르는 과거와 현재의 선들
을 따라가면서, 지구화가 최근의 현상이라거나 선진국의 의제들에 의해 주도되고 있다는 관념에 의문을 제
기한다.

Crush, J. (ed.) (1995) *Power of Development*, London: Routledge.
개도국에 대한 표상들이 갖는 실제 세계의 효과를 보여 주는 초기 연구들을 모은 중요한 단행본. 그곳에서
살고 있는 사람들의 삶 속에서 '개발'의 역할에 대해 비판적 질문들을 제기한다.

Robinson, J. (2006) *Ordinary Cities: Between Modernity and Development*, London: Routledge.
도시지리학의 맥락에서 개도국 시각을 통해 주류 사회과학을 재고하기 위한 주장들을 탐색하고 있다.

발전지리학, 그리고 개도국 지리학의 최근 현황에 대한 리뷰 세 편:

- Willis, K. (2014) 'Development' in R. Lee, N. Castree, R. Kitchen, V. Lawson, A. Paasi, and C.W.J. Withers (eds) *The Sage Handbook of Human Geography*, London: Sage.
- Williams, G. (2011) 'Development: Part 1', in J. Agnew and J. Duncan (eds) *The Wiley-Blackwell Companion to Human Geography*, Oxford: Wiley-Blackwell, pp.559-74.
- Williams, G. (2011) 'Development: Part 2', in J. Agnew and J. Duncan (eds) *The Wiley-Blackwell Companion to Human Geography*, Oxford: Wiley-Blackwell, pp.575-87.

제1부

개도국의 표상

Geographies of Developing Areas

: The Global South in a Changing World

개도국 상상하기

들어가며

이 책의 초점은 '개도국'의 사람과 장소에 맞춰져 있다. 제1장에서 개관했듯이, 이 특수한 범주화는 전혀 자연스러운 결과가 아니다. 그저 세계를 바라보는 수많은 다양한 방식 중 하나일 뿐이다. 그럼에도 중남미와 카리브 해, 아프리카, 아시아를 하나의 그룹으로 묶고서 '제3세계', '개발도상국', '남반구'라고 지칭하는 것은 오랫동안 유지되어 온 공통적 관행이다. 제2장에서는 '개도국'을 상상하고 표상해 온 방식과, 그러한 관행이 갖는 의미를 살펴볼 것이다.

특히 제2장은 표상(representation)의 본질에 대해, 그리고 그러한 표상을 누가 만들어 내는지를 문제시한다. 사람과 장소에 대해 생각하는 방식은 중립적일 수 없다. 즉 권력의 방향을 따르거나, 그러한 사고방식을 낳은 문화적·사회적·정치적 규범들이 반영되어 있다. 따라서 우리는 개도국에 대한 주요 표상(〈핵심개념 2.1〉)의 유형을 먼저 조명하고, 그것이 글로벌 권력구조를 드러내는 방식을 살펴보려 한다.

제1절에서는 선진국이 개도국을 표상하는 방식에 초점을 맞춘다. 즉 선진국의 특정 집단이 개도국이나 그 일부 지역을 상상하는 방식을 살펴본다. 이때 선진국 내에 존재하는 이질적 속성, 그리고 그 속에서 작동하는 권력관계를 인식하는 것을 놓쳐서는 안 된다. 예를 들어 19세기 말에서 20세기 초 영국의 중산층이나 상류층이 노동자 계급에 대해 생각했던 방식의 일부는 아프리카인들에 대해 행했던 말과 상당히 유사했다(Bell, 1994). 아직도 (개도국 하면 떠오르는) 특정 정

표상(representation)

언어, 상징, 신호, 이미지가 객체, 사람, 사건, 과정, 사물을 나타내는 방식을 말한다. 표상은 두 가지 과정[스튜어트 홀(Stuart Hall, 1997)이 '표상체계'라고 명명했다]으로 구성된다. 첫째, 객체, 사람 등이 마음속에서 개념화되고 표상되는 조직화의 원리를 수반한다. 예를 들어 어떤 객체를 '탁자'라고 확인하기 위해서는, '탁자'라는 개념을 이해하고 있으면서 지금 보는 객체에 그 개념을 적용할 수 있어야 한다. 이러한 개념들은 공유되지만, 공유를 위해서는 의사소통할 수 있는 언어가 필요하다. 스튜어트 홀은 언어가 두 번째 표상체계라고 보았다. '언어'는 순수하게 문어만을 가리키는 것이 아니라, 이미지, 신호, 상징, 아니면 잡음도 가리킨다.

이 장과 이 책 전체에서 표상이 사용되는 방식의 핵심은, 객체에 대한 공유된 의미와 의사소통을 위해 사용되는 언어가 고정되어 있지 않다는 인식이다. 이는 의미가 객체나 사건 속에 내재해 있는 것이 아니라, 시공간적으로 상이한 특정 사회적 맥락 속에서 구성되기 때문이다. 특수한 의미는 또한 보다 광범위하게 확산될 수 있는데, 이는 권력의 차이 때문이다. 따라서 특정 객체, 사람 또는 관행, 그리고 이를 소통하기 위해 사용하는 언어는 권력의 형태를 반영하고 강화한다. 이는 미셸 푸코의 저작에서 기인한다(〈핵심개념 2.2〉).

출처: Hall, 1997에서 재인용

서는 남아 있지만, 개도국을 상상하는 방식이 어떻게 변화해 왔는지를 살펴볼 것이다.

제2절에서는 개도국 사람들이 자신들이 살아가는 개도국을 상상하는 방식을 검토한다. 이들의 상상은 그동안 선진국의 개도국 표상 방식들에 도전한다. 하지만 개도국 사람들이 인식하고 사용하는 '개도국적인 것'이 정작 일관된 개념으로 존재하는 경우는 거의 없다. 개도국 스스로가 연대를 활성화하기 위한 정치적 전략의 일환으로 비동맹운동(NAM, Non-Aligned Movement)이나 G77(group of 77)을 표방하는 경우는 있다(3장). 따라서 제2절에서는 개도국의 다양성에 초점을 맞출 것이다. 여기에는 선진국 방식의 표상들에서 종종 간과되는 사람과 장소의 연관성이 포함된다. 또한 개도국 사람들이 자신들의 정체성을 규정하기 위해 선진국(혹은 '서구적인 것')을 동질화된 개념으로 활용하는 방식에 대해서도 검토할 것이다(Bonnett, 2004).

제3절에서는 '개발' 개념이 개도국을 규정하는 렌즈로 사용되는 방식에 대해 토론할 것이다. 개발이라는 개념에 비춰 보면 개도국의 사람과 장소는 개발이 부족한 상태로 보이는데, 이 개념은 결코 중립적이지 않다(9장, 10장 및 2부). 개발에 관한 담론(〈핵심개념 2.2〉)으로 보면 개도국의 개발을 위해서는 선진국의 지원이 필요하다. 무엇을 개발시킬지, 그 방법을 누가 결정할 것인

가에는 다층적인 스케일에 걸쳐 있는 권력관계가 분명 반영되어 있다. 제3절에서는 제2차 세계대전 이후 국제적인 정책 개입을 설명하기 위해 '개발' 개념이 헤게모니적으로 사용되었음을 보여 줄 것이다. 더 나아가 개도국에서 기원한 다른 방식의 개발과 진보의 비전에 대해서도 다루려 한다.

선진국뿐 아니라 개도국 사람들에 의해 개도국이 어떻게 표상되어 왔는지 검토하는 일은 그러한 과정 속에서 권력이 갖는 함의를 조명하는 데 필수적이다. 개도국과 그곳에서 살아가는 사람들에 대한 선진국의 해석과 표상을 검토하는 일은 포스트식민주의적 접근(〈핵심개념 2.3〉)의 주요한 과제였다. 개도국에 초점을 두면 선진국과 개도국의 관계뿐 아니라 개도국 그 자체에 내재된 네트워크와 연계성이 드러날 수 있다. 제2장에서 다루는 개념들(예컨대 개도국에 대한 표상, 개발이라는 담론 등)은 글로벌하게 유통되면서, 지구화라는 현상을 통해 개도국 사람과 장소를 규정하는 데 주요하게 기여하였다. 하지만 이 책은 개도국이 그러한 개념을 수동적으로 받아들이기만 한 것은 아니라는 점을 보여 주려 한다. 개도국이나 개발에 관한 개념들은 지역 속에서 재구성되면서 종종 대안적 상상들로 이어지곤 한다.

선진국의 시각으로 개도국 바라보기

이 절에서는 개도국에 대한 선진국식 표상의 네 가지 유형, 첫째, 이국성(exoticism)과 낭만화(eroticism), 둘째, '고상한 야만인'으로서의 개도국 사람들, 셋째, 빈곤의 공간이자 도움을 요하는 개도국, 넷째, 선진국을 위협하는 위험한 장소라는 관행적 인식을 차례로 살펴본다. 네 가지 유형 모두가 개도국에 대한 인식은 유럽중심주의적(Eurocentric) 전제(〈핵심개념 2.4〉)에 기초하여 구성되었다(Amin, 1989; Blaut, 1993). 오늘날에도 다양한 미디어가 만들어 내는 온정에 대한 호소나 다큐멘터리 영화들은 유럽이 그동안 축적해 온 개도국에 대한 설명에 기초하고 있다.

이국성과 낭만화

에드워드 사이드가 말했듯이, 유럽이 세계의 다른 지역에 대해 가졌던 생각은 '타자화(other-ing)'의 과정을 기초로 형성되어 왔다. 즉 유럽적 경험(혹은 최소한 일부 유럽인의 경험)을 중심에 두거나 '정상적'인 것으로 간주하면서, 다른 장소와 다른 사람들의 삶과 문화는 비정상적인, 다시 말해 '타자적'으로 바라보는 것이다. 오리엔탈리즘(〈핵심개념 2.5〉)에 관한 사이드의 연구는 유럽인(특히 영국인과 프랑스인)이 아시아(중동)를 바라보는 분석에 기초한다. 중동은 이국적이고 신비롭거나 정적인 이미지로, 반면 서구는 역동적인 것으로 그려 왔다는 것이다. 그의 주장에 따르면, 서구에 대한 이해 자체가 동방과의 대비 속에서 만들어졌으며, 결과적으로 오리엔탈리즘은 '유럽-태평양 세력이 동방에 대해 권력의 우위에 있다는 신호'(Said, 1978: 6)이다. 사이드는 정치적 담론이나 문헌을 비롯해 다양한 종류의 표상들을 검토한다. 사이드의 책은 1910년 전 영국 총리 아서 제임스 밸푸어(Arthur James Balfour)의 연설로 시작된다. 이 연설은, 이집트인들이 자치의 역량을 갖추지 못한 반면 영국은 지배하고 질서 잡을 능력을 갖추고 있기 때문에 이집트에 대한 영국의 점령은 정당하다는 주장을 펼쳤다.

'오리엔탈리즘' 개념은 미술 분야에서도 찾을 수 있다. 예를 들어 존 프레더릭 루이스(John Frederick Lewis)가 1864년에 그린 〈카이로의 콥트교구장 집의 안뜰(The Courtyard of the Coptic Patriarch's House in Cairo)〉(〈사진 2.1〉)은 화려한 관복을 입은 터번 두른 남자와 베일을 쓰고 집안일을 하는 여성, 그리고 낙타를 비롯한 다양한 새와 동물들을 보여 준다. 이 그림이 보여 주는 장면은 19세기 영국의 의상, 건축, 가축과 확연하게 대비되면서 동양의 이국적이며 신비로운 삶의 측면을 강조한다.

타인이나 타지를 이국적이거나 다르다고 표상하는 것은 유럽과 토착종족들의 만남에 대한 식민주의적 설명에서도 드러난다. 유럽인들은 공통적으로 타자의 의상, 주거, 혹은 기독교 신앙의

사진 2.1 〈카이로의 콥트교구장 집의 안뜰〉에 대한 연구, 존 프레더릭 루이스. ⓒ Tate

부재를 이유로 이들은 덜 문명화되었다는 식으로 서술해 왔다(Nederveen Pieterse, 1992). 아치볼드 달젤(Archibald Dalzel)의 그림은 서아프리카 다오메이(Dahomy, 현재 나이지리아 남부에 자리한 옛 왕국: 역주)에 관한 것인데, 인간을 제물로 바친다거나 동족을 잡아먹는 행위를 그림으로 묘사하면서 이 종족을 '야만족'으로 그려 내었다(Dalzel, 1793; 〈사진 2.2〉). 또 다른 식민지 기록에 따르면, 대상을 이국적이고 다르게 해석할수록 특수한 문화적 관행이나 의례에 대

개발도상국과 국제개발

사진 2.2 희생을 위한 공물, 다오메이. ⓒ Dalzel(1793). ⓒ The Royal Geographical Society

사례연구 2.1

유럽인들의 탐험기

정복과 탐험에 관한 많은 글이 유럽인들에 의해 생산되었고, 다른 지역과 그곳 사람들을 궁금해했던 유럽의 청중들에 의해 널리 유포되었다. 탐험기는 유럽인들의 비서구로의 확장 경험에 비한다면 분명 부분적인 이야기일 수밖에 없지만, 오늘날의 독자들은 남겨진 기록을 통해 당시 서구와 비서구가 어떻게 표상되었는지를 유추해 볼 수 있다.

베르날 디아스델카스티요(Bernal Díaz del Castillo)와 에르난 코르테스(Hernán Cortés)가 금과 은을 찾아 현재의 멕시코를 탐험한 것은 16세기 전반이었다. 카스티요는 토착 종족의 폭력과 야만성을 이유로 들며 누에바 에스파냐(Nueva España, 현 멕시코를 중심으로 한 스페인 식민지) 지역을 정복했다. 이들의 기록에는 인신공양 의례가 포함되어 있다. 하지만 동시에 아스테카 제국의 부와 기술에 대한 놀라움도 적고 있다. 1519년 멕시코 계곡에 도착한 카스티요와 군인들은 그곳에 건설된 도시를 보고 놀라움을 금치 못했다. 도시는 호수 속에 건설되어 있었는데, 그 면적이 약 1,145㎢(서울시 면적의 2배)에 달했고, 거주지를 이어 주는 제방과 카누를 갖추고 있었다.

스페인 군인들은 현 멕시코시티에 자리한 아스테카 제국의 수도 테노치티틀란에서 몬테수마(Montezuma) 황제를 만났다. 카스티요는 몬테수마가 입고 걸친 정교한 옷과 보석뿐 아니라 식사 중에 펼쳐진 의례들과 엄청난 음식 행렬에 이르기까지 매우 상세한 기록을 남겼다.

아름답고 정갈한 네 명의 여인이 왕이 손 씻을 대야를 들고 왔다. 왕의 세숫대야 시칼레스(Xicales)였는데, 받침용 쟁반까지 갖춰져 있었다. 여인 한 명은 수건을 들고 있었다. 다른 두 명의 여인이 왕이 먹을 토르티야 빵을 가져왔는데, 왕이 음식을 먹기 시작하자마자 금칠이 된 나무 가림막을 놓아서 아무도 왕이 먹는 모습을 볼 수 없었다. 식사 후 네 명의 여인이 왕의 옆을 지키고 있었고, 연로한 족장 네 명이 와서 다시 왕의 옆에 섰다. 이들은 몬테수마와 대화를 시작했고, 몬테수마가 주로 이들에게 질문했다(Díaz del Castillo, 1956[1632]: 210).

지도자를 둘러싼 놀라운 의례에 대한 묘사는 아프리카를 여행한 데이비드 리빙스턴(David Livingstone)의 탐험기에도 잘 나타난다. 그는 한 장을 할애하여 발론다 족(현재 앙골라 서부) 족장 신테(Shinté)가 그를 위해 마련한 환영파티를 묘사하였다. 그는 파티를 스케치로 표현했으며(〈사진 2.3〉), 다음과 같은 설명을 곁들였다.

우리는 11시 정각에 신테 족장이 개최한 화려한 환영회에 영광스럽게 초대되었다. … 코틀라(kotla)라 불리는 연회장은 84㎡에 달했고, 한쪽 끝에는 아름다운 바니안나무 두 그루가 서 있었다. 그중 한 나무 아래에 신테가 표범 가죽으로 만든 카펫 위에 앉아 있었다. … 세 종류의 북과 네 명의 건반악기 연주자로 구성된 음악가들이 연회장을 몇 바퀴 돌며 우리를 융숭하게 대접했다. 북은 통나무 몸통으로 만들어져 정교하게 조각되어 있었고, 한쪽 끝에는 거미줄 같은 것으로 막아 둔 작은 구멍이 나 있었다. 북의 양옆은 단단하게 끈으로 조여진 영양 가죽이 덮여 있었다. 북의 탄성을 높이기 위해 악사들은 양면을 물에 적셨다가 불에 쬐여 수축시켰다. 악사들은 손으로 북을 두드렸다(Livingstone, 1857: 292-293).

사진 2.3 신테 족장이 개최한 리빙스턴과 선교사들을 위한 환영회
© Livingstone(1857). © The Royal Geographical Society

개발도상국과 **국제개발**

카스티요와 리빙스턴의 탐험기 모두 공식 의례, 의복, 주거, 토착민과 유럽인 간의, 그리고 토착민들 간의 사회적 상호작용을 상세히 묘사하고 있다. 이들은 세부묘사를 통해 당대 유럽인들의 기대와는 비교되는 이국적이고 차별적인 행동의 특성을 강조하였다.

출처: Díaz del Castillo, 1956(1632); Livingstone, 1857

한 설명을 강조하는 경향이 있었다(〈사례연구 2.1〉). 토착민의 입장에서 서구인과의 만남을 다른 종류의 존재와의 접촉으로 바라보는 관행이 있었으나, 그러한 기록은 거의 전해지고 있지 않다. 그런 점에서 스페인의 잉카 제국 정복에 관한 티투 쿠시 유팡키(Titu Cusi Yupanqui)의 기록[2005(1570)](잉카 말기의 군주로 『잉카 군주들의 역사』라는 저서를 남겼는데, 스페인 중심의 승자의 역사와는 다른 시각을 보여 준다: 역주)은 매우 예외적인 사례이다.

유럽 남성의 식민지 여행기를 보면 젠더와 섹슈얼리티에 대한 독특한 담론체계를 발견할 수 있다. 토착민들의 땅을 '발견했다'거나 여성이나 처녀처럼 '정복했다'는 서술이 대표적이다(Driver, 2001; Pratt, 1992). 유럽 남성들은 식민지 영토를 종종 '처녀지'라고 불렀는데, 반면 그곳의 거주자들, 특히 여성에 대해서는 성적으로 방종하다고 묘사하곤 했다. 매클린톡은 '포르노 열대(porno-tropics)'라는 용어를 통해, 유럽인들이 아프리카와 중남미 거주자들을 어떻게 바라보았는지를 특히 여성의 성적 욕구에 초점을 맞춰 묘사하였다(McClintock, 1995). 그는 윌리엄 스미스의 『기니로의 새로운 여행(A New Voyage to Guinea)』에서 여성의 행동을 묘사한 부분에 특히 주목했다. "그녀들은 남성을 만나자마자 아랫도리를 벗기도 전에 남성의 품에 뛰어들었다"(Smith, 1745: 221-222; McClintock, 1995: 23). 이러한 행동은 당시 유럽 중산층의 시각에서 보면 매우 유별나고 적절치 못한 행동이었다.

18세기와 19세기 유럽인들이 개도국을 이국적이고 에로틱한 세계로 표상한 것은 글과 그림으로 그치지 않는다. 1851년 런던에서 영국의 기술 진보를 자축하기 위해 국제박람회가 열렸다. 이 행사를 위해 특수 제작된 하이드 파크의 크리스털 궁전에서는 영국 각지와 식민지, 보호령에서 온 사람과 물건이 전시되었다. 독특한 전시물 중에는 식민지에서 건너온 원주민들이 있었다. 그들은 '전통' 의상을 입고 일상생활을 재현하는 식으로 전시되었다. 원주민의 전시는 산업혁명을 통한 첨단기술의 발전과 나란히 이루어졌다. 전통의 개도국과 서구의 우월성 및 진보가 명확히 대비되었다(McClintock, 1995). 1851년 런던 박람회는 세계박람회의 시초가 되었고, 전시 대상은 달라졌지만 유사한 묘사는 지속되었다(Expomuseum, 2013).

지구화가 진행됨에 따라 어떤 이들에게는 더 많은 여행과 다른 문화에 대한 이해를 증대시킬 수 있는 기회가 허용되었다. 하지만 개도국을 이국적으로 묘사하는 방식은 여전하다. 『내셔널 지오그래픽(National Geographic)』(Lutz and Collins, 1993 참조) 같은 잡지, 텔레비전 여행 프로그램 등은 개도국의 장소들을 보여 주면서 '전통문화'라는 이미지를 강조하는 경향이 있다. 대표적인 여행서 『론리 플래닛(Lonely Planet)』의 일부를 살펴보자. 말레이시아령 보르네오 섬에 관한 글은 타투를 하고 깃털 장식 모자를 쓴 이반(Iban) 족 남성이 나무배 위에 앉아 정글 속에서 노를 젓는 이미지로 시작한다(〈사진 2.4〉). "독특한 야생동물에서 미지의 정글까지, 말레이시아령 보르네오의 대자연 드라마에 비견될 장소는 거의 없다. 고산족 마을 방문, 열대 섬 탐험, 산 정상 정복 등은 잊지 못할 모험을 선사할 것이다"(Berry, 2013: 68). 이러한 사진과 글은 '바깥 세계'의 급속한 변화와 대비되어 별다른 변화 없이 시간이 정지한 이국적 경관과 종족의 이미지를 연상시킨다. 글을 좀 더 읽어 보자. "수세기에 걸쳐 이반 족의 삶의 방식은 거의 변화가 없었다. 나무배를 타고 낭가 델록(Nanga Delok) 마을에 들어가 이들의 전통문화를 느껴 보자"(Berry, 2013: 70). 물론 이 글의 말미에는 이 마을에도 수도와 위성 TV, 전기가 공급되고 있고, 일자리를 찾아 주민들이 밖으로 이주하고 있다는 언급이 포함되어 있긴 하다. 하지만 이 장소의 특징은 거의 변화가 없는 생활양식으로 요약된다. 개도국의 지역공동체와 정부 역시 관광개발 프로젝트를 위해 지역주민들에 대한 유사한 이미지와 생각들을 활용하기도 한다(8장).

일등 민족과 고상한 야만인

북반구와는 차별적이고 이국적인 객체로 개도국 사람들을 표상하는 양식으로 오리엔탈리즘을 보자면, 이 양식에서 중요한 한 가지 세부주제는 개도국 주민들과 자연의 관계에 관한 표상이다. 17세기 말에서 18세기까지 태평양 여러 섬을 탐험한 유럽 여행가들이 남긴 최초의 기록들은 이 섬들을 '에덴 섬'(Grove, 1995)으로 칭한다. 몇몇 유럽인들은 이곳에서 살아가는 토착민들을 '고상한 야만인(noble savage)'이라 불렀다. 즉 단순함과 정직함을 특징으로 하며, 무엇보다 잃어버린 자연과 친밀성을 갖고 있는 사람들을 유럽인들은 발견한 것이다. 이러한 관점의 '긍정적 오리엔탈리즘'은 때때로 유럽인들과의 접촉이 갖는 부정적인 측면을 희석시켰다. 예컨대 북아메

사진 2.4 이국적인 관광지인 말레이시아 보르네오 섬. © *Lonely Planet Traveller Magazine*

리카와 호주에서 행해진 의도적인 원주민 학살이나 태즈메이니아 원주민의 축출(Tatz, 2011) 등은 토착종족과 그들의 자연환경에 재앙과 같은 상흔을 남겼다. 그럼에도 불구하고 '고상한 야만인' 개념은 식민주의의 맥락에서 토착민들이 다루어진 특정한 방식에 영향을 미쳤다. 예컨대 영국의 지배자(및 인도의 지식인)는 주류 인도 사회와는 다른 종류의 규칙을 따르던 숲 거주 토착부족 혹은 '전통' 부족에 대해 지대한 인류학적 관심을 갖고 있었다. 여기에는 심각한 억압의 요소와 좋은 의미를 갖는 요소가 둘 다 등장했다. 즉 종족 전체를 '범죄집단'으로 낙인찍어 억압하는 것과, 보다 '선진화된' 인도 문화와의 접촉으로부터 원시부족을 보호하려는 선의의 시도였다(Radhakrishna, 2001).

토착종족을 표상하는 양식 속에서 '고상한 야만인'이라는 낭만화된 개념은 오늘날에도 조금 다른 방식으로 이어지고 있다. 토착민들을 '생태계 사람들', 즉 자연과 긴밀하게 연계되며 근대세계는 잃어버린 고유한 문화적·환경적 지식을 갖춘 보호받아 마땅한 집단으로 보는 사고방식이다(Gadgil and Guha, 1995). 인류학자 슬레이터는 서구 미디어가 아마존 주민들을 다루는 전형적인 방식이 그렇다고 주장했다. 그는 브라질 서부 아마조니아 주의 야노마미(Yanomami) 족을 어떻게 보호할 것인가를 둘러싼 논쟁을 연구하였다. 그는 미국 신문들이 이 집단을 환경 시민의 모델로 고착화시키면서 이 종족을 멸종위기 동물종처럼 취급하고 있다고 비판했다. 서구 미디어의 단순한 표상이 그 종족의 일상도 복잡할 수 있다는 점을 간과하게 만들 뿐 아니라, 토착민을 영웅적이면서 동시에 덜 인간화된 이미지로 만든다는 것이다. 그의 주장은 다음과 같이 집약된다. "야노마미는 또 다른 독특한 생명체처럼 다루어지면서, 이들이 생존하려면 매우 광대한 토지를 보호해야 한다는 식으로 그리고 있다"(Slater, 1995: 120).

궁극적으로 슬레이터가 주장하는 바는, 앞서 다룬 18세기에 낭만화되었던 집단과 마찬가지로, 그러한 이미지화가 토착민 자체보다는 오히려 서구사회에 대해 더 많은 것을 이야기하고 있다는 점이다. 잃어버린 에덴에 대한 서구사회의 희구가 현재 그들(아마존 사람들)의 문화로 표상된다는 것이다. 하지만 그 과정에서 이러한 이미지는 개도국 사람들의 일상적 실체의 왜곡을 불러일으키며, 더 중요하게는 토착민을 다루는 방식에 강력한 영향을 미치고 있다.

그런데 개도국 사람들 스스로가 선진국으로부터 지원을 얻기 위해 그러한 이야기를 동원하는 경우도 있다는 점을 기억할 필요가 있다. 예컨대 인도의 나르마다 계곡(Narmada valley)에 계획된 대규모 수력발전 프로젝트에 저항했던 환경운동 진영에서 토착민의 이야기를 활용한 사례이다(Baviskar, 1997; 〈사례연구 6.2〉). 최근에는 기후변화 논의에서 토착민의 역할에 주목하고 있다. 토착민은 자연과 밀접하게 관련되어 있으며 '전통 생태지식'을 가지고 있는데(Green and Raygorodetsky, 2010), 기후변화 정부간 패널(IPCC, Intergovernmental Panel on Climate change)은 기후변화에 대한 잠재적 적응력을 강조하기 위해 토착 지식의 사례를 언급한 바 있다(Parry et al., 2007).

빈곤과 페이소스(pathos)

식민지에서 유럽인과 토착민의 만남은 언제나 문명 대 비문명과의 만남이라는 유럽적인 방식으로 그려져 왔다. 당시 사용되었던 문명 대 비문명 간 대립구도는 오늘날에는 더 이상 유효하지 않지만, 개도국이 열등하거나 수동적이라는 숨은 의미는 다른 방식으로 유지되고 있다. 새로운 표상방식이 사람이 어떻게 살아야 하는가에 대한 규범적 개념에 기초하고 있다. 물질적 상품이든 특수한 사회정치적 체계든 개도국에는 무엇인가가 부족하다는 개념이 공고하게 뿌리내려져 있다. 이러한 인식이 '개발'이라는 개념의 기초가 되어 왔다(개발 담론에 대해서는 2장 후반부와 4부 참조). 이 절에서는 개도국 사람들에 대한 표상과 개발 개념의 관계를 다룬다. 개도국 사람들은 스스로 삶을 개선하기 위해 무언가를 해야 할 역량이 부재하기 때문에, 삶을 개선할 수 있는 유일한 방법은 선진국에서 지원을 받는 것뿐이라고 묘사된다. 이는 본질적으로 온정주의적인 관계이다.

최근 일부 지리학자들은 관용(generosity)이라는 주제에 관심을 갖고, 원조의 흐름이 경제적 불평등을 어떻게 반영하고 있고 또 강화시키는지, 특정한 장소와 사람들이 적극적 공여자(기관)나 수동적 수혜자로 담론적으로 구성되는 방식을 연구하고 있다(Barnett and Land, 2007; Korf, 2007; Mawdsley, 2012a). 코프는 2004년 인도양 쓰나미 이후 스리랑카에 들어온 막대한 인도적 지원과 개발원조에 관해 연구하였다(Korf, 2007). 그는 공여자의 관용이 대가 없이 이루어지는 것이 아니며, 공여자들은 수혜지역에서 매우 공식적인 방법으로 외국(주로 선진국)기관과 개인들에게 감사를 표명하길 기대한다고 지적했다. 그는 원조 프로젝트 역시 지역의 실수요보다는 공여기관 입장에서 홍보 잠재력에 기초해 선정되었다고 비판하였다.

관대하고 적극적인 선진국과 감사의 마음을 갖춘 수동적 개도국이라는 표상은 국가 대 국가 관계뿐 아니라 개인적으로 연결되는 국제적 후원관계에서도 작동한다. 대표적으로 국제 자원봉사(Baillie Smith and Laurie, 2011)나 아동 후원(Rabitts, 2012)이 그러하다. 한편, 윤리적 소비와 윤리적 무역이 커져 가는 가운데 적극적인 개도국 생산자의 역할을 강조하는 담론들은 기존의

핵심개념 2.6

원조

원조는 경제개발과 사회복지에 대한 투자를 증진하기 위해 자원을 이전하는 것을 뜻한다. 이전된 자원은 돈(지원금이거나, 우대금리로 빌리는 융자금으로서)이거나 종자, 기술적 장비, 의료물자 등과 같은 재화, 또는 교육훈련 프로그램의 일환으로서 인적자원과 전문지식이다. 원조는 가령 자연재해나 내전으로 인한 위급상황 시 제공될 수 있다. 이는 보통 '인도주의적 원조'라고 불리며, 반면에 장기 '개발원조'는 지속가능한 개발을 달성하기 위한 시도의 일환으로 사용된다. 정부 간(개별 정부 간이거나 혹은 유럽연합이나 유엔 같은 조직을 통한 다자간이거나)에 이전되는 원조는 공적개발원조(ODA)라고 불린다. 옥스팜(Oxfam)이나 크리스천에이드(Christian Aid) 같은 대형 개발조직들도 원조 공여자이며, 그보다 작은 NGO들 역시 원조의 수혜자도 채널도 될 수 있다(11장).

이분화된 표상에 도전한다(10장). 공간적·사회적으로 멀리 떨어져 있는 사람과 장소 간의 이 같은 상호작용은 공간적 압축의 사례를 보여 준다. 하지만 이러한 주제를 다룬 몇몇 지리학 연구들은 여전히 지속되는 권력 불평등을 강조한다.

원조 홍보와 캠페인은 상당히 직접적으로 개도국의 빈곤을 동원한다. 원조 관련 광고에서 특수한 형태의 권력이 어떻게 작동하는지를 지적한다고 해서 개도국에서 기아와 질병의 존재를 부정하는 것은 아니다. 다만 주목할 것은, 일부 사진과 언어가 선진국의 주체성과 개도국의 수동성을 강화하는 방식이다. 원조기관들은 선진국 공여자로부터 동정(과 궁극적으로 후원금)을 끌어내기 위해 주로 사하라 이남 아프리카나 남아시아 일부 지역의 어린이와 여성에 집중한다. 문제는 이러한 이미지가 개도국 전체를 동질화한다는 점이다(Dogra, 2011). 개도국의 위기와 재난에 관한 언론보도에도 위기에 처한 엄마와 아이들의 이미지가 광범위하게 사용된다[수단 다르푸르 내전 뉴스보도를 분석한 Cambell(2007) 참조]. 언론기사는 기아와 폭압으로부터 구원해 주는 '백인 영웅'을 비춰 주면서, 또다시 선진국의 주체성과 개도국의 수동성이란 이분법적 이미지를 더욱 강화한다(Chouliaraki, 2006; Harrison and Palmer, 1986).

사진 2.5 옥스팜 캠페인 포스터, 1967. ⓒ Oxfam

사진 2.6 옥스팜 캠페인 포스터, 1998. ⓒ Tricia Spencer/Oxfam

최근 몇몇 개발기구들은 기존에 사용했던 이미지들의 부정적 영향을 반성하며 의미 있는 변화를 촉구하고 있다(Lidchi, 1999; Moro, 1998). 이러한 변화는 우선 공여자들이 피로감을 표시한 결과이다. 즉 (선진국) 대중들이 페이소스 가득한

개발도상국과 **국제개발**

사진 2.7 옥스팜 '만인에게 식량을(Food for All), 캠페인 포스터, 2013. © Andrew Aitchison/In Pictures/Corbis/Oxfam

이미지에 염증을 느끼면서 자신들의 돈이 다른 방식으로 사용되길 원하기 시작한 것이다. 하지만 다른 한편으로는 개발원조가 시행되는 과정에서 개도국 사람들의 주체성, 자원, 역량의 전환이 그러한 변화에 영향을 미쳤다(11장). 대표적으로 국제원조 NGO인 옥스팜(Oxfam)은 수원국 사람들이 외부 원조를 기다리는 이미지 대신 자조의 이미지를 강조하는 식으로 홍보방식을 전환해 왔다. 1967년 설립 25주년을 맞은 옥스팜은 여전히 만연한 세계의 빈곤을 집중 조명하는 여러 포스터를 발행하였다. 포스터를 볼 사람(주로 선진국 시민)들에게 지원을 호소하기 위해 옥스팜의 홍보용 포스터는 쇠약한 아기나 어린이의 이미지를 담고 있었다(〈사진 2.5〉). 식량 부족과 기아가 완전히 해결된 것은 아니지만, 1990년대 들어 옥스팜의 홍보방식은 변화하기 시작했다(〈사진 2.6〉). 새로운 포스터 속의 여성은 곡식이 자라는 농장을 배경으로 더 이상 수동적으로 원조를 기다리지 않고 적극적인 생산활동(공예품 제작)에 참여한다. 포스터의 문구는 여전히 식량 부족에 대해 언급하지만, 강조점은 '이들이 농지를 최대로 활용할 새로운 방법을 찾고 있다'에 있다. '감사합니다'라는 문구가 삽입되고 옥스팜 로고로 마무리된 포스터에서 선진국 시민의 공적 후원은 여전히 중요하게 다루어진다. 하지만 포스터의 전반적인 이미지는 개도국 사람과 지역공동체의 주체성을 드러낸다. 이 포스터에는 지속가능한 경제활동을 지원함으로써 자력으로 활력을 얻는 방식의 개발원조에 대한 옥스팜의 비전이 담겨 있다. 이러한 접근법을 강조하는 개발기구(11장)가 점점 많아지고 있고, 홍보물의 내용도 바뀌어 가고 있다.

1990년대 말 이후 현재까지 옥스팜을 비롯한 국제개발 NGO들은 글로벌 경제체제 내의 구조적 제약요인들에 대해 문제제기를 시작했다. 2013년 'IF' 캠페인은 전 세계 빈민들의 먹거리 보장을 강조한다. 그런데 이 새로운 캠페인은 거대기업들의 세금회피 전략과 농민 강제퇴거에 대한 대책 마련을 G9을 비롯한 국제기구들에 강력하게 직접 요구하는 방식이었다(IF Campaign, 2013). 옥스팜은 IF 캠페인에 적극 참여하면서 개도국, 특히 아프리카의 긍정적인 이미지를 드러내기 위한 다양한 홍보물들을 제작했다(〈사진 2.7〉).

야만과 위협

식민화 과정에서 개도국 사람들은 대개 '야만인' 혹은 '문명이 결핍된 집단'으로 그려져 왔다. 오늘날에도 찾아볼 수 있는 이러한 묘사는 이들이 살아가는 장소를 위험한 곳으로 묘사하는 것이다. 개도국의 특정 장소는 용감한 탐험가나 여행자들에게는 여전히 위험한 곳이자 선진국적인 생활양식을 직접적으로 위협하는 곳이다. 레이철 페인은 이러한 현상을 '지구화된 공포(glo-balized fear)'로 설명하였다(Pain, 2010). 과거에는 그러한 위험이 국지적인 공간들과 관련이 있었지만, 지구화의 과정으로 인해 울리히 벡(Ulrich Beck)이 말하는 '세계적 위험사회(World risk society)'가 보편화되었다. 하지만 페인은 위험사회 이면에 존재하는 공간정치 및 인종정치를 드러내 보임으로써, 공포의 보편화 담론을 비판하였다. 여기서는 개도국을 위험한 곳으로 그리는 세 가지 방식, 첫째, '과잉인구' 담론, 둘째, 정치적 불안으로 전쟁이나 테러가 발생하는 곳, 셋째, 보건상의 위험이나 질병 확산의 기원지를 짧게 검토할 것이다.

개도국의 인구는 규모 측면에서 70억 인구 중 55억을 차지한다는 점에서 이미 거대할 뿐 아니라, 증가 속도도 선진국보다 훨씬 빠르다. 유엔개발계획(UNDP, United Nations Development

Programme)에 따르면 2000~2005년 동안 인간발전지수가 높은 국가의 연평균 인구증가율은 0.7%인 반면, 인간발전지수가 낮은 국가들은 2.3%의 증가율을 보였다(UNDP, 2013: 194−197). 하지만 개도국 내에서도 국가별·대륙별 인구증가율은 차이가 크다. 중남미, 동아시아, 동남아시아의 연간 인구증가율은 2% 미만인 반면, 사하라 이남 아프리카나 중동은 2%가 넘는다(〈그림 2.1〉). 정확한 통계추산의 어려움은 있지만, 이러한 사실은 대체로 이견 없이 받아들여진다. 하지만 이러한 통계활용이 지속적으로 드러내는 점은 개도국은 현재 '인구 과잉' 상태이며, 이는 선진국이나 지구 전체를 위험에 빠뜨리고 있다는 메시지이다. 이러한 위협은 두 가지 방식으로 전달된다. 하나는 지구에 대한 생태적·환경적 위험(맬서스식 사고에서 유래. 〈사상가와 논쟁 2.1〉 참조)이며, 다른 하나는 개도국에서 나오는 거대한 이주 행렬이 선진국들을 삼켜 버릴 것이라는 위협이다.

신맬서스주의적 시각은 최근의 지구 인구의 증가가 자원 위기를 불러일으킬 것이라고 간단하지만 그럴 법한 논리로 전개된다. 인간이 사용하는 자원은 지구상에 한정되어 있는데 인구는 증가하고 있어서, 개도국의 '인구 문제'에 대응할 특단의 조치가 필요하다는 논리이다. 하지만 개도국의 인구 패턴은 매우 다양하게 나타나며, 인구 증가(혹은 감소)의 원인(8장)은 맬서스식 자원 제약설로 설명되기에는 훨씬 복잡하다. 그렇지만 이처럼 단순화된 생각이 여전히 개도국을 '수백만이 우글거리는' 인구과잉의 지배적 이미지와 결합시키면서, 이 상황을 일반화하기 위한 특수한 정치적 아젠다를 이끌어 낸다. 만약 '인구 과잉'이 문제로 받아들여진다면 일련의 해결책들도 결과적으로 정당한 것으로 제시될 것이다. 북반구가 제시하는 해결책은 간섭정책을 통한 국제적 이주에 대한 통제 강화에서부터 개도국 여성들의 가임률 통제에 이르기까지 다양하다(Bok, 2010).

개도국은 또한 갈등과 정치적 불안의 장소로 묘사된다. 이는 개도국 국민들에게도 문젯거리이지만 잠재적으로 선진국을 위협하는 것이다. 선진국 미디어에서 다루어지는 개도국은 매우 제한적이지만, 그중에서도 자주 다루어지는 소재가 내전과 정치분쟁이다(Cleasby, 1995; DFID, 2000). 마이어스는 영어권 인문지리학 교과서와 입문서 10권에 대한 내용분석을 통해, 아프리카를 대표하는 공통된 이미지가 분쟁임을 밝혔다(Myers, 2001). 그의 연구에 따르면, 교재 저자들은 아프리카 분쟁의 원인을 설명하기 위해 '종족주의(tribalism)'를 내세운다. 하지만 아프리카 사회의 복잡성이나 소위 전통 '종족'으로 일컬어지는 집단의 형성에 식민주의가 어떠한 영

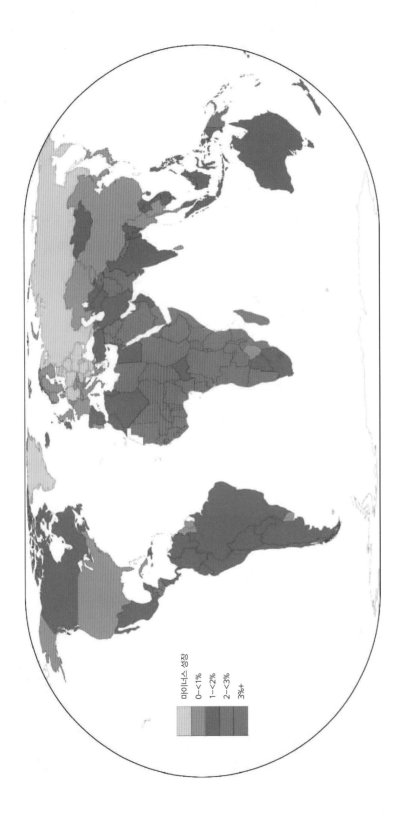

마이너스 성장
0 - <1%
1 - <2%
2 - <3%
3%+

그림 2.1 연평균 인구성장률(2000~2010), 출처: World Bank, 2011: 표 1의 자료를 재구성. Map data © Maps in Minutes™(1996)

사상가와 논쟁 2.1

맬서스와 (신)맬서스주의

토머스 맬서스(Thomas Malthus, 1766~1843)는 『인구론』(1798)에서 인류가 과잉인구의 위기에 직면했다고 주장했다. 기근, 질병, 전쟁으로 인구 증가가 제어되지 않는다면, 식량생산은 기껏해야 산술급수(1, 2, 3, 4. …)적으로 늘어나는 반면 인구는 기하급수(1, 2, 4, 8. …)적으로 증가할 것으로 보았다. 인류가—특히 빈민들이—'도덕적 제한'을 발휘하지 않는다면, 인류의 비참함과 기아가 늘어나는 것은 필연적인 결과라는 것이다. 그는 영국의 구빈법이 빈민들에게 자신들의 출산결정 책임을 침해하는 사회보장을 제공함으로써 이 문제를 악화시켰다고 주장했다.

인구론이 출간된 지 한 세기 반이 지나자, 기술변화로 인해 농업생산이 급격히 증가하는 세계인구의 자원 필요를 충족시켜 줄 수 있는 것으로 보인다. 하지만 1960년대 말이 되자 인구 성장에 대한 생태적·환경적 제약이라는 생각이 다시금 심각하게 논의되기 시작했다. 파울 에를리히는 『인구폭탄』(Ehrlich, 1968)에서 '모든 인류를 먹이는 경주'는 끝났다고 주장하면서, 맬서스를 상기시키며 국제원조는 궁극적으로 기근을 키울 뿐이라고 주장했다. 맬서스적 사고의 요소들은 영향력 있는 보고서 『성장의 한계』(Meadows et al., 1972)에도 나타난다. 이 보고서는 인구 성장이 궁극적으로 '오버슈팅과 붕괴'를 가져올 것으로 예견했다. 모든 인류의 생활수준과 기대수명의 급속한 감소가 필연적이라는 것이다. 21세기의 시점에서 내려다보면, 이 같은 신맬서스주의적 저작들이 디테일에서는 일견 틀린 것으로 보이지만 큰 그림은 맞았다고 볼 수 있다. 결국 인류가 만들어 낸 기후변화를 이제 대부분의 사람들이 사실로 받아들이고 있고, 현재의 전 세계 인구 수준은 인류가 보유한 자연적 기반을 깎아먹는 재앙을 가져오고 있다는 증거를 제공해 주고 있기 때문이다.

표 2.1 1인당 연평균 자원소비량: 인도와 미국

자원	인도	미국
이산화탄소 배출량(톤)(2008)[a]	1.5	18.0
에너지(석유상당량, kg)(2010)[b]	566	7,164
육류(kg)(2005)[c]	5.1	126.6
생태발자국(글로벌 헥타르)(2007)[d]	0.9	8.0

주: 국가평균이어서 양국 내 소비의 엄청난 차이는 가려져 있다. 생태발자국은 1인당 평균 소비와 이산화탄소 배출을 지탱하기 위해 필요한 생물학적으로 생산력 있는 토지와 바다의 면적이다. 이는 필요한 토지와 바다의 면적인 글로벌 헥타르의 형태로 산출된다(Global Footprint Network, 2010).
출처: a UNDP, 2013: 표 13; b World Bank, 2013a; c FAO, 2009: 표 A3; d Global Footprint Network, 2010에서 재인용

하지만 신맬서스주의는 여러 가지 근거에서 의심스럽다. 특히 인구 증가와 자원 이용 간에 너무 단순한 연결고리를 상정하고 있다는 점에서 그렇다. 인구 증가, 특히 빈민의 출산력에 초점을 맞추면 국가 간·개인 간 자원활용의 불평등(《표 2.1》)을 놓치게 만든다. 특히 선진국 사람들, 그리고 개도국 중산층의 지속가능하지 않은 생활방식이 훨씬 더 큰 문제이기 때문이다.

출처: McCormick, 1989; Robbins, 2012에서 재인용

향을 미쳤는지에 대한 언급은 누락되어 있다(다르푸르 분쟁에 대한 언론의 단순한 표상에 관해 Cambell, 2007 및 〈사례연구 3.4〉 참조).

이른바 '테러와의 전쟁'은 개도국의 특정 지역에 대한 표상의 문제와 관련이 깊다. 중동 국가나 무슬림 인구가 대다수를 차지하는 인도네시아가 주로 글로벌 안보, 보다 정확하게는 선진국 시민들에게 위협요소로 거론된다(Gregory, 2004; Sparke, 2007). 선진국 정부가 사용하는 수사나 언론 기사에서는 이러한 장소들을 통제 불가능한 위험지역으로 분류한다. 페인은 이러한 표상에 대해 다음과 같이 주장한다.

정부와 우파의 수사는 세계정치 지도에서 (백인) 서구인들은 '내부' 혹은 본토에, 테러리스트의 위협은 '외부'에 배치한다. 이러한 상상의 지리는 위험한 장소로 지목된 장소에 대한 이미지를 재생산하며, 기존의 인종적 증오를 강화한다(Pain, 2010: 470).

이와 같은 외부자에 대한 공포는 냉전시대 종식 이후의 할리우드 영화에도 여전히 반영된다. 과거에는 구소련이 주로 적으로 표상되었으나, 최근에 새로운 위협요소는 주로 중동 국가들에서 유래한다(Carter and Dodds, 2011).

마지막으로 개도국은 질병의 근원으로써 선진국 사람들을 위협한다고 표상되어 왔다. 19세기 아프리카와의 관계에서 사용되었던 '검은 대륙'이라는 담론은 현대사회에서 HIV/AIDS의 기원과 확산에 관한 이야기 속에서 재작동된다(Jarosz, 1992). 북아메리카에서 아이티를 바이러스 확산 장소로 바라보는 시각에서도 동일한 과정이 발견된다(Farmer, 2006). 많은 미국인들은 '부두 관행(voodoo practices)' 때문에 아이티가 질병의 근거지가 되었고, 미국인들이 아이티를 방문할 때나 아이티인들이 미국으로 이주하는 경로를 따라 HIV/AIDS가 전파되었다고 믿고 있다. 오히려 그와는 반대로 미국인 방문자로부터 아이티인에게 HIV가 전염된 경로를 밝힘으로써 두 지역 간의 HIV/AIDS가 실제로는 매우 다르게 전개되었음을 증명하는 연구가 있다. 이러한 연구는 비난의 방향을 돌리는 것이 아니라, 개도국을 이해하는 지배적인 방식이 실제 일어나는 일을 숨기고 더 나아가 적절한 지원을 방해한다는 것을 드러내기 위함이었다.

이 절에서는 선진국이 우월하다는 생각이 어떻게 구성되었고 시간이 지나면서 어떻게 강화되어 왔는지 드러내기 위해, 개도국에 대한 네 가지 주요 표상방식을 살펴보았다. 애초에는 특수한 사람과 장소를 설명하기 위해 등장한 특수한 담론이 개도국 전체에 광범위하게 적용되고 있다는 점을 이해할 필요가 있다.

개도국의 시각에서 개도국 재해석하기

앞 절에서는 선진국이 제기해 온 개도국에 대한 표상형식들과 관련하여 핵심적인 주제를 다루었다. 이 절에서는 개도국 스스로가 어떻게 표상하는지에 초점을 맞춘다. 선진국들의 표상과 마찬가지로, 그러한 담론들은 개도국의 특정 집단에서 비롯된 것으로 항상 특정 지역과 관련된다. 예컨대 인터넷 블로그 'Africa is a Country'는, 흔히 아프리카 하면 떠오르는 기아와 내전보다는 아프리카인들의 문화적·경제적·정치적 삶과 스포츠에 대한 관심 등에 초점을 맞춘다. 이 절에서는 개도국 내의 상호연결성, '퇴폐적인 선진국'과 대조되는 도덕성과 '전통적 가치'가 살아 있는 개도국, 근대적인 개도국 등 세 가지 주제를 다룰 것이다.

상호연결의 역사

이 책의 핵심주제는 개도국 사람과 장소가 어떻게 글로벌 차원의 경제적·정치적·문화적 흐름 속으로 편입되었고, 그로 인해 어떤 영향을 받는지, 그리고 개도국 내부의 네트워크는 어떻게 형성되는지 살펴보는 것이다. 하지만 이러한 주제는 흔히 선진국과 개도국 간의 연결에만 초점을 맞추면서 개도국 내의 연결이 갖는 중요성은 소홀히 다루어 왔다. 그러한 연결은, 비동맹운동(NAM)과 G77(77개도국모임)처럼 선진국이 연루되어 있는 과정에 대한 직접적인 반발로 인해 형성되곤 한다. 그런데 (국제원조 같은) 다른 경우에서는 개도국 내의 상호연결이 선진국과는 전혀 혹은 거의 관계없이 이루어지기도 한다.

제3장과 제4장에서는 글로벌 경제·정치체제의 형성에 대해, 그리고 개도국이 그 과정에서 수행하는 역할에 대해 상세하게 다룰 것이다. 개도국들은 글로벌 무역논의나 정치적 영향력과 관련하여 항상 불리한 상황에 처해 있다. 이러한 상황 속에서 개도국 내의 여러 형태의 협력과 연대는 때로는 큰 영향력을 발휘하기도 한다. 제2차 세계대전 이후 아프리카와 아시아의 신생독립국

들은 서구의 자본주의 방식이나 소련권의 공산주의 방식에서 벗어나 자신들만의 독자적 방식을 만들어 가려고 노력했다. 1961년 결성된 비동맹운동은 냉전시대 개도국 국가 간 협력의 요체였다(3장).

무역 측면에서는, 글로벌 경제와 무역을 규제하는 글로벌 기구들이 커지면서 개도국들도 새로운 협력의 장을 열어젖혔다. 선진국 국가들의 경제적 압력에 직면하면서 개도국들도 G77 같은 조직을 창설하였다(3장).

경제적 지구화의 과정이 진전되면서 전 세계적으로 자유무역지대나 관세동맹 같은 지역적 무역블럭이 확산되었고, 그 중요성도 커져 갔다. 경제 규모의 측면에서 가장 비중이 큰 두 지역블

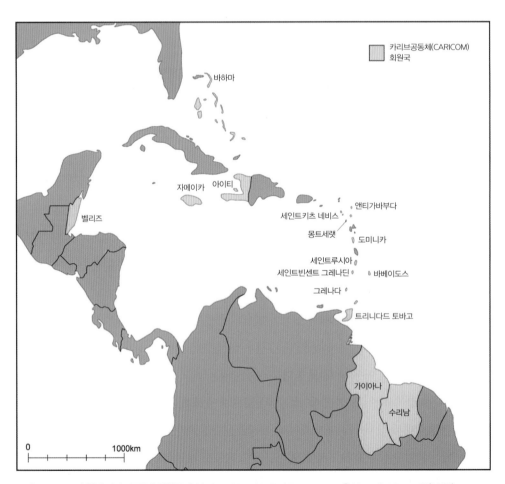

그림 2.2 2013년 현재 카리브공동체 회원국. 출처: CARICOM, 2013 자료. Map data © Maps in Minutes™(1996)

개발도상국과 **국제개발**

사례연구 2.2

쿠바의 의료 외교

쿠바는 협력관계에 있는 많은 개도국들과 공동으로 적극적인 국제 의료프로그램을 가동하고 있다. 2009년 현재 4만 명의 쿠바 인력이 74개국에서 일하고 있다. 수용국 정부(주로 아프리카와 중남미)에서는 이들에게 주택을 제공하고, 항공료와 생계 유지를 위한 소액의 월급을 지불한다. 환자들은 의료서비스에 대해 직접 지불하지 않는다. 쿠바 의료인력은 해외에 있는 동안에도 쿠바 정부로부터 계속 월급을 지급받는다. 쿠바는 G8 국가를 다 합한 것보다 더 많은 의료인력을 개도국에 송출하고 있다.

쿠바가 처음으로 의료인력을 해외에 보낸 것은 1960년이었다. 당시 56명의 의사와 다른 의료인력들이 신생독립국 알제리를 지원하기 위해 파견되었다. 그 이후 쿠바 의료지원팀은 많은 개도국에 진출하여 여러 활동을 해 나갔다. 재난 대응팀의 일원으로(1998년 허리케인 미치가 중앙아메리카를 강타했을 때처럼) 활동하기도 했고, 가난한 도시와 농촌 지역에서 장기 프로그램을 수행하기 위해 파견되기도 했다. 때로는 선진국에도 지원을 제공하기도 했다. 예컨대 2005년 허리케인 카트리나(Katrina)가 미국을 강타했을 때 희생자들을 돕기 위해 의료인력과 지원을 보내겠다고 제안했으나, 미국 정부는 이를 거부했었다.

또한 쿠바는 9개 의과대학을 세우고 그곳에서 인력을 양성함으로써 개도국들이 의료 기술능력을 갖추어 갈 수 있도록 돕고 있다. 그 첫 사업은 1975년 예멘에서 이루어졌다. 1998년에는 학비를 감당하기 어려운 학생들에게 무료 교육을 제공할 수 있도록, 쿠바에 라틴아메리카 의과대학(ELAM, Latin American School of Medicine)이 설립되었다. 여기에는 미국에서 온 저소득층 학생들도 포함되어 있다. 양성 과정은 지역공동체 의료 및 공중보건에 초점을 맞추고 있으며, 학생들은 교육이 끝난 후 본국으로 돌아가 공식적 보건의료 지원에서 소외된 지역공동체를 위해 일하도록 권장된다.

쿠바의 보건의료 외교는 남-남 간 협력과 연대의 좋은 사례이다. 쿠바 정부는 1959년 혁명 이후 국제주의 이념의 일부로서 이러한 정책을 채택했다. 그런데 이는 또한 쿠바에 대한 다른 국가들의 지원을 이끌어 내는 데도 도움을 주었다(어떤 정부의 이념이 쿠바 정권의 이념과 완전히 반대되는 경우에도 쿠바의 의료지원이 이루어지는 경우가 있었다). 쿠바에 대한 미국 정부의 무역 봉쇄 시기에 그러한 외교적 지원은 대단한 위력을 발휘했다.

출처: Feinsilver, 1989; Huish and Kirk, 2007; Kirk, 2009에서 발췌

력은 유럽연합(EU)과 북아메리카자유무역지대(NAFTA)이다. 그 밖에도 경제성장과 개발을 도모하고자 회원국들을 지원하는 다른 지역블럭들도 많고, 그중 상당수는 개도국에 있다. 예를 들어 남아프리카 관세동맹(SACU, Southern African Customs Union)은 보츠와나, 레소토, 나미비아, 남아공, 스와질란드로 구성되어 있다. 동맹국 간에는 상품·자본·서비스의 이동이 자유롭고, 동맹국 이외 국가와의 무역에는 공동관세가 부과되며, 그 기금은 동맹국 간에 재분배된다(SACU, 2013).

아주 작은 규모의 경제에서는 지역적 연합이 국가 발전에 중요한 기여를 할 수 있고, 개별 국

가는 해낼 수 없는 방식으로 국익을 높여 줄 수 있다. 1973년 결성된 카리브공동체(CARICOM, Caribbean Community)는 15개 회원국으로 구성되어 있으며(〈그림 2.2〉), 과거 서인도연방 (West Indies Federation)(1958~1962)과 카리브자유무역연합(CARIFTA, Caribbean Free Trade Association)(1965~1973) 등의 지역 연합조직에서 시작되어 지금에 이르고 있다. 카리브공동체는 지역 내 협력의 증진은 물론이고, 회원국 간의 상품과 서비스 무역을 촉진시키기 위한 단일 시장을 운영하고 있다. 이처럼 개도국들 간에 연결이 긴밀해지고 새로운 형태의 경제·정치 공간이 형성되고 있다는 점은 개도국에 대한 선진국의 표상에 무언가 문제가 있다는 점을 환기시켜 준다. 왜냐하면 그러한 연결은 선진국-개도국 관계가 아니라 개도국 내 관계로부터 출현했으며, 결국 이는 개도국 정부의 무시할 수 없는 행위주체성을 보여 주는 것이기 때문이다.

개도국 사람들을 수동적인 존재로 묘사하는 이미지에 대한 이러한 도전은 개도국에서 행해지는 다양한 형태의 국제적 지원에서도 확인할 수 있다. 아프리카에서 중국이 수행하고 있는 경제적 역할은 1990년대 후반부터 크게 증가하고 있다(〈사례연구 3.5〉와 〈사례연구 4.6〉). 그런데 이미 그전부터 중국 정부는 일부 아프리카 국가들에 기술 및 교육 원조를 제공해 왔다(Mawdsley, 2007, 2012b). 국제적 연대를 위한 쿠바의 노력은, 특히 군사원조와 의료지원 분야에서 더욱 광범위하게 이루어져 왔다(〈사례연구 2.2〉). 개도국 정부와 국민들은 타국에서 재난이 닥쳤을 때 기꺼이 도움의 손길을 뻗어 줄 수 있는 능력과 의지를 갖고 있다. 예를 들어 2005년 미국에 허리케인 카트리나가 덮쳤을 때 스리랑카에서는 미국에 원조를 보냈다(Korf, 2007).

이 절에서는 개도국 간의 독특한 형식의 상호연결들을 살펴보았다. 개도국에 대한 선진국의 표상을 통해 여과된 이미지가 아니라, 개도국 스스로의 관점에서 어떻게 상상될 수 있는지 보여 주기 위해서였다. 이 절은 또한 개도국 사람들의 행위주체성을 입증했다. 이 점은 개도국에 대한 선진국의 표상에서는 결여되어 있기 때문이다.

도덕성과 전통적 가치

개도국이 '문명화되지 못한(uncivilized)' 곳으로 표상되는 것과는 반대로, 선진국은 개도국 정부와 주민들에 의해 비도덕적인 곳으로 표상된다. 그러한 담론들은 정부에 의해 국가 건설을 촉진하는 방식으로 동원되는 경우도 있지만, 생각, 상품, 사람의 글로벌한 흐름으로 인해 야기되는 갈등을 다루는 전략를 반영하는 것이기도 하다.

최근 '아시아적 가치(Asian values)'라는 개념을 통해 '서구(West)'가 '아시아'와 반대되는 개념으로 구성되는 방식에 대한 논의가 많아지고 있다(Alistair Bonnett, 2004). 1980년대에는 싱가포르[리콴유(Lee Kwan Yew) 수상]와 말레이시아[마하티르 모하맛(Mahathir Mohamad) 총리]의 지도자가 국내 및 국제정치에서 '아시아적 가치'를 동원하는 데 선봉에 섰다. 두 지도자는 자국 경제를 외국자본에 개방하여 급속한 경제성장을 추진하고자 노력하면서(〈사례연구 4.5〉), 서구의 사회적·문화적 영향력에 깊은 우려를 나타냈다. 이를 '서양중독증(Westoxification)'이라는 용어로 표현하기도 한다. 이 두 수상은 서구사회의 개인화와 자유주의를 자신들이 생각하는 아시아적 생활실천 방식과 대비시켰다. 여기서 아시아적 생활실천 방식은 집단주의, 권위의 존중(가정과 사회), 근면 등의 유교적 원리에 바탕을 둔다(Chong, 2004; Perry et al., 1997; Stivens, 2006).

중국, 인도네시아, 베트남 같은 다른 아시아 정부들도 자유민주주의로의 이행을 요구하는 서구의 압력에 대항하는 방안으로 싱가포르와 말레이시아의 '아시아적 가치'를 후원하였다. 1994년 리콴유 수상은 한 인터뷰에서 "내가 해야 할 일은 서양 시스템이 잘못됐다고 말하는 것이 아니라, 그 시스템이 제대로 작동되지 않을 사회에 무조건 밀어 넣지 말라고 말하는 것이다."라고 말했다(Chong, 2004: 104).

동아시아, 남아시아, 중동의 많은 정부들은 선진국이 아시아 국가의 내정에 간섭하려 한다고 의식하고 있으며, 이에 맞서 선진국과 상이한 가치체계를 요청함으로써 결속을 다져 나가려 노력하고 있다. 하지만 모든 아시아 국가들이 같은 방식으로 '아시아적 가치'를 기꺼이 활용한 것은 아니었다. 예를 들어 일본, 필리핀, 태국 등은 리콴유의 주장에 공식적으로 동조하지 않았고, 대부분의 아시아 인권단체들도 그의 주장을 비판했다(Chong, 2004).

이처럼 아시아 내에서 이견이 있긴 하지만, 아시아적 가치가 동원되는 방식은 분명 개도국이 스스로를 표상하는 한 사례라 할 수 있다. 또한 그러한 수사는 도덕성에 관한 구체적인 논의 속에서, 특히 종교적 맥락에서 활용되곤 했다. 요약하면, 그러한 표상에서 선진국, 즉 서구는 종교적 원리를 준수하며 살아가지 않고 개인이 자신의 욕망을 추구하는 비도덕적이고 죄악으로 가득한 장소로 그려지곤 한다.

개도국이 선진국보다 얼마나 더 도덕적인지를 보여 주는 지표로 성적 행동이 강조되기도 한다. 동성애, 혼외정사, 혼외 출산, '전통가족'의 붕괴 등이 선진국의 타락과 비도덕성을 보여 주는 사례로 간주된다(Stivens, 2006). 아프리카의 여러 국가에서 벌어진 동성애에 관한 지속적인 정치적·종교적 논쟁은 도덕성의 이분법을 확립하는 담론을 반영한다. 즉 동성애에 관한 진보적 태도를 강요하는 선진국의 노력에 대해, 상상된 전통적 가치와 실천을 유지하려고 한다. 예를 들어 21세기 초 아프리카의 교회 지도자들은 미국의 게이 목회자 서임이나 동성 간 결혼에 관한 논의를 신랄하게 비판해 왔다. 이에 대한 한 가지 해석으로, 영국 성공회의 맥락에서 존 앤더슨은 "과도하게 리버럴한 문화적 맥락에서 형성된 선진국 교회의 리더십이 갖는 신학적·도덕적 제국주의에 저항하여 전통주의적인 개도국들이 맞서 싸우고 있다."라고 본다(Anderson, 2011: 1592). 여러 아프리카 국가의 의회에서는 엄격한 반(反)동성애 법령을 시행하려는 노력이 있어 왔는데, 이는 식민지 시대 당시에 도입된 법령에 기초하는 경우가 종종 있다. 2009년 우간다 의회에 제출된 반동성애 법률안의 서문은 "이 법률은 전통적인 이성애 가족에 대한 내외적 위협이 점증하는 상황을 막기 위해 국가의 권한을 강화하는 것을 목적으로 한다."라고 적혀 있다(Anderson, 2011: 1593에서 재인용). 외부적 위협에는 서구 미디어, 국제 인권단체, 선진국에서 영국 성공회의 변화 등이 포함된다. 2013년 5월 현재 이 법안은 아직 통과되지 못한 채 심의 중이다.

동성애 자체와 동성애 허용 문화를 선진국의 관행이라고 간주하는 담론은 동성 간의 관계가 아프리카에서도 오랫동안 존재해 왔다는 점을 인정하지 않는다(Murray and Roscoe, 1998). 개도국의 많은 곳에서 반동성애 법안이 시행되고 논의되고 있긴 하지만, 레즈비언·게이·양성애자·트랜스젠더(LGBT)를 위한 권리는 국가마다 무척 다르다는 점을 인식해야 한다. 예를 들어 동성 간 결혼과 1996년 남아공 헌법에 명시된 LGBT 권리는 아르헨티나, 브라질, 남아공, 그리고 멕시코의 여러 주에서는 합법적인 것이다. 그렇지만 이 점이 LGBT 당사자들이 차별과 폭력에 직면해 있지 않고, 또 이들의 권리가 법적으로 완전히 인정받고 있다는 것을 의미하지는 않는다.

개도국의 일부가 선진국과는 대조적인 독특한 윤리 및 가치체계를 공유하고 있다고 보는 표상은, 응집력 있는 국가 건설과 집단적 정체성을 만들어 내기 위해 특히 정치인과 종교지도자들이 사용하곤 한다. 하지만 선진국에 의한 개도국의 표상과 관련하여 사용되는 이미지와 담론들은, 표상들이 서로 경합적인 특성을 지니며 개도국의 특정 지역에서도 다양성을 지닌다는 점을 잘 인식하지 못한다.

근대성(Modernity)

'근대성' 개념은 가장 기본적인 수준에서 말하자면 근대화된 상태 또는 현대적인 상태를 말한다. 하지만 이른바 근대적이라는 것은 중립적인 개념은 아니다. 오히려 근대성이라는 관념은 권력의 행사와 관련하여 만들어진다. 제2차 세계대전이 끝난 이후 근대성은 글로벌한 수준에서 보았을 때 항상 선진국의 경험과 관련하여 정의되어 왔다. 경제적인 측면에서 이 개념은 산업적·도시적인 부분에서, 그리고 기술적으로 보았을 때 진보적인 경제를 향해 발전해 간다는 사고에 초점을 맞추었다(〈사상가와 논쟁 9.1〉). 근대성은 또한 특정한 소비 실천(8장) 및 자유민주주의에 기반한 정치적 참여 형식(2장)을 의미하며 사용된다.

이처럼 구성된 근대성이 지닌 유럽 중심적 특성은 특히 이슬람 및 아시아 국가들로부터 그 비판이 더욱 확대되고 있다. 비판적 형태의 근대성은 선진국식 모델과 기대로부터 벗어나 적절한 도덕적 규범에 따라 살아가는 인구를 안고 있는 경제적으로 발전한 사회를 만들어 가려고 노력하고 있다.

근대성

선진국이 개도국을 가난으로 점철된 곳으로 보는 이미지와는 대조적으로, 개도국 국가들은 근대성(〈핵심개념 2.7〉)에 대한 독특한 담론들을 보여 준다. 개도국 주민들의 생활방식으로서 근대성은 제8장에서 다루겠지만, 여기서는 개도국 정부, 지역, 도시 등이 근대성 담론들을 특히 투자 유치의 수단으로 어떻게 활용하는지 부각하고자 한다.

경제 지구화 시대의 흐름 속에서 선진국과 개도국의 많은 정부들은 '지구화 게임에 참여하는 것' 말고는 다른 대안이 없다고 본다. 이에 따라 자국과 지역 및 도시를 가능한 외국자본에 매력적으로 보이게끔 만들어 간다(Kelly, 2000). 이는 장소마케팅을 통해 이루어진다. 이는 탈산업화되고 있는 선진국 도시들이 도시재생 전략을 통해 새로운 투자와 거주민을 끌어모으고자 하는 시도를 지칭하는데, 이제는 전 세계적으로 널리 확산되는 중이다. 이러한 장소마케팅은 이른바 '근대적인' 것으로 간주되는 차원들, 가령 고품질 인프라의 이용 가능성, 외국투자와 고숙련 노동력을 보호하는 법적 장치 등과 같은 것들을 포함한다. 낮은 임금수준, 유연적인 환경규제법과 노동법(4장) 등의 다른 요인도 부각되지만, 이러한 것들은 전자와 똑같은 방식의 '근대적'인 것으로 구성되지는 않는다.

개도국에서 장소를 마케팅하기 위해 사용하는 이미지들은 개도국에 대한 선진국의 상상과 유사한 수사들, 특히 자연환경과 삶의 장소에 대한 수사들을 동원한다. 예를 들어 자메이카 무역투자청(JAMPRO, Trade and Investment Jamaica)은 선진국 사람들이 자메이카에 대해 갖는 일반적인 이미지들을, 경제적 근대성을 부각시키는 이미지들과 병렬적으로 배치하는 캠페인을 벌이고 있다. 청정한 푸른 바다를 내려다보는 테라스 딸린 주택가 이미지와 함께 노트북을 사용하는 사업가의 모습을 담은 사진을 내세운다. '당신이 늘 방문하고 싶어했던 장소가 바로 당신이 사업하고 싶은 그 장소이다'라는 슬로건은 그곳이 바로 사업하기 좋은 입지라는 생각을 강화시켜 준다. 휴식의 기회를 주는 경치 좋은 곳일 뿐 아니라 자메이카가 제공하는 사업 기회와 인프라가 잘 갖추어진 곳이기 때문이다(Trade and Investment Jamaica, 2013).

정부에서는 올림픽이나 월드컵, 정상회의 등과 같은 글로벌 혹은 대륙적 규모의 이벤트를 활용하여 개최국과 도시를 널리 홍보하기도 하고, 이벤트를 통해 유입된 사람과 자본으로 혜택을 보기도 한다(Cornelissen, 2008). 하지만 이러한 근대성 이미지에는 간혹 그 이미지에 부합되지 않는 사람과 장소를 없애려는 시도가 뒤따르기도 한다. 아주 분명한 사례가 바로 베이징 올림픽 준비과정에서 저소득층 거주민들을 몰아낸 사건이다(Shin and Li, 2012).

이러한 형태의 장소마케팅은 항상 근대성에 대한 선진국의 생각과 관련하여 만들어진다. 개도국 정부들은 개도국이 '낙후되어' 있고 경제적으로 빈곤한 곳으로 그려지는 이미지에 반발해서 장소마케팅을 적극적으로 고려한다. 그렇지만 이들의 장소마케팅은 항상 유럽 중심적인 진보관념에 기반을 두고 있다. 또 다른 근대성의 개념들은 다른 근원을 지닌 영감에 바탕을 두면서, 사회와 경제의 개발방식에 관한 선진국의 생각을 전복시키려 노력한다.

앞서 논의한 아시아적 가치 논쟁은 싱가포르와 말레이시아 등의 일부 국가가 선진국이 경험한 궤적을 그대로 밟아 경제적 근대화를 성취하면서도 동시에 가족, 존경, 권위 등 '전통적' 가치로 간주되는 것들을 보호하기 위해 어떻게 노력하고 있는지를 보여 주는 좋은 사례이다. 이와 유사한 맥락에서 이른바 '이슬람식 근대성'에 관한 논의도 있다(Adelkhah, 2000).

중동의 많은 국가들, 특히 아랍에미리트 같은 페르시아 만 국가들은 석유로 얻은 부를 활용해 대규모 인프라를 건설하고, 경제성장을 일으키기 위해 2차 및 3차 산업을 발전시키고 있다. 그러나 이러한 형식의 근대성이 항상 사회적 자유주의나 정치적 민주화로의 이행과 함께 이루어지지는 않았다. 근대성이 채택되면서도 이슬람 문화의 도덕적 규범은 여전히 준수된다. 예를 들면, 잘 알려진 두바이의 인프라 프로젝트에는 6성급 부르즈알아랍 호텔(Burj Al Arab Hotel)과 부르즈칼리파(Burj Khalifa) 주상복합 빌딩 등이 포함된다. 부르즈칼리파 주상복합 빌딩은 2013년 6월 현재 세계 최고층 빌딩이다(〈사진 2.8〉). 이 건물들은 두바이를 투자 대상지로, 또 여행과 쇼핑의 적지로 홍보하는 데 활용된다. 그러나 외국 관광객과 서구 출신 거주민들의 행동은 대개 묵인되지만, 현지인들은 (적어도 공공장소에서만큼은) 절제하고 예의 바르게 행동할 것이 요구된다. 두

사진 2.8 두바이의 부르즈칼리파 빌딩. ⓒ Tim Dirven, Panos

바이 정부 입장에서 근대성은 종교적 윤리와 가치를 버리지 않고도 성취될 수 있는 것이다.

　개도국의 장소들이 어떻게 '근대적인' 곳으로 표상되는가와 관련된 논의는, 앞 절에서 다루었던 개도국에 대한 선진국의 표상들과 극명히 대비된다. 이는 같은 장소에 대한 생각이 권력의 차이나 표상을 조성하는 담론을 반영하여 매우 다르게 나타난다는 점을 잘 보여 준다. 개도국에 대한 긍정적인 표상들이 특히 개도국 내부에 형성되어 있음에도 불구하고, 아프리카, 아시아, 중남미, 카리브 지역의 지배적인 이미지에서는 여전히 선진국이 지니고 있는 무언가가 없다는 점이 부각된다. 다음으로는 '개발'의 맥락에서 이 점을 좀 더 깊이 있게 살펴보자.

일종의 상상으로서의 개발

'개발'이라는 개념은 흔히 선진국이 개도국을 바라보는 방식으로서 여겨지는데, 여기서는 개발에 대한 개도국 내부로부터의 대안적 견해를 살펴보려 한다. 그 이유는 개발에 대한 선진국 중심적 입장이 우세하다는 점을 부인하고, 개도국이 그러한 입장에서 어떻게 상상되고 있는지 그 자체를 거부하자는 것은 아니다. 단지 그 대안들의 가능성이 있다는 점, 그리고 대안적 미래에 대한 상상의 틀 속에서 개도국이 만들어 내고 있는 여러 기여들을 강조하려는 것이다. 여기에서 논의하는 개발의 상상들은 앞서 논의한 주제들과 분리된 독립적인 것이 아니다. 예를 들어 개발에 대한 여러 연구접근에는 선진국이 우월하다는 가정이 깔려 있으며, 심지어는 개발 관행 속에서 인종주의적 요소가 발견되기도 한다(Crewe and Fernando, 2006).

미래를 상상하기: 선진국의 전후 시대 개발정책

제2차 세계대전 후에 이른바 '개발(Development)'(대문자 D)이 시작되었다(Hart, 2001). 이는 국제원조와 외국의 정책이라는 형태로 진행되었다. '개발(Development)'이란 특정한 목표를 달성하기 위한 일종의 의도적 개입이다. 목표는 '진보(progress)'와 '근대성'이었다. 이제 식민지 개도국의 경제적·정치적·사회적 변화가 선진국 정부와 식민지 지배구조로 혜택을 입는 자들에게 맞춰져 있던 식민지 시대에서 벗어나 새로운 전환점을 맞이한 것이다. 제2차 세계대전 이후 독립한 개도국에서 벌어지는 의식적인 개입과 정책입안으로서의 '개발'이 비중 있게 수용되기 시작했다. 미국 같은 서구의 핵심 행위자들은 개발을 냉전체제의 맥락에서 평화를 증진시키고 전략적인 힘을 확보하는 수단으로 바라보았다(3장). 미국 트루먼 대통령의 취임연설은 이러한 접근을 잘 보여 준다.

역사상 최초로 인류는 이 사람들[세계의 빈민들]의 고통을 경감해 줄 지식과 기술을 갖게 되었다. … 나는 평화를 사랑하는 사람들에게 우리의 풍부한 기술지식의 혜택을 전해 주어 더 좋은 삶에 대한 그들의 열망이 실현될 수 있도록 도와야 한다고 믿는다. … 우리의 구상은 민주적이고 공정한 거래를 바탕으로 하는 개발 프로그램이다. … 생산 증대는 번영과 평화에 가장 핵심적인 것이다. 그리고 생산 증대의 핵심은 현대 과학기술 지식을 광범위하고 의욕적으로 적용해 나가는 것이다(Truman, 1949; Escobar, 1995: 3에서 재인용).

이 같은 분위기에는 두 가지 전제가 깔려 있다. 첫째, 바람직한 경제적 진보와 개발은 서구 국가들의 경험에 기반하고 있다는 것이다. 둘째, 자유민주주의 체제와 자본주의 체제에 헌신해야 한다는 점이다. 그 결과 전후 시대 선진국이 제공한 개발지원 형태는 대규모 기술지원을 통해 선

핵심개념 2.8

포스트개발(Post-development)

'포스트개발' 개념은, '개발' 개념을 개도국의 주민과 장소들에 적용할 때 탈중심화하고 해체하려는 여러 일반적인 접근법을 말한다. 아르투로 에스코바르(Arturo Escobar)와 볼프강 작스(Volfgang Sachs) 같은 포스트개발 이론가들은 '개발'의 구성에 내재된 권력과 '개발'의 개도국 도입에 사용된 방법에 대해 논의를 집중한다. '개발'은 중립적인 개념이라기보다는 사회와 경제가 어떻게 진보해 나가야 하는가에 관한 특정한 사고에 바탕을 둔 일종의 담론이자 실천이다. 에스코바르는 1995년 저서 『개발에 직면하기: 제3세계의 형성과 해체(Encountering Development: The Making and Unmaking of the Third World)』에서 세계은행이 콜롬비아에 적용한 정책을 사례로 들며, 이 정책과 프로그램이 지역의 이해와 희망에 바탕을 둔 것이 아니라 개발에 관한 미국식 사고에서 나온 것임을 지적하며 그 과정을 부각시켰다. 포스트개발 이론가들은 사회적·경제적·정치적 변화를 향해 연관된 공동체가 비중 있게 직접 참여하는 풀뿌리 중심 접근을 옹호한다.

출처: Escobar, 1995; Rahnema, 1997; Sachs, 1992에서 발췌

사례연구 2.3

레소토의 타바체카 개발 프로젝트

미국의 인류학자 제임스 퍼거슨(James Ferguson, 1990c)은 레소토 중부 산악지역의 타바체카 개발 프로젝트(Thaba-Tseka Development Project)에 대한 사례연구를 통해, 개발을 위한 개입이 이미 정해져 있는 수혜자 집단에 토대를 두고 있음을 부각시켰다. 프로젝트의 골격은 주민들이 '현장에서' 실제 어떻게 살고 있는지와는 괴리되어 있었고, 따라서 이와 유사한 많은 프로젝트들이 계획한 개발 혜택의 대부분을 전달하는 데 실패했다는 점은 그리 놀랄 만한 일이 아니다.

퍼거슨은 1975년 세계은행의 레소토 국가보고서에서 레소토가 보고서의 저자에 의해 어떻게 '전통' 국가로 구성되었는지를 밝히고 있다. 그 근거는 자급자족형 농업과 토지소유 체계, 개발추진을 위한 근대적 인프라의 부족 등이었다. 이는 세계은행의 '저개발 국가' 기준에 부합하는 것이었다. 이 분류에 따라 세계은행은 이 같은 근대성 부족에 주목한 재정지원 프로젝트를 추진했는데, 가장 잘 알려진 것이 바로 타바체카 개발 프로젝트였다. 이 프로젝트는 캐나다 국제개발청(CIDA, Canadian International Development Agency)과 레소토 정부의 재정지원이 이루어졌는데, 1975년 1단계 총 지원금은 약 1,500만 달러였다.

이 프로젝트의 주 목적은 이 지역의 상업적 축산업을 개발하는 것이었다. 이를 위해 농민 교육, 시장 접근성 향상을 위한 마세루(Maseru)와의 도로 연결, 그리고 창고, 교육시설, 사무실을 위한 지역센터 설립 등이 추진되었다. 또한 비료와 개량종자를 공급할 마을 배급소를 설립하였다. 이러한 모든 서비스들은 지역의 고립성을 낮추는 데 일조하긴 했지만, 기존에 존재하던 가축시장 네트워크와 정부의 축산진흥센터, 그리고 남아공 광산에서 보내 오는 이주노동자들의 상당한 송금 등을 인식하지 못했다. 이처럼 이미 존재하던 사회적·경제적 구조는 이곳 주민과 이 지역에 대해 계획가가 갖고 있던 이미지와 맞지 않았기에 그냥 무시되어 버렸다.

토지제도의 변화를 꾀하고 과잉목축을 제한하려는 시도, 분산 시도는 현지 주민들과 긴밀하게 연계되지 못하여 실패로 끝났다. 남성 농민들은 가축을 상품이 아니라 잠재적 자산으로 보았으며, 따라서 가축사육의 규모를 줄이는 것이 비록 가축의 건강을 개선하고 목초지에 대한 압력을 낮추는 것을 의미한다 할지라도 그렇게 하려 하지 않았다. 또 농민들은 사료작물 생산을 증가시키지도 않았다. 왜냐하면 그렇게 하면 식량생산이 가능한 경지를 줄여야 했기 때문이다. 따라서 그들은 합리적 근거를 지닌 프로젝트를 거부했던 것이다. 그렇다고 해서 이들이 프로젝트의 여러 제안들을 이해하지 못했던 것은 아니다.

퍼거슨은 이 프로젝트가 지역주민들의 현실적 특성을 제대로 구성해 내지 못한 상태에서 추진되었기 때문에 목적 달성에 실패했다고 결론 내렸다. 주민들의 기존 생계방식에 대한 이해 부족도 한몫을 차지했다고 보았다. 그러나 도로의 개발은 성공을 거두었는데, 이를 통해 우체국, 경찰, 보건소 등 국가권력은 확장될 수 있었다(6장).

출처: Ferguson, 1990c에서 발췌

진국의 근대화 경험을 그대로 복제해서 제공하는 것이었다(〈사례연구 9.1〉). 개도국에서 이 같은 정책들을 총괄하는 국가의 역할도 매우 중요했다(9장).

1980년대와 1990년대에는 선진국 주도의 개발정책들이 포스트개발 이론가들에 의해 강하

개발도상국과 국제개발

게 비판받았다(〈핵심개념 2.8〉). 이러한 비판은 개도국에서 진행되어 온 '개발'의 선진국 중심적 성격을 강조한다. 또한 '개발 담론'과 독특한 형태의 표상권력을 분석하는 데 초점을 맞추었다 (Crush, 1995; 〈사상가와 논쟁 1.1〉과 〈사례연구 2.3〉).

포스트개발 접근은 많은 주목을 받아 왔으며, 특히 아르투로 에스코바(Arturo Escobar, 1995) 와 제임스 퍼거슨(James Ferguson, 1990c) 같은 이론가들의 업적이 무척 중요하다. 이들은 개도 국 주민과 장소들이 선진국에서 통용되는 방식의 '개발'을 필요로 하는 것처럼 표상되는 과정을 명확히 보여 주었다. 그러나 포스트개발 또한 많은 비판을 받았다. 비판의 핵심은 이들이 비판했 던 '개발'이 1950년대와 1960년대 이래로 크게 변해 가고 있는 특정 형태의 개발을 일차원적으로 표상한 것이라는 점이다(Wainwright, 2008). 포스트개발 이론가들이 옹호하는 대안적 접근은 환경적인 지속가능성을 추구하고 주민참여에 의한 변화를 추구하는 등 풀뿌리들에 초점을 맞추 는데, 이러한 정책은 이미 주류 개발정책에 반영되어 널리 확산되고 있다(11장). 마지막으로 포 스트개발 이론가들은 대규모 하향식 개발 프로젝트들이 창출한 일부 혜택들을 인식하지 못했다 는 한계가 있다(Corbridge, 1998, 2007).

이 절에서는 개도국이 개발의 장소로 비쳐지는 방식을 소개하였고, 진보와 근대화라는 선진국 의 개념에 바탕을 둔 개발 개입을 소개하였다. 이런 개념들은 제4부에서 더 상세히 다루겠지만, 개도국을 정의하고 표상하는 데 사용되는 핵심수사 중 하나가 바로 '개발'이기 때문에, 이 장에서 도 다루었다.

사실과 통계

'개발'은 어떻게 정의되느냐의 여부와는 상관없이 항상 통계와 지수를 사용하여 논의되곤 한 다(Morse, 2004). 이런 접근은 특히 국제개발 공동체에서 일반적으로 쓰인다. 가장 널리 사용되 는 통계는 일인당 국민총생산(GNI p.c., Gross National Income per capita)이다. 세계은행은 이 통계로 고소득국, 중간소득국, 저소득국의 3개 소득군으로 분류한다(〈그림 2.3〉). 1980년대 후 반 유엔개발계획(UNDP)은 인간발전지수(HDI, Human Development Index)(〈핵심개념 2.9〉) 를 개발하여, 세계은행이 사용하는 경제중심의 협소한 기준을 뛰어넘어 보다 전체적인 개발 비 전을 반영하고자 노력한다(〈그림 2.4〉). 이런 지표들은 해당 수치의 향상이 곧 '개발'의 증거라는

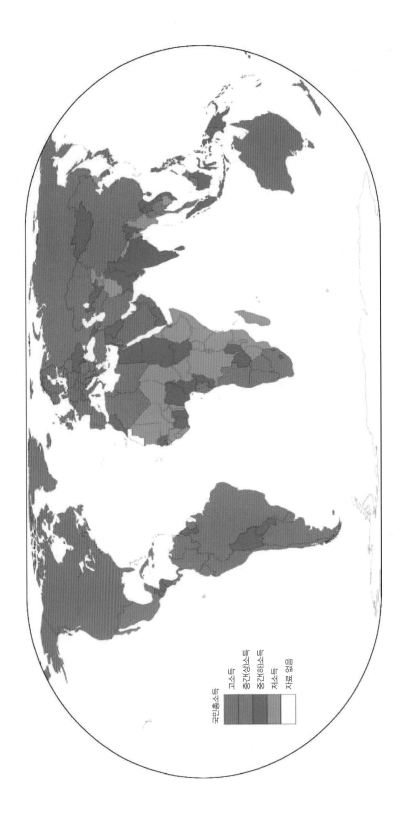

국민총소득

- 고소득
- 중간(상)소득
- 중간(하)소득
- 저소득
- 자료 없음

그림 2.3 국민총소득 분류, 2012. 출처 : 세계은행, 2012a의 자료를 재구성. Map data © Maps in Minutes™(1996)

국민총소득과 인간발전지수

- **국민총소득(GNI):** 이는 과거에 사용되었던 소위 '국민총생산(GNP)'이란 용어를 대체하여 사용되고 있는 용어이다. 이는 특정 국가의 주민들이 획득한 모든 상품과 서비스의 가치를 달러화로 환산하여 계산한다. 여기서 그 상품과 서비스가 어디에서 생산되는가 하는 점은 중요하지가 않다. 이는 어떤 회사의 해외수입, 즉 해외 자회사로부터 회수해 온 이윤 같은 해외수입도 포함하는 것을 의미한다.
- **인간발전지수(HDI):** 이는 국민총소득(GNI)의 기초가 되는 순수 경제적인 부분에만 그치지 않고 그 이상을 고려하여 '개발'을 측정하는 방식으로서 유엔개발계획(UNDP)에 의해 1980년대 후반에 만들어졌다. 이 지수는 개발에 관련된 3가지의 핵심적 차원을 지니고 있는데, 그것은 준수한 생활수준, 건강과 장수, 교육 등이다. 이를 평가하기 위해 인간발전지수는 다음 4가지의 지표에 바탕을 두고 있다.

(i) 일인당 국민총소득. 수치는 항상 달러로 환산되며, 생활비의 차이를 고려할 수 있도록 구매력평가(PPP, purchasing power parity)를 반영하여 조정한다.

(ii) 출생 시 기대수명.

(iii) 평균 교육연수. 이는 25세 이상 성인들을 대상으로 한다.

(iv) 학교 입학 연령 아동들의 기대교육연수.

유엔개발계획에서는 0에서 1까지에 이르는 인간발전지수 측정치를 사용하고 있으며, 수치가 높을수록 더 높은 수준의 인간개발이 이루어졌음을 나타낸다.

출처: UNDP, 2013; World Bank, 2012a에서 발췌

가정에 입각하고 있다. 하지만 이는 개도국 주민이나 지역공동체, 국가에서 중요시하는 삶의 다른 측면, 특히 수치화하기가 어려운 그런 측면들을 고려하지 못한다는 한계가 있다.

20세기 말에는 빈곤을 경감하는 것이 국제개발 추진의 핵심목표가 되었다(10장). 빈곤은 항상 조악한 빈곤기준선에 따라 측정된다. 관례적으로 하루 1.25달러 이하로 살아가는 사람들이 극빈층으로 분류된다. 국가 수준으로는 사하라 이남 아프리카 국가들이 가장 빈곤하다(〈그림 2.5〉). 하지만 절대적 수치상으로 빈곤인구가 가장 많은 국가는 인도와 중국 같은 중간소득 국가들이다(Sumner, 2012). 빈곤경감에 주력하는 국제개발의 방식으로 유엔의 밀레니엄 개발목표(MDG, Millennium Development Goals)이 채택되었다. 8개 목표(〈표 5.2〉) 각각은 측정 가능한 여러 지표들을 갖고 있으며, 이에 따라 개도국들은 얼마나 진전을 이룩했는지 매년 평가받는다. MDG는 2015년 종료되는데, 물론 그때까지 모든 목표가 성취될 것 같지는 않다(United Nations, 2012b). 그러나 만약 국제협약이 이루어진다면, 국제개발원조에 주력할 수 있도록 2015년 이후에 새로운 목표가 다시 설정될 수 있을 것이다.

이 같은 통계지표는 개도국을 개발이 덜 진행된 곳으로 표상해 주며, 따라서 선진국이 개입하여 원조를 할 필요가 있는 곳이라는 점을 보여 준다. 세계은행 같은 국제기구들의 권력은 그러한 지표를 통해 특정한 개발 개입이 국제적으로 최선의 방책이거나 심지어는 '상식적인' 것임을 확인할 수 있다고 바라보기 때문에, 다른 대안을 고려하지 않는다(Mawdsley and Rigg, 2002, 2003).

또한 개발 통계는 대개 국가 수준에서 제시된다는 점도 반드시 유념해야 한다. 그리하여 모든 국가들은 수많은 사람과 다양한 환경을 포함하고 있음에도 불구하고 단 하나의 통계수치로 대표되어 버린다. 개도국의 다양성과 그 내부의 수많은 국가들은 아프리카, 아시아, 중남미, 카리브 지역에 대한 표상 속에서 무시된다. 국가 수준의 통계 사용으로 인해 개도국은 퍼즐 맞추기처럼 수많은 국민국가들로 구성되어 있다는 이미지가 강화된다. 이렇게 세계를 단순화시킴으로써 발생하는 문제점은 제3장에서 비판적으로 다루어진다. 그리고 그러한 통계들은 '빈곤한' 국가에서 개발을 진행하기 위해서는 국가 수준에서 외부적 개입을 필수적으로 받아들여야 함을 은연중에 암시한다(9장).

미래를 상상하기: 개도국 내부로부터의 대안들

앞선 두 절에서는 선진국이 개발 개입을 필요로 하는 곳으로서 개도국을 어떻게 표상하는지에 초점을 맞추어 논의를 전개했다. 그런데 개도국 사람들은 흔히 그런 표상들을 자신의 처지에 맞게 내면화하고 있으며, 따라서 그런 선진국의 비전을 그저 하나의 선택일 뿐이라고 본다(21세기 초 개발에 대한 접근방식으로서 신자유주의가 지닌 헤게모니적 특성은 10장 참조). 이 절에서는 선진국의 '주류적' 개발에 대한 대안으로 개도국 내부에서 출현하는 개발방식에 관해 논의한다. 그렇다고 선진국에서는 대안이 나오지 않는다는 것을 의미하는 것은 아니다(11장). 다만 이 장에서 주력으로 다루고자 하는 것은 개도국이 어떻게 표상되어 왔는가의 문제이기 때문에, 개도국 자체적으로 그려지는 미래에 대한 상상에 초점을 맞추려 한다.

독립투쟁기의 많은 독립운동 조직들과 독립 직후 독립정부에서는 식민주의의 제약에서 벗어

그림 2.4 국가별 인간발전지수, 2013. 출처 : UNDP, 2013: Table 1을 재구성. Map data © Maps in Minutes™(1996)

매우 높음
높음
중간
낮음
자료 없음

<10
10 – <25
25 – <50
50 – <75
75+
자료 없음

그림 2.5 빈곤기준선(1.25달러) 이하로 살고 있는 인구 비율(2002~2011). 출처: UNDP, 2013: Table 5를 재구성. Map data © Maps in Minutes™(1996)

난 대안적 형태의 개발과 진보를 이룩하고자 노력했다. 아프리카, 아시아, 카리브 지역에서는 냉전체제가 자치적인 개발 과정에 착수할 수 있는 매력적인 환경을 조성해 주었고(3장), 많은 대안들이 모색되었다. 이러한 대안들의 골격은 외부의 생각(보통 선진국의 생각)을 독특한 맥락에 맞게 각색하여 구성되었다. 그러한 사례가 바로 탄자니아의 독립운동가이자 초대 대통령인 줄리어스 니에레레(Julius Nyerere)가 추진한 '아프리카식 사회주의'인 우자마(Ujamaa) 정책이다(〈사례연구 6.2〉). 1957년 독립한 가나 초대 대통령 콰메 과루마(Kwame Nkrumah) 역시 사회주의식 개발에 착수했다. 그는 사회주의 개념이 아프리카에 널리 퍼져 있던 평등주의 개념과 적절히 결합될 수 있다고 주장했다. 니에레레 치하에서 탄자니아가 농촌개발에 주력했던 것과는 달리, 은크루마의 정책은 산업화에 초점을 두어 가나의 경제개발에 박차를 가하고자 노력했다. 최초의 흑인 아프리카 독립국의 지도자였던 은크루마는 범아프리카주의(pan-Africanism)와 아프리카 국가 및 국민 간의 협력을 위해 헌신하였다(Zack-Williams, 2006).

개도국에서 대안적 형태의 개발을 도입할 수 있었던 것은 단지 독립을 이루었기 때문만은 아니다. 혁명, 내전, 선거 등을 통해 변화의 기회를 갖게 되었고 새로운 정치적 공간이 마련되었다. 물론 이러한 기회가 잠재적으로 희망을 품게 한 것은 사실이지만, 때로는 그런 대안들이 끔찍한 결과를 초래하기도 했다. 예를 들어 1975년 크메르 루주(Khmer Rouge)가 캄보디아의 권력을 장악했다. 폴 포트(Pol Pot)의 장악하에 크메르 루주는 공산주의 통치를 행사하면서, 중국 마오쩌둥의 정책과 유사하게 농촌개발에 초점을 맞추었다. 1973~1978년까지 약 150만 명이 압제 속에 죽어 갔고, 캄보디아 경제는 초토화되었다. 이들은 새로운 형태의 사회를 건설하려 했지만, 그 과정에서 가족은 흩어졌고 결혼조차도 국가에 의해 결정되었다(Brickell, 2008).

신자유주의적 개발에 대한 도전은 특히 중남미에서 거세게 진행되었다. 중남미에서는 1990년대 후반 이래로 중도좌파 정부들에 의해 이른바 '분홍 조류(pink tide)' 정책이 채택되었다(Panizza, 2009). 베네수엘라의 우고 차베스(Hugo Chavez, 1999~2013), 브라질의 루이스 이나시우 룰라 다시우바(Luiz Inácio Lula da Silva, 2003~2011)와 지우마 호세프(Dilma Rousseff, 2011~현재), 볼리비아의 에보 모랄레스(Evo Morales, 2006~현재) 등이 그런 흐름에 편승하고 있는 중남미 대통령들이다. 이들은 세계은행이나 국제통화기금(IMF) 같은 국제금융기구들에 의존하지 않고 국가의 역할을 강화하는 국가중심적 개발전략을 추진하고자 노력해 왔다(개발국가 논의는 9장 참조). 볼리비아와 에콰도르에서는 '참살이(living well, vivir bien)'라는 원주민 개념

사례연구 2.4

부탄의 국민총행복 전략

1980년대 후반, 부탄 국왕 지그메 싱기에 왕추크(Jingme Singye Wangchuck)는 부탄 개발전략의 목표로 국민총행복(Gross National Happiness)의 증진과 관련된 개념을 도입했다. 국민총행복 개념의 단어 배열은 '국민총소득'과 유사하다. 국민총소득은 세계은행 같은 국제기구에서 흔히 사용하는 경제개발 척도(〈핵심개념 2.9〉)인 반면, 국민총행복은 개발에 대한 보다 종합적인 관점을 지향한다. 즉 꼭 필요한 물질적 욕구만을 충족시키는 불교의 원리와 자연과의 조화로운 삶을 추구한다. 이는 다음과 같이 요약된다.

불교 원리에 대한 관심은 부탄 왕국의 개발 접근방식에서 명료화되어 있다. 이는 주민들의 기본 욕구를 충족시키고, 경제적·사회적 선택의 폭을 넓혀 주며, 문화전통을 보호하고, 환경보전을 증진하는 등의 노력을 통해 주민들의 삶을 풍요롭게 하는 데 초점을 둔다(Zurick, 2006: 657).

경제적인 부의 창출에 초점을 두는 개발전략을 뛰어넘어 그 이상을 추구하는 시도를 공적으로 과시하는 것은 상징적으로 중요한 의미를 가진다. 즉 부탄의 개발전략은 물질적 욕구와 환경적·문화적 욕구의 균형을 추구하고자 노력하는 것이다. 이와 관련된 가장 분명한 사례는 관광정책이다. 부탄은 1974년부터 외국 관광객들에게 관광세를 징수하고 있다. 즉 부탄관광협의회에서 최소한의 일 패키지 비용을 부과하여, 2013년 현재 성수기에는 관광객 1인 1박당 250달러를 징수한다. 이 중 65달러는 지속가능한 관광을 위한 수수료이며, 이는 부탄 지역주민들을 위한 기본 서비스료와 환경보전 및 인프라 비용으로 사용된다.

이러한 전략이 상당히 성공을 거두었지만, 부탄 내 일부 집단에는 그 혜택이 아직 돌아가지 않고 있다는 점을 인식할 필요가 있다. 예컨대 1990년대 초 부탄의 단일문화(one-culture) 정책 추진으로 인해 약 10만 명이 넘는 네팔계 부탄 시민들이 추방되었다. 이는 부탄의 개발모델에 대한 긍정적인 해석을 어렵게 하고 있으며, 또한 그러한 모델을 다른 나라에 전수할 수 있을지에 대해서도 회의적인 시선이 존재한다. 하지만 그럼에도 불구하고 이 모델은 경제성장에 중점을 두는 개발방식에 대하여, 개도국에서의 귀중한 대안사례로 인정받고 있다.

출처: Nyaupane and Timothy, 2010; Tourism Council of Bhutan, 2013; Zurick, 2006에서 발췌

을 수용하면서, 자연과의 관계를 중시하는 개발정책을 추진하고자 한다. 예를 들면, 수막 카우사이[sumak kawsay: 케추아어로 '참살이(living well)'란 뜻] 정신은 에콰도르 헌법에 수용되었다(Radcliffe, 2012). 자연 속에 존재하는 인간의 위상에 대한 통합적 접근을 중시하는 개발방식을 채택하려는 유사한 시도들은 부탄의 국민총행복(Gross National Happiness) 전략 등에서 찾아볼 수 있다(〈사례연구 2.4〉).

나가며

이 장에서는 개도국의 주민과 장소가 선진국에 의해, 그리고 개도국 자체에 의해 어떻게 표상되고 있는지를 부분적으로 다루면서 핵심을 짚어 보았다. 이러한 표상들은 시공간적으로 다양하게 형성되었지만, 핵심요점은 그러한 표상들을 통해 권력관계가 어떻게 영향을 받고 강화되어 가는가 하는 점이다. 이 장이 이러한 권력의 행사를 강조하면서, 표상들 중 일부는 진실을 기반으로 하지 않는다는 점을 굳이 강조하는 것은 아니다. 그보다는 이 장의 목적은 그러한 표상이 어떻게 무비판적으로 사용되어 잠재적으로 위험한 결과를 낳았는지 부각시키는 것이다. 하지만 우리는 개도국 주민들이 헤게모니적인 표상들에 문제를 제기하고, 개도국의 삶과 실현가능한 미래를 제대로 묘사하는 새로운 형태의 담론을 만들어 내는 데 적지 않은 역할을 하고 있다는 점을 강조하려 했다.

더 읽을거리

Blaut, J. M. (1993) *The Colonizer's Model of the World*, London: The Guilford Press.
　유럽중심적으로 구성된 진보와 근대화 개념이 문제가 있음을 강력하게 주장하는 매력적인 저서.

McEwan, C. (2009) *Postcolonialism and Development*, Abingdon: Routledge.
　서로 다른 포스트식민주의적 접근이 무엇인지, 그것이 개발을 이해하는 데 어떻게 연관될 수 있는지 파악
　할 수 있는 명쾌한 안내서.

Power, M. (2003) *Rethinking Development Geographies*, London: Routledge.
　세계를 상상하는 방식으로서 '개발'이 어떻게 사용되는지, 그런 표상의 의미가 무엇인지를 논의한 저서.

Said, E. (1978) *Orientalism*, Harmondsworth: Penguin.
　개도국에 대한 선진국의 표상들을 분석한 핵심적인 교재.

웹사이트

http://africasacountry.com/　Africa is a Country
　아프리카에 대한 표상들의 문제점에 이의를 제기하는 블로그. '이 블로그는 기아나 보노(Bono)[1], 혹은 버
　락 오바마에 관한 것이 아니다'라고 요약되어 있다.

www.caricom.org　Caribbean Community website

www.expomuseum.com　The World's Fair Museum
　과거부터 현재까지 세계박람회에 관한 정보를 제공하고 있다.

www.imaging-famine.org　Imaging Famine research project
　19세기부터 현재에 이르기까지 미디어에서 기아가 어떻게 그려져 왔는지 보여 준다.

www.sacu.int　South African Customs Union
　남아프리카 관세동맹 웹사이트

www.undp.org　United Nations Development Programme(UNDP)
　유엔개발계획(UNDP)의 『인간개발보고서(Human Development Report)』와 HDR 자료를 클릭해 보자.

www.worldbank.org　World Bank
　세계은행의 『세계개발보고서(World Development Report)』를 클릭해 보자.

---

1) 역주: 기부와 자선활동, 환경보호 등 사회운동을 적극 실천한 아일랜드의 싱어송라이터이자 록밴드 U2의 리드보컬

제2부

글로벌 세계에서의 개도국

Geographies of Developing Areas

: The Global South in a Changing World

제2부에서는 변화하는 글로벌 구조 안에서 개도국의 정치적 위상(3장), 개도국의 경제 구조(4장), 사회·문화적 변화의 복잡한 과정(5장)을 살펴본다. 제2부를 관통하는 질문은 "개도국이 어떻게 현재의 형태로 등장했는가?"이다. 이를 통해 오늘날 우리가 목도하고 있는 개도국이 형성되는 데 주요한 역할을 했던 거시적 수준의 과정들에 대한 설명을 제공하고자 한다. 이를 통해 제1장에서 소개한 지구화에 대한 생각을 좀 더 발전시키고자 한다.

지구화에 대한 첫 번째 주장은, 지구화가 단순히 20세기 후반에 과학기술과 여타의 변화들로 인해 등장하게 된 무언가라기보다는 오래된 역사적 현상으로 이해해야 한다는 것이다. 따라서 이 책은 현재의 변화들을 보다 폭넓은 역사적 관점 속에서 바라보면서, 지난 500년 동안 비서구의 정치적·경제적 과정을 설명하는 것부터 시작한다. 개도국에서의 내전이나 복잡한 정치적 비상사태(3장), 국제적 노동분업과 무역의 패턴(4장), 건강과 웰빙의 현대지리(5장)를 살펴보는 데 있어, 오늘날 우리가 볼 수 있는 패턴들에는 깊은 역사적 뿌리가 있다는 점을 인식하는 것이 중요하다.

두 번째 주장은, 지구화가 전지구적 획일성만을 높이는 것은 아니라는 점이다. 국민국가를 기반으로 하는 글로벌 정치체계(3장), 글로벌 시장을 통한 장소들의 연결성 증대(4장), 도시화의 확산(5장) 등과 같은 근현대의 주요 변화들은 큰 틀에서 선진국들의 경험이 개도국으로 이전된다는 사고가 지배적이다. 하지만 이러한 변화의 중요성을 인식하는 것이 세계가 점점 더 동질적인 장소가 되어 가고 있다는 주장과 등치되는 것은 아니다. 두 가지 이유에서 그렇다. 우선, 이러한 '선진국 주도'적인 글로벌한 변화 자체가 현대 세계에서 차이를 만들어 내고, 몇몇 경우에는 극심한 불평등을 가져온다. 제2장에서는 개도국을 빈곤의 장소로서 자연화하는 표상을 비판했다. 제2부의 중요한 과제는 지구화로 인해 권력과 자원의 불균등이 정상적이거나 '자연적인' 것으로 만들어지는 그러한 표상의 효과를 인식하는 것이다. 둘째, '서구화' 과정과는 다른 개도국의 대비되는 변화들에 주목할 필요를 제기한다. 특히 종교와 이주/디아스포라를 통해 발생되는 개도국의 사회적 변화들에 대한 논의를 통해 이를 분명히 보여 주려 한다.

두 번째 주장은 세 번째 주장으로 연결된다. 즉 지구화는 결코 단일하거나 거스를 수 없는 과정이 아니라는 것이다. 제2부에서는 중심을 잡기 어려운 균형감을 갖고 접근할 것이다. 우리의 목적은 개도국의 많은 사람들에게 주요하게 경험하는 정치적·경제적·사회적·문화적 변화들을 개관하는 것이다. 그렇지만 독자들은 오늘날 개도국 주민들의 경험이 개도국 전체에서 일반적으로 느껴지고 있으며, 이는 거시적 수준의 강력한 변화의 산물이라고 오해할 필요는 없다. 역사적으로 그리고 현재에도 글로벌 권력구조는 개도국의 많은 주민들의 경험을 틀 짓고 있기는 하나, 그것이 지구화의 과정을 재구성하는 개도국 구성원들의 행위주체성(agency)을 완전히 제거할 수는 없다.

필연적으로 이와 같은 행위주체성의 공간은 주민들의 일상적 존재의 미시적 규모와 지리를 담고 있는 제3부 '개도국에서의 삶'에서 주목받게 될 것이다. 제2부는 제3부에 비해 보다 '큰 그림'을 제시하지만, 도린 매시(Doreen Massey, 1996)가 발전시킨 점진적 장소감(progressive sense of place)(〈핵심개념 1.2〉)이란 개념은 여전히 중요하다. 제2부의 초점은 거시 수준에 있지만, 탈식민화의 과정과 글로벌 거버넌스의 등장, 경제개발과 시장 통합, 사회적·문화적 변동은 개도국의 장소들이 갖는 특징이 끊임없이 재규정되는 맥락을 설정하는 데 중요하다. 장소를 만드는 과정은 항상 '지역적인 것'이 '지구적인 것'과 함께 작동하는 과정이다. 제2부의 다양한 사례연구가 강조하듯이, 오늘날 개도국 속에 존재하는 다양성을 만들어 내는 데 있어 거시적 변화와 미시적 재구성은 둘 다 중요하다.

변화하는 세계 질서 안의 개도국

들어가며

이 장은 '개도국이 어떻게 현재의 형태로 등장했는가?'를 핵심주제로, 개도국이 변화하는 세계 정치질서의 구성원이 된 방식을 살펴본다. 첫 번째 절은 개도국을 국민국가 체계로 이끌었던 과정을 추적한다. 오늘날 개도국들은 유엔(UN) 회원국 지위를 가진 193개국 중 3분의 2 이상을 차지하는 글로벌 국제공동체의 일원이다. 하지만 고작 한 세기 전인 유럽 식민주의의 절정기 때라면 주권을 지닌 개도국들로 채워진 현재의 세계 질서는 상상조차 어려웠을 것이다. 이러한 변화를 이해하기 위해 지난 500년 동안 비서구가 겪은 주요한 정치적 변화를 식민화·탈식민화·국가건설 과정을 중심으로 검토한다. 국민국가의 영토 구분선은 종종 정치질서의 '자연스러운' 요소로 생각되기도 하면서, 오늘날 국제구조 속에 깊이 뿌리내린 것처럼 보인다. 하지만 이 책은 개도국들의 국경이 비서구의 복잡한 문화적·정치적 구분과 항상 일치하는 것은 아니라고 주장한다. 개도국 중 많은 지역들은 식민지 역사의 잔재와 함께 살아가고 있다. 그 나라의 국가 정체성을 구성하는 사람이나 요소에 대해 여전히 논란이 있고, 탈식민화의 요구는 오늘날 국가와 국민의 생존을 위협하는 복잡한 위기상황을 유발시킬 수도 있다.

두 번째 절은 국제 정치체계 내에서 개도국들의 위상이 변화하고 있음에 주목한다. 개도국의 상당수가 1960년대나 그 이전에 외국의 지배로부터 자유로워졌지만, 개도국들은 초강대국들의 경쟁구도와 진화하는 글로벌 거버넌스 안에서 자국의 자리를 찾아야만 했다. 그중에서도 약소국들은 공식적으로 정치적 독립은 이루었으되 실질적 자결능력은 발휘할 수 없는 한계를 경험하고 있다. 일부 개도국들은 대륙 혹은 글로벌 차원에서 스스로 중요한 행위주체로 발돋움했지만, 오늘날 글로벌 거버넌스 체계의 공식 채널들이 개도국들의 목소리를 전달하는 데 충분한가라는 질문은 여전히 남아 있다. 주권국가 간의 공식적 형평성에 대한 기대는 종종 현실에서 힘의 차이에 의해 압도당하고 있기 때문이다.

비서구에서 국가와 민족의 형성

오늘날 세계 정치지도는 대부분 말끔하게 질서정연해 보인다. 지구는 국가들을 선명하게 가르는 국경선으로 나누어진다. 하지만 이런 그림 속에 무질서와 갈등의 장소들이 감추어져 있고, 갈등의 장소 대부분은 개도국에 있다. 국경은 정적이고 고정된 것으로 보이지만 역사적으로 많이 바뀌어 왔으며, 카슈미르의 인도-파키스탄 국경처럼 오늘날에도 여전히 논란이 진행 중인 경우도 있다. 수단의 내전 사례(〈사례연구 3.4〉)를 통해 분명히 주장하겠지만, 국경의 안정성은 신기루와 같은 것이다. 지도는 본래 훨씬 복잡한 현실을 단순화한 것이지만, 특히 세계지도는 정치적 공간이 어떻게 배열되어야 할지에 대한 견해를 표상하고 있다. 즉 세계지도 속에서 세계는 명확히 규정된 영토에 대해 주권을 행사하는 국제적으로 인정받은 국가들로 구성된다. (물론 현실은 종종 이상과 현격한 차이를 보이지만) 이론적으로는 대다수의 사람들이 정치적 단위들에 대해 충성심, 소속감, 정체성을 가지기 때문에(케냐인, 브라질리아인, 말레이시아인으로 스스로를 바라보면서), 국가의 경계와 국가 정치성은 서로 잘 들어맞는 것처럼 보인다.

이런 방식의 질서화와 세계관이 오늘날 많은 글로벌 기구나 그들의 활동 안에 강력히 고착되어 있다. 주권국가들은 유엔에서 공식적으로 동등한 것으로 표상된다(몇 가지 중요한 예외는 〈표 3.3〉 참조). 정체성과 국적 간의 연결고리는 국가에 대한 소속감을 재생산하는 (독립기념일 행사에서부터 국제 스포츠 이벤트까지) 다양한 활동을 통해 수행된다. 국민들은 일반적으로 국경을 넘나드는 이동은 여권, 비자, 검문소에 의해 관리될 것이라는 점을 수용한다. 물론 이스라엘과 팔레스타인 간의 국경(〈사진 3.1〉)에서 볼 수 있듯이, 이러한 관리 자체가 논란일 경우도 있다. 하지만 일반적으로 이처럼 이동을 통제하고 국경의 역할과 존재를 적극적으로 강화하는 활동은 오늘날 지구화된 세계 속에서 여전히 국가의 핵심적 행위로 남아 있다(Jones, 2011; Ros-ière and Jones, 2012). 심지어 갈등이 발생하거나 한 나라의 주권이나 영토가 쟁점이 되면, 그러한 체제의 근본적인 이상은 그 속에 참여하고 있는 모든 주체들에 의해 방어되기도 한다. 2006년 아프가니스탄 남부의 사례를 보자. 당시 북대서양조약기구(NATO)는 국제안보유지군의 전투 활동 강화가 아프가니스탄 정부의 규범을 세우고 이 지역을 재건하는 활동으로 정당화했다. 하지만 이에 반대하는 쪽에서는 이는 외국의 주권 침해로서, 탈레반 전사들은 아프간 국민을 합법적으로 대표하는 것이라고 주장하였다(상세한 배경은 Gregory, 2004 참조). 따라서 '국제 정치질서는 주권, 영토, 국민으로 구성된 국가들로 구성되어야 한다'는 생각은, 실제로는 그것이 어떻게 실행되어야 할 것인지에 대해 완전히 다른 견해를 갖고 있는 사람들도 공통적으로 지닐 수 있는 생각이다. 전쟁 상황이든 평화 상황이든, 국민국가들의 글로벌 네트워크는 비교적 최근에 만들어진 산물이라는 점을 기억하는 것이 중요하다. 이어지는 첫 번째 절에서는 개도국의 기원과 그 함의를 추적해 보자.

사진 3.1 이스라엘-팔레스타인 국경 중 요르단 강 서안지구 장벽. © Chloe Skinner

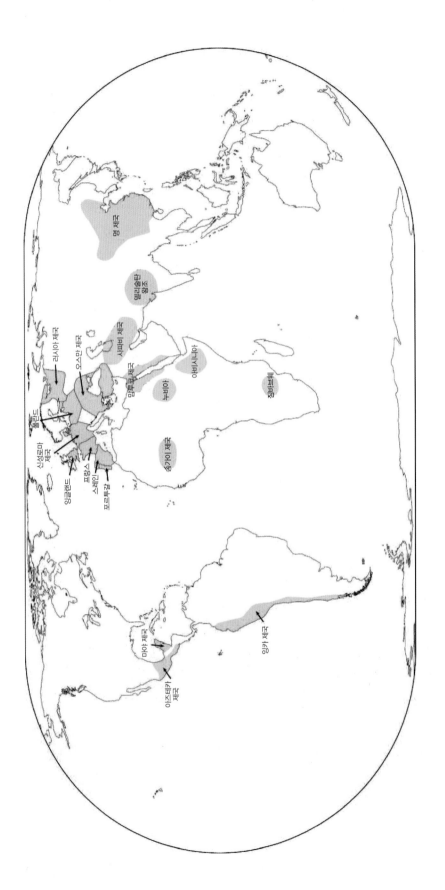

그림 3.1 1492년의 세계지도와 주요 국가들. 출처: McEverdy, 1972: Thomas et al., 1994. Map data © Maps in Minutes™(1996)

식민주의와 근대국가의 등장

500년 전 '근대' 세계가 시작될 무렵의 글로벌 정치지도는 오늘날과는 완전히 달랐다(〈그림 3.1〉). 국명과 국경선도 분명 다르지만, 보다 중요한 것은 정치적 권위가 무엇인가에 관한 개념 자체가 달랐다는 점이다. 지배방식이 확립된 복잡한 사회들이 유럽, 아프리카, 아시아, 아메리카 대륙 전역에 흩어져 있었다. 하지만 어떤 경우에도 국가, 영토, 국민 간의 관계가 훨씬 느슨했다. 정치 엘리트들의 통제영역이 대개는 정확하지 않아서, 고정된 국경이 아니라 변경지대(frontier zones)들이 존재했다(〈사례연구 3.1〉). 영토 내에서 국가의 권력이 절대적이었던 것도 아니었다. 사람들의 일상적인 삶에서는 마을이나 혈연에 기반한 권력형태가 원거리 지배자보다 대개 훨씬 더 중요했다. 하지만 이 시기에도 비서구의 몇몇 국가들이 차지했던 영토 규모나 통제력은 엄청 나게 인상적이었다. 예를 들어 중국의 명 황제는 현대 중국의 영토 대부분을 포괄하는 영토를 지배하고 1억 명 이상의 백성을 다스렸다(McEverdy, 1972).

사례연구 3.1

서아프리카의 초기 국가들

나일 강 상류와 현 에티오피아 지역에 있었던 고대 아프리카 국가들과 함께, 1500년경 서아프리카 지역에는 중세 유럽만큼이나 복잡한 나라들이 자리하고 있었다. 북부 나이지리아 지역의 하우살란드(Hausaland)가 대표적이다. 17세기부터 시작된 철 생산과 관개농업으로 인구밀도가 높아지고 복잡한 노동분업과 권력이 등장할 수 있는 조건이 형성되었다. 15세기 중반부터 정치적·경제적 격동기를 겪으면서, 하우사(Hausa)의 지배자들은 성곽도시를 건설하고, 서아프리카 내외로 교역을 확장했으며, 이슬람을 받아들였다. 국가의 군사력은 몇몇 가문—마수 사라우타(the masu sarauta)—의 수장이 이끄는 기병대에서 나왔으며, 이들이 하우사의 정치엘리트를 형성했다. 기병대의 유지는 노예무역과 연계되어 있었고, 노예들 중에서 일부는 중요한 전사나 행정가가 되기도 했다. 하우사 국가의 군사력과 경제력은 인상적이었다. 16세기에 유럽 상인들과의 교역을 통해 수도인 카노(Kano)는 아프리카에서 가장 중요한 도시의 하나가 되었다. 하지만 권력이 소작농들의 일상생활까지 개입하는 데는 한계가 있었다. 노예 노동력에 대해서는 지배자가 통제할 수 있었지만, 일반인들—탈라카와(talakawa)—은 자기들의 종교를 유지하는 등, 소작농들은 직접 통제의 손길에서 약간은 자유로웠다. 게다가 도시 외곽에 이용가능한 빈 땅이 많아서 국가의 영토 경계도 유동적이었다. 풍요의 시대에는 수풀 속에 새로운 정착지가 건설되었다가, 가뭄이나 질병, 정치적 불안 등의 위기 상황에서는 버려지는 일이 반복되었다.

출처: Freund, 1998; Iliffe, 1995에서 발췌

1500년경에는 '유럽이 비서구의 대부분에 대해 정치적으로 지배력을 행사했다'는 생각은 그저 상상 속의 이야기였다. 16세기 초반 스페인과 포르투갈이 군사기술과 의도치 않은 천연두를 통해 아스테카를 비롯한 토착 제국을 파괴하며 갑작스럽게 중남미에서 제국을 확립했지만, 당시 아프리카와 아시아에 온 유럽 상인들은 잠재적 정복자라기보다는 상대적으로 힘이 약한 외부자들이었다. 만약 당시에 '글로벌' 정치체제가 존재했다고 본다면, 그것은 오히려 이슬람 제국 쪽이었다. 이슬람 세계는 북서쪽으로는 오늘날의 모로코에서부터(1492년까지는 스페인 남부까지 포함. 〈사진 1.4〉) 남동쪽으로는 인도네시아까지 뻗어 있었다. 오스만, 페르시아, 무굴 제국 같은 거대 정치단위들은 근대 초기에 글로벌하게 중요한 세력으로 성장했고, 이슬람 세계 속에서 매우 활발한 교역활동을 펼쳤다. 대상 행렬이 사하라에서 서아프리카를 가로질렀고, 인도양은 동아프리카 연안, 아라비아 반도, 남아시아를 따라 교역항들로 연결되어 있었다. 이슬람 제국의 동쪽에 자리한 중국은 한 왕조(B.C. 206~A.D. 221)까지 거슬러 올라가는 고도로 발달한 행정체계를 갖추었고, 중국과 유럽 간의 무역은 대부분 무슬림 상인의 손을 거쳤다. 따라서 아프리카 및 아시아에 대한 유럽의 개입은 당시 지배적이었던 이슬람 세계의 주변부에 위치한 일련의 해상교역항들에서부터 시작되었고, 무슬림 상인의 경쟁자였던 유럽 상인들은 거점 확보를 위해 지역 통치자들과의 협상을 벌여 나갔다.

하지만 17세기부터 유럽 내에서의 갈등과 경제적 변화는 국가에 대한 개념의 변화로 이어졌다. 유럽의 30년 전쟁을 끝낸 베스트팔렌 조약(1648년)은 '영토 주권'이란 개념을 확립시킴으로써 근대 정치질서의 출발을 알렸다. 이로써 개별 국가들이 자국 국경 안에서는 최고 권위의 원천이자 다른 국가들과 외교관계를 수행할 권리를 갖는 실체로 인식되었다. 동시에 유럽은 네덜란드가 주도한 국제무역의 증대와 은행업의 혁신으로 촉발된 경제적 역동성의 혜택을 누리기 시작했고, 이는 통치자가 사용할 수 있는 부와 자원이 늘어나는 결과를 가져왔다. 당시 통치자들의 주된 관심은 전쟁을 벌이거나 재판을 여는 등 기존의 원거리 지배형태에 머무르고 있었는데, 새롭게 창출된 부는 그보다 확장된 새로운 형태의 국가권력이 등장하는 것을 가능케 했다. 유럽 국가들은 영토 수호나 팽창을 위한 전쟁용 세수 확보 필요를 넘어서 국경 내 일상사를 변혁시켜 나가는 데 점차 관심을 갖게 되었다. 즉 국가가 국민에 대한 정보를 더 많이 수집하고, 이들의 경제활동과 사회적 규범에 영향을 미치거나 통제하고자 한 것이다[일종의 통치성(governmentality) 수행이 시작된 것이다. 〈핵심개념 3.1〉]. 18세기 초반에 이르자 유럽 정치는 바야흐로 '근대적'인 꼴을 갖추기 시작했다. 국가들은 국제조약을 통해 상대국을 인정하고, 영토, 통치, 국가정체성 간의 연결고리가 등장했으며, 외교 및 군사행동과 더불어 인구의 개선이나 개발이 통치술(statecraft)의 중요한 부분이 되었다.

유럽에서 국가권력의 성장은 비서구와의 경제적 연계를 통해 뒷받침되었다. 신대륙에서의 귀금속 채취, 노예무역, 플랜테이션 농업은 부를 유럽으로 이전시킨 중요한 초기 메커니즘이었으며(4장), 이와 함께 정주 식민화(settler colonization)가 뒤따랐다. 아메리카 대륙의 스페인 식민지가 가장 넓었는데, 18세기 무렵에는 북쪽의 산타페(현 미국 뉴멕시코)에서 남쪽의 산티아고(현 칠레)까지 뻗어 나갔다. 또 18세기에는 유럽의 아시아와 아프리카에 대한 개입도 확대되었는데, 여기서도 경제적 팽창과 정치적 팽창이 긴밀하게 연계되었다. 네덜란드와 영국의 동인도회사는 향신료, 비단, 기타 사치품의 교역을 직접 통제하려는 야망을 품은 상업조직으로 출발하였다. 아시아에서의 영향력이 커지자, 두 회사(및 유럽의 유관 조직들)는 교역뿐 아니라 직접 상품 생산을 조직하기 시작했으며, 회사의 통제가 가능한 영토에 생산을 가미하면서 경제적 지배력을 넘어 회사 스스로 중요한 지역의 정치권력이 되었다. 세계사의 이 시점에서 유럽의 팽창은 사실상 정치적 통제력의 발휘보다는 경제적인 힘에 의해 대체로 추동된 것이었다(〈사례연구 3.2〉).

하지만 19세기 후반이 되면 영토 병합을 둘러싼 유럽 열강들의 경쟁이 심화되었다. 베를린 회의(1884~1885)는 아프리카에서 이러한 과정을 '합리화'하려는 시도였으며, 이후 아프리카 대

핵심개념 3.1

통치성(governmentality)

프랑스의 철학자 미셸 푸코(Michel Foucault)가 근대국가와 국민의 상호작용 방식을 기술하기 위해 사용한 용어이다. 이 개념을 통해 국가의 역할은 외부의 위협으로부터 국민 보호하기를 넘어서 국민을 적극적으로 통치하고 의무를 부여한다는 것으로 확장되었다. 국가가 국민을 지속적인 개입을 요하는 '인구'로 취급하면서 국가의 형태와 행위에 중요한 변화가 나타났다. 이제 국가가 효과적인 통치를 위해 국민들에 대해 더 많이 알아야 했다. 국민의 부, 교육, 사회적 습관이나 신념 등을 알아야 할 뿐 아니라 다양한 측면의 인구 특성을 특정한 방향으로 이끌거나 변화시킬 능력도 갖춰야 했다. 반면에 인구의 특성을 이해하고 이를 변화시키는 통치의 양 측면은 대개 국가가 기능의 범위라는 측면에서 전근대적 형태를 넘어 확장됨을 뜻한다. 또한 국가의 물리적 존재감은 확대되는 정부기구, 건물, 공무원의 형태로 구현되었다.

사례연구 3.2

인도 안의 영국: 우연한 제국?

식민지화를 통해 인도는 대영 제국의 '왕관을 장식하는 보석'이 되었지만, 영국의
인도 통치는 결코 단일할 수 없었다. 18세기 중반 영국은 프랑스와 네덜란드 세력
을 봉쇄할 해군력을 바탕으로 인도 아대륙에서 지배적인 유럽 교역국으로 발돋움했다. 무굴 제국이 쇠퇴하면서
영국 동인도회사는 무역활동 지원을 명분으로 군사력을 통해 지방정치에 대한 개입을 확대했다. 동인도회사는 지
방 통치자들 간의 경쟁을 활용하면서, 토지기반 세금 징수권을 더 많이 확보했다. 하지만 직원들의 엄청난 개인
적 치부와 부도덕한 행태들이 영국에서 대중적 반발을 가져오면서, 회사 활동에 대한 영국 의회의 규제가 강화되
었다. 1857년 인도 반란(무굴 제국의 재건을 목적으로 한 무장투쟁)으로 동인도회사는 상처를 입었고, 인도에 대
한 행정권한은 영국 왕실로 직접 넘어갔다. 그렇지만 '영국령 인도'의 영토는 여전히 조각조각들로 나뉘어 있었다
(《그림 3.2》). 몇몇 영토는 총독이 직접 통치했지만, 다른 지역은 500명이 넘는 지방 통치자들이 다스렸다. 이들의
권력은 제한적인(때로는 상징적) 수준이긴 했지만, 1947년 독립 시점에 토후국이 다스리는 지역이 인도 총 영토
의 약 40%를 차지했다.

출처: Mawdsley, 2002; Wolpert, 2000 등에서 발췌

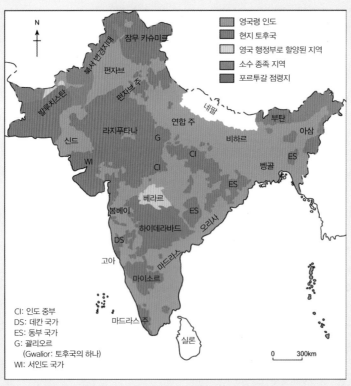

그림 3.2. 영국령 인도의 정치 지형(1946년). 출처: Mawdsley, 2002: 그림 6.1

개발도상국과 **국제개발**

그림 3.3 세계 정치지도(1914년): 주요 제국의 식민지 분포. 출처 : Thomas et al., 1994. Map data ⓒ Maps in Minutes™(1996)

미국령
영국령
프랑스령
스페인령
포르투갈령
네덜란드령 /
독일령
이탈리아령
벨기에령
오스만 제국
덴마크령
일본령
러시아 제국

1867년 캐나다
자치령

1901년 영연방 호주

1907년 뉴질랜드
자치령

1910년 남아프리카연합
자치령

룩의 급격한 분할이 이루어졌다. 제1차 세계대전이 발발했을 때에는 아프리카에서 아비시니아 (Abyssinia: 현 에티오피아)와 라이베리아만 유럽의 통치권 밖에 있었다. 아시아에서 유럽 식민주의자들은 일본과 미국의 팽창주의적 야심과 경합을 벌였다. 일본은 대만(1895), 만주 일부 (1905), 한국(1910)을 차지했고, 미국은 태평양의 여러 섬과 필리핀(1898), 중남미에서 배타적 '영향권'을 확보하였다. 그 결과 1914년의 세계 정치지도(〈그림 3.3〉)는 비서구에 대한 서구의 정치적 지배가 거의 완성되었음을 보여 준다.

개별 식민지 국가들 간에, 그리고 식민주의 열강들 간에도 매우 큰 편차가 있기 때문에 비서구에 대한 식민통치의 경험이 일반적으로 어떠했는지를 묘사하는 것은 불가능하다. 예를 들어 식민지에 대한 영국의 일차적 관심은 영국의 상업적 이익에 유리하도록 정치질서와 행정을 유지하는 것이었다면, 프랑스의 식민지 획득과 제국 통치는 프랑스적 가치를 주입하여 토착사회를 변혁하려는(동시에 '개발하려는') 동화(assimilation)를 위한 명백한 정치적 프로젝트였다. 영국은 지방정부의 일들을 일정 부분 '전통적' 통치자의 손에 맡길 수 있었기에 아프리카의 영국령 식민지에서 행정 관료의 수는 아프리카의 프랑스 식민지에 비해 적었다(〈사상가와 논쟁 6.1〉). 하지만 대부분의 식민지에는 근대적 통치술의 요소로 지정된 국경선의 (재)설정, 국경 내의 새로운 정치질서와 행정체계의 창출, 그리고 이를 뒷받침하기 위한 무력과 설득의 이중 전략 등이 도입되었다.

식민국가들에서 국가권력의 일정 측면은 앞서 언급한 유럽 국가들과 유사했다. 인구와 영토에 대한 정보 확보가 중요했고, 이를 위해 지도 제작, 인구조사, 인류학적 연구 같은 다양한 기법들이 실행되었다. 이러한 정보들은 효율적인 세금 징수나 군사자원의 최적화 등에 활용됨으로써, 식민지 신민들의 삶에 대한 국가의 통제와 개입을 강화할 수 있었다. 이러한 통치기법은 상대적으로 적은 수의 식민지 엘리트들로도 거대한 식민지 인구를 통제할 수 있게 만들었다. 예컨대 1930년대 영국령 나이지리아에서 유럽인 행정관료는 인구 15,000명당 1명에 불과했다(Clapham, 1985: 23; Corbridge, 1993a에서 재인용).

하지만 지배자와 피지배자의 관계를 정당화하는 방식 등과 같은 다른 측면에서는 분명한 차이도 있었다. 유럽에서는 비록 민주적 권리의 등장이 더뎠고 불균등했지만(자세한 내용은 Chang, 2002 참조), 국가는 국민의 국익을 위해 행동한다고 스스로를 정당화하려 했다. 이에 반해 식민지에서는 외부에 의한 통치가 백인들의 '문명화의 사명'(2장), 즉 '후진적' 인구를 개량할 도덕적 의무를 통해 정당화되었다. 그리고 이는 종종 기독교 선교사업의 지원을 받았다(〈사례연구 5.7〉). 그 자체가 명백히 인종주의적 사고에 기초한 이러한 주장은 식민지의 영토뿐만 아니라 마음과 정신세계까지 식민화하려는 노력의 일환이었다. 알제리의 대프랑스 독립투쟁기에 저술을 펼친 반식민주의 학자 프란츠 파농(Frantz Fanon)은 식민권력이 의도적으로 비서구 사람들을 상대로 유럽의 우월성이라는 생각을 주입하려 했다고 주장했다. "식민주의가 의식적으로 추구한 효과는, '만약 지배자들이 떠나면 너희는 다시금 야만과 퇴화와 잔인함의 나락으로 떨어질 것이다'라는 생각을 토착민들의 머리에 집어넣은 것이다"(Fanon, 2001[1961]: 169). 따라서 식민지에서 전격적으로 근대적인 국가기구는 도입되었지만, 비서구인들이 스스로 통치하는 주권국가를 구성할 수 있다는 생각은 적극적으로 부정되었다.

탈식민화와 개도국에서의 여파

비서구에서 식민 지배는 대개 폭력적이고 약탈적인 힘으로 경험된 탓에, 이 시기 동안 식민권력에 대해 (세금저항에서 무장봉기까지) 다양한 형태의 저항이 일어난 것은 당연한 일이었다. 19세기 초반 유럽 국가들의 '아프리카 쟁탈전'이 시작되기도 전에, 중남미에서는 스페인으로부터 독립운동이 다양한 지역에서 펼쳐졌고 일부는 성공을 거두었다. 하지만 그 밖의 지역에서의 탈식민화는 제2차 세계대전 종식 이후에 가능했다. 전후에 일부 중동 지역(1946년), 필리핀(1946년), 영국령 인도(1947년)가 차례로 독립하였고, 아프리카와 동남아시아에서 영국과 프랑스의 순차적 철수가 이루어졌으며, 1960년에는 총 17개국이 독립하였다. 1960년대 후반에 이르면 대부분 식민지 국가들의 독립이 달성되었다. 앙골라와 모잠비크는 포르투갈과의 오랜 독립 전쟁을 거쳐 1975년에 최종적으로 독립을 쟁취하였고, 짐바브웨는 아프리카 국가들의 지배체제가 대부분 확립된 1980년에야 비로소 국제적 승인을 얻게 되었다. 중국이 홍콩(1997)과 마카오(1999)의 지배권을 되찾은 20세기 말에는 비서구에 대한 식민지배가 완전히 종식되었다(〈그림 3.4〉).

하지만 대부분의 이전 식민지들에게 독립은 매우 모순적인 과정이었다. 독립은 토착세력이 외세로부터 국가에 대한 통제력을 탈환하는 것이었으나, 이와 동시에 제국에 의해 이식된 식민기구와 식민시기 동안 구획된 식민지 경계를 국가기구와 영토로 상속받았다. 신생독립국들이 품었던 가장 중요한 질문은 '식민국가의 잔재로 어떻게 새로운 민족국가를 만들 수 있을 것인가?'

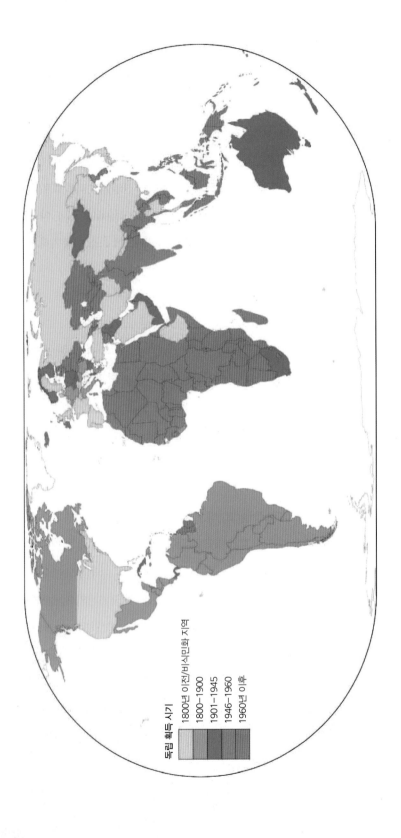

독립 획득 시기
1800년 이전/비식민화 지역
1800~1900
1901~1945
1946~1960
1960년 이후

그림 3.4 비서구의 탈식민화. 출처: Thomas et al., 1994. Map data © Maps in Minutes™(1996)

였다. 따라서 개도국의 신세대 정치지도자들은 식민주의하에서 억압받거나 침해되었던 국민국가 건설을 강조하였고, 이 과정에서 과거 유럽의 제국주의 세력을 넘어서는 능력과 정당성을 확보하고자 했다. 반식민 투쟁에 직접 참여한 경험은 이러한 지도자들에게 상당한 국민적 지지를 안겨 주기도 했다. 하지만 이와 동시에 지도자들은 새로운 정부가 국민들의 일상적 삶의 조건을 바꿀 수 있을 것이란 엄청난 기대의 무게에 짓눌렸다. 많은 개도국 지도자들이 '근대화'를 국가적 사명으로 내세움으로써 대중적 인기를 유지하려 노력하였다. 대표적으로 탄자니아의 줄리어스 니에레레(Julius Nyerere)(〈사례연구 6.2〉), 인도의 자와할랄 네루(Jawaharlal Nehru), 한국의 박정희(〈사례연구 9.3〉) 등이 모두 더 나은 미래를 위한 자신들의 비전을 실현하기 위해 발전국가(developmental state)를 창출하려 시도했다(9장). 각각의 정부가 표방한 정치적 이데올로기가 무엇이었든 간에, 국가 근대화라는 비전을 시행하는 일은 쉽지 않았다. 급속한 변화를 실현시키기 위해서는 국가 자원에 대한 확고한 통제가 필요했고, 국민들은 개발이라는 '더 큰 공공선'을 위해 단기적 혹은 지방의 희생을 감수하도록 요구받았다. 현실에서 이러한 요구는, 근대화 체제는 식민국가가 남긴 권위주의적인 요소를 계속해서 사용할 것이고 이에 도전해서는 안 된다는 압박으로 작동했다.

정부는 경제개발의 실현과 더불어 문화적 단결에 호소함으로써 대중적 지지를 더욱 강화할 수 있었다. 하지만 식민시대에 설정된 국경이 인종적·언어적으로 구분되는 다수의 집단을 하나로 포괄했던 탓에, 문화적 단결에 대한 호소는 오히려 개도국들을 속박하는 굴레가 되기도 했다. 국가 상징의 선택이 국민들의 분열로 이어지지 않도록 조심할 필요가 있었고, (정당 간 경쟁을 기반으로 하는 민주적 체제를 갖춘) 정부의 권력이 위협받게 될 경우 수적으로 우세한 문화나 민족 집단의 정체성에 영합하려는 유혹도 팽배했다. 남아시아에서 인도는 파키스탄(〈사례연구 3.3〉)과 비교하자면 이 같은 분열을 억제하는 데 훨씬 더 성공적이었다. 반면 스리랑카에서는 싱할라 불교(Sinhalal-buddhist)계 지배 엘리트가 타밀인들(상당수는 식민시기 동안 영국에 의해 플랜테이션 노동자로 인도에서 스리랑카로 강제이주를 당했다)을 사회적·정치적으로 차별하면서, 26년에 걸친 참혹한 내전이 발생했다. 내전은 2009년 정부군이 타밀일람 해방호랑이(LTTE, Liberation Tigers of Tamil Eelam) 세력을 군사적으로 제압하면서 겨우 종식되었다.

국가 간 전쟁과 근대국가의 권력에 대항하는 무장 내전은 개발학 교과서에서는 잘 다루어지지 않는 주제이다. 아마 개도국에 대한 부정적 고정관념(2장)을 더 강화할 것이라는 두려움 때문일

사례연구 3.3

파키스탄의 국가 만들기

1947년 영국령 인도(〈사례연구 3.2〉)는 파키스탄과 인도 두 개의 국가로 분리독립 하였다. 독립 과정은 급하게 추진되었고 엄청난 대량 이주사태를 가져왔다. 이슬람 정치지도자 무함마드 알리 진나(Mohammad Ali Jinnah)는 영국령 인도 내에서 무슬림 인구가 다수인 지역들이 힌두교 지배지역으로부터 정치적 자치를 보장받으려는 목적으로 파키스탄의 분리독립을 주장하였다. 이슬람 국가를 상정한 것은 아니었지만, 이슬람이 지역적·언어적 차이를 뛰어넘어 파키스탄 정체성의 핵심이 되도록 의도했다. 하지만 파키스탄은 종족적으로나 지리적으로 구분된 나라였다. 특히 동파키스탄(현 방글라데시)은 인도 영토를 넘어 수천 킬로미터나 떨어져 있었다. 동파키스탄의 벵골 족은 파키스탄 인구의 절반을 차지했지만 문화적·경제적으로 신생국가 내에서 주변화되었고, 이들의 분노는 아와미 연맹(Awami League)을 통해 정치적으로 표출

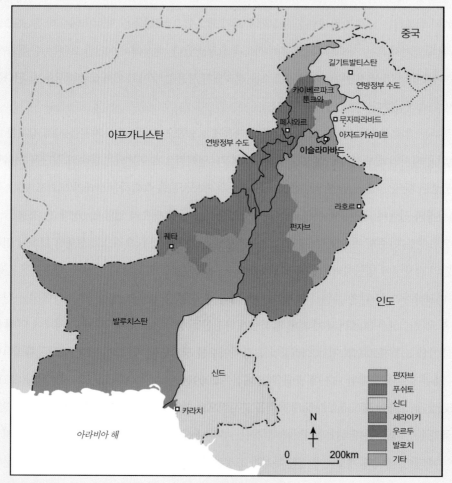

그림 3.5 파키스탄의 종족-언어 분포. 출처: Adeney(2012: 545)로부터 인용

주: 이 지도는 1998년 지구 단위 센서스 데이터(지구 단위 대표종족을 선정)에 기초한 주요 언어 공동체의 분포를 보여준다. 아자드카슈미르(Azad Kashmir)와 길기트발티스탄(Gilgit Baltistan) 지역에 대한 신뢰할 만한 데이터는 부족하다.

되었다. 1970년 선거에서 아와미 연맹이 승리한 후 서파키스탄이 동파키스탄에 대한 통제권을 재주장하면서 파키스탄 내에서 새로운 내전이 발발했다. 1971년 12월 인도의 개입으로 파키스탄군은 패배했으며, 곧이어 동파키스탄은 방글라데시라는 새로운 나라로 분리독립하였다.

방글라데시 독립 이후 파키스탄은 영토 내에서 토착어의 사용을 허용함으로써 지역적 정체성을 존중하는 정책을 채택했다(〈그림 3.5〉). 그럼에도 지역적·종족적 긴장은 여전했다. 군대와 관료사회에서 펀자브 지역(파키스탄 인구와 GDP의 거의 60%를 차지)과 펀자브 족이 높은 지배력을 차지했고 기타 종족지역에서도 마찬가지였다. 게다가 이러한 종족적–지역적 차이는 종교적 차이와도 뒤얽혀 있었다. 1970년대 후반 무함마드 지아 울하크(Muhammad Zia ul-Haq) 장군이 파키스탄 국가를 수니파의 원리에 따라 이슬람화하려던 시도는 시아파 공동체의 저항을 촉발시켰다. 그 이후로 종파별로 정체성이 정치화되었다. 2010년 헌법 개정으로 주정부의 자치권을 늘리고 주별 자원 격차에 균형을 잡으려고 시도했지만, 부분적인 해법을 제시하는 데 그쳤다. 파키스탄에 대한 충성도는 종족–언어집단에 따라 큰 차이를 보였으며, 경제적으로 주변화된 지역들에서는 극단주의 이슬람 조직들이 지지를 얻고 있다. 이런 상황은 1947년 무함마드 알리 진나가 꿈꿨던 국민적 통합뿐만 아니라 영토 전체에 걸쳐 효과적으로 지배력을 행사하는 국가의 역량을 훼손하고 있다.

출처: Adeney, 2007, 2012; Jalal, 1995; Nasr, 2000에서 재구성

것이다. 하지만 그러한 정치적 폭력은 그곳에서 살아가는 수백만 명의 삶을 결정짓는 여전히 중요한 조건이다(Unwin, 2008). 오늘날 전 세계 전쟁터의 대다수는 개도국에 있다. 2000년대 들어 서구 미디어의 관심은 '테러와의 전쟁'과 미군이 주도했던 아프가니스탄과 이라크에 대한 무력 개입에 집중되고 있다. 하지만 국민국가 건설과 국민 만들기 과정에서 발생하는 무력 충돌이 여전히 많은 지역에서 진행 중이다. 〈그림 3.6〉이 보여 주는 사망자 수는 전투 중 발생한 직접 사망자의 수이며, 이는 질병, 기아, 피난 등 갈등 상황에서 발생하는 전체 인적 피해 중 일부에 불과하다. 이러한 인적 피해가 가장 심각한 곳은 아프리카이다. 식민지배는 아프리카 대륙을 급격히 자의적으로 분할했으며, 탈식민화 역시 문화적으로 다양한 종족들을 한데 묶으면서 일련의 '국가들'을 만들어 냈다. 이와 같은 식민지 유산은 특히 경쟁적 종파들이 권력을 잡으려고 종족 간 차이를 이용하려 할 때 정치적으로 폭발할 수 있다. 아프리카의 뿔로 알려진 동북부 지역은 오랫동안 조직화된 폭력이 난무하는 대표적 사례로, 이 지역 국가들이 국경을 넘어서는 갈등에 개입하는 경향은 점차 강화되고 있다(SIPRI, 2012). 다이아몬드나 석유 같은 가치가 큰 자원에 대한 통제권을 두고 경합하거나 심지어 영토에 대한 지배력을 놓고 벌이는 무장투쟁의 직접적 자금원이 될 때 무력충돌은 심화된다. 수단(〈사례연구 3.4〉)은 이러한 문제를 잘 보여 주는 국가이다(다른 사례로는 콩고 민주공화국과 라이베리아가 있다).

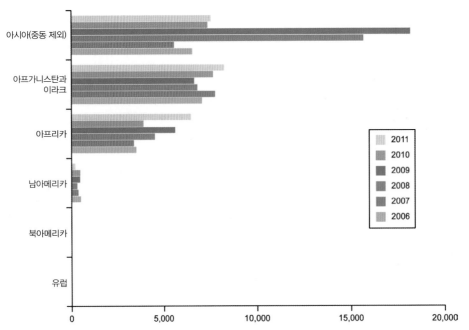

그림 3.6 전 세계의 전투 관련 사망자 수(2006~2013). 출처: 현재 진행 중인 무장갈등에 대한 웁살라 갈등 데이터 프로그램 (UCDP, 2013)

핵심개념 3.2

복합 (정치) 비상사태

다중적 원인에 따른 인도주의적 위기, 즉 정치·경제·사회질서의 붕괴로 정상적인 국가기능이 완전히 정지된 상황과, 그로 인해 다양한 대응형태(재난구호 노력, 군사 개입, 외교적 해법)가 필요한 상황을 묘사하기 위해 유엔이 주로 사용하는 용어. 주로 내전에 의한 '인간이 유발한' 재난들이지만, 가뭄이나 기근 같은 '자연적' 재난이 복합적으로 나타나는 경우도 많다. 피해자는 주로 민간인들로 오랜 기간 차별받아 온 가난하고 주변화된 계층이다. 그래서 이들에 대해 몇몇 형태의 국제적 개입(정부기구, 유엔, NGO 공동체 등)이 필요하다는 강력한 근거를 제공해 준다. 하지만 비상사태의 성격상 이러한 개입은 매우 어렵다. 국가가 그러한 심각한 위기에 처한 상황에서는 긴급 구호를 통한 원조 식량이 갈등을 진정시키기보다 오히려 증폭시킬 수 있는 위험성이 있기 때문이다.

수단 내전은 복합 비상사태(complex emergencies)(〈핵심개념 3.2〉)가 단순히 부패한 체제나 '나쁜 거버넌스'의 내부적 산물이 아니라는 것을 잘 보여 준다. 수단 내전은 식민지 역사, 그리고 광범위한 현재의 지정학적 경쟁과 긴밀히 연결되어 있으며, 국제사회의 인도주의적 지원은 그

개발도상국과 **국제개발**

사례연구 3.4

수단 내전

수단은 두 개로 분리지배되었던 영국령 식민지, 즉 무슬림과 아랍이 우세한 북부와 기독교·토착종교가 우세한 아프리카 흑인 지역인 남부가 합쳐지면서 1956년 독립한 나라로, 독립 당시 아프리카에서 가장 큰 나라였다(〈그림 3.7〉). 하르툼(Khartoum, 수단의 수도) 정부를 아랍계가 장악하면서 남부의 무력저항이 끊이지 않았다. 40년 넘게 이어진 내전은 2005년 수단 공화국과 남수단 인민해방운동(SPLM, Sudan People's Liberation Movement) 간의 포괄적 평화협정이 체결되면서 드디어 종식되었다. 그런데 수단 서부의 아프리카 무슬림 같은 다른 집단들이 평화협상 과정에서 배제되면서 또 다른 반란의 도화

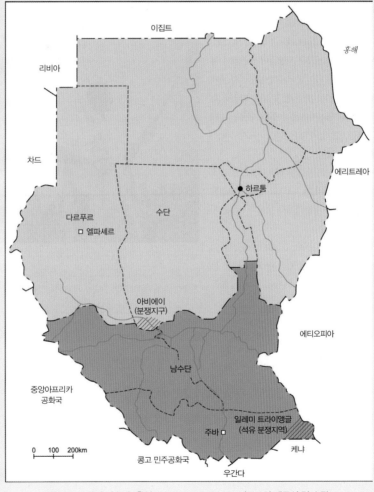

그림 3.7 수단과 남수단. 출처: Ojaba et al., 2002: 지도 1의 재구성 및 수정

선이 되었고, 뒤이어 다르푸르(Darfur)에서 정치적 핍박과 엄청난 인명살상 위기가 발생했다(Brosché, 2008; Young, 2005). 2003년 시작된 반란은 2012년 1월 다르푸르 자치정부(Darfur Regional Authority)의 수립으로 끝났지만, 성공 여부는 현재로선 장담하기 어렵다.

수단 내부의 정치적 갈등은 국제적인 차원과 연결되어 있다. 수단과 우간다는 각국 영토 내의 반란군을 서로 지원했다는 이유로 몇몇 장소에서 대리전을 벌였고(Prunier, 2004), 인접국들은 남수단 인민해방운동(SPLM)에 재정과 무기를 제공했다. 수단 정부 역시 (캐나다, 말레이시아, 중국계) 외국 기업에 석유채굴권을 허용함으로써 SPLM과의 갈등에 소요된 비용 일부를 충당받았다(Ojaba et al., 2002).

두 번의 내전으로 인한 인명피해는 상상을 초월한다. 웁살라 갈등 데이터 프로그램은 1983~2003년 전쟁의 인명피해를 사망자 200만 명, 국내 피난민 400만 명, 국제난민 42만 명으로 추정한다. 다르푸르 전투의 초기 2년간 18만 명 이상의 민간인 피해가 발생했고(Patrick, 2005), 두 번의 내전 동안 명백한 국제법 위반사항인 민간인 목표 군사행동을 폭로하는 증언이 있다. 유엔이 1983~2003년 동안 양측에 연루된 민간인 260만 명에 대한 인도주의적 지원을 제공하기 위한 수단 생명선 작전(OLS, Operation Lifeline Sudan) 자체도 문제가 많았다. 많은 사람들에게 긴급 식량과 다른 원조가 제공되면서 국제적 참관인의 존재가 폭력을 얼마간 완화시키기는 했지만, 이러한 자원들로 인해 내전 당사자들은 숨 돌릴 여유를 갖게 되거나 자기편 민간인에 대한 지원을 유지시켜 주는 결과를 낳기도 했다.

2011년 7월 남수단은 독립을 쟁취하였지만 종족 간의 긴장관계와 자원갈등, 그리고 국제적 측면은 여전하다는 점에서, 이 지역에서 평화가 지속될지의 여부는 불투명하다.

출처: Brosch, 2008; Ojaba et al., 2002; Patrick, 2005; Prunier, 2004; Young, 2005 등을 참조

사진 3.2 남수단 주바(Juba)의 독립 축하
한 남성이 2011년 7월 9일 남수단의 독립을 기뻐하며 국기를 흔들며 춤을 추고 있다. © J. B. Russell, Panos

어떤 해결책도 제공하지 못했다. 명확하게 구획된 영토, 합법적 무력 통제권, 국민이 동의하는 정당성을 갖춘 권력처럼 선진국의 국가 만들기에 필요한 건축 재료들은 이 지역에서 찾아보기 힘들다. 최근 남수단의 신생독립이 이루어졌지만 이로써 이 지역의 정치적 갈등의 요소가 완전히 해소되었다고 확신하기는 아직 이르다.

따라서 분명한 국경선과 독립적인 국가들로 구성된 오늘날의 정치지도가 1500년대의 정치적 세계에 비해 더 '자연스럽거나' '정상적인' 것은 결코 아니다. 오늘날 개도국에는 많은 근대국가들

개발도상국과 국제개발

이 존재하며, 자국민의 삶에 상당히 개입할 수 있다. 하지만 그 국가들의 상당수는 식민지 개입과 지역적 저항의 역사에 의해 형성되어 온 것이다. 개도국이든 선진국이든 모든 정부형태는 무력과 대중적 지지가 한데 뒤섞이면서 형성되었다. 하지만 대부분의 개도국들은 식민시기 동안 제한적 국가형성을 경험하였고, 독립 이후의 국가-만들기도 탈식민화를 향한 분투와 권력의 정당성 획득을 위한 내부 경합을 거치며 복잡하게 진행되어 왔다.

변화하는 세계질서: 제국에서 글로벌 거버넌스로?

유럽 제국들의 해체와 비서구의 공식적인 정치적 독립은 세계 정치의 안정과 질서 창출로 인식되어 왔다. 하지만 우리는 현실에서 영토에 대한 통치의 안정화와 질서의 유지는 개도국의 신생독립국 지도자들에게 여전히 현실적 과업이라고 주장한다. 이와 더불어 결코 평등하다고 볼 수 없는, 끊임없이 변화해 온 국제 질서하에서 개도국들의 정치적 위상을 살펴볼 필요가 있다. 이번 절의 질문은 다음의 두 가지이다. 어떻게 특정 개도국 그룹이 자국의 국력보다 강력한 지위를 갖추게 되었는가? 새롭게 부상하는 글로벌 거버넌스 체계 안에서 개도국의 위상은 어떻게 변화하고 있는가?

개도국과 글로벌 슈퍼파워

첫 번째 질문은 전통적으로 국제관계학이나 정치지리학에서 현실주의적 지정학을 통해 다루어져 왔다. 이러한 관점은 세계는 경제력과 군사력에 의해 상대적 우위가 정해지는 경쟁적인 국가들로 구성되어 있으며, 각국은 (외교, 위협, 전쟁 등과 같은) 대외정책을 통해 경쟁 국가들에 대응하여 국익을 확보하기 위해 노력한다고 본다. 잠재적으로 불안정한 이러한 체계 내에서 안정은 주요 강대국 간의 (항상 호혜적이지만은 않은) 예측가능한 관계를 통해 제공된다. 대부분의 개도국들을 비롯한 군사력이 취약한 국가들은 주요 강대국과 동맹을 추구하지만, 강대국 사이에 갈등이 있을 때는 볼모가 될 위험이 크다.

이러한 관점에 따르면, 세계는 19세기 이래로 세 가지 주요한 지정학적 질서 변동을 겪었다(ó

Tuathail, 2002). 첫 번째 질서는 앞 절에서 살펴본 '열강(Great Powers)'들이 경쟁한 제국주의 체계이다(〈그림 3.3〉). 제2차 세계대전 종식 이후 유럽의 제국들이 해체된 다음에 등장한 두 번째 국제 정치질서는 미국과 소련 간의 경쟁관계를 중심으로 구조화되었다. 양국은 핵무기와 재래식 군사력으로 뒷받침되었다. 냉전이 최고조에 달했을 때 대부분의 개도국들은 공식적인 동맹이나 군사적·재정적 의존관계를 통해 미국과 소련 간 초강대국 경쟁구도 속으로 딸려 들어갔다. 거의 반세기 동안이나 미국 대외정책의 지배적인 동력은 공산주의의 확산을 억제하는 것이었다. 냉전 기간 동안 미국은 어떤 개도국이 공산주의로 전향하면 인접국 정권들도 전복되면서 소련의 영향력 아래 들어가게 되는 '도미노 효과'를 우려했다(Short, 1982). 이와 비슷하게 소련 역시 미국 주도의 침략에 대한 두려움으로 인해 지정학적 목표가 만들어졌다. 인도양과 서아시아의 유전지대에 대한 접근성을 높여 지정학적 위상을 확보하려는 시도는 1979년 아프가니스탄 침공으로 이어졌는데, 이는 실패할 수밖에 없는 전쟁이었다. 1989년 베를린 장벽의 붕괴와 1991년 소련 해체 이후 미국은 직접적인 위협적 경쟁상대가 없는 유일하게 살아남은 슈퍼파워가 되었다(〈사상가와 논쟁 3.1〉). 그에 따라 세계는 미국의 가치가 헤게모니가 되는 세 번째 지정학적 질서에 접어들었다는 예측들이 정치적 설득력을 지닌 다양한 논평자에게서 나오게 되었다(프란시스 후쿠야마가 대표적 인물이다).

분명 슈퍼파워 계승의 역사는 세계무대에서 개도국들이 수행하는 역할을 좌우하는 데 중요했다. 몇몇 사례에서 개도국들은 독립투쟁 과정에서 글로벌 강대국의 지원을 받았다. 예를 들어 앙골라와 모잠비크가 포르투갈을 축출하는 데 소련의 지원이 중요했으며, 소련과 미국은 이후 벌어진 내전에서 경쟁세력들을 각각 지원했다. 개도국의 지배자와 정권이 경제 제재, 외교적 압력, 또는 직접적 군사개입 같은 슈퍼파워의 개입으로 빈번히 교체되었다[미국은 1980년대 니카라과의 좌파 산디니스타(Sandinista) 정부를 전복시키기 위해 세 가지 전략을 모두 사용한 바 있다]. 하지만 우리는 슈퍼파워와 개도국 간에 존재하는 엄청난 군사적·경제적 힘의 불균형에도 불구하고, 개도국들을 단순히 남의 이야기 속의 '단역'으로 치부하기는 어렵다는 점을 강조한다. '변화하는 세계질서'에 대한 현실주의 지정학의 관점을 비판적으로 재성찰하면 다음과 같이 국제질서상에서 개도국 역할의 중요성을 확인할 수 있다.

첫째, 현실주의 지정학이 말하는 권력에 대한 '객관적' 척도는 국가권력에 대해 좋은 일반적 지표이지만, 특수한 상황에서 국가 지배세력이 권력을 효과적으로 변환시키는 능력을 예측하

개발도상국과 국제개발

미국 헤게모니의 종말?

1991년 소련의 붕괴 이후 미국은 자국 국경 밖에서 발생하는 사건들을 지배할 수 있는 국가의 규모, 부, 군사력의 측면에서 세계 유일의 '슈퍼파워'로 인정되어 왔다. 〈표 3.1〉은 여전히 건재한 미국의 힘을 몇 가지 지표를 통해 보여 준다. 특히 서구에서 미국의 유일한 '라이벌'이라 할 수 있는 유럽연합(EU)이 국제 현안에서 단일한 단위로 행동을 취한 일이 없다는 점에서 그러하다(2003년 이라크 침공에 대한 의견불일치 사례). 개도국 중에서는 중국이 오늘날 세계 제2의 '슈퍼파워'에 가장 가까운 나라이다. 중국은 대규모의 재래식 무기와 핵에 기초한 군사력을 지니고 있으며, 경제력은 이미 글로벌 시장 트렌드에 영향을 미치고 있고, 이에 걸맞는 외교적 역량도 커지고 있다(〈사례연구 3.5〉). 인도는 거대한 인구, 빠르게 발전하는 경제, 정교한 군사기술에 힘입어 미래에는 영향력을 더욱 확대해 나갈 것이다. 인도와 브라질(남아공과 인도네시아를 비롯하여)도 역내에서는 중요한 영향력을 행사하고 있다. 그 결과 20세기 후반 미국이 냉전에서 승리하긴 했지만, 21세기에 군사력과 경제력을 통해 미국이 현안을 이끌 수 있는 능력은 이제 불분명해지고 있다.

하지만 미국의 권력은 다양한 방식으로 작동한다(〈핵심개념 1.3〉). 미국은 여전히 다른 나라에 권력을 행사할 수 있는 잠재력을 보유하고 있고, 글로벌 경제(〈표 3.2〉)와 정치구조(〈표 3.3〉) 내에서도 상당한 권력을 지니고 있다. 소련 붕괴 시에 프란시스 후쿠야마는 자유민주주의와 자유시장 경제원칙의 확대를 통해 미국의 사상이 보편화될 것이라고 예견했다(Fukuyama, 1989, 1992). 반면 마이클 하트와 안토니오 네그리(Hardt and Negri, 2000)는 미국을 새로운 '제국' 속에서 활동하는 '글로벌 경찰'로 바라보았다. 제국은 이러한 가치들을 구현하고 인권과 정의의 이름으로 가치들을 보호하는 글로벌 거버넌스 기구들(Thompson, 2005)로 구성된다. 긍정적으로 보든 부정적으로 보든 이러한 미국 헤게모니가 절대적인 것은 결코 아니다. 굿 거버넌스(〈사례연구 9.6〉)나 신자유주의 경제학(10장)의 사고를 강제하는 데 대한 도전이 커지고 있으며, 국가와 경제는 어떻게 운영되어야 하는지에 관한 대안적 사고들이 등장하는 중요한 원천으로서 개도국이 부각되고 있다.

표 3.1 '슈퍼파워'의 역량 계산

	선진국				개도국		
	미국	러시아	유럽연합	일본	중국	인도	브라질
국토면적(1,000km²)[1]	6.931	17,078	3,976	378	9,600	3,278	8,515
인구(백만), 2010[1]	299	148	457	127	1,338	1,225	195
GNI(10억 달러ppp), 2010[1]	13,233	2,727	11,237[4]	4,412	10,222	4,160	2,145
1인당 GNI(달러 ppp), 2010[1]	44,260	19,240	33,786[4]	34,610	7,640	3,400	11,000
전력 생산(10억 kWh)[2]	4,120	983	3,255	938	4,722	880	490
군비 지출(10억 달러), 2011[3]	711	71.9	〉300[a]	59.3	143	48.9	35.4
핵탄두 수(2007)[3]	~8,000	~10,000	525[b]	0	240	~100	0

주: a 유럽연합의 지출액은 SIPRI 데이터베이스에 없음. 2011년 군사비 지출액에서 영국(627억 달러), 프랑스(625억 달러), 독일(467억 달러)이 유럽연합에서 최상위권이며, 개별국 수준에서 각각 세계 4위, 5위, 9위를 차지했다.
b 프랑스(300두), 영국(225두)의 핵무기 수에 기초함.
출처: 1. World Bank(2012a). 2. CIA. 2013(EU, 일본, 중국은 2011년 자료이며, 다른 국가는 2010년 자료임). 3. Stockholm International Peace Research Institute(2012). 4. IMF(2012)

는 데는 부족함이 있다. 미국의 베트남전 개입(1956~1973)과 소련의 아프가니스탄 침공(1979~ 1989)은 냉전시대 지정학의 중추적 사건이었는데, 두 경우 모두 약해 보였던 개도국 정권이 승리하였다. 둘째, 일반적 척도의 예측을 넘어서 몇몇 개도국의 힘이 상당히 커져 가고 있다. 중국은 이제 글로벌하게 미국에 도전장을 던질 정도이고, 인도, 남아공, 브라질 같은 나라들도 대륙적 수준에서 존재감을 키워 가고 있다.

셋째, 개도국들은 지정학적 질서 속에서 힘의 불균형을 항상 인식하고 있으며, 이에 대응하기 위해 움직여 왔다. G77(Group of 77)과 비동맹운동(NAM, Non-Aligned Movement)이 여기서 중요하다. 비동맹운동은 반둥회의(1955)에서 등장하여 1961년 공식화된 국제적 조직으로, 과거 식민지였던 아프리카와 아시아 그리고 몇몇 중남미 국가 등 100여 개 국가가 자결권을 보장하려는 목적으로 결합하였다. 인도의 네루(Nehru)와 인도네시아의 수카르노(Sukarno) 대통령이 핵심 창설자로, 이들은 신생독립국들이 슈퍼파워의 정치적 야심에 복속하지 않겠다는 의지를 천명하였다. G77은 1964년 유엔무역개발회의(UNCTAD)의 제1세션 말미에 77개 개도국이 공동선언에 서명하면서 만들어졌다. 이후 회원국이 130여 국으로 확대되었고(단, 원래 이름은 유지), 개도국들의 공식화된 협상의 장이 되었다. G77은 매년 장관급 회의를 개최하며, 유엔, 국제통화기금(IMF), 세계은행의 핵심기구 내에서 회원국의 이익을 대표하기 위해 연락사무소 형태의 상설기구 구조를 갖추고 있다. 중국은 출범 때부터 특별 '준회원국'의 지위를 갖고서 영향력 있는 역할을 수행하고 있다. 중국은 경제력의 신장과 더불어 세계 정치무대에서 점점 더 독자적인 역할을 갖게 되면서(〈사례연구 3.5〉) 미국에 대한 지정학적 균형추로서 그 가능성을 제시하고 있다.

2001년 9·11 테러공격과 뒤이은 '테러와의 전쟁'은 현실주의 지정학에 대한 보다 근본적인 비판을 드러냈다. 알카에다(al-Qaeda)도 그에 대항하는 국제동맹도 특정 국가의 국경이나 정부를 바꾸려는 목적이 아니었다는 점에서, 이 '전쟁'은 무력충돌에 대한 관행적인 정의에 잘 들어맞지 않았다. 하지만 전 세계적으로 냉전 종식 이후 희망했던 '평화의 배당(peace dividend)'이 거꾸로 가고 있다는 사실이 입증되었다(〈그림 3.8〉) 21세기의 첫 10년 동안 군비 지출은 지구적 수준에서 해마다 증가하였다(2011년에만 예외적으로 주요 강대국들의 긴축예산 때문에 증가율이 낮아졌다)(SIPRI, 2012). 미국이 세계 총 국비 규모에서 차지하는 비중은 점차 늘어났는데, 2011년 미국의 국방비(7,110억 달러, SIPRI, 2012)는 개발원조 지출(310억 달러, USODA, 2013)의 20배를 상회하였다. 이러한 엄청난 지출에도 불구하고, 현 지정학적 체제 속에서 국가(심지어 '슈퍼파

사례연구 3.5

아프리카 속의 중국: 신식민주의인가, 남-남 협력인가?

중국은 많은 아프리카 국가들과 오랫동안 외교관계를 유지해 왔다. 반둥회의에서 중국은 중요한 역할을 했고, 알제리 등에서의 반식민지 해방투쟁을 지원하였다. 또한 아프리카에서 저금리 원조, 기술 지원, 인프라 개발의 오랜 역사도 갖고 있다. 5만 명의 중국인 노동자들이 건설한 탄자니아–잠비아 철도가 가장 극적인 상징이다. 마오쩌둥 집권기(1949~1978) 동안 중국의 이러한 노력은 원조를 통해 중국식 사회주의 이상을 확산시키고, 중국을 국제외교 무대에서 인정받고자 하는 정치적인 목적을 지녔다.

지금까지 이러한 역사는 국제개발에 대한 설명 속에서 기껏해야 각주 수준으로 다루어지는 데 그쳤다. 그런데 최근 아프리카에 대한 중국의 경제적·정치적 개입은 서구에서 중요한 정책적·외교적 주제가 되고 있다. 중국과 아프리카 국가 간 무역은 폭발적으로 증가하고 있고(1995년 30억 달러에서 2006년 550억 달러), 철·백금·석유를 비롯한 아프리카의 원료자원은 중국의 급속한 경제성장을 지탱하는 데 기여했다. 이러한 자원들에 대한 중국의 접근 확보협상은 중국을 부패한 정권에 대한 든든한 지원자로 묘사되는 데 기여했다(수단 석유생산량의 60%가 중국으로 간다). 또한 중국이 무역 상대국의 인권탄압 문제를 고려하지 않음으로써 국제원조에서 '굿 거버넌스' 기준 준수에 대한 합의(9장)를 훼손하고 있다는 선진 공여국들의 비난이 들끓고 있다.

하지만 많은 아프리카인들은 중국과의 무역을 대안적 개발협력의 기회로 바라보고 있다. 중국은 유엔과 세계무역기구(WTO) 같은 국제기구 내에서 지속적인 남–남 협력(South-South Cooperation)을 약속했다. 그뿐만 아니라 아프리카 국가들의 주권 존중, 내정 불간섭, 수요가 큰 인프라 프로젝트를 위한 상당 수준의 원조 제공(2009년 25억 달러로 추정), 합작산업 프로젝트를 통한 기술이전 등도 약속했다. 중국이 아프리카에 대한 관심을 계속 키워 나가는 것이 전적으로 이타적인 동기에서 비롯되었다고 믿는 것은 순진한 태도이다. 그리고 이러한 협력관계가 아프리카의 광물과 자원을 위한 교환을 통해 아프리카에 지속적인 산업적 성장을 가져다줄 수 있을 것이라는 점은 아직까지는 입증되지 않고 있다. 하지만 식민주의의 역사를 감안할 때, 아프리카의 자원을 중국이 '착취'하고 있다는 서구의 우려를 아프리카 국가들은 위선으로 바라볼 것이라는 서구 외교계의 관측 역시 마찬가지로 비현실적이다.

출처: Mawdsley, 2007; Sautman and Hairong, 2007; Tan-Mullins et al., 2010; Tull, 2006

워' 지위를 달성한 국가라 하더라도)만이 유일한 중요 행위자는 아니다. 미국과 동맹국들은 사담 후세인(Saddam Hussein)이 이라크의 무장해제 조건을 위반했다고 주장하며, 2003년 이라크 침공을 정당화하기 위해 유엔 안전보장이사회 결의안(1441호)을 활용하였다. 이에 대한 논란으로 2011년 아랍의 봄(〈사례연구 6.7〉) 당시 미국과 북대서양조약기구(NATO)의 역할은 훨씬 축소되었다. 카다피(al-Gaddafi) 정권을 전복시킨 리비아 내전 때 리비아 상공에 '비행금지 구역'을 설정하는 정도였다(이 역시 유엔 안전보장이사회 결의안을 활용했다). 오늘날의 세계질서를 보

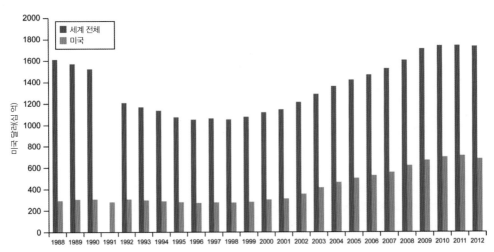

그림 3.8 전 세계 및 미국의 군비 지출(1988~2012). 출처: 스톡홀름 국제평화연구소 군비지출 데이터베이스 자료(SIPRI, 2013)
주: 총액은 2011년 미국의 지출과 같은 해의 평균환율을 적용한 결과이다. 1991년은 소련의 붕괴 때문에 세계 군비지출액을 산정할 수 없다.

다 폭넓게 이해하기 위해서는 개별 국가의 행동뿐만이 아니라 국가들을 연결해 주는 국제적 체계와 사고를 살펴보는 것이 중요하다. 이에 다음 절에서는 글로벌 거버넌스라는 더 큰 규범과 사고의 패턴이 어떻게 발전했는지 살펴본다.

개도국과 글로벌 거버넌스

제2차 세계대전은 유럽(과 일본의) 식민주의 제국에서 냉전의 시작으로 넘어가는 지정학적 전환의 분기점이었을 뿐만 아니라, 글로벌 거버넌스라는 시스템이 출현한 시발점이기도 하다(〈핵심개념 3.3〉). 대공황과 제2차 세계대전을 겪으면서, 크든 작든 국민국가들 사이에서는 주권의 일부를 초국적 단위에 위임함으로써 더 이상의 갈등 확산과 경제적 불안정이 다시는 일어나지 않도록 해야 한다는 점에 합의가 형성되었다.

1944년 대부분 선진국들인 45개 비공산주의 국가의 대표자들은 미국 뉴햄프셔 주에서 열린 브레턴우즈(Bretton Woods) 회의에 모였다. 이 회의에서는 지구 평화와 경제 안정을 달성하기 위한 국제적 금융 거버넌스의 메커니즘을 논의하였고, '브레턴우즈 기구(Bretton Woods institutions)'들이 창설되었다. 국제통화기금(IMF, International Monetary Fund), 세계은행(World

개발도상국과 국제개발

글로벌 거버넌스

국제적 수준에서 국가의 행위규칙을 강제하는 책임을 갖는 기구 및 각종 국제기구들 간의 (위계보다는 파트너십에 기초하는) 관계를 가리킨다. 거버넌스 자체는 정부보다 의도적으로 더 확장된 개념으로 이해된다(국가, 민간기업, NGO, 압력단체, 사회운동 진영은 규칙을 설정하고 강제할 때 중요한 행위자가 될 수 있다). 하지만 거버넌스의 패턴을 지구화하는 과정은 본질적으로 논쟁적이다. 어떤 규칙을 보편화하려는 시도가 자칫 다른 권위형태가 갖는 힘이나 정당성에 대한 도전일 수 있다. 예컨대 세계무역기구(WTO)가 공산품에 대한 무역장벽을 철폐하기 위해 총회에 의결을 요구할 때, 이는 개도국들이 보호주의 수단을 활용해 자국 산업부문을 발전시킬 수 있는 가능성을 침해하고, 따라서 국내 경제정책에 대한 주권을 위협하는 것이 된다.

표 3.2 브레턴우즈 기구

기구명	회원국 수(2013년)	의결 방식	역할
국제통화기금(IMF)	188	재정 기여도(쿼터)에 기초함. 기여도가 높을수록 의결권도 커짐	감독, 기술 지원, 차관을 통해 경제성장과 글로벌 경제안정을 증진
세계은행그룹 World Bank Group	188(IMF 가입이 조건)	최대 지분보유국(미국, 일본, 독일, 프랑스, 영국)이 상임이사 5명을 선출. 중국, 러시아, 사우디아라비아가 자국 상임이사를 선출. 남은 180개국의 투표로 상임이사 17명을 선출	국제부흥개발은행(IBRD)을 통해 개도국에 지원을 제공하고 국제개발협회(IDA)를 통해 최빈국을 지원
관세무역일반협정 (GATT)	폐지됨		재화와 서비스의 자유무역을 증진
세계무역기구 (WTO)	159	모든 회원국이 장관급 회의에서 대표권을 가짐. 일국일표제	1995년 GATT를 대체. 투명하고 규칙에 기초한 글로벌 거래시스템을 증진

출처: IMF, 2013에서 재인용; World Bank, 2013c; WTO, 2013.

Bank), 관세무역일반협정(GATT, General Agreement on Tariffs and Trade) 등이 그것이다 [GATT는 1995년 세계무역기구(WTO, World Trade Organization)로 대체되었다](〈표 3.2〉).

이 기구들의 회원국은 1940년대부터 신생독립국들을, 그리고 1989년 이후부터는 구 소련권 국가들을 받아들이면서 점차 확대되었지만(Boughton, 2012), 아직까지 전 세계 모든 국가들을 포괄하고 있지는 못하다. 2013년 5월 현재 유엔 가입국은 193개 국가인데, WTO는 159개국, 세계은행과 IMF는 188개 회원국이 있다. 쿠바와 북한이 대표적인 예외적 국가이다. 게다가 IMF나 세계은행의 회원국 지위는 동등하지 않다. IMF의 의결권은 기본적으로 쿼터, 즉 개별 국가의 기금 기여분에 따라 결정되는데, 기존 회원국들이 기금을 엄격하게 통제하고 있기 때문이다. 이는 IMF는 선진국이 지배하는 기구라는 것을 의미한다. 2008년 미국은 IMF 의결권의 16.77%, 2위 공여국인 일본은 6.02%의 의결권을 갖고 있었다(IMF, 2008). 하지만 2008년 금융위기는 개혁의 기회가 되었다. IMF 제14차 쿼터 일반보고서(2013년 5월 비준 예정)를 통해, 이른바 '역동적인 신흥시장과 개도국'에 6%의 쿼터를 이전시킴으로써 개도국의 쿼터를 두 배로 늘릴 예정이다. 그렇게 되면 중국은 IMF의 3위 공여국이 되고, 브라질, 인도, 중국, 러시아가 상위 10대 공여국에 포함된다. 반면에 WTO는 일국 일표제이다. 하지만 글로벌 정치적·경제적 힘은 불평등하고 WTO 의제 선정에서 선진국의 지배력은 높았다. 최근 중국과 인도를 위시한 일부 개도국들의 경제적 부상은 WTO 회의에 점점 더 큰 도전을 제기하고 있다. 2001년 개시된 도하(Doha) 무역라운드에서는 개도국의 관심을 중심에 두기로 했지만, 미국과 유럽연합이 농업보조금과 보호무역 유지를 고수하면서 발생한 의견 불일치로 인해 WTO 협상은 현재 교착상태에 빠져 있다.

제2차 세계대전의 종식은 또한 유엔과 산하기구의 구성으로 이어졌다. 1944년 중국, 영국, 미국, 소련의 대표단이 워싱턴 DC에 모여 유엔헌장의 초안을 마련하였다. 유엔은 1945년 10월 24일 51개 회원국으로 공식 출범하였으며, 현재 회원국은 193개국으로 확대되었다(가장 최근에는 남수단이 2011년 7월 가입하였다). 〈표 3.3〉은 유엔의 5대 주요 기구를 보여 준다. 그 밖에도 14개의 전문 기구[세계보건기구(WHO), 국제노동기구(ILO) 등]와 11개 기금 및 프로그램(UNDP 등), 그리고 유엔난민고등판무관실(UNHCR) 등이 있다.

이처럼 강력한 기구들의 진용에 주어진 과제는 국가 간 평화추구에 대한 관심을 넘어 정부의 일상적 활동들까지 포괄하도록 확대되고 있다. 하지만 현실에서 유엔은 무소불위의 종결적 권위를 지닌 것처럼 행동하지는 못한다. 개별 국가는 유엔 총회나 안전보장이사회를 무시할 수도 있고 실제로 무시하며, 국제금융 거버넌스의 핵심수단들이 유엔의 통제력하에 있지도 않다. 이론적으로 세계은행과 IMF는 유엔의 요구에 응해야 하지만, 현실에서는 독자적으로 행동하며 WTO는 유엔 구조로부터 완벽하게 독립적이다. 이러한 국제금융기구(IFIs, international financial institutes)들이 글로벌 경제를 형성하고 포괄적인 신자유주의 지구화 아젠다를 주도하는 데 핵심적 역할을 하고 있다. 이들의 국제 금융 정책은 종종 개도국 정부와 국민들에게 국제적

표 3.3 유엔의 주요 기구

조직명	회원자격	역할
총회	전 회원국(일국일표제). 팔레스타인과 서사하라가 아직 비회원국	유엔의 기본 정책결정 기구이자 대표체. 다양한 국제 이슈에 대한 다자간 토론의 장을 제공
안전보장이사회	5개 상임 이사국(중국, 미국, 러시아, 영국, 프랑스)과 2년마다 총회에서 선출되는 10개 비상임 이사국으로 구성	안보 이슈를 직접 다루는 기구. 결의안을 통해 유엔 회원국들에게 '평화유지' 활동 내에서 군사행동을 요청할 수 있음
사무국	약 8,900명의 직원	유엔의 일상업무를 처리. 사무총장(현 반기문 총장)은 유엔의 행정수반으로 독자적으로 중요한 외교적 역할을 수행
경제사회이사회	총회에서 54개 회원국 선출. 모든 대륙의 대표성을 보장할 수 있는 회원구조	개발이나 인권을 비롯한 인간의 웰빙에 관련된 다양한 이슈를 책임지며, 각 분야별 유엔 전문기구들의 업무를 조율
국제사법재판소	유엔 총회와 안전보장이사회를 통해 9년 임기의 판사 15명 선출	국가 간(개인은 다루지 않음) 법률적 분쟁을 해결하며, 유엔 기구와 전문기구들이 언급하는 법적 문제에 대한 자문의견을 제공

출처: UN(2013)을 기초로 재구성함

시각을 강제한다는 점에서, 더 나아가 그러한 정책이 개도국에 부정적인 영향을 미치는 경우가 있다는 점에서 비판받고 있다(10장).

유엔은 안전보장이사회 회원자격의 심각한 권력 불균형에도 불구하고 세계가 유엔을 보다 '민주적인' 국제적 의사결정의 원천으로 활용하도록 노력하고 있지만, 사실 글로벌 거버넌스 내에서 유엔의 역할은 그 속에 그저 일부로서 참여하는 기구, 협약, 행위자들로 구성된 진화하는 시스템으로 보는 것이 더 타당할 것이다. 이러한 시스템 안에는 수천 개에 달하는 상이한 국제적 '체제들', 즉 '국가들(및 때로는 힘 있는 주체)이 국제적인 삶을 관장하기 위해 창출한 규범, 규칙, 의사결정 절차'의 조합들이 존재한다(Murphy, 2000: 793). 이러한 체제들은 환경오염에서 국제이주에 이르는 다양한 주제들에 대해 개별 정부, 기업, 시민들의 행동을 규율하려 한다.

이러한 체제들에서는 국민국가만이 유일한 행위자인 것은 아니지만, 여전히 체제의 성패를 좌우하는 데 중요하다. 국제기구와 국제협약은 특정 국민국가들(의 국익)에 따라 기획될 수 있으며, 국가는 스스로 만들어 낸 협약이더라도 무시하거나 반하는 행동을 할 수도 있다. 이런 면에서 미국은 특히 악명이 높다. 미국은 스스로를 인권의 지구적 수호자로 묘사하지만, 미 상원은

(인도, 중국과 더불어) 국제사법재판소(전범 기소를 위해 2002년 설립된 상설법정)의 일원이 되기 위한 조약의 비준을 미루고 있으며, 심지어 이를 지지하는 브라질 같은 나라들에 대한 원조를 중단하기까지 했다(Roberts, 2002). 또한 미국은 WTO를 이용하여 유전자조작 작물(GMO)의 수입에 저항하는 국가들을 공격한다. 이러한 상품들의 '자유무역'이 되어야 한다는 주장이 개도국 전역의 수많은 농민들의 경제적 이익을 침해하는 미국의 엄청난 농업보조금과 공존하고 있다는 것은 불편한 진실이다(Roberts, 2002). 따라서 국가의 힘에 관해 단순히 군사력(〈표 3.1〉) 측면만이 아니라 영향력이 표출되는 다른 방식에 대해서도 생각해 보는 것 역시 중요하다. 국제적 체제의 규칙과 아젠다를 설정하는 것이 영향력을 발휘할 수 있는 핵심적인 방법이다.

개도국들이 글로벌 거버넌스의 핵심기구 내에서 불충분하게 대표되고 있음에도 불구하고, 이들의 목소리를 전달할 수 있으며 또 그렇게 하고 있다. 비동맹운동이나 G77 같은 조직들은 유엔기구 안팎에서 자신의 목소리를 전달하는 것이 중요하다. 특히 작고 가난한 나라들은 복잡한 협상의 참여비용을 줄일 수 있고, 개별적으로는 불가능한 수준의 상당한 집합적 영향력을 발휘할 수 있다. 대표적인 사례가 바로 환경 거버넌스 체제에 개도국이 참여하게 된 것이다. 국제 환경 협상에서 개도국들이 뭉친 것은 예상 밖의 일이었다. 석유수출국들의 개별적 이해는 지구온난화로 위기에 처한 작은 섬나라들의 이해와는 너무도 달랐기 때문이다. 하지만 개도국들은 환경적 논쟁의 전반적인 조건을 전환시킨 지속가능발전(〈핵심개념 3.4〉) 아젠다를 확립하는 데 일정한 성공을 거두었다(〈사례연구 3.6〉).

언제나 그렇듯이, 악마는 이러한 아젠다를 이행하기 위해 설계된 메커니즘 각각의 디테일 속에 숨어 있다. 지구환경기금(GEF, Global Environmental Facility)은 개도국에 기후변화 및 다른 환경보호 조치를 위한 행동을 취할 수 있는 재정을 지원하는 핵심기관이다. 그런데 결정적으로, GEF의 실질적 통제력과 기후변화 프로젝트 기금(2003년 110억 달러의 지원금과 570억 달러의 매칭펀드로 구성, GEF, 2013)의 운용권은 유엔환경계획(UNEP, United Nations Environment Programme)이 아니라 세계은행에 주어져 있으며, 이로 인해 선진국들과 신자유주의적 사고의 통제력하에 더욱 굳건히 놓이게 되었다. 그 결과 자연보전 채무상계제도(debt-for-nature swaps)나 여타의 메커니즘은 개도국들로 하여금 '글로벌' 환경행동을 요청하면서 무엇인가를 팔아 치워야 하거나 주권의 일부 요소를 양보하도록 하고 있다.

따라서 변화하는 세계질서가 개도국에 어떤 영향을 미치는가 하는 중요한 질문은 여전히 남아

사례연구 3.6

개도국과 국제 환경협상

기후변화와 생물다양성의 상실은 본질적으로 그 영향이 글로벌하기 때문에, 이를 완화하기 위해서는 국제적 공조가 필요하다. 따라서 환경보호를 위한 글로벌 거버넌스 구조의 확립은 인류 공동의 관심사이다. 유엔은 일련의 주요 환경회의들을 주최했다. 최초의 모임은 스톡홀름(1972)에서, 가장 최근의 모임은 리우데자네이루(2012)에서 있었다. 이는 환경 거버넌스 체제를 발전시키는 데 기여했다. 하지만 개도국들은 대부분 스톡홀름 회의를 보이콧했다. 이 회의가 기본적으로 선진국의 문제인 산업오염이 주제라는 점에서, 그리고 글로벌 환경규제가 자국의 경제개발을 제약할지도 모른다고 우려했기 때문이었다. 이러한 우려는 1980년대 후반부터 인정되었고, 그로 인해 국제 환경 아젠다가 지속가능발전(〈핵심개념 3.4〉)을 중심으로 재편될 수 있었다. 이 용어는 환경문제에 대한 선진국 중심적 규정을 넘어서 논의를 확장시켰으며, 2012년 리우 회의에서도 또다시 핵심과제로 인정되었다(UN, 2012a).

이러한 아젠다 전환은 일정 부분 G77의 집단교섭을 통해 성취된 것이었다. 개도국의 두 가지 핵심적 이해관계인 개도국이 개발할 수 있는 권리와, 환경적 조정부담을 감당하는 데 있어 '공통의 하지만 차별된 책임'이라는 생각을 지속적이고 일관되게 주장한 결과로 볼 수 있다. 이 두 가지 원칙을 통해 G77은 국제 환경체제 내에서 핵심적인 협상의 입장을 결정했으며, 또한 1992년 이래로 기후변화 협상을 뒷받침하는 문서인 유엔 기후변화협약 속에 지속가능발전 개념을 포함시켰다. 지속가능발전의 제도화는 다음과 같이 이루어졌다. 개도국의 첫 번째 주장인 개발할 수 있는 권리가 보편적으로 수용되는 가운데 먼저 개도국의 환경변화 대응 비용을 절감할 수 있도록 선진국에서 개도국으로의 (추가적인 자원, '청정'기술, 환경역량 강화를 위한) 기술 이전과 양허 요구가 있었다. 이 과정에서 "공통의, 하지만 차별된 책임"의 원칙이 협상에 적극 활용되었다. 그러나 최근 최빈국 및 중소 도서국들 대 석유수출국기구(OPEC) 국가나 산업화된 개도국들의 기후변화를 둘러싼 이해관계가 구별되면서, G77 내부의 갈등이 깊어지고 있다.

아이러니하게도 개발도상국 형제들이 우리 발목을 잡고 있다. 이게 그들이 그토록 큰 목소리로 주장하던 연대란 말인가? … 이것은 게임이 아니다. 사람들의 생명과 국가의 미래가 위기에 처했다. 이것은 게임이 아니다 [UNFCCC 본 부속회의(2010) 중 바베이도스 대표단의 발언, Vihmaa et al. 2011: 329에서 재인용].

이러한 긴장과 매우 분절화된 국가 수준의 이해관계에도 불구하고, G77은 선진국 주도의 기후질서에 대응하는 연대의 이상을 구현하기 위한 노력을 지속하고 있다. 개도국의 연대가 거대 개도국의 국익에 경도되는 경우도 있지만, 글로벌 거버넌스 기구들 내에서 불평등이 지속되고(〈표 3.2〉와 〈표 3.3〉) 선진국들이 기후변화 대응 감축목표를 지키지 못하고 있는 상황에서 이는 기후 부정의의 현실적 근원에 대한 실천적 대응이 되고 있다.

출처: Josh, 2013; Mee, 2005; Najam, 2005; UN, 2012; Vihmaa et al., 2011; Williams, 2005를 기초로 재구성

있다. 명목상으로 보자면 식민권력이나 슈퍼파워의 지배에서 글로벌 거버넌스로의 전환은 개도국들에 (개별적이든 집단적이든) 자국의 국익을 국제적으로 대변할 수 있는 가능성을 보다 폭넓

지속가능발전

지속가능발전에 대해 "미래세대가 자신들이 충족해야 할 필요를 희생시키지 않으면서 현 세대의 필요를 충족시키는 발전"이라는 정의가 가장 유명하다(World Commission on Environment and Development, 1987: 43). 이는 매우 칭찬할 만한 목표이지만, 행동의 지침으로 사용하기에는 넘어야 할 산이 많다. 예를 들어 어떤 결정이 환경에 미칠 영향을 완벽하게 알 수 있는 지식이 부재하다면, 그것이 미래세대를 희생시킬지 어떻게 알 수 있을 것인가? 마찬가지로 현재의 의사결정 과정에서 '미래세대'가 어떻게 공정하게 대표될 수 있는가? 이러한 문제들에도 불구하고, 포괄적인 목표로서 지속가능발전을 폭넓게 수용함으로써 글로벌 환경논쟁의 중요한 전환점이 되었다. 이로써 1970년대의 신맬서스주의적인 반(反)성장 접근에서 벗어날 수 있었고, 인류(특히 최빈계층)의 필요를 자연보전과 같은 환경적 관심사로 자리매김할 수 있었다. 개도국들은 두 개의 목표 모두에서 현실적 변화를 추구하고 있다(Adams, 2009 참조).

사진 3.3 BRICS의 등장. ⓒ GCIS(남아프리카 정부 커뮤니케이션 정보시스템)
좌측부터 만모한 싱(인도), 시진핑(중국), 제이컵 주마(남아공), 지우마 호세프(브라질), 블라디미르 푸틴(러시아)이 제5차 BRICS 정상회의장(2013년 3월 남아공 더반)에서 만났다.

게 제공해야 한다. 하지만 현실에서는 글로벌 거버넌스 체제의 구조와 가치는 불평등한 상대들이 서로 싸우는 외교전 속에서 설정되며, 그 속에서 가난한 개도국의 국익은 끼어들기도 어렵다. 하지만 이와 동시에 개도국의 몇몇 신흥 강자들의 위상도 빠르게 변화하고 있다. 골드먼 삭스가 만들어 낸 문서상의 신조어(O'Neill, 2001)였던 브릭스(BRICS: 브라질, 러시아, 인도, 중국. 2010년부터 남아공도 포함)가 2008년 금융위기 이후 이미 국제회담을 다섯 차례 개최하는 신흥 회의체로 전환되고 있다. 같은 기간 G20 연례 정상회의에서도 개도국의 강국들(BRICS 외에 아르헨티나, 멕시코, 인도네시아가 포함)에게 IMF의 의사결정에 영향을 미칠 수 있는 '내부 트랙'을 부여하기로 결정하면서, 글로벌 경제 거버넌스에서 이들 국가들의 위상은 점차 중요해지고 있다.

나가며

20세기 말에 이르기까지 개도국 전역에서 근대적인 독립국가가 수립되었으며, 세계 전체는 슈퍼파워 간의 공개적인 경쟁구도를 넘어서 진전되고 있다. 하지만 식민지배로부터의 독립이 개도국 국민들에게 안정적이거나 민주적인 통치로 항상 매끄럽게 전환된 것은 아니었으며, 진화하고 있는 글로벌 거버넌스 시스템은 여전히 편파적이고 불평등하다. 깔끔하게 구획된 국민국가들로 이루어진 세계지도는 다수의 개도국들이 일상에서 직면하는 훨씬 복잡하게 얽힌 권력의 지세도를 가리고 있다. 개도국들은 극히 불균등한 국제 권력관계하에서 여전히 국가정체상이나 정당성을 둘러싼 내부투쟁에 맞서고 있다.

수단의 사례(《사례연구 3.4》)와 같은 개도국의 무장갈등은 '자연스러운' 것이거나 '야만적인' 세계 한 귀퉁이의 문제가 아니라, 특수한 역사적·지리적 상황이 가져온 산물임을 이해할 필요가 있다(2장). 개도국에서의 갈등은 부분적으로는 현재의 지정학적 시스템 자체의 산물이다. 그런데 지정학적 질서에 따른 갈등 외에도 영토주권이나 국민국가 같은 토대적 개념 자체가 아직도 정립되지 않았거나 내적 정합성의 결여로 불만과 갈등도 동시에 존재한다. 현재의 지정학적 시스템의 한계는 개도국에서 내전이나 만성적인 정치 불안정의 형태로 부정적인 효과를 낳았다는 점이다. 긍정적인 측면으로는, 진화하는 글로벌 거버넌스 구조 안에서 개도국들이 집합적 행동을 통해 국제 환경협상에서 기회의 공간을 열었다는 점이다. 이러한 결실, 그리고 (인도, 남아공,

브라질 등의 개도국과 더불어) 중국의 부상이 가져온 이중적인 결과는, 미래의 세계정치 질서가 어떤 모양을 갖게 되든 적어도 개도국의 몇몇 국가들은 훨씬 더 적극적인 역할을 수행하게 될 것임을 보여 준다.

더 읽을거리

Painter, J. and Jeffrey, A. (2009) *Political Geography: An Introduction to Space and Power*, London: Sage.

이 책은 제3장에 포함된 주요 용어와 논쟁 지점에 대한 읽기 쉽고 지적인 안내를 제공한다. 특히 국가 형성에 관한 제2장, 제국주의와 포스트식민주의를 다룬 제8장, 지정학과 반(反)지정학에 대한 제9장을 참조할 것.

개발도상국과 국제개발

Flint, C. (2011) *Introduction to Geopolitics*, London: Routledge.

이 책은 개도국이 주요 주제는 아니지만 다양한 관점으로 살펴보는 미국 헤게모니를 둘러싼 깊이 있는 논쟁과 구체적 설명을 얻을 수 있다.

Dodds, K. (2007) *Geopolitics: A Very Short Introduction*, Oxford: Oxford University Press.

이 책은 9·11 이후의 지정학에 대한 훌륭한 개론서로, 미디어가 지정학적 투쟁을 표상하는 방식 같은 중요한 주제들을 다루고 있다.

Joshi, S. (2013) 'Understanding India's representation of North-South climate politics', *Global Environmental Poltics* 13(2): 128–47.

Mawdsley, E. and McCann, G. (2010) 'The elephant in the corner: reviewing India-Africa relations in the new millennium', *Geography Compass* 4(2): 81–93.

개도국 사이의 지정학적 관계가 빠르게 변화되고 있는데, 이 논문은 미래에 더욱 중요해지는 것은 중국의 역할뿐만이 아니라는 점을 강조한다.

웹사이트

http://www.un.org   United Nations

유엔 웹사이트는 유엔 주요 기구들의 상호관계 구조와 국제안보, 개발협력, 그 밖의 영역에서의 주요 활동들에 대한 정보를 제공한다.

http://www.g77.org/   The Group of 77

G77의 홈페이지에는 G77의 역사와 유엔 속에서 G77이 펼친 주요 협상활동을 확인할 수 있다.

http://www.pcr.uu.se/research/ucdp/   The Uppsala Conflict Data Program

웁살라 갈등 데이터 프로그램은 전 세계 무력분쟁에 대한 정보를 무료로 제공한다.

경제의 지구화와 개도국

들어가며

　21세기 초반의 세계는 어떤 곳인가? 역사상 어떤 때보다도 재화와 서비스가 집약적으로 국경을 넘나들며 무역이 이루어지는, 점점 더 연결성이 높아지고 있는 지구의 이미지가 아닐까. 몇몇 학자와 정치인들은 이러한 경제 지구화에 따르는 것이 전 세계적으로 개인과 공동체가 삶의 수준을 개선할 수 있는 주된 방법이라고 바라본다. 이 장은 좀 더 명시적으로 '개발'이라는 생각을 다루면서, 그러한 견해들에 대해 상세하게 논의할 것이다. 글로벌 경제의 상호연결성이 갖는 시공간적 차원을 검토하는데, 특히 글로벌 경제체제 속에서 개도국의 자리에 특별히 초점을 맞추고 있다.

　제4장은 경제 지구화의 역사적 과정에 대한 개관으로 시작하며, 특히 식민주의의 역할에 초점을 둔다. 이어서 경제활동의 세 가지 다른 측면인 자원과 환경, 제조업과 산업화, 금융과 투기를 다루면서, 개도국이 글로벌 경제에 연결되어 온 방식을 살펴본다. 추가적으로 이 장 전체를 관통하는 주제들이 있다. 가장 중요하게 이 장에서는 경제 지구화 과정이 공간적으로 어떻게 표출되는지를 집중 조명하면서, 세계의 각 지역들이 이러한 패턴을 어떻게 형성하는지 살펴본다. 그 과정에서 경제활동의 이질성, 시간에 따른 변화, 개도국 여러 지역 간의 서로 고유한 역할들을 강조할 것이다. 둘째, 앞 장에서 살펴보았듯이 정치권력과 경제권력은 상호적으로 강화될 수 있다. 이 주제는 글로벌한 규모에서 경제적 부와 정치적 영향력의 관계를 검토하면서 이 장에서 계속

유지될 것이다. 마지막으로, 경제적 과정의 문화적 측면을 인식하는 것이 매우 중요하다. '경제' 혹은 '경제적인 것'이 종종 중립적인 개념으로 비쳐지곤 하지만, 이는 전혀 그렇지 않다고 주장할 것이다. 경제활동은 특수한 문화적 맥락 속에서 인식되고 실천되며 이해되고, 반대로 경제적 과정은 문화적 규범에 영향을 미칠 수 있다(Coe et al., 2012 참조). 이 책의 제3부가 글로벌한 변화에 대한 개도국에서의 '로컬' 경험에 초점을 맞춘다면, 이 장은 사회적 차별화 특히 젠더를 중심으로 하는 몇 가지 사안들을 다룰 것이고, 또한 경제 지구화의 환경적 차원에 대해서도 다룰 것이다.

경제적 교환과 무역: 역사적 추세

세계의 상호연결성이 커지는 현상으로 묘사되는 '지구화'는 역사적으로 비교적 최근의 일이다 (Murray, 2006이 훌륭한 개관이다). 하지만 그것이 묘사하는 과정이 현재와 유사했다는 것을 의미하지는 않는다(3장). 지역에서 구할 수 없는 자원에 접근하도록 해 주는 무역의 중요성은 훨씬 오랜 역사를 가지고 있다. 서로 다른 자연자원을 지닌 지역공동체들 간의 교환이 그 출발점이었다. 화폐보다는 물물교환에 기초한 이런 형태의 교환은 점차 훨씬 대규모의 조직된 무역체계로 대체되었다. 그리고 생산자와 무역업자 간의 노동분업도 훨씬 더 복잡해졌다.

이러한 대규모 무역체계는 세계 도처에서 발견되는데, 지역의 경제적·환경적·사회적·정치적 맥락 속에서 발전해 왔다. 따라서 경제적 행위로서의 무역은 특정 지역에서 기원해 다른 지역들로 전파된 것이 아니다. 16세기 이슬람 무역체계(3장)나 유사한 시기 중국인 상인들의 네트워크도 아시아 전역에서 매우 폭넓은 교환체계를 구축했다.

국민국가가 등장하고 유럽의 식민지 기획이 시작되자(3장), 유럽 열강들의 경제성장에서 상업활동은 점점 더 중요해졌다. 식민지는 식재료, 귀금속, 향신료 같은 1차 산물의 원산지이자 유럽 산물들의 잠재적 시장으로 비쳐졌다. 따라서 무역과 식민주의는 영국과 네덜란드의 동인도회사 같은 대규모 무역회사들의 활동을 통해 서로 연계되었다. 유럽에 기반을 둔 무역회사들의 경제활동은 아메리카, 아시아, 아프리카에서 기존의 무역 네트워크와 연결되기도 하면서 세계 각지의 연결성을 증대시켰다. 이 같은 높은 연결성은 분명 오늘날 훨씬 밀도 높은 경제적 상호연결성의 선구자적 형태로 볼 수 있다. 현재의 네트워크와 마찬가지로, 당시 세계의 특정 지역들은 다른 지역보다 국제 무역체계 속에 더 강력하게 연결되어 있었고, 심지어 동일한 영토 내에서도 무역활동의 심장부와 주변부가 분리되기도 했다. 18세기 말경에는 핵심적인 해상무역로로 서유럽 (특히 암스테르담과 영국)과 남아시아·동아시아 간 희망봉을 경유하는 무역로와, 서유럽–서아프리카–아메리카 대륙 간 삼각무역로가 있었다(〈그림 4.1〉).

물론 이러한 무역로들과 경제적 연결성은 불균등했다. 상인들은 회사로부터 수익을 올리기 위해 가능한 한 싸게 물건을 사려 했다. 몇몇 이론가들은 유럽 상인이나 이들의 현지 대리인이 벌인 식민지에서의 활동을 착취의 과정으로 묘사하곤 한다. 마르크스주의적 해석을 따르는 이론가들은 식민지에서 유럽인들의 경제활동을 새로운 시장과 재화를 추구하는 자본주의의 끝없는 요구로 보았다. 블라디미르 일리치 레닌(Vladímir Ilyich Lenin)이 쓴 『제국』(1973[1917]), 중남미에 관한 앙드레 군더 프랑크의 저서(Andre Gunder Frank, 1967), 아프리카에 관한 월터 로드니 (Walter Rodney, 1972)의 저서가 대표적이다(〈사상가와 논쟁 4.1〉). 이러한 과정의 이면에 식민지에 대한 착취와 '저개발'이 있다. 그렇다고 식민지에는 그러한 과정에서 혜택을 본 사람이 없다는 말은 아니다. 식민지 정부에서 직접 일하거나 협력했던 도시의 엘리트 중 일부는 엄청난 부를 축적하기도 했다. 프랑크(Frank, 1967)가 묘사한 유럽에서부터 브라질과 칠레의 소규모 소작농에 이르는 착취의 사슬 속에서, 현지 무역상인이나 대지주들은 생산자와 노동자들에게 엄청난 권력을 휘두를 수 있는 지위에 있었다. 마르크스주의자와 네오마르크스주의자들은 식민지들의 글로벌 경제로의 편입은 식민지의 대다수 주민들에게 매우 부정적인 경로로 보았지만, 다양한 이유에서 이러한 생각이 도전받기도 했다(4장과 10장).

1차상품, '자연자원', 관광

개도국은 종종 농업과 광물자원의 보고, 때 묻지 않은 자연을 갖춘 지상낙원으로 상상된다(2장). 실제로 거시경제 측면에서는, 많은 개도국들이 외화수입의 상당 부분을 1차상품의 실제로 의존한다(〈표 4.1〉). 이는 보유 자원과 관련되어 있지만, 또한 이들 국가가 글로벌 경제체제 속에 편입된 방식과도 관련된다. 1차상품에 대한 이 같은 의존성은 한 나라의 경제적 안정성에 심

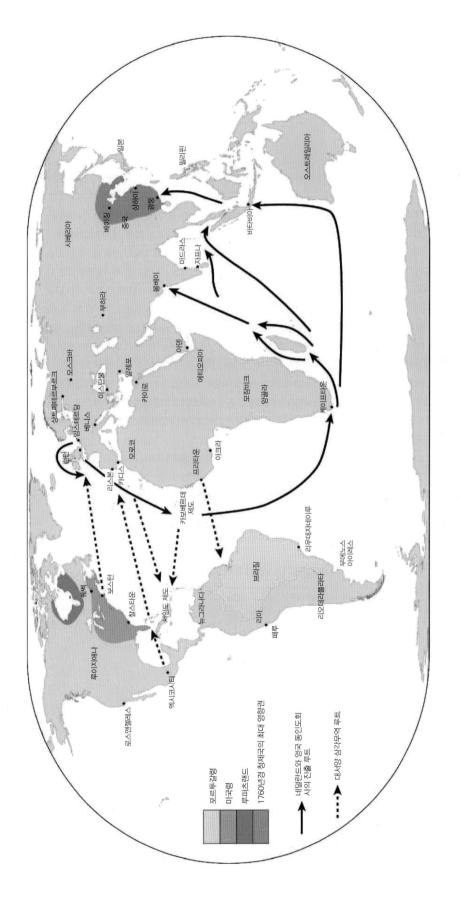

그림 **4.1** 글로벌 무역로. © 1780. 출처: Wagstaff, 1944. Map Data © Maps in Minutes™(1996)

제국주의, 종속, 저발전

고전 마르크스주의자들의 발전론에 따르면, 한 사회 내에서 주요한 사회적 관계는 계급에 기초한다. 카를 마르크스(1909)는 사회는 전 자본주의에서 시작해 자본주의를 거쳐 최종적으로 사회주의를 향하는 선형적 방식으로 진화한다고 주장했다. 각 단계마다 생산은 상위의 법적·문화적 구조(생산양식) 속에서 상이한 방식으로 조직화된다. 자본주의는 토지, 공장, 원자재 같은 생산수단을 소유한 계급과, 생계를 위해 오직 임노동 과정에 참여해서 돈을 벌어야 하는 계급 간의 분화에 기초한다. 마르크스주의 관점에서 자본주의는 이윤 창출을 위해 생산되는 상품을 사려면 시장이 무한하게 확장되어야 한다는 점에서 지속가능한 시스템이 아니다. 레닌은 제국주의를 상품 생산과 소비를 위해 새로운 영토를 확보하는 자본주의의 최종 단계로 보았다. 즉 새로운 시장을 위한 기회는 결국 종말을 맞고, 따라서 자본주의 체제는 붕괴할 것이라고 주장했다.

이후에도 여러 학자들이 마르크스주의 이론을 바탕으로 계급 차이에 기초한 분석을 적용하면서, 개도국에서 자본주의의 확산은 불평등뿐만 아니라 불리한 지위를 고착화시켰다고 주장했다. 남아메리카를 연구한 앙드레 군더 프랑크는 15세기 남아메리카 대륙에 유럽인들이 도착한 이후 형성된 착취 시스템에 따라 엄청난 자원(초기에는 귀금속, 이후에는 농업상품)이 약탈되어 유럽으로 이동되었음을 보여 준다. 농업생산과 무역체계 역시 유럽의 핵심부, 즉 대도시로 이익의 유입과 관련이 있다. 프랑크는 이러한 착취가 저발전을 낳았다고 주장했다. 프랑크는 남아메리카(특히 그가 연구한 브라질과 칠레)가 유럽과 덜 연계되어 있었을 때(가령 제2차 세계대전 중) 더 많이 발전할 수 있었다고 보았다.

월터 로드니(Walter Rodney, 1972)도 아프리카에 대한 관계에서 유사한 주장을 펼친다. 프랑크의 중남미 분석과 마찬가지로, 로드니도 15세기 이래로 유럽과 아프리카 간의 무역 발전, 대서양 노예무역, 유럽인들의 광산 개발과 공식적인 식민지 건설이 모두 아프리카 사회의 저발전 과정을 가져온 원인이라고 주장했다.

출처: Frank,1967; Lenin, 1973(1917); Mark, 1909; Rodney, 1972를 기초로 재구성

표 4.1 국가별 1차상품 수출 비중(2011)

국가	상품수출 총액 중 1차상품 비중	국가	상품수출 총액 중 1차상품 비중
앙골라	100	예멘	98
알제리	99	아제르바이잔	97
차드	99	브루나이	97
기니비사우	99	콩고 민주공화국	97
이라크	99	미크로네시아	97
솔로몬 제도[a]	99	나이지리아	97
수단	99	리비아	96
아루바	98	몽골	96
에리트레아	98	볼리비아	95
적도기니	98	가봉	95
파푸아뉴기니	98	수리남	95

주: a 자료는 수단과 남수단을 포함
출처: UNCTAD, 2012, ⟨표 3.1⟩과 132-144을 기초로 재구성

각한 영향을 미칠 수 있다. 이들 국가가 다양한 소득원을 갖고 있지 못하다면 국제 상품가격의 변동, 작황의 부진, 자원의 고갈이 극심한 경제적 곤경을 가져올 수 있기 때문이다. 다각화의 기회가 제한된다면 국가나 지역의 경제가 매우 취약해질 수 있다.

무엇이 '자원'인가에 대한 정의는 시대에 따라 달라져 왔다. 여기에는 기술과 문화적 규범의 변화가 반영된다. '자원'은 인간활동에 유용하다고 간주되는 것이다. 이것은 새로운 수요를 충족시킬 수도 있고, 기존 물질을 보다 적당하거나 경제적으로 효율적인 것으로 대체할 수도 있다(〈사례연구 4.1〉).

개도국의 많은 국가들에서 1차상품은 수출을 통한 외화 획득에 분명 중요하다. 하지만 1차상품에 대한 과도한 의존은 경제개발이나 삶의 질 개선을 위한 동력으로 그다지 바람직하지 않을 수도 있다(9장과 10장). 1차상품이 갖고 있는 내재적 결점 때문이 아니라, 자본주의 경제에서 다른 재화나 서비스에 비교해서 가치가 결정되는 방식 때문이다. 세계의 교역 조건은 1차상품보다 제조업 재화에 유리한 방향으로 점차 바뀌어 왔다. 상품가격 역시 변동성이 크다. 가격이 높을 때는 이익을 볼 수 있지만, 국제가격이 폭락하면 외환보유고를 한꺼번에 잃어버릴 수도 있다(〈그림 4.2〉) 1980년대 이래로 주요 1차상품의 가격 변동성이 커지고 있는데, 이는 자유무역(3장 및 후속 절)을 증진하는 세계무역기구(WTO) 같은 국제기구들의 정책 때문이다. 이러한 변동성은 국가경제에 영향을 미치기도 하지만, 소규모 생산자들에게 가장 심각한 영향을 미친다.

1차상품의 수출은 또한 가공과 제조과정을 통해 상품에 부가시키는 가치를 수출국이 포획하지 못함을 의미한다. 1차상품은 글로벌 상품사슬(〈핵심개념 4.1〉)(Gereffi and Korzeniewicz, 1994)의 일부를 구성한다. 최종 산물을 창출하기 위해 세계 각 지역들이 한데 연결되어 있다. 사슬의 각 단계마다 가치가 부가되며, 따라서 최종 재화는 원생산자에게 지불되는 가격보다 훨씬 높은 가격으로 판매된다. 전자제품이나 자동차의 상품사슬은 놀랄 정도로 복잡하지만, 식재료 관련 상품사슬은 훨씬 단순하다.

상품사슬은 크게 생산자 주도 사슬과 구매자 주도 사슬의 두 가지 형태로 구분된다(Gereffi, 1994). 생산자 주도 글로벌 상품사슬에서는 초국적기업(TNC, transnational Corporation)이 전 과정을 통제하는 데에 중심적인 역할을 한다. 자동차 생산의 경우, 연구개발, 부품 생산, 조립 등을 생산 과정은 글로벌하게 퍼져 있지만, 그럼에도 초국적기업이 통제력을 행사한다(〈그림 4.3〉). 하지만 의류 같은 구매자 주도 상품사슬에서는 주요 유통기업이나 브랜드 기업(예컨대 나

사례연구 4.1

구아노와 콜탄: 자원의 부상과 몰락

구아노(guano) 사례

응고된 바닷새 배설물인 구아노는 다량의 질소와 인 성분을 함유하고 있는 양질의 천연비료이다. 하지만 농업에서 비료가 필요해지고 구아노가 이러한 필요를 충족시킬 잠재력이 인식된 후에야 비로소 '자원'이 될 수 있었다. 구아노의 수집·유통·판매를 조직화하기 위해서는 기술·정치·경제가 통합될 필요가 있었다.

19세기 초반 페루는 미국과 유럽의 농업시장 확대에 필요한 구아노의 주된 산지였다. 페루의 토착민들은 오래전부터 토질 향상을 위해 구아노를 사용했지만, 스페인 지배자들은 이 기술을 이해하거나 적용하려 하지 않았다. 토양 영양물질에 대한 유럽의 과학지식이 발명되고 비료에 대한 수요가 급증한 19세기 초반 이후에야 상업적 구아노 시장이 형성될 수 있었다. 1840~1880년까지 페루에서 수출된 구아노는 총 7억 5,000만 달러 이상이었다(Gootenberg, 1993: 2). 미국은 페루산 구아노 공급을 거의 완전히 독점한 후에 새로운 구아노 산지를 찾기 시작했다. 다른 국가들도 유사한 활동에 착수했고, 그 결과 태평양과 카리브 해 등지에서 국제적 긴장과 충돌이 발생했다. 하지만 시간이 흐르면서 구아노 축적량이 급감하고 다른 화학비료들이 개발되면서 구아노 생산의 수익성이 현저히 떨어졌다. 구아노를 채취하던 대부분의 섬들은 버려졌고, 하와이 인근의 존스턴 아톨(Johnston Atoll) 같은 섬은 군사기지로 전환되었다.

콜탄(coltan) 사례

콜탄은 컬럼바이트-탄탈라이트(columbite-tantalite)를 함유한 원광의 이름으로, 휴대폰이나 노트북에 필요한 콘덴서를 만드는 주원료이다. 2000년대 초까지는 호주가 콜탄 생산을 주도했고, 그 후엔 브라질과 아프리카 중남부 몇몇 나라가 새로운 산지로 부상했다. 모잠비크, 르완다, 콩고 민주공화국(DRC) 등이 아프리카의 주요 생산국이다. 1990년대 이래로 휴대폰과 노트북 수요가 급증하면서 콜탄 가격은 천정부지로 올랐는데, 2013년 초 콜탄 가격은 kg당 550달러까지 치솟았다(Metal-Page, 2013). 이러한 가격 폭등은 콩고 민주공화국의 키부(Kivu) 지역을 향한 콜탄 러시로 이어졌다. 거대 다국적기업에 의해 생산이 독점되었던 호주와는 달리, 콩고 민주공화국의 콜탄 광업은 소규모 광부나 불법 광산에 의해 이루어졌다. 콜탄 광업에 참여하는 인구는 약 50만~200만 명으로 추정된다. 콜탄의 경제성이 워낙 높다 보니 콜탄 거래가 콩고 민주공화국의 내전에 연루되는 것은 놀라운 일이 아니다. 이곳에서 콜탄 생산은 사막화를 포함하는 심각한 환경파괴, 물 오염, 토착 고릴라종(보노보)의 멸종 위협 등의 원인으로 비판받고 있다.

출처: Bleischwitz et al., 2012; Gootenberg, 1993; Skaggs, 1994를 토대로 재구성

이키나 갭) 같은 구매자가 무엇을 생산할지를 결정한다(〈그림 4.4〉). 글로벌 상품사슬에서 1차생산자들의 기여분은 의류 생산에 필요한 면화 생산 및 가공이나, 차량용 알루미늄 생산 같은 초기 생산과정에만 국한된다(Kaplinsky, 2005; 섬유, 가구, 자동차의 생산 네트워크 변화에 대해서는

개발도상국과 국제개발

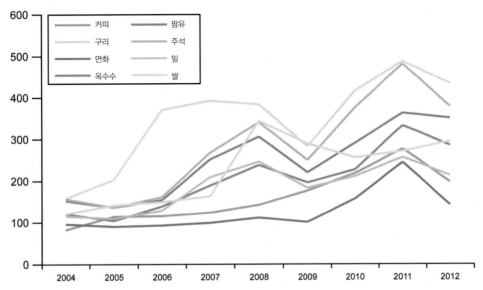

그림 4.2 주요 1차상품의 가격 변동. 출처: UNCTAD, 2012의 자료를 기초로 재구성

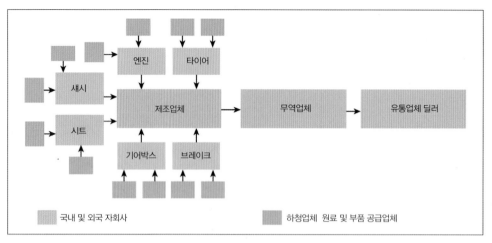

그림 4.3 생산자 주도 상품사슬(자동차). 출처: Gereffi, 1994: 98의 그림 5.1.1을 수정

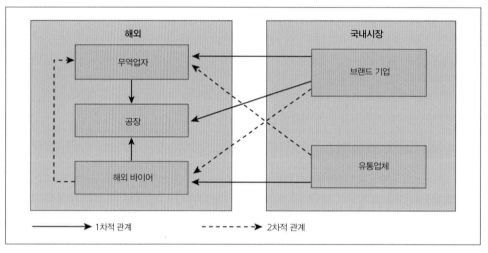

그림 4.4 구매자 주도 상품사슬(의류). 출처: Gereffi, 1994: 98의 그림 5.1.1을 수정

5장 참조).

   일부 개도국에서는 정부 주도의 특정 경제개발 경로 창출을 통해 생산과정에서 좀 더 많은 부가가치를 차지하기 위한 노력이 이루어지기도 한다(이 장의 뒷절). 1차생산과 관련하여 '공정무역' 재화를 증진하는 것 또한 국제무역의 혜택이 보다 널리 퍼질 수 있도록 하는 방식이다(10장).

   초국적 경제활동의 성격을 연구하는 경제지리학자들은 글로벌 생산네트워크(global production networks)라는 개념을 발전시켰다(Dicken, 2011: 56-68; Glassman, 2012; Hess and

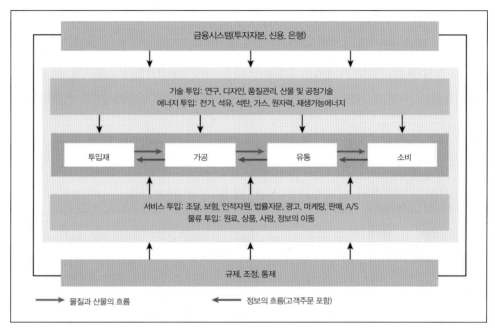

그림 4.5 글로벌 상품네트워크. 출처: Dicken, 2011: 57

Yeung, 2006)(〈핵심개념 4.1〉). 이 개념은 경제활동이 단순히 사슬의 형태가 아니라 회로(cir-cuit)의 형태로 조직화된다는 점을 강조한다(Dicken, 2011: 56)(〈그림 4.5〉). 여기에는 생산자에서 소비자로의 상품의 흐름뿐만 아니라, 소비자에서 생산자로의 돈과 정보의 흐름도 포함된다. 이에 더해 다른 경제 및 정치 네트워크가 생산 과정에 수반되며, 광고·금융·연구 같은 선진적 사업서비스들이 중요한 역할을 한다. 장소들이 이러한 글로벌 생산네트워크 안에서 다양한 방식으로 서로 뒤엉켜 있다.

> 글로벌 생산네트워크 접근을 통해 바라보면 … 글로벌 경제는 상품, 자본, 노동의 불균등한 흐름을 따라 위계적으로 구축되어 있고, 복잡하고 매우 불평등한 방식으로 세계인구 대부분을 포괄하고 있다(Glassman, 2012: 175).

여기서는 주로 1차상품 생산네트워크의 불균등성에 대해 살펴보고 있지만, 다음 절에서는 산업화와 금융 부문에 대해 살펴본다.

글로벌 상품사슬 속에서 특정 개도국들이 차지하고 있는 자리는 개도국의 환경파괴에도 기여할 수 있다. 많은 개도국들이 외화 획득 수단으로 농산물의 수출에 의존한다. 특정 식재료에 대한 수요가 늘어나면 서식지의 파괴가 발생할 수 있다. 태국이나 콜롬비아의 새우 양식(Vander-geest, 2007)은 수천 헥타르에 달하는 맹그로브 습지를 파괴했으며, 말레이시아와 인도네시아의

사례연구 4.2

팜유 생산의 경제적 측면과 환경적 측면

서아프리카가 원산지인 기름야자나무에서 생산되는 팜유는 식품, 세제, 화장품의 주원료로 사용된다. 최근에는 바이오 연료로도 쓰일 수 있는 팜유의 잠재력이 규명되었는데, 대체재인 사탕수수보다 더 싸고 효율적으로 생산이 가능하다. 2011년 기준 팜유는 세계 식물성 유지 총 생산량의 3분의 1에 해당하는 약 5,000만t이 생산되었다(FAO, 2013; WWF-India, 2013).

인도네시아와 말레이시아는 전 세계 팜유 생산의 80% 이상을 차지하고 있으며, 양국 모두 팜유가 주요 수출원이다. 2010~2011년 기간 말레이시아의 고형 식물성 기름과 팜유 수출액은 162억 달러로 총 수출수입의 7.6%를 차지했으며, 같은 기간 인도네시아는 180억 달러의 팜유를 수출하여 총 수출수입의 10%를 차지했다(UNCTAD, 2012: 182-184). 식물성 기름의 주요 수입국은 중국과 인도인데, 이 두 국가의 식생활 패턴이 변화함에 따라 팜유 수요도 지속적으로 늘어날 것이다(5장과 8장).

팜의 경제개발 잠재력에 대한 인식이 확대되면서 각국 정부, 민간기업, 소규모 생산자들이 팜유 플랜테이션을 확대하고 있다. 현재 인도네시아와 말레이시아에는 각각 700만hr와 400만hr의 팜유 플랜테이션이 개발된 것으로 추정된다. 플랜테이션 확대를 위해 열대림이 잘려 나가거나 이탄지에서의 배수작업이 진행되고, 이는 엄청난 규모의 산림 황폐화로 이어지기도 한다. 환경적 측면에서 팜유 생산의 확대는 생물다양성과 탄소 배출에서 악영향을 미친다. 산림 파괴와 단작 플랜테이션으로의 전환은 숲 생태계에 의존하는 많은 생물종의 생존을 위협한다. 가장 대표적인 예가 오랑우탄이다. 그뿐만 아니라 수마트라호랑이와 아시아코끼리 같은 대형 포유류와 수천 종의 동식물 또한 위험에 처해 있다.

1차림(primary forest)의 제거와 이탄지에서의 배수작업은 고정되어 있는 이산화탄소를 대기 중으로 방출시켜 궁극적으로 지구온난화를 심화시킨다. 바이오 연료 팜유 생산에 관한 연구(Danielsen et al., 2009)에서, 팜유 플랜테이션으로 토지를 전환함으로써 방출되는 이산화탄소 총량은 개간의 형태에 따라 차이는 있지만 75~93년간 사용가능한 화석연료 상당량에 맞먹는다. 살충제와 화학비료의 집약적 사용도 추가적인 환경문제를 낳게 되고, 플랜테이션 노동자와 지역주민들에게 건강상의 피해를 입힐 수도 있다.

팜유 생산이 야기하는 환경피해에 대한 인식이 증대되면서, 2004년 지속가능한 팜유 라운드테이블(RSPO, Roundtable on Sustainable Palm Oil)이 출범했다. 이 기구는 인증체계의 개발과 지속가능한 팜유 생산을 촉구한다. 인증에는 다음과 같은 단서조항이 요구된다. 1차림의 벌채 금지, 그리고 야생동물이나 지역공동체의 생계에 중요한 지역에서의 벌채 금지, 오염 관리[특히 파라코트(paraquat) 같은 맹독성 살충제나 제초제의 사용 금지]〈사진 4.1〉, 적절한 노동조건 제공 및 아동노동 금지 등이다. 2013년 6월 기준 RSPO가 지속가능하다고 인증한 팜유는 전체 생산량의 14%였다.

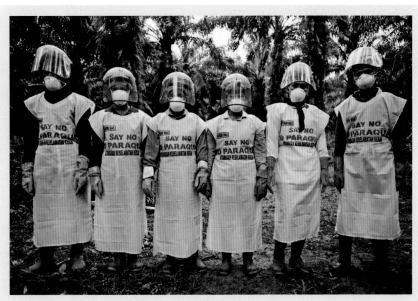

사진 4.1 인도네시아 수마트라 섬 리아우 주의 팜유 플랜테이션의 노동자들. © James Morgan, Panos

출처: Danielsen et al., 2009; FAO, 2013; Roundtable on Sustainable Palm Oil, 2013;
WWF-India, 2013에서 재구성

광대한 열대우림이 팜유(palm oil) 생산을 위해 벌채되고 있다(〈사례연구 4.2〉). 이런 사례들에서 새로운 시장의 창출, 재원 조달, 산물의 물류이동을 가능케 해 주는 운송기술의 발달은 지구화 과정을 필요로 한다.

이러한 논의를 통해 개도국들이 글로벌 경제에 점점 더 편입될수록 이들 국가의 자연환경도 점점 더 위협받는다는 점을 분명히 알 수 있다. 일부 개도국은 전 세계의 쓰레기를 위한 '처분장'의 역할을 떠맡고 있다. 선진국들의 매립지 수용력이 한계치에 달하고 특정 물질의 처리를 금지하는 환경법령이 통과된 이후, 재활용이나 단순 투기를 위한 쓰레기 국제거래가 증가하고 있다. 인도의 알랑(Alang)이나 방글라데시의 치타공(Chittagong) 항구에서는 해마다 수백 대의 선박이 해체된다. 이 작업은 별다른 보호장비 없이 초보적인 도구만 가진 노동자들이 하고 있다. 선박을 해체하는 과정에서 비소, 석면, 수은 같은 독성물질이 환경으로 방출되면서 환경오염이 발생하기 때문에, 노동자들은 독성물질과 사고 위험에 상시적으로 노출되어 있다(Crang, 2010; *The Economist*, 2005).

석유: 개도국의 경제권력?

　1차상품이 경제개발에서 문제가 많은 토대로 비쳐지곤 하지만, 모든 1차상품이 같지는 않다는 점을 인식하는 것이 중요하다. 특정한 역사적 순간에는 어떤 상품이 점차 중요해지기도 한다. 20세기 후반에서 21세기 초에는 석유가 세계 전역에서 국가경제의 핵심으로 부상하였다. 선진국에도 주요 산유국이 있긴 하지만(대표적으로 미국, 러시아, 캐나다), 석유의 대부분은 개도국들에서 생산된다. 미국 에너지정보청(EIA)에 따르면, 2011년 세계 상위 15개국에서 생산된 석유의 61%가 개도국에서 생산되었다(EIA, 2013). 연료로 쓰일 뿐 아니라 석유화학산업의 원료로서 석유에 대한 글로벌 의존성을 감안하면, 이 같은 지리적 패턴은 글로벌 경제에 대한 논의에서 개도국이 갖고 있는 일반적인 위상과는 사뭇 대조적이다.

　물론 석유가 개도국 전역에서 발견되는 것은 아니다(〈그림 4.6〉). 하지만 주요 산유국들에게 석유는 핵심적 경제자원이면서 어떤 경우에는 정치적 자원이기도 하다. 산유국이 글로벌 경제에 미칠 수 있는 영향력은 1970년대에 여실히 증명된 바 있다. 석유수출국기구(OPEC) 회원국들은 1973년과 1979년 국제유가를 4배 인상하였다. 최근에는 환경재난(예컨대 2005년 멕시코 만을 강타한 허리케인 카트리나)과 중동에서 지속되는 전쟁과 정치적 긴장은 유가 폭등을 가져왔다.

　다른 1차상품들과 마찬가지로, 외화 획득을 석유 수출에만 목매는 것도 문제가 될 수 있다. 석유는 재생불가능한 자원이기 때문에, 석유가 가져오는 경제적 이점은 기한이 있다는 점을 고려해야 한다. 따라서 석유가 고갈되거나 다른 대체재가 발견될 경우에 엄청난 곤경에 빠지는 것을 피하기 위해 경제를 다각화하는 정책들이 시행되어야 한다. 석유 수입을 사용하는 방식, 특히 그 혜택이 소수의 엘리트에서 국민 다수로 얼마나 널리 확산되는지를 둘러싼 의문도 제기된다. 석유 수출국들이 국민소득 차원에서는 부국으로 보일 수 있지만, 이렇게 생산된 부가 국민들에게 공평하게 분배되지 않을 수도 있기 때문이다(〈사례연구 4.3〉과 10장).

관광

　해변, 산호초, 열대림, 산, 야생동물 등과 같은 환경자원은 외화수입과 일자리 창출이 가능한 원천으로서, 관광을 통해 1차산업에서 벗어나 경제를 다각화하려는 시도에 활용할 수 있다. 관

개발도상국과 **국제개발**

석유수출국가기구 회원국

기타 산유국

그림 4.6 OPEC 회원국 및 주요 산유국, 2013. 출처: EIA, 2013; OPEC, 2013의 자료에 기초함. Map data © Maps in Minutes™(1996)

사례연구 4.3

나이지리아의 석유 수익

나이지리아는 2011년 기준 세계 12위의 석유 생산국이자 5위의 수출국이며, 하루 석유 생산량은 약 250만 배럴이다(EIA, 2013). 나이지리아는 세계 석유시장의 중요한 주체이며, 석유 생산과 수출은 나이지리아 경제의 빼놓을 수 없는 부문이다. 2007년 연방정부 세수의 75%, 외화수입의 95%를 석유에서 얻었으며(Okonjelweala, 2008), 2012년 석유에서 얻은 총 세수가 510억 달러에 달했다(Daily Trust, 2013).

이러한 인상적인 수치에도 불구하고, 나이지리아 국민의 절대다수는 석유의 혜택을 제대로 누리지 못하고 있다. 2013년 유엔개발계획(UNDP) 인간발전지수에서 나이지리아는 186개국 중 153위에 머물렀다(UNDP, 2013: 146). 평균 기대수명은 52.3세이며, 성인의 문해율은 61.3%였다. 불평등지표인 소득 지니계수는 48.8(2000~2010)로 나타나, 나이지리아의 소득수준이 고도로 불평등함을 드러냈다(UNDP, 2013:154).

미국의 지리학자 마이클 와츠(Watts, 2004)는 나이지리아의 이 같은 상황을 '석유 자본주의'의 한 형태로 꼬집었다. 동시에 그는 석유(그 밖에 다이아몬드, 귀금속, 금 등의 상품)가 그 자체로 억압과 불평등을 확산시키는 '자원의 저주(resource curse)'를 일으키는 근본 원인으로 바라보는 것도 비판했다(이 논쟁에 대한 요약은 Collier, 2007 참고). 와츠는 이러한 상황을 이끄는 것은 석유 자체가 아니라, 착취를 불러오는 경제·정치구조의 본질에 있다고 주장했다.

그는 나이지리아를 움직이는 '석유 복합체(oil complex)'를 분석하였다. 이 복합체의 심장부에는 광물 및 자원 채굴권을 통제하는 연방정부가 있다. 더불어 나이지리아 국영 석유기업(Nigerian National Petroleum Company)은 다국적 석유기업들과의 공동투자에 합의했고, 국가와 기업의 안보기관은 지속적인 생산활동이 이루어지도록 보호를 제공한다. 또한 연방정부는 주정부 간에 세수를 어떻게 분배할지 결정한다. 이러한 결정구조로 인해 나이지리아 석유 생산의 절반을 담당하는 리버스(Rivers) 주는 총 생산액의 5분의 1보다 적은 세수만을 받게 된다. 나머지 이익은 다른 주정부, 연방정부, 민간기업, 그리고 석유 붐에 힘입어 사적 이익을 추구하는 부패한 개인들의 주머니로 흘러간다.

리버스 주의 오고닐랜드(Ogoniland)는 나이지리아의 석유 생산 시스템에 대한 저항과 도전의 중심지이다. 1990년대 오고니 족 생존운동(MOSOP, Movement for the Survival of the Ogoni People)이 결성되어 석유기업(특히 셸)과 나이지리아 정부에 대항하기 시작했다. 1995년 MOSOP의 지도자인 켄 사로위와(Ken Saro-Wiwa)와 9명의 동료가 살인혐의로 교수형에 처해졌다. 이로 인해 MOSOP의 영향력은 붕괴했지만, 그 후 토착종족의 정체성이나 토지에 대한 권리를 내세우는 운동들이 눈에 띄기 시작했다. 가장 대표적인 조직은 니제르 삼각주 해방운동(MEND, the Movement for the Emancipation of the Niger Delta)로, 이 조직의 일부 계파가 납치와 폭력에 연루되었다. 이에 대해 정부는 억압적인 태도로 일관하고 있어 잠재적 폭력의 순환고리는 더욱 강화되고 있다. 이러한 적대와 갈등은 나이지리아 석유 생산 지역주민들의 일상생활을 개선하는 데 전혀 도움이 되지 않는다.

출처: Collier, 2007; Courson, 2011; EIA, 2013; Okonje-Lweala, 2008;
UNDP, 2013; Watts, 2004; Watts and Ibaba, 2011에서 재구성

광의 목적지는 역사적 건축물, 토착문화, 레저활동(예컨대 쇼핑, 카지노)처럼 관광객을 끌어들이는 문화적 특징을 갖고 있는 곳들이며, 그중에서도 핵심적인 매력요인으로 '오염되지 않은 자연'이 있다. 1990년 2,730억 달러(United Nations World Tourism Organization, 2006)였던 세계 관광수입은 2011년 1조 300억 달러에 달하였다(United National World Tourism Organization, 2012). 항공여행의 급증, 전 세계 많은 사람들의 가처분소득 증가, 그리고 (전 세계 다른 지역들의 매력을 보여 줄 수 있는) 통신기술의 발전과 더불어, 지구화는 국제관광의 엄청난 팽창에 크게 기여하였다.

국제적인 관광객과 관광 수익의 흐름 속에서 개도국은 출발지보다는 주로 목적지의 위상을 갖고 있다. 하지만 2011년 아프리카 국가가 전체 국제 관광객에서 차지하는 비중은 3%에 불과했다는 점에 주목할 필요가 있다. 같은 해 중국 관광객의 해외 지출액은 726억 달러로, 국제관광 지출액에서 세계 3위를 차지했다. 그렇지만 1인당으로 따지면 중국인의 지불액은 54달러로 세계 평균 148달러에 크게 밑돈다. 아프리카와 중국의 사례는 개도국 사회들의 다양성을 잘 보여 주는 사례이다(United National World Tourism Organization, 2012: 12–13). 개도국의 도시지역에 거주하는 중산층의 소비 패턴은 선진국의 중산층과 상당히 유사해지고 있다(8장).

몇몇 개도국들에서 관광은 경제의 핵심적인 부문이 되었다(〈표 4.2〉와 〈사례연구 4.4〉). 단일한 외화소득원에 대한 의존도라는 측면에서는 1차산업 의존과 유사한 문제점을 갖는다. 정치적 불안, 테러, 자연재해 등은 관광객의 흐름에 영향을 미치며, 사건 이후에도 상당히 오랫동안 경기가 회복되지 않는 후유증을 겪는다. 예를 들어 2011년 중동을 찾은 관광객의 수가 몇몇 국가의 정치적 불안과 내전으로 인해 전년 대비 8%가 줄어들었는데, 시리아가 41%, 이집트 32%, 레바논은 24% 감소하였다. 반면 사우디아라비아는 도착 관광객 기준 60%가 증가하는 등 관광객이 계속 늘어나고 있다(United National World Tourism Organization, 2012: 12).

관광시설의 공급 또한 글로벌한 산업의 일부가 되었다. 많은 국제적 호텔체인의 시설이 표준화되고 있다는 점은 식재료·가구·유니폼 등이 더 이상 지역에서 조달되지 않아도 된다는 것을 의미한다. 따라서 직접적인 고용창출은 발생하겠지만, 관광개발이 지역에 미칠 승수효과(multiplier effect)는 제한적이다(Hall and Lew, 2009; Telfer and Sharpley, 2008).

표 4.2 국가별 관광업 의존도(GDP와 고용)(2012)[a]

	GDP 기여도(%)			고용 기여도(%)	
1	마카오	92.8		마카오	90.0
2	아루바	83.8		영국령 버진아일랜드	89.3
3	앤티가바부다	77.3		아루바	85.8
4	영국령 버진아일랜드	77.2		앤티가바부다	71.4
5	앵귈라	66.4		앵귈라	68.0
6	세이셸	63.0		세이셸	62.8
7	바누아투	50.6		바하마	57.4
8	몰디브	48.7		몰디브	44.7
9	바하마	48.3		바누아투	44.7
10	바베이도스	39.4		세인트루시아	42.3

주: a 경제기여도와 고용은 직접적 영향과 간접적 영향을 모두 포함함
출처: WTTC, 2013

사례연구 4.4

군소도서국에서의 관광

군소도서 개도국(SIDS, Small Island Developing States)은 경제적으로 매우 취약한 특성을 지닌 국가 범주이다. 제한된 시장규모, 규모의 경제를 위한 기회의 제한, 고립된 특성으로 인해 산업개발이나 인프라 투자에 상당한 비용이 소요되기 때문이다. 유엔의 최빈·내륙·군소도서 개도국 고위대표실(UN-OHRLLS, UN Office of the High Representative for the Least Developed Countries, Landlocked Developing Countries and Small Island Developing States)의 범주에 따르면 지구상에는 52개 군소도서 개도국이 존재하는데, 중남미와 카리브 해에 23개국, 아시아·태평양 지역에 25개국, 아프리카에 4개국이 있다.

군소도서 개도국은 온화한 기후와 아름다운 해변을 포함하는 환경 덕분에 대부분의 정부가 관광업을 발전전략으로 삼고 있다. 관광투자를 유치하기 위한 정책에는 공항을 비롯한 현대적인 인프라 개발과 세금혜택 등이 포함된다. 전 세계 관광인구가 증가함에 따라 군소도서 개도국은 보다 이국적인 장소를 찾는 관광객들의 수요에 부응하여 충분한 휴가를 제공하기 위한 의욕과 역량을 강화하고 있다.

2012년 기준으로 GDP 중 관광수입이 가장 많으며 관광업의 고용창출률이 높은 상위 6개국이 카리브 해에 위치하고 있는데((표 4.2)), 이들 국가가 모두 군소도서 개도국이다. 두 지표에서 상위 10개국 중 마카오는 군소도서 개도국에서 제외된다. 마카오는 중국의 특별행정구(SAR, Special Administrative Region)로 1999년 중국에 이양되었다. 중국의 다른 지역과는 달리 마카오에서는 대규모 카지노 설립이 가능하며, 이에 따라 리조트와 호텔을 비롯한 관광객을 끌어들이기 위한 다양한 편의시설의 개발이 이루어졌다.

군소도서 개도국이 관광에 크게 의존하게 된 것은 경제성장에는 도움이 되었지만 경제적 취약성을 줄이는 데는 그다지 성공적이지 못했다. 일부 군소도서 개도국은 역외 금융시장으로서의 발전 잠재력을 지녔지만, 대부분의 군소도서국들에게 관광업은 외화수입과 공식적 고용창출의 거의 유일한 원천이다. 변화하는 지구경제 조건(불황이나 항공료 인상), 자연재해(대표적으로 2004년 인도양 쓰나미 등), 해수면 상승에 따른 해안조건의 변화는 관광객의 유입과 그에 따른 군소도서 개도국의 경제에도 심각한 피해를 입혔다.

출처: Hampton and Christensen, 2007; SIDSNET, 2013; UN-OHRLLS, 2013 등에서 재구성

외국인 직접투자, 제조업과 국제적 노동분업의 변동

세계는 수백 년에 걸쳐 경제적 측면에서 상호연결성이 점차 높아졌다. 하지만 오늘날의 경제 지구화는 점점 더 많은 사람과 장소를 포괄하는 보다 집약적인 교환형태를 나타낸다. 제조과정의 성격 변화와 생산과정의 '글로벌 전환(global shift)'(Dicken, 2011)이 경제 지구화의 핵심이다. 이는 다국적 혹은 초국적기업(MNC, TNC)의 등장, 그리고 외국인직접투자(FDI, foreign direct investment)의 엄청난 증가와 연결되어 있다. 이러한 과정에서 개도국의 몇몇 지역들이 새로운 상품사슬과 생산과정에 편입되었고, 그 밖의 다른 개도국 지역과 사람들은 배제되었다.

전후 시대, 특히 1970년대 이후 지속되고 있는 기술변화는 많은 산업재의 제조를 공간제약 없이(footloose) 가능케 만들었다. 하나의 조립라인에서 표준화된 제품을 조립하는 기존의 포드주의적 생산방식이 수요 주도적인 '적시생산(just-in-time production)'으로 대체되기도 한다(〈핵심개념 4.2〉). 이는 통신과 운송의 발달로 이제 생산이 반드시 선진국에 입지할 필요가 없다는 것을 의미한다. 오히려 개도국의 저렴하면서 숙련도 갖춘 노동력이 몇몇 부문에서 산업입지에 관한 의사결정의 핵심요소가 되었다. 따라서 제조업의 고용이 선진국에서 개도국으로 점차 이동하는 '새로운 국제노동분업(NIDL, New International Division of Labour)'이 발생하였고(Perrons, 2004), 그로 인해 미국과 서유럽의 중공업지대에서는 대규모 실업사태가 발생하였다. 이러한 추세 속에서 이득을 볼 수 있었던 개도국들은 주로 동아시아, 동남아시아, 중남미와 카리브 해에 있다(〈표 4.3〉). 아프리카와 중동 지역은 이러한 과정에서 대부분 배제되었다. 이러한 일반적인 글로벌 패턴은 인프라 여부, 교육받은 노동력 이용가능성, 정치적 안정성 등을 비롯한 다양한 요인들의 결과이다.

이와 같은 생산과정의 변동은 많은 개도국 정부들이 선진국과 국제금융기구의 압박에 대응하면서 산업화 정책에 대해 취했던 방식의 변화와 일치한다. 신자유주의 이데올로기들(〈핵심개념 4.3〉)의 중요성이 커지면서, 전 세계의 많은 정부들이 점차 외국인 투자유치를 위해 경제를 개방하고 초국적·다국적기업을 유치하기 위한 정책을 시행하고 있음을 의미한다. 이러한 정책들에는 관세 인하, 수출가공지대(EPZ, export-processing zones) 등에서 값싼 토지나 인프라의 제공, 세율 조정 등이 포함된다(Harvey, 2005).

이러한 정책들은 '바닥으로의 경쟁'이라는 특징을 갖는다. 즉 개도국들이 더 많은 FDI를 유치

포드주의와 적시 생산

포드주의(Fordism)

제2차 세계대전 이후 1970년대까지 글로벌 제조업에서 지배적이었던 산업생산 과정의 조직화 방식을 설명하는 용어. 포드주의는 공장 내에서뿐만 아니라 국제적 조달 시스템에서 분명하게 구획된 노동분업에 따른 표준화된 상품생산에 기초하고 있다. 이 용어는 유명한 자동차 회사의 대표였던 헨리 포드(Henry Ford)가 개발한 조립라인 시스템에서 유래했지만, 수많은 제조업 분야 전반에서 적용되어 왔다.

적시 생산(Just-in-time production)

포드주의의 경직성과 대비되는 '유연적 축적'과정에서 유래한 용어. 결론적으로 현실에 존재하는 전 지구적 유연 생산을 의미하는 '후기 포드주의'의 일부로 볼 수 있다. 적시 생산하에서 생산품목, 생산장소, 생산시기에 대한 결정은 시장수요에 대응하여 보다 유연해졌다. 적시 생산은 노동의 유연성에 크게 의존한다. 즉 노동자들은 점점 더 예외적 주문에 맞춰 단기계약직으로 고용되며, 숙련도도 천차만별이 된다.

표 4.3 FDI 유입의 대륙별 분포(100만 달러)(1980~2011)

	1980	1990	2000	2011
세계	100[a]	100	100	100
개발도상국	13.8	16.8	18.2	44.8
아프리카	0.7	1.4	0.7	2.8
라틴아메리카와 카리브 해	11.9	4.3	7.0	14.2
동아시아	1.8	4.2	8.3	14.3
남아시아	0.5	0.1	0.5	2.6
동남아시아	4.9	6.2	1.6	7.6
서아시아	[b]	0.4	0.3	3.2
오세아니아	0.2	0.2	0.02	0.1
전환 경제권	0.04	0.04	0.5	6.0
선진국	86.1	83.2	81.3	49.0
미국	42.0	30.0	27.2	17.6
아시아	0.5	0.9	1.1	0.6
유럽	39.5	50.3	51.8	27.9
오세아니아	4.1	4.9	1.2	2.9
총 국제 FDI	54,087	207,455	1,400,541	1,524,422

주: a 서아시아 지역에서의 역투자 혹은 투자중단 때문에 총합의 100%를 상회함
b 서아시아로 유입된 FDI는 −3,325달러임. 마이너스 수치는 바레인과 사우디아라비아에서의 역투자를 반영
출처: UNCTAD, 2012: 344–351의 표 7.2.1의 자료를 바탕으로 재구성

신자유주의(Neoliberalism)

생산품목, 생산입지, 상품가격, 노동자 임금에 대한 결정 메커니즘에서 정부보다 시장의 역할을 강조하는 경제적 · 정치적 발전에 대한 정책적 입장을 포괄적으로 칭하는 용어이다. 1970~1980년대에는 국가적 정책에 강조점이 있었지만, 자유무역을 강조하는 지구화에 대한 고려로 점차 이동해 왔다(10장).

신자유주의는 또한 새로운 형태의 거버넌스와 관련이 있다. 신자유주의는 "제도뿐 아니라 개인들도 시장규범에 순응하도록 만드는 거버넌스 형태와 관련이 있다"(Larner, 2009: 376). 또한 이 과정은 더 이상 국가가 아니라 개인이 스스로에 대한 책임을 지게 되고 노동자 같은 특정 형태의 정체성을 둘러싼 집단적 행위는 허용되는 개인화의 과정과도 깊은 관련이 있다.

출처: Harvey, 2007; Larner, 2009

하기 위해서라면 임금수준의 저하, 환경 파괴, 세수 감소 등을 감수하게 되는 것이다(Kopinak, 1997). 이러한 시장 주도 정책들(10장)이 몇몇 개도국에서 만들어 내는 경제적 혜택을 인정하는 것이 중요하다. 몇몇 지역과 사회집단은 급속한 경제성장, 고용 창출, 인프라 개발, 생활수준 개선을 경험하고 있다.

1960~1970년대에 선진국의 패턴을 따라 1차생산 경제에서 산업과 제조업 부문으로 전환한 동아시아와 중남미의 몇몇 국가들을 '신흥공업국(NIC, Newly Industrializing Country)'이라 부른다. 특히 '네 마리 호랑이'로 불린 홍콩, 싱가포르, 한국, 대만은 전자와 의류 산업에서 FDI를 유치하기 위한 시장개방을 통해 경제적 진보를 달성하였다. 중남미에서는 브라질과 멕시코가 높은 관세장벽의 보호 아래에서 '수입대체 산업화(ISI, import-substitution industrialization)' 방식을 통해 NIC의 지위에 올랐다. 이 정책은 1970년대 이들 경제의 저성장 원인으로 비난받기도 했다(9장과 10장). 현실에서 NIC의 등장은 시장 주도 또는 국가개입 노선을 단순히 따랐다는 설명보다 훨씬 복잡하다. 분명한 국가의 방향성과 경제 개입을 무역과 외국인 투자의 개방과 결합한 방식을 취했던 싱가포르가 그 대표적 사례이다(〈사례연구 4.5〉).

1980년와 1990년대에 개도국들에서 발생한 외채 위기(debt crisis)와 그로 인한 구조조정 정책(SAP, Structural Adjustment Policies)의 광범위한 시행 이후로, 개도국의 많은 국가들이 FDI를 받아들이며 경제를 개방했다. 북한 같은 극소수 예외도 있지만, 중국과 쿠바처럼 공산주의 정

사례연구 4.5

독립 후 싱가포르의 발전정책

1965년 독립 이후 싱가포르는 거대한 경제적 전환을 이루었고, 싱가포르 국민은 엄청난 삶의 질 개선을 경험했다. 이러한 변화는 정부의 강력한 개입과 지도, 외국인 투자유입으로 누적된 혜택의 결합으로 달성될 수 있었다. 2013년 기준 싱가포르는 UNDP의 인간발전지수에서 18위를 기록했는데, 특히 1인당 GDP는 52,613달러로, 43,480달러인 미국이나 32,538달러인 영국보다 높았다(UNDP, 2013: 142).

19세기 초반 도시건설이 본격화된 이후, 싱가포르는 주요 국제 무역항으로 성장해 왔다. 독립 시점에 리콴유가 이끄는 인민행동당(PAP, People's Action Party) 정부는 산업화를 촉진하기 위한 경제전략을 출범시켰다. 이를 위해 외국인 투자에 대한 세금우대나 노동자 권리에 대한 규제 변화를 포함하는 일련의 조치가 이루어졌다. 글로벌한 전환과정의 일부로서 전 세계적으로 외국인 직접투자가 증가하는 가운데, 싱가포르는 안전하고 입지조건이 좋으며 적절한 인프라와 노동력을 갖춘 곳으로 인식되었다. 1970년대 인민행동당 정부는 화학이나 전자제품 조립 같은 고부가가치 산업을 우선시하기 시작했다.

제조업은 여전히 싱가포르 경제의 중요한 부분이지만, 최근에는 금융을 비롯한 서비스 부문의 중요성이 점차 커지고 있다. 싱가포르의 항구와 공항 또한 물동량, 효율성, 서비스의 질, 관광, 유통을 위시한 주요 영역에서 글로벌 차원의 높은 수준을 자랑한다. 싱가포르의 서비스 부문은 현재 핵심적인 고용 부문으로, 2009년 기준 여성 고용의 83%, 남성 고용의 73%가 서비스 부문에서 이루어졌다(World Bank, 2013b). 저부가가치 제조업에서 고부가가치 서비스로의 전환에는 정부의 분명한 개입과 지도가 큰 몫을 차지했지만, 이는 글로벌 경제의 거대한 전환기와 맞물려 있었으며, 싱가포르는 이 과정에서 비교우위를 차지했던 것이다. 싱가포르가 급속히 성장하는 아시아

사진 4.2 마리나 베이샌즈 종합리조트, 싱가포르. © Katie Willis

지역에 위치한다는 점도 이 같은 성공에 도움이 되었다. 싱가포르 정부는 1990년대 이래로 광역화 정책을 발전시키기 위해 노력해 왔으며, 이 과정에서 싱가포르 기업들은 인도와 중국 등지에서 공동투자의 기회를 잡을 수 있었다. 이러한 정책이 큰 성과를 보이면서, 싱가포르는 지구화가 가져올 수 있는 경제적 기회를 작은 도시국가가 어떻게 성취할 수 있었는지 보여 주는 전형적 사례가 되고 있다.

21세기의 첫 10년 동안, 싱가포르를 특징지었던 경제적 실용주의가 2005년 카지노 합법화 결정에서 다시 한 번 입증되었다. 싱가포르는 독립 시기부터 도박이 유발하는 사회적 문제를 이유로 카지노를 불법화하였다. 하지만 세계 관광업에서의 점유율 확대를 추구하는 과정에서, 특히 커져 가는 중국 시장을 겨냥하여 카지노의 합법화가 결정되었는데, 리조트(〈사진 4.2〉)와의 연계를 필수화하고 엄격한 관리조건을 명시화한다는 전제하에 카지노 설립이 허용되었다.

출처: Henderson, 2012; Perry et al., 1997; Phelps, 2007; UNDP, 2013; World Bank, 2013b에서 재구성

치노선을 따랐던 국가들도 일정 정도 경제를 자유화했다. 이로써 국가경제들 간의 상호연결성은 점점 더 높아지고 있고, 그 과정에서 초국적·다국적기업이 상당한 힘을 갖게 되었다.

FDI 논의는 대부분 선진국에서 개도국으로의 글로벌한 자본 흐름을 가정한다. 하지만 그러한 패턴은 전혀 사실이 아니다. FDI의 대부분은 선진국에서 시작해 절반 이상이 선진국의 또 다른 지역으로 투자된다(〈표 4.3〉과 〈표 4.4〉). '글로벌 전환'은 분명 글로벌한 생산에 있어 중요한 경제적 변화이지만, 초국적·다국적기업은 여전히 선진국에 대한 해외투자에 초점을 두고 있다. 2011년 글로벌 유입 FDI의 절반 이상(55%)이 선진국으로 향했고, 송출 FDI(outward FDI)의 75% 역시 선진국들이었다(UNCTAD, 2012). 따라서 경제적 측면의 지구화는 공간적으로 매우 불균등하다.

UNCTAD의 통계가 보여 주듯이, 송출 FDI 중에서 개도국이 차지하는 비중은 매우 낮으며, 개도국은 FDI를 받기만 한다는 일반적 상식도 기각된다. FDI를 송출하는 개도국은 주로 몇몇 아시아 국가들이다(〈표 4.4〉). 비용절감을 위해 더 값싼 입지로 옮기려 하는 것은 선진국 다국적기업만은 아니다. 개도국 기업들도 시장, 자연자원, 저렴한 노동력 제공지에 가깝게 공장을 입지시킨다[〈표 4.5〉, 남아공 공장에 대한 대만의 투자사례는 Hart(2003) 참조]. 하지만 개도국의 비금융 초국적기업 중 1위인 허친슨 왐포아(Hutchinson Whampoa Ltd)가 세계 순위로는 31위이며, 이 기업의 해외자산(2011년 773억 달러)은 미국 기업 제너럴일렉트릭(General Electric)의 5,026억 달러와는 상대도 되지 않는다는 점을 주목해야 한다(UNCTAD, 2013). 게다가 사하라 이남 아프리카에 대한 중국 투자의 역할 증대는 자원 및 지정학적 관심과 관련되는 새로운 유형의 남–남

표 4.4 송출 FDI의 대륙별 분포(2011)

	백만 달러	%
세계	1,694,369	100
개발도상국	383,754	22.6
아프리카	3,512	0.2
라틴아메리카와 카리브 해	99,653	5.9
동아시아	180,002	40.6
남아시아	15,234	0.9
동남아시아	59,890	3.5
서아시아	25,353	1.5
오세아니아	110	0.0
전환 경제권	73,135	4.3
선진국	123,7508	73.0
미국	445,915	26.3
아시아	117,351	6.9
유럽	651,387	38.4
오세아니아	22,854	1.3

출처: UNCTAD, 2012: 344–351의 표 7.2.1의 자료를 바탕으로 재구성

표 4.5 개도국에 본사를 둔 비금융 다국적기업 top 5(2011)

순위(a)	세계100위 내 순위	회사명	본사 국적	주요 업종	해외 자산 (100만 달러)
1	31	허치슨 왐포아	홍콩(중국)	업종다각화	77,291
2	53	CITIC 그룹	중국	업종다각화	53,251
3	61	발레(Vale SA)	브라질	광업	48,045
4	83	페트로나스	말레이시아	석유채굴 및 정유	35,511
5	86	시멕스(Cemex S.A.)	멕시코	비철광물 생산	34,601

주: a 외국 자산 기준으로 순위를 결정함
출처: UNCTAD, 2013

자본 이전으로 이해된다(〈사례연구 4.6〉과 〈사례연구 3.5〉).

통신기술의 발달이 제조업 활동을 개도국 특정 지역들로 이전하는 것을 촉진시켰듯이, 일부 서비스산업도 선진국에서 개도국으로 옮겨 가고 있다. 가장 잘 알려진 사례가 고객 서비스 차원에서 인도의 콜센터를 활용하는 것이다(James and Vira, 2010; Taylor and Bain, 2008)(〈사진 4.3〉). 영어가 가능한 고학력 노동자를 활용할 수 있다는 점과 국제전화 요금의 급락으로 많은 기

사례연구 4.6

사하라 남부 아프리카에 대한 중국의 투자

중국 경제가 부상하면서 에너지와 원자재에 대한 수요도 유사한 수준으로 높아졌다. 1980년대 중반 중국은 아시아의 두 번째 원유 수출국이었으나 1996년에는 순수입국이 되었고, 2011년 이후에는 미국 다음으로 세계 2위 원유 수입국이 되었다. 2020년이 되면 중국은 에너지 총 수요의 60%를 해외에서 수입할 것으로 전망된다(Ghazvinian, 2007).

석유나 구리, 원목 등 원자재의 수요 증대는 아프리카에 대한 중국의 투자 증대로 이어졌다. 중국석유천연가스집단공사(CNPC)나 중국해양석유공사(CNOOC)로 대표되는 석유 국영기업들은 아프리카 정부나 기업들과 공동투자에 나섰다. 중국 자본이 아프리카 국가로 유입되는 FDI에서 차지하는 비중은 점차 늘어 갔으나, 투자의 분포는 아프리카에서 불균등하게 이루어졌다. 예컨대 중국 자본이 수단의 FDI에서 차지하는 몫은 20%를 넘지만(중국의 대수단 투자가 인권을 유린하는 정권에 대한 지원과 연루되었다는 정치적 논란이 있다. 〈사례연구 3.4〉), 잠비아의 FDI에서는 6%(구리 광업 부문)이다. 다른 아프리카 국가에 대한 중국의 투자도 점차 확대되고 있지만 외국인 투자에서 차지하는 비율을 살펴보면 여전히 선진국들에서 아프리카로 유입되는 외국인 투자가 훨씬 중요하다.

인프라 프로젝트에 대한 중국의 투자는 아프리카 전역으로 퍼져 나가고 있다. 중국도로교량공사(CRBC)가 참여하는 아프리카의 인프라 건설 프로젝트는 약 500개 정도로 추정된다. 투자 활성화는 대부분 경제특구(SEZ, special economic zones) 개발 형식으로 이루어지는데, 여기에는 국내외 투자자들이 모두 참여하고 있으며, 특히 지역 중소기업의 참여도 늘어 가고 있다. 잠비아의 북부 구리벨트 내의 참비시(Chambishi)에 있는 잠비아-중국 경제무역협력지구(ZCCZ, Zambia-China Economic and Trade Cooperation Zone)는 중국에 의해 개발된 최초의 아프리카 경제특구이다. 비철금속 생산을 위해 개발된 이 특구는 계획 당시 면적이 11.58㎢에 달한다. 2012년 4월 당시 총 16개 기업이 입주했으며, 투자액은 9억 5,000만 달러에 달했다. 이곳에서는 중국인 노동자 13,000명과 잠비아 노동자 7,000명이 일하고 있다.

중국이 큰 영향을 미치는 투자영역에는 섬유산업도 포함된다. 하지만 일부 아프리카 국가의 국내 섬유생산은 값싼 해외수입품, 특히 중국제로 인해 사멸되어 갔다. 이런 경우로 미루어 보면, 중국의 아프리카 진출이 경제적인 측면에서 언제나 유익한 것만은 아님을 알 수 있다.

출처: Carmody, 2011; Carmody and Owusu, 2007; EIA, 2013; Ghazvinian, 2007; Jenkins and Edwards, 2006; Klare and Volman, 2006; Mawdsley, 2007; Morris, 2006; Power et al., 2012; ZCCZ, 2013; China Ziejiang Investment and Trade Symposium, 2013

업들에게 콜센터의 이전은 매력적인 일이다. 인도 노동자들에게도 콜센터는 합리적인 수준의 좋은 임금을 제공하는 유연근무 기회를 제공해 주는 것으로 여겨진다. 하지만 실제로는 열악한 노동조건으로 높은 이직률을 보인다. 몇몇 경우에는 고객들의 불만으로 인해 인도가 아닌 지역으로 콜센터를 이전하는 경우도 있다. 콜센터 현상은 상당히 많이 알려진 사례이지만, 그 외에 다른 서비스들도 해외로 이전되고 있다. 학술잡지의 교정교열 및 출판, 시장조사 분석, 데이터 수

사진 4.3 인도 방가로르의 콜센터. ⓒ Belinda Lawley, Panos

집가공 등이 대표적이다. 이러한 서비스들을 'IT기반 사업서비스 외주화(ITES-BPO, IT enabled services-business process outsourcing)'라 부른다.

제조업과 서비스 입지의 이 같은 글로벌 전환은 세계의 특정 지역은 편입하면서 그 외 지역은 주변화하는 등의 명백한 공간적 함의를 가지며, 여기에는 사회적 차원도 결부된다. 예컨대 개도 국에서 활용가능한 새로운 경제활동들은 젠더화된 고용특성을 보인다(Nagar et al., 2002). 노동의 젠더화는 새로운 현상은 아니지만(7장), 다국적·초국적기업이 새로운 노동력의 원천을 찾는 과정에서 기존의 젠더 이데올로기와 불평등을 활용한다. 여성이 남성에 비해 믿을 만하고 유순하며, '민첩한 손놀림'을 요하는 조립작업에 더 적합하다는 등 사회적으로 구성된 젠더 구분이 정상화된다. 이에 따라 전 세계적으로 수출가공지대에서 전자, 의류, 가정용품을 생산하는 다국적기업 공장들에는 여성이 압도적으로 많다(M. Wright, 2006).

1960년대 이후 선진국들에서는 환경보호 법령이 점차 중요해졌다. 규제의 강화로 인해 일부 생산공정은 감당하기 어려운 수준으로 비용이 상승하거나 불법이 되어 버렸다. 많은 개도국들에서도 환경규제는 강화되고 있지만, 요구 기준치가 낮고 관리감독이 허술하며 환경당국의 역량이

개발도상국과 **국제개발**

떨어진다(인도 사례에 대한 Panigrahi and Amirapu, 2012 참조). 이는 환경파괴적인 생산공정이 빈번히 용인된다는 것을 의미한다. FDI 유치를 추구하는 정부들은 유연한 환경법령을 또 다른 인센티브로 제공할 수도 있다. 물론 다국적·초국적기업들만 환경적으로 오염을 일으키는 것은 아니다. 가죽 무두질 같은 지역적 공정들 역시 환경 질을 악화시킨다(7장).

금융, 투자, 투기

외국인 직접투자는 글로벌 자본 흐름의 중요한 요소이지만, 다른 형태의 국제적 금융거래에 비할 바는 못 된다. 새로운 통신기술의 발전과 금융시장의 탈규제화로 인해 다양한 금융상품들이 출현했다(〈핵심개념 4.4〉). 금융 부문의 탈규제화는 지구화의 과정과 긴밀하게 연동되어 있다.

1차상품이나 제조업 제품의 무역과 마찬가지로 금융활동의 국제적 운영도 역사가 길다. 16세기에 유럽에서 은행시스템이 발달하면서, 무역활동을 지원하고 전쟁과 국가건설 활동의 자금 마련을 지원하게 되었다. 유럽의 식민주의 기간 동안에는 인프라 프로젝트의 재원 마련을 위한 채권 판매 등을 통해 금융활동이 식민지들로 확장되었다(Held et al., 1999: 190-192). 국제적 금융시스템의 발전은 19세기 금 본위제의 성립에 큰 도움을 주었다. 금 본위제는 1878년 유럽 열강들에 의해 공식적으로 확립되었는데, 세계 금융시스템을 안정화시키기 위해 주요 통화의 가치를 금 가격에 고정시키는 고정환율 시스템으로 작동하였다. 제1차 세계대전까지 금 본위제는 유럽 전역, 북아메리카와 중남미, 일본, 그리고 많은 유럽 식민지들에서 널리 사용되었다. 제1차 세계대전으로 인해 이 시스템은 붕괴되었고, 1920년대 말 짧게 재도입되었지만 1930년대 대공황과 뒤이은 제2차 세계대전으로 종말을 맞았다(Held et al., 1999: 192-199). 전후 시기에는 글로벌 금융의 안정성을 증진할 목적으로 브레턴우즈(Bretton Woods) 체제가 수립되었다(3장).

전쟁 이전의 국제 금융시스템은 선진국 정부와 자본의 필요에 맞게 고안되었고, 주요 활동무대도 선진국이었다. 특히 런던은 19세기에 이 시스템의 심장부였다. 많은 개도국들도 이러한 금융시스템에 포섭되었지만, 금융의 주류적 흐름에서는 벗어나 있었다. 이러한 일반적인 추세가 전후 시기까지 계속되는데, 신기술의 도입과 정부 정책을 앞세워 개도국의 일부 지역이 새로운 방식으로 글로벌 금융거래에 통합되기 시작했다. 석유 생산국에서 늘어난 국부가 국제은행들에 엄청난 달러 보유고[오일달러(petrodollars)]를 공급했다. 이와 동시에 유로달러 마켓 또한 은행 부문에 막대한 재원을 제공했다. 유로달러는 미국 바깥에 존재하는 달러 보유고인데, 본래 구소련과 중국 같은 공산주의 국가들이 냉전기에 자국의 재정에 대한 미국의 영향력을 회피하기 위한 방법으로 활용되었다. 미국의 통제 밖에 위치함으로써 유로달러가 국제 외환시장에서 거래될 수 있었다(Dicken, 2011: 378). 인프라 개발과 산업 확대를 위한 자금이 필요한 개도국들은 낮은 금리로 돈을 빌릴 수 있었다. 1970년대에 개도국은 국제은행 대출의 1/4~1/3을 차지했다(Held et al., 1999: 210). 이로써 개도국 일부(특히 중동)의 자본이 선진국 은행을 매개로 다른 개도국들로 이동하는 글로벌한 자본 순환이 이루어졌다. 이런 형태의 금융 지구화를 위해서는 금융서비스의 탈규제화가 필요했지만, 금융 지구화는 또한 국제적 연결성(connectivity)이 커진 결과이기도 했다(Dicken, 2011).

1970년대 후반 국제금리의 상승, 유가 폭등, 글로벌 경제의 침체로 인해 개도국에서 생산된 상품을 구매했던 선진국 시장이 축소되었고, 동시에 개도국들은 70년대에 빌렸던 원금 이자의 급격한 상승을 겪게 되었다. 1982년 멕시코 정부는 외채상환이 불가능할 것이라고 선언하였다. 뒤이어 많은 국가들이 멕시코의 뒤를 따랐고, 결국 80년대 '외채위기(debt crisis)'의 방아쇠를 당겼다. 민간은행에서 더 이상 돈을 빌릴 수 없게 된 개도국 정부들은 세계은행과 IMF에 의존하지 않을 수 없었다. 금융구제 패키지에 대한 협상이 진행되었지만, 추가적인 자금지원은 개도국들이 '구조조정 프로그램·정책(SAP, Structural Adjustment Programmes·Policies)'이라는 일련의 신자유주의적 개혁을 수용하는 조건으로 이루어졌다. SAP는 정부개입 축소, 외국자본에 대한 경제개방, 정부 지출 축소를 비롯한 경제 자유화 과정이다. 이러한 정책은 보통 단기적으로는 경제 안정화를 가져왔지만, 경제성장, 사회적 불평등, 빈곤에 미치는 장기적 함의는 그보다 훨씬 더 복잡하다(10장).

1980~1990년대 도입된 금융시장의 신기술과 정부 규제의 축소는 새로운 금융상품들을 선보였다. 상품의 범위가 급격히 늘어남으로써 가히 '광풍'이라고 할 만했다(Dicken, 2011: 375; 〈핵심개념 4.4〉). 파생상품으로 대표되는 새로운 금융상품의 성장은 상품 제공자와 투자자 모두에게 상당한 금융혜택을 제공할 뿐만 아니라 위험을 최소화할 수 있다는 가능성과 기대에서 기인했다. 이는 특히 국경을 넘어 국제 금융시장으로 확장됨으로써 실현될 수 있었다.

2007년부터 명백히 드러났듯이, 금융기관들은 위험—특히 주택모기지 증권의—을 지나치

국제적 금융 흐름의 형태들

금융시장이 보다 정밀해지고 관련 기술이 증가되면서 초국적 자본 흐름이 증가되고 동시에 다양해졌다. 국제적 금융 흐름의 주요 형태는 다음과 같다.

- 외국인 직접투자(FDI): 투자가가 해외에서 직접 사업체 관리와 운영에 관여하기 위한 자본의 흐름. 일례로, 미국의 자동차 제조업체가 멕시코에 공장을 설립하는 경우를 들 수 있다.
- 국제적 은행 차관(lending): 해외 채무자에게 은행이 제공하는 차관.
- 해외채권(international bonds): 주어진 날짜에 정해진 금액의 지급을 보장함과 더불어 이자를 정기적으로 지급하는 금융상품. 해외채권은 해외고객에게 판매한다.
- 해외주식(international equities): 회사가 외국인들에게 발행하는 주식.
- 파생상품(derivatives): 1980년대 중반 이후로 파생상품 시장이 급격하게 증대되었다. 파생상품에는 특정 상품(석유나 곡물)을 향후 정해진 가격에 지급할 것을 명시한 선물거래 계약과 같은 도구가 포함된다. 즉 융자(예컨대 모기지)가 현물로 변환되어 거래될 수 있는 것이다. 파생상품은 본래 투자위험을 줄이기 위해 고안되었으나, 2008년 은행위기의 중요한 원인이 되었다.
- 공적개발협력(ODA 또는 원조): 특정 개발 프로젝트나 부문 활동을 위하여 정부 간에 공식적으로 자본이 이동하는 것. 우대금리로 제공되는 차관도 한 형태이다.
- 송금(remittances): 해외 이주노동자가 모국의 가족이나 지역공동체로 자산을 이전하는 것.

게 과소평가했다. 미국 서브프라임 모기지(sub-prime mortgage) 시장의 폭락은 다양한 수준에서 파괴적인 연쇄효과를 낳았다. 개별 가구들은 주택을 잃었고, 금융기관들은 부채를 변제할 수 없게 되었으며, 소위 저위험 상품을 구매했던 전 세계의 투자자들도 위기에 빠졌다(Aalbers, 2009). 미국의 모기지 위기는 훨씬 더 광범위한 금융위기와 경제위기로 확산되었다. 주식시장의 신뢰가 무너졌고, 경제성장이 저하되었으며, 수출 수요는 감소했다. 하지만 "이 위기는 일반적으로 전 세계 다른 지역에 비해 서구를 강타했다"(Aalbers, 2009: 39). 개도국의 많은 국가들이 유럽과 미국에 대한 수출수요 감소로 경제에 영향을 받았지만, 위기가 개도국 경제에 미치는 전반적인 영향은 선진국에 비하면 훨씬 덜했다.

'글로벌' 금융위기는 국제적 금융 흐름과 경제력, 영향력의 변동을 잘 보여 준다. 중국과 중동 등에서 국가 소유의 투자기금인 국부펀드(sovereign wealth funds)가 선진국의 민간기업과 정부에 자금을 제공하는 핵심원천이었다. 예컨대 아부다비투자청(ADIA, Abu Dhabi Investment

Authority)은 석유 수입으로 아랍에미리트 국외의 주식, 채권 등에 투자했다. 이러한 변화는 선진국-개도국 간 기존 금융거래 관계의 표상에 대한 도전으로 볼 수 있지만, ADIA 투자의 공간적 분포는 사하라 이남 아프리카의 대부분을 이러한 자본 흐름에서 배제하는 기존 패턴을 그대로 따른다(〈그림 4.7〉).

개도국 국부펀드의 중요성은 국제적 은행 중심지들이 서쪽에서 동쪽으로 이동하고 있는 현상의 일부분이다(Aalbers, 2009; Derudder et al., 2011). 런던, 뉴욕, 도쿄, 홍콩, 프랑크푸르트의 주식시장이 유명한데, 특히 앞의 세 도시는 글로벌 금융거래의 허브이다. 이러한 핵심장소들에만 초점을 맞추게 되면 개도국이나 이행경제 국가의 대부분에서도 주식시장이 존재한다는 사실이 가려진다(〈사진 4.4〉). 좀 더 제도화된 주식시장들은 상업적 금융기관들에 의해 '신흥시장'으로 분류되거나 범주화되면서 잠재적 투자자들에게 마케팅된다. 그러한 마케팅에 활용되는 이미지는 개도국에 대한 담론들(2장)의 일부를 반영해서, 가령 이국적이고 예측불가능한 장소로 비쳐진다. 하지만 선택된 국가들은 또한 신자유주의의 맥락 속에서 경제적·정치적으로 투자에 적합한 곳으로 비쳐진다(Sidaway and Pryke, 2000).

최근의 금융위기는 또한 경제적 위험에 대한 새로운 지리적 상상을 만들어 냈다. '신흥시장'이 국제 금융활동의 핵심적 측면이 되면서, 신용평가가 기존의 선진국-개도국 구분에 도전하기 시작한 것이다. 스탠더드 & 푸어스, 무디스 같은 신용평가 기관들은 국가와 민간기업의 신용 등급을 결정한다. AAA는 투자자들의 위험이 가장 낮다는 것을 의미한다. 낮은 등급을 받은 국가나 기업은 높은 금리로 자금을 차입해야 한다. 2013년 3월 31일 기준으로 스탠더드 & 푸어스로부터 AAA를 받은 국가들은 대부분 선진국인 반면, 낮은 등급의 국가들은 훨씬 복잡하다(Standard & Poor's, 2013). 예를 들어 AA 등급을 받은 국가로는 미국, 칠레, 사우디아라비아, 중국, 체코가 뒤섞여 있다(〈그림 4.8〉).

개도국의 몇몇 국가들에게 금융서비스의 지구화는 역외 금융서비스(off-shore banking service)라는 형태로 새로운 경제적 기회를 제공했다. 유럽 바깥에 위치한 이러한 금융서비스는 카리브 해의 바하마, 케이맨 제도, 바누아투로 대표되는 태평양 섬 국가들에 집중되어 있다. 외화 획득의 기회가 거의 없는 몇몇 국가에게 역외 금융서비스는 관광과 더불어 1차산업에 대한 대안을 제공했다. 면세혜택이나 비밀보장법으로 인해 자금들이 몰려들었다. 역외 금융센터를 보유한 정부는 제조업 부문의 수출가공지대와 유사하게 자국의 재정주권(조세권한)을 느슨하게 만

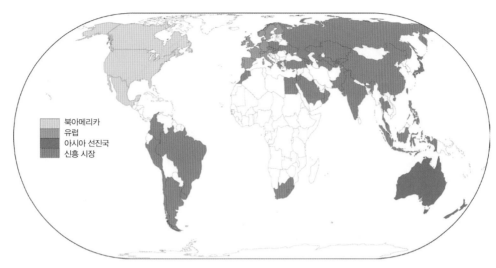

그림 4.7 아부다비 투자청의 투자지역(2013). 출처: 아부다비 투자청의 자료(ADIA, 2013). Map data © Maps in Minutes™ (1996)

사진 4.4 멕시코시티 주식거래소. © Katie Willis

제4장 · **경제의 지구화와 개도국**

그림 4.8 국가별 신용평가 순위(2013. 3. 31)

주: +, – 등은 등급 범주 안에 포함시킴(AA 카테고리 안에는 AA+, AA, AA–가 모두 포함됨)

출처: Standard & Poor's, 2013. Map data ⓒ Maps in Minutes™(1996)

1-AAA
2-AA
3-A
4-BBB
5-BB
6-B
7-C&D
자료 없음

들면서 동시에 국가 차원에서 비밀보장법 시행을 통해 해외투자자에게 매력을 발산했다. 이는 지구화가 특히 개도국에서 국가 주권을 훼손한다는 단순한 관점을 더욱 복잡하게 만든다(Hudson, 2000). 하지만 테러 지원자금의 순환이나 아마존, 구글 같은 국제적 기업들의 세금회피 전략에 대한 공분이 커지면서 역외 금융센터를 보다 투명하게 만들어야 한다는 국제적 압력이 증가함에 따라, 이들 국가의 주권은 훼손될 수도 있다.

글로벌 금융시스템 전반에 걸친 자금 흐름이 조직구조와 기술에만 의존하는 것은 아니다. 개인들의 사회적 관계 및 장소특정적인 지식 역시 핵심적인 역할을 한다. 예를 들어, 싱가포르의 고도로 숙련된 금융 부문 종사자들은 자신의 지역 지식과 커넥션을 활용해 새로운 비즈니스를 창출하고 있다(Beaverstock, 2002). 따라서 전후 시대 들어 전 세계 자본 흐름의 집약도가 엄청나게 증가하고 금융거래의 글로벌 네트워크가 팽창하고 있긴 하지만, 이러한 흐름은 특정한 맥락 속에 고착되어 있다.

금융거래에 대한 이슬람의 해석을 통해 우리는 문화적 맥락의 중요성을 확인할 수 있다. 샤리아 법에 따르면 신실한 무슬림은 이자의 지불과 수급이 수반되는 금융거래에 개입해서는 안 된다. 술 생산이나 도박 같은 비윤리적 활동에 대한 투자도 금지되어 있다. 다시 말해, 어떤 무슬림의 관점에서는 선진국 금융기관들이 제공하는 금융상품의 일부는 용인될 수 없다. 이슬람 국가들에서 은행은 적절한 상품을 제공하기 위해 발전해 왔으며(Khan and Mirakhor, 1990), 은행규제의 변화와 더불어 다른 지역 무슬림의 수요를 맞추기 위해 확장되어 왔다. 상업적 기회를 추구하는 많은 선진국 금융기관들은 이제 종교적 이유로 기존 은행서비스를 이용하지 않았던 무슬림 공동체들의 조건을 수용한 자체 금융상품을 개발하고 있다. 영국에서는 HSBC 은행이 '아마나(Amanah)'라 불리는 이슬람 금융부서를 만들었다. 이슬람 은행 및 금융(IBF, Islamic banking and finance)은 비무슬림 사이에서도 인기를 얻고 있다. 특히 2007년 이후 금융위기의 원인으로 지목된 주류 은행들의 위험선호적이고 투명하지 못한 활동에 대한 대안을 찾는 소비자들의 관심을 끌면서, IBF는 연평균 15%씩 성장하고 있다(Dawson and Irish, 2011, Pollard and Samers, 2013: 711에서 재인용). 국민국가를 넘어선 글로벌 이슬람 공동체에 대한 샤리아 법의 영향에 주목해 IBF를 '코즈모폴리턴 금융지리학'의 일부로 검토한 한 연구에 따르면, 샤리아 법 학자들, IBF 기관들, 국가 금융규제 메커니즘에 초점을 맞추어 IBF 내에는 규제의 상이한 규모들이 존재한다. 이슬람 금융은 선진국과 개도국 모두의 특수한 공간 내에서 경제적 과정이 사회적·문화적·정치적 과정들과 서로 뒤엉키는 방식을 잘 보여 준다(Pollard and Samers, 2007, 2013).

지구화는 재화와 자본의 이동성 증가뿐만 아니라 사람의 이주도 결부된다. 물론 재화나 자본에 비해 사람의 국제적 이동에 대한 장벽은 훨씬 높은 편이지만, 글로벌 기업엘리트 혹은 '초국적 자본가 계급'(Sklair, 2000)은 비숙련 노동자들에 비해 분명 더 큰 이동의 자유를 누린다. 이주에 대한 통제와 그에 수반되는 비용에도 불구하고, 일자리를 찾아 이주하려는 수많은 사람들을 막지는 못한다. 21세기 초 국제 이주자는 2억 1,390만 명(United Nations Department of Economic and Social Affairs, 2009)으로, 1960년대부터의 국제 이주보다 두 배 이상 늘었다(〈그림 5.4〉).

이주의 문제는 다양한 관점을 통해 이 책 곳곳에서 다루어진다(5장). 여기서는 특히 중요한 이슈가 바로 송금이다. 2011년 송금 총액은 4,888억 달러였으며, 이 중 3,285억 달러가 개도국으로 향했다(UNCTAD, 2012). 2010년 개도국에 제공된 공적개발원조(ODA) 총액 1,564억 달러(UNCTAD, 2012: 384)와 비교해 보면 송금의 중요성은 명백하다.

정확한 수치 확보에 어려움은 있지만, 개도국 중 인도, 멕시코, 필리핀 세 국가가 이주자들의 송금을 가장 많이 받는 수혜국이다(〈표 4.6〉). 방글라데시는 2011년 송금액이 재화와 서비스의 수출로 인한 수익의 40%에 달할 정도로 국가의 외환 흐름에서 큰 비중을 차지했다. 많은 국가들

표 4.6 국가별 송금 규모(2011)

	총액(백만 달러)	GDP 중 송금액 비중	재화/서비스 수출액 대비 송금액 비중
인도	57,817	2.98	12.60
중국	57,282	0.81	2.75
멕시코	23,516	2.04	6.44
필리핀	23,065	10.25	36.80
파키스탄	12,190	5.83	36.90
방글라데시	11,989	11.05	44.06
나이지리아	10,681	4.50	11.14
한국	10,576	0.95	1.63
베트남	8,600	7.13	8.13
레바논	7,558	18.31	31.51
모로코	7,081	7.07	19.96

출처: UNCTAD, 2012: 356-363의 표 7.3.1

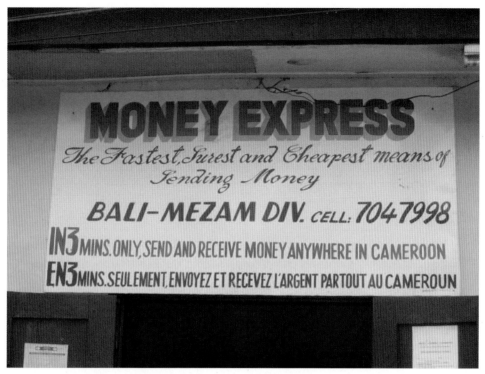

사진 4.5 '머니 익스프레스'라는 상호의 송금 에이전시, 카메룬 북서부 발리. ⓒ Claire Mercer

에서 송금은 국가경제뿐 아니라 개인, 가족, 지역공동체의 차원에서도 기여도가 매우 크다. 웨스턴유니언(Western Union) 같은 기업들은 세계 전역에서 송금을 전달하며, 소규모 독립업체들도 국제 송금에 관여하고 있다(〈사진 4.5〉).

나가며

식민지 시대 이래로 경제활동은 글로벌 수준의 네트워크 속에서 점차 포섭되고 있다. 하지만 그러한 네트워크가 전 세계적으로 균등하게 분포하지는 않는다. 개도국 지역 중에서 동아시아, 중남미 일부 지역, 카리브 해 지역은 점점 더 통합되어 가고 있지만, 사하라 이남 아프리카, 중앙아시아, 오세아니아 일부 지역은 여전히 배제되고 있다. 경제적 흐름의 패턴은 경제활동의 유형에 따라 다양하지만, 일반적으로 선진국에서 개도국으로의 자본 순유입이 있는 반면, 수익의 순이전은 반대방향으로 흐른다. 중국, 인도 및 몇몇 아시아 국가의 경제적 중요성이 커지는 동시에 석유 생산 개도국들의 역할이 커지는 것은, 경제적 영향력이 순전히 선진국의 정부와 기업들에만 귀속되어 있지만은 않다는 것을 의미한다.

더 읽을거리

Carmody, P. (2011) *The New Scramble for Africa*, Cambridge: Polity.

이 책은 아프리카 대륙이 최근 글로벌 경제에 어떻게 편입되는지 상세히 설명하고 있는데, 그 과정은 식민화 역사와 매우 유사하면서도 새로운 글로벌 경제·정치권력의 특성이 반영되어 있다.

Dicken, P. (2011) *Global Shift: Mapping the Changing Contours of the World Economy* (six edition), London: Sage. [피터 디킨 지음, 구양미 외 옮김(2014), 세계경제공간의 변동, 시그마프레스.]

경제적 지구화의 공간적 측면에 대한 탁월한 개론서이다.

Murray, W. E. (2006) *Geographies of Globalization*, London: Routledge.
지구화, 그리고 지구화에서 경제적 과정의 역할에 관한 훌륭한 개론서이다.

웹사이트

www.imf.org International Monetary Fund
국제통화기금(IMF)의 홈페이지에서는 투자와 무역의 국제적 추세에 대한 상세한 경제 통계자료를 얻을 수 있다.

www.standardandpoors.com Standard & Poor's
무디스, 피치와 더불어 세계 3대 신용평가 기관으로 불리는 스탠더드 & 푸어스는 글로벌 투자 흐름과 추세에 대한 훌륭한 정보원이며, 특히 신흥시장의 지표가 신뢰할 만하다.

www.unctad.org United Nations Conference on Trade and Development
유엔무역개발회의(UNCTAD)는 「글로벌 투자리포트(Global Investment Report)」와 「통계핸드북 Handbook of Statistics)」 같은 탁월한 경제통계의 자료원이다.

www.unwto.org United Nations World Tourism Organization
유엔 산하의 특별기구인 세계관광기구(UNWTO) 홈페이지에서는 국제 관광통계와 글로벌 관광 추세에 대한 매우 유용한 정보를 구할 수 있다.

조선족의 송금과 기원지 마을의 변화

선진국으로 향하는 개도국 주민들의 초국가적 이주는 기원지와 정착지를 잇는 글로벌 네트워크를 형성하고, 이를 통해 유입되는 송금이 개도국 기원지의 사회−공간적 변화를 야기하고 있다는 점에서 주목받고 있다. 중국 지린 성 옌볜 조선족자치주의 왕칭셴(汪淸县)에 속해 있는 펑린춘(风林村)은 지리적으로 외부와의 근성이 떨어지는 고립되어 있는 마을이다. 이 마을은 조선족과 한족이 어우러져 사는 마을로서 2013년 현재 호구수는 173호이며 그중 조선족은 95호(55.3%), 한족은 78호(44.7%)이다. 펑린춘은 폐쇄적인 지역 특성으로 인해 1차산업 외의 다른 산업이 발전하기 어려웠으며, 농업에서도 경작가능 토지가 그리 넓지 않아 1인당 소득은 매우 낮은 편이었다. 이처럼 고립적으로 존재해 왔던 이 마을에 큰 변화가 일어나기 시작한 것은 1990년대부터였다. 특히 2007년 한국 정부에서 시행한 조선족에 대한 방문취업제는 이 마을 조선족의 한국 이주를 가속화시켜 30~50대의 경제활동인구는 물론이고 이전 같으면 노인으로서 여생을 보내고 있었을 60대 이상의 고령인구조차도 한국으로의 이주를 단행하였다. 한국으로 이주한 조

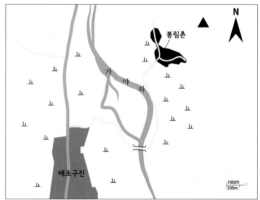

그림 1. 조선족 마을 펑린춘의 위치

선족들이 고향마을로 보내 주는 송금은 펑린춘의 경관을 크게 변화시키고 있다.

가장 가시적으로 확인되는 변화는 조선족이 기거하는 가옥의 변화이다. 한국으로의 조선족 이주로 인해 마을 내 가옥의 변화는 두 가지 유형으로 나눌 수 있다. 첫 번째 유형은 조선족이 살던 가옥 중 빈 가옥이 증가한 것이고, 두 번째 유형은 한국에서의 송금으로 집을 개조해서 현대식 가옥으로 바뀐 경우이다. 현재 펑린춘에 실제로 거주하고 있는 조선족은 20가구 정도로, 한국으로의 이주가 시작되기 전과 비교하면 거의 5분의 1 수준으로 줄어들었다. 실제 거주 중인 20개 가옥은 그 구성원 중 일부가 남아 있는 경우이며, 한국으로 이주한 가족구성원들이 보내 준 송금으로 가옥의 외부와 내부가 현대식으로 근사하게 탈바꿈하게 되었다(〈사진 1〉 참조). 이와는 대조적으로 주인을 잃어버린 조선족 가옥들은 빈집으로 방치되거나 한족에게 팔리게 되었다. 혹은 이주자들의 송금으로 옌지(延吉, 조선족자치주 주도) 등 고향 인근의 도시 지역에 새로운 아파트를 구입하여 가족들을 이주시키고, 남아 있던 고향마을의 가옥은 자신과 가족들이 계절에 따라 별장으로 활용할 수 있도록 역시 근사하게 개조되는 경우도 있다.

이 지역의 가옥을 외관 및 내부 인테리어 모두 현대식으로 개조하려면 약 12만 위안(한화 약 2,100만 원)이 드는데, 정부보조금 2만 위안을 제외하면 약 10만 위안(한화 약 1,800만 원)이 필요하다. 2008년 중국 농민의 평균 월수입이 1,048위안이었으며, 이를 기준으로 보았을 때 약 10년 가까이를 벌어야만 가능한 일인 것이다. 그런데 이는 한국에서 이주자 한 명이 한 달에 100만 원을 송금한다면 2년 이내에 가능한 일이며, 2인 이상이 번다면 1년 이내에도 가능한 일이었다. 또한 펑린춘에 거주하고 있는 조선족의 집들에서는 한국과의 잦은 교류로 한국 기업의 전기밥솥, 믹서기 등의 가정용품과 스마트폰과 같은 전자제품을 공통적으로 찾아볼 수 있다. 이는 고향

사진 1. 새로 지은 집의 경관과 내부 수리 이후의 모습

방문 때 손수 운반이 가능한 부피가 작은 전자제품들이며, 부피가 큰 가정용품도 이전에는 볼 수 없었던 최신 제품들이 구매되어 설치되어 있다.

이러한 조선족의 삶의 변화와 가옥의 변화는 함께 살아가고 있는 한족들에게도 적지 않은 영향을 끼치고 있다. 방문취업제 이후 조선족들의 한국으로의 노동이주로 인한 소득 증대, 그리고 이들이 한국에 가 있는 동안 자신들에게 임대한 경작지에서 벌어들이는 소작료 등은 조선족과 한족 간의 경제적·사회적 격차를 더욱 심화시키고 있으며, 이러한 초국적 이주 이후 발생한 조선족의 급격한 생활상의 변화를 지켜보아 온 펑린춘의 한족들은 조선족의 생활에 일종의 선망의 감정을 가지게 되었다. 경제적 가난에 갇혀 있는 펑린춘 한족 농민들에게 조선족 이웃의 한국행은 단기간에 큰 부를 축적할 수 있다는 일종의 '코리안 드림'을 의미하는 것이었다. 이런 상황 속에서 이 중 일부는 이주의 조건이 충족되지 못해 한국으로의 노동이주가 사실상 합법적으로 불가능하다는 것을 알면서도 여러 가지 방법을 통해 코리안 드림을 실천하고자 초국적 이주를 모색하고 있다.

• 출처: 이현욱(외), 2014, 초국가적 이주와 기원지 로컬리티 변화에 대한 연구-중국 왕칭쎈(汪淸縣) 펑린춘(風林村)을 사례로, 한국도시지리학회, 제17권 제1호. 29-42.

개발도상국과 **국제개발**

페루의 포도, 태국의 새우, 케냐의 장미: 글로벌 상품사슬과 사회적·환경적 문제

페루의 포도, 태국의 새우, 케냐의 장미. 이 셋의 공통점은 무엇일까. 우리의 식탁에 올라오는 지구 저편의 농수산물들이다. 모두 신선한 상태로 저렴한 가격에 공급 가능하다. 어떻게 이런 일이 가능할까. 생산지에서는 과연 어떤 일이 일어나고 있을까.

페루의 포도는 우리의 봄 식탁을 지배하고 있는 칠레산 포도와 함께, 2011년 체결된 한-페루 자유무역협정(FTA) 이후 수입량이 급증하면서 1~2월의 식탁을 급속하게 파고들고 있다. 페루의 포도 산지는 우리에게 나스카 유적으로 잘 알려져 있는 이카(Ica)의 사막 지역이다. 몇 년 전부터 칠레의 농기업들이 이곳에 진출해 대규모 포도농장을 개척했다. 사막에서 농사를 짓기 위해서는 관개가 필수인데, 이곳은 안데스 산맥의 눈 녹은 물이 원천인 지하수를 퍼올려 농사를 짓고 있다.

문제는 지구온난화로 인해 안데스 산맥의 눈 녹은 물이 점점 줄어들고 대농장에서 사용하는 물은 급격히 늘어나면서 수자원이 고갈되고 있다는 점이다. 1990년대 후반 세계은행의 권고와 자금융자로 아스파라거스 유럽 수출단지를 만들면서 시작된 이 지역의 대규모 농장들은 이제 물 부족 문제를 심각하게 겪고 있고, 소농과 지역민들은 더 심한 고통을 겪고 있다. 영국을 비롯한 유럽의 환경단체들은 이처럼 물이 부족한 제3세계 국가들의 물을 고갈하면서 생산된 농산물 속에 들어 있는 물[가상수(virtual water)]의 무역이 가져오는 물 발자국(water footprint) 문제를 제기하고 있다. 페루산 포도를 먹는 한국의 소비자들 역시 이 문제에서 자유롭지 못한 것이다.

태국의 새우는 2000년대 들어 우리나라에 수입량이 급증한 품목이다. 1980년대부터 해안의 맹그로브 숲을 밀어내면서 태국에서 본격적으로 조성된 대규모 새우양식장들이 이제는 베트남, 캄보디아 등의 동남아 국가들로 확산되고 있고, 이곳에서 생산된 새우들은 우리나라를 비롯해 전 세계로 수출된다. 새우 수출의 상당부분은 종자와 사료사업부터 시작해 현재는 태국의 가장 큰 농식품기업이자 전 세계적으로 사업을 넓혀 가고 있는 CP그룹에서 담당하고 있다. CP그룹에 힘입어 태국은 전 세계 양식새우의 30%를 공급하고 있다.

문제는 사회적·환경적으로 많은 문제들을 현지에서 발생시킨다는 점이다. 환경적으로는 맹그로브 열대우림을 파괴하며 만들어지는 대규모 새우양식장 건설 자체의 문제, 그리고 이곳에서

(좌상) 페루 태평양 연안 이카 지역 포도밭
(우) 국내 마트에서 1~2월에 판매되는 페루산 청포도/적포도
ⓒ 허남혁

사진 2. 2014년 6월 12일자 허핑턴포스트코리아 메인화면

사용되는 화학물질들이 연안 바다를 오염시키는 문제를 일으킨다. 사회적으로는 소규모 어민들의 생계 문제, 그리고 새우를 까는 노동에 인근 저개발 국가의 아동들을 동원하는 아동노동의 착취 문제를 들 수 있다. 2014년 여름 전 세계를 떠들썩하게 만든 '피의 새우' 논란은 새우사료에 들어가는 생선을 잡는 태국 어선들이 인근 미얀마나 캄보디아의 이주노동자들을 노예처럼 부리고 있다는 언론의 폭로에서 시작되었다.

케냐의 장미는 1980년대 후반부터 네덜란드, 그리고 최근에는 인도의 화훼기업들이 진출해 나이바샤(Naivasha) 호수 주변에 대규모 유리온실을 짓고 호숫물을 사용해 대량으로 장미를 재배하여 유럽으로 수출하기 시작했다. 우리나라에도 상당량이 수입되고 있다.

개발도상국과 **국제개발**

문제는 물이 많이 필요한 장미 재배의 특성상 호숫물을 대량으로 사용한다는 점, 재배에 사용되는 고독성 농약이 호수를 오염시키고 케냐의 장미 노동자들의 건강을 위협한다는 점, 그래서 정작 지역민들의 농사나 생계에 필요한 물을 구하기가 점점 더 어려워지고 있다는 점 등이다. 이렇게 여러 가지 사회적·환경적 문제들이 발생하자 화훼기업들은 점차 주변 국가로 옮겨 가는 중이다. 유럽의 환경단체들은 이렇게 생산된 케냐의 장미가 "보이는 만큼 그리 아름답지 않다"며 문제제기를 하고 있다.

페루의 포도, 태국의 새우, 케냐의 장미. 이 셋은 모두 선진국의 자본이 투입되어 대규모 산업적 농업방식(industrial farming)으로 생산되어 대규모 수출시장을 겨냥한다. 이러한 생산방식에 필수적인 것은 값싼 자연자원(물, 농지)과 값싼 현지 노동력이다. 그 때문에 주로 개도국들에서 선진국 자본이 투입되어 이러한 생산이 이루어진다. 이 둘을 마구 사용하여 값싸게 상품을 생산하는 과정에서 사회적·환경적 문제들이 필연적으로 발생하는 구조이다. 글로벌 상품사슬(global commodity chain), 그리고 글로벌 먹거리사슬(global food chain)을 따라가다 보면 이러한 문제들을 마주하게 된다. 우리나라 역시 이 사슬 속에 깊이 연루되어 있다.

더 읽을거리

허남혁, 2008, 내가 먹는 것이 바로 나, 책세상.

개도국의 사회·문화적 변화

들어가며

제5장에서는 개도국이 사회적·문화적 변화에 참여하는 다양한 방식에 집중할 것이다. 사회변화와 문화변화는 광범위한 과정과 현실을 포괄하는 개념이다. 두 변화는 상호연계되어 있지만, 상대적으로 구분된다. 사회변화는 보다 특수하게 사회 및 사람들과 관련된다. 사회적 변화는 정치적·경제적·물리적 변화와 구별되며, 교육·복지·범죄·보건·인구처럼 사회를 형성하고 또 사회에 의해 형성되는 트렌드이다. 사회적 변화는 빈곤과 개발의 수준을 결정하는 데 중요하기 때문에, 종종 '개발' 프레임 속에서 이해되곤 한다(그래서 통치성에 관한 〈핵심개념 3.1〉을 이해하는 데 적합한 주제이다). 그리고 문화적 변화와는 달리 사회적 변화는 일정 정도 측정과 양적 표현이 가능하다. 측정가능성의 문제가 핵심적인데, 문화적 변화는 측정불가능성으로 인해 개발학 교재들에서는 잘 다루어지지 않는 주제이다 보니 그것과 빈곤 및 개발과의 관련성도 간과되어 왔다. 하지만 그럼에도 불구하고 문화적 변화는 대부분의 지역에서 사람들의 삶에 근본적 영향을 미치며, 따라서 개도국 사람들에 대한 우리의 이해를 형성한다는 점에서 중요하다. 문화적 변화는 사람들의 문화적 정체성과 실천들과 관련된다. 이러한 흐름은 정체성을 사람들의 생활방식과 연계시키며, 이는 다시 사람들의 삶을 형성하는 변화하는 역동성에 대한 통찰을 제공한다. 고려되어야 할 문화적 변화의 흔한 유형에는 종교, 공동체 혹은 집단의 정체성, 소비에 대한 문화적 태도, 기술변화의 문화적 영향, 도시의 정체성, 민족주의 관념 등이 있다.

이러한 폭넓은 개념들에 유의하면서, 이 장에서는 세 가지 주장을 펼쳐 보려 한다. 첫째, 개도국(그리고 선진국)에서의 사회·문화적 변화의 과정은 지구화와의 복잡한 관련성에도 불구하고 반드시 동질적인 것은 아니며(때로는 그럴 수도 있지만), '주변부'인 개도국에 대한 '중심지'로부터의 서구화라는 단일한 과정으로 유형화될 수 없다. 둘째, 경제적·정치적·문화적 지구화가 세계 전역에서 불평등과 기회의 차이를 균등하게 만들지는 않는다. 오히려 지구화는 다른 방식으로 불평등을 심화시키는 불균등한 과정이다(Schech and Haggis, 2000; Tomlinson, 1999). 기존에 개발이라는 렌즈를 통해 사회변화를 이해하려는 경향이 이러한 과정들에 대한 기존의 관행적 분석의 특징이었다. 이에 세 번째로 공간을 생산하는 데 사회변화와 접점을 갖는 문화변화의 역할까지 인식하는 폭넓은 접근방식을 택함으로써, 개도국을 단순히 개발이 실패한 공간으로 보기보다는 상황적인 사회·문화적 활동이 벌어지는 장소로서 탐색하고자 한다.

우리는 이 같은 세 가지 주장을 설명하기 위해 네 가지 추세와 실천, 구체적으로는 첫째, 건강과 생활양식의 변화 패턴, 둘째, 이주와 디아스포라, 셋째, 도시화와 도시 생활, 넷째, 종교를 주요 주제로 선택했다. 건강과 도시화에 대한 관심은 제1장과 제2장에서 우리가 비판했던 개도국에 대한 부정적인 정형화를 강화하는 것처럼 보일 수 있다. 실제로 HIV/AIDS나 말라리아, 도시의 '폭발적 성장'을 통해 개도국이 문제가 많다는 인상을 줄 수도 있을 것이다. 하지만 동시에 이러한 문제는 부정할 수 없는 사실이며 전 세계 수백만 명의 삶에 영향을 미친다. 개도국의 삶이 갖는 팍팍한 현실에 질문을 던지면서, 동시에 이러한 현실이 개도국에서 어떻게 생산되고 경험되는지에 대한 우리의 이해를 확장하는 것이 이 장의 역할이다. 이 같은 부정적인 추세는 또한 글로벌한 불평등의 명백한 증거이기도 하다. 예컨대 2010년 차드에서 5세 이하 사망률은 1,000명당 173명이었는데, 같은 시기 프랑스는 4명, 미국은 8명이었다(WHO Statistics, 2010). 구체적으로, 차드에서 5세 이하 사망 원인은 말라리아 20%, 폐렴 19%, 설사 14%, HIV 3%로, 모두 예방 가능한 질병들이다. 하지만 차드의 보건 관련 정부지출은 인구 1인당 8달러에 불과했는데, 이는 프랑스의 3,652달러나 미국의 4,437달러와 극명하게 대비된다(WHO Statistics, 2010). 이러한 불평등한 현실을 용인하기는 어렵다. 따라서 우리는 이러한 추세에 대한 비판적 논의가 이 책의 핵심적인 정치적 메시지라고 본다.

건강과 생활양식

개도국의 건강 패턴에 대한 관행적인 분석들은 전염성 질병이나 빈곤으로 인한 질환의 확산에 집중해 왔다. 이러한 접근법은 건강 문제를 대체로 의학적인 측면이나 단순히 개발의 문제로 제기할 위험이 있다. 우리는 건강에 대한 더욱 광범위한 접근을 위해 관심의 범위를 문화적 이슈 및 생활양식으로 확대하고자 한다. 감염성 질병과 비감염성 질병을 구분하여 살펴보고, HIV/AIDS, 모성보건, 고령화 과정의 사례와 포괄적인 접근을 통해 건강과 사회·문화적 변화 간의 관련성을 밝힐 수 있음을 강조한다.

글로벌 규모에서 건강과 생활양식에 대한 분석은 동질화의 추세(예: 감염성 질병의 확산)를 보여 주고 있으나(〈사례연구 5.1〉과 〈표 5.1〉), 지역이나 국가 규모에서는 문화적 관행의 다양성이 두드러지고(예: 의도치 않은 임신에 대한 문화적 태도), 추세의 확산 경로는 복잡함을 알 수 있다(예컨대 1500년대 선진국에서 중남미로 천연두가 전염된 과정을 생각해 보라). 글로벌 규모에서 정치적·사회적·공간적·경제적 불평등의 증가로 건강에 부정적인 영향이 확대되고, 이로 인해 생활양식의 선택 폭도 제약될 것이다(Last, 1999). 생활양식의 실천과 건강은 또한 (종종 불평등을 반영하는) 생활조건에 의해 직접적으로 형성된다. 〈사진 5.1〉이 보여 주는 나이지리아 라고스 같은 열악한 조건은 콜레라, 말라리아, 결핵 같은 만성질환의 진원지가 될 수 있다.

불평등이 다종다기한 보건 관련 문제를 설명하는 유일한 요소는 물론 아니다. 건강과 질병에 대한 대응은 특수한 '의료문화'에 의해 글로벌과 로컬 규모에서 차별화된다. 부분적으로 의료문화는 정부의 법령과 제도에 의해 형성되지만(Last, 1999: 80)(예: HIV/AIDS에 관한 국가 정책), 개인의 일상적 관행, 건강을 위한 개인들의 선택과 신념에 의해서도 영향을 받는다. 개도국(및 선진국)에서 생약과 함께 다양하게 활용되는 '전통의학 또는 대체의학'은 글로벌과 로컬 규모에서 나타나는 건강 실천들—전통적 치유자, 동종요법, 종교적 주술, 침구사 등—의 극단적 다양성을 보여 준다.

개도국 전역에서 전염성 질병이 만연하고 있으며(〈사례연구 5.1〉), HIV/AIDS 논의는 특히 질병 확산의 복합적 원인을 잘 보여 준다. 하지만 이 같은 전염성 질병뿐만 아니라 최근에는 생활양식의 요인에서 유래하는 비전염성 질병과 질환도 점차 증가하고 있다. 그러한 요인들은 주로 사회·문화적 관행들, 즉 식습관, 운동, 술, 마약과 담배, 성행위 등과 관련된다. 이는 건강에 직접적

사진 5.1 나이지리아 라고스 마코코 지역의 생활조건. ⓒ Muyiwa Agunbiade

으로 영향을 미치며, 당뇨, 심혈관계 질환, 신장병, 암 같은 질환들의 원인이다. 이와 같은 질병의 변화는 '역학적 이행(Epidemiological Transition)'과 관계가 있다. 이는 역학적인 추세일 뿐 아니라 사망률의 감소, 출산율의 감소, 기대수명의 연장(근대화와 연결됨), 그로 인한 사망 원인의 변화(즉 비전염성 질환 증가) 등과 같은 인구학적 추세이기도 하다(Gould, 2009).

세계보건기구(WHO)는 현재 아프리카 주요국들이 질병의 삼중 부담, 즉 매우 높은 수준의 전염성 질병, 급속한 비전염성 질환 증가, 사회행태에서 기인하는 질환의 증가를 동시에 경험하고 있다고 주장한다(WHO, 2013d). 역사적으로 심장병 같은 질환은 고급 생활양식과 관련되는 부자병으로, 주로 선진국 사람들이 잘 걸리는 것으로 알려져 있었다. 하지만 지구화의 영향으로 세계 전역의 부유층과 빈곤층이 도시화, 자동차화, 기계화 등의 생활양식들을 공유하면서 이러한 가정은 더 이상 유효하지 않게 되었다.

개도국에서 빠르게 확산되고 있는 심혈관계 질환에 특히 주목할 필요가 있다. 2013년 전 세

사례연구 5.1

전염성 질병의 글로벌한 경향

급성 호흡기 질환, HIV/AIDS, 설사병, 폐결핵, 말라리아, 홍역 같은 전염성 질병은
세계 전역에서 사망의 주요 원인이다. 급성 호흡기 질환은 가장 대표적인 사망원인
으로, 2000년대 중반 약 390만명이 이 질병으로 사망한 것으로 보고되었다. 이 중 폐렴이 주요 사망원인이며, 발병률은 개발도상국에서 특히 심각하다. HIV/AIDS로 인한 사망자는 2011년 170만 명으로 보고되었는데(2005년 대비 24% 이상 급감. UNAIDS, 2012), 설사병으로 인한 연간 사망자가 180만 명(이 중 150만 명이 아동)에 달하는 것과 비교해 볼 필요가 있다(WHO, 2010). 대표적인 전염성 질환인 콜레라 역시 주로 개도국에서 발견된다. 2011년 폐렴으로 인한 사망자는 약 140만 명에 달한다. 폐렴은 발병률뿐 아니라 치사량도 높은데, 주로 개도국들에서 집중적으로 발생한다. 〈표 5.1〉은 폐렴의 발병률과 사망률을 나타내는데, 특히 개도국에서 심각함을 잘 보여 준다. 폐렴이 특히 개도국에 집중된 이유는 빈곤층의 생활조건과 개개인의 건강상태와 크게 관련된다. 공기를 통해 전염되는 폐렴은 열악하고 과밀한 환경에서 더 쉽게 확산되며, 이미 다른 질환(대표적으로 HIV/AIDS)에 감염된 쇠약한 이들이 폐렴에 걸리기 쉽다는 점은 이 병을 더욱 심각하게 만든다.

표 5.1 폐렴 발병률 및 폐렴 사망자(1990~2011)

	유병률(1,000명) (HIV 포함)		인구 10만 명당 유병률		폐렴 사망자 수 (1,000명)(HIV 포함)		인구 10만 명당 사망자 수	
	1990	2011	1990	2011	1990	2011	1990	2011
아프리카	1900	2500	372	293	200	220	40	26
아메리카 대륙	1680	330	94	35	41	21	5.7	2.2
중동	1000	1000	269	170	120	99	32	16
유럽	580	500	68	56	37	45	4.4	5
동남아시아	6100	5000	465	271	570	480	43	26
서태평양	3900	2500	255	138	310	130	21	6.9
전 세계	140000	12000	268	170	1300	990	24	14

출처: WHO, 2013b

폐렴과 마찬가지로 말라리아도 개도국 특히 열대기후 거주자들에게 큰 영향을 미치는 질병인데, 사하라 이남 아프리카에서 말라리아의 발병과 이로 인한 사망률이 매우 심각하다. 아직 면역체계를 제대로 갖추지 못한 5세 이하 아동들이 말라리아에 특히 더 취약하다. 홍역의 발병도 지리적으로 집중되어 있는데, 홍역 관련 사망은 아프리카와 동남아시아에서 만연한다. 2011년 홍역으로 인한 사망자 수는 15만 8,000명(대부분 어린이)인데, 이 수치는 2000년 대비 71% 급감한 것으로 백신 보급이 큰 기여를 했다(WHO, 2013a). 정치 및 사회적 불안은 홍역 감염률에 강하게 영향을 미친다. 전쟁이나 홍수, 지진과 같은 자연재해로 고통받는 국가에서 보건서비스가 중단되고 이로 인해 아동의 면역형성이 어려워져 비극적인 사태가 발생하는 경우가 많다(WHO, 2013a). 이러한 복잡성에 더하여 여러 감염성 질병들 간의 상관성도 대단히 높다. 대표적으로 HIV 보균자가 폐렴에 감염될 확률이 더 높게 나타난다.

출처: WHO, 2013a, 2013b에서 재구성

개발도상국과 **국제개발**

계 사망원인의 약 30%가 심혈관계 질환으로 추정되며, 이 중 80%가 저소득 및 중간소득 국가에서 발생하였다. 이 질환은 담배와 술 소비, 빈약한 식단, 좌식생활의 증가와 같이 생활습관과 명시적인 상관성이 있으며 남녀 불문하고 발생한다(WHO, 2013c). (여성도 늘어나고 있지만) 남성의 경우 중요한 문제는 담배 소비이다. 이는 세계 주요 담배회사들이 개도국을 미래의 핵심시장으로 겨냥하고 있는 상황과도 무관치 않다(〈사진 5.2〉). 〈그림 5.1〉과 〈그림 5.2〉는 전 세계 남녀들의 담배 소비량을 보여 주면서, 흡연이 얼마나 광범위하게 확산되어 있는 생활습관인지 잘 나타내 준다. 담배 소비는 고도로 젠더화되어 있는데, 개도국의 상당 국가들에서 여성 흡연율은 남성에 비해 훨씬 낮다(하지만 빠른 속도로 증가하고 있어서 문제이다)(The Tobacco Atlas, 2012). 파키스탄이 이를 잘 보여 준다. 파키스탄 성인 남성(15세 이상)의 약 32.4%가 흡연자인 반면, 여성 흡연자는 5.7%에 불과하다. 반면 영국은 성인 남성 22%, 성인 여성 21%가 흡연자이다(The Tobacco Atlas, 2012). (역사적으로 영양실조와 관련하여 핵심적인 관심사인 영양결핍과 대비되었던) 비만 역시 심혈관계 질환 증가의 주요 원인이다. 식생활의 변화, 도시화, 도시 생활, 기계화된 교통수단의 의존 등으로 인해 좌식 생활양식이 더욱 확대되고 있다. WHO 추산에 따르면,

사진 5.2 담배광고판 앞을 자전거를 타고 지나는 남성(파키스탄). ⓒ Chris Stowers, Panos

10% 미만
10~30%
30~50%
50~60%
60% 이상
자료 없음

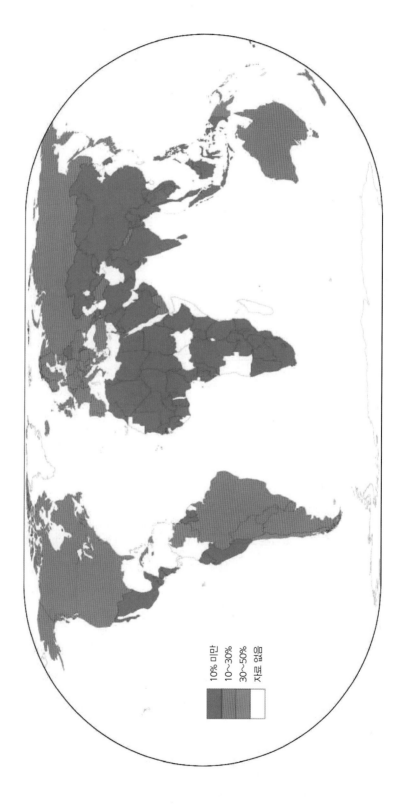

그림 5.2 성인 여성의 담배소비율 변화. 출처: Tobacco Atlas, 2012의 자료에 기초함. Map data © Maps in Minutes™(1996)

10% 미만
10~30%
30~50%
자료 없음

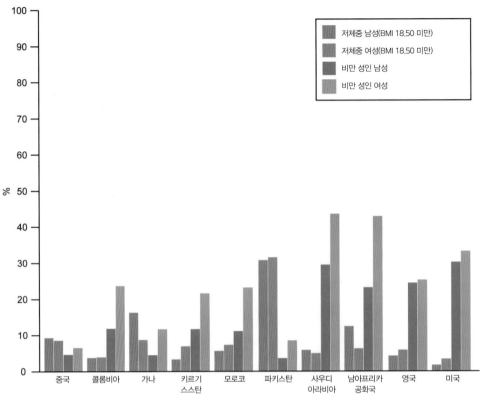

그림 5.3 성인 인구 중 저체중/비만 비율의 글로벌한 편차. 출처: WHO, 2010의 자료에 기초함. Map data © Maps in Minutes™(1996)

전 세계적으로 운동부족으로 인한 사망자가 연간 190만 명에 달한다(WHO Regional Office for Africa, 2005: 1). 〈그림 5.3〉은 주요 국가별 남녀 간 저체중과 비만 수준의 차이를 강조하면서, 비만과 영양실조가 공존할 수 있음을 보여 준다. 하지만 비만 통계에는 문제가 있다. 체질량지수(BMI) 계산법(BMI=체중/신장^2)은 민족별 신체유형의 차이를 충분히 반영하고 있지 못하며, 기본적으로 선진국 중심의 개념이다.

생활양식에 대한 분석은 대단히 복합적이며, (당뇨 증가율 등의) 건강문제의 원인을 손쉽게 개인적 행태의 문제로 귀결시키기는 어렵다. 보다 상위의 구조적 과정들, 즉 경제(예: 적절한 소비재를 감당할 수 있는 능력), 정치(알코올과 담배에 대한 국가별 조세정책), 물리적 환경의 변화(쇼핑몰 증가, 보행로 감소, 도시 주거지의 입지 문제) 등이 직접적으로 국민들의 생활양식을 만들어 나가기 때문이다. 이러한 변동은 무엇을 먹는지, 여가활동이 어떻게 이루어지는지, 차량 소

개발도상국과 **국제개발**

유에 대한 열망이 어떻게 변화하는지 등과 같이 글로벌 소비 트렌드의 변화와 밀접하게 관련된다(8장).

건강에 대한 생각은 지식의 글로벌한 흐름과 사회·문화적 추세에 의해 형성된다. 개도국을 걱정할 때 건강문제가 중요한 측면이라는 점에 대해서는 글로벌한 합의가 존재한다. 밀레니엄 개발목표(MDG)의 8대 목표(2장)는 글로벌 수준에서 사회적 관심을 동질화하려는 시도의 증거라 할 수 있다(비록 목표 도달 방법에 대한 논쟁은 치열하다)(Freedman, 2003 참조). 8대 목표 중 3개가 건강과 관련되어 있다는 점에서, 국제적인 아젠다에서 건강이 중요하다는 점은 확인된다(〈표 5.2〉). WHO의 작업 역시 건강의 의미와 건강 성취에 대한 지구화된 문화적 규범을 전파하는 데 기여하고 있다. 더불어 WHO는 건전한 생활습관과 불건전한 생활습관(특히 술, 담배, 마약 소비 및 성행위 관련)에 대한 규범을 촉진한다.

하지만 건강에 대한 글로벌한 담론이 건강을 위한 글로벌한 사회·문화적 실천으로 바로 연결되는 것은 아니다. 여전히 건강상태는 지구적으로 불평등하다. 이러한 차이점을 보다 심도 있게 검토하기 위해 다음 절에서는 HIV/AIDS, 모성보건, 고령화의 의미라는 세 가지 이슈를 좀 더 자세히 살펴보겠다.

HIV/AIDS의 증가

유엔은 2011년 전 세계 HIV 감염인구를 약 3,400만 명으로 추정하였다(UNAIDS, 2012). HIV 감염의 지역별 편차는 매우 극단적인데, 사하라 이남 아프리카에 전 세계 HIV 보균자와 AIDS 사망자가 집중되어 있으며, 개도국 지역들에서 높은 유병률을 보인다(〈표 5.3〉). 물론 권역별 통계가 국가 간 혹은 지역 간 차이를 가리고 있다는 점이 있으며, 데이터의 정확성에도 문제가 있기는 하다.

HIV/AIDS가 전 세계적으로 확산된 이유에 대해서는 여러 가지 설명이 가능한데, 특히 몇몇 국가에서 감염률이 감소하는 데는 분명한 이유가 있다. HIV/AIDS 발병 원인은 경제적·생물학적·사회적·정치적·문화적·지리적 원인으로 구분될 수 있다. AIDS 확산을 설명하려면 원인의 복합성에 대한 이해가 선행되어야 하는데, 지구적 차원에서 이 병이 점차 확산되는 듯 보이지만 실제로 모든 규모에서 AIDS 발병은 매우 상이하게 나타난다. 이러한 지역적 차이는 앞서 언급한 '의료문화'(예: 피임에 대한 정부의 태도 등)와 생활양식 실천의 국가별·지역별 차별성과 연관되어 있다. 솔로몬은 생의학적, 경제적, 재정적 설명이 여전히 주류를 이루고 있음을 언급하면서, HIV/AIDS를 이해하는 데 있어 젠더의 중요성을 지적하였다(〈핵심개념 5.1〉 참조). 일반적인 HIV 담론이 단기 전략에만 집중하는 경향을 보인다고 주장하면서, 그녀는 그 잠재력과 장기적

표 5.3 권역별 HIV 감염자 및 AIDS 사망자 추정치(아동 포함)(2001~2009)

지역	HIV 감염자		AIDS 사망자	
	2001	2009	2001	2009
북아프리카 및 중동	180,000	460,000	8,300	24,000
사하라 이남 아프리카	20,300,000	22,500,000	1400000	1,300,000
중남미 아메리카	1,100,000	1,400,000	53,000	58,000
카리브 해 지역	240,000	240,000	19,000	12,000
동유럽 및 중앙아시아	760,000	1,400,000	18,000	76,000
동아시아	350,000	770,000	15,000	36,000
남아시아 및 동남아시아	3,800,000	4,100,000	230,000	260,000
오세아니아	29,000	57,000	〈1,000	1,400
서유럽	630,000	820,000	7,300	8,500
북아메리카	1,200,000	1,500,000	30,000	26,000

출처: UNAIDS, 2012

핵심개념 5.1

젠더(gender)

남녀 간의 생물학적 차이를 설명하는 '성(sex)'이라는 용어와 달리, 젠더는 남녀 간에 사회적으로 생산된 차이를 설명하기 위한 용어이다. 젠더는 남녀 간의 '실질적' 혹은 인식된 차이(예컨대 여성은 약하고 감정적이며, 남성은 강하고 더 이성적이라는 생각)는 사회적으로 파생된 것이라는 점을 가리키며, 특정 남성이나 여성에게 부합한다고 인식되는 특성들은 사회화와 사회적 상호작용을 통해 형성되는 것임을 강조한다. 따라서 젠더는 시간과 장소 특수적인 속성이며, 시간과 장소에 따라 변화할 수 있다. 젠더라는 용어를 통해 우리는 남성들 간의 차이 및 여성들 간의 차이를 이해할 수 있으며, 여성적이 되는 것 혹은 남성적이 되는 것과 같은 젠더화 행위는 특별한 권력적 함의를 지닌다는 점을 알 수 있다.

측면에서의 이익에도 불구하고 '젠더와 관련된 성적·구조적 불평등, 남녀 간 불평등에 대해서는 정식으로 논의되지 않았다'고 설명한다.

젠더화된 불평등에 주목하다 보면 에이즈 확산에서 문화적 요인(특히 생활양식 요소)의 심각성을 이해할 수 있다. HIV 감염은 알코올이나 약물 소비, 그리고 성산업 종사자의 활용과 관련성이 높다. 위험한 성행위의 근절은 세계 전역의 정책입안자들의 관심사가 되고 있다. 광산노동자의 성관행의 사회·문화적 맥락에 대한 캐서린 캠벨의 연구는 매우 흥미롭다. 그의 연구에 따르면, 광산노동자들의 상당수가 지역의 성산업 종사자들과 매춘거래를 할 때 양자 모두 HIV 감염을 두려워하면서도 흔히 보호되지 않은 관계를 요구한다. 그는 남성에 대해 설명하면서, 그들의 행위를 광산노동자라는 더 넓은 생활양식 안에 위치짓는다. 광산노동자들은 열악한 생활조건에

사례연구 5.2

젠더와 HIV/AIDS

HIV/AIDS를 젠더의 관점에서 분석하면 여성이 남성에 비해 감염에 더 취약하며, HIV 환자의 보호에 따른 부담도 훨씬 크게 감당하고 있음을 보여 준다. 덧붙여 젠더는 항레트로바이러스 치료(ART, Antiretroviral Therapy)의 활용을 포함한 HIV 대응에도 영향을 미친다.

1. 개도국에서 HIV는 주로 이성 간 성교를 통해 전염되는데, 신체구조상 성행위를 통한 감염에서 여성이 남성보다 훨씬 취약하며, 따라서 여성 감염률도 남성에 비해 높다.
2. 불행하게도 다수의 문화권에서 여성이 바이러스의 전염자로 인식되기 때문에, 일방적인 비난으로 더 심하게 지탄받는다. 이러한 담론뿐 아니라 이 병이 알려지기 시작한 초기에 전 세계적으로 이 병의 원인을 동성애로 지목한 까닭에 여성의 취약성은 오히려 간과되었다.
3. 여성은 성적으로 전염되는 질병에서 물리적·사회적 이유로 취약하기 때문에 감염의 가능성이 더 높아지고 있다.
4. 사회적으로 여성의 지위가 상대적으로 낮기 때문에 교육, 소득, 보건관리, 법률적 지원에 대한 접근성도 낮다. 사회적 과정은 젠더 관계도 규정하므로, 이처럼 여성의 상대적으로 취약한 권위는 HIV 감염에 대한 취약성을 구조화한다. 정치적·사회적 불안이 존재하고 강압적인 관계가 형성되어 있는 조건에서 이러한 불균등한 권력관계는 더욱 두드러진다.
5. HIV 환자를 간호할 부담을 전적으로 여성이 맡는 경우가 많다.
6. 몇 가지 맥락에서 HIV 보균자 남성이 '좋은 환자'가 되기 위해서는 특정한 남성성을 포기해야 한다는 이유를 들면서 HIV 치료를 위한 보건서비스(진료, 투약, 행동변화 등)를 활용할 가능성이 낮으며, 이로 인해 주변 여성의 감염 가능성이 높아진다.

출처: Gender and Aids, UNIFEM, 2007; Baylies and Bujra, 2000; Skovdal et al., 2011

서 외롭게 생활해야 하고, 지하 광산으로 들어가야 하는 일상작업은 위험하며, 작업 후에 여성을 사는 행위(그리고 보호되지 않는 성적 접촉을 요구하는 것)는 사회적으로 구성된 남성으로서의 섹슈얼리티를 확인하며 진짜 남자가 되는 과정이다. 매춘 여성과 알코올을 구하는 행동은 생활 양식의 한 구성요소이며, 사회적 규범이자 남성이 직면한 구조화된 불평등의 실체이다. 여성 성 노동자의 입장에서 그들이 이처럼 위험을 무릅쓴 성판매에 나서는 것은 빈곤에서 기인하며, 성 구매자 남성에게 콘돔 사용을 요구해도 소용없다는 자포자기의 결과이다. 이들 여성 중 상당수 는 아이를 고향에 떼어 놓고 도시에서 일을 하고 있었고, 아이를 버렸다는 사실과 자신의 직업 양 자 모두에서 강한 수치심을 느끼고 있었다(Cambell, 2003). 이처럼 복잡한 역학관계는 불평등한 젠더 관계를 강조하고 있지만, 다른 측면에서는 또 다른 시사점도 얻을 수 있다.

생활양식 실천에 대한 인식은 어떻게 HIV 감염을 줄일 것인가에 대한 지구화된 논의와 더불어 발전해 왔으며, ABC 접근—절제하고(Abstain), 성실하며(Be faithful), 콘돔을 사용하라(Cond-omize)—에서 안전한 섹스 메시지 그리고 남아프리카 젊은이들 사이에서 HIV 감염 방지를 위한 남아프리카 러브라이프(LoveLife) 홍보광고에 이르는 다양한 접근법을 활용하는 광범위한 캠페 인을 발전시켜 왔다. 지구적으로 에이즈 캠페인은 콘돔 사용에 특별한 강조를 기울인다. 그리고 지역 수준의 캠페인은 국가적 맥락에 의존한다. 정부 공무원이나 특정 기관(종교기관 포함)에 의 한 캠페인을 지원할지, 일반 시민을 대상으로 한 캠페인을 지원할지는 건강을 구성하는 각각의 '의료문화'에 적합한 역할을 정하는 데 매우 중요하다.

의료문화를 형성하고 발전시키는 데 정보통신기술(ICT)의 역할이 지난 수십 년간 매우 중요하 게 부상했다. HIV의 진단과 치료의 영역에서 모바일 통신기술은 혈액검사 결과에 대한 분석과 접수의 속도를 높이는 기제로 활용될 뿐 아니라(짐바브웨를 사례로 한 Seidenberg et al., 2012 참조), 항레트로바이러스 치료체계와 검사의 고착화에도 크게 기여했다. 보건치료에서 ICT의 장 점은 잘 알려져 있다. 하지만 소득 등의 구조적 제약으로 인해 HIV 치료에서 모바일 통신 메시지 의 효과에 대한 증거가 제한적임을 보여 주는 연구도 있다(van Velthoven et al., 2013).

모성보건

여성이 아이를 낳는 일은 지구적으로 보편적인 일이지만, 임신과 출산의 사회·문화적 현실은 국가와 지역적 맥락에 따라 매우 상이하다(〈사진 5.3〉). 여기서 우리는 모성에 관한 권력 불균형을 조장하는 의료문화에 집중할 것이다. 하지만 대부분의 재생산에 관한 일상적 기쁨과 축복을 간과하지는 않을 것이다. 그럼에도 불구하고 아이를 낳는 행위는 여성의 일이라는 생물학적 조건을 넘어 재생산 행위 및 출산 후 육아 의무의 여성화와 여성의 역할에 대한 보편적인 기대에서 보듯 재생산은 고도로 젠더화된 과정이다. 재생산에 관한 남성과 여성의 적절한 역할과 행동규범에 대한 문화적 가정은 고착성이 매우 높다. 여성이 재생산에 관한 의사결정의 통제력을 갖는지 여부는 그 여성이 속한 국가에서 여성의 지위에 의해 더 크게 규정되곤 한다. 여성의 통제력 상실은 몇 명의 아이를 낳을지, 자녀 간 터울은 얼마나 둘지, 누가 아이를 키울지에 영향을 미치며, 나아가 출산 및 육아와 관련된 여성의 의무를 강하게 규정한다(〈핵심개념 7.3〉). 여성의 법적 지위를 둘러싼 많은 변화들이 있었지만(World Bank, 2011) 여전히 많은 국가에서 여성은 남성의 부속물로 간주되며, 한 사회의 의료문화가 이러한 불평등을 강화시키곤 한다. 모성보건(재생산의 주요 요소이며 의료문화의 대표적 사례임)은 양과 질 양 측면에서 매우 다양하다(〈표 5.4〉). 사하라 이남 아프리카는 출산 관련 여성 사망 부분에서도 세계의 다른 부분에 비해 두 배가 넘는

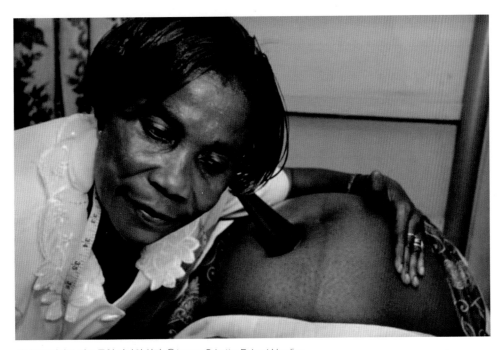

사진 5.3 임산부 진료 중인 가나의 산파. ©Jorgen Schytte, Robert Harding

표 5.4 산모 사망률 및 보건인력(조산사 포함) 참관 출산율

지역	산모 사망률 (10만 명당, 1990)[a]	산모 사망률 (10만 명당, 2010)[a]	보건인력 참관 출산율 (2006~2010)[b]
사하라 이남 아프리카	850	500	50
동아프리카 및 남아프리카	740	410	49
서아프리카 및 중앙아프리카	940	570	50
북아메리카 및 중동	290	170	75
남아시아	620	220	48
동아시아 및 태평양	210	82	90
라틴아메리카 및 카리브 해	140	81	90
중부 유럽 및 동유럽 및 독립국가연합	70	32	97
선진국	12	12	-

출처: a WHO et al., 2012: 55; b UNICEF, 2012

심각한 수치를 보여 주고 있다.

국가의 빈곤 수준은 출산 중 여성 사망률의 주요 설명변수이지만, 우리는 이 관계가 그리 단순하지는 않다고 주장한다. 가난한 국가들은 적절한 모성보건을 제공할 충분한 자금을 가지고 있지 못하거나 다양한 보건 분야별로 예산 분배를 둘러싸고 어려운 협상을 해야만 한다. 49개 개발도상국 대상의 모성보건 서비스에 관한 비교를 살펴보자. 예멘, 파키스탄, 네팔, 에티오피아의 4개국은 '극단적으로 취약'(여성의 보건서비스 접근율 30% 미만), 이집트와 남아공을 제외한 대부분의 아프리카 국가들이 '매우 취약' 혹은 '취약'의 성적을 받았다. 하지만 '보통'과 '매우 취약'에 속하는 국가들 간의 차이는 '투입 예산'에서의 격차에 비해 작다는 점에서 예산상의 격차가 국가 간 모성보건상의 차이에 대한 설명력을 낮춘다(Bulatao and Ross, 2002: 725). 관찰 범위를 좁혀 보면, 사하라 이남 아프리카 국가들 사이에서의 모성보건의 불균등성이 대체로 건전한 모성보건 조건을 갖춘 국가들 사이에서의 불균등보다 훨씬 두드러진다(Magadl et al., 2003). 오직 경제적 지표만으로 모성보건상의 차이를 설명하는 데는 한계가 있다. 국가의 지리적 위치, 정치상황, 사회·문화적 규범과 같은 요인들도 폭넓게 모성보건 혹은 출산 중 사망을 규정하는 중요한 변수로 보아야 한다.

사하라 이남 아프리카에서 대부분의 도시 빈민들이 모성보건 서비스에 접근하지 못하고 있다. 병원과의 물리적 인접성이 슬럼 거주자들에게 적절한 접근성을 제공하는 충분 요소는 아니다. 사하라 이남 아프리카에서 진행된 구조조정 프로그램(SAP)이나 보건 분야의 그 밖 정부 재구

조화 형태(4장과 10장)의 영향은 매우 심각했으며, 도시 빈민은 특히 비용보전 프로그램(cost-recovery programmes)(10장)에 의해 큰 영향을 받았다(Magadi et al., 2003). 농촌 거주자 여성들의 모성보건 서비스 접근성도 낮게 평가되었다(특히 난산의 경우). 49개 개도국 자료에 따르면, 평균적으로 농촌 여성의 39%, 도시 여성의 68%가 모성보건 서비스에 대한 접근성을 갖춘 것으로 드러났다(Bulatao and Ross, 2002: 722).

스와질란드에서 결혼 전 청소년 임신은 전체 국가 출산율의 3분의 2에 해당됨에도 불구하고 사회적으로 매우 부적절하게 여겨지며, 이들은 가족계획 서비스나 모성 및 아동보건 서비스를 거의 받지 못하고 있다(Magadi et al., 2002) 이는 청소년 임신이 훨씬 더 위험하고 결과적으로 이 나라의 사망률을 높인다. '수용가능한 행위'란 무엇인가를 둘러싼 문화적 규범이 여성의 보건 서비스 접근에 명시적으로 영향을 미치고 있다. 문화적 인정, 종교성향, 계급 등도 여성의 임신 및 출산 과정 전반에 대한 통제력을 규정하는 중요한 요소이다. 레바논의 농촌에 하층계급 무슬림 여성은 모성 관련 통제력이 매우 낮기 때문에 오히려 과잉 의료화의 수동적 수급자가 되는 경향을 보인다(Kabakian-Khasholian et al., 2000: 104-105, 109).

건강과 고령화

마지막으로 건강, 생활양식, 인구변동은 모두 밀접하게 연결되어 있다. 건강은 본질적으로 사회 및 문화적 변화와 연계되며, 유사하게 이러한 변화는 건강에 영향을 미친다. 개도국과 선진국 간에서 비율상의 편차는 존재하지만 인구의 고령화는 글로벌한 추세이다. 개도국에서 2006년부터 2030년 사이 65세 인구가 140% 증가할 것으로 전망되며, 같은 기간 선진국에서의 고령인구 증가율은 51%이다. 따라서 개도국에서 연령구조상의 변화는 보다 급격하게 이루어질 것으로 보이는데, 혹자는 이를 '고령화의 압축(compression of ageing)'으로 묘사한다. 예컨대 스리랑카의 경우 2004~2027년 사이 65세 이상 인구비중은 7%에서 14%로 두 배가 될 것으로 전망되는 반면, 스웨덴의 경우 같은 변화가 발생하는 데 1890~1975년까지 85년이나 걸렸다(US Department of State, 2007: 7). 고령화의 원인은 사망률의 감소, 보건조건의 개선, 생활양식의 변화 등과 관계가 깊다. 인구의 고령화는 글로벌한 수준에서 인구학적 전환의 핵심지표이다.

인구의 고령화는 재정적·의료적·사회적 자원의 측면에서 많은 국가들의 새로운 고민거리가

사례연구 5.3

말레이시아의 고령화 인구

말레이시아 인구의 고령화에 기여하는 요인으로는 보건의 개선, 기대수명의 연장, 사망률 감소와 출산율 감소 등을 꼽을 수 있다. 2000년 말레이시아에서 60세 이상 고령인구는 전체 인구의 6.2%였는데, 2020년에는 9.9%까지 증가할 것으로 전망된다. 고령인구 의존도(old age dependency ratio)는 1970년 10.5에서 2020년 15.7까지 증가할 것으로 보인다. 이러한 변화는 지역유형, 민족, 젠더별로 차이가 있다. 농촌지역의 고령인구가 더 높은 비율을 보이고 있으며, 세 개의 공식 종족집단(부미푸트라 말레이계, 중국계, 인도계) 중에서는 중국계 집단에서 고령화 비율이 가장 높게 나타났다. 마지막으로 고령화 과정은 여성에게서 두드러지는데, 말레이시아에서 여성은 교육이나 재정 측면으로 남성보다 취약하기 때문에 건강 문제에서 보다 위험한 상황에 처할 가능성이 높다.

이러한 변화에 적절히 대응하지 못한 상태에서 향후 보건서비스 체계에 큰 부담이 발생할 것으로 예상된다. 고령자를 배려하고 보호하던 아시아적 문화에도 변화가 나타나고 있다(8장). 역사적으로 확대가족 시스템에서 아픈 사람이나 노약자를 보호하는 일은 주로 여성의 몫이었다. 하지만 여성의 노동참여 증가와 가족 규모의 감소로 인해 일차적인 보호 제공자로서의 가족의 역할이 갖는 의미도 달라졌으며, 그 결과 제도화된 시설에 대한 의존이 높아지고 있다. 노령화에 따른 의료비용이 증가하는 가운데, 이에 대응하기 위해 노령인구를 위한 저축상품이나 재정계획이 확대되고 있다. 전통적인 의미에서 공식경제 참여자들의 저축체계가 유지되는 상황에서 은행서비스의 복잡도가 높아지고 있다. 말레이시아에서 비공식 경제의 고용률은 매우 높은 편이고, 따라서 노동인구의 상당수가 자신의 미래를 위한 저축에 거의 참여하지 못하고 있다. 미래의 수요에 대응하기 위해 적절한 시기에 이러한 문제에 대응하고 고령인구가 늘어간다는 긍정적인 신호(이는 사회적으로 건강이 개선된다는 것을 의미한다)를 계속 유지하기 위해 '노령인구의 연장된 수명 동안 적절한 삶의 질도 확보'하도록 지원할 필요성을 인식하고 대응책을 마련하는 것은 말레이시아 정부에 주어진 중요한 과제이다. 노령사회의 보건수요를 관리하는 것은 매우 중요하다. 향후 말레이시아는 전반적인 사회보장 프로그램을 재개발할 필요가 있으나, 이러한 개혁은 더 큰 차원의 경제적 변화(특히 새로운 성장동력)가 이루어질 때에야 가능할 수 있다.

출처: Ong, 2002; Ong and Tengku, 2010

되고 있다. 의료역학에서 지구적 전환은 보건자원에도 영향을 미치고 있다. 연금수령자 대비 노동인구 비중이 줄어드는 상황에서 고령화는 마땅한 자원 증가는 한정된 상황에서 연금이나 여타의 사회적 지원을 필요로 하는 인구수가 늘어난다는 것을 의미한다. 그 결과 글로벌한 수준에서 고령층 중 빈곤 비율이 높아지고 있다(UN Population Division, 2007). 말레이시아에서의 고령화에 관한 〈사례연구 5.3〉은 건강과 재정 사이의 복잡한 상호연관성을 잘 보여 준다.

개발도상국과 **국제개발**

이주와 디아스포라

많은 학자들이 역사적인 측면에서 현재를 '이주의 시대'로 설명한다. 물론 대규모 이주(Casteles and Miller, 2009)는 새로운 현상은 아니지만 "20세기 후반부의 대규모 인류 이동과 비교할 때 현대 이주의 차별점은 전쟁, 강제 이주, 빈곤뿐 아니라 생산과 소비가 이주의 새로운 원인으로 등장했다는 점이다"(Schech and Haggis, 2000: 59). 이주는 전 세계적으로 새로운 소비선호와 사회·문화적 실천을 확산시키고 있으며, 이주 경험은 또한 정보통신기술(ICT)에 대한 접근성에 따라 다른 방식으로 매개되기도 한다. 하지만 인간과 새로운 생각의 이동의 결과물은 균질하지 않으며 세계 전역에서 발견되는 다양한 종류의 디아스포라(Diaspora)는 이러한 변화의 강력한 증거이다. 이주 행위는 유형과 원인이 천차만별이며 매우 절충적인 방식으로 이루어진다. 게다가 이주 경험은 불균등하고 기술유무, 종족, 젠더와 같은 요인들에 따라 매우 차별적이다. 이주는 또한 다양한 글로벌 흐름 및 과정들과 연동되어 있다. 투자 패턴과 생산과 소비의 글로벌한 전환도 중요한 요소로 특히 경제적 목적의 이주 결정에 영향을 미친다.

핵심개념 5.2

디아스포라(Diaspora)

디아스포라를 정의하는 일은 매우 복잡하고도 논쟁적이다. 디아스포라라는 용어는 본래 서기 70년경 유대인들의 이산과 관련된 '인구분산'을 지칭하는 용어였으나, 현재는 강제 이주의 희생자(예컨대 노예무역에 따른 아프리카인들의 이주)들을 포함하여 보다 광범위한 유형의 인구분산을 칭하는 용어로 사용된다. 노동이주는 디아스포라의 주요 유형 중 하나로 제국주의 시대의 대규모 이주와 관련된다. 19~20세기 동안 식민지 신민들 중에는 또 다른 식민지로 이주할 것을 요구받은 경우가 있다. 예컨대 1860~1911년 사이 184명의 인도 노동자가 계약을 통해(쿨리) 남아공 나탈 지역의 사탕수수 플랜테이션에서 일하기 위해 이동했는데, 2006년 이들은 약 82만 5,000명에 달하는 인구집단으로 성장했고 이에 따라 지명도 콰줄루나탈(Kwazulu-Natal)로 변경되었다. 무역 디아스포라는 제국주의 디아스포라와는 구별되는 정부의 지원을 받지 않은 이주 범주에 속한다. 아프리카, 중부 유럽, 중남미, 중국의 무역업자들은 제국주의 전과 후에도 다양한 형태로 국제 이주에 참여하였다. 오늘날에는 전문가나 사업목적을 지닌 일본인 혹은 인도인들이 새로운 유형의 디아스포라 흐름에서 부각되고 있다. 마지막으로 문화적 디아스포라도 존재한다. 카리브 해의 아프리카인 후손들이 음악을 매개로 세계 각지로 퍼져 나가는 것에서 볼 수 있듯, 문화적 디아스포라도 현대 사회에서 이루어지고 있는 국제 이주의 한 형태임에 분명하다.

출처: Cohen, 1997에서 재구성

떠나는 장소와 도착하는 장소 간에 재이주의 원인을 규명하기 위한 노력의 차원에서 이주의 원인은 주로 '배출요인과 흡인요인(push and pull factors)'으로 구분된다(Gould 2009; 7장). 배출요인과 흡인요인에 대한 이해는 유용한 개관을 제공할 수 있지만 요인별 중요성에서의 차이를 흐리게 만들 수 있다. 두 지역 사이의 이주에 대한 결정은 여러 요인의 복합적 결합에 기초하며 자칫 이주의 의사결정 유형에 대한 합리화 시도는 의미를 오히려 모호하게 만들어 버릴 수도 있다. 이주는 합리적 선택행동(긍정적인 대안을 가진)이 아니며 오히려 경제침체, 국가재난, 전쟁이나 소요사태처럼 급작스럽게 발생한 지역이나 국가적 위기상황에 따른 어쩔 수 없는 대응일 수도 있다. 또한 이주의 표면적 원인과 이주 결행은 출발지와 도착지 양 장소에서 이주자의 정체성(〈핵심개념 5.3〉)에 영향을 미친다.

탈영병, 경제적 자산, 문화적 다양성의 담지자, 밥그릇 경쟁자, 위협의 원천, 참사 등의 표현은 명시적으로 이주민의 경험을 담고 있다. 하지만 표상과 권력 사이의 관계(2장)에 주목해 보면, 이주는 사회적 양극화의 중요한 지표이거나 양단을 가로지르는 축일 수 있다. 이주자에 대한 차별

핵심개념 5.3

정체성

문화적 정체성 논의의 핵심에는 사회과학 및 인문학에서 문화적 선회(cultural turn)가 자리하고 있다. 정체성에 관한 아이디어들은 자아에 대한 설명, 또는 타자와 다르거나 대별되는 우리는 누구인가를 규정하려는 시도를 통해 발전해 왔다. 정체성은 개인의 수준(당신이나 나)에서 이루어질 수도 있고, 특정 집단(남아공의 나이지리아 이주자 집단) 혹은 민족 수준에서 이루어질 수도 있다. 과거에는 정체성이란 상당히 안정되고 구별되는 것(젠더, 인종, 민족성, 연령 등)으로 여겨졌으나, 최근의 학자들은 정체성을 규정하는 방식이 점차 분화되고 있으며 정체성 규정을 둘러싼 위험도 증가하고 있다고 지적한다(Jackson, 2005 참조). 독일의 사회학자 울리히 벡은 정체성의 분화를 지구화와 연결하여 설명했다. 인간, 지식, 상품, 미디어의 초국적 흐름이 증가하면서, 과거 우리가 자신을 인식하던 역사적 방식(예컨대 민족에 대한 생각)이 오늘날 도전받고 있다고 지적하였다(Beck, 1992). 이와 같은 정체성의 위기는 그 자체로 사람들이 자신을 둘러싼 세계와 관계 맺는 방식, 그리고 다른 이와의 차별성을 인식하는 방식에서도 영향을 미친다. 스스로 주변화되었다는 정체성을 지닌 사람들은 자아, 즉 정체성에 대한 '전통'을 되찾으려 노력하면서, 개인이나 집단적 수준에서 종교, 문화, 민족적 정체성을 활성화하려고 한다. 이러한 경향은 근본주의자나 일부 사회운동 진영에서 주로 발견된다. 일부에서는 지구화로 인해 개인의 정체성에 대한 더욱 폭넓은 선택이 가능해졌다고 주장하기도 한다. 그로 인해 개인들이 차별성을 갖춘 소비자로서의 선택(8장)이나 색다른 하위문화를 수용하고자 할 때 새로운 가능성을 열어 준다고 보는 것이다(Bennett et al., 2005: 174).

개발도상국과 국제개발

은 선진국만의 독특한 현상은 아니다. 2008년 5월 남아공에서 나타난 광범위한 폭력은 주로 (나이지리아, 모잠비크, 짐바브웨 출신의) 흑인 외국인 노동자나 거주자들을 대상으로 이루어졌으며, 제한된 자원을 둘러싼 경쟁과 광범위한 빈곤으로 인한 반이주민 증오의 연장선에 있었다(〈사진 5.4〉).

이주의 패턴과 이주의 공간성은 복합적이다. 국내 이주(귀향, 농촌에서 도시로, 도시에서 도시로의 이주 등)는 분명한 사회·문화적 공간적 현실로, 많은 이들이 고용이나 다른 이유 때문에 이주를 선택한다. 이러한 국내 이주 흐름은 농촌 고용 패턴의 변화에 영향을 미치는 지구적·국가적·지역적 과정에 의해 형성된다(〈사례연구 7.5〉). 국내이주의 경우 변화하는 기술(예: 모바일

사진 5.4 외국인 혐오폭력을 묘사한 남아공 신문 모음

폰의 등장과 빠른 보급)에 의해 이주자와 가족들 간의 공간적 감정적 거리감이 줄어들게도 만들지만 다른 한편 새로운 형태의 이동성을 촉발시킬 수도 있다. 예컨대 가나, 말라위, 남아프리카에서 젊은 층의 모바일 폰 사용에 대한 국가비교 연구는 젊은이들의 이동성에 대한 모바일 폰의 모순적 영향을 지적한다(Perter et al., 2012). 도시에 거주하는 부모나 친척과 연락을 유지 중인 농촌의 청(소)년들은 도시와의 네트워크를 발전시킬 수도 있지만 동시에 거침없는 방종에 빠져드는 경우도 있다.

글로벌한 규모에서 이주는 주요한 문화적·지리적 행위인데, 2013년 총 이주자는 2억 1,400만 명으로 추정되며, 이는 전 세계 인구의 3.1%를 차지하고 있다. 이 중 3,000~4,000만 명(약 15~20%)은 '허가받지 않은', 즉 불법이주인 것으로 추정되며(IOM, 2013) 대부분의 국가들은 과거에 비해 이주를 통제하기 위한 수단들을 강화하고 있다(Dwyer, 2005). 최근의 이주 패턴은 보다 복잡해졌다. 개도국에서 선진국으로만 이동하는 것이 아니며, 국내적으로는 농촌에서 도시로만 이동하는 것도 아니다. 개도국의 몇몇 국가들은 이주 경로의 주요 목적지이기도 하다(〈표 5.5〉). 하지만 여전히 개도국은 이주자 송출국이다. 예컨대 2000년 통계자료에서 중국과 인도는 세계 각지의 이주 목적국을 향해 각각 2,000만 명, 3,500만 명의 이주자를 송출했다.

가족과 친지들에게 해외에서 번 돈을 송금하는 행위는 국제 이주(국내 이주에서도 유사하지만)의 중요한 특징 중 하나이며, 다양한 금융기구들이 이러한 거래를 돕고 있다. 송금은 글로벌 자본주의의 힘을 보여 주는 징표이자 글로벌 상호의존의 대표적 사례라 할 만하다(송금에 대한 더 폭넓은 논의는 4장을 참조). 글로벌 수준의 송금액은 상당하다. 2010년 세계 송금액은 4,400억 달러(2000년 1,320억 달러)에 달했다(IOM, 2013). 송금을 통한 돈의 흐름은 이주에 관한 이야기의 단지 일부일뿐이다. 국제 이주는 세계 전역에서 을 간직하고 있는 디아스포라 공동체를 양산하고 있다(〈핵심개념 8.2〉와 8장). 디아스포라에 대한 분석은 초국적 정체성 혹은 이주자의 제3의 정체성 외에도 이주자 공동체의 모국 문화와 정착국가의 문화 사이에는 복잡한 상호연계성과 지속성과 균열이 있음을 보여 주고 있다. 최근의 디아스포라에 대한 연구를 통해 우리는 특히 문화와 음악 분야에서 두드러지는 문화적 지구화(영국에서 이주자 공동체의 패션과 음악에 관한 연구는 Dwyer, 2005를 참조), 음악-공간 관계의 변화의 역동성, 나아가 도시뿐 아니라 국가적 스케일에서 변화하는 정체성 등에 대한 새로운 사실을 알 수 있다.

디아스포라는 송금이나 문화변용에만 관여하는 것이 아니라 자신들이 '고향'으로 여기는 장소

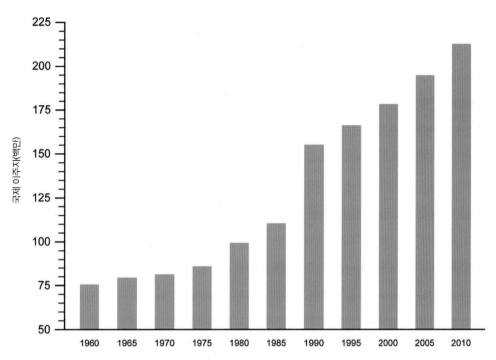

그림 5.4 국제 이주의 규모(1960~2010). 출처: UNDESA, 2013. Map data © Maps in Minutes™(1996)

표 5.5 국제 이주 규모가 높은 국가들(지역별, 2010)

지역	국가	해외이주 규모(백만)
아시아	인도	5.4
	파키스탄	4.2
	카자흐스탄	3.1
아프리카	코트디부아르	2.4
	남아프리카 공화국	1.9
	가나	1.9
아메리카	미국	42.8
	캐나다	7.2
	아르헨티나	1.4
유럽	러시아 연방	12.3
	독일	10.8
	영국	6.4
중동	사우디아라비아	7.3
	아랍에미리트 연방	3.3
	요르단	3.0
오세아니아	오스트레일리아	4.7
	뉴질랜드	0.96

출처: IOM(International Organization for Migration), 2013

들에 대해서도 강력한 영향력을 행사한다. 예컨대 모국에서 정치적 로비에 참여하는 집단도 있다. 이들은 문화적 종교적 네트워크뿐만 아니라 제도화된 연결망도 고수한다(Zack-Williams and Mohan, 2002: 205). 중국계 디아스포라는 매우 영향력 있으면서도 상당히 다양한 양태를 보인다(〈사례연구 5.4〉와 〈표 5.6〉). 중국계 디아스포라의 분포는 광범위할 뿐 아니라 최근 글로벌한 이주 패턴의 영향과 정도를 분명하게 드러내는데, 특히 차이나타운을 만들어 내는 과정을 통해 디아스포라 공동체들이 장소를 생산하고 변형시키는 방식을 잘 보여 준다(〈사진 5.5〉). 세계 도처의 중국인들의 존재는 지구화란 서구에서 서구 이외의 지역으로 새로운 사고와 문화적 행동의 일방향적 이동이라는 전제를 깔고 있던 서구화라는 개념에 깃든 단순한 가정에 도전하고 있다.

디아스포라의 중요성과 현황의 글로벌한 흐름은 규명될 수 있지만, 도시에 대한 그들의 영향은 극도로 불균등하다. 세계 전역의 도시들은 과거 어느 때보다도 다양해지고 있으며, 이는 그 공간에 거주하고 있는 다문화적이고 다양한 인구집단의 효과임이 분명하다. 하지만 도시 공간

사례연구 5.4

중국계 디아스포라와 차이나타운

해외 중국인의 75%가 아시아에 거주하고 있지만(Li and Li, 2013), 선진국과 개도국을 가리지 않고 중국인 거주자의 숫자는 계속 늘어가고 있다(2011년 기준 미국에 416만 명, 페루에 99만 명의 중국인이 살고 있다). 특히 중국에서 개도국으로의 '남-남' 이주가 증가하고 있다. 중국인의 해외 이주는 역사적으로 오래되고 또 다양한 경로로 진행되었지만, 보다 직접적인 흐름은 식민주의 시기 동안 이루어졌다. 대표적으로 싱가포르는 특징적으로 중국인 이주민이 다수 인구를 차지하는 국가이다. 대부분의 국가에서 중국인 이주는 식민지의 수요에 대응해 이루어지면서(대부분 계약제 노동자로), 소수자 공동체를 형성하였다. 지구화가 진전됨에 따라, 전문적 혹은 사업목적의 중국인 이주도 크게 증가하고 있다. 중국인 디아스포라는 정적이지 않으며 글로벌 수준에서 지속적으로 변화하고 변형되고 있는데, 이는 중국의 국내 및 대외 정책과도 관계가 깊다. 최근 중국의 아프리카 정책 변화(투자, 외교, 개발협력)를 통해 아프리카 대륙으로의 중국인의 이주가 증가하면서, 동시에 문화적 확장의 중요성이 부각되고 있다(Li, 2013. 〈사례연구 3.5〉).
글로벌 중국인 디아스포라는 본국으로의 송금과 거주국에서의 투자를 통해 막대한 경제적 권력과 재정적 권력을 확대시켜 가고 있다. 글로벌 수준에서 차이나타운의 증가와 발전에 대해 해당국의 국민들은 이러한 장소가 중국인 이주자들이 도시에서 거주하기 적절한 장소를 만들어 가는 것으로 이해하곤 하지만, 실제로 차이나타운은 해외 거주 중국인들이 민족공동체나 재정적 필요를 충당하기 위한 제도적 구조를 만들어 가는 기반으로 작동한다.

개발도상국과 **국제개발**

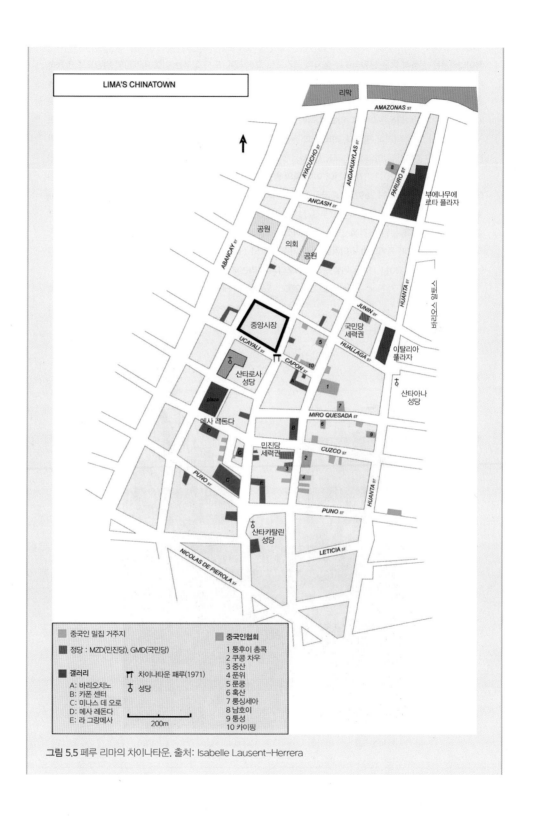

LIMA'S CHINATOWN

리막

AMAZONAS ST

AYACUCHO ST

ANDAHUAYLAS ST

PARURO ST

ANCASH ST

공원

의회

공원

ABANCAY ST

HUANTA ST

바리어스 빌딩스

JUNIN ST

국민당
세력권

HUALLAGA ST

8

부에나무에
로타 플라자

중앙시장

UCAYALI ST

CAPON ST

5

10

산타로사
성당

plaza

이탈리아
플라자

1

메사 레돈다

D

C

MIRO QUESADA ST

7

산타아나
성당

B

6

민진당
세력권

CUZCO ST

E

2

9

3

4

PUNO ST

HUANTA ST

G

C

PUNO ST

산타카탈린
성당

NICOLAS DE PIEROLA ST

LETICIA ST

범례

- 중국인 밀집 거주지
- 정당 : MZD(민진당), GMD(국민당)
- 갤러리
  - A: 바리오치노
  - B: 카폰 센터
  - C: 미나스 데 오로
  - D: 메사 레돈다
  - E: 라 그랑메사
- 차이나타운 패루(1971)
- 성당
- 200m

중국인협회
1 퉁후이 총콕
2 쿠콩 차우
3 중산
4 퓨위
5 룽콩
6 혹산
7 룽싱세아
8 남호이
9 퉁성
10 카이핑

그림 5.5 페루 리마의 차이나타운. 출처: Isabelle Lausent-Herrera

제5장 • 개도국의 사회·문화적 변화

183

차이나타운은 전통적 혹은 본질적으로 중국적 공간으로 표상되며, 도시 정부는 이를 마케팅의 일환으로 활용하기도 한다(Fincher and Lveson, 2008). 차이나타운은 장소, 정체성, 문화 간의 중요한 연계를 드러낸다는 점에서 공간적으로 중요한 의의를 지닌다. 차이나타운은 특수한 시각적 유사성 혹은 소비 관련 유사성을 특징으로 하지만, 각각의 차이나타운은 매우 다양하며 맥락적으로 풍부하다. 각 차이나타운의 특수성은 차이나타운이 자리하고 있는 장소의 맥락(리마, 콜카타, 리버풀)과 관련이 있다. 〈사진 5.5〉는 페루의 수도 리마의 차이나타운 중 카폰 거리를 찍은 것이다. 리마의 차이나타운은 사용자의 관점에 따라 '이동가능하며 절충적인 경계선'을 지니고 있다(Lausent-Herrera, 2011:87). 예컨대 이 지역의 방문객들이 가장 잘 아는 장소는 카폰 거리와 파루로 거리인데, 총 17개 블록에 걸쳐 11,369개의 중국인 상점의 위치를 파악했다. 이 지역은 정적이지도 균질하지도 않다. 새로운 중국인 이주민이 도착하면서(주로 푸젠 성 출신) 중국인 디아스포라의 종족적 다양성이 커졌고, 그에 따라 종족 간 경쟁, 차별화, 분열, 공간적 변형이 이루어졌다. 차이나타운의 면적은 점차 커지고 있으며, 일부 부유한 중국 거주자나 사업가가 증가하면서 이들은 본래 거주지 밖의 산보조라 지역에 새로운 차이나타운을 만들고 있다(Lausent—Herrera, 2011: 105). 이렇듯 디아스포라의 지리는 지속적으로 변형된다.

출처: Cohen, 1997; Fincher and Iveson, 2008; Lausent-Herrera, 2011; Li and Li, 2013; A. Li, 2013; Overseas Compatriot Affairs Commission, 2013

사진 5.5 페루 리마의 차이나타운. © Isabelle Lausent-Herrera

개발도상국과 **국제개발**

표 5.6. 해외 중국인 규모(2000년과 2011년)(단위: 천 명)

	전체	아시아	아메리카	유럽	오세아니아	아프리카
2000	35045	27636	5959	955	631	137
2011	40310	30041	7500	1565	955	250

출처: OCAC(Overseas Compatriot Affairs Commission), 2013

이 이주자 공동체의 존재만으로 다양해질 수는 없다. 오히려 도시의 다양성은 다양한 문화적 행동을 조장하는 도시 생활을 향한 점점 증가하는 글로벌한 문화적 흐름의 기능으로 보는 것이 적절하다. 이러한 물질적 실체는 도시 규모를 강조하는 도시 현상에 대한 새로운 지적 관심의 증가와 연동된다. 실제로 도시에 대한 강조는 디아스포라를 이해하는 데 매우 핵심적이다. 국가보다는 도시가 디아스포라의 고향(송출지와 거주지 양자 모두에서)이라는 개념에 적합하다는 점에서 '디아스포라 도시들'이라는 개념이 만들어졌다(Blunt and Bonnerjee, 2013). "도시 규모는 공동체의 정체성을 형성하는 데 중요한 역할을 할 뿐 아니라 소수자 공동체를 위한 소속감의 장소를 사고함에도 중요한 영감을 제공한다"(2013: 230). 개도국에서 이루어지는 사회·문화적 과정들을 이해하는 데 도시 규모의 중요성에 대해서는 아래에서 좀 더 살펴보도록 하겠다.

도시화와 도시 생활

도시화와 도시 생활은 최근에야 가능해지긴 했지만 현재 개도국에서도 생활의 주요한 특징이 되었다(〈그림 3.2〉, 구분가능한 모든 정치단위는 대부분 역사적 기원을 도시에서 두고 있다). 유엔의 추정에 따르면, 2008년은 역사상 처음으로 지구상에서 도시 거주 인류가 절반을 넘어선 해이다(United Nations, 2008). 이러한 흐름을 이해하기 위한 관습적인 접근은 도시화의 유형과 도시화가 감수해야 하는 다양한 발전 과정들에 집중하는 것이었다(리우에서 열린 세계도시포럼 〈사진 5.6〉). 예컨대 유엔은 글로벌한 도시화 현상에 대해 다음과 같이 묘사했다.

슬럼, 게토, 노숙자, 숨 막히는 교통체증, 대기와 물의 오염, 마약, 범죄, 젊은이들의 소외, 결핵과 같은 오래된 질병 혹은 AIDS와 같은 새로운 질병의 확산. 도시는 이 모든 신호를 알고

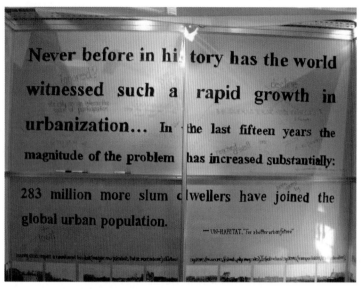

사진 5.6 세계도시포럼의 게시판. 리우, 2010: 152. ⓒ Paula Meth

있다. 이러한 과제들과 싸우는 것은 이제 모든 도시의 과제이다(UNCHS, 1996: xxxi-xxii).

도시에 대한 이러한 관점은 여타의 사회적·문화적·정치적 실체에 대한 고려 없이 도시 생활의 문제를 개발의 결과에서 찾는다는 점에 문제가 있다(이는 '디아스포라 도시들'이라는 개념에서 지적된 것이기도 하다.). 제니 로빈슨은 모든 도시를 이해하기 위한 접근은 개발의 렌즈를 넘어서, 예컨대 도시 근대성(modernity) 이론들을 활용하자고 제안했다. 기존의 접근에 대한 비판의 과정에서 그는 다음과 같이 주장했다.

'제3세계'의 도시들을 이해하는 것은 개발에 대한 모든 것을 이해하는 것이었다. 가난한 도시의 근대성, 다양한 문화적 실천, 복잡한 정치적 갈등들에 대한 이야기는 수많은 도시 거주자들이 살아가고 있는 끔찍한 환경에 대해 무엇이든 해야 할 필요와 노력을 어느 정도씩 배신하는 것처럼 보인다(Robinson, 2006: xi).

이러한 기존의 입장에 대응하여, 그는 "도시들의 다양성과 도시에서 살아가는 방식의 다양성"(2006: 171)에 대해 관심을 가져야 한다고 주장한다. 이 책은 도시화 경향에 대한 개관을 제공함

개발도상국과 **국제개발**

표 5.7 지역별 도시인구 규모

	1955		1975		1995		2005		2011	
	도시 (%)	총인구 (천 명)	도시 (%)	총인구 (천 명)	도시 (%)	총인구 (천 명)	도시 (%)	총인구 (천 명)	도시 (%)	총인구 (천 명)
아프리카	16.4	250633	25.7	416446	34.1	726334	37.9	922011	39.6	4015923
아시아	18.2	1550986	24.0	2393643	34.4	3456174	39.7	3938020	45.0	4207448
라틴아메리카와 카리브 해	45.1	192022	61.1	324834	73.0	483860	77.5	557979	79.1	596629
북아메리카	67	186882	73.8	243417	77.3	299670	80.7	332245	82.2	347563
유럽	54	575970	65.7	676455	71	728513	71.9	731087	72.9	739299
오세아니아	64.3	14260	71.5	21286	70.5	28995	70.5	33410	70.7	37175

주: 백분율은 중위변수에 근거해 계산됨. 모든 수치는 최근의 자료를 활용하거나 그에 근거해 추정함
출처: UN-Habitat, 2007; UNDESA, 2012

으로써 도시화와 도시 생활의 연계를 살펴볼 것이고, 그에 따라 개도국을 가로지르는 근대적 도시 생활에 대한 주요 묘사로서 다양성과 비공식성의 도시를 반추해 보려 한다.

개도국 전역의 도시화 수준은 중남미의 도시화가 아프리카나 아시아의 도시화 수준보다는 월등히 높기는 하지만, 상당하다(〈표 5.7〉). 물론 이러한 지역들(그리고 국가 내부에서도) 내부의 편차와 차이의 정도도 매우 높다. 예컨대 중남미와 카리브 해 지역의 경우, 2010년에 베네수엘라 국민의 93.9%는 도시에 살고 있었지만 벨리즈의 경우에는 45%에 불과했다. 하지만 두 국가 모두 도시화 인구가 15.2%에 불과한 우간다에 비하면 매우 높은 편이다(UNDESA, 2013).

도시화는 단순히 지역적으로 만들어지고 경험되는 경향이 아니다. 부분적으로 도시화는 인구의 자연증가율과 농촌지역의 활력도나 수용력에 대한 압박과 관련이 있다. 도시화는 또한 민주주의와 좋은 거버넌스의 확산과 같은 글로벌한 흐름과도 상호연계성이 높다(〈사상가와 논쟁 9.2〉). 민주주의는 도시를 정치적 자유와 정치행동을 위한 장소로 묘사해 왔으며, 이러한 특징은 도시를 매력적이고 살고 싶은 도시적 환경으로 만들어 왔다. 하지만 현실에서 개도국 도시 내부의 많은 공간들은 특히 시민권의 위계, 주택 선택권, 고용전략의 관점에서 불법적 상황에 놓일 수밖에 없는 거주자들에게는 억압과 위협의 장소가 되고 있다. 마지막으로 건전한 거버넌스의 아젠다는 제도들의 효율적인 기능에 더 많은 무게를 부여해 왔으며, 이러한 제도들은 도시적 맥

락 안에서 도시를 근대적 도시 관리를 위한 장소로 기능하도록 만들어 왔다. 실제로 도시 규모, 도시 관리자, 도시의 제도들은 기후변화나 환경변화와 같은 주요한 글로벌 도전과제들에 대응하는 최전선이 되고 있다. 물론 도시는 이러한 과정들에 대응하는 다중스케일적 네트워크의 더 넓은 시스템 중 하나의 (개중에서 중요한) 부분이라는 점을 놓쳐서는 안 될 것이다(Simon and Leck, 2013). 이와 같은 보다 최근의 도시화 경향을 강조하다 보면 도시화와 도시 생활이 근대화라는 보다 역사적인 과정과의 연계성을 놓치게 만든다. 제2차 세계대전 이래로 "가난한 사회는 진보를 위해 '전통에 속박된' 방식을 내던져야만 한다는 것이 정설이 되어 버렸다. 경제성장이라는 필연적 과정에 진입하기 위해서는 도시화와 산업화 그리고 경쟁과 개인주의와 같은 '근대적' 태도가 필연적이다"(Murray, 2006: 280). 특히 전후 시기에 탈식민화와 농업에 의존하던 사회에서 제조업 부문으로의 전환은 도시화 과정을 가속화시켰다.

급속한 도시화에 따라 도시 생활의 불투명성이 높아졌고, 상이한 도시들이 거주민의 행동을 흡수하거나, 축복하거나, 좌절시키는 방식을 단순하게 요약하기가 어려워졌다. 1980년대 이후의 재구조화 정책(4장과 10장)은 수많은 도시들이 도시화를 효율적으로 관리하는 능력을 침해했으며, 이에 따라 도시들은 주택, 교통, 인프라 구조에 대한 투자 감소로 어려움을 겪고 있다. 경제적 활동에 대한 투자 감소와 더불어 도시 생활의 질 저하로 거주민들의 삶의 질도 낮아졌다. 하지만 거주민들은 가능성이 보이는 방향을 향해 놀라운 적응력을 보이고 있으며, 가정 기반 소상점(home-based enterprises)들이 여타의 비공식 경제수단들과 더불어 융성하고 있다(7장). 주택수요는 종종 현재 개도국에서 빈민들을 위한 비공식 주택을 통해 충족되고 있다(8장), 흥미롭게도 부유한 이들도 비용절감과 시간 잡아먹는 법적 절차를 회피하려는 목적에서 주거 부문의 비공식성을 적극 활용하고 있다. 이러한 선택의 환경적 영향은 분명하다. 도시 인구의 증가로 인해 토지 부족과 취약성 증대가 발생하고 있다. 〈사진 5.1〉의 나이지리아 라고스의 석호 주변에 광범위하게 확산되고 있는 마코코 슬럼지구를 기억해 보자. 이곳의 거주자는 약 25,000명에 달하며, 별다른 하수도 시설도 없는 까닭에 마코코 거주자들이 버리는 쓰레기와 하수는 석호로 직접 투척되고 있다(〈사진 8.3〉 아시아 사례와 비교).

대부분의 정부는 보수적인 계획체계를 가지고 있기 때문에 비공식 주택에 대한 부정적 태도를 품고 있다. 대부분의 도시 정부는 비공식 주택지구가 전체 도시에 위협이 되며 도시 근대화에 적절하지 못하다는 이유를 들어 이러한 주거지역의 해체를 정당화하고 있다(Ghertner, 2011). 불

개발도상국과 국제개발

량주거의 철거 혹은 이곳에서 이루어지는 가내활동의 불법화를 이끄는 동력은 정치적·환경적·위생적·경제적 관점에서 다양하게 도출된다(〈사례연구 6.4〉). 일부 정부는 슬럼 철거를 정당화하기 위해 밀레니엄 개발목표(MDG)(〈표 5.2〉의 목표 7)의 문구를 자의적으로 끌어들이기도 했다(Meth, 2013a). 개도국에서 거주의 비공식성은 거주자인 빈민뿐 아니라 정부에도 중요한 사회·문화적 의미를 지닌다. 비공식 주택에 사는 사람들은 규모와 권력의 측면에서 지역 리더십에 중요한 정치적 위협이 될 수 있다. 슬럼 거주자들은 더 나은 주거를 갖추기 위해 최선의 노력을 하더라도 열악한 조건은 개선되기 어렵고, 다른 거주자들에게 다양한 근심을 안겨 줄 수도 있다(Meth, 2013b). 이와 같은 사회적 낙인은 개도국의 주거정책에 영향을 미치며, 정부는 보조금 형태의 주택정책을 증진하고 정당화함으로써 도시 품위를 생산하는 방식으로 거주자들의 사회적 체면을 증진시키려는 의도를 품고 있다(Ross, 2010). (〈사례연구 5.5〉와 〈사진 5.7〉, 〈사진 5.8〉을 통해 남아프리카와 멕시코에서 도시 정부의 노력들을 보라).

개도국 도시에 대한 무엇보다 중요한 주제는 비공식성, 다시 말해 가난한 이들의 주거형태, 고용의 방식, 정치적 결사의 형태, 문화적 적응행동에 관한 것이다. 비공식성을 개념화함에 있어 중요한 지점은 〈사례연구 5.5.〉가 보여 주듯 이를 '해결할 수 있는 문제'로 인식하는지 여부에 달렸다. 하지만 비공식성의 의미를 둘러싼 논쟁은 '비공식성'이란 용어가 묘사하고 지칭하는 것(비정기적, 비공식적, 불법적, 자연적 등등)의 어려움에서 보듯 간단치 않다. 오히려 아난야 로이(Ananya Roy)와 같은 '새로운' 도시연구자들의 주장처럼 다른 여타의 양식(Parnell and Robinson, 2012: 600이 논의한 전통주의와 빈곤을 참조)과 마찬가지로 비공식성을 하나의 정상적인 '도시 양식'으로 설명하려는 시도를 주목할 필요가 있다. 이들은 비공식성이 보다 폭넓은 도시에 대한 인식의 중요한 한 부분임을 인식하는 도시 연구학계의 진정한 변화를 만들어 내고 있다(〈사상가와 논쟁 5.1〉).

도시의 비공식성은 도시 생활의 핵심적 실체이지만, 그 자체를 도시스러움(city-ness)으로 규정하기는 곤란하다. 도시는 놀라운 광경과 예상치 못했던 것들이 발생하는 다양성의 장소이자 혼합의 장소이다. 다양성을 만드는 것은 도시의 거주자들, 그들의 행동, 그들의 문화적 실천, 그리고 도시의 공간들이다. 물론 이러한 다양성 내부의 불평등한 속성도 지적할 필요가 있다. 도시는 흡입력이 높다. 도시의 맥락과 도시 생활의 활력은 도시 거주자들이 혁신, 차이, 사교성, 익명성, 급격한 변화, 다채로움을 만들도록 해 준다. 도시 거주자가 이러한 다양성에 적응하고 즐

사례연구 5.5

도시화를 통한 사회화: 멕시코와 남아공

멕시코와 남아공의 도시들에서 많은 빈민들이 심각한 주택부족으로 고통받고 있다. 결과적으로 비공식 주거가 확산되고 있으며, 이는 개도국 대부분의 도시가 유사하게 맞닥뜨린 문제이다. 하지만 이 두 국가는 도시 빈민의 주택부족 문제에 대응하기 위한 공공주택 정책을 발전시켜 왔으며, 이에 대한 대규모 투자는 도시의 외관과 도시화 유형을 변화시키고 있다. 공공주택 제공은 도시 거주자의 사회적 안녕과 긴밀하게 연결되어 있으며, '저렴' 주택과 건강한 시민을 만들려는 노력을 중심으로 하는 주요 복지정책 중 하나이다(Ross, 2010). 멕시코와 남아공에서 주택제공을 담당하는 정부 부처는 주택개선을 사회적 결과의 향상과 연계시키고 있다.

남아공의 프로그램은 1994년 아파르트헤이트 이후 개혁(post-Apartheid reforms) 프로그램의 일환으로 실행되었다. 이 프로그램은 정부의 직접관리하에 극빈층에게 1회에 한해 주택보조금을 지급했으며, 1990년대 말부터 2013년까지 약 500만 호의 기초주택단지를 보급해 왔다(〈사진 5.7〉과 〈사진 9.6〉). 멕시코의 경우에는 노동자를 위한 국가주택기금위원회(INFONAVIT, Institute of the National Housing Fund for Workers)라는 기구를 통해 (실업이나 극빈자가 아닌) 노동자를 겨냥한 주택 제공과 주택기금 제공이 이루어졌다. 1972년 설립 당시 INFONAVIT는 주택 건설과 공급을 직접 담당해 왔지만 1990년대 이후에 건설과 공급 기능은 민영화되었고, 이후 INFONAVIT의 기능은 주택개발을 위한 융자 활성화에 맞추어지게 되었다.

남아공의 주택정책은 새로운 주택과 이를 통한 긍정적인 사회지표의 확산을 위해 상당히 감성적인 언어를 사용하였다. '안락하고 안전한 곳에서 살아가는 가족, 가족을 위한 새로운 새벽, 품위 있는, 위생적인, 권위, 안전, 자족적인 '교외' 건설 등(Meth, 2012). 멕시코의 경우 INFONAVIT 주택의 잠재적 구매자들에게도 '가족의 안녕과 공동체의 삶의 질을 향상시킬 수 있는 안락하고 위생적인 주거' 혹은 '개인과 시민의 잠재력의 발전을 위해'와 같이 유사한 문구가 제시되었다(Perez Ibarra, 2013). 〈사진 5.8〉은 멕시코 마사틀란(Mazstlán)에 걸린 INFONAVIT의 광고판인데, 3줄로 구성된 광고문을 번역하면 다음과 같다. "성공적인 환경", "양질의 주택", "발전을 위한 공공연대와 책임".

주택 공급기관의 이런 슬로건은 거주자와 도시를 위한 정부의 사회적 목표가 무엇인지 알려 준다는 면에서 의의가 있다. 하지만 다른 한편 정부가 극빈층의 (불법)주택을 어떻게 바라보고 있는지에 대해서도 생각하게 만든다. 남아공에서는 극빈층의 주거를 '보기 흉한, 비인간적인, 불안한, 가난한'이란 수식어로 묘사한 것이 그 예가 될 수 있다. 이러한 사회적 비전은 프로그램의 성공이 검증하려고 했던 것에 반하는 결과를 낳기도 한다. 두 국가 모두 정부 제공 주택 거주자의 경험이 정부가 약속했던 사회적 비전과 완전히 일치하지는 않는다는 사례연구가 있기 때문이다. 두 국가에 대한 사례연구는 도시화가 새로운 사회적 경험뿐 아니라 사회적 기대를 낳는 사회적 과정이라는 점을 잘 보여 준다.

출처: Meth, 2012; Perez Ibarra, 2013; Ross, 2010에서 재구성

길 수 있는 역량이 '코즈모폴리턴(Cosmopolitan)'으로 살아가는 데 중요하다. 코스모폴리터니즘(Cosmopolitanism)은 복합적 개념이자 철학적 입장인데, 이는 '세련되고 국제감각을 갖고 살

사진 5.7 남아프리카 더반 카토 크레스트(Cato Crest)의 공공주택. © Paula Meth

사진 5.8 멕시코 마사틀란의 INFONAVIT 광고판. © Gabriela Perez Ibarra

아난야 로이: 비공식성과 공간의 생산

로이는 현재 미국에 거주하고 있는 인도 콜카타 출신의 도시연구자로, 인도의 도시화 과정에 대한 많은 연구를 출간하였다. 그는 도시의 비공식성을 둘러싼 광범위한 논의들을 비판적으로 검토한 후 두 개의 범주로 구분하였다. 로이가 구분한 첫 번째 범주의 문헌들은 비공식성을 도시 중심부에 대한 도전이자 도시 위기의 한 징후로 묘사하고 있다[예: 유엔 공식문서들이나 마이크 데이비스(Mike Davis)의 『슬럼, 지구를 뒤덮다(Planet of Slums)』 (2006) 등]. 다른 한편 그는 도시의 비공식성을 '민중경제' 혹은 '기업가적 에너지'의 한 증거라며 긍정성을 강조한 에르난도 데소토(Hernando de Soto)의 연구를 특히 주목하였다(Roy, 2012: 693)(10장). 이처럼 상이한 두 접근법의 검토를 통해, 그는 비공식성이 공적으로 계획된 도시에 대한 대안이자 더 나아가 공식성에 대한 대항으로 어떻게 이해될 수 있을지를 질문하였다. 또한 그는 도시 비공식성이 정치와 연결되는 방식에서의 대항적 경향을 탐색하였다. 그는 기존의 접근법들이 '공식적인 것과 비공식적인 것의 구분이 어떻게 구성되고 유지되고 적용되는지' 아직까지 충분히 말해 주지 않았다고 주장하였다(Roy, 2012: 696). 로이는 비공식적 도시화는 단순히 슬럼에 거주하는 도시 빈민에 의한 도시화만을 의미하는 것이 아니며, '부유한 도시민과 교외 거주자들'도 자신의 계급권력을 활용하여 각종 서비스에 대한 접근과 보다 중요하게는 정당성을 획득하기 위해 '비공식적' 활동에 연루되어 있다고 지적하였다(2012: 698). 그의 연구는 이러한 권력의 차이를 생산하는 데 있어 정부(특히 계획 관련 전문영역)의 역할을 검토하였다. 정부는 특정 형식의 비공식성은 합법적이며 승인된 것으로, 다른 비공식성은 불법적이며 승인되지 않은 것이라고 구분하는 일을 담당한다. 로이는 상당히 도발적으로 '공식적인 것과 비공식적인 것 간의 차이는 오늘날 인도의 도시에서 불평등을 보여 주는 근본 축'이라고 주장하였다(Roy, 2012; 〈사례연구 6.4〉). 그는 연구 말미에서 도시 비공식성을 '공간생산의 한 가지 양식'이자 또 다른 '계획의 실천'으로 해석하였다. 그는 이런 방식의 계획 역시 도시 재생을 위한 슬럼 재개발의 영역에 '개입'하는 실천이며, 이들에게 합법성을 부여함으로써 공식적인 공간의 가치를 오히려 지탱하고 증진할 수 있다고 주장한다.

출처: Roy, 2012

아가면서, 편안하게 문화적 차이와 협상할 수 있으며, 장소와 사람들에 구애되지 않고 적응할 수 있는 능력'(Warf, 2012: iii)으로 설명된다. 이 용어는 도시 마케팅과 투자유치를 위한 홍보문구로 사용되고 있지만 다른 한편 정체성의 한 형태로 사용될 때는 (코즈모폴리턴하지 않은 장소와 사람들에 대한) 배제로 이어질 수도 있다. 도시들의 다양성은 고도로 생산적이다. 도시의 기능은 거주자들이 참여하는 소규모의 일상적 협력활동 덕분에 가능하며, 사람들 사이의 협력의 가능성은 역으로 도시의 다양성(거주자의 혼합적 속성)에 의해서 가능하다(Simone, 2004). 이것이 우리가 주장하는 근대적 도시 생활의 상징이다. 〈사례연구 5.6〉은 콜롬비아 보고타 시를 사례로 이와 관련된 현상들을 탐구한 결과이다. 이 사례연구는 도시에서 장소, 도시, 문화의 중요한 상호

사례연구 5.6

도시 생활, 문화, 도시화, 그리고 배제: 보고타 사례

보고타(Bogotá)는 콜롬비아의 수도로 2010년 기준 850만 명의 인구가 거주하고 있으며, 높은 수준의 다양성을 특징으로 하는 도시이다(UN-Habitat, 2012: 134). 급속한 도시화로 인해 적절한 서비스와 편의시설을 갖추지 못한 빈민주거의 확산을 낳았다. 하지만 빈민의 열악한 주거조건은 협력과 상호작용을 위한 공간이기도 하다. 이곳의 정치문화와는 별개로, 빈민가의 협력과 상호작용은 도시 안에서 생기 있고 다양한 문화영역의 확산을 가져왔다. 이 지역에서는 총 8,000여 개의 등록조직들이 시각미술, 영화, 춤, 고고학에 이르는 다양한 활동들을 펼치고 있다. 이러한 조직들은 문화적 정체성의 표출과 실천에 기여할 뿐 아니라, 정치적·사회적 측면에서도 중요한 역할을 하고 있다(Appe, 2007a). 문화활동과 정치와의 연계는 치미니가과 문화재단(Chiminigagua Cultural Foundation)의 후원을 받고 있다. 보고타 남부의 보사(Bosa) 지역에 위치한 이 재단은 문화적 공동체 활동이 국가발전에 기여할 것이라는 신념하에 문화조직들의 수요와 목표를 발전시키고 정부의 지원을 이끌어 내는 활동을 적극적으로 펼치고 있다(Appe, 2007b). 대부분의 수도와 마찬가지로 보고타도 도시의 코즈모폴리터니즘을 적극 홍보하고 있는데, 도시 안에서 펼쳐지는 문화적 과정들은 이 도시의 포용적 성격을 드러내는 기제로 활용되고 있다. 공간적인 측면에서 포용은 장려될 수도 있고 침식될 수도 있다. 최근 보고타 시는 공공장소의 개선과 교통에 대한 투자 등을 통해 부유층과 빈민 간에 도시의 높아진 경제력을 공유하기 위한 목적으로 디자인 정책을 실시하고 있다(UN-Habitat, 2012). 관광 웹사이트에서 보고타 시는 '문화와 밤의 즐거움이 넘쳐나는 코즈모폴리턴 도시'로 묘사된다(Colombia Travel, 2013). 하지만 부유한 도시 공간[대표적으로 조나 로사(Zona Rosa)]의 나이트클럽에서 흑인 거주자가 쫓겨나는 일이 반복되는 사례를 보듯이, 보고타의 코즈모폴리턴적 정체성이 인종정치로 인해 침윤되고 있다는 지적도 있다(Castro, 2013). 이러한 현실은 국가적 이미지뿐 아니라 보고타라는 도시의 코즈모폴리턴적 다문화 이미지와 모순되는 것이다.

보고타 시에 대한 이 같은 논의는 도시를 구성하는 모순적 영향력들을 드러내며, 특히 도시화의 경향과 다양하고 문화적으로 생동감 있는 공공성의 형성(그리고 배제) 간의 관계를 잘 보여 준다.

출처: Appe, 2007a, 2007b; Castro, 2013; Gilbert, 1997; Mega City Task Force of the IGU, 2008; UNHSP, 2003; UN-Habitat, 2012

연계성을 잘 나타내 주고 있으며, 특히 도시 생활이 협력을 촉진시키고, 코즈모폴리터니즘을 활성화시키며 동시에 배제를 낳는 방식을 잘 보여 준다.

보고타의 사례가 보여 주듯, 도시 생활은 새로운 협력의 공간과 정치적 행동을 창출한다. 주민 간의 유대형성이든 정치적 결사에서든 종교는 양자 모두에서 매우 중요하다. 도시의 높은 밀도는 대중 종교 활성화에 기여하고, 고양된 종교적 실천은 다시 도시 공간의 다양성 증대와 공동체 활성화에 기여한다. 하지만 활발한 종교 활동은 도시에서만 국한된 것이 아니며 농촌지역에서는 더 많은 중요한 역할을 수행하기도 한다.

종교

종교는 개도국과 선진국에 관계없이 광범위한 역사를 지니고 있으며(3장 참조), 종교의 국제적 영향력 확산은 근대성, 식민주의, 혹은 지구화보다 훨씬 역사적으로 선행된다. 아프리카의 여러 국가에서 기독교의 등장은 19세기 말에서 20세기까지 식민화 과정과 유럽 제국의 확장 이후의 현상으로 이해되어 왔다. 하지만 아프리카의 기독교 수용은 이보다 훨씬 오래전까지 거슬러 올라갈 수 있으며(에티오피아의 몇몇 지역은 거의 2000년)(〈사례연구 5.7〉) 여전히 확산 중이다. 아프리카의 기독교 형식은 다양하고 기원지와는 구분되어 진화해 왔으며, 최근에는 "아프리카는 다른 어떤 대륙보다 기독교인이 많은 대륙"(Ward, 1999: 193)이 되었다. 종교는 실천 양태와 영향 면에서 다중스케일적이며 지구 전역으로 확장되는 역동적 네트워크를 특징으로 한다. 기독

사례연구 5.7

아프리카의 기독교

기독교 시대 초기 600년 동안 지중해 연안의 북부 아프리카 지역에서 기독교가 성장하였다. 하지만 곧이어 이슬람 세력이 나타나 기독교도에게 대항하였고, 이들의 지배력은 오늘날까지 지속되고 있다. 19세기 노예무역에 대한 아프리카의 반감이 고조되는 가운데, 영국의 복음주의 신교는 사하라 이남 아프리카에 많은 수의 선교사를 파견하였다. 하지만 상이한 이해관계를 지닌 다양한 교파들 간에 충돌이 일어나면서 유럽의 아프리카 선교 역사는 매우 큰 기복을 겪게 되었다(Ward, 1999: 200–208).

아프리카의 기독교는 1880년대 후반 유럽 식민주의와 함께 전파되었다. 선교와 식민지 개척의 목표는 단일하지 않았지만, 두 집단 간의 관계는 복잡하게 얽혀 있었다. 기독교적 가치와 실천에 대한 주입은 식민화 기획의 본령을 구성하면서, 식민화는 아프리카인의 '문명화'와 '계몽'을 위한 것이라는 신념을 뒷받침하였다. 교육은 이러한 노력의 기초였으나, 사회·문화적 관계를 형성하려는 시도가 언제나 긍정적인 결과만을 낳은 것은 아니었다. 기독교적 교육의 본질(직업교육이냐, 지식인 양성이냐)을 둘러싼 갈등이나 기독교적 가치와 아프리카 관습 사이의 갈등은 아프리카 독립교회(African Independent Church)의 성장으로 이어졌다.

'아프리카 독립교회'의 칭호는 대륙 전역에 걸쳐 상이한 기독교적 신념과 실천들을 모두 포괄하는데, 크게 다음 세 개의 집단으로 구분된다. 1) 에티오피아 교회 혹은 아프리칸 교회: 유럽 선교사들의 행동에 대한 정치적 대응 과정에서 성장하였으나 교회의 조직과 성경에 관한 해석은 그들이 대응하려던 선교사 교회들과 밀접하게 연결(스스로를 루터파 혹은 감리교도라 부르기도 함). 2) 선지자적 치유 혹은 영성 교회: 영성의 힘을 강조하며 대중적인 아프리카인의 세계관에 적응(남아프리카의 시온 교회나 중앙아프리카의 아프리카 사도 교회 등이 대표적). 3) 신 펜테코스탈 교회: 1980년대 이후 급성장 중으로 영성의 힘을 강조함(〈사진 5.9〉와 〈사진 5.10〉).

개발도상국과 국제개발

사진 5.9 우간다 캄팔라 소재의 와토토 펜테코스탈 교회(Watoto Pentecostal Church). © Loice Natukunda

사진 5.10 우간다 캄팔라 소재의 마케레레 복음교회(Makerere Redeemed Church). © Annet Ainomugisha

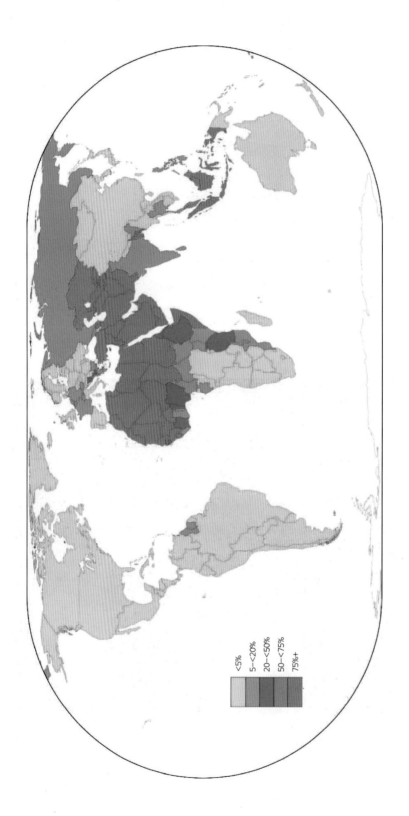

<5%
5–<20%
20–<50%
50–<75%
75%+

그림 5.6 무슬림 인구 분포(국가별 비중) 세계지도. 출처: The Pew Forum, 2012. Map data © Maps in Minutes™(1996)

교를 포함하는 종교의 초국적 네트워크(〈핵심개념 8.2〉)의 지속적 확장은 다양한 과정들에 의해 설명되곤 하는데, 그중에는 정보통신기술(ICT)의 활용도 한몫을 하고 있다. 서아프리카에서 기독교의 일파인 독립 펜테코스트파의 카리스마 넘치는 확산을 다룬 〈사례연구 5.7〉은 네트워크를 구성하는 데 ICT의 활용의 사례를 잘 보여 준다.

이상의 아프리카 기독교 교회들은 젊고 부유하며 교육수준이 높은 사람들을 끌어들이면서, 일부다처제나 조상숭배 같은 전통적인 아프리카적 가치들에 대항하고 있다. 아프리카의 기독교 교회들은 스스로 "아프리카에서 빠르게 성장하는 기독교의 자기표현"을 강조하고 있다[나이지리아의 더 깊은 생명의 교회(Deeper Life Church)나 은혜성서교회(Grace Bible Church)가 대표적이다)](Anderson, 1997). 아프리카에서 교회의 성장은 종교의 초국적성을 잘 보여 준다. 한 연구자는 서아프리카의 대표적인 교파인 펜테코스탈 카리스마틱 교회가 초국적이며 초문화적 속성을 촉진시키는 일련의 과정을 다음과 같이 정리하였다(Ojo, 2011: 169). "국가 간 도로망과 통신 네트워크의 개선, 경제통합, 다종족 통합을 목표로 한 대형교회의 건설, 이웃 나라로의 교세 확장, 초국적인 선교사의 활약, 서구 국가들에 존재하는 아프리카계 디아스포라와의 연계 및 거주국에서 유사한 운동 전개하기, 인터넷의 활용, 전 세계로의 전파를 강화하기 위해 위성방송이나 전자음악 장비를 활용하기."

이슬람의 등장과 확산도 종교의 글로벌한 속성과 네트워크 측면 그리고 종교적 사고가 이동해 온 역사적 경로를 잘 보여 준다. 역사적으로 혹은 최근에 이슬람의 확산은 직접적으로 선진국에서 바깥 세계를 향한 문화적 확산의 글로벌한 흐름이 지배적이라는 단순한 과정에 도전한다. 이슬람의 등장은 7세기로까지 거슬러 갈 수 있으며, 개종과 정복을 통해 아리비아에서 외부 세계로 점차 확산되었다. 이슬람의 영향은 전 세계에서 찾아볼 수 있는데 8~13세기 사이 이슬람의 권력과 영향력은 최고조에 달했다. 문화적인 측면에서 이슬람은 고도로 발전했으며, 이슬람 부흥의 핵심부에는 숙련된 고급 기술자와 철학자, 과학자들이 존재하고 있다.

이슬람은 정의하기에 매우 복잡한 개념이다. 이슬람은 개인이나 집단의 종교적 신념이면서 동시에 정치 이데올로기이기도 하다. 종교적 신념이든 정치적 이데올로기든 이슬람은 그 자체로 다양하며, 우리는 하나의 이슬람이 아니라 다수의 이슬람이 존재한다고 주장한다. 이슬람은 전 세계에서 30~40개 국가에서 지배적 종교의 영향력을 지니고 있다(〈그림 5.6〉). 기독교에 이어 세계 2대의 종교이며, 현재도 빠르게 성장 중이다.

무슬림 인구가 75%를 상회하는 국가들을 살펴보면 대부분 북부 아프리카, 중동, 서유럽에 집중되어 있음을 알 수 있다. 하지만 2010년 집계로 미국과 프랑스에는 무슬림이 각각 279만 명과 470만 명이 존재하는 것을 볼 때, 이슬람의 신념은 서구에서도 분명히 존재하고 있다. 따라서 이슬람은 서구의 '테러와의 전쟁'으로 틀 지어진 근본주의 이슬람의 사고와 세력에만 집중하는 미디어의 좁은 렌즈 안으로 축소될 수 없는 여러 서구 국가의 중요한 구성적 일부임을 인정해야 한다. 아시아에서는 인도네시아가 중요한 이슬람 지역인데, 인도네시아는 세계에서 가장 많은 무슬림 인구를 지니고 있는 국가로 약 2억 900만 명(2010년 기준)의 국민이 무슬림으로 집계되었다(Pew Forum, 2012; Grillo, 2004; Palmer, 2002).

이슬람의 전파는 역사적으로 건축양식에 중요한 영향을 미쳤으며, 오늘날에도 도시의 형태, 기능, 물리적 양식에 영향을 미치고 있다. 〈사진 1.4〉는 스페인 남부 그라나다에 있는 알람브라 궁전으로, 이 지역은 1300년대에 무슬림의 지배를 받았다. 많은 도시에서 모스크는 중요한 건축요소이며, 모스크의 형식은 중요한 공간적·문화적·정치적 의의를 지니고 있을 뿐 아니라 도시 거주자를 위한 공동체적 장소로 기능하고 있다.

'세계종교'로 인정되는 종교는 기독교, 이슬람교, 유교, 힌두교, 유대교, 불교로 한정되지만(Murray, 2006: 228), 종교의 전파, 개종, 재해석은 지역적으로 매우 복잡하다. 따라서 수많은 종교적 사고가 본질적으로는 지구적임에도 불구하고, 종교적 사고는 종종 지역적 규모에서 매우 독특한 방식으로 표상되곤 한다. 예컨대 멕시코 남부에서는 유럽의 종교가 전파되기 전부터 존재했던 죽음과 관련된 믿음과 실천이 기독교 의례와 혼합되면서 망자의 기일을 신성시하는 변형이 나타나기도 했다. 이 지역 사람들은 망자의 기일에는 지상을 떠났던 조상의 영혼이 집으로 돌아온다고 믿는다. 가족들은 꽃과 과일, 떠난 이가 좋아했던 음식으로 제단이나 가족의 묘소를 장식하고 모래 그림을 그리는 것을 관례로 삼고 있다(〈사진 5.11〉)(Norget, 2006). 이는 일종의 혼종화(hybridization)의 한 형태로 볼 수 있다(8장 참조).

종교의 지역적 전파와 재해석은 사회·문화적 실천(특히 정체성 형성과 관련된) 그리고 젠더 관계에 중요한 영향을 미친다는 점에서 중요성을 찾을 수 있다. (일부 경우에서 종교적 신념에 기초한) 불평등하고 유동적인 젠더 관계의 정당화는 HIV/AIDS나 독특한 섹슈얼리티의 확산을 둘러싼 과정에 대한 설명을 제공한다. 하지만 종교에 대한 젠더화된 해석은 지역적 수준에서 종교의 의미의 독특한 특성에 섬세하게 반응한다. 할레 아프샤는 엘리트 여성 무슬림에 대한 연구

개발도상국과 국제개발

사진 5.11 프리다 칼로(Frida Kahlo)의 모래 그림(멕시코 오악사카). ⓒ Katie Willis

를 통해 이슬람은 본질적으로 여성에 대해 억압적이라는 서구 페미니스트적 사고에 도전하였다(Afshar, 1999; 8장 참조).

글로벌 규모에서 종교의 확산과 변화는 다른 과정들과 밀접하게 연계되어 있으며, 종교적 사고와 실천의 흐름은 시간의 흐름에 따라 여타의 과정들로 인해 방해받거나 변형되곤 한다. 종교에 영향을 미쳐 왔던 주요한 요인에는 근대성이 있으며, 보다 최근에는 지구화가 있다.

선진국에서 18세기 동안 계몽사상이 영향력을 행사하면서, 권위의 주요 원천으로 감정이 아닌 이성의 가치가 강조되었다. 이러한 사고는 종교의 권위에 의문을 제기하며 종교의 기반에 직접적으로 도전하였다. 이어서 20세기 내내 근대화·도시화·산업화의 등장은 사회를 조직하는 기초로 근대적이며 과학적인 합리성의 지원을 받았고, 이는 결과적으로 종교의 중요성과 가치의 토대를 약화시켰다(Haynes, 1999: 224). 현실에서 자본주의와 사회주의 경제 모델은 둘 다 세속주의의 성장에 기여하였다. 일각에서는 과거 종교가 차지했던 모든 가치에 대한 우월한 지위를 이제는 '경제적' 가치가 대신하게 되었다고 해석한다(Raghuram, 1999: 236). 하지만 현대사회에서 상실감, 소외, 상대적 박탈감(이 모두는 '근대화'의 효과일 수 있다)이 증대함으로써 사람들은 다른 정체성을 추구하거나 집단 형성에 기꺼이 참여(대표적인 예가 종교임)하게 된다. 이러한 경향은 정체성의 위기(〈핵심개념 5.3〉)에 대한 토론과도 밀접하게 관련되어 있다.

지구화의 영향은 전 세계적으로 불균등한 효과를 낳고 있다. 일부 지역에서는 불평등이 강화되면서, 저항의 한 형태로 종교가 새롭게 주목받고 있기도 하다. 혹자는 이와 같은 '종교의 재강화는 지구화라는 보편화의 경향에 대항하는 사회·문화적 특수성의 표현'으로 설명한다(Raghuram, 1999: 238). 이러한 영향에 따른 종교 재등장의 사례는 다양하며, 이를 '대중적 종교성'(Haynes, 1999: 223)으로 설명하는 이도 있다. 대중적 종교성은 상이한 장소에서 문화적·정치적 실천과 그에 따라 사람들의 정체성 형성(예컨대 나는 누구인가?)에도 영향을 미친다는 점에서 중요하다. 종교는 또한 사람들의 소비행태(무엇을 먹고 입을지)와 생활양식(8장 참조)에도 영향을 미친다.

종교 혹은 종교를 비판하는 아이디어의 글로벌한 흐름의 증거는 분명하다. 특정 종교가 특수한 문화 및 정치 집단에 의해 표상되는 방식은 매우 문제적이다. 예컨대 선진국에서 미디어와 영향력 있는 지도자의 관점이 이슬람에 대한 대중적 관점을 형성하는 데 중요한 역할을 하는데, 이슬람을 극단주의, 근본주의, 비이성적 집단으로 묘사하는 만평들이 언론에 등장하면서, 서구의 평범한 다수가 이슬람을 공산주의 세력을 대체하는 적으로 간주하곤 한다(Dodds, 2007). 9·11 이후의 정치환경에서 이슬람은 정치적이고 문화적 영향력을 갖춘 근본주의자들에 의해 지배되고 있다는 분석이 횡행하고 있다. 이러한 해석은 한계가 있고, 글로벌 수준에서 이슬람의 역사적 복잡성에 대한 간과 혹은 지역적 수준에서 이슬람의 종교와 정치의 특수성에 대한 과잉반응이라 볼 수 있다. 보다 중요하게 이슬람을 단일한 근본주의적 세력으로 묘사하는 것은 세계 전역에 분포하는 무슬림의 일상을 무시하는 것이다. 대부분 무슬림의 일상생활(물론 지역적 편차는 크다)은 평화를 사랑하는 인간성에 기초한 신실한 삶의 양식을 실천하고 있다(Ruthven, 1997). 이슬람을 근본주의로 표상하는 것에서 오히려 표상의 권력을 지적할 수 있는데, 몇몇 서구 국가에서 이슬람을 근본주의자로 묘사하는 전형적 이미지는 이주정책이나 이주민 범죄에 대한 사법적 제도의 변화를 정당화하는 데 활용되고 있기 때문이다. 반이슬람 정서는 서구에만 존재하는 것이 아니다. 예컨대 인도의 인도인민당(Bharatiya Janata Party)은 교묘하게 반무슬림 정서를 조장하는 방식으로 국내 정치에서 중요한 영향력을 갖게 되었다(Halliday, 2002: 23).

나가며

이 장에서는 건강과 생활양식, 이주와 디아스포라, 도시화와 도시 생활, 종교를 주제로 개도국의 주요한 사회·문화적 조류와 실천에 대해 폭넓게 살펴보았다. 우리는 이러한 조류와 실천을 통해 지구화가 사회·문화적 실천의 균질화로 이어진 것은 아니며, 오히려 보다 일반적으로 불평등의 심화에 기여했다는 점을 주장하였다. 문화적 실천이 글로벌하게 확산된 것은 분명하지만, 지역적 수준에서 그러한 문화의 확산은 상이한 방식으로 해석되고 실천되고 있으며, 다른 한편 초국적 네트워크를 통해 새로운 융합이 이루어지고 있다. 사회적 과정에 대해 단선적인 발전주의적 관점을 대입시키는 대신에 문화의 역할을 강조하는 관점을 채택함으로써, 우리는 사회·문

복습 문제 / 활동

개도국 조사하기

퓨 포럼(Pew Forum)의 홈페이지를 살펴보고 종교운동 하나를 선택해 보자. 그 종교가 어느 정도의 다양한 속성을 지니고 있는지, 종교 네트워크의 지리적 측면은 어떠한지, 여러 장소에서 그 종교가 일상생활을 구성하는 데 어떠한 역할을 수행하고 있는지 살펴보자. 종교운동의 공간적·사회적·경제적·문화적·정치적 영향에 대해 생각해 보자.

토론 탐구하기

1. Blunt and Bonnerjee(2013), Dwyer(2005), Robbinson(2006)의 연구를 활용하여, 일상적인 장소로서 '도시'의 개념이 이주, 디아스포라, 도시 변화의 상호관계를 이해하는 데 어떻게 도움을 줄 수 있는지 생각해 보자. 디아스포라를 구성하는 데 도시는 어떤 역할을 수행했으며, 도시 변화와 이주민들의 경험은 얼마나 상호구성적인지 생각해 보자.
2. Barrett(2009), Gould(2009), WHO(2013c)의 연구나 도시 변화에 대한 세부정보를 제공하는 유엔이 발간하는 『세계도시연차보고서(UN State of the World's Cities)』를 활용하여, 도시화와 건강 패턴의 변화 관계에 대해 생각해 보자. 도시가 변화하는 방식(주택, 인프라 구조, 도시 분절화 등을 통해)은 어떠하며, 이러한 변화는 건강에 어떻게 영향을 미치는가? 주요한 생활양식은 무엇이고, 생활양식의 선택 변화에 대한 도전과 책임은 누구에게 있는가?

화적 실천은 본질적으로 그리고 직접적으로 상호연계되어 있으며 상호구성적이라는 것을 보여주고자 했다. 마지막으로 우리는 역사적 관점을 채택함으로써, 사회·문화적 조류와 실천은 특정 시점에 고착된 것이라거나 지구화라는 최근 사건의 단순한 기능적 효과라는 생각에 도전하였다. 이 장에서 다룬 다양한 개념들은 사회·문화적 흐름의 일상적이며 지역적 경험을 다루는 제8장에서 더 상세하게 탐색될 것이다.

더 읽을거리

Barrett, H. (2009) *Health and Development*, Abingdon: Routledge.

> 이 책은 건강과 개발의 관계에 관한 시사점을 제공한다. 다양한 이론적 접근을 통합하고 있으며, 정책적 개입뿐 아니라 정책 실패에 대한 시사점을 제공한다. 이 책의 장점은 문화적 이슈에 대한 고려를 포함함으로써 젠더 관계뿐 아니라 아동 건강 이슈까지 폭넓게 다룬다.

Tan, C.–B.(ed.) (2013) *Routledge Handbook of the Chinese Diaspora*, Abingdon: Routledge.

> 이 책은 중국계 디아스포라, 그들의 이주의 역사와 개인의 경험, 네트워크의 형성, 정치적 세력화와 같은 다양한 이슈를 포괄하는 매우 구체적이고 종합적인 개론서이다.

웹사이트

www.unhabitat.org   UN State of the World's Cities

> 유엔해비타트가 매년 발행하는 「세계도시현황보고서(UN State of the World's Cities)」는 전 세계 도시 관련 주요 주제들을 다룬 중요한 보고서이다. 이 간행물이 다루는 주제에는 지구화, 폭력, 불평등, 번영 등이 포함된다. 깊이 있는 현황 분석뿐 아니라 정책적 접근법도 제공된다.

www.un.org/esa/population/   United Nations Population Division

> 유엔 인구국은 경제사회이사회의 특별 부문으로, 세계인구 전망, 도시화 수준 등의 정보를 연 단위로 제공한다.

www.unaids.org   UNAIDS

> 유엔은 세계보건기구(WHO)와 더불어 국가별 에이즈 정보를 매년 갱신하여 제공한다.

www.who.int   World Health Organization

> 세계보건기구(WHO)는 보건 관련 다양한 이슈에 대한 기본 정보 및 구체적 수치를 제공하며, 거의 모든 국가의 보건 관련 프로그램과 정책현황도 제공한다. 워낙 방대한 자료를 제공하기 때문에 검색에 어려움이 있지만 상대적으로 가장 최신의 정보를 접할 수 있으며, 주요 논쟁지점에 대한 개괄적 정보를 제공한다.

몽골인의 초국가적 이주와 서울의 몽골타운

유엔(UN)의 통계에 의하면 2013년 현재 한국에 거주하는 몽골 이주자의 수는 27,145명이며, 이는 한국의 전체 등록 외국인 수의 약 2% 정도를 차지한다. 그런데 당시 몽골의 총인구수가 283만 9,000명에 불과하다는 점을 감안하면, 총인구의 약 1%에 해당하는 몽골인이 한국에 거주하고 있는 셈이며, 이는 몽골의 국가적 인구규모와 비교해 보았을 때 대단한 큰 수치가 아닐 수 없다. 가장 많은 몽골인 해외 이주자를 보유하고 있는 국가는 흥미롭게도 바로 한국이다. 한국을 뒤이어 몽골 이주자가 많이 거주하고 있는 국가는 러시아(20,476명), 체코(5,707명), 스웨덴(1,810명), 오스트리아(1,612명) 등이며, 몽골 유학생들이 가장 많이 공부하고 있는 국가도 역시 한국(2,508명)으로서 뒤를 잇는 일본(1,237명), 미국(1,235명) 등보다 압도적으로 높은 수치를 보이고 있다.

몽골인들의 해외 이주가 본격화된 것은 1989년 구소련이 와해되고, 1992년 여권발급과 관련된 헌법이 공포된 이후부터이며, 이 초창기에는 주로 인접한 러시아와 중국, 그리고 같은 공산권이었던 동유럽으로 주로 이주해 갔다. 한국으로 이주하는 몽골인의 수는 국가 수준의 한-몽 교류를 바탕으로 여러 가지 제도적 기반이 마련되면서 크게 증가하였다. 1999년 김대중 대통령의 몽골 방문을 통해 몽골과의 '21세기 상호보완적 협력관계'가 구축되었고, 그 이전인 1994년부터 시작된 국내의 산업연수제는 몽골인들에게도 그 기회가 확대되었으며, 2004년에는 몽골과 외국인고용허가제 양해각서(MOU)를 체결되어 양자 간 관계는 더욱 긴밀해졌다. 이외에도 최근 젊은 세대 사이의 한류 열풍도 몽골인의 한국 이주를 증가시키는 데 역시 큰 역할을 하였다. 바야흐로 국가차원의 정치적·경제적 협력을 기반으로 민간자본과 문화 콘텐츠들이 대거 몽골로 유입되기 시작하였던 것이다.

재한 몽골 이주민들은 서울 동대문구를 중심으로 그 인접지역에 밀집되어 있으며, 이들 거주지와 인접한 몽골 음식점, 몽골어로 예배를 진행하는 교회, 광장동의 재한 몽골인 학교를 중심으로 크고 작은 몽골인 커뮤니티들이 서울 내에 형성되고 있다. 그중에서도 구심점 역할을 하고 있

사진 1. 서울 몽골타운과 몽골타워(뉴금호빌딩)

는 곳이 동대문시장 가까이에 위치하고 있는 소위 '몽골타운'(서울 중구 광희1동 을지로 44길)이다(〈사진 1〉 참조). 이곳의 10층짜리 빌딩인 뉴금호타워에는 크고 작은 몽골상점 46개가 입점해 있으며, 을지로 44길을 따라서 카고(Cargo, 국제화물 운송서비스), 금융서비스, 음식점, 몽골법당 등의 민족경관이 분포하고 있다. 이 일대는 몽골인이 유입되기 전에는 러시아와 중앙아시아 출신 이주자들을 위한 업체들이 밀집되어 있었는데, 과거 구소련 체제하에서 키릴문자를 공유하였으며 냉전시대의 우방이었다는 문화적 동질성으로 말미암아 몽골인들도 자연스럽게 이곳으로 유입하게 되었다.

총 46개의 몽골민족 업체들만 입점되어 있는 소위 몽골타워(뉴금호빌딩)에는 휴대폰 가게(13개), 카고 서비스(8개), 화장품 가게(4개), 미용실(3개), 음식점(3개), 카펫 및 의류업체(3개), 무역사무실(2개), 인쇄 인화 가게(2개), 잡화상점(2개), 통번역원(2개), 환전업소(2개), 금은방(1개), 전자제품 가게(1개), 항공사(1개) 등이 영업을 하고 있다. 따라서 이곳은 서울과 한국의 각 지역에

개발도상국과 **국제개발**

흩어져 살고 있는 재한 몽골인들을 위한 서비스업의 중심지일 뿐만 아니라 국경을 가로질러 이루어지고 있는 몽골과 한국 사이에 송금과 무역거래를 통한 활발한 상호관계의 중심지로서 기능하고 있는 곳이라는 것을 확인할 수 있다. 자본주의 경제의 글로벌화와 더불어 심화되고 있는 초국가적 이주와 이주자 네트워크는 이주자의 기원지와 정착지를 연결시켜 정치, 경제, 사회, 문화의 다양한 요소들을 상호연동시켜 가고 있다. 선진국에 형성되는 개도국 이주자들의 주거지 혹은 민족경제 집적지는 최근 자본주의 경제의 글로벌화가 진전되면서 선진국과 개도국을 연결하는 네트워크의 결절지로 거듭나고 있다.

• 출처: 이영민·이종희, 2013, 이주자 민족경제 실천과 로컬리티의 재구성: 서울 동대문 몽골타운을 사례로, 한국도시지리학회지, 제16권 제1호, 19-36.

제3부

개도국에서의 삶

Geographies of Developing Areas

: The Global South in a Changing World

이어지는 3개의 장에서는 공간 범위를 축소하여 개도국의 '로컬' 스케일의 지역과 주민들의 삶에 대해 살펴보고자 한다. 각 장은 정치적 삶(6장), 생계 유지하기(7장), 생활방식(8장)의 순으로 진행된다.

여기에서는 5개의 주요 주제들이 3개 장 모두를 관통하여 다루어지는데, 이는 결국 이 책 전체의 핵심적인 주장이라고 할 수 있다.

첫째, 지구화의 경험이 다루어진다. 제2부에서도 제시되었듯이, 지구화는 공간적으로 불균등한 과정이며, 전 세계 각 지역과 집단은 이러한 글로벌한 흐름 속에 포섭되거나 아니면 배제된다. 제3부는 개인과 로컬의 지역공동체가 글로벌한 경제적·정치적·사회적·문화적 과정에 의해 어떻게 영향받고 있는지 매우 상세하게 다룬다. 지구화를 맥락적이면서도 구체적인 방식으로 접근하는 것은 지구화가 어떻게 구성되고 경험되는지를 이해하는 데 필수적이다. 하지만 지구화와 연결되어 있는 대부분의 사람들은 자신의 일상생활을 반드시 지구화의 렌즈를 통해 해석하지는 않는다. 그보다는 노동과 관련된 삶, 지방정부 정책에 대응하는 삶, 가족·이웃·친구들과의 사회적 네트워크 속에서의 삶 등과 같은 세속적인 문제들에 훨씬 더 관심이 많다.

둘째, 이러한 로컬의 경험들이 어떻게 글로벌한 흐름들을 구성해 가는지에 초점을 맞추어 볼 것이다. '글로벌한 것'은 오직 로컬 수준에서의 실천을 통해서만 존재한다. 가령 특정 음식이나 의복을 소비하는 것(8장), 초국적기업(TNC)의 공장에서 노동하는 것(7장), 로컬의 환경을 훼손하는 프로젝트에 효과적으로 저항하기 위해 글로벌한 네트워크를 활용하는 것 등과 같은 로컬 수준에서의 실천이 바로 글로벌한 것(6장)이라고 할 수 있다.

셋째, 로컬의 과정과 경험은 공간적으로 차별화되어 있을 뿐 아니라 시간의 흐름에 따라서도 변해 간다. 주민들이 '국가를 바라보는' 방식은 중앙정부의 통치체제 변화에 따라 바뀌어 가고, 노동과 관련된 삶은 자원이 고갈되면서 변형되어 간다. 즉 글로벌 차원의 경제변동이란 다름 아닌 생산의 이전 및 재입지(7장)를 의미한다. 현재의 실천적 모습을 정당화하기 위한 방법으로 역사를 활용하기도 한다. '진정성'이나 '전통'이라는 주장이 정부에 의해 동원되어 정치적 제도를 지원하기도 한다(6장). 특정 직업에 대한 젠더화가 어떻게 '늘 항상 관례적으로 그렇게 되어 왔는가'의 견지에서 설명되기도 한다(7장). '전통'은 관광산업처럼 문화적 실천을 강화하는 데도 사용되고, 경제발전을 촉진하는 데도 활용된다(8장).

넷째, 개도국 주민들이 지구화의 과정에 어떻게 저항하고 이를 어떻게 재형성해 나가는지를 살펴볼 것이다. 환경파괴 기업들에 대한 정치적 저항의 경우에는 그 움직임이 매우 의도적일 수 있다(6장). 로컬의 대안경제를 육성하는 데에는 초국가적 송금이 사용되어 지구화가 재형성되기도 한다(7장). 무슬림 여성의 베일 착용 여부 결정도 지구화에 대한 저항의 모습을 보여 준다(8장). 많은 경우 저항은 눈에 띨 만큼 두드러지게 이루어지지는 않지만 그러면서도 제8장의 소비 실천에 관한 논의에서와 같이 이를 통해 소위 '선진국적인' 실천방식이 재구성되기도 한다.

　　마지막으로, 개개인의 행위주체성(agency)은 어느 정도 한계가 분명히 있다고 보고 이에 대해 논의해 보고자 한다. 이 책의 목적은 개도국의 많은 주민들이 자신의 삶을 형성하는 가운데 보여 주는 다양성과 권력과 능력에 주목하면서, 아울러 우리가 지니고 있는 개도국과 주민들에 대한 상식적 가정과 표상에 문제가 있음을 밝혀 보는 것이다. 하지만 그러한 행위주체성은 잠재적인 한계가 있음을 인정해야 하며, 경제적 정치적 불평등이라는 거대 구조로 말미암아 수백만 명의 주민들이 자신의 삶을 원하는 방향으로 증진할 수 있는 기회를 거의 갖지 못하고 있다는 점도 인정해야 한다. 수많은 비공식 부문 일자리가 지니고 있는 불안정성 때문에 수많은 주민들은 경제적 변화에 취약한 상황에 처해 있고, 열악한 노동조건에 노출되어 있다(7장). 먹거리의 불안정성과 열악한 주택은 개도국 일부 지역의 대다수 주민들에게는 일상의 현실이며(8장), 정치적 과정에 의해 억압받고 배제되는 상황이 광범위하게 퍼져 있는 것은 엄연한 현실인 것이다(6장).

개발도상국과 **국제개발**

정치적 삶

6

들어가며

　제3장에서는 개도국들에서 국민국가가 어떻게 발전해 왔는지, 또 급변하는 국제정치 질서와 어떻게 관련을 맺고 있는지 살펴보았다. 이 장에서는 로컬 스케일에 초점을 맞추어, 그러한 거시적 수준의 변화가 주민들의 일상생활 속에서 정치 및 권력의 경험과 어떻게 상호작용하는지 살펴보고자 한다. 공식적 정치와 비공식적 정치(〈핵심개념 6.1〉)를 모두 탐구하고, 이 두 가지가 권력구조(〈핵심개념 1.3〉)에 어떻게 중첩적으로 영향을 미치고 있는지 살펴볼 필요가 있다. 이 장에서는 기본적으로 '공식적 정치(국가기구)'에 관심을 둔다. 특히 그러한 기구들이 일상생활 속에서 주민들이 행사하는 권력을 어떻게 만들어 가는지, 또한 그 영향을 받아 어떻게 변화되어 가는지를 탐색해 볼 것이다.

　이 장에서는 개도국을 가로질러 성립되어 있는 다양한 통치유형들을 살펴보면서, 세 가지 주요 질문을 던진다. 첫째(1절), 개도국 정부가 자국 사회 저변에 적용되는 통치제도를 어떻게 성립시키고 있는가? (통치자가) 국민을 지배하기 위해서는 항상 일련의 경합적인 관계들에 연루되어야 하는데, 여기서 통치자는 국민 위에서 자신이 군림할 수 있다는 권위를 규정짓고, 그러한 권위를 정당화할 수 있는 일정한 합법성을 획득하려 노력한다. 개도국에서는 '근대적' 정부형태와 '전통적' 권위 간의 차이가 여전히 존재하고 있기 때문에, 국가기구 자체와 그러한 기구의 합법적 적용 여부가 논란이 되는 경우가 적지 않다. 둘째(2절), 정부의 권력이 풀뿌리 수준에서는 어떻게 경험되고 있는가? 즉 개도국에서 국가가 시민들에게 국가라는 존재를 어떻게 '각인시키고(vis-ible)' 있는가? 그리고 시민들은 이에 어떻게 반응하고 있는가? 등의 질문을 던진다. 국민들은 통치의 경험을 통해 공간상에 펼쳐져 있는 일련의 여러 가지 관계들 속으로 들어가게 된다. 즉 국가의 영토 내에 속한 국민으로서, 특정한 선거구 내에 속한 유권자로서, 혹은 좀 더 세속적으로 보았을 때 지방정부가 제공하는 서비스와 공공사업의 혜택을 보려는 주민으로서 다양한 통치경험을 중첩적으로 하게 된다. 이러한 경험들은 다른 경제적·사회적·문화적 관계들과 더불어 사람들의 정체성 의식을 형성하는 데 중요한 역할을 하게 된다.

개도국에서 권력의 행사를 받아들이는 쪽의 사람들이 단순히 지역의 통치유형에 좌우되어 그 영향을 받기만 하는 것은 아니다. 개도국의 공식적·비공식적 정치를 정의하고 있는 〈핵심개념 6.1〉에서 중요한 것은, 주민들의 행위가 정부 공식기구의 행위에 대해 다양한 방식으로 도전장을 내밀 수도 있다는 사실이다. 마지막 질문(3절)은, 국가정부의 권력이 '풀뿌리' 주민들의 행위와 어떻게 경합을 벌이고 있는가 하는 것이다. 여기서는 세 가지 독특한 경합적 통치방식에 대해 논의하고 있다. 첫째, 국가에 저항하기 위해 주민들이 상부의 통치명령을 무시하면서, 다시 말해 통치 지시내용에 따르지 않으면서 다양한 전략을 구사한다는 점이다. 이러한 전략이 항상 혁명이나 혹은 어떤 뚜렷한 '정치적' 목적을 추구하는 것은 아니다. 하지만 국가권력을 둔화시키거나 재형성하는 데 실질적인 효과를 거둘 수 있다. 둘째, 국가의 기능을 대체하려는 좀 더 의도적인 시도가 있다는 점이다. 즉 특정 집단이 영토나 주민을 자체적으로 획정하여 그 속에서 국가권력 이외의 권위를 합법화하면서 그 자체의 공간질서를 (재)형성해 가는 경우도 있다. 이는 대안적 형태의 풀뿌리 조직이 출현하게 되면 국가권력이 위축될 수도 있다는 점을 상기시켜 주는데, 그러한 풀뿌리 조직은 국가 기구나 역량을 무력화시키는 경제적·정치적 과정에 반응하며 출현하곤 한다. 셋째, 사회운동의 형태로 국가에 직접적으로 도전하는 방식이다. 이를 위해서는 '수동적인' 형태의 저항에서 더 나아가 좀 더 큰 조직이 필요하고, 적극적인 참여를 위해 더 큰 에너지가 투여되어야 한다. 하지만 만약 실패하면 잠재적으로 더 큰 억압과 보복의 위험성을 안게 된다. 그러므로 여기서 중요한 문제는 주민들이 국가에 반대하는 저항운동을 언제, 어디서, 왜 선택하게 되는가 하는 점이다. 후술하겠지만, 국가권력에 저항하기 위해 사용되는 공간적 전략들과 마찬가지로 사회적·문화적 정체성의 문제가 이러한 반대운동의 핵심적인 요소로 자리잡고 있다.

이 장은 전체적으로 정부기구 내에서, 그리고 주민들이 이를 경험하는 일상 실천 속에서 권력

공식적 정치와 비공식적 정치

공식적 정치와 비공식적 정치는 다음과 같은 차이를 지닌다.

공식적 정치: '정부의 헌법체계와 공적으로 규정된 기구와 절차가 작동되는 것.'

비공식적 정치: '동맹을 구성하여 권력을 행사하고, 사람들로 하여금 무언가를 하도록 만들고, 영향력을 개발하고, 특정한 목표와 이익을 보호하고 진전시켜 나가는 것'(Painter and Jeffrey, 2009: 7).

공식적 정치 영역은 정부, 정당, 선거, 공공정책, '외교문제' 등에 관심을 두고 있는 반면, 비공식적 정치는 훨씬 더 광의의 개념이다. 그것은 우리가 일상적으로 줄곧 겪고 있는 사회적 상호작용의 일부이다. 페인터와 제프리는 푸코의 권력개념(〈핵심개념 1.3〉)에 기대어, 공식적 정치와 비공식적 정치가 매우 밀접하게 얽혀 있다고 주장한다. 공식적 정치는 분리된 '정치세계'가 아니라 모든 이들의 삶에 닿아 있으며, 개인과 집단이 일상 활동을 해 나가면서 어디서 어떻게 권력을 행사할 수 있을 것인가에 영향을 미친다. 마찬가지로 공식적 정치의 기구들은 비공식적 정치의 영향을 받아 지속적으로 재형성된다. 공식적 정치 내의 정치인과 공무원들이 추구하는 권력투쟁과 이익이 중요하다는 점은 분명하지만, 또한 '그 체계 바깥의' 사람들이 추구하는 권력투쟁과 이익 역시 중요하다.

출처: Painter and Jeffrey, 2009에서 발췌

의 공간적 속성이 무엇인가에 주목하고자 한다. 제9장에서는 주민들이 정부의 규제와 실천을 개선하여 개도국을 명시적으로 '발전'시키려 노력하는 시도들을 다룰 것이다. 반면 이 장에서는 '올바른 통치(good governance)'를 위한 국제적 아젠다가, 복잡한 지리들(과 풍부한 역사들)을 지니고 있는 지역의 통치패턴과 항상 상호작용하고 있다는 점을 보여 줄 것이다. 그뿐만 아니라 주민들의 정치적 삶은 제7장과 제8장에서 다루는 경제적·사회적 활동과 함께 통치패턴을 끊임없이 재형성하면서 큰 역할을 수행한다는 점에 주목할 것이다.

규범의 확립

제3장에서는 '전근대적' 국가에서 정부와 시민[신민(臣民)]과 영토의 관계가, 고정된 경계를 지닌 서구 기반의 이상적 '근대적' 국민국가에 비해 상대적으로 엉성하게 연결되어 있다는 점을 살펴보았다. 그러한 전근대적 국가에서는 왕이나 황제의 중앙집권적 권위가 대체로 주민들에게 제

한적인 영향력만을 발휘했을 뿐이다. 중앙의 통치자는 전쟁을 일으키거나 세금을 부과하기도 했는데, 이것이 가능했던 것은 다양한 지방세력들의 권력을 흡수하면서 이들과 권위를 나누었기 때문이다. 예를 들어 식민지 이전 시기 인도에서는 수많은 일상적 행위들이 지방화되어 있던 공동체 특유의 관습법의 지배를 받았으며, 다양한 카스트 및 마을위원회에서 그러한 관습법을 강제했다(Kaviraj, 1991). 그리하여 저 멀리에 미약하게 존재하고 있던 중앙집권적 국가와는 별개로, 소규모 지역공동체들이 자치적 통치구조를 갖추고 있는 소위 '세포' 사회를 형성하였다. 카비라지(Kaviraj)는 영국이 인도에 가져온 국가 모델이 매우 다른 것이었음을 주장했다. 특히 19세기 동안 인도를 '개선', '근대화'하려는 영국의 식민지 계획이 동력을 얻었고, 이에 따라 국가정부는 농업생산의 방향 설정에서부터 사티(sati, 과부살해) 관습의 폐기에 이르기까지 다양한 측면에서 인도인들의 일상적 삶에 아주 깊숙이 개입할 필요가 있었다. 이는 결국 국가기구가 매우 촘촘하게 망을 이루게 되는 결과로 이어졌고, 이러한 국가기구는 뭄바이와 콜카타 같은 제국주의 권력의 중심지로부터 그 바깥으로 널리 퍼져 나가 전체 주민들에게 영향을 미쳐 통치력을 발휘하기에 이른다.

사진 6.1 영국 식민지 정부 관료와 지역 통치자의 미팅, 인도 아삼(Assam) 지방. ⓒ The Royal Geographical Society

개발도상국과 국제개발

영국과 다른 유럽 국가들은 식민지 신민들과의 이러한 야심찬 결합을 통해 정부와 주민 간의 관계를 크게 바꾸어 나갔다. 그들의 식민지 통치는 백지상태에서 시작했던 것이 아니었으며, 그 이전부터 다양한 토착기구의 통제를 받았던 주민들의 삶의 영역을 파고들었던 것이다. 이에 따라 식민지 정권은 시급한 정치적 문제들을 해결해야 했다. 즉 어떻게 하면 이들 사회에 개입할 수 있는 정당성을 확보할 수 있을 것인가? 상대적으로 미약한 통치 엘리트들이 어떻게 하면 식민지 신민들의 지원을, 아니면 적어도 순응이라도 얻어 낼 수 있을 것인가? 이를 해결하기 위한 하나의 전략은, (1877년 빅토리아 여왕의 인도 여제 선포식 같은) 주요 국가적 행사는 물론이고 식민지 정부의 대표들과 신민 간의 평범한 일상적인 조우 등에서도 식민주의 절대권위의 태도를 의도적으로 표출하는 것이었다. 이런 의미에서 식민지 국가가 일상적 행위에서 보여 준 수행적 (performative) 측면들은 권력과 통제를 강화하는 중요한 역할을 담당하였다(〈핵심개념 6.2〉). 식민지 행정관들은 복장과 언행을 통해 스스로를 확실하게 구별 지으면서 신민들과 거리를 유지하려 하였고, 이 같은 차별의식을 강화하기 위해 상호 간 만남의 장이 '위계화되는(staged)' 경우도 많았다. 〈사진 6.1〉은 그러한 만남의 한 사례를 잘 보여 준다. 1930년대 후반 인도 히말라야 지방에서 촬영한 이 사진은 영국 정치행정 관료들과 책상다리를 한 채 그들을 올려다보고 있는 4명의 지역 통치자들이 지역 현안을 논의하는 모습을 담고 있다.

광범위하게 구사된 또 다른 전략은, 다양한 형태의 '전통적 권위'들을 없애는 것이 아니라 새롭게 출현한 거버넌스 유형으로 포섭하는 것이었다. 이러한 전략은 특히 20세기 전후에 아프리카

핵심개념 6.2

수행성(Performativity)

수행성은 개인의 정체성 요소들(개인과 사회적 규범과의 관계)을 수행하는, 즉 '겉으로 표출'하는 말과 행동을 의미한다. 지리학에서 사용되고 있는 이 용어는 특히 주디스 버틀러(Judith Butler)의 젠더 연구와 밀접하게 연관되어 있다. 버틀러는 젠더 같은 사회적 범주는 이미 존재하는 고정된 위상을 지니고 있는 것이 아니라, 지금 '현재'의 모습과도 같은 어떤 것, 다시 말해 우리가 '하고(doing)' 있는 어떤 것이라고 주장한다(Butler, 1999). 이처럼 수행적 행위는 우리 자신의 개인적 정체성을 계속해서 재창조해 나가는 중요한 부분이다. 그런데 사람들이 자신의 젠더나 다른 역할을 자기 마음대로 자유롭게 수행하는 것은 아니다. 즉, 수행적 행위들은 지배적인 사회 규범과 역사적 맥락 속에서 만들어지며, 그러한 규범과 맥락이 바로 수행성의 해석과 효과에 제약을 가하기 때문이다.

를 식민화할 때 뚜렷하게 활용되었다. 당시 아프리카에서 유럽 통치자들은 기존의 '추장'을 인정하거나, 추장이 존재하지 않는 곳에서는 새로운 추장을 임명하였고, 이들을 핵심적 인물로 활용하여 시골지역 주민들을 도시지역 식민지 권력과 연결시켰다. 마무드 맘다니(Mahmood Mamdani)는 아프리카에서 활용된 그러한 통치유형은 '탈중심화된 독재정치'라는 말로 가장 잘 묘사된다고 주장했다(〈사상가와 논쟁 6.1〉). 즉 안정화된 상위 수준의 식민지 정부가 풀뿌리 수준의 독재주의를 대체하면서 현지에 도입되었던 것이다.

이러한 역사는 개도국 주민들의 정치적 삶에 다양한 방식으로 여전히 중요하게 남아 있다. 첫

사상가와 논쟁 6.1

마무드 맘다니: 식민지 아프리카에서 탈중심화된 독재정치와 '전통적 권위'의 발명

우간다 태생의 학자인 마무드 맘다니(Mahmood Mamdani)는 저서 『시민과 신민(Citizen and Subject)』(1996)에서, 아프리카의 식민지 정부와 그 이후의 모습에 대해 매우 중요한 설명을 해 주었다. 그는 아프리카에서 식민지 권력이 규범을 어떻게 확립할 것인가의 문제를 다루기 위해 식민통치가 더 오래 유지되어 온 제국의 핵심부(프랑스는 인도차이나, 영국은 인도)에서 얻은 경험을 활용했다고 주장한다. 도시에서는 공식적 제도와 법규를 유럽의 제도와 법규로부터 그대로 모사해 왔다. 하지만 그것과 연관된 권리와 시민성은 대개 백인 거주자들에게만 제한적으로 부여되었다. 아프리카 흑인들에게 '적절한' 장소는 농촌지역이라고 당연시되었고, 여기에 어울리는 정부의 형태는 '전통적 권위'를 통해 형성되는 것이라고 간주되었다. 하지만 맘다니가 지적한 것처럼, 식민주의하에서 만들어진 추장은 기존의 토착 통치자보다 훨씬 더 큰 절대권력을 가지고 있었다. '부족'과 지역을 장악하는 사법·입법·행정 권력이 모두 단 한 사람에 집중되었다. 추장을 견제하는 다양한 형태의 토착적 통제와 균형을 이루려는 시도는 모두 제거되었고, 가정불화의 해결에서부터 토지 분배에 이르기까지 부족의 다양한 문제에 대해 사법적 권한을 행사했던 지방재판소나 원로위원회 같은 여러 형태의 전통적 권위들도 모두 사라져 버렸다.

가령 영국인들은 '전통적 권위'를 받아들이는 것이 곧 '토착문화'를 인정하는 개화된 의식을 실천하는 것이라고 주장했다. 맘다니는 그러한 영국인들의 해석에 의문을 던졌고, 새롭게 만들어진 통치유형은 식민지적 요구에 잘 들어맞는 탈중심화된 독재주의의 한 형태에 불과하다는 것을 밝혀 준다. 식민지 정부는 추장에게 권력을 이양함으로써 토착인들의 현안에 직접 개입할 때 소요되는 비용과 마찰을 절감할 수 있었다. 동시에 추장은 자신들의 권한을 인정받고 지원을 얻어 내기 위해 식민지 정부에 전적으로 의존했다. 이를 위해 추장은 식민지 정부의 세금 징수 요구와 식민지 경제를 위한 노동력 동원 요구에 부응해야 했다. 그뿐만 아니라 식민지 정부는 부족 위에 군림하는 추장을 옹립함으로써 기존 종족집단의 정체성과 부족들 간의 경쟁의식도 강화해 나갔다. 그로 인해 유럽인들의 지배에 대해 조직적으로 이루어지는 집단적 반발은 더욱 어려워졌다.

출처: Mamdani, 1996에서 발췌

개발도상국과 **국제개발**

째, 개도국의 근대국가는 앞서 논의한 방식으로 주민들의 일상생활에 어떤 의도를 갖고 야심차게 개입한다. 물론 그러한 개입을 통해 국가의 의도가 완전히 충족되지는 않을지라도 말이다. 가령 많은 개도국들에서 구조조정 정책(Structural Adjustment Policies)이 확산되면서 개도국 사회를 개방하여 시장의 힘이 미치도록 하는 노력이 진행되면서, 주민들이 매일 이용하는 시장과 공공서비스에 대한 국가의 직접통제는 축소되어 갔다(4장과 10장). 하지만 이 같은 국가 역할의 후퇴는 여전히 많은 논쟁을 불러일으킨다. 정부가 언제 어디서나 그 역할을 다해야만 하는가의 문제, 즉 정부가 일상생활의 비공식적 정치를 국가 구조의 공식적 정치와 어떻게 연결해야 하는가의 문제는 개도국에서 여전히 큰 이슈이다. 둘째, 근대국가적 구조가 식민주의를 통해 도입된 지역에서는, 국가가 독립되더라도 이전 식민지 시기 때 지배의 불일치를 해소하기 위해 고안되었던 식민적 통치형태의 구조가 그대로 남아 있는 경우가 적지 않다. 그러한 유산에서 완전히 벗어나려면 지역권력의 뿌리를 민주적으로 완전히 개조해야 하는데, 이는 사실 실현하기 어려운

사례연구 6.1

남아공 농촌지역에서 '전통적 권위'의 해체

남아공의 아파르트헤이트 체제(1948~1994)하에서 흑인들은 참정권과 시민권을 부여받지 못했고, 반투스탄(Bantustans, 반투 족의 고향이라는 뜻: 역주)에 거주해야만 했다. 반투스탄은 남아공의 광산 및 상업적 농업 중심도시들의 바깥에 있는 농촌지역이다(〈그림 6.1〉). 반투스탄은 자체 정부구조와 자신들의 관습적 가치를 보여 주는 것으로 추정되는 독자적 법령을 가지고 있다. 이러한 '전통적 권위'와 백인 주류지역의 근대국가 기구 간의 공간적 분리 현상은 남아공 및 다른 지역을 식민화한 영국이 초창기부터 토착민을 분리통치하려 했던 노력의 산물이었다.

넬슨 만델라가 이끈 아프리카국민회의(ANC)는 1994년 실시된 최초의 다인종 선거에서 승리했고, 이어 반투스탄에도 통합적 법규의 시행과 민주적 지방정부를 도입하는 대통령령을 선포했다. 그러나 현실적으로 이러한 변화가 쉽게 이루어지지는 않았다. 아파르트헤이트 체제하에서 반투스탄의 지방정부 및 토지행정 업무는 부족권력이 주관했는데, 이러한 부족권력은 선거를 통하지 않고 남성만으로 구성된 조직으로 반투스탄 영토의 내부 문제에 대해 엄청난 재량권을 행사했다. 아파르트헤이트 반대투쟁이 진행되면서 대중적 시민조직들은 '전통에 기반한' 권력에 도전장을 내밀었으며, 특히 토지배분과 관련된 전통기반 권력에 반기를 들었다. 전통기반 권력을 쥔 추장이나 마을 지도자는 권력을 마음대로 휘둘렀고, 뇌물을 통해 부를 축적했다. 아파르트헤이트 종식 이후 민주적 지방정부 체제에서 많은 시민활동가들이 지방의원으로 선출되었지만, 토지행정과 관련된 아파르트헤이트 시대의 법규는 일소되지 않은 채 그대로 유지되었다. 농촌지역인 트란스케이(Transkei)의 한 주민은 이 두 가지 권력체제가 동시에 작용하면서 어떤 효과를 보이는지 다음과 같이 설명한다.

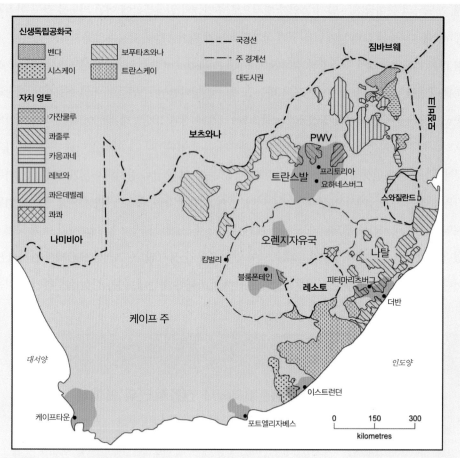

그림 6.1 남아공의 아파르트헤이트와 흑인들의 '고향'. 출처 Smith, 1992: 3에서 발췌

이래서 우리가 추장을 여전히 활용한다. 농촌 의원들은 다람쥐 쳇바퀴 돌 듯 일을 한다. 이는 웃음거리밖에 안 되고, 우리를 둘로 나눈다. 사람들은 '농촌 의원한테 가 봤자 소용없어'라고 말할 것이다. 결국 마지막에는 원치 않더라도 추장에게 가게 될 것이다(Ntsebeza, 2004: 76).

남아공의 진보적 현대헌법은 추장 권력을 오히려 견고하게 자리잡게 해 주었고, 아파르트헤이트 이후 민주적 기구들과 직접 충돌이 불가피했던 세습적 법규체계도 오히려 제 위치를 확보하게 되어, 남아공의 최소 1,400만 국민들의 일상생활에 직접적이고도 중요한 권력으로 작용하게 되었다(Williams, 2010). 추장 집권사회에서 실행되는 관습법은 가부장적 특성을 보인다(Rangan and Gilmartin, 2002). 여성 개인의 토지에 대한 권한을 인정하지 않으며, 이에 따라 전통적 권위는 방목권을 (부의 상징인) 가축을 사육하는 남성에 할당하기 위해 여성의 요구를 묵살하는 경우가 흔하다. 취약계층을 배려하기 위해 법정을 통해 이러한 편향성을 개선하는 것은 거의 불가능하다. 남아공의 많은 농촌지역에서 효과적인 지역민주주의를 실천하는 것은 아직 요원한 꿈인 것이다.

출처: Ntsebeza, 2003, 2004; Rangan and Gilmartin, 2002; Williams, 2010 등에서 발췌

문제이다. 통치자와 통치 받는자의 구별 짓기를 강조하는 방식으로 권력을 '수행하는' 오랜 관습은 좀처럼 사라지지 않는다. '전통적 권위'의 역할을 만들어 준 제도적 구조를 해체하는 것은, 예를 들어 남아공에서처럼(〈사례연구 6.1〉) 정부가 강력한 개혁정책을 취한다 하더라도 대단히 어려운 일이다. 따라서 개도국 주민들이 어떻게 정부를 경험하는가 하는 문제는 여전히 숙제로 남아 있다. 권위적인 권력으로 보는가, 민주적인 권력으로 보는가, 당파적이고 자의적인 권력으로 보는가, 아니면 예측가능한 규범을 제시해 준다고 보는가.

마지막으로 통치를 어떻게 정당화할 것인가의 문제는 여전히 논란이다. 〈사례연구 6.1〉에서처럼, '전통적' 가치에 호소하면 차별적인 권력형태가 가려질 수도 있고, 민중들의 도전에 직면할 수도 있다. 어떤 경우에는 국가는 '발전'을 성취하고 '국익'을 지켜 내려 일하고 있기 때문에 그러한 국가의 통치가 정당하다고 주장해 왔다(〈사례연구 9.2〉). 하지만 그러한 주장은 보편적 지지를 이끌어 내지 못했고, 이러한 주장 뒤에 숨겨진 특수한 이해관계가 노출되면서 정부로부터 억압받고 주변화된 사람들의 저항을 불러일으켰다. 이 장에서는 권력이 어떻게 경합되는지 살펴보기 전에, 먼저 오늘날 개도국에서 주민들이 국가를 접하는 여러 다른 방식을 조명해 본다. 일상에서 벌어지는 사회적 상호작용의 비공식적 정치는 과거 정부 활동의 유산이며, 또한 지역의 통치패턴을 새롭게 만들어 가는 데 지속적으로 영향을 미친다.

국가권력의 경험

제3장에서 검토했던 공식적 정치체제의 거시적 변화는 개도국의 발전에 중요한 부분을 차지한다. 하지만 개도국에 사는 많은 사람들은 탈식민화의 과정이나 글로벌 수준의 거버넌스 혹은 정권 변화 같은 추상적인 정치에 상대적으로 별 관심이 없으며, 그보다는 오히려 거시적 수준의 개발이 일상적 삶 속에서 어떻게 영향을 미치고 경험될 것인지에 관심이 더 많다. 그러한 거시적 수준의 변화는 풀뿌리 수준에서 때로는 직접적이며 극적인 모습으로 경험되기도 한다. 예를 들어 국가가 실패하는 심각한 경우(〈사례연구 3.4〉)나 사회개조 방식에 대한 특수한 비전을 통해 밀어붙이는 야망과 일관성을 지닌 강력한 통치연합이 형성될 경우, 이는 지역주민들에게 직접 감지되기도 한다. 미국의 정치인류학자 제임스 스콧(James Scott, 1998)은 후자의 여러 사례들,

예컨대 마오쩌둥이 추진한 중국의 대약진운동(1958~1962)이나, 탄자니아에서 자신만의 독특한 아프리카 사회주의를 창조하려 했던 줄리어스 니에레레(Julius Nyerere)의 시도(〈사례연구 6.2〉) 등이 '국가처럼 보기(seeing like a state)'에 내재된 위험성을 잘 보여 주고 있다고 주장했다. 그는 근대국가는 확실히 강력한 기구이긴 하지만 사회의 복잡성 중 단지 한 부분만 '바라볼(sees)' 뿐이며, 그 결과 하향식 마스터플랜들은 거의 제대로 작동되는 경우가 드물다고 주장했다.

스콧의 주장과 발전국가(developmental state)에 대한 함의는 제9장에서 다룬다. 여기서는 획기적인 변화를 이끌어 내기 위한 국가계획이 아니라 정부의 일상적이고 일반적인 활동들에 초점을 맞춘다. 즉 개도국에서 주민들은 정부 관료와 정부 서비스를 일상적으로 접촉하면서 과연 국가를 어떻게 바라보는지 살펴보고자 한다(Corbridge et al., 2005). 니에레레의 탄자니아처럼 국가의 가장 낮은 수준에서 벌어지는 일들은 중앙정부 부처들이 추진하는 계획과는 매우 다르다. 어쨌든 그러한 계획들이 의도된 대로 작동하는지의 여부와는 상관없이, 주민들이 일상적으로 정부와 접촉함으로써 결국 국가와 국민 간의 관계가 형성되는 것이다.

주민들이 일상생활 속에서 국가를 만나는 중요한 통로 하나는 국가가 제공하는 주요 서비스이다. 교육은 개도국이나 선진국에서 공히 국가의 존재를 수행하는 기초적인 의무이며, 이를 주민들에게 제공함으로써 국가와 국민을 여러 가지 방식으로 연결시켜 준다. 공립학교 건물은 국가의 물리적 존재를 보여 주는 중요한 표식이다. 공립학교는 영토의 경계까지 전국에 퍼져 있다. 농촌지역 초등학교는 멀리 떨어진 변경지역의 공동체를 국가 및 수도와 상징적으로 연결시켜 주는 일종의 최전방 군사기지처럼 간주될 수 있다(Wilson, 2001). 교사는 '지역공동체'와 '국가' 경계상의 중요한 위치를 점하고 있으면서, 양자를 연결시켜 주는 중개자 역할을 수행하게 된다. 특히 빈곤지역이나 변경지역에서 교사는 지역공동체 내에서 일정 수준의 책임감과 리더십을 발휘하기도 한다. 즉 교실에서의 임무에만 국한되지 않고 주민들이 '정부 관료(officialdom)'와 접촉하며 일을 해 나가는 것을 돕는다(Bhattachrayya, 1999). 아이들을 교육하고 학부모를 참여시켜 학교가 지원하는 여러 행사를 진행하는 등 학교의 일상적 기능은 강력한 사회화의 형태를 띤다. 학부모와 아이들은 학교 행사에 따르면서 그에 걸맞은 태도를 갖추도록 학습된다(〈사진 6.2〉). 학교가 이끌어 가는 사회화를 통해 국가성과 시민성에 관한 강력한 메시지가 계획적으로 홍보된다. 이 같은 세 가지 역할 모두가 명시적으로 정치화되는 것을 페루의 교육시스템을 통해 확인할 수 있다(〈사례연구 6.3〉).

사례연구 6.2

국가처럼 보기: 탄자니아 니에레레의 마을화

독립을 이룩한 개발도상국은 이전의 식민지 정권에서와 마찬가지로 국민들의 삶을 변형시키려는 계획을 야심차게 추진하곤 한다. 독립국 탄자니아의 초대 대통령 줄리어스 니에레레(Julius Nyerere)는 탄자니아가 아프리카 사회주의 노선을 밟아 가기를 원했는데, (그가 보기에 본질적으로 평등성을 갖추고 있었던) 원주민 문화의 훌륭한 부분들을 급속한 기술적 근대화와 연결시키고자 노력했다. 제임스 스콧(James Scott)의 저서 『국가처럼 보기: 왜 국가는 계획에 실패하는가(Seeing Like a State)』는 니에레레가 1967년부터 1970년대에 이르기까지 전통농업을 근대화하고 농촌의 거대한 인구를 핵화된(nucleated) 계획마을에 재정착시켜 집단농업을 실천하도록 하는 등 탄자니아 농촌지역을 변형시키기 위해 어떠한 노력을 시도했는지 다루고 있다.

신생국 탄자니아는 '합리적으로' 계획된 마을로 인구를 이주시킴으로써 전통의 사회네트워크와 관례적 질서를 붕괴시키고 새로운 것들을 주입하려는 시도를 단행했다. 현실용어로 표현하자면, 익숙한 기존의 장소로부터 새로운 장소로 농부들을 강제로 이주시키는 것은 토착적 농업지식이 거의 쓸모없게 되는 것을 의미한다. 이러한 조정을 통해 국가 농촌지도사를 '과학적' 농업과 작부체계(cropping systems)를 손쉽게 강제할 수 있었다. 또한 사람들을 핵화된 계획마을에 재배치함으로써 트랙터나 학교, 병원 같은 국가 서비스들이 원활하게 제공될 수 있었다. 그런데 국가가 주민들의 일상생활 요소를 측정하고 감시하고 감독하는 것도 이제 손쉽게 이루어질 수 있게 되었다. 마을 집단농장에는 연간 작업계획과 생산목표치가 국가로부터 하달되었고, 모든 농부들은 작물의 유형과 재배면적에 대한 농업정책 관료의 권고를 따를 수밖에 없게 되었다.

스콧은 이 같은 농촌경관의 물리적 재배치가 농촌지역을 질서화하려는 욕망과 맞물려 진행되었다고 주장한다. 이것이 바로 니에레레식 사회주의가 당대의 다른 개발모델들과 공유하고 있었던 바로 그 점이다. 하지만 그러한 질서화는 또한 위험한 단순화를 야기했다. 니에레레가 그토록 바꾸고 싶어 했던 이동식 화전경작, 산촌(散村) 경관, 유목 등 전통적 농업특성은 그에게는 혼란과 비효율성을 상징하는 것이었다. 하지만 그것은 동부 아프리카의 변화무쌍한 자연환경에 농부들이 섬세하게 적응하며 만들어 낸 것들이었다. 국가는 사람들이 어디에 살아야 하는지, 또 무엇을 재배해야 하는지를 지시하는 권력을 지니게 되었다. 하지만 국민들의 로컬화된 실용지식을 무시한 채 얻게 된 결과는 초라한 것이었으며, 결국 그러한 질서화는 경제적인 성공을 이끌어 내지 못했다. 자발적인 마을 구성 대신에 강제적인 재배치를 단행했음에도 불구하고, 생산에서 기대했던 변화는 구체적으로 실현되지 못했다. 결국 1980년대 중반에는 그러한 실험적 정책이 모두 폐기되었다.

출처: Scott, 1998에서 발췌

페루의 학교교육은 대단히 경합적인 관념인 국가정체성 문제에 연루되면서 페루의 공식적 정치영역과 밀접하게 묶이게 된다(볼리비아의 사례는 Gustafason, 2009 참조). 국가와의 일상적 조우는 비공식적 정치영역에서 일상의 사회적 관계와 교차되는데, 여기에서 정부 대표나 관료가 대중들과의 상호작용에서 취하는 행위방식은 무척 중요하다. 마을 공개회의 석상에서 양반다리

사례연구 6.3

'일상(everyday)'으로서의 국가: 페루의 초등교육

페루의 수도인 리마의 정치 엘리트들은 분명한 인종적·문화적·경제적으로 분리되어 안데스 농촌사회로부터 멀리 떨어져 있다. 그렇기 때문에 이 둘을 연결해 줄 학교시스템이 교육과정과 학교통제를 놓고 치열하게 갈등을 벌이는 장이 되고 있다는 사실은 그리 놀랄 만한 일이 아니다. 20세기 초부터 농촌지역 학교에 대한 중앙정부의 통제가 심화되었다. 그에 따라 토착 공동체의 아이들에게 '적절한' 습관과 행동을 가르치고, 강력한 군사적 내용으로 채워진 국가주의 메시지를 주입하여 지배적 문화규범 속에 통합시키려는 시도가 가혹하게 전개되었다. [빈곤한 가정 출신의 촐로(cholo, 혼혈인종)인] 농촌지역 학교 교사들은 이러한 국가주의적 교육과정에 대해 1970년대부터 점차 비판적 입장에 서게 되었고, 교육과정에 구현된 선량한 시민이라는 엘리트주의적 아이디어에 반발하여 교실에서는 물론이고 교실 밖에서도 정치적으로 매우 활발한 운동을 전개했다. 하지만 그러한 학교와 교사들은 마오주의 게릴라 집단인 센데로 루미노소(Sendero Luminoso, 빛나는 길)의 무장투쟁 시기(1980~1992) 동안에는 오히려 '반동적 국가 행위주체들'이라고 공격받기도 했다.

봉기가 끝날 즈음 국가는 센데로가 점령했던 지역들을 국가가 재접수했다는 것을 상징화하기 위해 학교를 활용하여 대규모 농촌학교 건설 캠페인을 벌이고 피에스타스 파트리아스(Fiestas Patrias, 페루 독립기념일) 군사 퍼레이드에서 학교의 역할이 부활되었음을 선포했다. 마오주의적 공산주의자와 신자유주의 국가, 지역공동체가 지향하는 기대치 사이에서 불안하게 존재할 수밖에 없었던 학교 교사들은 자신의 역할에 대해 깊은 혼란을 표출했다.

비록 우리가 현 정부의 정치체제와 합치되진 않지만, 그럼에도 불구하고 우리는 국가와 정부와 정체성을 믿고 있다. 교사는 마을(Pueblos)에 조상 대대로의 관습이 이어져 내려오고 있다는 것을 이해해야 한다. … 사람들은 페

사진 6.2 국기 행렬식에서 경례하는 학생들, 페루의 트루히요(Trujillo). ⓒ Robert Harding

사진 6.3 서벵골의 마을 공개회의와 지방정부 관료. ⓒ Glyn Williams

를 하고 주민들과 마주 앉아 이야기를 나누고 있는 정부 관료의 모습(〈사진 6.3〉)에서처럼, 국가정부가 주민들에 대한 포용성(inclusivity)을 의도적으로 도모하는 공적인 역할을 수행한다. 다른 상황에서는 똑같은 관료가 〈사진 6.1〉에서처럼 전체주의적인 방식으로 권력을 수행하는 경우도 있다. 사진 속의 과부는 지방정부에 도움을 요청하고 있는데, 불명확한 호칭들이 사용되면서 줄 뒤쪽으로 계속 밀려나는 상황이 벌어지고 있다. 이러한 상황이 고의적으로 조성됨으로써 '그는 원래의 위치를 벗어나지 못한 채 제자리를 맴돌게' 되는 것이다(Corbridge et al., 2003). 국가는 그러한 현안들 위에 군림하고 있는 것이 분명하지만, 젠더, 나이, 부와 지위 같은 요소들은 일상에서 지역주민이 정부 관료(officialdom)와 접촉하는 방식에 분명한 영향력을 행사한다. 정부 관료의 공적 위치와 이들의 사적 권력 간의 경계는 상당히 흐릿하다(Akhil Gupta, 1995). 그리고 개도국 주민들은 일상 수준에서 국가와 접촉하면서 개인이 처한 상황을 헤쳐 나가기 위해서 공

표 6.6 관료집단과의 협상비용(인도 자르칸드 주)

마을위원회	세무부(지역청)	산림부(지역청)	산림부(상급청)	경찰부(파출소)	기타 비용
위원장 [정치적 기부]	직원 [1000]	삼림관리 [4000]	직원들 [4000]	담당 순경 [2000]	잡비용 [1500]
	징수관 [1000]	직원 [500]	간부들 [5000]	파출소 [500]	브로커 교통비와 일비 [6000]
	순회감독관 [1000]	구역담당관리 [1000]	기타 [500]		승인절차 직원의 교통비 [1050]
	부서관리 [2000]	산림보호관 [1000]			부수비용 [1000]
		현장관리소 [500]			벌목, 운송 [20000]

주: 이 표는 한 교사가 자신의 농장에 있는 인도빵나무 목재를 국가거래소에 팔기 위한 법적 허가를 얻어 내려고 얼마나 다양한 곳을 방문하여 현금(루피화)을 지불했는지를 보여 준다. 이처럼 수많은 지방정부 관청과 협상해 나가기 위해 선생님은 브로커(dalaal)를 고용했다.

목재의 총 가치는 10만 인도루피인데, 이 중 20%는 벌목과 운송비로, 26%는 브로커 수고비로 쓰이면서 결국 나머지 20%만 수중에 떨어진다. 관리들에게 지불되는 뇌물은 전체 목재가치의 34%라는 엄청난 부분을 차지한다.

출처: Corbridge and Kumar, 2002: 778에서 발췌

적인 것에 복종해야 하고, 정치 브로커를 통해 해결을 도모하거나 때로는 뇌물을 건네는 등 무척 열심히 노력해야 한다는 것을 알고 있다(〈표 6.1〉).

정부 당국이 보기에 주민들의 일상적 행위와 실천이 공식적 정치체제에서 규정된 법규를 위반하는 것으로 간주되면 국가와의 교섭이 훨씬 더 어려워진다. 어떤 활동이 합법적인지 불법적인지를 결정하는 것은 근대국가가 권력을 행사하는 중요한 방식이며, 누가 '합당한' 시민인가를 분간하는 경계의 설정과 관련된 중요한 사안이다. 개도국의 많은 주민들은 계획적으로 조성되지 않은 자연부락에서 살고 있고(〈사례연구 6.4〉), 무등록 소규모 사업장에서 일한다. 자금력도 부족하고 정부 관료와의 연결이나 접촉도 제한적이기 때문에 주민들은 '비공식적인' 삶의 조건 속에서 어쩔 수 없이 갇혀 있는 상황에 처해 있다. 그러나 선택받은 일부 주민들에게 거대하고도 엄격한 법 체계는 오히려 자신들의 삶과 작업을 공식적으로 인정받게 해 주는 일종의 보호막으로 활용되기도 한다(Holston, 2009; Llosa, 1989). 이처럼 어떤 이의 삶의 일부분이 '법의 바깥'에 존재하는 경우는 흔한 일이다. 하지만 이는 또한 주민들이 무척 조심스럽게 관료들을 상대할 수밖에 없다는 것을 의미하며, 대단히 용의주도하게 자신의 요구를 간청할 수밖에 없다는 것을 의미한다(〈사상가와 논쟁 6.2〉).

파르타 차터지의 '피지배자의 정치'

파르타 차터지(Partha Chatterjee)의 저서 『피지배자의 정치(The Politics of the Governed)』는 개도국에서의 정치적 참여와 거버넌스의 형태가 어떤 관계를 지니고 있는지 살펴보고 있다. 그는 개도국의 대부분 주민들은 식민지 이후 신생독립국가에 대해 모든 권리를 소유한 시민으로 대우받기보다는 본질적으로 지배의 대상이 되는 군집(populations)으로 간주된다고 주장한다. 그는 국가가 주민들을 독특한 특성을 지닌 일군의 집단으로, 가령 '빈곤선 이하로 살아가는 주민', '실업 청년', 혹은 '하층 카스트(하층민)' 등과 같은 방식으로 바라본다고 주장한다. 더 나아가 국가는 이들을 통치의 대상으로 만들어, 삶의 여러 측면을 '교정'하거나 '개선'하려는 목적을 상정하게 된다. 이를 통해 오늘날 개도국 정부들은 사회를 현대적으로 '개선'하려 했던 과거 식민지 정부 프로젝트를, 얼마간 변형시키긴 했으나 거의 그대로 답습하는 중이다. 국가의 이러한 의도적 개입은 국가의 실행능력을 훨씬 뛰어넘는 수준으로 대단히 폭넓게 진행되었다. 예컨대 '빈곤선 이하'로 살아가는 모든 주민들이 빈곤경감 계획의 혜택을 받거나 모든 '실업 청년'이 기술훈련 프로그램의 혜택을 받는 것은 아니었다.

이처럼 광범위한(그러나 충족되지 못한) 국가의 책무는 피지배 인구들에게 적절히 베풀어지지 못했고, 이에 따라 그들과 사회 간에는 독특한 관계가 폭넓게 설정되었다. 완전한 시민성을 부여받지 못한 개도국의 대다수 주민들은 정부정책에 순응하면서 국가의 자원을 배분하도록 요구했고, 자신이 정부 기준에 맞는 (예컨대 빈곤경감 정책의 목적에 부응하는 '집단'으로서) 합당한 지원 대상자라는 것을 스스로 보여 주어야 했다. 자신이 당연한 권리를 가지고 있음을 원하는 방식으로 표현하며 함부로 주장하는 것은 불가능한 일이었다. 그뿐만 아니라 국가가 감당할 수 있는 것보다 훨씬 더 많은 주민들이 지원 대상자였기 때문에, 개인이나 집단은 자신의 요구가 다른 사람보다 우선적으로 받아들여질 수 있도록 일정 부분 정치적 협조가 필요했다.

이처럼 국가의 자원을 획득하는 허가를 얻기 위해서는 정치적 협조, 즉 '내부 통로'가 필요했고, 이는 결국 정치 브로커라는 어둠의 통로를 양산한다. 이것이 바로 '피지배들의 정치'이다. 즉 수많은 주변화된 사람들이 어떻게든 닿을 수 있는 정치적 연줄을 최대한 활용하여 국가에 대한 자신의 요구를 표출하고 추구하는 통치패턴이 바로 피지배자들의 정치인 것이다. 이러한 정치는 정치가나 하급공무원들이 공적인 법규를 주민들에게 강제하면서 동시에 그만큼 법규를 위반하게끔 만든다. 그러나 차터지는 이를 완전히 부정적인 과정으로만 보지 않는다. 주변화된 집단은 식민지 이후 신생독립국가의 모순적 상황 속에서 오히려 스스로의 입지를 확보하기 위해 노력함으로써 새로운 형태의 (정치적) 대표를 만들어 내면서, 국가의 일상적 실천을 최대한 자신에게 유리하게 변형시키고 있는 것이다.

출처: Chatterjee, 2004에서 발췌; Gudavarthy, 2011도 참조

〈사례연구 6.4〉의 델리의 경우에서는 이중적 차별화 과정을 확인할 수 있다. 그러한 차별화가 발생하는 것은 적절한 행동을 통제하는 법규를 빈민들이 그대로 따르기 어렵고, 또한 그러한 법규가 공간적·사회적으로 불균등하게 적용되기 때문이다. 델리 외곽에는 빈민가뿐만 아니라 그린벨트에 조성된 화려한 '농가들'이 자리한다. 이 두 주거는 모두 공식적인 계획으로 만들어진 것

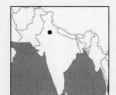

사례연구 6.4

델리에서 용수 확보: 비공식성과 환경정의

델리는 식민지 인도의 수도로 공식적이고 질서 있게 계획되었지만, 독립과 더불어 거대한 난민들이 유입되면서 엄청난 규모의 자발적(무계획적) 주택들로 넘쳐났다 (《사례연구 3.3》). 21세기에도 델리의 이러한 무계획적 주택은 계속 빠르게 확장되어 갔고, 이에 따라 시정부 당국은 델리 인구의 절반 이상을 수용하는 이러한 주택을 무계획적이고 불법적이라고 낙인찍기 위해 복잡하고 혼란스러운 범주를 사용했다(Datta, 2012: 6). 즈후기 즈호프리스(jhuggi jhopri, 빈민지구)에 살고 있는 200만 명 이상의 주민들은 늘 고된 삶을 영위하고 있는데, 특히 도시정부가 주도하는 '깨끗한 녹색 델리' 만들기 캠페인 때문에 삶이 더욱 어려워졌다. 환경개선이란 미명하에 빈민지구에 대한 대대적인 단속이 시작되었다. 예컨대 쓰레기 더미 위에서 배변을 했다는 이유로 처벌을 받아야 했고(Baviskar, 2003), 빈민지구의 환경적 '해악'으로 고통받고 있다는 옆동네 부자들의 호소로 주거지 전체가 사라질 위험에 노출되어 있다(Ghertner, 2011, 2012).

사진 6.4 델리의 물차. 2013년 델리에서 물부족 기간 중에 수많은 인파가 정부의 물차를 에워싸고 있다. ⓒ DPA/PA Images

델리의 '녹색화'와 관련된 모순을 드러내는 일촉즉발의 갈등 지점이 바로 물공급 문제이다. 도시가 공급하는 물의 절반가량은 계량기를 통해 수도세를 징수하지 못하고 무단으로 사용되고 있다. 이를 방지하기 위해 델리 시정부는 시민들이 수도 절도사건을 감시하고 보고하는 '물 파파라치(Water wardens)'가 될 것을 독려한다. 빈민지구에서 이러한 감시가 남용되는 일은 어디에서나 쉽게 볼 수 있다. 도시가 공식 서비스를 공급해 주지 못하는 경우에 주민들은 수도관에 간단히 구멍을 뚫어 절취하는 불법행동을 하게 된다. 그러나 이러한 불법을 빈민들만 저지르는 것은 아니며, 부유층의 수도 절도도 큰 폭으로 증가하고 있다. 델리에는 현재 약 30만 개의 불법펌프가 설치되어 델리의 지하수를 급속히 고갈시키고 있다(Truelove and Mawdsley, 2011). 하지만 부유층의 수도 절도는 그들의 불법펌프가 델리 시정부가 지향하는 청결함과 근대성의 이미지에 사회적으로나 시각적으로 잘 부합되는 번듯한 건물들 속에 숨겨져 있기 때문에 처벌받지 않는 것이다.

출처: Baviskar, 2003; Datta, 2011, 2012; Truelove and Mawdsley, 2011 등에서 발췌

이 아니며, 특히 후자의 주택은 도시 정화 프로그램의 대상이 되는 경우도 거의 없다. 도시에서 자행되는 다양한 형태의 수도 절도는 델리를 '세계 수준의 도시'로 만들고자 하는 시 정부의 열망에 전혀 부합되지 않는 일이다. 정부의 억압과 중산층의 공격적인 감시 역시 그러한 열망을 무색케 하는 위협이다.

많은 개도국들에서 공식적 민주주의 구조가 확산되면서, 개도국 주민들은 국가를 접하는 다양한 방식을 갖게 되었다. 선거는 한 나라의 집단적 정치생활에서 중요한 이벤트이며, 때로는 권력의 '정상적(normal)' 관계를 전복시키기도 한다. 즉 정치인과 정치체제는 선거를 통해 시민들과 적극적으로 교섭함으로써 합법성을 획득하려 노력한다. 보편적 성인 선거권은 개도국의 민주적 시스템의 핵심부분이다. 누구를 우리의 통치자로 뽑을 것인가를 투표를 통해 결정할 때 모든 선거권자는 동등한 한 표를 행사한다. 또한 선거는 국민 모두에게 시민으로서의 적극적인 역할이 부여되어 있음을 확인하는 중요한 의례임에 틀림없다(Banerjee, 2011). 그러나 현실은 사뭇 다르다. 모든 개인에게 정치적 평등이 공식적으로 부여되어 있긴 하지만, 이는 지역 수준에서 퍼져 있는 인식, 즉 누가 더 목소리가 커야 하는지, 누가 '적절한' 시민인지 등과 같은 현실적 인식과는 매우 큰 차이가 있다. 결과적으로 선거는 주민들의 현실생활 수준에서 시민성과 민주주의의 이상을 항상 실현하는 것으로 경험되는 것은 아니다(〈사례연구 6.5〉). 오히려 선거는 사회 내 여러

사례연구 6.5

인도 비하르의 선거, 민주주의, 그리고 역량 약화 (disempowerment)

인도의 선거는 모든 계층을 망라해 매우 높은 투표율을 보인다(Banerjee, 2007). 모든 인도인이 일상적 삶 속에서 겪는 사회적 불평등과는 무관하게, 선거는 평등한 시민의 지위를 공적으로 확인시켜 주는 중요한 의례이기 때문이다(〈사진 6.5〉; Banerjee, 2011). 1999년 인도 국회의원 선거의 목격자를 통해 우리는 이 의례가 비하르(Bihar) 주 하지푸르(Hajipur) 주민의 일상생활에 어떻게 영향을 미쳤는지 확인할 수 있다(Corbridge et al., 2005).

비하르 주에서 정치적 충성도는 카스트 계급에 따라 극명하게 구분된다. 인도의 다른 지역과 마찬가지로, 여기서 당선된 정치인들은 브로커와 '매수꾼(fixer)'으로 구성된 광범위한 네트워크와 밀접하게 연결되어 있다. 그러한 네트워크는 투표 당일날 지지자들을 동원한다. 선거 자체는 다채로운 정당 현수막과 정치적 낙서가 도처에 난무하는 대중적인 스펙터클이었다. 정치가들은 대규모 집회를 열고, 농촌지역 원로들은 가정을 방문하고, 존경받는 인

사진 6.5 구자라트(Gujarat)에서 2009년 11월에 실시된 국회의원 선거. 투표 전에 투표권자가 제시하는 신분증을 정부 관료가 확인하고 있다. © Sanjt Das, Panos

물들을 활용하여 투표권자의 마음을 '자극하면서' 곳곳을 순회하였다. 브로커와 매수꾼에게 선거는 정치가들이 자신들에게 주었던 과거의 '호의'를 다시 소환하는 시기이다. 이들은 지지후보에 대한 대중적 지원 '물결'이 계속해서 환기될 수 있도록 바삐 움직인다. 이들은 간혹 적지 않은 액수를 유세비용으로 내놓는다. 가령 지지자들의 지원유세에 참여하는 데 드는 교통비를 지원하거나, 지지후보와 지지자들에게 음식과 숙박을 제공하기도 한다.

또한 국민투표는 일상의 삶을 잠시 교란시키는 중요한 대중적 스펙터클이다. 학교나 지방정부, 심지어는 병원서비스조차도 일시적으로 중단되며, 200만 명의 공무원들도 선거에 동원된다(Banerjee, 2011). 하지푸르에서는 이에 더해 거리노점상, 인력거꾼, 기타 노동자들이 도처에 존재하는 매수꾼들에게 공짜로 서비스를 제공하도록 강요받는다.

하지푸르의 찻집이나 시장에서 오고 가는 대화를 들어 보면, 1990년대 인도의 정보통신기술 혁명이 선거권자들의 선거에 임하는 자세와 행태를 어떻게 변화시켰는지 알 수 있다. 텔레비전에 나온, 혹은 유세에서 개인적으로 목격한 후보자들의 복장, 연설, 행태 등이 이들의 정책보다 훨씬 더 뜨거운 화젯거리가 되며, 그 영향을 받아 주민들은 누가 진정한 리더십을 갖추었는지, 델리의 새로운 정부가 일상생활에 얼마나 영향을 미칠 것인지 결정하게 된다. 하지만 선거 당일에는 이러한 대중적인 움직임이 분명히 제약을 받게 된다. 지배카스트 계급의 지방권력자들은 동네 투표소를 접수하여 봉쇄하고, 두사드(Dusadhs) 즉 '불가촉' 카스트나 경쟁후보 지지자가 그곳에서 투표를 하려 한다면 두들겨 맞을 수 있다는 것을 공공연히 널리 알리곤 한다. 선거관리 임무로 파견된 교사들은 지역의 선거관리인임에도 불구하고 그러한 잘못된 관행을 통제하는 것이 불가능하다는 것을 알고는 좌절하게 된다. 경찰관 4명이 그 넓은 지역의 투표소 여러 곳을 동시에 관할하여 법과 질서를 유지해야 한다면, 그것이 과연 가능한 일이란 말인가?

출처: Banerjee, 2007, 2011; Corbridge et al., 2005 등에서 발췌

개발도상국과 국제개발

집단 간에 잠복되어 있던 긴장관계를 수면 위로 드러내 주면서, 결국 기존의 권력 차이를 더욱 부각시키는 이벤트가 되는 경우도 있다.

〈사례연구 6.5〉 인도 비하르 주 선거 과정은 민주주의 본연의 작동방식과는 사뭇 다른 것처럼 보인다. 지정 카스트(Scheduled Caste, 과거 명칭은 불가촉천민) 선거권자들은 신체적 위협을 받고 있으며, 선거법이 총체적으로 위반되는 경우도 발생한다. 하지만 이는 개도국만의 문제는 아니며, 선진국에서도 선거가 논란이 되는 경우도 있다는 점을 상기해 보자. 가령 2000년 미국 플로리다 주 대통령 선거는 많은 논란을 자아낸 바 있다. 미국이나 영국과는 달리 인도에서는 국민들의 선거 무관심이 그리 심각한 문제가 아니다. 선거의 결점이나 성공 모두 주민들의 정체성과 국가와의 관계를 형성해 나가는 데 중요하다. 인도의 유권자(Banerjee, 2007, 2011)나 이웃 방글라데시의 경우(Ruud, 2011)에도 선거는 주민들이 자신이 살고 있는 지역과 그 총합인 국가가 서로 연결되어 있음을 부각시키는 주요한 시민적 의례이다. 인도 하지푸르의 지정 카스트 유권자에게 선거에서의 당위와 중간 카스트가 지역을 지배하는 현장의 현실 사이의 괴리는 더욱 두드러지게 노정된다. 이들이 선거에서 물리적으로 배제되고 이를 국가가 막지 못하는 무능력한 상황은 공식적 권리가 갖는 불안정성을 드러내 준다. 이는 고통스럽지만 또한 새로운 뭔가를 만들어 내는 경험이기도 하다. 이를 바탕으로 그들은 국가와의 대안적 관계와 다른 권력구조를 모색하게 되는 것이다. 다음 절에서는 경합하는 권력의 다양한 방식들을 살펴본다.

경합하는 권력

인도 하지푸르의 두사드(불가촉 카스트)처럼, 자신이 정치적으로 힘이 없다는 것을 깨닫게 된 개도국의 많은 사람들에게, 국가기구나 지방의 정치엘리트와 직접 대치하는 것은 현실적인 선택이 아니다. 그 대신 권력을 가진 자와 협조하거나 그 주변에서 해결책을 찾아야 한다. 가장 간단한 방법은 '수동적인' 저항이다. 즉 권력자의 명령에 공적으로는 순응하면서도, 실제 행동으로는 지연, 회피, 태업 등을 통해 명령을 무력화시킴으로써 통치를 뒤엎는 것이다. 이러한 일상생활 속의 저항행위들이 폭넓게 확산되면 통치패턴이 심각하게 훼손될 수도 있다(Scott, 1985). 〈사례연구 6.2〉는 탄자니아에서 니에레레 대통령의 농촌집단화 계획에 대해 농민들이 개인적으로 어떻게 대응했는지 보여 준다. 농민들은 개인 텃밭을 우선시하면서 집단농장은 소홀히했고, 비공식적 거래를 취하거나 아예 풀숲으로 도주함으로써 농촌개발 전략 전체에 타격을 입히는 결과를 야기시켰다. 집단화 강제 시도는 1976년 폐기되었고, 1985년 니에레레 대통령의 퇴진 이후 시장 기반 경제정책으로의 전환이 슬그머니 이루어졌다.

개도국 도시의 비공식 부문에서 삶을 영위하는 많은 주민들은 살아남기 위해, 또 품위 있는 삶을 유지하기 위해 탄자니아 농민들과 유사한 개인화된 행동을 취하곤 한다(Bayat, 1997). 노점상, 토지 무단점거자 등은 '조용한 침해행위'를 해 나가면서, 도시 내 공간활용을 통제하는 국가와 지배집단의 권력에 간접적으로 도전한다. 빈 땅에 무허가 집을 짓고, 집에서 불법거래를 하거나 거리에 가판대를 설치하는 등(〈사진 6.6〉) 법망을 교묘히 피해 가는 행위들을 통해 이들은 공식적인 규제와 정부의 권위를 슬며시 훼손하고, 일상적 행동을 통해 도시 공간을 재조직한다. 이들은 자신들이 '정치적으로' 행동하는 것은 아니라고 생각한다. 가능한 모든 수단을 동원하여

사진 6.6 캄보디아 프놈펜의 거리 가판대. ⓒ Martha Alter Chen

개발도상국과 국제개발

권력자들에게 위협을 가하는 것이 아니라는 것을 보여 주려 한다. 이를 위해 거래가 '눈에 띄지 않게' 하고, 지방정부 관료들에게 뇌물을 주어 집이나 사업체가 정부의 관리대상에 올라가지 않도록 한다. 그러나 국가가 그러한 침해행위를 단속하려 하면, 이는 보다 공개적이고 집단적인 저항행위로 전환될 수도 있다. 정부가 규율을 바로 세우려 하는 순간 노점상들은 조직화되고, 토지 무단점거자들은 자기 집에 대한 실질적 '소유권'을 보호하려고 로비를 하게 된다. 자신의 삶의 터전인 토지, 집, 생계 유지 방식에 대한 비공식적 권리를 관철시키기 위해 주민들이 일상적으로 구사하는 전략들을, 파르타 차터지는 '피지배자의 정치'라고 명명하였다(〈사상가와 논쟁 6.2〉). 정부의 대표와 기관들은 이 같은 주장을 두고 협상을 벌이는 가운데 공식적인 권한이나 지침을 일부 수정하기도 한다. 그 결과 통치의 패턴은 끊임없이 재구성된다.

통치의 패턴에 대한 이러한 일상적 재협상 대신에 국가에 보다 공개적인 도전이 제기될 수도 있다. 국가가 영토 일부의 통제력을 상실하기 시작하면, 이와 유사하거나 대안적 통치형태가 등장할 수 있다. 특정 지역의 국가의 통제력이 위축됨과 동시에 그 지역 주민들 스스로가 국가 내 다른 지역의 주민과 정치적으로 '다르다'는 것을 간파한다면, 정치적 자율성을 획득하기 위한 공개적 투쟁이 촉발될 수도 있다. 이것이 바로 개도국에서 벌어지는 분리독립을 위한 수많은 내전과 무장투쟁의 주요 배경이다(〈그림 3.6〉). 그런데 국가의 통제력 약화가 〈사례연구 6.6〉처럼 그저 평범하게 국지적인 일로 나타날 수도 있다. 브라질 리우의 마약단 두목들은 대개 공식적 정치권력을 획득하려는 야망을 지니고 있지 않으며, 브라질 국경이나 국내 주 경계를 재편하여 자신들의 권력공간을 확보하려는 의지를 가지고 있지도 않다. 대신 이들은 파벨라 내에서 온전한 시민으로 대접받지 못하는 거주민들에게 사회적 지원을 제공하고(Holston, 2009), 경찰이 존경이 아닌 두려움의 대상이 되는 상황 속에서 일정한 형태의 사회질서를 유지시키면서 그곳 주민들에게 정부 대신 유사 정부의 역할을 수행한다. 이런 경우에 공식적 정부기구들은 지역의 통치패턴 속에서 오히려 주변화되어 있다. 하지만 시 정부와 파벨라(favela, 빈민지구) 간의 보다 적극적이고 포용적인 관계를 재정립하려는 지속적인 시도를 통해 상황이 점차 변해 갈 수도 있다.

정치적인 조직화가 자신들에게 큰 불이익으로 돌아오지 않는다면, 그리고 집단적으로 이익을 사수해야 할 절박한 필요가 있으면, 개도국 시민들은 국가에 대한 두번째 유형의 도전, 즉 공개적인 정치적 시위에 참여할 수 있게 된다. 이것이 사회운동의 형태를 취하면 기존의 통치형태를 거부하고 대안적 정치 아이디어를 표출할 기회를 제공한다는 점에서 중요할 수 있다. 사회운동의 목표는 국가의 특정한 요소나 정책에 반대하는 것이다. 하지만 이들의 시위는 공식적 정치체제 내에서의 '정상적' 경합의 범위를 쉽게 벗어날 수 있다. 시위의 구성과 형태, 끌어오는 자원과 네트워크 모두가 특별한 장점일 수 있으며, 공식적 정치기구들을 재편하는 데 기여할 수 있다.

첫째, 사회운동은 구성 면에서 공식적 정당보다 다양성이 훨씬 더 크다. 왜냐하면 주민들의 사회운동 참여는 구체적인 사안이 발생했기 때문에 이루어지며, 계급·지역·민족성 같은 선거에 동원되는 '전형적인(normal)' 정체성이나 소속을 뛰어넘어 표출되기 때문이다(〈사례연구 6.5〉). 나르마다 바차오 안돌란(NBA, Narmada Bachao Andolan, '나르마다 운동을 구하라'는 의미)에는 고등교육을 받은 전문가는 물론이고 인도의 사르다르 사로바르(Sardar Sarovar) 댐 건설 반대 투쟁에 나섰던 홍수로 위협받게 된 다양한 농민과 어민들이 참여하였다(〈사례연구 9.2〉). 이러한 차이들로 인해 사회운동 내에서 긴장과 논쟁이 벌어지기도 하지만, 이를 통해 사회운동이 새로운 정치적 정체성과 연대를 형성할 수 있는 가능성을 열어 준다는 점에서 그러한 긴장과 논쟁이 생산적일 수도 있다(Featherstone, 2003). 사회운동은 또한 다양한 구성원의 특정한 요소를 선택적으로 외부의 청중들에게 보여 주면서 지지를 이끌어 낼 수 있다. 가령 나르마다 투쟁에서는 댐 건설로 삶의 터전을 잃어버린 (전부는 아니고) 많은 주민들이 아디바시스(adivasis, 인도 내의 부족민)라는 지위를 갖고 있었고, 이 점은 전 세계적으로 다른 토착민들의 환경투쟁과 연대를 구축하는 데 활용되었다(2장).

둘째, 사회운동은 다양한 형태의 시위방식을 활용하는데 각 방식들은 상대적 강점을 발휘해야 한다. 앞에서 언급한 NBA의 경우처럼 개도국의 사회운동이 가혹한 국가의 억압에 직면한다면 그 상황에서는 유연하면서도 혁신적인 전술이 구사되어야 한다. 비폭력운동이 바로 개도국 사회운동에서 자주 사용되는(하지만 보편적인 것은 아닌) 시위의 특징이다. 비폭력운동은 그 자체가 지닌 본질적 가치뿐만 아니라 국가가 강점을 갖는 핵심영역들을 전복시킬 때 강력한 힘을 발휘할 수 있다. 국가가 비무장한 시위대를 물리력으로 제압하려 한다면 권위주의적 권력의 속성을 노출하는 것이기 때문에 오히려 역효과를 낳을 수도 있다. 간디(〈사상가와 논쟁 1.1〉)는 영국 식민주의에 대항한 대규모 대중동원에서 이 점을 효과적으로 활용했다. 이후 연좌농성(dbarnas) 같은 다양한 형태의 비폭력저항과 거리행진은 인도에서 정치행동주의의 일부가 되었다.

셋째, 사회운동이 공간과 스케일을 얼마나 창조적으로 잘 활용하는가 하는 점은 그 사회운동을 성공으로 이끄는 데 무척 중요하다. 2011년 글로벌 금융 위기로 야기된 사회적·경제적 불평

국가를 대체하기: 리우데자네이루 파벨라의 마약과 폭력, 그리고 권위

리우데자네이루에는 한 세기가 넘는 동안 수많은 판자촌, 즉 파벨라(favela)가 산재해 왔다. 그런데 파벨라가 지니고 있는 법적으로 애매한 비공식적 지위 때문에 거주자들은 도시의 다른 거주자들과 난처한 관계에 처해 왔다 제조업과 서비스업 부문에 값싼 노동력을 재생산하는 무척 중요한 역할을 하면서도, 파벨라는 빈약한 사회서비스만 제공받거나 때로는 잔인한 경찰력이 집행되면서 '주류' 사회와 정부로부터 동시에 주변화되곤 한다. 로치나(Rocinha)가 전형적인 사례이다. 1990년대 중반 로치나의 인구는 15만 명이었고, 그 안에는 4개의 초등학교가 있었으나 중·고등학교는 하나도 없었다. 보건소는 2개가 있었는데, 그중 하나는 로치나 주민단체가 운영하고 있었다(Leeds, 1996). 1980년대 이래로 리우데자네이루는 국제 코카인 밀거래의 주요 중간경유지가 되었는데, 거기서 나온 막대한 이윤이 파벨라의 삶에 영향을 미쳤다. 코카인 거래와 이윤의 증가로 인해 이전까지 소극적으로 이루어졌던 마리화나 밀매활동은 계층적으로 조직화된 시스템으로 변형되었다. 각각의 파벨라에서 벌어지던 거래를 한 명의 우두머리(dono)가 모두 통제하게 되었고, 그 아래에 운영자, 밀매상, 거래인, 강력한 무기로 무장한 경호인(soldados) 등 다양한 역할의 구성원들로 전문화되어 체계를 갖추었다.

밀매상과 파벨라 공동체의 관계는 복잡하게 얽혀 있다. 마약거래는 실업문제가 심화될 때 괜찮은 수입을 올려 주는 직업을 제공했다. '착한(good)' 우두머리는 이익의 일부를 다양한 사회적 지원의 형태로 공동체로 환원시켜 주

사진 6.7 리우데자네이루의 마약밀매꾼. 사진 속의 마약밀매꾼은 18세이다. 리우데자네이루의 파벨라에 사는 마약중개상의 평균 기대수명은 23세가 채 안 된다. ⓒ Ian Teh, Panos

었다. 그러나 논쟁이 될 수밖에 없는 무척 중요한 양자 간 관계는 법과 질서를 누가 어떻게 제공하느냐의 문제와 관련된다. 우두머리(dono)는 다른 마약 갱조직의 위협을 비롯한 여러 외부적 위협으로부터 공동체를 방어하고, 내부의 분란을 해결하며, 폭력을 동원하여 일종의 정의와 심판을 투박하게나마 제공해 준다. 이에 대한 보답으로 공동체는 밀매상들에게 안전한 공간을 제공해 줄 것으로 기대된다. 즉 그 안에서 마약거래가 이루어지고, 경찰의 단속이 떴을 때 이들을 숨겨 주는 역할을 하는 것이다. 최근 수십 년 동안 파벨라 거주민들은 이러한 상호관계가 정부의 무관심보다 오히려 낫다고 보았기 때문에 이를 대체로 인정해 왔다. 하지만 이는 일반 주민들이 자신들의 권리를 정치적으로 표출하는 데 심각한 장애가 될 수밖에 없었다. 2000년대에 들어와서도 폭력은 계속 증가했다. 코만도 베르메유(Commando Vermelho) 같은 갱단은 사법체계 내에서 작동하는 경찰의 탄압과 부패를 비난하고, 리우데자네이루의 빈민권리를 보호한다는 명목으로 자신들의 활동을 정당화했다. 파벨라 지역의 거주민협회는 지방정부에 파벨라를 대표하여 요구를 전달할 수 있는 유일한 민주적 기구임에도 불구하고, 자신들의 요구를 자유롭게 표출하기 어려운 경우가 많아졌다. 1992~2001년 동안 약 100명의 공동체 리더들이 마약밀매상이 원하는 대로 따르지 않았다는 이유 때문에 살해된 것으로 추정된다.

브라질 정부는 2014년 월드컵과 2016년 올림픽을 준비하면서 갱단의 파벨라 장악을 종식시키려 노력하고 있다. 2011년 11월 13일 파벨라 '진압' 프로그램이 로치냐에 실행되면서, 해병대와 엘리트 경찰병력 3,000명이 헬리콥터의 지원을 받아 파벨라로 진입하였다. 이들은 많은 사람들을 체포했고, 그곳에 브라질 국기를 꽂았다. 그곳은 리우데자네이루 도심에서 올림픽 선수촌을 연결하는 도로를 내려다볼 수 있는 중요한 시점이었기 때문에, 이러한 프로그램의 시행은 이곳에 대한 통제권을 국가가 다시 장악했다는 상징적인 의미를 갖는 것이었다.

출처: Dowdney, 2003; Holston, 2009; Leeds, 1996; Yapp, 2011 등에서 발췌

핵심개념 6.3

환경정의

환경정의란 환경에 대한 권리가 (그리고 비인간적 존재의 권리가) 어떻게 구체화되고 보호될 수 있는가에 대한 사회·정치적 운동 및 정치적·이론적 논쟁과 관련된다(Schlosberg, 2004). 미국의 환경정의운동은 환경비용과 환경편익의 재분배 문제에 관심이 많다. 오염 문제, 그리고 지역에서 원치 않는 토지이용 등과 같은 환경적 '해악(bads)'이 공간적으로 가난한 동네와 유색인종 지역에 집중되는 현상에 반기를 들고 있는 것이다. 이는 개도국의 환경행동주의와도 강하게 연결되어 있는데, 가난한 주민들에게 환경은 일종의 자원이자 동시에 위험성이라는 견지에서 환경 문제에 접근하고 있다. 선진국이나 개도국 어디에서나 환경정의를 지지하는 자들은 엘리트주의적인 환경론과 갈등을 빚는 경우가 있는데, 엘리트주의적 환경론에서는 자연보호를 강조할 뿐 사회정의의 차원을 소홀히 다루기 때문이다.

출처: Guha and Martinez-Alier, 1997; Williams and Mawdsley, 2006에서 발췌

등에 맞서 출현한 점령운동(Occupy movement)에서, 공적 공간을 점유하는 시위자들의 시도는, 비단 뉴욕의 월스트리트에서만이 아니라 전 세계의 다양한 도시들(예컨대 칠레의 산티아고

개발도상국과 **국제개발**

사진 6.8 남아프리카 공화국의 더반 남부지역공동체환경동맹(SDCEA). ⓒ SDCEA

등)에서 상징적인 중요성을 지니게 되었다. 네트워킹이 잘되어 있는 사회운동은 특정 장소에서 시위를 성공시키려 할 뿐만 아니라 '스케일을 뛰어넘어' 자신들의 메시지를 더 많은 청중에게 전달할 수 있도록 노력한다. 가령 더반 남부지역공동체환경동맹(SDCEA, South Durban Community Environmental Alliance)은 남아공 더반의 산업오염에 반대하기 위해 산업화가 심각한 남부 더반 분지의 대기오염에 관한 증거를 자체적으로 구축해 왔다. 이 조직은 특히 시위를 단계화하고 환경인식을 고양하는 이벤트(〈사진 6.8〉)를 벌이기 위해 텔레비전과 언론인을 끌어들였으며, 결국 이는 운동을 계속 전개해 나가는 데 큰 효과를 발휘하였다(Barnett, 2003; Scott and Barnett, 2009; Leonard and Pelling, 2010 참조). 이처럼 주도면밀하게 증거를 수집하고 미디어와의 접촉을 구축해 나가는 일은 SDCEA가 남아공의 취약한 환경법령에 저항하는 데 결정적인 역할을 수행해 주었다. 이처럼 폭넓은 연계고리들로 인해 환경정의(〈핵심개념 6.3〉)를 추구하는 단체로서 신뢰를 확보하고, 단순한 님비(NIMBY, Not-In-My-Back-Yard)적인 시위집단이 아니라는 점이 선명하게 부각될 수 있었다.

2011년 '아랍의 봄' 때 발생한 일련의 봉기는 최근 있었던 가장 스펙터클한 사회적 동원이었다. 이집트에서의 충격(〈사례연구 6.7〉)은 3개 지역 모두에서 일어났던 혁신적인 특성을 반영하였다. 봉기들은 대체로 리더가 없었고, 사회적 불만으로 좌절하던 젊은이들에 의해 진행되었다.

사례연구 6.7

사회적 저항에서 정보통신기술(ICT)의 역할: 2011년 이집트 시위

2011년 '아랍의 봄'은 북아프리카와 중동 지역 독재정권의 통치에 대항한 일련의 시위들이었다. 이는 튀니지에서 처음 시작되었는데, 젊은 노점상이었던 모하메드 부아지지(Mohamed Bouazizi) 가 2010년 12월 17일 정부 관료의 부당한 처신에 항거하여 분신한 사건으로 촉발되었다. 그의 항거 소식은 문자 메시지 전송을 통해 널리 확산되었고, 3주 후 그가 결국 병원에서 사망하자 저항의 물결이 거리로 빠르게 쏟아져 나왔다. 2011년 1월 14일, 대통령 벤 알리(Ven Ali) 정권이 마침내 붕괴되었고, 벤 알리는 사우디아라비아로 망명하였다.

이 사건이 이집트에서는 온라인 블로거 공동체를 자극했는데, 그 공동체에서는 2006년 카이로 거리시위 이래로 인권침해 사항들을 적극적으로 수집하던 중이었다(Fahmi, 2009). 그 구심점은 '우리 모두는 칼리드 사이드이다 (We are all Khaled Said)'라는 이름의 페이스북 그룹이었는데, 이는 구글 임원이었던 와일 고님(Wael Ghonim) 이 2010년 6월 경찰의 매질로 사망한 한 블로거의 넋을 기리기 위해 만들었고 30만 명이 넘는 회원을 끌어모았다. 이처럼 이집트에서도 또다시 저항의 물결이 온라인 공동체에서 거리로 빠르게 이동하여 2011년 1월 22일 타흐리르(Tahrir, 해방이란 뜻) 광장을 점거하기 시작했다. 국가 주요 시설들로 둘러싸인 이 광장은 카이로에서 대단히 상징적인 장소이다. 이곳은 1952년 나세르(Nasser) 장군이 왕정을 전복한 후 다시 명명되었고, 그 이래로 카이로의 주요 시위장소가 되었다.

사진 6.9 카이로 타흐리르 광장. 카이로 중심부의 타흐리르 광장은 2011년 1월 반무바라크 시위 참가자들의 중심점이었다. 이러한 시위들은 2011년 11월 선거에 앞서 벌어진 사건이었다. © Teun Voeten, Panos

개발도상국과 **국제개발**

이에 대항하여 호스니 무바라크(Hosni Mubarak) 대통령은 1월 28일, 인터넷 서비스를 일시 폐쇄하여 온라인 시위를 통제하려 했다. 그러나 이는 별 효과를 거두지 못했다. 시위 참가자들이 위성전화로 외국의 지지자들에게 정보를 전달했기 때문이다. 인터넷의 일시 폐쇄는 오히려 수많은 인터넷 사용자들로 하여금 대체 무슨 일이 벌어지고 있는지 확인하러 거리로 뛰쳐나가게끔 만들었다. 이들은 거리로 나가면서 휴대폰을 소지했고, 이를 통해 시위 참가자들의 기록이 전 세계에 즉각 전달될 수 있었으며, 결국 2011년 2월 11일 무바라크 대통령은 사임하기에 이른다.

이러한 시위들은 정당성을 입증해 주는 바로 그 '디지털 발판(scaffolding)'으로 유명해졌다(Howard and Hussain, 2011). 이집트의 사건들이 페이스북이나 트위터 때문에 벌어진 것은 물론 아니지만, 다양한 종류의 SNS 관련 사이트는 젊고 교육수준이 높지만 실업상태에 있는 사회운동 활동가들을 묶어 주는 중요한 가상공간이었던 것이다. 특정 정치인을 중심으로 전개되는 다른 혁명들과는 달리, 그러한 시위 참가자들은 대개 리더 없이 저항을 전개해 나갔고, 이 때문에 폭압적인 무력화를 더욱 어렵게 만들고 있다. 시위 참가자들이 부아지지와 사이드의 죽음을 자신과 동일시했다는 점은 무척 의미심장하다. 그러한 사건들은 많은 이들이 독재정부(특히 경찰)하에서 겪었던 굴욕적 경험을 상징화한 것이었고, 새로운 통신기기는 그러한 개인적 경험을 권리와 자존감을 위한 집단적 투쟁으로 변형시켜 주었다는 점에서 의미가 깊다. 이는 특정 형태의 통치에 반대하는 혁명이었다(Ismail, 2011). 시위 참가자들은 특정한 이데올로기적 의제나 정치적 의제를 내세우는 것이 아니라, 그저 국가와 국민 사이에 새롭게 변화된 관계가 자리잡길 원했던 것이다.

출처: Fahmi, 2009; Howard and Hussain, 2011; Ismail, 2011; Lynch, 2011; Mansour, 2012 등에서 발췌

젊은이들은 정당이나 전통적 정치조직과 필연적으로 연관된 것은 아니었다. 이들은 국가의 억압을 이미지화하여 이를 전자매체로 즉각 유포함으로써, 시위 참여자들에 대한 정부의 폭력사용에 맞설 수 있었는데, 바로 이 점은 의미심장한 혁신적인 특성이었다. 타흐리르 광장 같은 장소를 물리적으로 '확보하는 것'이 상징적으로 매우 중요했고, 여기에 또 다른 공적 영역인 인터넷을 결합하여 불만을 표출하면서, 시위가 '스케일을 뛰어넘어' 확장될 수 있었고 결국 호스니 무바라크 정권에 대한 국제적 지지를 재빨리 훼손시킬 수 있었다. 이들은 공간과 스케일을 활용했던 것이다. 그러나 새로운 유형의 통치패턴을 확립하는 데 이러한 봉기가 장기적으로 어떠한 결과를 가져올 것인지는 불확실하다. 리비아, 튀니지, 이집트에서 정권 교체를 가져온 것은 서로 다른 사회운동들이었다. 그러한 사회운동들은 '성공을 거둔 이후 뒤따른 협상과정에서 구체적이고도 세세한 요구를 적절히 표출하는 작업에는 별로 효과적인 모습을 보이지는 못했다(Lynch, 2011: 305). 그러나 아랍권 전체에 걸쳐 공식적 정치제도에 극적인 변화를 촉발하게 된 것이 바로 일상생활의 비공식 정치 속에 뿌리내린 경험—국가의 대표자들에 대한 불복종과 경멸—이었다는 점은 주목할 만하다.

나가며: 국가의 재편

 이 장은 다양한 정치권력들이 결코 절대적인 것만은 아니라는 점, 그리고 이러한 정치권력들은 공식적 정치체제 안팎에서 다양한 참여자 간에 벌어지는 적극적·소극적 경합에 항상 노출되어 있다는 점을 살펴보았다. 이는 서로 상반되는 낙관론과 신중론의 가능성을 동시에 보여 준다. 낙관론은 개도국 주민들이 다양한 방식으로 기존 통치패턴에 도전할 수 있고 또 하고 있다는 사실에서 비롯된다. 근대국가가 모든 공식적 권력과 기관을 동원한다 해도 시민들 삶의 모든 측면을 통제할 수는 없다. 개인적이고 은밀한 활동을 통해서, 혹은 집단적이고도 공개된 저항을 통해서 시민의 행동은 개도국의 정부가 갖는 속성에 대해 심대한 영향을 미칠 수 있다. 개도국의 사회운동에 대해 간략히 살펴본 바와 같이, 대안적인 정치 아이디어가 출현할 여지는 얼마든지 있고, 훨씬 더 넓은 곳으로 빠르게 확산될 수도 있다. 나르마다 구하기 운동(NBA, Narmada Bachao Andolan) 같은 조직은 국제적 지지에 기대어 활동하는 반면, 어떤 조직은 저항의 대상을 더 폭넓게 글로벌 정치경제의 여러 측면들에 맞춰 활동한다.

 이러한 낙관론은 두 가지 이유 때문에 신중론을 고려하여 균형을 맞출 필요가 있다. 첫째, 개도국의 주변화된 최빈곤 집단들은 정치적으로 대단히 불리하다. 〈사례연구 6.1〉에서처럼, 중앙정부가 공식적으로 민주적 절차를 시행한다 해도 풀뿌리 수준에서는 기존 권력과 영향력을 사수하려는 지방 엘리트들에 의해 훼손되는 경우가 있을 수 있다. 물론 그렇다고 해서 인도, 남아공, 혹은 기타 개도국에서 민주주의가 무가치하거나 엉터리라는 것은 아니다. 다만 지역에서 민주화된 통치패턴은 매우 느린 과정으로 형성되어 가며, 따라서 그 속에 살고 있는 가장 가난한 사람들은 오로지 지속적인 투쟁을 통해서만 의미있는 목소리를 낼 수 있는 가능성이 있다. 이 점이 제9장에서 다룰 소위 '올바른 통치(good governance)'를 창출하기 위한 개발전략을 논의할 때 반드시 기억해야 할 중요한 경고이다. 수많은 국제 개발기구들은 개도국 전반에 대해 통치를 보다 민주적이고 투명하며 책임성 있게 만들어 감으로써 거버넌스의 질을 개선하는 데 점점 더 많은 관심을 가지고 있다. 하지만 그러한 변화는 매우 어렵고 느리게 진행된다. 이를 위해서는 단순히 국가의 행태변화만이 아니라, 풀뿌리 수준의 권력구조에 지속적으로 개입하는 일이 필요하다.

 둘째, 저항운동이 출현하는 곳에서는 이러한 '대안적' 정치프로그램이나 통치패턴을 찬양하려는 유혹이 있기 마련이다. 하지만 이를 무비판적으로 찬양하는 것은 바람직하지 않다. 사회운동은 새로운 정치적 사상이나 사회변화의 중요한 원천일 수 있다(〈사례연구 6.7〉). 그러나 진정한 지역의 목소리가 항상 민주적인 것은 아니다. 〈사례연구 6.1〉은 남아공 농촌지역에서(다른 개도국 지역에서도 마찬가지로) 가부장제가 지배적인 '토착적 가치'의 중요한 부분임을 설명하였다. 그리고 마무드 맘다니의 저작(〈사상가와 논쟁 6.1〉)이 보여 주듯이, 공식적 정부기구들에 부응하여 '전통' 자체가 재형성되기도 한다. 제11장에서 지난 수십 년 동안 '풀뿌리' 개발에 대해, 그리고 '지역공동체 주도'의 개발에 대해 점차 관심이 커지고 있음을 살펴볼 것이다. 하지만 우리는 그러한 접근이 가져다줄 결과에 대한 기대를 현실적으로 직시해야 한다. 선진국에서와 마찬가지로 개도국에서도 '지역공동체'는 다양하게 존재하며, 긍정적인 측면에서의 권력 차이와 편견이 내재해 있다. 이것을 인정하는 것이 진정한 민주적인 지역공동체 개발을 실천하는 중요한 첫 단계다.

복습 문제 / 활동

개도국 조사하기

1. 마지막 절의 더반 남부지역공동체환경동맹에 대한 토론을 다시 읽어 보고, 더 나아가 그라운드워크(ground Work) 웹사이트(http://www.groundwork.org.za)를 살펴보고 좀 더 깊이 있게 탐구해 보자. 그리고 Scott and Barnett(2009)과 Leonard and Pelling(2010)의 논문을 읽어 보자. 환경정의를 위한 어떤 다양한 투쟁이 전개되고 있는가? 그러한 캠페인을 통해 어떤 이슈들이 강조되고 있는가? 지역에서의 운동 참여와 남아공의 환경법규 체계에 대한 더 큰 스케일의 비판을 연결시키기 위해 어떤 전략이 사용되고 있는가?

2. 2011년 이집트 혁명에 대한 〈사례연구 6.7〉을 다시 살펴보고, 여러 원전 연구들, 특히 Howard and Hussain (2011), Ismail(2011), Lynch(2011) 등의 연구를 읽으면서 그 사례연구를 심화적으로 이해해 보자. SNS와 인터넷이 이집트의 대중적 논쟁의 형태와 내용을 바꾸는 데 얼마나 중요한 역할을 했는가? 정보통신기술의 변화가 독재적 형식의 통치를 행사하는 국가권력에 대한 폭넓은 도전을 해 나가는 데 얼마나 영향을 미쳤는가? (가능하다면 2011년 아랍의 봄이 바레인에서와 같이 그리 성공을 거두지 못했던 사례에 대해서도 조사해 보자.)

토론 탐구하기

1. 여러분 각자의 일상생활의 정치지리에 대해 생각해 보자. 여러분은 언제, 어디서 국가 혹은 공식적 정치체제와 마주하게 되는가? 그러한 상호작용은 여러분의 일상생활 속의 사건들을 어떤 방식으로 만들어 가는가? 이는 과연 여러분의 행위나 정체성에 영향을 미치는 중요한 부분인가? 여러분 각자는 공식적 정치체제와의 관계를 재생산해 내는 데(혹은 그러한 관계를 변형시키는 역할을 수행함에) 어떤 특별한 방식의 행위를 표출하는가?

2. 델리에 관한 〈사례연구 6.4〉, 채터지의 연구(〈사상가와 논쟁 6.2〉), 혹은 로이와 알사이야드의 저서 『도시의 비공식성(Urban Informality)』(아래 '더 읽을거리' 자료)에 기술되어 있는 개도국 도시 주민들의 비공식적 삶에 주목해 보자. 과연 그들이 어떻게 국가와 마주하게 될지를 여러분이 국가와 마주하는 방식과 비교해 보자. 이러한 질문에 대한 그들의 대답은 과연 여러분의 대답과 어떻게 얼마나 다를까?

더 읽을거리

개도국의 국가-사회 관계에 관한 많은 문헌이 있는데, 그중 다음의 책들이 유용한 사례이다.

Blom Hansen, T. and Stepputat, F. (eds) (2001) *States of Imagination: Ethnographic Explorations of the Postcolonial State*, Durham, NC: Duke University Press.

Corbridge, S., Williams, G., Srivastava, M. and Véron, R. (2005) *Seeing the State: Governance and Governmentality in India*, Cambridge: Cambridge University Press.

Gudavarthy, A. (ed.) (2011) *Re-framing Democracy and Agency in India: Interrogating Political Society*, London: Anthem Press.

Peet, R. and Watts, M. (eds) (2004) *Liberation Ecologies: Environment, Development and Social Movements* (second edition), London: Routledge.

Roy, A. and AlSayyad, N. (eds) (2004) *Urban Informality: Transnational Perspectives from the Middle East, Latin America and South Asia*, Lanham, MD: Lexington Books.

웹사이트

www.groundwork.org.za   groundWork
> 더반 남부지역공동체환경동맹(South Durban Community Environmental Alliance)이 이 사이트에 연결되어 있다. 이 단체는 남부 아프리카에서 활동하고 있는 환경정의 NGO이다.

www.occupytogether.org   The Occupy movement
> 뉴욕에서 시작된 이 단체는 전 세계로 확산되어 현재 개도국의 수많은 국가들을 포함하고 있다.

개발도상국과 국제개발

생계 유지하기

들어가며

    생계를 꾸려 가는 것은 개도국 주민들의 삶에서 가장 기초가 되며, 여기에는 주민들이 행하는 복잡한 일상의 실천이 녹아들어 있다. 이 장에서는 앞서 논의된 여러 비판적 주제들(4장)을 더욱 확장하여 다룬다. 특히 관심의 규모와 초점을 지역 수준으로 맞추어, 상위 스케일들에서 펼쳐지는 여러 가지 과정의 맥락 속에서 개도국 주민들이 어떻게 구체적으로 생계를 꾸려 가는지 살펴볼 것이다. 이를 통해 생계 유지의 지역지리를 탐구하고, 노동과 생계가 장소의 독특한 특성을 어떻게 형성하고 또 반대로 그 특성이 어떻게 형성되는지 밝혀 보고자 한다. 이 장은 네 가지 핵심주장을 담고 있다. 첫째, 개도국(및 선진국)에서 생계를 꾸려 가는 방식들은 그 복잡성(complexity), 유동성(fluidity), (비)합법성((il)legality), 비공식성(informality), 공간적 독특성(spatial particularity)을 (있는 그대로) 수용하여 전체론적으로 분석해야만 온전한 이해가 가능하다는 점이다. 이 장 앞부분에서는 '전체−경제 모델', 그리고 '다양한 경제들(diverse economies)'에 대한 깁슨−그레이엄의 업적(Gibson-Graham, 2006a, 2006b)을 가져와 생계 유지를 이해하는 다양한 방식을 논의하고, 또 이를 비공식경제를 통해 밝혀 볼 것이다. 개도국 주민들이 생계를 꾸려 가는 방식은 지구화된 경제구조 및 경제적 과정과 밀접하게 연계되어 있으며, 이는 끊임없이 변해 간다. 둘째, 생계를 꾸려 가는 방식은 역사적·공간적으로 불확실성을 띠고 있으며 결코 고정되어 있지 않다는 점이다. 우리는 이 점을 특수한 맥락 속에서 펼쳐지는 역동적인 정치적·경제적 과정과 관련하여 살펴볼 것이다. 또한 국가 중심의 고용형태가 변화하고 있다는 점과 관련해서도 살펴보고, 개도국의 농촌이라는 맥락에서 탈농업화(deagrarianization)와 농업의 국제화 사례도 짚어 보고자 한다.

셋째, 생계를 꾸려 가는 방식은 기회형성의 구조 측면뿐만 아니라 개인의 기술, 자본, 기회 등에 있어서 불평등한 상황으로 점철되어 있다는 점에 주목하고자 한다. 이러한 불평등은 정체성의 차이를 비롯한 다양한 요인의 영향을 받으며(5장), 대체로 불평등한 권력관계와 관련이 있다. 우리는 생계 유지 방식 내에 분명히 존재하는 젠더 불평등을 탐구해 볼 것이다. 그리고 불평등과 차별적 권력행사에 대한 단순한 분석으로부터 연구지평을 확대하여 아동과 청소년의 경험에 대해서도 다루어 볼 것이다.

넷째, 주민들의 살아가는 방식을 분석할 때 삶을 형성하는 더 큰 구조와 과정에만 초점을 맞추어서는 안 되며, 개인의 행위주체성(agency)을 간과해서는 안 된다는 점을 강조하고자 한다. 아무런 힘이 없는 개인일지라도 각자는 행위주체성을 발휘하며, 따라서 이 책은 다양한 스케일을 넘나들며 노동에 대한 집단적 접근들을 중심으로 개인의 행위주체성을 탐구하고자 한다. 이러한 논의는 노동의 정치, 그리고 구체적인 노동의 맥락 속에 내재한 권력관계의 불균형에 초점을 맞춘다. 결국 크게 보았을 때 많은 사람들에게 집단의 노동 전략들은 엄격히 제약받고 있다는 결론으로 이 장은 마무리된다.

생계 유지 방식에 대한 이해

생계 유지 방식을 이해하는 데 상이한 접근방식들이 긴장관계를 이루며 존재해 왔다. 주류 신고전적 접근(10장)은 개인의 경제행위가 오로지 시장의 힘에 의해서만 좌우되는 것으로 보는 경향이 있다. 그래서 주민들의 활동에 영향을 미치는 상위의 맥락과 구조는 물론이고 개인적 행위의 구체적 특성들도 간과하는 경향이 있다. (마르크스주의 같은) 구조적 접근은 대개 경제체계 (가령 자본주의 혹은 공산주의), 노동시장, 실업 수준 등의 경제적 관계를 형성하는 추상적 과정과 구조에 초점을 맞춘다. 구조적 접근은 상위의 구조가 경제적 행위를 결정한다고 보기 때문에, 개인의 역할과 행위를 간과하는 경향이 있다. 따라서 이러한 전통적 접근들은 주민들의 실제 생계 유지 방식에 영향을 미치는 다양한 요인, 예컨대 (이웃 간에 주고받는 선물 같은) 물질적 요인이나 (개인의 성 역할 같은 권력관계 등의) 비물질적 요인 등을 고려하지 못하고 있다는 비판을 받아 왔다(Friedmann, 1922; Rigg, 2007 참조).

구조적 접근은 로컬 수준에서 주민들의 행위주체성과 활동을 간과한다는 점에서 역시 비판을 받는다. 로컬 스케일 자체는 사실상 그동안 거의 무시되어 온 공간규모였다. 게다가 구조적 접근은 (때로는 이 접근을 비판하는 입장 역시) 구체성, 차이, 복잡성, 시간에 따른 변화를 간과해 왔다. 그래서 최근에 전체론적 접근을 강조하는 연구자들은 "일상의 삶을 이해하려면 시야를 넓혀 문화적인 것에서 경제적인 것으로, 사회적인 것에서 정치적인 것으로, 현재부터 과거로, 로컬에서 글로벌로 확장해야 한다"(Rogg, 2007: 42)라고 주장한다(행위주체성 중심적 접근과 구조 중심적 접근을 유용하게 비교하는 〈표 2.1〉 참조). 〈표 7.1〉은 이러한 전체론적 견해에 맞추어 주민들의 생계 유지와 관련된 수많은 방식들을 이해하는 데 도움을 주는 다양한 전략을 일목요연하게 정리하고 있다.

신고전적 접근과 구조적 접근에 대한 광범위한 비판에 관해서는 다양한 학문적·정책기반적 결과들이 계속 나오고 있다. 그중 두 가지 영향력 있는 핵심결과인 존 프리드만(John Friedmann)의 전체-경제 모델(whole-economy model)과 깁슨-그레이엄(J. K. Gibson-Graham)의 '다양한 경제들(diverse economies)'을 간단히 소개하고자 한다. 이 두 가지의 목적과 기원은 매우 다르지만, 생계 유지 방식을 이해하는 보다 유연하고 전체론적인 접근이라는 점에서 주목할 만하다(물론 비판의 여지는 분명 있다).

'전체-경제 모델'

프리드만의 1992년 모델은 신고전적 경제활동 모델[정부가 국민계정통계(National Accounting Statistics)를 만들 때 전형적으로 사용하는 모델]에 대한 비판에서부터 시작된다. 그는 이것이 '그릇된 경제개념'(Friedmann, 1992: 44)을 보여 주고 있다고 비판한다. 특히 시장관계에만 협소하게 관심을 두기 때문에 빈곤국 내에서 일어나는 많은 것들을 외면한다고 주장한다. 그는 이러한 단점을 극복하기 위해 배니어 가족연구원(Vanier Institute of the Family)이 처음 만들어 낸 모델을 재구성하여 '전체-경제 모델'을 내놓았다(〈그림 7.1〉). 이 모델은 개인보다

표 7.1 생계 유지 방식 이해를 위한 다양한 전략

과도한 단순화의 위험성을 내포하거나 개인/행위를 배제하여 포괄적인 이해를 어렵게 하는 전략	포괄적인 이해를 추구하는 전략	포괄적인 이해로부터 나오는 사례
중요한 소득원인 성인 남성 가장에 초점	연령, 성별, 장애 여부, 가구 내 현존 혹은 부재에 상관없이 모든 가구구성원들에 초점	여성 아동 노동력의 가치
공식적으로 고용되어 있는 인력이나 공식화된 노동에만 초점	공식적·비공식적 고용인력 모두에, 그리고 공식화 여부에 상관없는 모든 노동에 초점	미등록 택시기사로 일하며 획득한 수입의 가치
과세되는, 혹은 국가가 승인한 합법적 활동에 초점	세금 납부 여부에 상관없는, 국가 승인 여부에 상관없는 모든 합법적·비합법적 활동	성 노동이나 마약밀매로 벌어들인 수입
임금 활동, 즉 사용자와 노동자 혹은 점원과 고객 사이에 금전적 거래가 이루어지는 활동	가족, 친구, 이웃 간의 재화와 서비스 거래를 포함하는 유료, 무료, 현물지급 등 모든 활동에 초점	가족, 친지 구성원 간의 음식 제공의 가치
국가 경제통계에 잡힌 활동들에 초점	국가통계에의 포함 여부에 상관없는 모든 활동들에 초점	거리에서 구운 옥수수 판매로 획득한 수입의 가치
개인적인 활동들에 초점	개인적인 활동과 공동체 혹은 집단노동에도 초점	공동체 차원의 농사 및 봉제 조직
노동의 관계적 특성을 무시한 채 개인의 노동에만 초점	개인의 노동은 물론이고 생계 유지의 경험으로서 개인들 간의 관계에도 초점	아동노동의 가치가 가구의 수요 및 노동관습에 연관되어 있는 방식
생계 유지는 노동의 수행과 관련되어 있다는 가정	생계 유지는 노동의 투여는 물론이고, 인간의 노동 이외의 생산기능인 물물거래, 무상분배, 자선 등을 포함	절대빈곤의 상황에서 구조의 중요성과 모든 가구구성원들을 위한 국가 연금의 가치
생계 유지의 단 하나의 방식, 즉 가장 수지가 높은 분명한 방식에 초점	가장 수지가 높은 분명한 생계 유지 방식과 함께 주민들이 구사하고 있는 다양한 생계 전략들에도 초점	공식적 주간노동과 비공식적 야간노동, 그리고 농업의 계절적 노동 등의 조합
생산적인 노동에 초점	생산 노동과 더불어 재생산 노동, 공동체 노동, 그리고 소위 '비생산(non-productive)' 노동(Harrison, 2000)에도 초점	가구를 유지하기 위해 가정 내에서 이루어지는 노동의 가치
지금 현재 채택되고 있는 전략들에 초점	과거와 현재의 전략, 미래의 가능한 전략들 모두에 초점	현재의 실업 상황 속에서 개인의 과거 숙련고용에 대한 이해

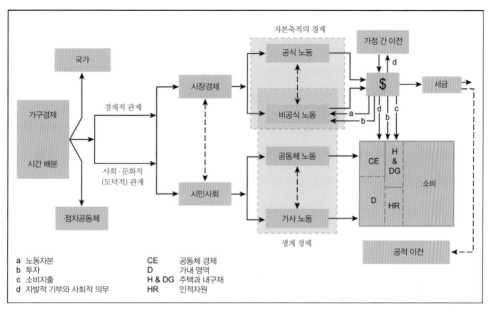

그림 7.1 전체–경제 모델. 출처: Friedmann, 1992에서 인용 수정

는 가구부터 시작하여 생계 유지 방식의 광범위한 스펙트럼을 탐색하고 있다. 근본적으로 경제는 생계 경제와 자본축적 경제라는 상호중첩된 두 부분으로 구분된다. 경제적 관계(반드시 임금이나 소득과 관련되지는 않음)가 발생하는 공간인 시민사회(civil society) 영역이 포함됨으로써, 사회–문화적 요인들은 그 중요성이 부각된다. 이에 더하여 가사노동의 역할과 소비와의 연계성이 여기서 강조된다.

프리드만의 모델은 시장과 시민사회가 분명하게 구별되며, 공식 노동, 비공식 노동, 가사 노동, 공동체 노동 등도 쉽게 구별될 수 있다고 가정하고 있기 때문에 비판을 받기도 한다. 게다가 권력관계와 시간에 따른 변화는 기존의 주류적 접근들에 대한 프리드만의 비판에서 핵심을 이루는 부분인데, 사실 이 모델에서 그 점이 잘 드러나지는 않고 있다. 그러나 프리드만 자신이 인정한 것처럼 모델링 과정은 항상 현상들을 단순화하는 작업이기에(1992: 44) 그런 한계는 어쩔 수 없는 측면이 있다. 이러한 우려에도 불구하고, 이 모델은 개도국 주민들이 가구의 구성원으로 생계를 꾸려 가는 다양한 방식을 매우 유용하게 개관해 준다. 또한 공식적 시장관계를 넘어서 다양한 경제적 관계들을 폭넓게 볼 수 있도록 해 주고 있다는 점에서 기여하는 바가 크다.

'다양한 경제들'

　다양한 경제(diverse economies)들이라는 개념은 깁슨-그레이엄이 주창한 광범위한 이론적·실천적 주장의 일부이다. 깁슨-그레이엄이라는 이름은 캐서린 깁슨(Katherine Gibson)과 지금은 고인이 된 줄리 그레이엄(Julie Graham)의 이름을 합친 필명이다. 이들의 저작은 경제를 이해하는 방식에 의문을 제기하는 것이 목적인데, 이들의 실행연구(action research)는 다양한 경제들을 재고하여 실천하는 데에도 큰 공헌을 하였다. 이들은 공동으로 2권의 핵심저서를 출간하였다. 하나는 1996년 나온 『자본주의의 종말: 여성주의 정치경제 비판(The End of Capitalism(As We Knew It): A Feminist Critique of Political Economy)』인데, 2006년 서론을 새롭게 쓴 개정판으로 다시 출간되었다(참고문헌에는 2006a로 표기). 다른 하나는 2006년

사례연구 7.1

다양한 경제 상상하기: 필리핀 보홀 주의 자그나 지방

　자그나(Jagna) 지방은 섬으로 구성되어 있는 농촌지역인 필리핀 보홀(Bohol) 주의 작은 행정구역이다. 이곳은 (독특한 석회암 경관을 포함하여) 매혹적인 자연환경을 보유하고 있지만, 소득수준이 낮고 상대적으로 낙후되어 있다. 이곳 경제를 이야기할 때 가장 많이 강조되는 것은 이곳에 부족한 것이 무엇인지에 대한 것이다. 이 지방에는 공식적 경제 관련 기업이 매우 적고, 이곳 출신의 가장 활동적이고 교육수준이 높은 젊은이들은 가사노동자나 선원 같은 고된 직종의 일자리를 구하러 외국으로 이주한다. 그래서 이곳 인구의 1/6은 송금에 의존하여 살아간다. 필리핀의 탈중심적 지방계획 과정조차도 이 지역을 '열등하고 잉여적이며 비생산적이고 무지할 만한'(Gibson-Graham, 2005: 11) 곳으로 묘사하고 있으며, 기껏해야 노동력 수출, 매력적인 에코투어리즘 육성, 환금작물인 팜나무 재배 등을 통해 글로벌 자본주의에 편입되는 것이 개발과 관련하여 가장 밝은 미래로 이끌어 줄 것이라고 제안하고 있다.

　캐서린 깁슨과 줄리 그레이엄, 그리고 공동연구자들(홍콩과 필리핀의 이주노동자와 함께 일하는 NGO들)이 발표한 실행연구는 자그나의 경제가 표상되는 방식을 바꾸면서 대안적 미래를 제시하려는 시도를 하고 있다. 실행연구의 첫 번째 단계는 공식적 자본주의 체제를 뛰어넘는 경제적·사회적 관계의 포괄적이고 다양한 내용을 포착하고(〈표 7.2〉), 여러 대안적 시장 및 비시장적 거래를 끄집어내어 드러내는 것이었다. 노동의 세계에서 살펴보았을 때, 그러한 관계나 거래에는 자발적 노동교환의 유형, 현물지급에 관한 공동체 규범(농어업 활동에서 도움을 받은 대가로 농수산물을 나누어 주는 것), 비공식적 자기고용 등이 있다. 이와 유사하게 '공식적' 신용기관(자그나의 유일한 은행과 약간의 공인 전당포업자)은 매우 제한적으로 존재하는 데 반해, (장례식, 결혼식 등) 비용이 많이 발생하는 사안들은 그 부담을 분산시키는 사회적 실천이 광범위하게 존재한다. 그리고 곗돈(revolving group funds)을 통해 신용거래가 제공되고, 지역 상점과 비공식적 계약이 체결되기도 한다. 여기서 분명한 것은 "선물 주기,

개발도상국과 **국제개발**

공유하기, 빌리기, 자발적으로 참여하기, 개인적·집단적 노동 주고받기 등과 같은 전통적 실천과 관계들이 복잡하게 혼재되어 있으며, 이는 얄팍한 자본주의 경제활동을 가려 버릴 정도로 층위가 두텁다"는 것이다(Gibson-Graham, 2005: 16).

이들의 실행연구는 지역공동체에 기초한 회복력 높은 경제를 창출하기 위해 그러한 다양성에 의지하는 방식이 무엇인지를 찾고자 한다. 이주자의 송금으로 들어온 수입의 일정 부분을 (단순히 집이나 수입 소비상품 구입을 통해 직접 소비해 버리는 것이 아니라) 지역경제의 생산요소에 재투자하는 것은 공동소유의 윤리적 사업체를 발전시켜 나가는 하나의 길이다. 이는 이주노동자의 정체성을 ('낮은' 지위 노동자의 신분에서 마을개발자의 신분으로) 바꾸어 줄 수 있는 잠재력을 지녔을 뿐 아니라, "생계와 복지를 직접 유지해 줄 수 있고. … 지역공동체의 물질적·문화적 부양을 위해 여유분을 배분하고 공유물을 적극적으로 창출해 나누는 대안적 개발의 길이 가능함을 보여 준다"(Gibson-Graham, 2005: 16).

출처: Gibson-Graham, 2005; Gibson et al., 2010에서 발췌

표 7.2 자그나의 다양한 경제

거래	노동	기업
시장 상품: 가구, 의약품 서비스: 인터넷, 임대자산	**임금** 개인사업, 농장노동자, 부두노동자, 지방정부 공무원, NGO 활동가	**자본가** 상인: 소매상 75명, 중개인 6명, 거래상(trading) 2명, 도매상 1명) 서비스: 59개(개인병원 및 학교 포함)
대안시장 지역거래 시스템: 중고의류, 거리 행상 대안화폐: 탈곡기 사용 대가로 지불하는 쌀 지하시장: 마약거래 물물교환: 해안지역 생선, 와인 등 등과 고지대 쌀 대안신용: 저축집단, 연말에 분할지급되는 기금	**대체지불** 자영업: 농부, 어부, 중개인, 짐꾼 계약노동: 해외계약노동 선원 및 국내노동자 781명 답례노동: 개인적 노동서비스의 교환 현물지불: 소작농 지불(투입재에 따라 각각 수확의 50%, 66%, 75%) 연금: 은퇴자	**대안적 자본가** 사회적 윤리: 가난한 사람들에게 저렴한 의약품을 판매하는 정당 운영 약국 국가 자본가: 필리핀 항만청
비시장 가구 간 흐름: 음식 나누기, 육아 나누기 선물: 가난한 사람들에게 자선, 이웃 간 장례 부조 절도: 도박빚 갚기 위한 수확물 약탈	**비지불** 자원봉사: 관개수로를 위한 정기적 자원봉사 작업 가톨릭 교구위원회의 가사노동/가족돌봄: 요리, 세탁, 육아, 농장과 소규모 비즈니스에서의 가족노동	**비자본가** 비영리: 비정부기구, 학교 공동단체: 팡당(pangdan) 용수협동조합 개인: 농부, 목수, 비디오게임 임대업자 봉건적 농부: 소작농

출처: Gibson-Graham, 2005에서 발췌

(2006b) 출간된 『포스트자본주의의 정치(A Postcapitalist Politics)』이다. 이들의 주장은 경제와 생계 유지 방식에 대한 일반적인 해석들은 자본주의만을 준거점으로 삼고 있다는 것이다. 이들은 이러한 기존의 견해를 '자본중심적(capitalocentric)'이라고 표현하며 다음과 같이 주장한다.

이는 다른 형태의 경제들을 기본적으로 자본주의의 잣대로 이해하는 사고이다. 근본적으로 … 자본주의와 동일한 것으로 간주되는 것이다. 혹은 그보다 부족하거나 못 미치는 모방에 불과한 것으로, 혹은 자본주의와 상반되는 것으로, 혹은 자본주의를 보완하는 것으로, 혹은 자본주의 공간이나 궤적 내에 존재하는 것으로 간주된다(2006a: 7).

이들은 자신들의 이론적 구상을 필리핀의 자그나(Jagna)에 적용하여, 본질적으로 자본주의적이지 않은 수많은 경제적 실천들을 보여 주었다(〈표 7.2〉와 〈사례연구 7.1〉). 이러한 분석은 또한 자그나의 일상생활을 지탱해 주는 경제적 상호의존성의 범위가 무척 광범위하다는 것을 보여 준다.

깁슨–그레이엄의 저작은 자본주의를 뛰어넘어 경제에 대한 이해의 폭을 확장시켰을 뿐만 아니라, 경제적 실천을 어떻게 바꿀 것인지, 그리고 경제적 상호의존성을 어떻게 촉진할 것인지에 대한 생각들을 제기했다는 점에서 매우 전향적이다. 이러한 비전이 두 번째 저서(2006b)에 상

핵심개념 7.1

비공식 경제

비공식 경제는 '비공식적 생산단위와 공식적 기업 내의 비공식적 고용'을 기술하기 위해 사용되는 포괄적 의미의 용어이다(ILO, 2004: 45). 여기서 '비공식'이라는 용어의 의미가 무척 중요한데, 이는 공식적 통제와 입법 범위 바깥에서 벌어지는, 즉 비공식화된 고용관계를 통해 벌어지는 경제활동을 의미한다. 이러한 틀을 바탕으로 하여 비공식 경제가 지닌 복잡성을 이해할 필요가 있다. 역사적으로 이러한 부문이 (공식 부문과 대비되어) 비공식 부문이라고 불려 왔으나, 지금은 이러한 이분법이 너무 단순화되어 있고 지나치게 비공식적 사업체들에 초점을 맞추고 있기에 양쪽에 걸쳐 있는 비공식적 고용관계를 간과할 우려가 있다는 점이 폭넓게 지적되고 있다. 이러한 비공식 부문은 자기고용과 임금고용을 모두 포함하고 있으며, 그 방식은 매우 다양하다.

출처: Chen and Vanek, 2013에서 발췌

세히 요약되어 있다. 이들의 저작은 실행연구와 활동지향적 연구경향으로 인해 매우 독특하다 (http://www.communityeconomies.org 참조). 이들의 저작이 다양한 비판을 불러일으키기도 한다.[1] 무엇보다도 '다양한 경제들'이라는 개념과 이에 대한 찬양과 지지가 자본주의 비판을 희석시키는 것으로 볼 수도 있는데, 대안적 실천들은 자본주의에 종속된 사람들이 생존을 위해 수용해야만 하는 대처 기제(coping mechanisms)로 간주될 수도 있기 때문이다.

'전체-경제'와 '다양한 경제들'이라는 접근방식은 대단히 복잡한 현실을 전체론적으로 이해하고자 하는 지속적인 시도이다. 이는 또한 사람들과 일상적 실천을 '개발(development)' 문제의 핵심으로 상정하면서 '생존'의 방식을 구조적·제도적 맥락 속에서 파악한다. 우리는 이 같은 원칙을 다음 절에서 활용하여 논의를 진행할 것이다. 또한 생계 유지 방식들 속에 뿌리내려 있는 권력관계와 불평등에 초점을 맞추어 논의해 볼 것이다. 아울러 시간과 장소의 역할뿐만 아니라, 사회적 관계, 권력관계, 노동기회, 제도적 장치 등을 형성해 가는 역사적 우연성에 대해서도 주목하고자 한다. 즉 개도국에서는 생계 유지의 비공식적 방식이 지배적이라는 점에 주목하면서 이 점을 강조하고자 한다.

생계 유지의 비공식적 방식들

개도국에서 행해지는 수많은 노동들은 비공식 경제 내에서 이루어진다(〈핵심개념 7.1〉). 가령 남아시아에서는 비농업 고용의 82%가 비공식 경제 영역이고, 사하라 이남 아프리카(남아공 제외) 66%, 동아시아·동남아시아 65%, 중남미 51%, 중동 45%가 비공식 경제에 속한다(Chen and Vanek, 2013: 393에서 Vanek et al., 2012 재인용). 농업 부문 비공식 경제의 비중도 마찬가지로 매우 높다. 인도에서는 농업 부문을 포함한 전체 고용 중 비공식 고용 비율이 90%에 달한다. 사하라 이남 아프리카를 제외한 나머지 개도국 지역의 비공식 고용은 임금고용과 자기고용이 거의 비슷한 비율로 나누어져 있다(〈핵심개념 7.1〉). 그러나 사하라 이남 아프리카에서는 자기고용이 압도적으로 높은 비중을 차지한다.

---

[1] 이에 대한 유용한 내용은 Curry(2005)에 잘 나와 있으며, 또한 2005년에 출간된 *Singapore Journal of Tropical Geography*, Vol. 26(1과 2)에는 이에 대한 논의가 실려 있으니 참조하라.

몇몇 학자들은 이처럼 높은 수준의 비공식 고용을 고려하여 비공식 경제, 특히 비공식적 생산 부문과 서비스 부문이 개도국에서는 성공적이라는 점을 인정한다(de Soto, 1989). 이는 시장의 다양한 요구에 대응하는 자본주의의 능력(예컨대 택시운전)이자 개인들의 행위주체성과 기업가적 정신이라고 간주된다. 그러나 정부가 비공식 경제에 의존함으로써 정부의 책임을 내려놓는 일로 이어질 수도 있다. 정부를 대신해 비공식 경제 주체들이 (예컨대 주택 같은) 여러 서비스를 제공하고 있기 때문이다. 더군다나 이 분야의 비공식 경제 종사자들에게 돌아가는 이익은 매우 적고, 또한 착취적인 특성을 보이기도 한다.

실제로 많은 비공식 경제의 노동은 공식 경제와 나란히, 즉 공식 경제와 함께 이루어진다. 이 두 부문을 분리시키는 것은 잘못된 이분법이다(Milton Santos의 *Shared Space*, 1979 참조). 상인들은 공식 부문의 기업으로부터 도매로 구매한 식품이나 상품을 판매한다. 다시 말해, 길거리 음식으로 팔리는 구운 견과류나 옥수수의 예처럼, 구매한 상품에 가치를 더해 판매하는 것이다(〈사진 7.1〉과 〈사진 6.6〉). 비공식 경제의 중요한 부분은 서비스 부문과도 큰 관련이 있다. 머리 손질에서 성 노동, 자동차 수리, 택시운전 등에 이르기까지 서비스업들은 무척 다양하게 조직되어 있는데, 개인이 운영하기도 하고 팀을 구성해 일하기도 한다. 절도와 장물 판매 같은 범죄활동 역시 비공식 경제에 기여하는 것으로 간주될 수 있다.

비공식 경제의 또 다른 특징은 이질성과 내부적 불평등이다. 불평등의 핵심근원은 젠더 차이와 관련이 있다. 여성은 가정기반 노동(〈사진 7.2〉)과 거리행상 같은 특정 부문에서 압도적인 숫자를 차지한다. 그러나 전체적으로는 남성의 수가 더 많다(Chen and Vanek, 2013). 개도국 여성들에게 비공식 경제는 고용의 가장 기본적인 원천이다. 가령 사하라 이남 아프리카에서는 여성들이 종사하는 비농업 부문 고용의 74%가 비공식 경제에 속해 있다(Chen and Vanek, 2013). 비공식 경제에서 여성이 수적으로 큰 비중을 차지하긴 하지만, 이들은 가장 불안정하고 급료가 낮은 분야에 집중되는 경향을 보인다. 여성이 경영자인 경우는 매우 드물며, 비공식 사업체의 유급 노동자 역시 많지 않다. 반면 자가고용 형태나 하청업자인 경우가 훨씬 많다(Chen, 2001). 그러한 직업들은 '생존형 직업(survivalist)'이라고 묘사되기도 한다(Rogerson, 1996). 이러한 일을 하는 여성들은 수입이 매우 적고, 안전은 거의 보장되지 않으며, 장기적 자본 축적은 꿈도 꾸기 어려운 실정이다. 반면에 남성들은 '기업가형' 노동에 종사할 가능성이 높다. 직원을 고용하기도 하고 적지 않은 수입을 올리면서, 자신의 사업을 일종의 투자로서 키워 가는 능력을 갖게 된다. 그

개발도상국과 국제개발

사진 7.1 네팔 카트만두(Kahtmandu)의 거리행상. ⓒ Martin Arrand

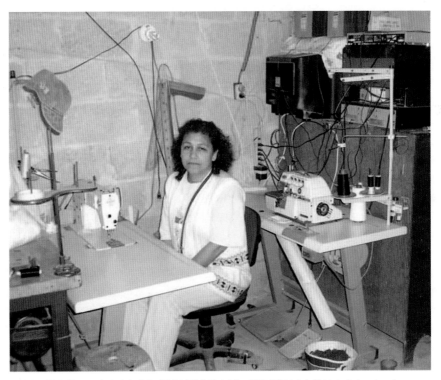

사진 7.2 멕시코 할라파(Xalapa)의 가정 기반 의류수선점에 앉아 있는 오펠리아(Ofelia). ⓒ Melanie Lombard

러나 젠더화된 이분법은 차이를 설명하는 한 가지 이유일 뿐이다. 그 밖에도 입지, 직업훈련, 교육, 부, 인종, 민족성, 시장의 특성 등 다양한 이유가 있다(물론 젠더화된 구분은 매우 의미심장한 이유이긴 하다). 많은 남성들 역시 비공식 경제 내에서 젠더화의 결과—남성이기 때문에 받는 기대—로 인해 고통받는다(〈사례연구 7.2〉).

비공식 경제는 자기고용, 가족기업 내의 무임금 노동자, 하청 노동자, 단기 노동자 등과 같은 비정규적 고용조건들로 유형화될 수 있다(Wilson, 1998; Chen, 2001 참조). 그런데 이런 고용조건들은 개도국 전체에서(사실상 선진국에서도) 공식 경제 부문에 있어서도 점점 더 확산되고 있다. 계약노동(비정규직 노동)이 경제 전반에 걸쳐 확산되고 있는 것이다. 서비스 부문(호텔 청소부, 식당 종업원), 제조업(가내수공업 종사자), 광업(단기 광부), 공공노동(단기 노동자), 의료 부

사례연구 7.2

온두라스의 바닷가재 채취 남성 다이버

온두라스의 카리브 해 연안에 위치한 모스키티아(La Mosquitia) 지역은 수중 잠수를 통해 바닷가재를 채취해 온 오랜 역사를 지니고 있다. 바닷가재는 대부분 미국으로 팔려 나간다. 바닷가재 포획을 위한 다이빙 사업은 완전히 젠더화되어 입수 작업은 남자들만의 몫이었다. 이 지역은 미스키토(Miskito) 원주민 공동체가 살고 있는 곳이라 이들만 다이빙 작업을 한다. 현재 약 9,000명 정도의 미스키토 다이버들이 있는데, 거의 절반가량(4,200명)이 잠수 관련 상해를 지닌 채 살아간다. 더군다나 매년 약 50명이 잠수 상해를 입어 사망한다. 이러한 비공식적 고용형태는 로컬 상품사슬과 글로벌 상품사슬 간의 불평등을 보여 주는 비극적 사례이다. 남성 다이버들은 바닷가재로 파운드당 평균 2.5달러의 소득을 올린다. 그런데 막 끌어올린 바닷가재는 과도한 수분이 포함되어 있다는 이유로 총 무게의 약 5%를 뺀다. 다이버들은 2.5달러의 수입 중 약 80%를 카유코스(cayucos)라 불리는 보트에 동승하는 청년에게 지급한다. 이 보트는 능숙한 선장이 운항하는 대형 바닷가재 포획선을 따라 움직인다. 선장은 파운드당 평균 9달러의 소득을 올린다. 바닷가재 사업의 1년 총수입은 약 30만 달러에 달하는데, 이 중 대부분은 중간처리업자와 선장에게 돌아가는 셈이다. 바닷가재 산업은 남성 다이버와 지역공동체에 무척 중요한데, 모스키티아 총 남성 인구의 10%가 다이빙이나 보트 조종에 종사한다. 바닷가재 공급은 계속 줄어드는데 미국 시장은 더욱 성장하면서 공급을 맞추려는 압박은 계속되었다. 이 때문에 남성 다이버들은 부실한 장비만으로 수심 12~20m에서 30~45m 정도의 더 깊은 바다로 들어가야 했다. 문화적으로는 보트에서 일하다가 다이빙 일로 넘어가는 것이 남성의 통과의례로 간주되면서, 국가의 어업정책은 부실한 가운데 이러한 문화적 압력이 계속되자 이 지역 남성들은 위험하고 치명적인 작업을 해야만 하는 상황에 처하게 되었다.

출처: Tassi, 2004에서 발췌, Jones, 2006; Gollin, 2007에서 재인용

개발도상국과 **국제개발**

문(단기 돌봄종사자, 병원 청소직원) 등이 바로 그 예이다. 고용조건은 대단히 착취적이고, 고용 노동자는 언제든 해고될 수 있으며, 형편없는 수준의 급료를 지급받는다. 노동자들은 고용의 안 정성, 건강과 안전을 보장받지 못한다. 기본급 외 각종 수당과 혜택들에서도 제외된다. 권리도 거의 없고, 노동조합을 결성할 수도 없다. 이러한 형태의 노동을 이해하기 위해서는 생계 유지가 글로벌 정책의 추세나 변화와 어떤 연결고리를 지니고 있는지 살펴보는 것이 무척 중요하다. 이 것이 바로 다음 절의 핵심주제이다.

생계수단은 역사적·공간적 맥락에 달려 있다

이 장에서 제시하는 두 번째 핵심주장은 개도국 주민들의 삶이 선진국 전반의 삶과 밀접하게 연결되어 있다는 점이다. 생계 유지를 위한 기회는 변화하는 사회·경제적 현실, 공간적·정치적 현실, 자연재해 같은 지구물리적(geophysical) 사건에 의해 좌우된다. 그뿐만 아니라 생계방식 을 직접 형성해내는 중요한 역사적 과정들도 있는데, 식민주의와 탈식민주의, 글로벌 경제와 초 국적기업 투자전략의 재구조화, 신자유주의의 득세, 농촌의 재구조화(특히 토지소유권의 변화, 농업의 국제화와 탈농업화), 노동력의 이주와 그로 인한 송금경제의 성장을 활성화하는 정치·교 통·금융시스템 등이 바로 그것들이다. 이처럼 글로벌 수준의 광범위한 과정들이 지역 수준에서 실제로 경험되는 생계방식들을 직접적으로 형성하는 데 큰 역할을 한다.

식민주의에서 신자유주의와 그 이상으로?

식민지 이전 시기에는 생존농업(subsistence agriculture)과 구슬, 금속그릇, 식재료 같은 상품 거래처럼, 장소에 기반한 생계활동들이 주류를 이루었다. 식민주의는 식민지 전반에 걸쳐 경제 적 관행들을 극적으로 변화시켰는데, 이에 따라 지역 주민들은 새롭게 창출된 노동시장에 편입 되어 광부, 농장 노동자, 통치 엘리트의 하인 등으로 일하게 되었다. 광업과 농업은 국가경제 및 제국경제의 핵심으로 고용의 원천이었다. 식민지 경제중심지의 지역지리는 완전히 탈바꿈했다. 이러한 산업(및 배후 중심지)들은 노동비를 매우 낮은 수준을 유지할 수 있어서 식민지 시기 동

사례연구 7.3

잠비아 구리광산 노동자들의 변화

잠비아의 구리광산 역사는 1920년대 초에 시작됐고, 1930년에는 약 32,000명의 아프리카 광부들이 고용되었다. 1931년 세계경제공황이 닥치면서 잠비아 광업의 고용 수준이 대폭 감소했는데, 이는 광업이 글로벌 시장에 민감하게 반응한다는 점을 잘 보여 준다. 이후 많은 광산들이 다시 문을 열었고, 생산과 고용 비중은 꾸준히 증가했다. 광산은 제2차 세계대전 이후 계속해서 높은 성장의 시기를 구가했는데, 특히 1964년 독립 직전에는 고용이 38,000명으로 증가했다. 광산회사들은 직원에게 여가시설과 주택을 제공했고, 도시 거주 잠비아인을 위한 주택건설 프로그램을 시작했다. 광산 생산액은 1969년 정점을 찍고 점차 세계시장의 가격 하락과 투자 부족으로 감소하게 되었다.

1990년대 들어 국제 공여기구의 압력에 대응하여 재구조화를 추진하는 과정에서 잠비아 정부는 신자유주의 정책을 채택하여 대부분의 국영 광업회사들이 민영화되었다. 민영화를 추진하면서 여러 분야에서 취약성을 드러내게 되었는데, 가령 2002년 북아메리카 투자자들은 국제가격이 떨어지자 투자를 철회했다. 이에 따라 실업률은 상승했고, 광부들은 불안한 미래에 직면하게 되었다. 영국 회사 베단타(Vedanta)를 비롯하여 다른 투자자가 출현하긴 했지만 무역조건과 투자조건이 잠비아에 유리하게 형성되지는 않았다. 2007년 국제 구리가격이 다시 상승하였지만(1960년 수준과 비슷하게), 잠비아는 여전히 가난을 벗어나지 못했다. 잠비아의 외환소득 중 약 3/4이 구리광산에서 나오는 것으로 평가될 만큼 구리광산은 대단히 중요하지만 그 효과는 미미한 실정이다. 잠비아의 광업 종사자들은 그에 상응하는 혜택을 누리지 못하고 있으며, 계약직 노동자들은 노조가 제공해 줄 수 있는 연금과 의료지원 같은 혜택도 없어서 더욱더 불안정한 상태에 놓여 있다. 이들의 경험을 통해 우리는 선진국과 개도국 간의 지속적인 불균등 경제관계가 광산 지역에 어떤 영향을 미치는지를 알 수 있다.

출처: Ferguson, 1990a, 1990b; ACTSA et al., 2007; Mbendi Information for Africa, 2007에서 발췌

안 번성하였다. 제2차 세계대전 이후에도 글로벌 경제는 값싼 원자재를 지속적으로 요구했다.

아프리카, 아시아, 카리브 지역 등에서 신생독립국가들이 설립되면서 이전 식민지 시대의 많은 산업들이 국유화되었다. 하지만 1970년대 들어 글로벌 경기침체가 시작되면서 다시 민영화의 길을 걷게 된다. 이러한 민영화의 흐름과 국가 보조의 후퇴는 1980년대와 1990년대에 구조조정 정책(SAP)이 도입되면서 더욱 공고해졌다(10장). 이러한 신자유주의의 재정적 맥락이 더욱 압박을 가하는 가운데, 많은 산업들이 살아남기 위해 분투하면서 실업률은 증가하게 되었다. 오늘날 많은 탈식민지 경제에서는 서비스와 금융 부문이 국내총생산(GDP)에서 차지하는 비중이 점점 높아지고 있다. 하지만 이것이 고용에 미치는 효과는 미미한 수준에 머물고 있다. 변화하는 사회적·정치적·경제적 정책은 주민들의 생계능력을 특정한 방식으로 만들어 가는데, 특히 고

개발도상국과 **국제개발**

용안정성과 임금차별의 측면에서 그렇다(〈사례연구 7.3〉).

1990년대 후반부터는 개도국에서도 친서민 정책수단들(조건부 현금지급, 미소금융 전략, 공공근로 프로그램, 사회적 연금 등)이 점차 적용되고 있고, 이는 국제금융기구들에 의해 장려된다(Surender, 2013)(9장과 〈사례연구 9.7〉). 이러한 수단들은 경제성장에 필수적인 것으로 보이지만, 주민들의 생계에 미치는 영향은 긍정적 측면과 부정적 측면이 혼재한다. 공공근로 계약(대량 실업사태에 대응하기 위한 국가지원 고용 프로그램) 시에 노동자들은 생계 수준 이하의 급료를 받는 경우가 많고, 계약은 단발적이고 단기로 체결된다(McCord, 2012; McCord and Meth, 2013)(〈사진 7.3〉). 이러한 형태의 노동은 공식적 경제 속에서 불안정한 고용형태를 보여 주는 좋은 사례이다. 개도국 공여주체(중국이 대표적이다)의 정책과 투자는 특히 사하라 이남 아프리카의 생계방식에 영향을 미치고 있다. 이때 '경제성장 우선, 복지는 그 후'식 접근이 선호되고 있는데, 이는 많은 개도국들이 지지하는 접근방식이다.

공공 부문 노동자들의 운명 변화

지난 30년간 개도국에서의 공공 부문 고용의 변화는 노동자들의 생계능력에 큰 영향을 미쳤다. 역사적으로 공무원 같은 직업은 (민간 부문과 비교하면) 소득 수준은 제한적이라도 상대적으로 안정적인 직업으로 여겨졌다. 하지만 민간과 공공 부문의 차이가 점점 줄어들고 있다(〈사례연구 7.4〉). 개도국의 공공 부문에서 점차 신자유주의적 관리방식을 받아들여 민관 파트너십이 늘어나고 있기 때문이다. 1960년대와 1970년대 신생독립국들에서는 정부 부문(행정·보건·교육·복지 등) 일자리가 좋은 일자리의 기본적 원천이었다. 개도국 주민들에게 정부 부문의 고용 안정성, 연금 보장, 의료 보장, 최저임금 보장, 승진과 연수 기회 등은 매력적인 것이었다. 그러나 많은 개도국에서 일자리가 사유화되고 하청화되는 등 실질적인 변화가 일어났다. 전 세계적으로 1999~2001년 동안 1,500만 개의 공공 부문 일자리가 사라졌다(ILO, 2004). 이와는 대조적으로 몇몇 중동 국가들은 자국민을 위해 공공 부문 고용을 확대해 나갔다. 이들 국가에서 대부분의 민간 부문 고용(대개가 에너지산업)이 외국인들에 의해 지배되었기 때문이다. 카타르와 쿠웨이트는 자국민 고용의 80%가 공공 부문에 몰려 있다. 하지만 이러한 상황은 경제에 압박을 가하고 있고, 이에 많은 정부기관들이 민간 부문 고용을 확대하려 애쓰고 있다(ILO, 2013a).

사진 7.3 비전 20:20 우무렝게(Umurenge) 프로그램. 앙골라 르완다의 게텡케(Getenke) 지구에서 공공근로 프로그램의 일환으로 구릉지를 계단식 경지로 바꾸고 있다. ⓒ Anna McCord

　공공 부문 고용이 일반적으로 축소되는 이유를 설명하려면, 1980년대 초의 글로벌 외채 위기와 이어 도입된 구조조정 정책(SAP) 및 국가 재구조화를 살펴보아야 한다(4장과 10장). 이러한 조치들로 인해 특정 경제 부문에 대한 지출이 확대된 반면, 공공 부문 재정지출은 크게 줄어들었다. 특히 피해를 입은 것이 의료와 교육 부문이었다. 가령 가나에서는 GDP 중 교육 부문 지출비중이 1976년 6%에서 1983년 1%로 축소되었다. 그 결과 1980년대 중반 '초·중학교 교사의 절반 가량이 관련 교육을 받지 않은' 교사들이었다(SAPRI/Ghana, 2001:10). 30년 후에도 재구조화의 영향력은 계속되면서 공공 부문 노동자들이 정규직에서 밀려나는 압박이 가해지고 있고, 그 결과 개도국 전체에서 계속적으로 충돌이 벌어지고 있다.

　그럼에도 불구하고 공공 부문 자체는 여전히 광범위하고 다양한 고용을 제공하고 있다. 또한 특정 부문 노동자들은 상당한 특혜와 부를 누리고 있는데, 이들의 라이프 스타일과 소비특성이 이를 반영한다. 따라서 일부 노동자에게는 신자유주의적 관리방식으로 점차 전환되는 것이 오히

개발도상국과 **국제개발**

사례연구 7.4

말라위의 공무원

말라위(Malawi)는 농업생산에 대한 의존도가 매우 높은, 경제적으로 빈곤한 국가이다. 1980년대 초 구조조정 정책을 시작했고 그 결과 공무원 조직에 큰 변화가 있었다. 세계은행의 올바른 통치(good governance) 아젠다(9장)와 이와 관련한 신공공관리(NPM, New Public Management)(〈핵심개념 9.3〉)는 공무원들의 고용과 임금 구조를 개혁할 것을 권장하고 있다. 이에 따라 직업 불안정성이 전반적으로 커져 가고 있는 가운데 일부 엘리트 관료들이 오히려 더 많은 혜택을 받고 있는 반면, 수많은 하급공무원들은 그렇지 못한 상황에 처하게 되었다. 엘리트 관료의 임금 지불방식이 2000년에 바뀌었는데, 그 전까지 최고위직 관료들은 매월 250달러 이상의 임금소득을 올렸다. 이 정도 액수는, 수도 릴롱궤(Lilongwe)의 부촌 주택 임대료가 월 500~800달러인 점과 비교하면 어느 정도 수준인지 가늠할 수 있다. 그러나 2000년 이후 엘리트 관료들은 은퇴를 하거나 계약직으로 전환하여 계속 일하거나 둘 중의 하나를 선택해야 했다. 계약은 3년간 지속되며 업무수행 평가에 따라 변경될 수 있다. 이러한 변화가 가져다준 긍정적인 측면은 월급이 3,000달러로 대폭 상승했다는 점이며, 이에 더하여 실질적 추가 혜택과 비과세 수당이 주어졌다는 점이다. 이 같은 소득의 상승은 마냥 기뻐할 일만은 아니다. 물가 수준의 상승과 고조되는 국가경제의 위기로 인해 그러한 임금 상승의 가치와 효과가 저하되기 때문이다. 이러한 맥락에서 국가는 더욱 매력적인 수준의 월급을 제공하여 공무원의 업무수행을 관리하고 증진시키려 한다. 그러나 이러한 혜택과 더불어 일자리의 불안정성은 증가하였고 정치적으로 추진되는 긴축정책에 대한 두려움도 상존하게 되었다.

출처: Anders, 2005에서 발췌

려 혜택과 보수가 늘어나는 것을 뜻한다(〈사례연구 7.4〉). 그러나 신공공관리(NPM)(〈핵심개념 9.3〉)의 구조 속에서 작업장의 노동이 성공적인지 여부가 감시되는 등, 공공 부문 전반의 고용은 계속해서 위기에 놓여 있다(Harrison et al., 2008). 이러한 구조는 업무수행에 대한 상시적 평가를 촉진하며, 이에 따라 승진과 연봉이 직접 결정된다. 또한 신공공관리의 등장으로 비교적 풍요로운 노동환경 내에서조차도 불평등은 커져 갔다.

탈농업화와 농업의 국제화

2008년 유엔이 확인한 식량부족 10년의 위기는 여전히 지속되고 있다. 2012년 유엔식량농업기구(FAO, Food and Agricultural Organization)는 글로벌 곡물 비축량이 우려할 만한 수준으로 줄어들었고, 심각한 기상조건 악화의 영향을 받고 있다고 경고한 바 있다(*Guardian*, 2012).

이러한 부족은 곡물이나 쌀 같은 기초 생산물의 급격한 가격 상승으로 입증되었다(8장). 농업생산의 추이와 먹거리 소비관행이 이러한 우려의 핵심에 있다. 이러한 암울한 예측에 어떻게 대처해야 할지에 관한 논쟁이 넘쳐나고 있다. 1960년대의 유사한 위기상황에서 당시의 대응은 바로 '녹색혁명'(〈핵심개념 7.2〉)이었다. 지금 이 시점에서 농민과 정책 담당자들은 또 한 번 기술적 해법을 모색하고 있다. 이번에는 생산의 집약화를 위해 유전자 변형(GM) 농업을 도입하려 한다. 하지만 녹색혁명이 미친 영향들에서도 분명히 드러났듯이(당시에는 특정 그룹에서 불평등을 더욱 가속화했다), 접근성과 권력관계라는 현실적 상황에 따라 그러한 변화의 혜택이 과연 공평하게 돌아갈지가 결정할 것이다. 2013년 이후 지속되는 현재의 식량부족 문제는 농업의 두 가지 핵심적 변화, 즉 탈농업화(deagrarianization)와 국제화(internationalization)의 영향력이 얼마나 중요한지 보여 준다. 농업생산(농업과 목축업 포함)은 수세기 동안 생계의 중심축이었고 가장 오래된 생계방식이었다. 그러나 최근 들어 농업은 글로벌 푸드시스템(global food system) 속에서 변화하는 국제적 압력으로 인해, 또한 비농업적 활동을 통해 창출되는 농촌 소득원의 변동으로 인해 커다란 변화를 겪고 있다. 이러한 광범위한 변화는 농촌 공간의 지리를 실질적으로 변화시키고 있다. 농촌 주민들은 이제 더 이상 지역 수준에만 국한되어 생활하지 않으며, 이동성은 크

핵심개념 7.2

녹색혁명

녹색혁명이란 특히 개도국에서 농업생산을 급속히 확대시키기 위한 기술과 정책을 말한다. 1940년대 노먼 볼로그(Norman Borlaug)의 선구적인 업적에 뒤이어 옥수수, 밀, 기타 식량작물 품종들이 선택적으로 교배되고, 이와 더불어 질소 비료가 더해지면서 식량곡물의 생산량이 크게 증가하였다. 록펠러와 포드 재단의 지원과 함께 개도국 자체연구 및 투자가 병행되면서 새롭게 등장한 고수확품종(HYV, high-yielding varieties)이 1960년대 이래로 개도국의 여러 지역으로 빠르게 확산되어 갔다. 특히 관개시스템이 갖추어진 곳에서는 생산량의 획기적인 증가가 이루어질 수 있었다. 이러한 지역에서 밀, 쌀, 옥수수 생산량은 급증하게 되었지만, 한편 녹색혁명이 종의 다양성을 감소시킨다는 우려감이 고조되기도 했다. 토착품종과 윤작방식이 고수확품종의 단작방식으로 대체되었던 것이다. 아울러 녹색혁명 기술지원 정책이 농업의 상업화를 가속화시키면서 농촌의 불평등이 심화되었다. 이 당시 녹색혁명은 고수확품종을 '자연적으로' 교배시키면서 성공을 거둘 수 있었다. 그러나 최근에는 유전자 분리기술을 통해 가뭄에 잘 견디는 등의 여러 형질을 갖춘 새로운 차원의 고수확품종을 만들어 내고 있는데, 이는 20세기 녹색혁명이 영향을 미치지 못했던 건조지역에까지도 광범위하게 사용될 수 있는 가능성을 열어 주고 있다.

게 증가하고 도시의 영향력이 더욱 커지고 있기 때문이다(〈사례연구 7.5〉와 Rigg et al., 2012).

탈농업화는 이촌향도의 인구이동이 일어나는 과정뿐만 아니라, 농촌지역에서 생계 유지의 방식이 비농업 활동들로 바뀌어 가는 현상을 말한다(5장). 이는 소득의 재편과 직업의 재편, 아울러 사회적 정체성의 변화와 공간적 재입지 전략의 변화와 관련이 있다(Bryceson, 2002: 726; 태국 농업에서 고용 추세의 변화에 관한 〈사례연구 7.5〉 참조). 탈농업화의 원인은 다양하지만, 이는 구조조정 정책(SAP) 같은 '시금석적인 정책'과 연결될 수 있다. 구조조정 정책은 농민들에게 종자, 농약, 비료 같은 핵심 투입자재를 지원하는 정책을 철폐했다(Bryceson, 2002: 727). 그럼에도 불구하고 전 지구적으로 식량이 부족한 상황에서 농민들은 가구의 식량공급 수준을 유지하기 위한 노력의 일환으로 생계농업을 지속하면서 이에 대한 투자를 유지한다고 볼 수 있다. 그럼에도 불구하고 식량부족 사태가 고조되는 상황에서도 탈농업화의 추세가 뒤집힐 것 같지는 않다. 이런 상황 속에서 농촌 가구들이 새로운 방식으로 살아남으려 노력함으로써 그 추세가 더욱 복잡하고 다양해질 수는 있다. 가령 사하라 이남 아프리카에서는 1991~2012년 동안 농업의 고용비중이 67.5%에서 62%로 하락했고, 반면 서비스 부문은 상승했다(ILO, 2013a: 93). 그럼에도 불구하고 농업 부문은 여전히 아시아의 대부분 국가와 아프리카 전역에서 가장 중요한 일자리의 원천이다. 농업, 제조업, 서비스업 3대 핵심부문의 글로벌 고용률을 살펴보면, 2012년 농업이 고용의 약 33%를 차지했다. 물론 지역별로 편차는 커서, 가령 남아시아에서는 농업이 고용의 53% 이상을 차지한다(ILO, 2013a). 여하튼 탈농업화의 과정을 통해 우리는 농업이 변화에 매우 취약하며, 이에 따라 주민들의 생계가 큰 영향을 받을 수밖에 없다는 점을 확인할 수 있다.

농업의 변화를 가져오는 두 번째의 핵심적 동인은 바로 국제화이다. 이는 농업생산, 마케팅과 소매, 소비가 지구화되는 것을 의미하는데(Rigg, 2007), 글로벌 거대 농기업들이 지역, 국내, 국제 농업의 실행 과정을 장악함으로써 발생한다. 미국의 거대기업 돌푸드컴퍼니(Dole Food Company)와 치키타브랜즈인터내셔널(Chiquita Brands International) 같은 기업들은 파인애플과 바나나 같은 특정 농산물의 유통과 글로벌 시장을 지배하고 있다. 이러한 기업들의 거대한 권력은 농업생산과 마케팅을 둘러싼 환경을 효과적으로 통제할 뿐 아니라, 허약한 국가들의 정치적 의지를 압도하고 있다(카리브 해 지역에서의 이러한 과정은 Raynolds, 1997 참조). 농업을 통한 생계 유지의 스케일이 크게 확장되고 있으며, 농업 관행의 상호연계성은 더욱 커지고 있다. 이는 작물 선택, 노동, 관련 투자, 농지 매매 등에 대한 가구 수준의 의사결정이 점점 더 국제시

사례연구 7.5

태국 농업의 고용추세 변화

아시아 국가들에서 농업 부문의 고용은 무척 중요하다. 그러나 그 패턴은 여러 이유로 인해 급속히 변해 가고 있다. 태국의 전체 고용에서 농업이 차지하는 비중은 지난 30년간 현저하게 줄어들었는데, 1980년 71%이던 것이 1991년 60%, 2001년 46%, 2011년 39%까지 급속도로 떨어졌다(World Bank, 2013d). 이러한 변화는 유휴 노동력과 유휴 토지에 의존하는 농업 부문으로부터 이에 덜 의존하는 다른 부문으로 고용이 이동하는 것과 관련이 있다. 하지만 도시화와 산업화가 진전되는 가운데 농업생산성도 증대하고 있다. 태국의 농업 변화에서 긍정적인 신호는 작물 생산량이 증가하고 있고, 아울러 농촌 빈곤인구 비율이 1960년 60%에서 2000년 10%로 급속히 감소했다는 점이다(Leturque and Wiggins, 2010). 이러한 변화의 많은 부분은 민간 부문 기업들에 의해 주도되었지만, 국가도 관개시설, 인프라, 통신에 대한 투자와 함께 소농에 대한 신용대출과 토지를 제공하는 등 중요한 지원의 역할을 수행했다. 하지만 농촌 주민들의 농업고용 감소 경험은 매우 복합적인 성격을 지니고 있어서, 빈곤과 절망으로 인해 촉발된 이촌향도의 인구이동처럼 이 연구는 태국의 농업 변화를 반드시 긍정적인 것으로만 볼 수 없다. 이 같은 태국 농촌의 변화는 Rigg et al.(2012)에 소개되어 있다. 이 연구에서는 태국 북동부의 2개 마을(Ban Non Tae 마을과 Ban Song Korn 마을)에서 1988~2008년 사이에 어떤 변화가 장기적으로 일어났는지를 분석하면서, 농업고용의 비중이 축소되고 있음을 밝혀 주었다. 특히 청년들의 비중은 대폭 감소하여 45세 이하 인구의 대부분은 마을 밖에서 일하고 있고, 46세 이상의 인구는 여전히 농업에 종사함으로써 농업은 '노쇠화'되고 있었다. 1980년대 초반과 비교했을 때 마을사람들은 개인 교통수단(오토바이, 트럭 등)을 더 많이 활용할 수 있게 되었고, 이를 통해 마을 밖에서 일하는 것이 가능해졌다. 이동성의 증대로 마을의 생활특성은 변하게 되었는데, 이 연구에서는 이렇게 변화된 생활을 '탈로컬화'되었다고 묘사하고 있다. 그 결과 가구구성에 변화가 일어나면서 노인 가장, 여성 가장 등 다양한 가구가 생성되었고, 부모가 도시로 이주하면서 조부모가 손자를 돌보는 조손가정 비율이 9%에서 21%로 증가하였다(Rigg et al., 2012: 1477).

장, 국제금융 스탠더드 및 협정(WTO, EU 등등), 국제적 소비 패턴에 의해 형성되고 있음을 의미한다. 글로벌 소비 트렌드는 매우 중요하다. 작물 선택(특히 전통적으로 재배하지 않았던 수출용 작물로의 전환), 농약 사용, 생산형태 등에는 선진국은 물론이고 중국, 인도 같은 거대 개도국의 소비 패턴 변화가 직접적인 영향을 미친다. 그러나 소비 트렌드는 단순히 문화적 가치나 라이프스타일의 변화와 연관되어 있는 것만은 아니다. 자연재해와 기후조건의 변화로 많은 지역들에서 밀이나 신선 채소 같은 특정 농산물이 부족해지면서 소비 트렌드가 변화하기도 한다.

　국제화의 현실과 그 효과는 지역 수준과 국가 수준에서 매우 다양하게 펼쳐지는데(태국의 경험에 관한 〈사례연구 7.5〉 참조), 이는 그러한 과정이 역사적·공간적으로 우연성이 크다는 우리의 주장과 일치한다. 따라서 단일한 분석(비판적 논의를 담은 Watts and Goodman, 1997 참조)이나 이러한 경향에 반하는 정책대응은 잘못된 것이다. 왜냐하면 개도국의 일부 지역에서는 오히려 그러한 트렌드가 혜택을 주기도 하기 때문이다. 성별 간에 상이하게 펼쳐지는 영향력 역시 다양하게 표출된다. 한 연구는 아이티에서 여성과 이주노동자가 수출작물(특히 바나나)의 생산 증가와 관련된 새로운 노동관리 관행으로 인해 어떻게 배제되고 착취당했는지 설명하였다(Raynolds, 1997: 92). 국제 공여기구들과 국제 NGO 단체들이 종종 전면에 나서서 성별 간 차별문제—대개 농지에 대한 통제권과 관련되어 있다—에 도전하기도 한다. 그러나 케냐에서의 연구(Whitehead and Tsikata, 2003)가 밝힌 것처럼, 정책의 교과가 의도된 수혜자들에게 항상 긍정적으로 나타나는 것은 아니다. 이 사례는 그러한 과정이 실제로는 매우 복잡하고, 또한 문화적 요인들은 상위의 구조적 사건들이 가져오는 결과를 끊임없이 변형시킨다는 점을 보여 준다. 생계 유지의 방식을 통해 불평등이 양산되는 문제는 지구화의 과정, 지역과 국가의 규범 및 사회적 가치(예컨대 여성에 대한 태도)에 의해 분명히 영향을 받는다. 이 문제를 다음에서 다루어 보자.

노동의 불평등

생계 유지 방식에서 가장 원천적인 형태의 불평등은 노동관행으로 혜택을 얻는 자와 고통받는 자 간의 불평등이다. 일반적으로 개도국의 많은 노동들이 불안정성과 궁핍, 절망으로 점철되어 있음이 확인된다. 이와는 대조적으로 경제적 성공을 이룩하게 해 주는 특별한 수단을 통해 성공한 부자들도 개도국에는 함께 존재한다. 이들의 경험을 간과해선 안 된다. 이들이 수적으로는 절대 소수에 불과하지만 막강한 권력을 갖고 있어서 이들의 행동과 결정이 수많은 사람들의 삶과 경험을 만들어 가기 때문이다. 제8장에서는 이들 부자들의 일부 소비관행을 다룰 것이다. 이들의 소비관행은 도시의 사회적·공간적 특성에 깊은 영향을 미친다(일례로 쇼핑몰이나 보안이 철저한 고급주거지 gated community 건설 등). 이처럼 개도국 내에 부유한 개인과 가족이 존재한다는 사실은, 개도국이 빈곤으로 동질화된 곳이라는 일반적인 표상을 교란시킨다. 모든 국가에는 기업 엘리트들이 있게 마련이다. 많은 국가들에서 정치적·경제적으로 독특한(다른) 역사가 전개되어 왔고, 이로 인해 소수의 부자와 다수의 빈민 간에는 부의 극단적 차이가 지속되어 왔다. 이는 최상위 10%가 차지하는 소득 비중을 통해 확인할 수 있는데, 그 비중은 2009년 남아공 51.7%, 2009년 브라질 42.9%, 2010년 콜롬비아 44.4%, 2010년 잠비아 47.4% 등이었다(World Bank, 2013e). 이러한 불평등은 자본주의의 불균등성이 작용하고, 지구화된 경제적 관행의 영향을 받은 결과이다. 하지만 이들 기업 엘리트들도 역시 글로벌 트렌드의 변화에 취약하다(Lever-Tracey, 2002 참조). 물론 그 결과가 이들의 삶을 위협할 정도는 아닐 것이다. 개도국의 일반 주민들은 그러한 글로벌 트렌드의 변화와 그에 따른 지역의 변화에 크게 영향을 받게 되며, 이는 곧 불평등과 빈곤의 영속화를 가져온다. 따라서 시장 주도적 개발 접근에 의지하는 것이 과연 장기적으로 이익을 가져올 것인가라는 의문이 제기된다(10장).

생계 유지 방식은 구체적인 공간에서 펼쳐지는 사회적 정체성을 만들어가고, 반대로 사회적 정체성에 의해 만들어지기도 한다(8장). 이러한 정체성은 불평등이 표출되는 핵심축이기도 하다. (공장 매니저와 노동자의 관계 같은) 노동관계를 구조화하는 권력관계로 인해 불평등의 경험이 이루어진다. 개도국에서는 다양한 종류의 불평등이 다양한 스케일에서 경험된다. 여기서는 젠더와 나이로 불평등을 설명하지만, 그 밖에도 민족성과 섹슈얼리티 같은 다양한 사회적 정체성과 차이가 불평등의 핵심적 요소가 되고 있다. 이러한 불평등은 또한 공간적 규범에 따라 변해가기도 한다. 불평등은 불공정을 수반함으로써 누군가는 혜택을 얻고 누군가는 손해를 보게 된다. 우리는 불평등이 대단히 모호하고 복잡한 특성을 지니고 있으며, 또한 독특한 사회적 정체성이나 생계 유지 방식으로 간단명료하게 그려질 수 있는 것이 아니라는 점을 강조한다. 개도국에서 여성이 남성보다 보통 임금이 적은 것이 사실이지만, 남성들 간의 불평등 역시 심하다. 노동하는 아동들도 작업장에서 불평등을 경험하지만, 어떤 면에서는 그곳이 자유와 책임감의 장소일 수도 있다. 더군다나 아동이 노동을 해서 소득을 얻지 못한다면 아이가 사는 가정의 경제상황은 훨씬 나빠질 수도 있다.

젠더화된 생계 유지 방식

생계 유지 방식은 원래부터 젠더화되어 있다(〈핵심개념 5.1〉과 〈사례연구 7.2, 7.3, 7.6〉). 이처럼 젠더화되어 있는 이유는 문화적 규범과 가치가 노동에 관한 사고, 즉 특정 공간에서 남성과 여성에게 각각 적합한 일이 무엇인지에 관한 사고를 고착시켰기 때문이다. 이러한 가치는 강력한

사진 7.4 이집트 카이로의 소규모 염색 사업체에서 일하고 있는 남성들. ⓒ Steve Connelly

사례연구 7.6

남아공에서 남성성과 노동

남아공 더반의 카토 크레스트(Cato Crest)에 있는 비공식 주거에서 살고 있는 젊은
남성들은 일생 동안 매우 높은 실업 상황에서 성장해 왔다. 더반은 한때 경쟁력을
갖추었던 제조업 중심지였지만, 이후 글로벌 차원의 입지변동(더 저렴한 아시아 생산지들의 성장)과 국가적 차원
의 상황 변화(경기후퇴, 신자유주의 정책, 아파르트헤이트의 유산)와 뒤섞여 영향을 미치면서 제조업이 위축되고
일자리가 감소하게 되었다. 많은 남성들은 공식적 고용, 즉 호사스러운 영구 숙련 직업이 무엇인지 알지 못한다.
이들은 아파르트헤이트의 유산에서 벗어나지 못한 열악한 시스템 속에서 빈약한 교육을 받았을 뿐이다. 이들 대
부분은 스스로를 줄루(Zulu) 족이라고 인식하며, 대단히 가부장적인 특성을 보인다. 이들은 가장으로서 남자의 역
할은 본래부터 주어진 것이라 생각한다. 이들에게 남성의 정체성(〈핵심개념 5.3〉)이란 자신의 역할을 잘 수행하는
능력에 의해 만들어지는 것이다. 그러나 남아공에서 실업이라는 현실은 그러한 능력이 심각하게 훼손되고 있다는
것을 의미한다. 이 같은 남성은 자식들에게 교복과 음식을 사 줄 수 없기 때문에 부모로서의 도리를 못하고 있다
고 느낀다. 실업이 지속되는 상황은 가정 내에서의 권력균형에 변화를 유발한다. 즉 비공식 직업이건 급료가 형편
없이 낮건 상관없이, 아내가 고용되어 있는 상황에서는 자신의 권위가 추락되었다고 느끼는 것이다. 한 남성은 다
음과 같이 말했다.

남자로서 실업자이고 아내는 일을 하는 고용상태에 있다는 것은 고통스러운 일이다. 이 상황에서 사람들은 남자
로서 존경하지 않을 테니 말이다. 사람들은 가장 나쁜 용어를 써서 당신을 부를 것이다. 아내조차도 당신을 남자로
존경하지 않을 것이다. 아내는 이웃들과 함께 당신에 대해 험담을 할 것이다(Meth, 2009: 858).

가정 폭력은 그러한 경험으로부터 발생하게 된다. 수많은 여성들은 무력한 남편들의 폭력으로 고통을 당한다. 남
성성에 대한 분석에 의하면, 남성의 자아존재감은 실패에 매우 취약하다. 특히 성공한 듯 보이는 다른 사람과 비
교되었을 때 더욱 그러하다. 카토 크레스트에서 직업과 부를 놓고 벌이는 남성들 간의 갈등은 성공한 다른 사람이
(다른 아프리카 출신) 외국인일 경우에 외국인 혐오적인 용어로 표현된다. 이웃 국가에서 온 사람들은 돈이 많기
때문에 많은 여성들이 관심을 갖는 대상이라고 설명한다(남아공의 외국인 혐오에 대한 〈사진 5.4〉). 직업, 지위, 정
체성, 권력 등은 모두가 서로 연결되어 있다.

출처: Meth, 2009

영향력을 발휘한다. 가령 일부 중동 지역 무슬림 국가에서는 여성이 집 밖에서 일하는 것은 부적
절하다고 여겨진다. 이란, 이라크, 요르단, 아프가니스탄 등의 국가에서는 여성의 노동시장 참여
가 16%로 가장 낮은 수준을 보인다(World Bank, 2013f). 이는 여성들이 공적 공간에서 낯선 남
성과 일하는 것을 어렵게 만들고 있다. 물론 이를 극복하려는 전략들도 분명 구사되고 있다. 예
를 들어 무슬림 국가의 일부 여성들은 퍼다(purdah)[2)]의 제한규정을 지키기 위해 아이들을 활용

하여 상품을 판매한다(Bryceson, 2002: 732). 그럼에도 불구하고 노동의 젠더화된 특성 때문에 남성과 여성은 (지역, 국가, 글로벌 규모에서) 매우 다른 방식으로 경제적·정치적 과정을 경험하며, 이러한 과정은 젠더화된 구분과 불평등을 더욱 고착화시킨다. 예를 들어 지난 30년간 관광을 비롯한 서비스 부문이 팽창하면서 여성의 고용기회가 증가하여 대대적인 변화를 겪고 있다. 그러나 이러한 직업들은 임금 수준이 낮고 고용 불안정성이 높다. 반면에 많은 남성들은 위험이 큰 광업이나 제조업 같은 전통적인 남성경제 부문에서 일자리를 잃어 가고 있다. 〈사진 7.4〉는 이집트 카이로에서 소규모 염색업체에 종사하는 남성들을 보여 준다. 비공식 염색산업은 남성들이 지배하고 있는데, 무방비 상태에서 무분별한 화학염료의 사용으로 건강에 큰 해를 입을 수 있다. 광범위한 고용 변화로 인해 남성과 여성 간에 긴장관계가 조성되고 있으며, 노동의 기회가 변화하면서 젠더 역할이 재규정되고 있다. 개도국과 선진국 모두에서 노동은 남성의 정체성을 이루는 근간이었고(Morrell and Swart, 2005), 따라서 고용의 변화와 실업은 남성성(masculinity)의 위기로 이어졌다. 〈사례연구 7.6〉은 남아공 카토 크레스트(Cato Crest)에서, 실업 상태의 남성들이 품고 있는 감정과 두려움을 상세히 보여 주고 있는데, 이는 정체성과 고용의 연관성을 잘 설명해 주고 있다.

젠더화된 고용특성에 관한 가정들은 남성과 여성이 특정 부문에 실제로 연루되어 있다는 오해를 불러일으킨다. 그 좋은 사례가 어업이다. 어업은 농업, 임업, 수렵업과 함께 1차산업의 핵심인데, 소위 '어부(fishermen)'라는 단어가 보여 주듯 일반적으로 남성지배적인 활동으로 여겨진다. 여성이 어업에 실제로 종사하고 있지만 이 점은 간과된다(Harper et al., 2013). 여성은 어획과 생선가공, 판매, 어업금융 등의 부문에서 일하고 있다(Harper et al., 2013: 56). 이를 통해 여성들은 소득 창출과 먹거리 확보에 실질적으로 기여한다. 특히 자가소비를 위한 중요한 소규모 어획활동에서는 여성들이 지배적인 역할을 수행하고 있고, 대규모 어업 부문에서도 활동하고 있다. 가령 오세아니아에서는 점점 성장해 가는 수출산업에서 여성의 고용이 압도적인 비율을 차지한다. 피지(〈사진 7.5〉), 파푸아뉴기니, 월리스푸투나, 바누아투 등의 국가에서는 대략 같은 수의 여성과 남성이 어업활동에 종사한다(Harper et al., 2013: 59).

2) 역주: 무슬림 공동체에서 남자가 여성을 보지 못하도록 하는 엄격한 규정을 말하며, 성별 공간적 분리로 이를 실현하거나 여성들이 자신의 신체를 가리는 방식으로 이를 실현하기도 한다.

사진 7.5 피지 나사칼라우(Nasaqalau)에서 어획작업을 계속하기 위해 파도를 기다리고 있는 여성들. ⓒ Robert Harding

개도국에서 많은 여성들은 남성들처럼 집 밖의 다양한 환경 속에서 노동을 하고 있지만, 가정 내에서 수행되는 무임금 가사노동의 대부분은 여성이 책임지고 있다(〈핵심개념 7.3〉과 〈사진 7.6〉). 페미니스트 지리학자들은 사적 공간과 공적 공간의 단순한 이분법을 비판한다(McDow-ell, 1998). 그럼에도 가사노동에 대한 책임감은 여전히 남성 파트너보다 훨씬 더 많은 부분이 가사공간 내의 여성들에게 부여된다. 심지어 사적 공간 외의 공간에서조차도 마찬가지이다(Meth, 2003). 그러나 노동에서 젠더화된 불평등은 아주 분명하게 구분되지는 않으며, 실제로 '노동'을 구성하고 있는 것이 무엇인지도 역시 불분명하다. (잠비아에서) 남성들의 가정방문 관행과 사회적 모임은 종종 가정의 자원을 확보하는 중요한 열쇠가 된다(Harrison, 2000). 그런데도 이른바 생산적 활동에만 초점을 맞춤으로써 남성의 그러한 기여는 간과된다.

아동노동자

아동노동과 관련한 논쟁은 '대단히 뜨겁고, 윤리적인 논란을 불러일으킨다'(Subrahmanian, 2002: 403). 아동과 청소년은 개도국에서 노동력의 실질적인 원천이다(네팔에서 과일과 채소를 파는 소녀를 보여 주는 〈사진 7.7〉 참조). 국제노동기구(ILO)는 2013년 전 세계적으로 아동노동

개발도상국과 **국제개발**

가사노동

가사노동은 음식 준비, 요리, 세탁, 가정 구성원에 대한 돌봄과 관리, 집 관리 등 집 안팎에서 수행되는 무임금 노동을 말한다. 이러한 임무는 가정이 지속되고 번영할 수 있도록 해 주는 것이고, 이에 힘입어 임금노동인 가정 구성원들이 밖에서 노동을 해 나갈 수 있도록 해 준다. 전 지구적으로 가사노동은 매우 젠더화되어 있어 여성들이 주로 그 임무를 맡고 있다. 가사노동은 여성들의 재생산 역할로부터 확대된 것으로 간주되고 있기 때문이다(〈그림 8.1〉).

많은 가사노동들은 주목받지 못하고 등록되어 있지도 않다. 페미니스트 연구자들이 이에 대한 적절한 인식을 확산시키려 노력하지만, 가사노동은 여성의 하루 일과 중 '당연한(normal)' 부분이라고 여겨지고 있기 때문이다. 가사노동에 대한 부담은 개도국의 남성과 여성 간 불평등에서 가장 근원이 되는 부분이다. 여성들은 그러한 부담을 짊어지고 있음은 물론이고, 이에 더하여 다른 생계 유지 활동에 종사하기도 한다. 대부분 가정에서 여자아이도 역시 가사노동의 짐을 지고 있다. 어머니를 돕는다거나 다른 임무를 책임지고 맡아서 하는 경우가 많다. 가정의 성인이 에이즈에 감염되었거나 돈 벌러 멀리 나가 있어 집에 있지 않으면 여자아이들이 가사노동을 전담하게 된다.

가사노동은 어떤 가정에서 가사업무를 담당할 도우미를 고용하게 되는 임금 가사노동과는 구별되어야 한다. 그런데 그러한 도우미 직업도 대부분 여성들이 고용되고 있다는 점에 주목해야 한다.

사진 7.6 아기를 등에 업은 채 카사바를 두드리는 여인, 콩고 민주공화국 북서부 아루(Aru). ⓒ Graeme Skinner

사진 7.7 네팔에서 과일과 채소를 팔고 있는 소녀. ⓒ James Grave

표 7.3 핵심 부문들에서 아동노동의 분포(5~17세)

부문	농업		제조업		서비스업		기타
	농업, 수렵, 임업, 어업		광산 채굴업, 제조업, 건설업, 공공시설업(가스·전기·상하수도)		도소매업, 식당과 호텔, 교통, 창고, 통신, 금융, 보험, 부동산, 사업자 서비스, 지역공동체 노동, 사회사업 서비스		
	남아	여아	남아	여아	남아	여아	
	62.8%	37.2%	68.5%	31.5%	47.4%	52.6%	
전체 비율 (남아와 여아)	60%		7%		25.6%		7.5%

출처: Diallo et al., 2012: 13에서 발췌

력이 약 2억 1,500만 명에 달하고 있다고 보았다(ILO, 2013c). 〈표 7.3〉은 가사노동을 제외하고, 아동들이 일하는 3대 주요 노동 부문을 상세히 보여 준다. 이러한 현실은 아동의 권리를 위반하는 것으로, 특히 ILO 같은 선진국 조직들로부터 많은 비난이 쏟아지고 있다.

그러나 이 문제를 다루고 있는 연구자와 활동가들은 아동노동의 여러 끔찍한 현실(마약거래,

개발도상국과 **국제개발**

매춘, 담보노동 등)에 주목하고 비판하면서도, 동시에 아동노동이 언제나 본질적으로 나쁜 것이라고 보는 보편적 가정에는 이의를 제기한다(Bourdillon, 2006; Nieuwenhuys, 2007). 이들의 주장은 복잡하지만, 그 초점은 가정이라는 맥락에서 아동들이 경험하는 불평등의 본질이 무엇인가에 맞추어져 있다. 가난이 아동노동의 가장 핵심적인 이유이겠지만, 유일한 이유는 물론 아니다. 국가경제의 신자유주의화와 그와 관련된 글로벌 시장에서의 경쟁압박으로 인해 많은 아동들이 일터로 내몰리고 있다(Lloyd-Evans, 2002). 아동노동에 대한 관심은 주로 카펫 제조나 성냥공장 같은 제조업 혹은 생산활동 현장의 아동들에 초점이 맞추어진다. 이러한 견해는 훨씬 더 흔하지만 보이지는 않는 문제, 즉 여자아이들이 가사노동의 형태로 가정에서 수행하는 노동과 관련된 문제는 간과해 왔다. 더욱이 아동들이 가장 많이 일하고 있는 곳은 농업 부문인데, 이는 정책담당자들이나 국제기구[유니세프(UNICEF) 등]의 시야에 잘 들어오지 않는 경우가 많다. 국제노동기구(ILO)는 5~17세 소년 소녀 1억 2,900만 명이 농업 부문에서 일하고 있다고 보고하는데, 이는 총 아동노동의 60%를 차지하는 숫자이며, 그중 67.5%는 가족구성원으로서 제공하는 무임금 노동이다(ILO, 2013b). 아동노동자들은 또한 대단히 열악한 상황 속에서 어쩔 수 없는 가정의 생존전략이 되기도 한다. 만약 아이들의 노동으로 수입을 얻지 못하면 일부 가정은 굶주림으로 갈 수밖에 없다. 마지막 주장은, 아동들이 노동으로 인해 교육을 받지 못한다는 점이다. 그런데 이 점은 논란거리가 될 수 있다(Subrahmanian, 2002). 왜냐하면 일부 아동들은 학업과 노동의 병행이 매우 힘든 일임에도 불구하고 자신의 교육을 위해 노동을 하는 경우도 있기 때문이다.

이러한 논란에도 불구하고, 가장 나쁜 형태의 아동노동(매춘, 담보노동, 열악한 제조환경에서의 노동 등)은 근절되어야 한다는 점에는 이견이 없다(Lloyd-Evans, 2002: 218). 국제노동기구도 1999년 최악의 아동노동협약(Worst Forms of Child Labour Convention)과 이후의 개정작업을 통해 이 의제를 추진하고 있다. 이 협약은 아동들이 위험에 노출될 수 있는 지하노동, 수중노동, 비위생적 환경에서의 노동 등과 같은 유해한 노동관행을 구체적으로 적시한다(브라질에서 쓰레기를 줍는 아동의 〈사진 7.8〉 참조). 하지만 이러한 노력에도 불구하고 그 관행은 여전히 개도국에 널리 퍼져 있다(〈사례연구 7.7〉). 어쨌든 이 논의에서 분명한 점은 젠더화된 관행이건 나이와 관련된 관행이건 간에, 불평등을 이해하는 것이 결코 간단하지 않다는 점이다. 개인의 행위주체성을 통해 개인이 직면하는 열악한 상황을 이겨 낼 수 있지만, 그럴 가능성은 매우 제한적이다.

함께 일하기? 생계수단의 개선을 위한 집단적 조직 활용

마지막 절은 노동의 정치, 즉 노동자들이 자신의 이익을 증진하기 위해 추진하는 집단적 행동 전략을 살펴보려 한다. 그러한 행동은 노동관계 내에 내재된 권력관계는 물론이고, 노동자들의 행위주체성과 이에 대한 제약들을 드러내 준다.

개도국의 수많은 노동자들은 단결전략을 구사하여 자신들의 영향력과 힘을 결집하고, 직업 안정성과 노동자격을 확보하고 있다. 노동자들이 연합할 권리는 보장되어 있기 때문에, 노동조합이 일반적인 방식이 되고 있다. 노동조합은 선진국에서는 이미 익숙한(하지만 쇠락해 가는) 제도이며, 개도국에서도 이는 노동자 협동조합이나 기타 지원조직과 더불어 역시 중요한 제도이다. 최근에는 글로벌 차원의 노동관리 협약들이 국제기구에 의해 개발되면서, 그 영향력이 개도국의 많은 국가들로 확산되고 있다(ILO, 2004). 이에 더하여 기업의 사회적 책임(CSR)(10장)이 주목받게 되면서 글로벌 차원에서 일부 노동자들의 노동경험이 새롭게 만들어지고 있다.

국제노동기구는 1919년 헌장에 결사의 자유라는 원칙과 집단적 협상의 권리를 명시하고 있다. 이러한 권리는 민주주의가 확산되면서 더욱 널리 퍼져 나갔다. 하지만 일부 국가에서는 이와 관련하여 여전히 열악한 상황이 지속되고 있다. 더군다나 특정 부문에서는 노동자들이 결사체를 형성할 능력 자체에 한계가 있는데, 가령 공공 부문이나 농업, 수출가공지대(EPZ, export processing zones), 이주노동자, 가사노동 종사자, 비공식 경제 노동자 등이 그 예이다(케냐의 비공식 상인조직에 대한 〈사례연구 7.8〉 참조)(ILO, 2004: 4). 그런데 사실 이러한 사례들은 개도국에서 가장 비중이 높은 주된 고용 형태이다. 여러 부문들에서 노동자들의 권리가 제대로 발현되지 못하는 이유는 다양하다. 법적 구속력이 없거나 제정되어 있는 노동법령이 강제되지 않는 경우에 '결사'의 자유는 거부되고 있다. 결사의 자유가 허용된다 하더라도 노동자들의 권리가 제한되는 경우도 드물지 않다(ILO, 2004: 37-38). 노동자들의 권리는 종종 공간적으로 각인된다. 수출가공지대에서 노동자들의 집단행위를 금지하는 규정 자체가 외국 기업을 유치하는 유인책으로 활용된다(4장). 가사노동자나 비공식 경제 노동자들에게 그러한 권리가 없다는 것은 고용관계가 불법적, 혹은 비공식적으로 성립되어 있음을 의미한다. 가사노동자들은 조합을 구성하기가 특히나 어렵다. 노동이 사적 특성을 지니며, 주로 여성들이 종사하고 있고, 또 이들이 사적 공간인 고용주의 집에서 살고 있는 경우가 많기 때문이다(ILO, 2004: 43). 개도국의 여성들에게 이는

사례연구 7.7

브라질의 아동 쓰레기 채집꾼

쓰레기 채집은 개도국에서 남성, 여성, 아동 모두에게 일반적인 소득원으로 여겨진
다. 다른 곳과 마찬가지로 브라질에서는 아동이 부모와 함께 채집임무를 돕는다. 또
한 거리의 아이들은 독립적인 쓰레기 채집꾼으로 활동한다. 채집의 종류는 시장이나 쓰레기장의 특성에 따라 다
양하지만, 대개 아이들의 경우 판지나 금속, 의류 등을 채집해 고물상에 파는 일을 주로 한다. 이런 작업은 위험한
폐기물에 노출되어 건강이나 안전문제가 보장되지 않는 대단히 위험한 일일 수밖에 없다. 더군다나 일부 아동 쓰
레기 채집꾼은 학교에 가지 않고 부모를 도와 이 일을 함께 하기 때문에 교육 성취도가 떨어지는 문제를 안고 있
다. 간혹 아이들이 밤샘 작업에 투입되기도 하기 때문에 학교에 가서 공부에 집중한다는 것은 거의 불가능한 일이
되어 버렸다. 장기결석과 극심한 피로로 이들의 졸업률은 매우 낮다. 하지만 쓰레기 채집은 가계소득에 보탬이 되
고 있으며, 집 없는 아동들이 독립적인 생활을 할 수 있도록 기여한다. 일부 아이들이 그 대신 선택할 수 있는 매춘
이나 마약운반 같은 일들은 이에 비하면 훨씬 더 안 좋은 노동이다.

출처: ILO, 2007; Pan American Health Organization, 2007에서 발췌

사진 7.8 쓰레기 채집하는 아이들, 브라질 북부 헤시페(Recife). ⓒ AP/PA Images

매우 중대한 문제이다. 가사노동은 많은 고용을 제공하고 있으며, 송금수입의 중요한 원천이다.
또한 여성노동력은 비공식 경제와 수출가공지대 모두에서 매우 큰 비중을 차지한다(ILO, 2004:
37). 이처럼 노동자 권리에 대한 제약은 특히 젠더화되어 있고, 이로 인해 글로벌 스케일에서 젠

사진 7.9 방글라데시 다카(Dhaka)에서 열린 홈넷 남아시아 워크숍. ⓒ Martha Alter Chen

더화되어 있는 고용관행을 더욱 복잡하게 만든다.

노동조합 이외에도 노동자들은 다른 방식으로 자신들의 요구를 충족할 수 있는 조직을 구성할 수 있다. 비공식 경제에서 생계를 유지하는 사람들에게는 과거 수십 년 동안 노동조직들의 성장이 도움이 되기도 했다. 이를 통해 그들은 시 당국과의 공정한 노동관계를 획득할 수 있었기 때문이다. 노동조직들은 다양한 목적을 가지고 있지만, 일반적으로 사업 인허가를 확보하고(예컨대 무역 허가), 신용대부협회를 설립하고, 에너지, 주택, 용수, 교통 문제와 관련하여 관리와 처리의 개선을 시 당국으로부터 이끌어 내려 애쓰고 있다. 또한 관료들의 부패와 시 당국의 괴롭힘에 맞서 싸우기도 하고, 자신들의 권리가 법정에서 인정받도록 하기 위해 대안적 형태의 권위를 활용하기도 한다(ILO, 2004: 47). 가사노동 여성들과 더불어 거리행상으로 일하는 남성과 여성들의 요구를 관철시키기 위해 형성된 조직으로는 홈넷(HomeNet)(〈사진 7.9〉 참조), 스트릿넷(StreetNet), 위에고 비공식 고용여성(WIEGO, Women in Informal Employment: Globalizing and Organizing), 세와 자기고용여성연합(SEWA, Self Employed Women's Association) 등이 있다. 이러한 글로벌 조직들의 범위는 매우 광범위하다. 2012년 말 현재 WIEGO는 세계 41개국

사례연구 7.8

케냐의 KENASVIT와 NASTHA

케냐에서 노점상과 비공식 노동자를 대표하는 기구가 바로 KENASVIT(케냐 노점상 및 비공식상인연합)이다. 이 조직은 2005년에 결성되어 국가적 규모로 운영되고 있으며, 나이로비(Nairobi), 몸바사(Mombasa), 나쿠루(Nakuru) 등을 포함한 7개 도시에 약 6,000명의 회원을 보유하고 있다. 이 조직이 표방하는 목표는 다음과 같다.

노점상과 비공식 상인을 결집하여 그 권한을 강화하며, 훈련과 신용 확보를 통해 이들의 사업을 증진시키고, 아울러 지역 당국 및 다른 유관기관들과 협의하면서 이들에 대한 차별과 괴롭힘을 드러냄으로써 이를 종식시킬 수 있는 적절한 법규와 정책을 이끌어 낸다(WIEGO, 2013).

이 조직은 원대한 야망을 갖고 있으며, 향후 회원을 대규모로 늘려 가려는 목표를 추진하고 있다. 그런데 이 조직은 WIEGO의 기관 회원이기도 해서, 다른 비공식 노동자 조직과 글로벌하게 연결되어 그 혜택을 도모하고 있다. 케냐의 주요 도시들에서는 비공식 상인과 노점상을 대표하는 지역 조직들이 점차 확대되고 있다. 이러한 지역 조직들은 국가 수준의 KENASVIT에 가입되어 있다. 그 한 예가 NASTHA(나쿠루 노점상 및 행상연합)인데, 나이로비 북서쪽에 있는 약 30만 명 인구규모의 나쿠루 시에 있는 조직이다. NASTHA는 2006년에 공식적으로 등록되었으며, 2012년 6월 현재 1,200명의 회원을 보유하고 있다. 이 조직은 오랫동안 지역 경찰, 의원, 행정당국과 마찰을 겪어 오면서 결성하게 되었다. 나쿠루 중심업무지구에서 돈을 버는 행상들은 혼잡을 야기한다고 해서 바람직하지 않은 것으로 간주되었고, 이와 관련하여 벌금과 괴롭힘, 강제철거와 압수 등으로 고초를 겪었다. 이 경우처럼 정치와 경제는 분명 상호연관되어 있다. 즉 행상들에 대한 '국가'의 태도는 사실상 누가 지역의 권력을 쥐고 있느냐에 달려 있으며, 또한 선거기간 중에는 지역의 권력자들이 이들을 선거득표에 유리한 자원으로 보느냐의 여부에 따라 행상들에 대한 국가의 태도가 달라질 수 있다. 실제로 2000~2010년 동안 해마다 행상들은 어떤 지역 권력자가 오느냐에 따라 (때로는 괴롭힘과 철거를 당하고, 때로는 지원을 받는 등) 달리 대접받았다. 그 와중에 행상들은 생계를 안정적으로 유지해 가기가 어려워서 집단적인 조직을 결성하게 되었고, 이 시기 동안 NASTHA 회원은 크게 증가하였다. 2010년 여름, NASTHA 회장과 지자체는 협상을 벌여 합의를 도출했는데, 이에 따라 행상들이 중심업무지구 내에서 생계활동을 유지하는 것이 허용되었다. 그러한 합의와 허용의 조건은 위생환경 개선, 좌판 규모 축소, 행상 DB 구축, 시장위원회 구성, 행상의 월 수수료 납부 등이었다. 물론 이러한 협상과 합의가 행상들에 대한 괴롭힘을 완전히 종식시키지는 못했으나, 행상들의 상황이 많이 좋아진 것은 분명한 사실이고, 2012년 지자체 내 지역 권력자들과의 관계가 긍정적으로 바뀐 것도 사실이다.

출처: Streetnet International, 2012: 11-14; WIEGO, 2012에서 발췌

에 기관 및 개인회원이 있으며(WIEGO, 2013), StreetNet은 48개국에서 50만 명 이상의 회원을 확보하고 있다(Chen, 2001: 81).

이 조직들은 그러한 부문에서 전통적인 노동조합이 없었다는 맥락 속에서 그 중요성이 평가

되어야 한다. 케냐의 케냐 노점상 및 비공식상인연합(KENASVIT, Kenya National Alliance of Street Vendors and Informal Traders)과 나쿠루 노점상 및 행상연합(NASTHA, Nakuru Street Traders and Hawkers Association)은 그러한 조직들의 역량과 한계를 잘 보여 준다. KENAS-VIT와 NASTHA는 사례는 시당국과의 정치적 관계가 얼마나 복잡한지, 노동관행에 대한 시당국의 통제와 협상방식이 어떻게 공간적으로 접합되어 있는지를 보여 준다(〈사례연구 7.8〉).

나가며

이 장에서는 상호관련이 있는 네 가지 주장을 통해, 개도국에서 주민들이 생계를 꾸려 가는 일이 매우 복잡하게 전개되고 있음을 살펴보았다. 첫째, 개도국 주민들의 생계 유지 방식을 이해하는 분석틀로서 유연하고 전체론적인 접근을 시도해야 한다고 주장했다. 그런 접근을 채택하지 않는다면 생계의 핵심적 형태들을 간과해 버릴 수 있기 때문이다. 특히 비공식 부문에 대해 이러한 접근이 필요한데, 이와 관련하여 비공식 부문과 공식 부문이 중층적으로 상호교차되어 있다는 점도 분명하다. 둘째, 시간적·공간적인 측면을 섬세하게 고려하는 관점과 글로벌 차원의 변화가 영향을 미친다는 점을 인식하는 것이 개도국 주민의 생계를 이해하는 데 무척 중요하다는 점을 살펴보았다. 이는 특히 농업의 글로벌한 변화와 관련하여 적절하다. 불평등은 생계 유지 방식 속에 원래부터 내재해 있고, 또 그 방식들에 의해 형성된다. 우리는 차이와 관련된 두 가지 핵심축인 젠더와 나이를 통해 불평등을 탐구했다. 젠더와 나이를 통한 접근을 시도한다고 해서 여성과 아동의 주변화 문제를 어설프게 그냥 단정지어 버리고 끝나서는 안 된다. 남성과 여성, 아동과 가정에 형성되어 있는 복잡한 권력기제를 정교하게 살펴보아야 한다. 마지막으로는 노동자들이 노동조건의 변화를 이끌어 내기 위해 단결하는 전통을 살펴보았고, 다양한 부문들에서 그러한 전략이 어떤 어려움과 가능성을 지니고 있는지 탐색해 보았다. 이러한 논의를 통해 우리는 노동의 정치를 엿볼 수 있으며, 아울러 특정 상황에 도전하고 적절한 행위를 해 나가는 개인의 행위주체성의 정치도 엿볼 수 있다(6장). 네 가지 주장 모두에는 지리의 역할에 대한 인식이 밑바탕에 깔려 있다. 즉 지리는 생계 유지 방식을 만들어 가며, 또한 역으로 앞서 요약한 과정들을 통해 지리가 만들어지는 것이다.

복습 문제 / 활동

개도국 조사하기

1. 깁슨-그레이엄의 동료인 제니 캐머런(Jenny Cameron, 2007)은 자신의 학생들에게 '다양한 경제'의 표를 스스로의 경험을 토대로 작성케 하여, 다양한 경제개념을 '환기'하고 우리의 일상생활에서 경제적 상호의존의 범위를 밝힌 바 있다. 〈표 7.4〉를 참고하여 여러분의 거래, 노동, 사업 등을 포함하는 표를 작성해 보자. 특히 비시장, 무임금, 비자본주의적인 것들에 초점을 맞추어 보자. 작성이 완료되면, 여러분의 경제적 실천을 상세화하고자 할 때 임금노동에만 주목하는 것이 과연 얼마나 효과적일지를 비판적으로 생각해 보자. 그런 후에 개도국 주민들의 생계 유지 방식을 이해하는 데 다양한 경제가 시사하는 바가 무엇인지를 생각해 보자.

거래	노동	사업
시장 딸 신발, 식료품, 차량 연료 등 구매	**임금** 대학 강사료	**자본주의**
대안 시장 학교의 기금 마련을 위해 우리가 재배한 농산물을 기부. 어머니에게 요리와 식재료 비용 지불.	**대안 임금** 집의 태양광 집열판에서 발생한 수입.	**대안 자본주의** 자선구호 가게에 헌옷 기부. 포틀랜드 노동자협동조합 개소식 지원.
비시장 동생에게 옷 빌려 줌. 큰 조카딸에게 드레스 한 벌을 줌. 조카의 영화 티켓 사 줌. 매제가 아이들 점심을 사 줌. 조카딸 캠핑장비를 빌려 줌. 내가 키운 애호박을 동생에게 줌. 오래된 커튼을 동생에게 줌.	**무임금** 아이들과 조카를 위해 동거인과 요리를 해 줌, 집안 청소와 정원 관리. 친구 아이들을 1박2일 돌보기. 동생 집에서 음식 장만 거들기. 아이들 학교 바자회에서 케이크 굽기. 아이들 학교 바자회 농산물 판매. 급료 지급 없는 주말과 휴일에 대학 일 하기. 아버지가 내 아이들 돌보기.	**비자본주의** 씨앗 심기, 여름채소 작물을 식구들이 소비할 수 있도록 옮겨심기. 물통으로 작물에 물 주기.

출처: Gibson-Graham, 2005; Cameron, 2007에서 발췌

2. 제4장에 소개된 상품사슬 접근법을 사용하여 여러분 집에 있는 물건 중 개도국에서 온 것들을 확인해 보자. 이 물건들이 어떻게 재배 혹은 제조되었고, 어떻게 시장화되었으며, 어떻게 포장되고 수송되었는지 생각해 보자. 이러한 과정들이 어디에서 이루어졌는지, 누가 그러한 과정에 연루되어 있는지를 생각해 보자. 상품사슬을 따라 다양한 행위자 간에 형성되어 있는 불평등을 생각해 보자.

토론 탐구하기

아동노동에 관한 논쟁들을 읽어 보자. 국제노동기구(ILO)의 자료를 활용하여 아동노동력이 어떻게 지리적으로 독특한 특성을 지니고 있는지, 또 시간에 따라 어떻게 변해 가고 있는지 생각해 보자. 몇몇 사례에 초점을 맞추어, 어떤 상위의 과정들이 아동의 생계 유지 방식(경제적·정치적·사회적 방식)의 변화를 유발하는지 확인해 보자. 이어서 목록에 나와 있는 출처에서 주장하는 것들을 고려하여(Bourdillon, 2006; Nieuwenhuys, 2007; Subrahmanian, 2002) 그러한 시간에 따른 변화가 (가구, 지역경제 등과 같은) 상이한 행위자들에게 던져 주는 시사점이 무엇인지 도출해 보자.

더 읽을거리

Chen, M. A. and Vanek, J. (2013) 'Informal employment revisited: theories, data and policies', *The Indian Journal of Industrial Relations* 48(3): 390–401.

이 논문은 비공식 고용을 명료하게 개관하고 있다. 비공식 부문, 고용과 경제 등과 같은 핵심개념을 설명하고 있고, 중요한 통계와 비공식성에 대한 최근의 접근법을 보여 준다.

Rigg, J. (2007) *An Everyday Geography of the Global South*, Abingdon: Routledge.

아주 잘 정리되어 있지만 분명한 논쟁거리를 제공하고 있는 이 책은 일부 장들에서 생계 유지의 방식에 대해 논의하고 있다. 생계접근법에 대한 유용한 소개와 중요 참고문헌을 포함하고 있다.

웹사이트

www.ilo.org International Labour Organization(ILO)

국제노동기구는 국제 노동문제에 대한 가장 종합적인 개관을 제시하고 있는 곳이며, 노동 관련 문제를 다룬 수많은 연구논문과 통계자료를 제공한다. 웹사이트의 대부분은 영어로 되어 있지만, 일부 구체적인 국가 관련 정보를 담고 있는 부분은 다른 언어로 되어 있어 영어권 독자들의 접근이 용이하지 않을 수도 있다. 그럼에도 불구하고 대체적으로 사용자 친화적이고 유익한 정보를 담고 있다.

www.wiego.org Women in Informal Employment: Globalizing and Organizing(WIEGO)

비공식 고용여성 웹사이트는 광범위한 다른 출처와 현황 보고서, 출판물로 링크될 수 있다는 점이 강점이다. 또한 전 세계적으로 가입되어 있는 기관 회원들(가령 StreetNet Ghana 등)로의 링크도 가능하게 되어 있다. '출판물과 자료(Publications and Resources)' 링크를 통해 Workers Lives 출판물들을 살펴보자. 여기에는 개도국의 개별 노동자들이 직접 적은 훌륭한 맥락적 설명들이 담겨 있다. 이 웹사이트는 상대적으로 업데이트가 가장 잘 되어 있고, 종합적으로 구조화되어 있어 사용하기 편리하다.

필리핀 광산과 원주민의 권리

광산업(鑛産業,mining industry)은 지리학의 하위 분야인 자원지리학의 주요 주제이다. 광업은 기본적으로 재생 불가능한 자연자원을 대지로부터 추출하고, 그 과정에서 영구적인 지질·지표상의 변화를 만들어 내는 산업이다. 따라서 언제나 사회경제적·환경적 논쟁을 불러일으키는 산업이다. 게다가 현재의 광업은 규모가 커지고, 노동집약적 속성을 벗어나 자본 및 기술집약적 산업이 되면서 정치적·사회경제적·환경적 결과에 관한 논쟁은 더욱 심화되고 있다. 또한 광업은 자연기반의 1차산업 중에서도 장소고착성이 큰 산업이다. 광물자원이 기본적으로 편재(偏在)적 속성을 지니기 때문에 광물자원 추출산업(extraction industry)의 입지가 제한되는 것이다. 따라서 광산업은 지구적 규모에서 수요와 공급이 조절되는 국제시장에 언제나 종속된다. 이런 점에서 1980년대 중반 이후 제3세계 자원부국들이 취하는 개방과 규제완화를 골자로 하는 광산 정책의 신자유주의화는 그들 국가가 보유한 광물자원의 질과 양에 관한 홍보보다 외국자본을 유치하는 데 더욱 효과적인 전략이 되고 있다. 국가 제도상의 변화는 외국자본이 우려하는 불확실성에 대한 정부의 안정성 보증을 의미하기 때문이다.

필리핀의 광산업 관련 정부 정책이나 산업계의 인식은 언제나 외국인 투자에 의존하는 수출지향 발전의 틀 안에 머물러 있다. 특히 1995년 광산법 제정을 통해 100% 외국자본 소유의 광산개발이 허용되는 광산업 자유화 정책이 만들어졌고, 이는 필리핀에 대한 외국인 광산업 투자 증대로 이어졌다. 환태평양조산대에 위치한 필리핀은 풍부한 광물자원을 보유하고 있다. 필리핀 광물지질국에 따르면 필리핀의 광물자원 보유량은 금 세계 3위, 구리 세계5위, 니켈 세계 5위이며, 보유 광물자원의 총 가치는 8,400억 달러로 필리핀 총 외채의 15배에 해당된다. 현재 필리핀의 광산허가 면적은 총 3,000만ha의 국토에서 약 4%에 해당하는 114만ha이다(Mine and Geoscience Bureau of the Philippine, 2012). 광물지질국은 국토의 약 30%의 토지가 지질학적으로 금속광물을 보유한 것으로 추정하면서 국내외 투자 활성화로 광산업의 부흥을 기대하고 있다.

최근에는 환경적 지속가능성에 국제적 요구가 증대되면서 광산업 부문에서도 '책임 광업(re-

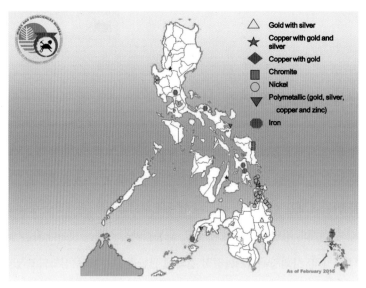

그림 1. 필리핀 금속광 분포. 출처: 필리핀 광산국 홈페이지(http://www.mgb.gov.ph)

sponsible mining)'에 대한 관심이 증대되고 있다. 특히 1996년 최악의 광산사고로 알려진 마코퍼 참사가 발생한 이후 광산개발이 지역사회와 환경에 미치는 사회적·환경적 영향을 우려하는 목소리가 커지고 있다. 여기서 문제는 필리핀에서 광산 조업지의 60%가 조상의 땅(ancestral domains)에서 이루어지고 있다는 점이다(Wetzlmair, 2012). 조상의 땅은 1997년 제정된 원주민 권리법에 따라 보장된 일종의 보존지역으로 전통과 유산을 인정받은 필리핀 원주민들이 생계수단과 문화적·종족적 지속가능성을 영위하는 공유지이다. 원주민들은 필리핀 사회에서 여전히 가장 취약한 계층에 속하는데, 대규모 광산개발로 인해 땅에 대한 권리와 생계기반을 잃는 경우가 많기 때문에 광산개발과 원주민의 권리에 관한 논쟁이 끊이지 않고 있다.

더 읽을거리

엄은희, 2008, 환경의 신자유주의화와 제3세계 환경의 변화: 필리핀 라푸라푸 광산 프로젝트의 정치생태학, 서울대학교 박사학위논문.

에리히 폴라트·알렉산더 융, 김태희 역, 2008, 자원전쟁-천연자원을 둘러싸고 벌이지는 새로운 냉전의 시대, 영림카디널.

Wetzlmaier, M. 2012, Cultural Implacts of Mining in Indigenous Peoples' Ancestral Domains in the Philippines, *Austrian Journal of South-East Asian Studies* 5(2), 335-344.

인도네시아의 산림과 한국 기업의 진출

국토면적 약 189만㎢(남한면적의 약 19배)의 열대성 적도 다우지역에 위치한 인도네시아는 브라질과 콩고 공화국의 뒤를 이어 세계 3위, 아시아 1위의 열대우림 보유국이다. 1960년대 말 각종 법령과 제도 정비를 통해 산림개발을 본격화한 이후인도네시아는 자국 내 수요를 넘어 동북아시아 국가, 특히 일본과 한국의 목재산업을 위한 최대의 원료 공급처가 되었다.

인도네시아 정부는 국가 경제발전을 산림을 임업뿐 아니라 전용을 통해 농업 및 광업용으로 광범위하게 활용해 왔다. 그 결과 산림에서 합법 혹은 불법적인 임목벌채가 많이 이루어져 왔다. 특히 동아시아 경제위기와 수하르토 체제 붕괴 이후인 1990년대 이후에는 인도네시아의 산림전용 및 훼손은 더욱 급속하게 진행되었다. 인도네시아의 산림 분야를 총괄하는 중앙정부의 관리 역량이 미성숙한 상황에서 단기적 이윤을 추구하는 기업관행과 지방정부의 개발허가 남발 그리고 임산업 외에 농업과 광업으로도 용도 전환을 위한 산림전용도 광범위하게 이루어졌다. 이처럼 산림전용과 훼손이 심각해지자 인도네시아 정부도 산림자원 관리의 필요성을 인식하고, 지속가능한 산림경영을 위한 다양한 노력들을 취하고 있다. 하지만 최근에는 제지나 펄프용 목재 플랜테이션과 팜오일 플랜테이션의 확대에 따라 인도네시아의 임산업은 새로운 국면에 접어들고 있다.

한편, 한국과 인도네시아 양자 간의 산림협력은 공식적인 외교수교 이전인 1960년대 말 민간기업의 산림개발 진출로 시작되었다. 한국 기업의 인도네시아 산림 부문 진출은 기존의 원재료 수입 방식을 벗어나 외국에 자회사를 설립하여 직접 경영을 수행하는 외국인 직접투자(FDI)를 통해 이루어졌다는 점에서 한국 기업 해외진출사의 첫 페이지를 차지하는 역사적 의의를 지닌다. 1968년 한국남방개발(KODEC, 이하 코데코)이 한국의 해외투자 제1호 기업으로 인도네시아 산림개발업에 진출했으며, 이듬해 현 코린도의 전신인 인니동화가 동일 업종에 뛰어들면서 한

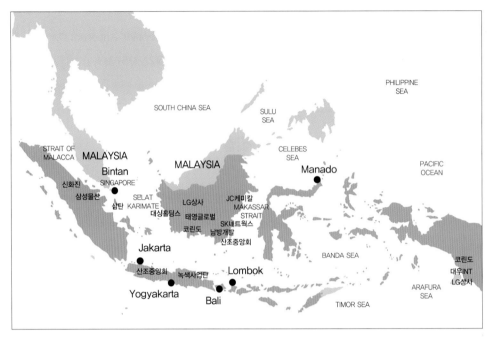

그림 1. 한국 기업의 인도네시아 산림투자 현황지도. 출처: 산림청·Kemeterian Kehutanan, 2013:170

국 기업에 의한 인도네시아 산림 직접개발의 시대가 열리게 되었다. 한국 기업들에 의해 개발된 산판에서 생산된 원목은 대부분 한국으로 수출되었고, 한국은 안정된 원자재 공급을 발판으로 1970년대 세계 합판산업의 선두국가로서의 지위에 오를 수 있었다.

하지만 1984년 인도네시아 정부가 원목수출을 전면 금지한 이후 인도네시아의 산림 부문에서 활동하던 한국 기업들은 인도네시아에 본사를 둔 몇몇 회사를 제외하고는 대부분 철수하거나 업종을 변경하였다. 하지만 2007년 이후 전 세계적인 원자재 투자가 확대되는 가운데 한국 기업들의 산림 부문 진출도 눈에 띄게 증가하고 있다. 한국 기업에 의한 해외조림 투자의 지역별 분포는 아시아 지역에 80% 이상 집중되어 있는데, 특히 단일국가 수준에서는 인도네시아가 66%로 압도적인 비중을 차지하면서 한국의 가장 긴밀한 산림 협력국가임을 다시 한 번 확인할 수 있다.

2000년대 이후 한국의 해외조림 투자는 전통적인 임업관련 기업이 아닌 대기업의 투자 참여가 특징적인데, 대기업들은 전통적인 목재생산을 위한 조림보다는 팜오일, 고무수액, 바이오에너지 생산을 위한 조림사업에 주로 참여하고 있다.

2010년 기준 인도네시아의 팜오일 재배면적(면허 발급 기준)은 730만ha를 기록하였는데, 인

개발도상국과 **국제개발**

도네시아 농림부는 향후 1,000만ha까지 팜오일 재배면적을 확대할 계획을 가지고 있다. 따라서 세계의 자본들이 남아 있는 인도네시아의 팜오일 재배면허를 따내기 위해 치열한 경쟁을 진행하고 있다. 경제적인 측면에서 팜오일은 황금작물(golden crop)이라 불릴 정도로 수익성이 높은 유망작물이다. 하지만 이러한 경제적인 측면의 배후에는 팜오일 플랜테이션이 가져온 사회적·환경적 문제가 산적해 있다. 인도네시아에서 팜오일(및 펄프용 조림)의 확대는 열대림의 감소가 최대 원인으로 지목되고 있으며, 지구의 허파이자 인류의 자산인 열대림의 훼손은 해당 국가의 산림황폐화를 넘어서 기후변화를 심화시키고 있다는 국제사회의 우려와 비난이 끊이지 않고 있다. 지역적 차원에서 팜오일 플랜테이션의 확대는 사회적으로 취약한 소농이나 원주민의 토지에 대한 탈취(land grabbing)로 인식되면서 사회적 갈등을 일으키고 있다. 국제관계에서도 수마트라의 팜오일 재배지 확보를 위한 인위적인 화재로 발생한 연무의 문제는 인근 국가(특히 싱가포르와 말레이시아)의 대기질에 악영향을 미치고 있어 이를 둘러싼 아세안 국가들 간의 갈등도 심화되고 있다(Pye and Bhattacharya, 2013).

이처럼 인도네시아의 팜오일 확대 현상은 동전의 양면처럼 경제적 이익만큼이나 사회적·환경적 비용을 발생시키는 논란의 대상이 되고 있다. 따라서 인도네시아의 산림 플랜테이션에 진출하는 한국 기업들은 단기적 이익 추구를 위해 지역의 토지와 노동력을 착취하는 방향 대신 장기적인 안목으로 지구적 가치를 지키며 지역사회와 공존하기 위한 특별한 노력이 요구된다.

더 읽을거리

오명석 외, 2014, 말레이세계로 간 한국 기업들, 눌민.

조흥섭, 2014, 산림녹화 성공 타령, 또 다른 불편한 진실(한겨레 신문, 2014. 10. 21.).

Pye, O. and Bhattacharya, J.(eds), 2013, *The Palm Oil Controversy in Southeast Asia: A Transnational Perspective*, Singapore: Institute of Southeast Asian Studies.

생활방식

들어가며

개도국 주민들의 사회적·문화적 삶은 '전통적인' 것, 정체되어 있는 것으로 표상되곤 하는데, 이는 '근대적이고' '진보적이며' '역동적인' 선진국과는 비교되는 표상이다(2장). 또한 문화적 지구화와 서구화의 거대한 힘에 좌우되는 허약한 것으로 표상되면서(5장), 전통적 삶의 방식을 쇠퇴시키는 '근대적' 사고 및 상품과 대비된다(Tomlinson, 1999). 그러나 그러한 표상들은 너무 단순화되어 있고 동시에 비공간적이다. 개도국 주민들은 다른 곳(다른 개도국 포함)에서의 새로운 변화 추세에 반응할 뿐만 아니라 '지역' 환경에서 지속적인 정체성의 경합과 재창출 과정을 경험하고 있다.

그러한 과정은 개도국에서 '전통'이 더 이상 필요 없는 한물간 개념임을 의미하는 것은 아니다. 오히려 '전통' 개념은 '근대성' 개념처럼 사회적으로 구성되는 것이며, 사실상 양자는 상호관계적인 특성을 띠며 분명히 연결되어 있다. 에릭 홉스봄(Hobsbawm, 1983)은 '전통'이 정치적 맥락에서 특정 목적을 달성하기 위해 고안되는 방식과 관련하여 '전통의 고안(invention of tradition)'이라는 개념을 발전시켰다(〈사상가와 논쟁 8.1〉). 이 장에서는 '전통' 개념이 도구적으로 활용된다는 사고를 세 가지 방식으로 논의할 것이다. 첫째, 전통을 다시 강력하게 옹호하려는 실천 특히 종교적 실천의 방식에 대해, 둘째, '전통' 관념이 일종의 상품으로 동원되는 방식에 대해, 셋째, '전통적' 가치에 의존하는 '새로운' 실천들의 방식에 대해 논의할 것이다. 세 가지 방식 모두에서

'전통'을 동원함으로써 권력관계가 어떻게 반영되는지, 그리고 그러한 전통이 상위의 사회적·경제적·정치적 변화 추세와 어떻게 조화를 이루어 가는지 논의하고자 한다.

이 장은 개도국 주민들이 일상생활에서 보여 주는 사회적·문화적 실천들에 초점을 맞춘다. 하지만 그렇다고 해서 정치와 경제가 그러한 사회적·문화적 차원들과 별개로 형성됨을 의미하는 것은 아니다. 이 장에서 중요하게 다루어질 두 가지 과정은 '혼종화(hybridization)'(〈핵심개념 8.1〉)와 '초국가주의(transnationalism)'(〈핵심개념 8.2〉)이다. 이 두 가지 개념은 모두 정체성의 유동성(fluidity)과 생각·사람·사물의 이동성을 내재하며, 아울러 주변화된 집단의 저항과 행위 능력의 가능성을 포함한다. 따라서 이 개념들은 '문화적 지구화'에 대한 일부 비관적 해석을 비판적으로 바라본다(5장).

우리는 저항과 변화의 가능성에 주의를 기울이면서, 주민들의 일상을 규정짓는 장애물에 대해 논의하려 한다. 가령 여러 상황 속에서 경제적 자원이 부족해지면, 개인과 가구와 지역공동체는 삶의 방식에 있어 선택의 여지가 사라진다. 마찬가지로 젠더, 섹슈얼리티, 민족성 등과 같은 다른 주변화의 축들도 마찬가지이다. 그러나 '제3세계 여성'의 경우처럼(Mohanty, 1991), 단일한 사회적 특성으로부터 출현한 특정한 단점만을 당연하게 여기는 것은 문제가 있다.

이러한 문제들을 고찰하는 데 도움이 되고자 이 장은 사회적·문화적 실천을 세 가지로 나누어 논의하고자 한다. 즉 집 만들기(home-making), 음식과 의복의 소비, 여가활동 등의 실천을 통해 상이한 공간들이 어떻게 활용되고 창출되는지 살펴보려 한다. 특히 이러한 실천이 지닌 소비의 측면에 초점을 맞추어 볼 것이다. 사람들이 무엇을 어떻게 어디서 소비하는가의 문제는 단순한 우연이 아니라 사람들의 정체성과 사회적 규범을 반영한다. 아울러 사람들이 그러한 실천

사상가와 논쟁 8.1

전통의 고안(Invention of tradition)

역사가 에릭 홉스봄(Eric Hobsbawm)은 '명시적이거나 암묵적으로 수용된 규칙들에 의해 좌우되고, 의례적이거나 상징적인 특성을 지닌 일련의 실천들, 특히 과거와의 연계성이 자연스럽게 형성되어 있으면서 특정 가치와 행동 규범을 반복적으로 주입하는 데 사용되는 실천들'을 '고안된 전통'이라는 개념으로 정의한다(1983:1). 그는 19세기 이래로 전통이 고안되는 주요한 이유를 세 가지로 본다. 첫째, 사회적 응집이나 집단구성원이라는 관념을 창조해 내려는 시도이다. 이는 민족성이라는 감정을 창조하고자 할 때 특히 중요하다. 둘째, 계급, 인종, 젠더 내에

특정한 제도나 위계구조를 확립하거나 정당화하기 위해 고안되기도 한다. 마지막으로, 믿음과 실천을 주입시키기 위한 사회화의 한 형태일 수 있다.

유럽 열강들이 아프리카에서 식민지 권력을 뿌리내려 지배관계를 정당화하기 위해 전통을 어떻게 고안했는지 설명하는 연구가 있다(Ranger, 1983). 이러한 '전통들'은 부족의 리더십 체계 같은 기존의 문화적 유형에 대한 유럽식 해석에 의존하기도 했다. 가령 독일과 영국은 이를 활용하여 '제국적 독재(imperial monarchy)'를 표상하고 정당화했대[식민지 아프리카에서 이루어진 '전통적 권위'의 고안에 대한 마무드 맘다니(Mahmood Mamdani)의 논의를 다룬 〈사상가와 논쟁 6.1〉 참조]. 교육제도, 종교적 사명, 군사적 강제 등도 '전통적'이라고 주장되는 실천들을 이행하였고, 이는 식민지 프로젝트의 일부로 발전되어 갔다. 의복, 의례, 노래, 호명 관습 등이 그 예이다.

그러한 고안된 전통들은 아프리카 문화 '밖'에서 온 것인데, 일부 아프리카인들은 이러한 새로운 실천에 의지하여 자신의 권력행사를 정당화했다. 연령, 젠더, 민족성 등의 계층성이 유럽이 도입한 관념과 실천에 바탕을 둔 아프리카식 '전통'에 의해 강화되는 것이다.

출처: Hobsbawm, 1983; Ranger, 1983에서 발췌

혼종화(Hybridization)

혼종화는 두 개의 문화가 만나 서로 섞이는 현상을 의미한다. 예를 들어 이주나 글로벌 미디어를 통한 섞임 현상을 말한다. 그런데 "사회나 문화가 전혀 혼종화되지 않을 정도로 매우 고립되고 정체되어 '본연의 진정성'을 유지한 때가 과연 있었을까?"(Hodgson, 2001: 6). 따라서 20세기 중반 이후 지구화의 과정과 연계된 혼종화가 아주 오랜 역사를 가지고 있는 문화 섞임 현상의 특정한 형태일 뿐이라는 점을 인식하는 것이 중요하다.

초국가주의(Transnationalism)

초국가주의는 국가 경계를 넘나들며 발생하는 경제적·사회적·문화적·정치적 과정을 의미한다(Vertovec, 1999). '지구화'와는 달리, 초국가주의 내에서도 국민국가의 중요성은 여전히 계속된다는 사실을 인식하는 것이 중요하다. 국가 경계가 없다면 '초국가적'인 것도 있을 수 없기 때문이다. 초국가주의의 핵심적 측면은 국경을 넘나드는 과정이 계속되고 있다는 사실이다. 예를 들어 이주의 경우 초국가주의는 국제 이주자가 직접 방문이나 전화, 이메일 등을 통해(Wilding, 2006), 또는 송금을 통해 '집(고향)'에 남아 있는 친구나 친척들과 접촉을 계속하고 있다는 것을 의미한다. 초국가주의 관념 속에는 여러 가능성들이 '사잇성(in-between)' 혹은 '전이적 공간(liminal space)'으로부터 출현할 수 있다는 의미가 내포되어 있다. 호미 바바 같은 연구자에게는 개인이나 집단이 기존의 불평등에 도전할 수 있는 기회를 제공해 주며(Bhabha, 1994), 다른 연구자에게는 그러한 해방적인 독해가 지나치게 낙관적으로 보이기도 한다(Mitchell, 1997).

을 해 나가는 공간은, 공간의 사회적 생산을 통해 정체성을 반영함과 동시에 정체성을 강화한다(〈핵심개념 1.1〉과 〈사상가와 논쟁 8.2〉). 문화적 지구화 관념은 의류 브랜드나 패스트푸드가 일방적인 과정을 거치며 글로벌하게 확산되고 있으며, 개도국의 '지역' 환경과 공동체는 이에 대한 저항력이 없는 것으로 흔히 묘사된다. 그러나 이 장은 개도국에서의 이러한 일상의 실천들이 상위의 과정에 의해 어떻게 만들어지며, 또한 그러한 상위의 과정들을 어떻게 만들어 가는지 살펴볼 것이다.

집 만들기

'집(home)'이라는 개념은 사람들이 거주하는 물리적 공간일 뿐만 아니라, 동거인들과의 사회적 관계에서부터 '집(고향)'으로서의 국민국가 관념에 이르기까지 다양한 스케일로 표현될 수 있는 사회적 공간이다(Blunt and Dowling, 2006). 이 절에서는 세 가지 이유 때문에 '집'의 문제에 초점을 맞춘다. 첫째, 집은 절대다수의 사람들에게 무척이나 중요한 공간이다. 사람들이 아주 많은 시간을 보내고, 또 그 내부에서 다양한 감정과 관계들이 경험되는 공간이기 때문이다. 하지만 어떤 이들에게는 '집'이 항상 그런 식으로 경험되는 것은 아니라는 점을 기억할 필요가 있다. 잠을 자는 곳이 거리이거나 무허가 판잣집일 경우에는 집과 같은 안락함을 느낄 수 없다(Meth, 2003). 둘째, 가정 내 물질문화는 제3장에서 다룬 생각, 상품, 사람의 흐름이 어떻게 특정 공간에 뿌리내리고 의미 있는 장소로 창조되는지 통찰력을 제공해 준다. 셋째, 집의 사회적 관계를 탐구함으로써 사람들의 일상생활을 고찰할 수 있고, 친족 관계, 결혼, 젠더 관계, '가족' 개념이 도시화, 초국가주의, 지구화 등과 같은 과정에 의해 어떻게 강화되거나 약화되는지 살펴볼 수 있다. 이 절에서는 집 만들기에 초점을 두고 있지만, '집'이 갖는 유동성도 기억하는 것이 중요하다. 또한 집이 강제퇴거나 이혼을 통해 해체될 수도 있다는 점을 기억해야 한다(Brickell, 2012).

주택 건설과 가정의 물질문화

장거리 여행이 보편화되기 전에 근본적으로 지역에서 생계를 위한 자원을 대부분 충당하던 시

공간의 사회적 생산(Social production of space)

〈핵심개념 1.1〉에서 요약했듯이, 지리학자들은 공간을 단순히 인간활동을 담고 있는 용기(container)로 해석하는 것에 매우 비판적이다. 이들은 공간을 중립적이고 원래부터 주어진 것으로 간주하지 않으며, 오히려 사람들이 특정한 공간 내에서 실천을 통해 생산되는 것으로, 사람들이 특정한 공간을 상상하는 방식에 따라 생산되는 것으로 바라본다. 이처럼 공간은 사회적으로 생산되는 것이다.

'공간의 생산'이라는 개념은 프랑스의 철학자이자 사회학자인 앙리 르페브르(Henri Lefebvre, 1991)와 관련이 있다. 그의 업적은 선진국 도시공간의 구성에 초점이 맞추어져 있지만, 그의 아이디어는 다른 다양한 맥락에 적용될 수 있으며 개도국의 공간정치를 이해하는 데에도 유용하다. 그 이유는 공간의 생산은 지배적인 권력관계를 반영한다는 그의 주장 때문이다. 가령 도시계획과 경제개발, 혹은 정책을 입안하는 데 더 많은 권력을 가진 자들이 도시 공간의 생산을 주도할 수 있다. 마르크스주의 이론가인 르페브르는 자본주의하에서 공간의 생산과 계급권력의 실행에 초점을 맞추었다. 그러나 그 외에도 젠더, 민족성, 카스트 등과 같은 차이의 축들과 관련해서도 유사한 주장을 제기할 수 있다. 집시 인구를 배제하여 공간을 '정화하려는' 시도에 주목하는 등 선진국에서 일어나는 공간적 배제의 과정을 논의한 연구가 그 예이다(Sibley, 2002).

또한 이 개념은 사회와 공간을 쌍방향적 관계로 어떻게 바라볼 수 있을 것인지에 대한 통찰력을 제공해 준다(Smith, 2005). 공간은 사회적 행위를 통해 생산되고, 또한 특정한 공간을 사용함으로써 정체성이 강화될 수 있다. 이러한 방식으로 배제의 과정은 시간이 지나면서 더욱 강화될 수 있다. 하지만 공간이 생산되는 지배적인 과정이 다른 방식으로 대체될 수도 있다. 예를 들어 아랍의 봄(6장) 사건처럼 일정 기간 대중적 저항을 통해 아래에서부터 위로 이루어질 수도 있고, 반대로 입법 과정을 통해 위에서부터 아래로 이루어질 수도 있다.

출처: Lefebvre, 1991; Sibley, 2002; Smith, 2005에서 발췌

절에는 주택 건축의 양식이 이용가능한 자연자원에 기반을 두고 있었다. 사람들은 지역의 기후조건을 막아 줄 수 있도록 주택을 건립하였고, 그러한 주택은 문화적 규범을 재생산할 수 있게 해 주었다. 즉 일부다처제에 적합하게 여러 오두막을 지닌 복합주택이나, 사하라 이남 아프리카의 일부 농촌지역의 확대가구를 통해 문화적 규범이 재생산되곤 한다. 그러나 지역공동체가 다른 형태의 삶에 노출되면서부터 주택 양식도 위치와 목적에 따라 변하게 되었다. 〈사진 8.1〉과 〈사진 8.2〉는 남아공의 사킬레 상가세(Sakhile Shangase 가명)가 갖고 있는 대조적인 두 주택을 보여 주는데, 둘 다 지역에서 구할 수 있는 재료를 사용하여 건축되었다. 첫 번째 주택은 은데뒈(Ndedwe)에 있는 농촌 복합주택(재료는 진흙과 갈대)이고, 두 번째는 더반의 카토 크레스트[메이빌(Mayville)]에 있는 판잣집이다(재료는 목재조각). 사킬레는 이 그림을 통해 주택유형의 차

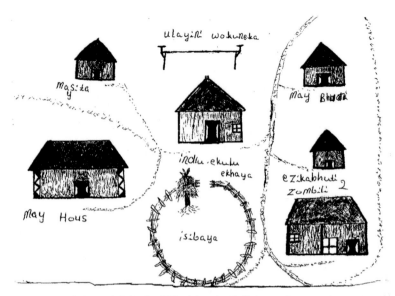

사진 8.1 남아공의 은데뒈에 있는 사킬레의 농촌 가옥을 직접 그린 그림. © Sakhile Shangase/Paula Meth
이 그림에서 사킬레가 사용한 줄루어는 다음과 같다. 'ulayini wokuneka'– 빨랫줄; 'isibaya'– 소울타리; 'maysita'– 여자형제의 집; 'may hous'– 나의 집; 'may bhuti'– 남자형제의 집; 'indlu enkulu ekhaya'– 조상들에게 말할 때에 사용되는 큰 집; 'ezikabhuti lezi'– 다른 형제들을 위한 2개의 집

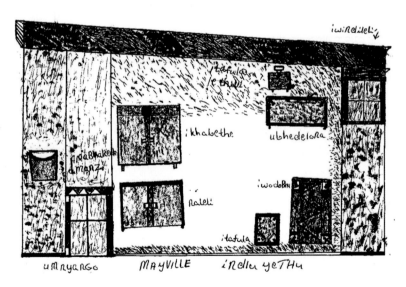

사진 8.2 남아공의 카토 크레스트에 있는 사킬레의 도시 판잣집을 직접 그린 그림. © Sakhile Shangase/Paula Meth
이 그림에서 사킬레가 사용한 줄루어는 다음과 같다. 'umnyango'– 문; 'indlu yethu'– 우리 집; 'iwindi leli'– 창문; 'naleli'– 이것도 창문이란 뜻; 'itaffulu lethu'– 우리의 탁자; 'eMayville indlu yethu'– 이것은 Mayville에 있는 우리 집이다.

표 8.1 전 세계 슬럼 분포(2012)

	도시인구 비율(%)	도시 내 슬럼 인구 비율(%)
북아프리카	54.6	13.3
사하라 이남 아프리카	38.2	61.7
중남미와 카리브 지역	80.3	23.5
동아시아	50.3	28.2
남아시아	32.4	35.0
동남아시아	42.7	31.0
서(남)아시아	67.1	24.6
오세아니아	70.7[a]	24.1
개발도상국 전체	45.9	32.7

주: a는 2010년 수치임
출처: UN-Habitat, 2010: 32; UN-Habitat, 2012: 126-127에서 발췌

이를 부각시키면서, 서로 다른 디자인이 안전과 프라이버시의 경험에 미치는 영향을 구체적으로 파트너와의 사적인 성행위와 관련하여 설명한다(Meth, 2009).

자연환경과 주택 건축 간의 연결성이 깨져 버린 중요한 이유는 도시화이다(5장). 개도국에서 도시지역이 급속하게 성장하면서 고급주택 역시 증가하게 되었다. 정부나 사기업 모두 도시로 유입된 신규 주민들을 위한 주택을 선뜻 공급해 줄 수는 없다. 즉 대부분의 유입 인구와 저소득 도시 거주민들이 어쩔 수 없이 비공식 주택에 의존할 수밖에 없음을 의미한다. 가령 도심지 건물 내부에 여러 개로 분리되어 있는 방을 하나 임대하거나, 불법으로 점거한 땅에 집을 지어 살아가게 된다(Beall and Fox, 2009; Moser, 2009). 후자의 경우 주민들은 집을 만드는 데 유용한 재료라면 무엇이든 모아서 활용하며, 벽돌을 살 형편이 안 되면 함석이나 골판지를 활용하기도 한다(〈사진 8.3〉).

비공식 주택이 반드시 열악한 수준인 것은 아니고, 또 시간이 지날수록 거주자가 소규모 투자를 통해 자기 주택을 개량하기도 하지만(Willis, 2009), 개도국 도시에 살고 있는 수많은 사람들은 비위생적이고 과도하게 밀집되어 있는 환경 속에서 살아가고 있다(〈사진 8.3〉의 자카르타와 〈사진 5.1〉의 라고스). 유엔 해비타트(UN-Habitat, 2010)는 이를 '슬럼(slums)'이라고 분류하였다. 유엔 해비타트는 2012년 약 10억의 인구가 슬럼에 살고 있다고 추정했으며, 그 대부분은 개도국 도시들에 있다고 본다(〈표 8.1〉). 이 같은 열악한 삶의 조건은 주민들의 건강과 생활기회에

개발도상국과 **국제개발**

사진 8.3 인도네시아 자카르타의 비공식 주택. © Mark Henley, Panos

심각한 해악을 초래할 수 있다(5장).

주택은 삶의 장소이자 동시에 미래를 위한 투자이다(de Soto, 2000). 이러한 이유 때문에 사람들은 여유자금이 생기면 자기 집을 개량하려 한다. 주택의 모습은 거주자가 어떤 경제적 위치에 있는지 보여 주는 외관적 상징이고, 어느 정도의 지위를 갖고 있는지를 보여 주는 데 이용되기도 한다. 예컨대 외국에 나간 가족구성원이나 국내 다른 지역에 이주한 가족구성원이 보내 주는 송금이 주택을 개량하는 데 사용되기도 한다. 이는 소득 창출에 직접 사용되는 것이 아니라서 '비생산적인 투자'로 해석되기도 한다. 그러나 이 돈으로 건축재료와 건축작업을 통해 간접적으로 일자리를 창출할 수 있고, 주택개량을 통해 사는 사람의 건강을 증진시켜 준다면, 이는 결국 미래에 이익을 가져다주는 도미노 효과를 거둘 수 있을 것이다. 모로코의 토그다 밸리(Toghda Valley) 지역으로 송금된 돈이 주택을 개량하는 데 어떻게 사용되었는지 보여 주는 연구가 있다(de Haas, 2006). 이주자의 가족들은 송금된 돈을 사용하여 전통방식의 주택을 짓지 않고 좀 더 '근대적인' 모습을 보일 수 있는 주택을 짓는다. 〈사진 8.4〉와 〈사진 8.5〉에서 볼 수 있는 주택들은 미국에 있는 카메룬 디아스포라 이주민들의 송금으로 지은 것이다. 두 주택 모두 미국 건물의 디자

사진 8.4 카메룬 북서지역 아윙(Awing)에 있는 주택. ⓒ Ben Page

사진 8.5 카메룬 남서지역 부에아(Buea)에 있는 주택. ⓒ Ben Page

개발도상국과 국제개발

인을 모방했는데, 이는 디아스포라 내에서 자신의 위상을 과시하려는 방편으로 활용된다. 그리고 멀리 다른 곳의 사회적 맥락으로 이주해서 생활함으로써 이주자들의 생각과 열망이 어떻게 변하였는지도 보여 준다. 필리핀의 해외 이주자들(남녀 모두)이 송금하는 돈이 마닐라의 새로운 주택 개발에 매우 중요한 영향력을 발휘하고 있음을 보여 주는 연구도 있다(Faier, 2012). 일본에서 일하는 필리핀 이주자들은 본국에 있던 비공식 주택을 개량하기보다는 새로운 주택에 투자한다. 때로는 보안이 철저한 고급주거지(gated communities)에 투자하기도 한다. 주택 디자인은 북아메리카의 TV 쇼나 인테리어 디자인 잡지에서 모방하기도 한다.

'근대적'으로 보이고 싶은 욕망, 가정공간을 자신의 지위를 과시하고 정체성을 표현하는 수단으로 사용하고 싶은 욕망은 세계 곳곳에서 확인할 수 있다. 가정의 물질문화(〈핵심개념 8.3〉)에 초점을 맞춰 살펴보면, 가구구성원들의 정체성에 대한 통찰력을 얻을 수 있다. 가정공간은 사람들이 자신의 힘으로 생활환경을 바꿀 수 있는 유일한 공간이기 때문이다. 물론 가구구성원 모두가 동등한 힘을 갖고서 그러한 결정을 내리는 것은 아니다.

가정의 물질문화는 개도국에서 초국가주의적 실천과 혼종화된 실천이 어떻게 전개될 수 있는

핵심개념 8.3

물질문화(Material culture)

물질문화는 사람들이 사용하는 물건들을 지칭하며, 동시에 그것들을 만들어 내는 상위의 문화적 실천과 의미가 그것들에 어떻게 반영되고 있는지 기술하기 위해 사용되는 용어이다. 인류학자와 고고학자는 과거 사회나 특정 문화를 이해하는 수단으로 오랫동안 물질문화에 관심을 가져왔다. 지리학에서 물질문화 연구는 대체로 20세기 초에 시작되었다. 당시 칼 사우어(Carl Sauer)가 주도한 '문화지리학의 버클리 학파'는 미국 전역의 경관이 어떻게 다양하게 변화되었는지 탐구하였다. 버클리 학파의 지리학자들은 지역의 문화적 실천에서의 차이를 확인하고 이해하기 위한 수단으로, 그리고 어떤 문화적 실천이 어떻게 확산되어 갔는지를 인식하기 위한 수단으로 가옥이나 헛간의 디자인에 초점을 맞추었다.

물질문화 연구는 최근 다양한 장소와 물건에 대한 연구로 응용되고 있다. 물건은 기존의 문화적 실천이 단순하게 반영된 것이 아니라는 인식이 확산되고 있으며, 물건이 사회적 관계성의 구성과 세계의 이해에 기여하고 있다는 인식도 펴져 가고 있다. 이주의 흐름이 증가되고 상품과 생각의 이동이 전 세계적으로 활발히 전개되는 가운데, 물질문화에 주목하여 이를 천착하는 작업은 문화적 지구화를 탐구하는 매우 중요한 작업이 아닐 수 없다.

출처: Anderson and Tolia-Kelly, 2004; Crang, 2005; Jackson, 2000에서 발췌

지 보여 주는 유용한 사례이다. 집 안에 있는 물건들은 가구구성원들이 멀리 떨어져 있는 다른 사람이나 장소와 어떻게 직접 연결되어 있는지 보여 준다. 가령 이주자들이 도시에서, 혹은 해외에서 보내 온 냉장고나 세탁기가 그 예이다. 집 안 물건들은 '전통적'이고 '뒤떨어져' 있는 다른 사람들과 스스로를 구별할 수 있도록 거주자가 직접 선택한 것들이다. 따라서 지역에서 만든 목재가구 대신 가벼운 수입산 가구가 선호된다. 그러한 가구들은 미국 팝스타나 유럽 축구선수 포스터 같은 다른 '글로벌한' 물건들과 나란히 자리한다. 반면에 방 안 한구석에는 종교적 상징물이나 신성한 공간이 여전히 자리한다.

〈사진 8.6〉은 스레이 몬(Srei Mon)이라는 이름의 여자가 자신의 방 한 칸짜리 주택에 앉아 있는 모습이다. 이 주택은 캄보디아 시엠레아프(Siem Reap)에 있는 강을 따라 펼쳐진 슬럼가의 기둥 위에 세워졌다. 그는 2000년 프놈펜에서 시엠레아프로 이주하였고, 2005년부터 집 바깥에 설치된 진열대에서 야자주스를 판매하기 시작했다. 남편에게 버림받은 그는 10대인 딸 둘을 양육하고 있는데, 한 아이는 아직 학교에 다니고 다른 아이는 수프를 판다. 이들 세 모녀는 사진 속의 집에서 함께 사는데, 항상 강제퇴거의 위협을 받고 있었다. 또한 이들에게는 건물을 유지·관리하는 것도 버거운 일이었다. 이 사진은 스레이 몬과 두 딸이 어떻게 집안을 장식하고 어떤 가구

사진 8.6 캄보디아 시엠레아프의 자기 집에 앉아 있는 스레이 몬. © Katherine Brickell

개발도상국과 국제개발

를 갖고 있는지 잘 보여 준다. 스테레오라디오가 집안에서 가장 중요한 위치를 점하고 있다. 또 가족사진들이 걸려 있고, 곰돌이 푸가 그려진 커튼이 드리워져 있으며, 다양한 플라스틱제 물건이 있다. 이외에도 ABC 스타우트(ABC Staut) 맥주 광고가 붙어 있는데, 이는 캄보디아에서 가장 인기 있는 맥주이다. 이 맥주는 아시아퍼시픽 양조(Asia Pacific Breweries Limited)가 만드는데, 이 회사는 캄보디아의 지방 곳곳에 양조장을 갖고 있고 싱가포르 주식시장에도 상장되어 있다. 스레이 몬이 소유한 물건들을 통해 이들의 소득이 어느 정도 되는지 짐작할 수 있다. 집 안팎의 장식과 물질문화를 통해 생산품과 생각의 흐름의 로컬(local), 지역(regional), 글로벌(global) 스케일에서 어떻게 중첩되어 영향을 미치고 있는지 확인할 수 있다. 2012년 스레이 몬과 두 딸은 불행히도 시엠레아프를 '미화'하기 위한 도시 재개발이 진행되면서 강제퇴거를 당하고 말았다.

가구의 구성

'집'이란 말은 우리가 사는 주택만을 의미하는 것이 아니라 동시에 그곳에 살고 있는 사람들을 의미하며, 또한 그들을 하나로 묶고 안전함을 느끼게 해 주는 사회적 관계를 의미한다. 이처럼 '집'을 사회적 재생산과 돌봄의 장소로 보는 관념은 '가구(household)'라는 개념을 구성한다. '가구'라는 개념을 삶의 현장에서 구체적으로 확인하는 것은 어려운 작업이긴 하지만, 이론적으로는 가족 단위의 생산과 소비라 할 수 있다. 이는 가족구성원들이 요리 같은 활동을 공유하는 것뿐만 아니라 수입과 자급적 생산을 공동관리하는 것을 의미한다. 하지만 그러한 실천들이 항상 뚜렷한 모습으로 나타나는 것은 아니다. 가구구성원은 친척일 수도 있지만, 반드시 그래야만 하는 것은 아니다. 따라서 피붙이 이외에 다른 사람이 가구구성원이 될 수도 있다(Chant and McIlwaine, 2009).

가구의 형성에 관한 문화적 규범은 시대와 공간에 따라 다양하고, 변화하는 경제적 상황에 맞물려 재구성되곤 한다. 예컨대 대가족은 많은 노동력이 요구되는 자급적 농업경제에서는 무척 중요하게 간주되었다. 그러나 도시에서는, 아니면 다른 수입 창출이 가능한 경우에는 소규모 핵가족이 더 합당한 것으로 인정받을 수도 있다. 이러한 상황에서 부모는 자녀 수를 제한하기로 결정하고, 이에 따라 출산율은 감소한다. 물론 그 외에도 출산율 감소에는 여러 가지 다른 이유가 있다(〈표 8.2〉).

표 8.2 인구성장률 차이의 원인

낮은 인구성장률의 원인	높은 인구성장률의 원인
가족계획과 건강관리 시행	낮은 피임법 사용률
출산율과 가족계획 관련 정부 정책(예: 중국)	출산율 증대 위한 적극적 정부 정책
교육적 지위 향상(특히 여성의 경우)	여성의 낮은 교육적 지위
정치적 지위 향상(특히 여성의 경우)	종교적·문화적 이유로 인한 낮은 수준의 피임 및 가족계획
고용기회 확대	가임기 인구비율이 높은 경우
노약자와 실업자에 대한 정부 서비스 증진	높은 수준의 유입인구와 낮은 수준의 유출인구
전쟁, 기아, 질병(남아공의 AIDS 같은) 등으로 인한 황폐화	건강관리, 생활환경, 영양상태 증진으로 인한 사망률 저하 그러나 출산율은 같은 수준으로 감소하지 않음

표 8.3 가구구조의 변화(에콰도르 과야킬의 과야스 원주민)

가구유형	1978	1992	2004
남성 가장 핵가족	62.8% (32)	33.3% (17)	11.8% (6)
남성 가장 확대가족	19.6% (10)	39.2% (20)	41.2% (21)
여성 가장(미혼/기혼) 가족	9.8% (5)	25.5% (13)	35.3% (18)
남성 가장(미혼) 가족	0	2.0% (1)	9.8% (5)
성인(단독/복수) 구성 가구	7.8% (4)	0	2.0% (1)
합계	100% (N=51)	100% (N=51)	100% (N=51)

출처: Moser, 2009: 표 7.1에서 발췌

또한 독특한 가구의 구성이 일부 개도국에서만 나타나는 경우도 있다. 예를 들어 조부모, 부모, 자식에 걸친 3세대 가구는 '아시아식' 가족으로 표상되곤 한다(Stivens, 2006이 개관하고 있다). 3세대 가구는 많은 아시아 지역에서 일반적인 가구 형태인데, 이러한 확대가구는 부모가 늙어 가면 자식이 부모를 공경하고 봉양해야 한다는 문화적 규범, 즉 '효도'의식을 반영한다. 하지만 도시화와 사회규범의 변화에 따라, 혹은 TV에서 그려지는 '근대 가족' 담론의 영향을 받으면서 핵가족이 점점 더 보편화되고 있다.

가구구조와 관행의 변화가 일어나면서 어떤 지역에서는 '가족의 가치'와 도덕(특히 성적 차원)이 위기에 봉착했기 때문에 '전통적' 규범과 가치를 다시 강화해야 한다는 요구가 나오기도 한다. 예컨대 중남미와 사하라 이남 아프리카에서 복음주의 기독교 분파들이 급속히 확산되면서(5장) 토착민들의 '전통적' 관습으로 돌아가자는 요구가 터져 나오는 정도는 아니지만, 상호존중의 '자연적' 질서와 분명한 젠더 노동분업, 건전한 행동 등을 다시 강조하려는 요구가 나오고 있다. 식민지 시대에는 기독교가 '근대화' 과정의 일부로서 그 역할을 다했지만, 21세기 초반에 이르러서는 특정한 종교가 근대성의 해악과는 대조를 보이는 새로운 생활방식을 만들어 내고 있다(2장).

시간이 흐르면서 가구 규모가 축소되는 일반적인 경향에도 불구하고, 그러한 변화가 획일적인 방향으로 진행되는 것은 아니라는 점을 주목해야 한다. 소규모 핵가족은 흔히 '근대적'인 것으로 간주되지만, 선진국이나 개도국 모두에서 대개 그러한 가구들 내에서의 이질성이 높아 가고 있다. 다양한 특성의 가구가 증가하고 있는 것이다. 이는 이혼으로 인해 여성이 가장인 가구에 관한 법적·문화적 규범이 바뀌고 있기 때문에(Chant, 2007), 혹은 경제적 위기에 대응하여 가구의 규모나 구성을 확대하거나 축소하고자 하는 요구로 인해 벌어지는 현상이다(가구의 생존전략과 소득 창출에 대해서는 7장 참조). 에콰도르 과아킬(Guayaquil)의 과야스(Guayas) 원주민에 대한 추적조사는 가구구조가 시간에 따라 왜 어떻게 변하고 있는지에 대한 통찰력을 제공해 준다(Moser, 2009). 과야스 원주민은 처음에는 소득 수준이 낮은 비공식적 주거를 이루고 살았으나 시간이 지나면서 많은 주택들이 합쳐졌고, 서비스는 개선되었으며, 많은 가구들이 가난으로부터 벗어났다. 1978~2004년까지 추적조사한 51개 가구 중에 여성가장 가구로 분화된 경우도 있고, 규모가 더 확장된 가구도 있었다(〈표 8.3〉). 전반적으로 가구의 평균 규모가 증가하였다. 가령 1978년 6명이던 가구구성원은 1992년 7명 이상으로 늘어났다(Moser, 2009: 142). 이는 1980년대 에콰도르의 경제위기 동안 소득 극대화 및 지출 최소화 전략을 반영하여 여러 가구가 통합된 결과이다. 또한 가구는 생애주기에 따라 확대되기도 한다. 가령 아이들이 성장하여 어른이 되어 다시 아이를 낳아도 이들 모두가 부모의 집에서 그대로 살아가면 가구 규모가 커지게 된다. 이들 중에는 '숨겨진 여성가장 가구'도 포함된다.

국제 이주의 증가로 인해 소위 '초국가적 가족'(Parreñas, 2005) 또는 '글로벌 가구'(Douglass, 2006)가 생겨나고 있다. 이는 가구구성원의 일부가 일자리를 찾아 외국으로 이주하는 노동의 이주와 관련이 있다(7장). 어떤 경우에는 이것이 다른 지역에서의 가구 관련 노동과 연관되기도 한다. 글로벌 돌봄사슬(global care chain)이라는 개념은 이주자(항상 여성 이주자)들이 다른 지역 중산층 가구의 노인이나 아이를 돌보기 위해 이주하면서 그 자녀들은 출발지역에 남아 있는 다른 주민들이 보호해 주는 것을 말한다(Ehrenreich and Hochschild, 2002; Pratt, 2012). 그러나 초국가적 가구가 보편적으로 증가하는 데는 또 다른 이유가 있다. 경제적으로 감당할 여력이 있는 부모는 자식을 해외로, 특히 영어권 국가로 보내 교육시킴으로써 글로벌 노동시장에서 유리한 위치를 차지하는 데 도움이 되는 인적·문화적 자본을 획득하게 한다. 이 경우 아이들은 흔히 부모 중 한 명이 동행하여 돌보게 되는데, 그 역할은 대부분 엄마가 담당한다(Lee and Koo, 2006; Waters, 2006, 2011). 은퇴 이주도 일부 지역에서 벌어지고 있는 현상인데, 미국 플로리다의 은퇴자 공동체나 지중해 지역으로 이주하는 영국 은퇴자들이 그 예이다(O'Reilly, 2000). 그런데 개도국의 일부 지역도 최근에는 소위 '은퇴산업(retirement industry)'이 입지하는 은퇴자 이주의 목적지가 되고 있다(Toyota and Xiang, 2012).

가정 내 사회적 분화

페미니스트 연구자들은 가구 내에서 이루어지는 사회적 과정에 특히 주목하여 연구를 진행해 왔다(Brickell and Chant, 2010; Dwyer and Bruce, 1998). 가정의 조화롭고 합리적인 사회제도라고 형상화하는 이미지는 내부의 권력관계가 어떻게 분화되어 있고, 어떻게 작동되고 있는지 제대로 보여 주지 못한다.

생산과 재생산의 단위로서 다양한 연령과 성별의 개개인을 포함하고 있는 가구는 노동의 분업을 통해 유지된다. 이러한 분업은 더 큰 사회적 기대, 즉 사회에서 남성과 여성의 역할에 대한 기대를 반영하여 구성된다. 가구 영역, 즉 사적 영역은 흔히 '여성의 영역'으로 간주된다. 반면 거리, 노동 현장, 정치적 환경 등 요컨대 공적 영역은 남성적 공간으로 간주된다(7장). 이러한 구분은 사회적으로 구성되어 여성에게 부여되어 온 아내와 엄마로서의 기본적 역할에 근거한다.

이러한 구분은 퍼다(purdah) 같은 독특한 문화적 관습을 통해 강화될 수도 있다. 퍼다는 가임기 여성이 외출할 때는 반드시 남성 친척과 함께 동행하는 것을 말한다(Bose, 2007). 하지만 여성들의 이동성은 공식적이지는 않지만 암묵적으로 이루어지는 관행들을 통해 통제된다. 가령 여성들이 '제자리를 벗어났다고' 여겨지면 험담을 하는 것이 그러한 관행의 예이다. 남성의 경우도 남성성과 관련된 규범을 위반했다고 여겨질 때, 예컨대 남성이 가정일을 하는 경우에 유사한 비난이 가해지기도 한다(Gutmann, 1996).

'여성의 공간'과 '남성의 공간' 간의 뚜렷한 구분은 시공간적으로 다양하게 전개되었다. 예컨대 일부 힌두교와 이슬람교 종파에서 준수하는 문화적 관행인 격리와 퍼다는 흔히 독특한 계급적

사례연구 8.1

태국 치앙마이의 일본인 은퇴자들

태국 북부의 치앙마이(Chiang Mai)에는 1,000명이 넘는 일본인 은퇴자들이 살고 있다. 일본 인구가 고령화되고(2010년 65세 이상 인구비중 23.1%) 경제침체로 연금과 복지혜택이 줄어들면서, 많은 일본인들이 노후생활의 대안을 모색하고 있다. 태국 정부는 1990년대 초부터 일본인 '장기체류' 방문자를 끌어들이기 위한 노력을 지속적으로 전개하고 있다. 이를 위해 비자 규정을 완화하고, 일본계 회사와의 합작사업을 통해 고급주택을 공급하고 있다. 은퇴자의 이주 및 정착과 관련된 시장이 확대되고 있는 점에 착안한 이러한 합작사업은 관광산업에 비해 상대적으로 경제 위기의 영향을 덜 받는다는 점에서 주목을 받고 있다. 태국 정부에도 새로운 수입원이 되고 있는 것이다.

다음의 인용문에서 확인 가능한 것처럼, 일본인 은퇴자들은 여러 가지 이유로 치앙마이로 들어갔다. 생활비가 훨씬 저렴하고, 돌봄과 간호 관련 노동력이 풍부하며, 결혼 상대여성을 쉽게 찾을 수 있다는 이유이다. 즉 치앙마이로 유입되는 일본인 이주자 흐름을 주도하고 있는 것은 남성 은퇴자인 것이다.

여기서는 나를 돌봐줄 가정부나 간호사를 고용할 수 있다. 내 가족 말고 다른 사람이 나를 돌봐주는 것이 더 좋다. (다니무라, 남성)

나는 정년퇴직 전에 일자리를 잃었다. … 그래서 연금이 나올 때까지는 그동안 모아 둔 돈으로 어떻게든 버텨야 한다. 여기에 온 이유는 생활비가 저렴하기 때문이다. (익명의 남성)

나는 집도 있고 땅도 있다. 하지만 일본에서 고등학교만 졸업한 나 같은 사람이 결혼할 여성을 찾기란 쉽지 않다. … 하지만 나는 꼭 아내를 찾아야 한다. 그래서 여기에 왔다. 모친을 돌봐줄 누군가를 찾아야 한다. (미치, 남성)

치앙마이에 일본인 은퇴자들이 유입되면서 도시의 경제상황이 좋아지고 새로운 사회적 활동들이 창출되었다. 각종 서비스업(신문, 일본인 단체, 음식점)이 유입자들에 의해 새롭게 등장했다. 더 나아가 혼종적인 정체성이 형성되는 기회가 마련되고 있다.

출처: Toyota, 2006; Toyota and Xiang, 2012에서 발췌

차원을 지니고 있다. 아내를 가정에 머무르게 할 수 있는 남편의 능력은 여성이 밖에서 돈을 벌어오지 않아도 남자 혼자 가구 전체를 유지하기에 충분할 만큼 부를 갖고 있음을 의미한다. 따라서 이는 다른 형태의 정체성인 '계급 정체성'도 수행되고 있는 것으로 볼 수 있다(〈핵심개념 6.2〉).

여성의 장소가 '집 안에' 있다고 보는 규범적 관념은 세계 도처에 널리 퍼져 있다. 그런데 실제로 개도국에서도 여성들은 집 밖에서 일을 하고 있으며, 이는 새로운 현상이 아니다. 개도국의 남성과 여성은 오랫동안 자급농업에 기여해 왔다. 그러나 1970년대 이후 경제 위기와 재구조화

는 여성들의 노동 참여를 증대시키는 방향으로 진행되었다(4장과 7장). 이러한 변화는 여성의 역할에 관한 사회적 규범을 변화시키는 계기가 되었다. 공적 영역에서의 그러한 변화가 비록 임금의 분명한 증가로 이어지지는 않더라도 가정 내에서 여성 권력을 신장시키는 방향으로 영향을 미친 것은 사실이다(McClenaghan, 1997; 남아공의 남성성과 노동에 관한 〈사례연구 7.6〉). 더군다나 어떤 경우 남성이 가정 내에서 더 많은 역할을 떠맡는 경우도 더러 있지만, 거의 대부분의 가정에서는 여성의 가사노동 부담이 훨씬 더 큰 것이 사실이다(Brickell, 2011). 비시장 영역에서 일하는 것, 예컨대 자급농사나 가사는 보수 없이 일하는 것을 의미한다. 그러한 활동은 주로 여성이 담당하며, 따라서 여성은 하루 중 대부분의 시간을 그러한 활동에 종사한다. 물론 국가마다 편차는 있어서 캄보디아에서는 가사에 소요되는 총 시간의 60%를 여성이 담당하고 임금노동의 42%를 여성이 담당하지만, 이라크에서는 젠더 간 노동분업이 훨씬 더 분명하여 가사의 86%를

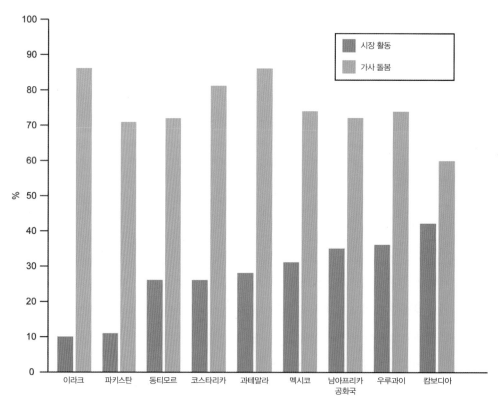

그림 8.1 여성의 시간 활용. 출처: World Bank, 2011: 219의 자료에 기초하여 작성
주: 막대그래프는 시장 영역과 가사에 남성과 여성이 투여하는 총 시간 중에서 여성의 몫이 얼마인지 보여 준다.

개발도상국과 **국제개발**

여성이 담당하며 임금노동은 10%만을 여성이 담당한다(〈그림 8.1〉). 물론 이러한 국가 수치가 개별 가구들의 실제 노동분업 상황을 속속들이 보여 주는 것은 아니다.

먹거리와 의복

먹거리와 의복 소비에 대한 분석은 문화적 지구화에 관한 광범위한 논쟁과 사회적 불평등의 확대 과정을 탐구할 수 있는 훌륭한 방법이다(5장). 먹거리와 옷은 인간의 '기본적 필요(basic needs)'로 분류된다. 다른 한편으로는 생존의 기초적인 조건들이 충족되었을 때 자신의 정체성과 지위를 과시하는 중요한 수단이 되기도 한다.

먹거리 소비

먹거리는 인간 생존에 필수적이다. 그런데 세계 인구의 대부분에게 먹거리는 '사회적·문화적·상징적 의미도 충분히 담고 있다. 먹거리와 식습관 그 자체는 우리의 자아와 장소에 관한 중요한 것들을 말해 줄 수 있다(Bell and Valentine, 1997: 3). 이 절에서는 대부분 식습관과 그와 관련된 정체성에 대해 다루겠지만, 수많은 사람들 특히 개도국 주민들 대부분이 먹거리를 얻기 위해 매일 분투하고 있다는 사실을 기억할 필요가 있다. 그 이유는 먹거리를 구입할 충분한 돈을 갖고 있지 못하기 때문이거나, 아니면 생계형 농민이 식량작물 생산을 증진하기 위해 불확실한 강수, 토양 침식, 농자재 부족 등의 문제에 사력을 다해 대처해야 하기 때문이다. 예컨대 말라위의 생계형 농민은 수확을 극대화하기 위해 간작(intercropping)을 실행하는데, 이를 통해 먹거리의 출처를 다양화하는 동시에 토양을 보호한다. 〈사진 8.7〉은 옥수수와 콩을 활용하여 간작을 실행하는 모습을 보여 준다. 그런데 정부가 보조하는 비료의 배분정책에 문제가 생기면 농민들은 받아야 할 정부보조 비료를 획득할 수 없다. 이렇게 되면 재배가능한 작물이 제한되면서 수확량도 영향을 받게 된다(Dorward and Chirwa, 2011).

제2장에서 요약했듯이, 개도국 특히 아프리카에 관한 가장 익숙한 이미지는 영양실조 상태에 있는 굶주린 아이들이다. 이러한 이미지는 아프리카 사람들이 수동적인 희생자라는 서구인의 관

념을 강화하곤 한다. 먹거리 수급의 불안전성과 그 영향은 아프리카의 일부 지역은 물론이고 다른 선진국의 일부 지역에서조차 분명한 현실임에 틀림없다(〈표 8.4〉). 2000년 이래로 세계 식량 가격은 크게 상승해 왔다. 유엔식량농업기구(FAO)의 식량가격지수에 따르면, 곡물, 육류, 기름·지방, 설탕, 유제품 등 국제 농산물 상품의 2013년 초 가격은 2002~2004년 기간 대비 평균 2배가량 상승했다. 이는 수요 증가(특히 중국), 식량작물이 아닌 바이오 연료를 위한 농경지 사용, 유가 상승에 따른 생산비 증가 등의 요인이 반영된 것이다. 지난 5년 동안 식량가격의 부침은 더욱 심해졌다(〈그림 8.2〉). 가격 상승은 기본적인 식량수요를 충족시키려 언제나 사력을 다해 분투 중인 사람들에게 더욱 좋지 않은 영향을 미치게 될 것이다.

먹거리의 소비를 어떻게 해 나갈 것인가의 문제는 경제적·사회적 과정과 변화를 반영하여 결정될 수 있다. 경제적 측면에서 식량가격은 가뭄 같은 환경적 요인에 따라, 그리고 신자유주의 정책에 의거하여, 정부 지출을 줄이기 위한 먹거리 보조금 삭감 같은 정치적 결정에 따라 변동된

사진 8.7 말라위 물란제(Mulanje)의 간작. ⓒ Katie Willis

개발도상국과 **국제개발**

다(10장). 한정된 경제자원만을 지니고 있는 개인이나 가구에게 식량가격의 상승이 먹거리 소비에 미치는 영향은 매우 분명하다. 하지만 먹거리의 선택은 특정한 문화적 맥락 속에서 이루어진다. 프랑스의 사회학자 피에르 부르디외(Bourdieu, 1984)가 요약했듯이, 소비관행은 한 개인의 지위를 주장하는 수단이다. 소비관행이 '근대적'이거나 '외국의' 영향과 관련되어 있기 때문이다. 또한 이는 스스로를 빈민의 생존 노력과는 거리를 두게 하려는 시도일 수 있다.

개도국에서 먹거리 소비 패턴에 미치는 '외국의' 영향력은 문화의 지구화 연구에서 매우 중요한 부분을 차지한다(Counihan and van Esterik, 2013; Phillips, 2006). 특히 맥도널드와 코카콜라는 전 세계적인 문화 파괴와 문화 등질화의 상징으로 강조되어 왔으며, 스타벅스 같은 커피 체인도 독특한 형태의 '커피문화'를 확산시키고 있다는 유사한 비판을 받고 있다. 그러한 상품들은 확실히 개도국의 여러 지역으로 확산되고 있으며, 개도국 주민들의 소비는 계속 늘어나고 있다. 이러한 상품들은 현지에서 소위 '현대적'인 것으로 해석되면서 자신의 지위를 과시하는 수단으로 적당하다고 여겨지고, 이러한 이유로 인기가 높아져 가고 있다(Srinivas, 2007). 그러나 이러한 상품들이 어디에서 어떻게 소비되고 있는지 심도 있게 조사해 보면, 상품을 맹목적으로 채

표 8.4 세계 각 지역의 영양부족의 실태

지역	1969–1971(%)	1990–2012(%)	2010–2012(%)
세계	자료 없음	18.6	12.5
선진국	자료 없음	1.9	1.4
개발도상국	37.0	23.2	14.9
아프리카	자료 없음	27.3	22.9
• 북아프리카	27.0	3.8	2.7
• 사하라 이남 아프리카	36.0	32.8	26.8
아시아	자료 없음	23.7	13.9
• 서아시아	21.0	6.6	10.1
• 남아시아	37.0	26.8	17.6
• 코카서스 및 중앙아시아	자료 없음	12.8	7.4
• 동아시아	41.0	20.8	11.5
• 동남아시아	39.0	29.6	10.9
중남미와 카리브 지역	39.0	14.6	8.3
오세아니아	20.0	13.6	12.1

출처: FAO, 2007; FAO et al., 2012: 9에서 발췌

택하여 소비하는 단순한 과정이 아니라는 것을 확인할 수 있다. 개도국의 개인과 집단은 문화적 점령(cultural imposition)이라는 조악한 단선적 과정을 따르는 것이 아니다. 즉 이들은 이러한 상품들과 연관된 의미와 실천을, 그리고 상품들이 소비되는 장소를 재구성할 수 있는 행위주체성(agency)을 갖추고 있는 것이다. 예컨대 〈사진 8.8〉에서 볼 수 있듯이 사우디아라비아 제다 (Jeddah)에 있는 KFC 매장은 개인을 위한 출입구와 가족/단체를 위한 출입구가 별도로 마련되어 있다. 그런데 문화적 규범에 의해 여성은 혼자서 마음대로 도시를 활보할 수 없기 때문에, 개인 출입구는 곧 개인 남성만을 위한 출입구인 것이다(〈사례연구 8.2〉).

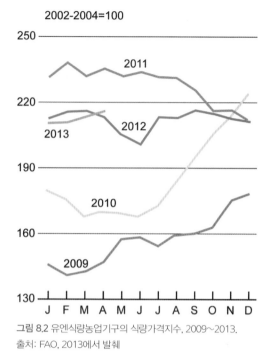

2002-2004=100

그림 8.2 유엔식량농업기구의 식량가격지수, 2009~2013.
출처: FAO, 2013에서 발췌

사진 8.8 사우디아라비아 제다의 KFC 매장. ⓒ Nikolai Ignatiev, Panos

개발도상국과 **국제개발**

먹거리 소비를 위한 상업적 환경뿐만 아니라 음식의 준비 및 소비를 둘러싼 의례도, 매일의 기초적 식생활이나 특별한 축제의 상황에서 가족과 공동체에 관한 독특한 사회적 관념을 강화하는 데 큰 역할을 한다. 가령 먹거리 생산과 소비를 어떻게 분배하여 공유하고 있는지의 문제는 가구 구성원의 자격을 알려 주는 지표라고 할 수 있다. "매일 음식을 소비하는 것은 가장 중요한 일상적 영역이며, 그 영역에서는 삶의 모든 것들이 어떻게 진행되어야 하는지를 규정하는 엄격한 규칙들이 조용하고도 암묵적으로, 하지만 분명하게 작동한다"(Janowski, 2007: 5). 이러한 규칙들은 누가 음식 준비를 해야 하는지(Devasahayam, 2005), 특정한 때나 특정한 사람에게 적합한 음식이 무엇인지, 누가 가장 먼저 대접받고 식사를 시작해야 하는지 등에 관한 구체적인 상황들을 포함한다(가사노동에 관한 7장 참조).

의복

먹거리의 소비가 다양한 스케일에서 펼쳐지는 독특한 사회적·경제적·정치적 과정에 뿌리내리고 있는 것처럼, 의복도 마찬가지로 개인의 소비관행이 어떻게 다양한 원천의 영향력을 결합하여 정체성으로 연결되는지를 잘 보여 준다(Kothari and Laurie, 2005). 의복을 살펴봄으로써 우리는 '전통/근대', '로컬/글로벌', '토착/외래' 같은 쓸데없는 이분법을 해체시키는 데에도 도움을 받을 수 있다.

의복은 사람들의 정체성을 보여 주는 중요한 수단이다. 음식과 마찬가지로, 의복관습의 변화는 외부적 규범이 권력으로 작용하여 기존 관습에 부과되는 것을 보여 주는 것으로 이해될 수 있다.

중남미와 아프리카의 식민지 지배에 대한 유럽식 설명에서는 토착민들이 상대적으로 옷이 부족하다는 점이 그들의 야만성을 표출해 주는 것으로, 그리고 문명이 결여된 것으로 파악하였다(2장). 높은 지위가 특별한 형태의 옷과 연결되는 것은 외부적 규범이 작동한 결과이며, 이러한 과시 효과로 인해 새로운 형태의 적절한 의복이 채택되곤 한다(케냐 서부의 사례를 다룬 Hay, 2004 참조).

개도국에서 점점 더 많은 사람들이, 특히 젊은이들이 청바지, 스포츠 의류, 트레이닝복, 스니커즈 운동화 등을 착용하는 것은 글로벌 시대에 주로 선진국의 텔레비전, 음악, 영화, 광고 등을

사례연구 8.2

스타벅스와 커피문화

스타벅스는 맥도널드나 코카콜라 등 다른 미국계 식품기업들과 함께 문화적 지구화의 과정을 수행하면서 지역의 음식전통을 일소해 버리는 기업으로 취급받고 있다. 2013년 현재 스타벅스는 60개국 이상에 18,000개가 넘는 매장을 갖고 있다. 그중 중국에 500개 이상의 매장과 홍콩, 마카오, 대만에 약 250개 매장이 있는데, 스타벅스는 이를 묶어 '대중화권(Greater China region)'이라 부르고 있다.

매장 내부 배치와 장식, 음악, 직원, 브랜드 활용, 커피 제조과정 등은 매장 위치와 상관없이 모두 동일하지만, 스타벅스는 현지 소비자들의 취향에 부응하면서 영업하고 있다. 가령 아시아 시장에서는 여러 가지 아이스커피 메뉴를 개발하여 판매한다. 스타벅스 로고가 현지어로 표시되어 있는 경우도 있고, 2개 언어로 표시되는 경우도 적지 않다.

스타벅스나 다른 국제적 커피체인의 인기가 커져 가고 있는 것은 늘어나는 중산층 인구가 '현대적'이고 '세계시민적'으로 보이고 싶어 하는 욕망을 반영하는 것으로 해석되어 왔다. 그러한 증거는 뚜렷하다. 하지만 '커피문화'는 최근에 등장한 문화가 아니라 아주 오래된 역사를 지닌 문화라는 점을 분명히 인식할 필요도 있다. 가령 대만에서 커피 소비는 이미 19세기 말부터 근대성과 연결되어 있었다(Shih and Chang, 2010). 이 연구에 의하면, 일본 식민주의하(1895~1945)에서 커피 플랜테이션은 확장되었고 카페는 증가하였는데, 이는 유럽 스타일의 근대성을 따르려 했던 일본 식민지 정권의 욕망이 반영된 것이다. 이 연구는 또한 미스터 브라운(Mr. Brown) 캔커피 같은 다양한 형태의 커피 소비가 19세기 말부터 어떻게 발달하여 현지 소비자들의 욕구에 맞게 변해 갔는지를 밝히고 있다.

중국에서 스타벅스 커피매장이라는 장소가 소비되는 현상에는 매우 복잡한 관계들이 얽혀 있다. 스타벅스에 가는 이유가 단지 '현대적'이고 '이국적'이며 '외국의 것'이기 때문만은 아니다. 젊은이들은 스타벅스가 조용하고 안락하며 사적인 공간이기 때문에 공부하거나 친구를 만나기 좋아서 자주 방문하고 있었다(Venkatraman and Nelson, 2008). 집이나 공적 공간은 시끄럽고 혼잡해서 스타벅스를 이용한다는 것이다. 많은 응답자들이 스타벅스 커피 자체는 그리 매력적인 것은 아니라고 답했다. 한 응답자는 이렇게 말했다.

나는 스타벅스에 가는 걸 좋아한다. 스타벅스의 환경과 분위기를 좋아한다. 그렇지만 스타벅스 커피는 그리 좋아하지 않는다. 내 생각에 그 이유는 문화적인 것인데 … 그 문화에 대해 내게 좀 더 상세히 설명해 주면 좋겠다. (Venkatraman and Nelson, 2008: 1018)

출처: Shih and Chang, 2010; Starbucks, 2013; Tucker, 2011; Venkatraman and Nelson, 2008에서 발췌

통해 접하게 된 '현대적' 생활양식이 확산되는 것으로 해석될 수 있다(Klein, 2002: A. Wright, 2006). 〈사진 8.9〉에서 오토바이에 탄 남자들이 바지와 셔츠를 입고 있는데, 대부분은 화려한 색상의 꽃무늬 옷차림이고 한 명만이 전통 스타일의 옷을 입고 있다. 외관상으로는 패션스타일이

개발도상국과 국제개발

사진 8.9 개도국 주민들의 다양한 패션, 나이지리아 에누구(Enugu) 주의 누수카(Nsukka). ⓒ Leo Erkin, Panos

매우 대조적이지만, 모든 옷들은 공장에서 만들어진 것이기 때문에 '전통적인' 옷과 '현대적인' 옷의 구분은 모호하다. 농촌에서 도시로 떠난 이주자들에게 '현대적인' 옷을 입고 고향으로 돌아가는 것은 고향 사람들에게 바로 보여 줄 수 있는 성공의 지표이다. 이러한 모습은 경제적 성공은 물론이고 낯선 환경에서 활동하고 있는 능력을 과시하는 것이다(Hay, 2004). 하지만 그러한 해석에 있어서 남성 이주자와 여성 이주자 간에는 큰 차이가 있다(Gaetano, 2008). 여러 가지 색다른 의복 스타일을 취할 수 있게 된 것은, 특히 개도국의 저소득층 인구에게 그러한 변화가 가능했던 것은 중고 의류시장의 거대한 성장에 힘입은 바 크다(Brooks, 2013).

개도국에서 개인의 의류 소비는 여러 사회적 상황에 걸맞은 바람직하고 적당한 복장이 무엇인가에 대한 복잡한 이해가 낳은 결과라고 할 수 있다. 한 아프리카 패션 연구자는 저서에서 "패션은 도처에서 발화되는 언어이다. 이는 지역에 깊이 뿌리박고 있으며 대단히 민속적이다."(Allman, 2004: 6)라고 강하게 주장한다. 따라서 독특한 형태의 의상은 동질성이라는 관점이 아니라 특정한 맥락 속에서 이해될 필요가 있다. 〈사례연구 8.3〉에서처럼 뭄바이와 런던의 패션 사례는 우월하다고 간주되는 선진국의 취향을 개도국의 장소들이 단순히 받아들이기만 하는 수용자가

사례연구 8.3

런던과 뭄바이의 패션

피터 잭슨(Peter Jackson) 외의 연구자들은 런던과 뭄바이의 초점집단 인터뷰 자료를 활용하여, '전통/근대'의 이분법과 그러한 이분법과 연결된 '동양/서양'의 이분법적 구분을 부분을 해체해야 할 필요가 있다는 점을 강조했다.

런던의 영국계 아시아인과 뭄바이의 젊은 여성들은 모두 청바지와 티셔츠를 비롯한 여러 '서구식' 옷을 입었고, 소위 '인도 패션'이라 알려진 옷을 입기도 했다. 두 집단 모두에게 그러한 패션의 핵심을 이루는 것은 인도였다. 특히 주목받는 인기스타들이 등장하는 뭄바이와 볼리우드(Bollywood) 영화산업이 큰 영향을 미치고 있다. 다음 인용문은 선망받는 유행패션이 일반적인 경우와는 반대 방향으로 흐르는 모습을 요약하고 있다.

우리는 파키스탄과 인도에서 어떤 패션이 유행하는지 몰랐다. 그런데 그곳보다 5년 뒤쳐져 있었다. 5년 전에 그들이 입었던 걸 지금 우리가 입고 있었던 거다. 거기 가 보고 나서야 '와! 내가 유행에 뒤처졌구나'라고 느끼게 되었다(런던 초점집단 인터뷰 참여자, Jackson et al., 2007: 913에서 재인용).

패션에 있어서 사실상 우리는 그들과 같지 않다. [영국의] 그들은 패션에 뒤처져 있다. … 그들의 인도풍 복장은 매우 뒤처져 있다. 그들의 옷은 완전한 인도 패션이 아니다. 그들이 인도 패션 전부를 취하진 못할 것이다. 런던에서처럼 당신도 최신 옷을 입진 못할 것이다. 이곳 인도 상황이 어떤지 모를 테니까 말이다(뭄바이 초점집단 인터뷰 참여자, Jackson et al., 2007: 913에서 재인용).

초점집단 인터뷰에 참여한 무슬림들에게 리바이스 청바지 같은 브랜드 상품은 선망의 대상이다. 하지만 '인도' 패션의 경우에는 진품인지 알려 주는 브랜드 마크가 찍힌 상품은 없다. 최신 패션을 추구하거나 결혼식을 위한 특별한 옷을 원하는 런던의 영국계 아시아인들은 항상 인도에서 직접 들여온 옷을 구하려 노력한다. 그것이 더 최신 패션이고 또 잘 만들어졌기 때문이다.

출처: Jackson et al., 2007에서 발췌

아니며, 그 흐름이 반대로 진행될 수도 있음을 보여 준다. 즉 뭄바이 패션이 오히려 훨씬 최첨단적이고 현대적인 것으로 해석될 수 있는 것이다[인도와 캐나다 간의 초국가적 채널에서 벌어지는 유사한 사례(Walton-Roberts and Pratt, 2005)를 참조할 것].

의복의 소비는 본질적으로 체화된 관습이며, 이와 관련된 젠더와 의상의 문제는 큰 관심사가 되어 왔다. '전통'의 수용자로서 여성은 외양과 행동에서 여성의 소박함을 가져야 한다는 암묵적 규범에 영향받아 왔다(Yuval-Davis, 1997). 하지만 여성들의 옷 선택—예컨대 치마 대신 바지를 입거나 몸에 달라붙는 짧은 치마를 입는 등—에 대한 해석을 여성이 '전통'에서 벗어나 '근대적'인 것으로 나아간 것이라는 논의로, 다시 말해 새로운 옷을 입으려는 시도는 '전통적인' 틀에서 벗어난 것이라는 논의로 단순화시키는 것은 곤란하다. 가령 잠비아에서 미니스커트를 입은 여성에 대한 논의(Hansen, 2004)에서는, 1964년 독립 당시 정치인들은 여성의 몸을 노출시키는 그러한 의복형태가 '외국의' 관념과 도덕을 표상하기 때문에 '국민문화'의 발달을 저해하는 것으로 해석했다는 점을 강조하고 있다. 1990년대가 되어서야 이러한 해석은 사라지게 되었고, 여성은 남성의 성적 욕망을 자극하지 않도록 몸을 계속 가려야 한다는 담론으로 대체되었다. 거리에서 미니스커트를 입고 다니는 여성들은 공격을 당하곤 했고, 여성 국회의원조차도 그러한 복장을 입었다고 비난받곤 했다. 그런 담론과 관습을 잘 알고 있는 잠비아의 젊은 여성들은 상황별로(특히 집 밖에서) 다른 적절한 옷을 입으면서 의복문화를 조율하게 되었다.

'전통' 관련 논쟁이 가장 뚜렷하게 드러나는 부분은 의복 중에서도 특히 여성의 옷과 관련된 분야에서이다. 대내외적인 급속한 변화에 대응하여 개인, 지역공동체, 정부 등은 간혹 전통을 동원하여 이를 바람직하지 않고 두려움을 가져다주는 활동들을 물리치는 철옹성으로 삼곤 한다. 특히 그러한 변화가 '바깥'에서 오는 것으로 여겨진다면 더욱더 그러하다. 최근 있었던 가장 분명한 사례는 아프가니스탄의 탈레반(Taliban)이다. 이들은 여자아이들의 교육을 금지시켰고, 여성들에게 얼굴을 포함하여 몸과 머리 전체를 완전히 가리는 부르카를 입게 했다(Kandiyoti, 2007). 그러나 그런 행위가 과거의 생활방식으로 완전히 되돌아가는 것으로 해석될 수는 없다. 그러한 관행을 재확립하는 것은 새롭게 유입되는 것들의 영향력에 대응함으로써 이루어진다. 에드워드 사이드(Said, 1978)가 저서 『오리엔탈리즘(Orientalism)』에서 주장한 것처럼, 국가 정체성은 고립상태에서 구성되는 것이 아니라 '타자'와의 접촉을 통해 구성된다(2장). 더군다나 개인들이 '전통적'이라고 여겨지는 방식으로 행동한다고 해서, 그런 실천들을 채택하게 된 이유가 과거시대에 통용되던 이유와 똑같다는 것을 뜻하는 것은 아니다. 무슬림 여성에 대한, 그리고 그들이 머리를 가리는 이유에 대한 여러 논쟁을 살펴보면, 그들의 의복 선택이 단순하게만 해석될 수 있는 것이 아니라는 점을, 그리고 의복 선택과 관련된 여성들의 행위주체성을 인정해야 한다는 점을 확인할 수 있다(〈사례연구 8.4〉).

사례연구 8.4

'베일'에 관한 다양한 해석

일부 무슬림 여성들이 머리와 머리카락을 가리는 것은, 서구 여성들이 자유롭게 원하는 옷을 입는 것과 비교했을 때 이슬람 문화의 '후진성'과 '전통'을 보여 주는 것으로 흔히 지적되곤 한다. 그러나 그러한 해석은 근대성이라는 유럽중심적 사고에 근거하여 성립된 것으로, 이슬람식 근대성의 색다른 측면을 고려하지 않은 것이라고 할 수 있다(2장). 개도국 내의 일부 정권에서는, 가령 팔레비 치하(1953~1979)의 이란 같은 일부 정권에서는 여성에게 베일(the veil)을 착용하지 말도록 권했으며, 이는 근대화의 표시로 여겨졌다.

'베일'이나 히잡을 뿌리 깊은 압제적 문화로 간주하는 것은 이슬람 내의 다양한 관습을, 그리고 여성이 자기 복장을 선택하는 행위주체성을 인정하지 않는 것이다. 또한 무슬림 텍스트와 교육에 대한 해석이 어떻게 이슬람의 남성성을 구성하는 데 영향을 미치는지에 대해서는 논의가 거의 없다(Ouzgane, 2006).

많은 무슬림들에게 여성의 머리를 가리는 행위는 '좋은 무슬림'의 본보기로서 반드시 요구되는 것은 아니며, 오히려 특정 장소나 관습에서만, 가령 모스크에 있을 때만 요구되는 관습인 것이다. 머리를 가리는 문화를 옹호하는 사람들의 경우에도 작은 스카프로 머리와 머리카락만을 가리는 것에서부터 얼굴을 포함하여 몸 전체를 가리는 부르카에 이르기까지 다양한 방식이 주장된다. 이러한 다양성은 코란이나 다른 경전에 대한 다양한 해석이 있음을 반증하는 것이다.

베일 착용은 법으로 강제되기도 하고, 만약 따르지 않을 경우 탈레반 정권하의 아프가니스탄에서처럼 아주 심한 벌이 가해지기도 한다. 하지만 대부분의 이슬람 사회와 공동체에서는 베일 착용이 법적으로 강제되어 있지 않다. 물론 그렇다고 여성들에게 자유로운 선택권이 보장되어 베일을 쓰지 않아도 된다는 것은 아니다. 어떤 경우에는 사회적 합의가 이루어지지 않았음에도 불구하고, (폭력적인 방식으로) 여성의 선택권을 박탈해 버리기도 한다.

다른 맥락에서는, 예컨대 방글라데시의 일부 대학생들 사이에서는(Rozario, 2006) 여성들이 사회운동을, 가령 여성들의 대학 진학을 허락받기 위한 운동을 좀 더 용이하게 전개하기 위해 머리스카프를 착용하기도 한다. 따라서 이는 일종의 전략적 결정인 것이다. 알제리에서의 사례처럼, 역사적으로 여성들은 식민주의에 저항하기 위한 정치적 목적을 표출하기 위해 베일 착용을 선택했다. 21세기 초에는 소위 '테러와의 전쟁'이라는 상황 속에서 자신의 신념을 공개적으로 표출하기 위해 점점 더 많은 여성들이 머리를 가리고 있다. 왜냐하면 테러와의 전쟁이 일부에서는 반이슬람운동으로 해석되고 있기 때문이다. '공공적 신앙'(Deeb, 2006)이라고 명명할 수 있는 자기신념에 대한 공공적 표현은 개인의 정체성과 신념체계의 표현인 것이다.

베일을 착용하고 머리를 가리는 선택을 하는 것은 그 이유를 명확하게 범주화하여 말할 수 있는 문제가 아니다. 여성의 복장에 대한 서구적 해석에서 벗어나 복장 결정에서 개인의 행위주체성이 갖는 역할을 고려할 필요가 있다.

출처: Sahmed, 2011; Bulbeck, 1998; Deeb, 2006; Rozario, 2006에서 발췌

개발도상국과 국제개발

여가와 놀이

생계를 해결하는 문제가 개도국의 절대다수 주민들의 삶에서 핵심적인 요소임에는 틀림없지만(7장), 아울러 여가와 놀이의 기회도 있기 마련이다. 여가와 놀이는 시공간에 따라 다양하게 전개되는 사회적 구성물이다. 여가와 놀이를 분석함으로써 우리는 개도국 주민들의 삶의 방식이 어떻게 정형화되는지, 글로벌 차원에서 생각과 상품의 흐름이 여가와 놀이에 어떻게 기여하며 또 어떻게 경합을 벌이고 있는지를 통찰적으로 살펴볼 수 있다. 특정한 여가관습이 어디에서 어떻게 수행되는가의 문제는 개인과 집단 정체성의 형성과 연관되어 있다[예컨대 남아공 블룸폰테인(Bloemfontein)에 있는 게이 남성들의 여가공간을 다룬 Visser, 2008 참조].

쇼핑은 음식이나 의복 같은 기본적 필요를 충족하기 위해 상품을 구매하는 과정이다. 그런데 이는 여러 형태의 여가활동 및 계급정체성의 수행과도 연관되어 있다. 카이로의 중산층 쇼핑공간은 꽤나 긴 역사를 가지고 있다. 식민지의 영향을 받은 백화점은 이미 19세기와 20세기에 출현하여 부유한 이집트인과 외국인 고객들의 수요에 부응해 왔다. 15만m²의 쇼핑공간에 550개 매장을 운영 중인 시티 스타즈 몰처럼, 최근 건설된 쇼핑몰은 매우 넓은 도시공간을 점유하면서 소비자들에게 매우 다채로운 서비스와 경험을 제공한다. 카이로에서는 또다른 쇼핑몰 개발이 정부에 의해 도시 젠트리피케이션 정책의 일환으로 추진되고 있다. 즉 새로운 도시개발을 진행하기 위해 슬럼가(ashwaiyyat)를 일소할 계획이 추진되고 있는 것이다(Abaza, 2001: 108). 이집트의 쇼핑몰은 중산층 소비자들에게

사진 8.10 이집트 카이로의 시티 스타즈 쇼핑몰(CityStars Shopping Mall).
© Steve Connelly

'안전한' 공간을 만들어 준다. 즉 범죄와 공해로부터 안전하고, 거리의 소음과 더위를 벗어날 수 있는 공간인 것이다. 하지만 이는 구매력이 약한 빈민이나 노약자를 차별하는 공간이기도 하다 (Vanderbeck and Johnson, 2000). 개도국에서 헬스클럽과 골프장은 외국 국적의 엘리트를 위한 보호구역일 뿐만 아니라, 중산층의 여가활동을 위한 공간으로 점점 바뀌고 있다.

여가와 휴식을 반드시 돈을 많이 내야만 취할 수 있는 것은 아니다. 가정공간과 공적 공간은 무료로 여가와 휴식을 취할 수 있는 공간이다. 그러나 그러한 공간에서의 활동은 가족구성원에게, 혹은 정부 당국에 언제든 감시받을 수 있다. 수많은 저소득 이주노동자들의 경우 공적 공간은 제한된 여가시간을 동료 이주자들과 어울리며 보낼 수 있는 아주 중요한 장소이기도 하다. 이주노동자들에게 공적 공간은 경제적·사회적 압력 때문에 항상 배제당하는 장소이기도 하며, 동시에 그들도 함께 이용할 수 있는 공간이기도 하다(싱가포르에 거주하는 인도네시아와 필리핀 출신 이주자들에 대한 Yeoh and Huang, 2000 참조). 선진국에서와 마찬가지로 젊은이들은 자유로운 여가활동을 위해 친구들과 함께 '어울려 노는' 곳으로 공적 공간을 활용하기도 한다. 어른이나 권력자들은 그러한 활동을 불신의 눈으로 바라보기도 하지만, 젊은이들에게는 학교나 가정의 속박에서 벗어나 만남의 기회를 가질 수 있는 매우 중요한 공간인 것이다. 휴대폰 소유자가 증가하는 것도 젊은이들끼리 사회화를 시도하고, 자신들의 이동성에 대한 부모들의 통제 시도를 회피할 수 있는 가능성을 높여 주고 있다(Porter et al., 2012).

'노동'과 '놀이'를 분리하게 되면, 개도국의 많은 주민들이 종사하고 있는 일자리들을 유형화하는 것이 곤란할 수 있다(7장). 집 근처에서의 비공식 부문 활동들은 휴식이나 오락과 결합되어 있기도 하다. 아동들의 경우에도 노동과 놀이를 분간하여 구별하기가 쉽지 않다(Katz, 2004; 〈사례연구 8.5〉).

지역공동체나 국가의 기념일들은 개인이나 집단을 위한 정체성이 구성될 수 있게 하는 역할을 수행하곤 한다. 그러나 어떤 장소에서는 그러한 관습이 의미와 결과를 바꾸어 놓기도 한다. '전통'은 경제적 목적을 달성하기 위해 동원되기도 한다. 얼굴 없는 기업의 존재에 휘둘리면서 경험의 동질화 현상을 경험하고 있는 개도국 소비자들에게 '진정성'은 매우 비싼 가격에 팔리곤 한다 (Cole 2007). 어떤 장소에서는 관광산업이 확장되고 있는데, 그 배경에는 '전통'을 판촉의 도구로 혹은 관광 패키지 활동으로 활용하려는 시도가 깔려 있다. 그렇다고 수공예품 생산, 춤, 음악, 요리 등과 같은 전통에 뿌리를 둔 활동을 하는 개인들이 단지 관광객의 돈을 벌어들일 목적으로 그

사례연구 8.5

인도 히말리야 지방의 청년들과 노동, 그리고 놀이

인도 히말라야 지방의 숲에서 채취한 이끼류는 농촌지역인 우타라칸드(Uttara-khand) 주 주민들에게 중요한 소득원이다. 이는 향신료, 칠 재료 및 염료로 팔린다. 제인 다이슨(Jane Dyson)은 수집된 이끼류가 젊은 남성과 여성의 정체성 수행과 관련하여 어떻게 기회를 제공하고 있는지 심도 있는 논의를 전개하였다. 그들 중 일부는 마을 내에서 기대하는 행위와는 정반대의 실천을 감행하고 있다. 이와 더불어 특히 젠더의 구분은 매우 분명했다.

그는 네팔과 국경을 접하고 있는 참리(Chamli) 구역의 벰니(Bemni) 마을에서 문화기술지적 현장연구를 수행했다. 1970년대에 12세에 불과했던 초혼 연령이 2003년에는 18세로 상승하였는데, 어른이 된다는 것은 결혼 여부와 연결되어 있는 것이었기 때문에 아이와 어른 사이에 '청년' 혹은 '젊은이'라는 새로운 범주가 탄생하게 되었다. 모든 젊은 남성과 젊은 여성은 마을 근처의 숲에서 이끼류를 수집하는 임무를 전담하게 되었는데, 때로는 14시간 이상을 마을 밖에서 노동해야 했다. 하지만 젠더 규범에 의해 남자와 여자는 어느 한 성끼리만 집단을 이루어 숲으로 들어가야 했다. 그는 각각의 두 집단이 작업하는 동안 벌어지는 자기들끼리의 놀이와 잡담에 주목하였다. 특히 젊은 여성들의 경우에 숲은 집이나 마을보다도 오히려 프라이버시가 보장된 곳이고, 따라서 성적 접촉 관련 대화를 주고받는 기회를 제공하였다. 16살 여성은 다음과 같이 말했다. "아뇨, 아뇨, 숲으로 가서는 놀고 잡담하기는 하지만 … 나중엔 일을 하긴 한답니다. 그래서 같이 가는 거죠"(Dyson, 2008: 169).

젊은 남성의 경우는 크리켓을 하거나 농담을 주고받는다. 그러나 그들도 역시 누가 가장 많이 채집하는가를 살피면서 매우 경쟁적으로 작업을 진행하곤 한다. 한 젊은 남성은 젊은 여자들과 비교했을 때 태도에 있어서 성별로 차이가 있음을 알고 있다. 그러나 여자들이 남자들에 비해 재밌게 노는 기회는 더 적다는 것을 인정하고 있다.

출처: Dyson, 2008에서 발췌

일을 하고 있음을 의미하는 것은 결코 아니다. 오히려 독특한 형태의 지역관습들이 경제적으로 이득이 될 수 있는 방향으로, 또 '현지인'과 '관광객' 간에 상호이해를 증진시키는 데 기여하는 방향으로 새롭게 조형되어 가고 있는 것이다(글로벌 관광을 다룬 4장 참조; 〈사례연구 8.6〉).

영국의 사회학자 존 어리(John Urry)는 장소가 관광객들에 의해 시각적으로 어떻게 소비되고 경험되는지 묘사하기 위해 '관광객의 시선(the tourist gaze)'이라는 용어를 사용했다(Urry and Larsen, 2011). '진정한' 경험을 찾으려는 관광객들에게 장소는 어떻게 보이는지, 사람들은 어떤 의복을 착용하며, 어떤 의례가 수행되고 있는지 등의 요인들은 진정성의 느낌을 만들어 내는 데 중요한 역할을 한다. 이는 발리의 관광 사례에서 확인된다. 발리 댄스의 경우에서처럼, 소위 '진정성'과 '전통'은 오랫동안 지속해 온 관습을 그대로 보여 주는 지표가 아니다. 그것은 오히려 관

사례연구 8.6

발리의 관광 스펙터클

인도네시아 발리 섬은 아름다운 해변이 있고, 관광객을 환영하는 친근한 사람들이 살고 있는 전형적인 파라다이스 섬의 사례로 꼽힌다. 춤과 음악의 형태로 전통문화를 경험할 수 있다는 점도 이 섬의 관광홍보를 위한 요소로 활용되고 있다.

이러한 발리의 표상과 전통의 동원은 새로운 것이 아니다. 발리 섬의 관광이 개발되기 시작한 1920년대와 1930년대로 거슬러 올라간다. 발리는 아시아와 태평양이 한데 어우러진 곳으로 알려져 있고, 이러한 문화의 조우 때문에 독특한 형태의 춤이 창조되었다. 하지만 케칵(kecak), 바롱(barong) 등과 같은 여러 가지 춤들은 결코 '전통적인' 것이 아니다. 실은 네덜란드 식민주의자들이 이 섬에 도착한 이후에 만들어진 혼종적인 춤으로 개발된 것이다. 마찬가지로 '발리 문화'라는 개념은 식민지 시대 이전에는 존재하지 않았다.

1970년대 인도네시아에서는 수하르토(Suharto) 대통령 치하에서 관광이 중요한 개발전략으로 인식되었다. 이러한 전략에서 발리는 매우 중요한 곳이었고, 문화적 진정성이 핵심적인 마케팅 수단으로 활용되었다. 그리고 그러한 흐름은 지금까지 계속되고 있다. 관광객 숙소는 '전통적인' 발리 건축물을 본떠 만들었고, 관광가이드는 관광객이 진정한 발리를 경험할 수 있게 '전통'의상을 입도록 권고받는다.

관광객들을 위해 공연되는 음악과 춤은 흥미로운 역사를 지니고 있다. 라마야나(Ramayana) 발레를 비롯한 수많은 춤의 역사를 기술한 한 연구자에 따르면, 라마야나 발레는 1961년 한 장관에 의해 특별히 관광객을 위한 전략으로 창조되었다. 관광객을 대상으로 하는 춤 공연을 위해서는 정부 허가가 꼭 있어야 하기 때문에, 춤 공연집단은 매우 표준화되어 있다. 춤을 관람하는 관광객 대부분은 그 춤의 역사가 얼마나 된 것인지는 모르고 그저 '진정한' 전통문화로 알고 감상한다. 의상과 음악과 춤은 관광객들이 발리 댄스라고 기대하는 바에 걸맞게 만들어졌고, 전통으로 포장되어 홍보되기 때문이다.

발리 댄스는 관광객에게 팔기 위해 상상을 통해 고안하여 상업화된 것이다. 하지만 그렇다고 해서 그것이 '진짜' 발리문화를 없애고 창조된 것이라고 하기보다는 오히려 이를 통해 지역문화의 자부심을 고양하게 되었다고 보는 것이 적절할 수 있다. 이웃한 플로레스 섬에서도 유사한 결론이 도출되었다(Cole, 2007). 외국인 관광객이 증가하면서 관습도 변해 갈 수 있다. 하지만 그렇다고 해서 전통문화가 반드시 희석되는 것이라고 할 수는 없다. 이미 존재하고 있던 관습들은 혼종화된다. 오랫동안 이어져 온 전통은 변하지 않고 계속 그대로 유지되는 것이 아니라 시간에 따라 변해 가는 것이다.

출처: Cole, 2007; Yamashita, 2003에서 발췌

광객을 위해서 창조된 것이며, 아울러 문화적 자부심을 천명하기 위해 독특한 퍼포먼스로 창조된 것이다. 관광에서 '진정한' 것을 추구하는 것은 경계가 뚜렷한 장소라는 고정된 관념에 바탕을 두고 있다(Coleman and Crang, 2002). 이러한 고정된 장소관념은, 이 책에서 전반적으로 주장하듯이 다양한 스케일에서 오랫동안 이어져 온 장소 안팎의 상호작용과 연결성을 인정하지 않는 것이다. '진정성'은 흔히 '근대성'과 상반된 것으로 동원되는 경우가 많지만, 발리에서처럼 장

소에 뿌리내린 관광의 경험은 그러한 구분이 확고한 특성을 지니고 있지는 않다는 점을 잘 보여준다.

나가며

이 장에서는 집 만들기, 음식과 의복의 소비, 여가와 놀이 등의 주제를 활용하여 개도국 주민들이 생각과 상품의 글로벌한 흐름에 어떻게 대응하고 저항하는지 탐색해 보았다. 그러한 지구화의 흐름은 때로는 거스를 수 없는 서구화의 물결로 표상되곤 한다. 이 장은 지역의 관습은 여전히 다양하며, 심지어는 똑같은 상품을 받았을 때조차도 매우 다른 방식으로 그것을 해석하고 사용한다는 것을 분명히 보여 주었다. '로컬'의 소비형태는 글로벌한 과정에 의해 변용될 뿐이지, 결코 자동적으로 일소되지는 않는다(Jackson, 2004).

둘째, 이 장은 개도국의 독특한 로컬리티(locality)에 기원을 둔 사회적·문화적 관습들이 어떻게 글로벌한 흐름의 일부가 되었는지에 초점을 맞추어 논의하였다. 인도의 패션을 사례로 살펴보았고, 아울러 기원지로부터 멀리 떨어진 곳에서 소비되고 해석되는 음악과 음식 등 다른 중요한 상품들도 논의했다. 이를 통해 우리는 선진국에서 유입된 근대화라는 관념을 비판적으로 살펴보아야 한다는 점을 확인할 수 있었다.

마지막으로, 이 장은 개도국 주민들의 행위주체성을 강조하였다. 카이로의 쇼핑센터 사례를 통해 이집트 중산층이 행사하는 소비선택의 특성을 확인하였고, 여가 및 이와 관련된 즐거움의 향유가 경제적으로 풍족한 사람들만의 영역이 아니라는 점을 살펴보았다. 인도 젊은이들 경우처럼, 이 장의 사례들은 개도국 주민들이 아무런 인생의 즐거움을 누리지 못한 채 절박하고 애절하며 수동적인 존재로만 살아간다는 서구사회의 일방적인 표상과는 무척 대조적이다(2장). 이 장에서 언급된 열악한 주택 상황과 식량 부족과 관련된 논의들은 개도국의 많은 사람들이 일상적으로 직면하고 헤쳐 나가야 하는 도전과 과제들임을 강조한다. 하지만 그렇다고 해서 이들의 삶이 그러한 도전에만 온 힘을 기울여 분투하며 살아가는 것으로 정의된다는 것을 의미하지는 않는다.

더 읽을거리

Ansell, N. (2005) *Children, Youth and Development*, London: Routledge.

아동과 청년의 행위주체성에 대한 정의와 관련된 논의와 사회적·경제적·정치적 변화가 이들에게 어떻게
영향을 미치고 있는지에 대한 논의를 잘 정리해 놓은 개론서이다.

Brickell, K. (2012) '"Mapping" and "doing" critical geographies of home', *Progress in Human
Geography* 36(2): 225-244.

권력과 집의 상호교차성에 대한 최신 연구들을 훌륭하게 요약해 놓았다. 개도국에만 초점을 맞춘 것은 아
니지만, 저자의 연구지역인 동남아시아에 관한 여러 사례들이 소개되고 있다.

Counihan, C. and van Esterik, P. (eds) (2013) *Food and Culture: A Reader* (third edition),
Abingdon: Routledge.

음식과 문화의 관련성에 주목한 선행 연구들을 광범위하게 모아 놓고 있다. 지구화의 맥락에서 구체적으로
음식문화의 변화에 초점을 맞춘 장이 여러 개 포함되어 있다.

웹사이트

http://africasacountry.com/   Africa is a Country

아프리카의 표상들을 비판적으로 논의하고 있는 블로그. 아프리카와 아프리카인 디아스포라의 패션, 음악, 연극, 춤, 스포츠, 영화 등 심도 있는 내용들을 포함하고 있다.

www.fao.org   UN Food and Agriculture Organization

전 세계적인 식량 생산과 가격, 부족 등에 관한 정보를 알 수 있는 유용한 웹사이트

www.unhabitat.org   UN-Habitat site

이 사이트는 유엔 해비타트[인간정주 프로그램(Human Settlements Programme)]의 홈페이지이다. 유용한 통계자료는 물론이고 가난한 도시 거주민들을 위한 생활조건 개선 정책들이 풍부하게 담겨 있다.

제4부

변화 만들기

Geographies of Developing Areas

: The Global South in a Changing World

지금부터는 개도국과 그 주민들을 '개발(develop)'하기 위한 구체적인 전략들에 대해 살펴보자. 제2장에서 언급했듯이, 개발은 특히 20세기 중반 이후 개도국을 설명하는 중요한 화두이다. 개도국들이 선진국을 '따라잡은' 정도가 특정 정책이나 국제개발 커뮤니티의 성공 여부를 판단하는 중요한 기준이 되었다. 따라서 개발을 논의할 때 일반적으로 취하는 접근방식은, 1950년대 이후 등장한 일련의 지배적 담론 혹은 전략을 파악하고 지난 수십 년간 이들 담론과 전략이 어떻게 진화해 왔는지를 설명하는 것이다.

이 책은 다른 접근방식을 택한다. 왜냐하면 개도국 개발 경험과 관련된 많은 사례들이 앞서 언급한 역사적 흐름과 딱 맞아떨어지지 않기 때문이다. 또한 개발에 대한 여러 생각들은 대개 등장했다가 곧 시대에 뒤떨어지기 때문에 조금 더 거시적 관점을 취하는 것이 유용하다. 따라서 이 장에서 우리가 제기하는 질문은 개도국의 '개발'에 대해 서로 다른 다양한 노력들이 시도되는 이유는 무엇이고, 이러한 노력들은 어떤 결과를 가져오는가 하는 것이다. 서로 다른 시기와 장소에 따라 학계와 정책결정자들은 가치 있는 고유 지식의 담지자로서 국가 및 시장 또는 개도국 주민 중 하나의 특정 주체가 개발을 실행하는 데에 선도적 역할을 할 수 있거나 해야 한다고 강력히 주장해 왔다. 그래서 우리는 국가 주도 개발(9장), 시장 주도 개발(10장), 주민 중심 개발(11장)을 차례로 살펴보고자 한다. 각각의 주장이 개도국 주민과 지역을 위해 어떠한 보다 나은 미래 비전을 제시하는지, 어떻게 이를 달성할 수 있는지를 살펴볼 것이다.

개발에 관한 생각들은 제각기 오랜 역사를 갖고 있다. 그 역사는 제2차 세계대전이 끝남으로써 유럽 제국이 붕괴한 이래 개도국의 개발에 대한 국제적인 관심이 시작되기 이전부터 비롯되었다고 할 수 있다. 국가 주도 개발 역사는 1930년대 대공황에 따른 선진국의 직접적인 대응에서 시작되었고, 그보다는 덜 직접적이지만 소련의 산업화 경험에서도 유래하였다. 시장 주도 개발은 훨씬 더 오랜 역사를 갖고 있다. 이는 18세기 후반 애덤 스미스(Adam Smith)의 저작으로 거슬러 올라간다(2장 참조). 간디(Gandhi)의 아이디어는 지역공동체 주도 개발에 영감을 불어넣었다고 자주 인용되는데, 이는 인도의 '마을 공화국'에 기반을 둔 자율적인 개발을 강조한다. 하지만 이는 또한 토착 지식과 가치에 대한 광범위한 재평가의 일환으로 간주되기도 한다.

이 같은 세 가지 시각은 더욱 합리적인 개발계획(9장)이나 보다 효율적인 자원활용(10장), 또는 좀 더 큰 자치권과 지역 수준에서의 개발에 대한 대안적인 관점을 표현할 수 있는 여지(11장)를 각각 강조하는 희망의 세상을 제시함으로써 상당한 매력을 가진다. 하지만 각각은 나름의 한계가 있다. 국가 주도 개발은 비효율성, 권위주의적 권력과 이를 남용하는 결과를 가져올 수 있으며, 규제가 없는 시장경제에서는 이미 권력을 가진 집단의 손에 자원이 집중될 수 있고 불평등과 빈곤을 심화시킬 수 있다. 공동체 주도의 개발은 앞의 두 가지 접근방식으로부터 발생하는 통제되지 않는 고통이 없을 수 있고 대규모 국가 주도의 인프라 구축 프로젝트로 인한 대규모 강제 이주나 구조조정 프로그램(Structural Adjustment Programmes)이 주는 급격한 삶의 충격과 같은 문제는 없다. 하지만 '풀뿌리' 개발을 주장하는 것이 전적으로 순수하다거나 비용이 들지 않는다는 의미는 아니다. 제2장의 주요 주장 중 하나는 지역공동체 주도 개발을 옹호하는 이해관계의 연합체가 지역의 매우 부당한 '전통적 가치'를 지지하거나, 다른 차원에서 권력관계(가령 국가와 시민 간의 관계)의 중요한 교체를 숨길 수 있기 때문에 보다 신중히 들여다볼 필요가 있다는 것이다.

이 책은 이러한 세 가지 시각의 우열을 논의하기보다는 각자가 가지는 가능성, 긴장, 그리고 본질적인 한계를 집중적으로 조명한다. 그 의도는 개도국 개발을 위한 모든 전략에 대해 비판적인 질문을 제기하는 데 있다. 어떠한 개발정책이나 사업도 불가피하게 권력관계를 변화시킨다. 즉 특정한 개발전략이 특정한 가치와 규범을 지지함에 따라 권위의 관계가 바뀌고, 자원들은 재분배되며, 권력은 제도와 일상생활에서 좀 더 미묘하게 다르게 표현된다. 우리는 국가 주도, 시장 주도, 지역공동체 주도의 개발을 비판적으로 바라봄으로써 각각을 통해 무엇을 얻고 잃을 수 있는지에 대한 분석 틀을 제공하는 데 도움을 주고자 한다. 개발을 통한 과거와 현재의 '개입'을 향해 비판적인 질문을 던져야만 사회적으로 보다 공정하고 환경적으로 지속가능한 개발대안들을 맥락에 맞게 찾아낼 수 있다.

개발의 거버넌스

개발에 있어 국가의 역할

우리는 제4장과 제7장에서 국제 정치체제 내에서 개도국이 차지하는 위치와 개도국 주민들의 일상생활을 좌우하는(shaping) 국가권력(power)에 대해 살펴보았다. 지금까지 살펴본 결과, 개도국 정부가 '개발' 주체의 좋은 후보자가 되기는 쉽지 않다. 대외적으로는 불평등한 지정학적인 관계 때문에 제약을 받고, 내부적으로는 시민들과의 관계 또한 종종 완전하지 못하다. 그럼에도 불구하고 지난 반세기 동안 국제개발의 이론과 실천 분야에서 국가에 초점을 맞춘 두 가지 주요 주장이 제기되었다. 첫째, 제2차 세계대전 종전과 상당수의 아시아, 아프리카 국가들이 식민지배로부터 독립한 이래 수십 년간 중요하게 받아들여진 주장으로, 개도국 정부들은 서구 국가들을 '따라잡기' 위해 경제적·사회적 근대화(modernization) 의제를 상정하였다. 이 장의 다음 절에서 발전국가(developmental state) 개념을 소개하고, 발전국가가 현실적 영향을 준 사례를 살펴본 다음, 이에 대한 비판적 시각도 검토한다.

둘째, 국가가 직접적인 개발 행위자 역할을 하는 것과 대조적으로, 보다 최근에는 국가가 개혁이 필요한 기관으로 관심을 받게 되었다. 1990년대 초 이후부터 국제개발 행위자들이 개도국 거버넌스(governance)의 질(quality) 향상에 대해 점차 관심을 갖게 되자, 이들은 국가의 수행능력이 좋지 않아서 개발이 지연된다고 주장한다. 그 결과 '굿 거버넌스(good governance, 올바른 통치)'가 무엇인지, 그리고 어떻게 국제 커뮤니티가 개도국의 개혁 프로그램을 유도할 수 있는지에 대해 상당한 논쟁이 있었다. 우리는 이 논쟁들과 이 장의 두 번째 절에서 어떻게 '굿 거버넌스'가 실행되는지 살펴볼 것이다.

마지막 절은 오늘날 개도국 국가 관련 개발 의제에 대한 실천적·이론적·지정학적 도전들을 다룬다. 발전국가와 굿 거버넌스라는 아이디어의 기저에는 어떻게 국가가 사회와 경제를 형성할 수 있거나 형성해야 하는지에 대한 서로 경합하는 열망과 가정들이 있다. 경제성장을 도모하고 시민들을 위해 사회안전을 제공하며 국가 행위가 투명할 뿐만 아니라 국민의 참여에 열려 있게 하는 데 있어 국가의 역할은 무엇인가? 워싱턴 컨센서스(Washington Consensus)(〈핵심개념 10.1〉)는 국가 활동에 상당히 엄격한 제한을 두면서 '자유시장'과 민간기업이 주도하는 개발 과정을 지지하지만, 이러한 신자유주의 비전에 대한 도전이 점점 더 중요하게 부각되고 있다. 가령 몇몇 개도국들은 확대된 형태의 새로운 사회복지를 제공하거나[조건부 현금지급 프로그램(conditional cash transfer programmes); 〈사례연구 9.7〉], 중국의 경제 성공을 본받아 21세기 발전국가가 되고자 하는 의욕을 보이면서 국가의 역할을 새롭게 정의하고자 한다(〈사례연구 9.6〉).

그러므로 개발에서 국가의 역할은 현재 개발정책 논쟁의 중요한 주제이고, 그 역할 자체가 내재적인 정치 이슈이기 때문에 개도국 간에 상이하게 나타난다. 그러나 국가의 이념과 정부형태가 다양하더라도 모든 국가는 국토와 국민에 대해 주권을 행사하며, 바로 이 점이 개발 과정에서 독특한 두 가지 특징을 정부에 부여한다. 첫째, 정부의 권위가 국제 거버넌스(3장)와 경제 지구화(4장) 레짐(regime)에 의해 도전 받을지라도, 정부는 국가 정책, 법률, 세금제도 등을 선택하면서 개발을 추진하는 맥락의 구성요소들을 형성하는 힘을 가진다. 둘째, 정부는 국민의 집단적인 의지를 대표한다고 주장하는 기관이다. 이러한 주장의 근거가 보편적인 선거권으로부터 나오거나[1994년 남아공의 포스트(post) 아파르트헤이트], 군주제 유지를 위해 신성한 권력에 의지하거나(부탄, 레소토), 중앙당의 이데올로기(중국)에 기반하든지 간에 어느 정도 항상 쟁점이다. 하지만 기업, 국제개발기구, NGO 등 다른 유형의 기관들은 이와 같은 규모의 대표성을 동등하게 주장할 수 없다. 국가는 이러한 권력과 정통성 주장을 동시에 가지면서 매우 강력한 개발 행위자가 될 수 있다.

이 장은 개도국의 경제와 사회를 재구성하는 데 핵심행위자인 국가에 대해 살펴보지만, 누가 개발을 관장할 권리를 가지는가 하는 보다 포괄적인 질문도 제기한다. 고도로 근대적인(high-

개발도상국과 국제개발

modernist) 발전국가의 열망은 흔히 권위주의로 변질되고 개발이 가장 필요한 주민들의 이익을 무시하기도 한다. 동시에 개도국이 국제개발 공여기관들의 '굿 거버넌스 아젠다'를 따라야만 한다는 생각도 문제가 있고, 주권의 일부를 침해받을 수 있다. 이 장에서는 개발을 '관장'한다는 것은 이론과 실천에 있어 여전히 첨예한 논쟁거리로 남아 있다는 점을 보여 준다.

발전국가의 부상과 몰락

제2차 세계대전 이후 개도국의 급속한 탈식민화(decolonization) 시기에는 국가가 사회와 경제의 변화를 주도해야 한다는 주장이 개발 담론을 주도하는 테마였다. 이 같은 주장은 몇 가지 이유에서 국제적으로 보편적 상식이 되었다. 첫번째 이유는 탈식민지화 과정 그 자체에 있다. 독립은 대개 식민지 피지배 국민들의 투쟁을 통해 성취되는데, 이는 국가의 정체성과 국민의 삶을 극적으로 전환시키려는 열망을 만들어 내는 데 중요하게 작용한다. 따라서 신생독립국의 대다수 지도자들은 사회와 경제를 전면적으로 변화시키는 임무가 있다고 정당하게 주장한다. 그리고 국가 주도의 개발은 이러한 기대에 부응하는 가장 효율적인 방식을 제공한다.

둘째, 탈식민지화 직전의 유럽과 미국의 경험을 통해 개도국 경제에 이러한 변화를 가져올 경제적·기술적 지식을 얻을 수 있다고 판단하였다. 1929년 대공황으로 수백만 명이 직장을 잃었다. 미국과 영국의 국가 실업률은 20%를 넘었고, 지역으로 내려가면 더 높은 실업률을 보였다. 이는 경기불황과 호황의 악순환을 피하기 위해 민간시장을 정부가 규제해야 한다는 주장에 힘을 보탰다. 대공황을 극복하기 위한 정책프레임인 루스벨트 대통령의 '뉴딜(New Deal)' 정책 역시 국가가 공공사업 프로그램(public works programmes)에 대한 예산투입을 통해 경제를 다시 성장시키는 적극적인 역할을 할 수 있다는 점을 보여 주었다. 제2차 세계대전 동안 경제의 상당 부분을 통제했던 정부의 경험이나, 전후 선진국 국가들에서 케인스 경제(Keynesian economy) (〈핵심개념 9.1〉) 체제의 부상으로 국가가 국민들의 이익을 위해 경제활동을 계획, 조정할 수 있고 또 해야만 한다는 생각이 더욱 공고하게 되었다. 대공황으로 인해 빈곤해진 주민들에게 영향을 준 테네시 강 유역개발공사(TVA)는 이러한 생각이 실천에 옮겨진 사례라 할 수 있다(〈사례연구 9.1〉). 국제개발 이론가나 개도국 정치지도자들에게는 TVA가 통합적 국가 주도 개발모델

사례연구 9.1

테네시 강 유역개발공사

미국에서 가장 낙후된 지역에서 대공황에 대응하기 위해 루스벨트 대통령은 테네시 강 유역개발공사(TVA, The Tennessee Valley Authority)를 설립하였다. TVA는 국영개발공사로, 4만 평방마일을 넘는 광범위한 유역의 개발을 담당하였다. 막대한 공공사업 프로그램을 통해 댐과 발전소를 건설하면서 일자리가 필요한 수천 명의 노동자들에게 직접적으로 필요한 일을 제공했지만, 사실 TVA 프로젝트의 포부는 더 광범위했다. 저렴한 수력전기는 계곡 전체의 근대화를 위한 수단이 되며, TVA의 활동은 비료공장, 농촌 전력협동조합, 시범농장과 농촌지도서비스, 심지어 계획적인 모범공동체를 만드는 것 등이 포함되었다. 여러 측면에서 TVA는 개도국의 많은 개발 프로그램들을 먼저 고안해 낸 것 같았다. TVA 프로그램에는 거대한 포부가 있으며, 그 당시 보도들을 통해 실천적 성과에 대한 놀라움뿐 아니라, 국가 주도 계획의 가능성에 대한 믿음이 널리 퍼져 있었다는 것을 보여 준다.

홍수와 운항 통제, 간척사업, 값싼 전깃불과 전력을 위한 TVA 프로그램은 무모하고 무계획적이며 통합적이지 않은 개발을 질서와 디자인으로 대체하고 있다. TVA의 사회·교육적 활동을 통해 이 지역이 풍부한 자연자원과 인적자원을 보유하고 있다는 인식을 지역에 불러일으켰다(Federal Writers' Project, 1939).

TVA 농촌전력청(TVA's Rural Electricity Administration)이 전력생산 혜택을 촉진시키는 방식은 많은 신생독립국에서 메아리처럼 번졌다(《사진 9.1》). 신기술은 생활에 효율성을 높이고, 미국의 '낙후된' 지역 주민들이 보다 부유한 지역 주민을 따라잡을 수 있게 해 주었다.

이는 TVA 이사회와 기술전문가들에 의해 추진된 하나의 비전이다. 하지만 이에 대한 논쟁의 여지가 없지는 않다. TVA는 자신들이 대체한 민간 전력공급자들과 개량된 농업방식, 근대화된 계획공동체의 삶으로부터 배제된 흑인 지역주민들로부터 법적 도전을 받았다. 테네시 강 상류에 사는 수천 명의 사람들은 댐으로 인해 오히려 지역공동체가 홍수 피해를 겪게 되었고, 상류의 가장 가난한 소농들은 어떠한 경제적 보상도 받을 수 없었다. 그래서 어떤 경우에는 TVA의 '근대화' 비전이 해결하려고 했던 사회·경제적 소외문제를 더욱 악화시켰다.

출처: New Deal Network, 2003에 채택된 것으로, 원자료는 New Deal Network에서 가져옴 (http://newdeal.feri.org/index.htm)

사진 9.1 시골 전력공급 혜택에 관한 TVA 광고.
© Franklin D. Roosevelt Library

케인스 경제학(Keynesian economics)

케인스(John Maynard Keynes, 1883~1946)는 규제가 없는 시장이 가장 효율적으로 경제성과를 가져온다고 주장하는 자유방임주의(laissez-faire) 사상에 도전하는 경제학파를 발전시키는 데 크게 기여하였다. 케인스는 대공황의 출현 배경에 대해 쓴 비판적 글을 통해, 정부가 경제에 더욱 개입해야 하고 특히 재화와 서비스의 수요 규제가 필요함을 강조했다. 정부는 불황기 동안 금리를 낮추고 공공 인프라 구축을 위한 공적 자금을 투자하는 등 공공수요를 촉진할 수 있다. 공공 인프라 구축은 새로운 생산역량을 가져올 뿐 아니라 잠재적 실업률이 높을 때 일자리와 소득을 제공하고, 사람들의 소비를 부추기며, 이는 다시 다른 상품시장과 그 상품 생산자들의 일자리를 확보하게 한다. 궁극적으로 정부 투자에 비해 전반적으로 몇 배 더 많은 수요를 증대시킬 수 있다. 그러나 케인스의 주장에 대해, 경제위기 시기에는 이와 같은 수요관리의 이점이 있음에도 불구하고 장기적 관점에서 본다면 국가의 지출을 영구적으로 증가시키는 위험이 있고, 공공 부문의 성장은 궁극적으로 민간 부문과 시민사회의 설자리를 잃게 만든다는 비판도 있다.

(integrated model)이었으며, 개도국에서도 복제될 수 있고, 독립으로 인해 확산되는 개발 기대를 충족시킬 수 있는 정책이었다.

끝으로, 대부분의 신생독립 개도국들의 경제구조는 여전히 농업이나 광업 같은 1차산업이 주를 이루고 있다. 이러한 경제구조는 자연자원 조달이나 유럽생산 제품 판매 같은 식민지배자의 요구를 반영한 것이지 개도국 스스로를 위한 것은 아니다(4장). 개도국의 독립 이후 형성된 급진적인 경제변화는 새로운 정치현실을 논리적으로 반영한 것이다. 그리고 경제의 다양화, 특히 제조업의 촉진은 식민지 시절보다 자급자족 수준의 향상을 가져왔다. 중요한 또 다른 점은, 기술이 주도하는 빠른 근대화의 혜택은 산업화된 국가들을 '따라잡을 수' 있다는 희망을 주었다는 사실이다(〈사상가와 논쟁 9.1〉; 2장 트루먼 대통령의 취임 연설에 대한 논의 참조).

TVA와 같은 프로젝트를 개도국의 민간 부문에서 진행하는 것은 사실상 불가능하다. 막대한 규모에 따르는 자본이 부족하고 장기투자가 요구되기 때문이다. 하지만 정부는 TVA 같은 프로젝트를 추진할 수 있다. 많은 개도국 정부들은 국제원조(aid)를 받아서 이러한 '거대(mega)' 개발 프로젝트들을 수행한다. 이러한 프로젝트의 예로서 1949년에 시행된 세계은행(World Bank)의 첫 번째 프로젝트 중 하나인 콜롬비아 댐 건설과 인도 댐 건설이 있다(〈사례연구 9.2〉). 가장 성공적인 프로젝트는 이러한 주요 인프라를 제공하는 것으로, 이는 미래의 성장을 가능하게 한

근대화 이론(Modernization Theory)

신생독립국가들의 희망과 선진국의 국가개입 경험 모두 근대화 이론 내에 포함된다. 근대화 이론은 1950년대와 1960년대 새롭게 등장한 개발학(Development Studies) 분야의 지배적 시각이었다. 여기서의 주요 과제는 어떻게 근대 및 산업사회로 빠르게 전환하는가이다. 로스토(Walt W. Rostow)에 의하면 해결책은 비교적 간단하다. 선진국의 경험에서 배우는 것이다. 그는 세계경제의 역사를 보면 모든 국가가 정체된 전통사회에서 고도의 대량 소비가 가능한 '발전된' 시대로 가기 위해 반드시 거쳐야 하는 다섯 단계의 주요 '성장단계(stages of growth)'가 있다고 주장한다.* 이 중에서도 '도약(take-off)'단계가 가장 중요하다. '도약'단계에서 지역의 근대적 엘리트들은 산업화의 잠재력을 보고, 이 분야에 저축과 투자의 비중을 늘리는 데 집중한다. 일단 저축률이 높아지면 산업화의 높은 생산성은 스스로 지속가능하며 결국은 다양화된 경제기반과 성장을 선도할 수 있다고 본다. 이는 다시 완전히 근대화된 사회를 만들어 내기 위해 선도 부문이 '낙수효과(trickled down)'를 가져온다.

로스토의 분석이 매력적인 것은 도약의 기간을 단축할 수 있는 것처럼 보이기 때문이다(〈그림 9.1〉).

따라서 18세기 영국에서 100여 년의 기간 동안 진행되었던 산업화가 개도국에서는 한 세대 내에 완성될 수 있다는 것이다. 이는 또한 선진국에게 다음의 역할을 제안한다. 경제의 '근대화' 부문에 대한 외국인 투자는 토착 자본(indigenous savings)을 대체하고(Lewis, 1955) '도약' 과정을 촉진시킨다.

근대화 이론에 대해 수많은 비판이 있으며, 특히 무비판적으로 고도의 소비지향적인 서구 모델을 보편적인 목표로 삼고 있는 데 대해 많은 비판이 있다. 그리고 근대화 이론에서는 개도국의 '전통사회'는 이와 같은 변화와는 무관하거나 없애야 할 더 나쁜 장애물인 것처럼 보인다(Hoselitz, 1952). 이는 또한 지역적으로는 차라리 순진한 생각으로, 근대화는 '인자한' 외국인 투자를 제외하고는 개별 국가가 사실상 고립된 상태에서 수행하는 과정이라는 인상을 준다. 세계경제에서 부의 집중(4장)은 개도국의 개발 가능성을 명확하게 제한한다. 그러나 선진국을 이해관계가 상충하는 경쟁자가 아니라 따라가야 할 역사적 모델로 삼는 이론은 이러한 문제에 거의 관심을 가지지 않는다.

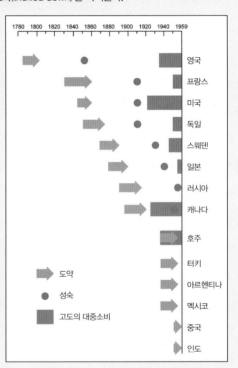

그림 9.1 월트 로스토(Walt W. Rostow)의 발전단계.
출처: Rostow, 1960: xii

출처: Hoselitz, 1952; Lewis, 1955; Rostow, 1960

* 역주: 로스토가 제시한 다섯 가지 단계는 전통적 사회단계, 도약 준비단계, 도약단계, 성숙단계, 대중적 고도 소비단계이다.

다. 반면, 가장 좋지 않은 경우는 지나치게 의욕적이거나 비효율적인 것들이다. 인류학자 제임스 스콧(James Scott, 1998)은 1950년대 후반 민중 대통령인 주셀리노 쿠비체크(Juscelino Kubitschek)가 조성한 브라질리아(Brasilia) 사례에 대해 논의했다. 광범위한 빈 땅 위에서 설계부터 시작하여 세심한 인테리어까지 고민한 브라질리아는 브라질의 행정수도이다. 고도의 모더니스트(high-modernist) 건축가인 르코르뷔지에(Le Corbusier)의 아이디어로 기획되었으며, 극적인 건축환경은 도시 거주자들이 공간사용법을 변화시키기 위해 고안되었다. 이는 근대화된 시민들이 효율적으로 '새로운 브라질'에 적응할 수 있도록 한 것이다. 하지만 1980년까지 계획된 도시는 원래 계획의 절반에도 미치지 못했으며, 임시 거주지로 둘러싸여 있었다. 그리고 다른 도시에 비해 도시 문제의 압박에서 약간 더 자유로운 것에 지나지 않았다[예컨대 리우의 파벨라(〈사례연구 6.6〉].

유럽의 전후 재건 경험과 특히 일본의 급속한 산업화를 보면서 개발에 있어 개별 프로젝트를 넘어서는 국가의 역할이 존재한다는 점이 널리 공유되었다. 이는 직접적으로 성장을 촉진하는 경제운용을 말한다. 여기서의 교훈은 개도국이 산업화된 선진국을 '따라잡기' 위해서는 이를 안내하고 민간기업을 재배치하는 등 국가의 동원 역할이 필요하다는 것이다. 다수의 개발이론가와 개도국 정치지도자들에게는 관료엘리트나 국제자문가 같은 기술전문가들이 '국익'에 도움이 되는 지속가능한 성장이 가능한 중앙집중적 경제계획을 세울 수 있는 능력이 있다는 신뢰를 가지고 있었다.

실제로 개도국 정부는 다양한 방법을 동원해서 경제활동에 개입한다. 그중에는 제조업 자체를 직접 키우는 방안도 있다. 가령 외국상품 수입을 제한하거나[수입대체 산업화(import substitution industrialization); 〈핵심개념 9.2〉], 산업허가(industrial licensing)와 부문, 지역 간 성장을 조정하는 지역정책, 또는 전력이나 철강산업 같은 기간산업의 국유화 같은 정부 통제를 활용한다. 이와는 달리 국가의 경제지표를 통제하여 산업성장을 촉진하기도 한다. 즉 정부가 은행 부문을 통제하여 성장 분야에 국가의 저축이 사용될 수 있도록 하거나, 정부가 농업시장을 통제하여 산업화된 지역으로 믿을 수 있는 값싼 식품을 공급할 수 있게 하고, 환율을 통제하여 국내에서 생산된 공산품의 해외 수출을 촉진시킨다. 어떤 경우에는 경제에 대한 정부 차원의 지도가 근대화 이론의 기대를 넘어서는 극적인 지속적 성장을 가능케 하면서, 대만과 한국(〈사례연구 9.3〉)은 다른 개도국들이 모방해야 할 '발전국가'로 높게 평가되었다.

댐과 개발: 근대 인도의 사찰

1949년, 인도 중부 지역에 있는 나르마다 계곡(Narmada Valley)은 TVA 방식을 따르면서 관개수로와 수력 개발을 위한 프로젝트가 시행된 첫 번째 지역이다. 그리고 1961년 자와할랄 네루(Jawaharla Nehru) 수상에 의해 '근대 인도의 사찰'이라고 묘사된 댐은 사르다르 사로바르 프로젝트(SSP, Sardar Sarovar Project)를 통해 만들어졌었다. 이 프로젝트는 높이 138m에 30개의 대형 댐과 135개의 중형 댐, 3,000개의 소형 댐을 계곡에 건설하려는 계획을 갖고 있었다. 인도의 수자원은 계절성 강우에 의존한다. 따라서 이 프로젝트는 주요 곡물 재배를 위한 대규모 관개 프로젝트로 보였으며, 지난 1500여 년간 지속되어 온 낮은 농업생산성을 극복할 수 있는 '명백한' 기술적 해결책으로 여겨졌다(Chapman, 2002). 댐 건설을 지지하는 사람들은 댐을 짓는 비용에 대해 재정적으로 보아도, 아니면 생활터전을 잃게 될 수몰 주민을 고려하더라도 개발이 국가의 이익을 극대화할 것이라고 주장하면서 정당화하였다.

사회운동가에서 활동가로 전환한 메다 파트카(Medha Patkar)가 1985년 이후 국가 주도의 거대 프로젝트에서 발생할 수 있는 위험성을 지적하면서, SSP에 반대하는 의견이 최초로 제기되었다. 첫째, 이러한 프로젝트를 제대로 실행할 수 있는 국가의 역량에 대해 의문을 제기하였다. 인도의 댐 건설 효과에 대한 독립적인 평가는 연거푸 과장되었고, 거대 댐을 건설하는 비용이 축소되었다고 주장하였다. 그리고 SSP와 같은 거대 프로젝트에 대해 장기적 재정 확보가 가능할 것인가에 대한 의문도 제기하였다(Rangachari et al., 2000). 적절한 환경영향평가는 한 번도 수행된 적이 없다. 둘째, 댐의 영향에 대한 국가의 태도는 무관심 그 자체였다. 삶의 터전을 잃은 사람들의 수가 약 4만 명 정도라고 공식 집계되었지만, 이는 아마도 실제 수치보다 축소되어 집계된 수치일 것이다

사진 9.2 범람한 인도의 나르마다 계곡에 떠 있는 나룻배. © Amita Baviskar

(Routledge, 2003). 그리고 공식적으로 확인된 강제 이주민에 대해 토지 및 이주 보상을 하지 못한 것이 댐 건설을 중단하기 위한 법적 분쟁의 핵심이 되었다. 파트카(Patkar)의 나르마다 바차오 안돌란(Narmada Bachao Andolan, 나르마다 구하기 운동)은 SSP에 반대하는 대중적 지지와 국제적 여론을 형성하는 중심 역할을 했다. 그 결과 댐 건설에 반대하는 사람들은 가혹한 탄압의 대상이 되었으며, 구주라트(Gujurat) 정부는 댐 건설에 우호적인 주민집단을 조직하여 주민의 찬성의사에 따라 개발을 진행하는 모양새를 가지려 했다.

반면, 네루 스스로도 후에 인도 개발 프로젝트의 '비대증(the disease of gigantism)'에 반대하는 입장을 표명했다. 정치적 이해관계자들은 1993년 SSP에 대한 세계은행의 재정지원이 철수된 후에도 댐 건설을 반드시 완성하겠다고 공언했다. 시위가 시작된 후 7년 뒤인 2000년 인도 대법원은 댐 건설로 삶의 터전을 잃은 수몰 주민들의 재정착과 재활지원에 따라 다섯 단계에 걸쳐 순차적으로 댐을 완공하도록 판결을 내렸다. 이 책을 쓰기 시작한 시점(2013년 5월)에 주 댐의 높이는 121.92m로, 댐 건설과 이주가 계속 진행되고 있다. 그리고 구주라트 가뭄은 지방정부의 수상이 새로운 댐 건설 찬성 캠페인을 펼치는 데 일조하였다.

출처: Chapman, 2002; Rangachari et al., 2000; Routledge, 2003;
Roy, 1999; Supreme Court of India, 2000

핵심개념 9.2

수입대체 산업화(Import substitution industrialization)

수입대체 산업화는 1960년대에 개발을 위한 주요 전략의 하나로 널리 받아들여졌다. 이는 칠레 산티아고(Santiago)에 있는 중남미 경제위원회(ECLA, Economic Commission for Latin America)의 연구에 기반을 두고 있다. 그에 따르면 국가는 내향적인 경제발전을 도모하고 특히 국내 산업을 촉진하는 데 중요한 역할을 한다는 것이다. 지속적으로 수입상품을 국내 생산품으로 대체함으로써 국내 산업을 확대하고 정교화시켜 개도국 경제를 성장하게 한다. 이는 1차산업 의존도를 낮추고, 제조업에서 더 많은 부가가치를 생산할 수 있게 하는 것이다. 정부는 외국 생산품에 대해 높은 수입관세를 부과하는 대신, 국내 생산 상품에 대해서는 국제적 경쟁력을 갖출 때까지 보호정책을 펴거나 부의 재분배(토지개혁) 정책을 실행하면서 지속적인 산업화를 추진하였다. 두 번째 방법은 인구의 대다수가 가처분 소득을 창출하는 방안을 마련하여, 국내 생산된 상품의 소비를 위해 국내 시장을 확대하는 것이다. 수입대체 산업화 전략의 경제모델이 처음 ECLA의 노력을 통해 정형화되었지만, 비슷한 전략들이 개도국에서 널리 채택되었고, 인도는 1990년대 초에야 이 전략을 완전히 포기하였다.

국가가 나르마다 댐 같은 거대 개발 프로젝트를 도입하거나 한국처럼 경제에 직접 개입하는 정책은 잠재적 이익을 가져올 수도 있지만 상당한 위험도 있다. 개별 국가정책과 프로젝트로 인한 잠재적인 부정적 영향에 대해 한 가지 언급하자면, 수입대체 산업은 일류가 아닌 '이류' 상품을 생산한다는 점이다. 〈사진 9.3〉은 힌두스탄 앰배서더(Hindustan Ambassador)라는 자동차이다. 이는 1950년대 기술을 기본으로 한 모델인데, 외국과의 경쟁으로부터 보호받으면서 1990

사례연구 9.3

한국의 '호랑이 경제'와 국가 주도 개발

한국은 역사적으로 급속한 성장이 어려운 상황이었다는 점을 짐작할 수 있다. 한국의 농업경제는 권위주의적인 일본 식민지 통치(1905~1945), 정치적 격동과 북한과의 전쟁(1950~1953)을 겪고 나서야 박정희 군사정권 시기(1961~1979)에 어느 정도 안정을 찾을 수 있었다. 하지만 한국은 20세기 후반 아시아의 '호랑이 경제(Tiger Economy)' 국가의 하나가 되었다. 1960년대와 1970년대에 한국 경제는 1년에 약 8%를 넘는 믿기지 않은 연평균 성장률을 보여 주었다. 그리고 조선과 전자·자동차 산업은 세계적으로 두각을 나타내었다. 오늘날에는 개도국 중에서 가장 부유한 국가의 하나가 되었으며, GDP 기준 세계 15위의 경제 규모로 1인당 국민총소득(GNI)은 23위이다(World Bank, 2013b).

한국은 시기에 따라 바뀐 경제정책을 통해 이러한 경제적 성공을 성취하였다. 박정희의 리더십하에 한국은 수입대체 산업화(ISI)라는 초기 경제정책을 포기하고 수출 주도 성장을 추진하였다. 수출실적이 좋은 회사와 잠재적 성장가능성이 높다고 판단된 산업에는 저리융자 같은 인센티브가 주어졌다. 이러한 전략들이 정부 관리(government-managed) 성장에 특히 효과적이었으며, 삼성·현대 같은 가족경영 기업을 세계적으로 인지도가 높은 브랜드로 전환시켰다. 1980년대 경제 자유화 시대 이전에 1970년대 국가 경제는 부분적으로 ISI로 회귀하는 것처럼 보이기도 했다. 그러나 이러한 정책변화를 통해 국가는 경제운영에 있어 적극적 역할과 민간기업과의 밀착된 관계를 유지하였다. 이러한 확고한 통제 때문에 민간기업은 정부 정책을 따르게 되었다. 국가는 재벌(chaebols)을 지원하는 동시에 재벌 간의 경쟁을 장려함으로써 '발전국가'로서의 특징을 유지하였다(Evans, 1989).

그러나 이와 같은 주목할 만한 경제성장 성과가 다른 국가에서도 나타날 것인지와 관련해서 두 가지 중요한 질문이 있다. 첫째, 강한 시민사회, 기업과 정부 간의 긴밀한 유착관계, 그리고 효과적인(잔인하기도 한) 경찰력은 인프라와 농업생산성, 대중적 초등교육 등 주요 분야에 대한 의미 있는 투자와 함께 일본 식민지 시기에 형성된 것이다. 따라서 박정희의 발전국가 창조는 정책의 변화만으로 하루아침에 만들어진 것이 아니라, 깊은 역사적 뿌리가 있는 것이다. 둘째, 한국 경제의 기적은 많은 한국인들이 값비싼 대가를 치르고 이루어 낸 것이다. 산업노동자들은 고용주와 피고용인 '클럽' 네트워크하에서 생산성을 높이고 반대의견을 억누르기 위해 철저한 통제를 받았다. 정치적 반대파를 억압하기 위한 권력이 사용되고, 시민들의 불안은 커져 갔다. 그리고 대통령 선출을 위한 민주적 선거는 1987년이 되어서야 복원되었다.

출처: Cumings, 1998; Evans, 1989; Kohli, 1984; Wade, 1990, 2000; World Bank, 2013b에서 발췌

년대까지 인도 승용차 시장을 지배했다(이 모델을 현재까지도 열렬히 좋아하는 사람들이 있으며, 그 한 가지 이유는 시골의 비포장 길을 견딜 수 있을 정도로 견고하기 때문이다).

정치엘리트와 기술관료들에게 권력과 자원이 집중되는 위험은 잠재적으로 더 중요한 사안이다. 즉 국가 주도 개발은 개도국들이 경제개발을 성취하는 데 직면한 어려움을 극복하고자 했지만, 결국 시장논리를 정치적 통제의 논리로 대체하면서 경제개발을 추진하게 되었다. 장기적 계

개발도상국과 **국제개발**

사진 9.3 수입대체 산업화(ISI)의 실제 사례. 힌두스탄 앰배서더.
© Glyn Williams

획, 부문 간 조정, 그리고 규모의 경제 실현과 같은 장점과 더불어 한계와 문제를 동시에 갖고 있다. 정치적 논리의 '어두운 부분'은 국가가 주요 행위자인 모든 개발활동에 대해 비판적인 질문을 던지게끔 한다.

한 가지 중요한 질문은, 국가가 국민과 관심지역에 적절한 개발성과를 가져오는 데 과연 효과적인가 하는 것이다. 제임스 스콧(James Scott, 1988)이 주장하듯이, 일반적으로 국가의 손에 들려 있는 중앙권력은 개발 문제에서 지역의 다양성과 지역지식을 배제한 채 정형화되고 단순화된 '해결책'을 이끌어 낼 수 있다(탄자니아 농업의 집단화에 대한 〈사례연구 6.2〉). 이러한 가능성이 브라질리아 건설처럼 권력이나 '근대성'의 상징을 가지고 지지자나 국제사회에 인상을 남기려는 정치지도자의 열망과 결부되면 거대한 실패가능성이 배가된다. 과도한 중앙통제와 관련한 위험성으로 인해 규격화된 개발에 도전하면서 공동체 기반의 계획(11장 참조)이나 탈집중화된 시장 중심의 개발접근(10장)을 포함하는 '대안적' 형태의 개발을 요구하게 되었다.

두 번째 질문은 개발과정을 이끄는 기술관료와 정치엘리트들의 행동이 과연 자신들의 이익을 취하는 것이 아니라 선의에서 비롯되었다는 신뢰를 가질 수 있는가 하는 것이다. 피터 에반스(Peter Evans, 1989)나 다른 연구자들은 한국 같은 효과적인 발전국가들은 일정 수준의 '내재화된 자율성(embedded autonomy)'을 유지한다고 주장한다. 이러한 자율성, 즉 특정 이해집단을 넘어서는 권력을 유지하는 것은 장기적 계획을 수립하는 것이 가능해지고 즉각적인 사회 압력으로부터 자유롭게 해 주지만, 선도 기업가들과의 유착관계, 즉 내재화로 인해 국가 정책이 선도 기업가를 목표로 하면서 효과 역시 크다. 하지만 주요 정책과 투자 결정이 고위급 관료들 손에 집중되어 있고 그들의 행동이 공개적 감시에서 벗어나 있다면, 자신들의 지위를 남용할 가능성은 항상 존재한다. 정부와 재계의 밀접한 관계는 한국 경제발전에 극적인 영향을 미쳤지만, 1990년대에는 광범위한 부패에 책임이 있다는 주장의 근거를 제공했다. 1960년대 인도 관료들의 부패 정도를 측정하는 양적 지표를 보면 정부 부처가 받는 '지대(rents)'가 국가소득의 7.3%에 달했다

(Krueger, 1974). 이것이 정확하다면 충격적인 수치인데, 개발'전문가'를 항상 공개적 감시하에 두어야 하는 필요성이 커지는 것이다.

세 번째 질문은 국가 주도 개발에서 누구의 이해관계가 대표되는가 하는 것이다. 국가는 보통 '국익'을 위해 움직인다고 주장한다. 그러나 나르마다 댐 프로젝트가 보여 주는 것처럼(〈사례연구 9.2〉), 이러한 주장들은 종종 매우 논쟁적이다. 어떠한 정치적 대의제도도 완벽하지 않고, 심지어 의회민주주의 제도를 취하는 개도국에서조차도 국가의 개발계획과 비전에 전체 국민의 목소리, 특히 정치적으로 소외된 집단의 목소리가 반영되지 않는 위험이 존재한다.

마지막으로, 경제적 전환을 관리할 수 있는 공간적 규모에 대한 질문이 필요하다. 한국처럼 국가 주도의 많은 정책들은 국가적 수준에서의 경제적 규제를 목표로 하였다. 이는 1970년대까지는 논리적이고 가능했지만, 국제적으로 통합된 시장형태를 띤 경제적 지구화와 자본의 빠른 이동, 자유—변동환율제(4장 참조)의 시대로 접어들면서, 아시아 '호랑이 경제'의 산업화에 기여한 정부의 경제통제 수단이 훼손되었다(〈사례연구 10.2〉의 '동아시아의 기적' 참조).

이 모든 질문은 개발을 지휘하는 국가의 역량에 확실한 한계가 있고, 많은 개발이론과 1950~1960년대 신생독립국들의 계획에 깔려 있는 낙관주의가 적절치 못했다는 것을 말해 준다. 분명 개도국 전반에 걸쳐 산업화로의 급속한 전환은 예측과는 달리 현실적으로 성취하기 어려웠다. 심지어 이러한 측면에서 발전국가가 '성공적'인 경우에도, 그것이 누구의 이익에 봉사했는지, 그리고 사회와 환경에 대한 비용은 얼마만큼이었는지 묻는 것이 중요하다. 하지만 그렇다고 그 이후 시기의 개발에서 국가가 중요하지 않은 행위자가 되었음을 뜻하는 것은 아니다. 공여국이 자금을 지원하고 국가가 주도하는 '거대 프로젝트'는 여전히 진행 중이다(가령 레소토의 고원 관개 프로젝트). 이 장의 마지막 절은 경제개발에 대한 국가의 통제력을 높여야 한다고 주장하는 시도들을 검토한다. 그러나 1990년대 초부터는 국가가 개발에 미치는 영향을 새롭게 강조하는 개발 담론이 나타났다. 이는 '굿 거버넌스' 달성을 목표로 세계은행 등의 기관에 의해 주도되었다.

국가의 개혁

굿 거버넌스에 대한 최근의 관심은 대체로 개도국들이 통치의 질을 개선시킬 필요가 있다는 가정에서 시작되었다. 그 이유를 찾기는 어렵지 않다. 대부분의 개도국에서 국가 주도 개발이 1950~1960년대에 바랐던 극적인 전환을 가져오지 못했고, 비효율적이거나 부패한 경제 개입의 사례들이 많았기 때문이다. 1980년대 들어 글로벌하게 중요해지고 있는 시장 주도 개발에 관한 신자유주의(neoliberal) 논의에 따르면(10장 참조), 개도국들은 개발을 위해 지나치게 많은 노력을 하고 있긴 하지만 그리 올바른 방향이 아니라는 것이다. 더욱이 캄보디아의 폴 포트(Pol Pot) 정권(1975~1979, 2장 참조) 같은 어떤 개도국 레짐들은 반인륜적 범죄행위에 책임이 있거나 직접 자행하였다. 이는 국내 통치체제에 대한 국제적 개입에 정당성을 제공하였다. 21세기 초반 굿 거버넌스는 밀레니엄 개발목표(MDG, Millennium Development Goals)와 연결되었다(〈표 5.2〉 참조). 정부가 가난한 사람에게 접근성을 높이고 배려하는 개혁 프로그램은 글로벌 빈곤완화 목표 달성을 위한 주요 과제라고 인식되었다(World Bank, 2000). 따라서 개발과 인도주의적 이유로 글로벌 차원에서 거버넌스 기준을 만들어야 하며, 거버넌스 개선이 국제개발기구의 중심 주제가 되어야 한다는 강력한 주장이 있었다. 그러나 '굿' 거버넌스는 무엇으로 구성되는가? 〈사상가와 논쟁 9.2〉는 굿 거버넌스에 관한 하나의 중요한 정의(세계은행의 것)를 제공한다. 거버넌스에 관해 글로벌 기준을 설정하는 것은 단순한 문제가 아니다. 어떤 정의라도 저자들의 가치를 얼마간 반영하기 때문이다. 세계은행의 기준을 보면, 굿 거버넌스에 대한 특정 정의와 가치 간의 관계는 최소한 두 가지 이유에서 개도국 국민들에게 실질적으로 큰 중요성을 갖는다. 첫째, 1997년 이후 세계은행은 세계거버넌스지표(Worldwide Governance Indicators)를 만들어 6개 기준을 통계적으로 측정하는 것을 목표로 하였다. 이 지표들은 주요 다자개발기구의 국가 애널리스트를 비롯하여 국제사면위원회(Amnesty International)와 같은 국제 NGO 등 다양한 출처에서 만들어지는 인식 데이터에 기반을 둔다. 이 지표들을 종합하여 최소한 이론적으로는 국가 간, 시기별로 거버넌스의 질을 자세히 비교할 수 있는 측정치를 만든다(〈그림 9.2〉). 이러한 집합적 측정은 거버넌스 질의 실제 다양성을 반영할 수 없다. 가령 인도는 중앙정부가 어떻게 지방정부를 대하고 11억 인도인들이 이를 어떻게 느끼는지에 대해 국내에서도 차이가 큰 연방국가이지만, 하나의 국가적 측정치로서 대표된다.

통계수치는 한계를 갖고 있음에도 불구하고 현실에서 영향력을 지닌다. '불안정'하거나 '부패한' 국가로 분류되면 민간기업이 투자를 주저할 뿐만 아니라 국제원조를 받는 데도 영향을 준다. 미국은 '굿 거버넌스'를 지향하는 국가를 대상으로 세계은행 거버넌스 지표에서 좋은 점수를 받은 국가에만 개발원조를 제공하는 밀레니엄 챌린지 코퍼레이션(MCC, Millennium Chal-lenge Corporation)을 2004년 1월 설립하였다(MCC, 2007, 2012). 2012년 9월 기준으로 MCC는 90억 달러를 넘어섰는데, 2011년 미국 원조규모가 310억 달러임을 고려할 때 이는 큰 비중이다(USODA, 2013). 그리고 이는 대개 빈곤감소를 목적으로 이행조건을 가진 '협약'의 형태를 갖

사상가와 논쟁 9.2

'굿' 거버넌스란 무엇인가?

민주주의 국가든 권위주의 국가든 전 세계적으로 국가는 거버넌스의 질을 논의할 때 항상 자국의 고유한 가치를 사용한다. 정당성을 갖고서 지역규범과 부합하게 통치하는 것은 시민들의 지지를 받는 데 중요하며(정통성의 유지), 따라서 권력을 유지할 수 있다. 하지만 최근 중요시되고 있는 굿 거버넌스는 이와 다르다. 좋은 통치, 정당한 통치가 무엇인지에 관해 어느 정도 글로벌 합의를 끌어 내는 것을 목표로 하고, 모든 국가들이 이러한 이상을 향해 가도록 하는 것이다. 세계은행은 굿 거버넌스의 6대 기준을 밝히고 있다.

1. 표현의 자유와 책무성(Voice and accountability): 표현, 집회, 언론의 자유뿐만 아니라 국민이 정부를 선출하는 데 직접 참여할 수 있는 정도
2. 정치적 안정성과 폭력의 부재(Political stability and absence of violence): 정부가 불안정하거나 정치적 탄압과 테러리즘 등의 비헌법적·폭력적 수단을 통해 전복될 가능성에 대한 인식
3. 정부 효과성(Government effectiveness): 공공서비스의 질, 시민서비스의 질, 정치적 압력으로부터의 독립 정도, 정책형성과 집행의 질, 이와 같은 정책에 대한 정부 약속 신뢰의 정도
4. 규제의 질(Regulatory quality): 민간영역의 개발을 촉진하고 허가하는 건전한 정책과 규제를 수립하고 집행할 수 있는 정부의 능력
5. 법의 지배(Rule of law): 사회규율에 대한 신뢰와 준수 수준, 특히 계약 집행, 치안과 사법체계 질(quality)뿐 아니라 범죄와 폭력의 가능성
6. 부패 통제(Control of corruption): 엘리트와 사익에 의한 국가 '포획(capture)', 다양한 부패의 형태를 포함해서 공권력이 사익을 위해 사용되는 정도(World Bank, 2006: 4)

이와 같은 여섯 가지 기준들은 글로벌하게 적용가능한 목표로 보인다. 하지만 엄밀하게 살펴보면, 이러한 '보편적인' 가치 안에 '좋은' 통치를 정의하는 특정한 방법이 숨어 있는 것을 알 수 있다. 서구 스타일의 민주주의 모델은 아마도 정부 효율성의 개념 속에 내포되어 있을 것이다. 다른 국가들은 아마도 이런 식으로 정치적 이해관계로부터 공무원 조직을 분리하지 않을 수도 있지만, 이것이 자국의 통치방식에 자동적으로 결함이 있다는 것을 뜻하진 않는다. 더 중요한 것은, 규제의 질에 대한 정의는 국가가 '민간 부문 개발을 촉진'해야 한다고 상정하는 것이다. 이는 다른 상황에서는 일반 국민들의 필요에 더 적절할 수 있는 다른 경제조직 방식(가령 국유제)이나 규제의 다른 목표(가령 공정한 사회와 지속가능한 환경의 촉진)를 고려하지 않는다.

출처: Williams, 2009; World Bank, 2006; World Bank, 2013g에서 발췌

개발도상국과 **국제개발**

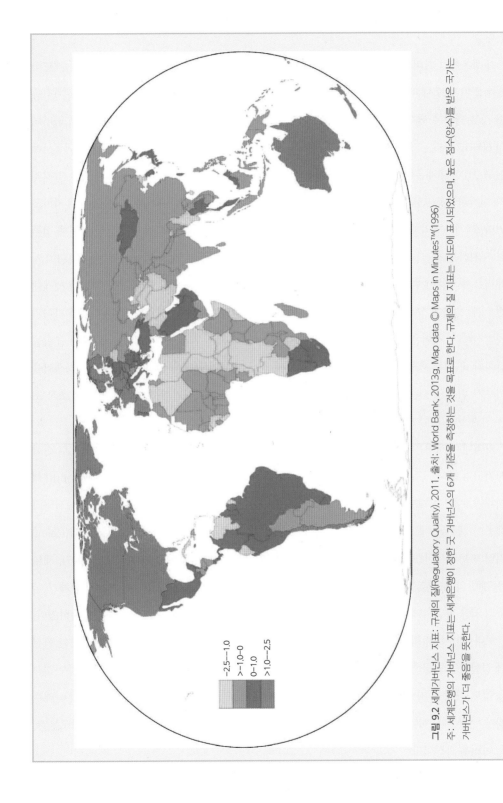

그림 9.2 세계거버넌스 지표 : 규제의 질(Regulatory Quality), 2011. 출처: World Bank, 2013g, Map data © Maps in Minutes™(1996)

주 : 세계은행의 거버넌스 지표는 세계은행이 정한 굿 거버넌스의 6개 기준을 측정하는 것을 목표로 한다. 규제의 질 지표는 지도에 표시되었으며, 높은 점수(양수)를 받은 국가는 거버넌스가 '더 좋음'을 뜻한다.

는다.

세계은행의 거버넌스 정의가 중요한 두 번째 이유는 그 정의가 세계은행이 신봉하고, 개도국 정부들이 반드시 따라야만 하는 가치와 실천의 모음에 기초하고 있기 때문이다. 최근 수년 동안 정부 개혁은 세계은행 개발 프로젝트의 주요 주제가 되었다. 1998~2000년 동안 95개 국가에서 600개가 넘는 거버넌스 관련 프로젝트가 진행되었다(Nanda, 2006; 〈사례연구 9.4〉와 〈사례연구 9.6〉). 세계은행의 굿 거버넌스 아젠다의 세부사항은 굿 거버넌스라는 용어가 널리 알려지기 시작한 1980년대 후반부터 진화되었지만, 프로그램의 전반적인 방향은 일관성을 유지하고 있다. 세계은행의 비전에 따르면 '개혁된' 국가는 지속가능한 시장 주도적 경제성장을 위해 정부가 지지하는 조건들을 제공해야 한다. 또한 국가가 자신의 행정과 재정 역량에 맞게(〈표 9.1〉) 자제력을 행사해야 한다(우선 '기초부터 올바르게 다지는 것'에 집중해야 한다). 이는 제2차 세계대전 이후 초기에 상정되었던 경제에 직접 개입하는 역할과는 상당히 다르며, 신자유주의 가치가 뒷받침한다. 개혁은 세 가지 주요 방식으로 추진된다. 특히 정부 집행권한에 대한 견제와 균형을 강화하고, 정부 행동의 투명성을 제고함으로써 정부 내부의 규칙을 변화시키고, 국가 경쟁력을 키우기 위해 공공관리를 개방하고, 정부의 주요 서비스를 제공하기 위해 NGO, 공동체 조직 또는 민간 부문과 함께 파트너십을 추구한다.

거버넌스 개혁은 대개 공무원의 일상업무와 국가의 전반적인 재정규율 모두를 극적으로 변화시키고자 한다. 공무원의 일상업무 개혁과 관련하여 신공공관리(New Public Management)(〈핵심개념 9.3〉)가 개도국 내에서 시행되고 있다(〈사례연구 7.4〉). 하지만 이와 동시에 공공서비스 제공이 개선된 개도국의 구체적인 경험으로부터 배우려는 노력도 있다. 브라질 세아라(Ceará) 지역의 보건서비스 개혁을 위한 노력은 이 같은 자세한 사례를 보여 준다(Tendler, 1997). 새로운 '맨발의' 보건활동가 그룹이 만들어지고, 지역공동체에서 이들을 고용하며, 지역공동체가 이들의 일을 확실하게 인식하게 함으로써 국가는 헌신적이고 활력 넘치는 노동자들을 창출하였다.

보다 일반적인 희망은, 성과에 기반한 승진 등 개인적인 인센티브가 공동의 목표에 대한 헌신과 결합하면 공공 부문 노동자들의 일하는 방식이 변화할 것이라는 점이다. 자기 일에 주인의식을 갖고, 대중을 자신의 '고객'으로 존중하며, 스스로의 조직역량을 증진하는 데 자신들의 이해관계가 연결된다. 하지만 제6장에서 분명히 나타나듯이, 현장에서 이와 같은 변화를 가져오는 것은 어려운 과정이다.

개발도상국과 국제개발

개도국들이 국내 개혁을 위해 세계은행의 아이디어를 확실히 따르게 하기 위해 부채탕감 프로그램은 흔히 '굿 거버넌스 아젠다' 협약 체결과 연결된다. 가령 개도국이 세계은행의 고채무빈곤국(HIPC, Highly Indebted Poor Country) 이니셔티브를 통해 부채를 탕감받으려면, 세계은행에 의해 합의된 중기재정 관리체계(Medium Term Expenditure Framework)를 포함한 다수의 외부 통제에 동의해야 한다. 이는 부서단위의 성과와 집행에 기반한 합의된 지출공식에 따라 각 부처의 지출에 효과적으로 상한선을 둔다. 이는 정부의 재정 책무성 개선을 위한 것이지만, 한편으로 세계은행이 해당 국가의 공공재정에 대해 상당한 감독과 통제를 할 수 있게 한다. 이는 위로부터 재정압박을 가하고 아래로부터는 공공 부문 노동자의 잠재적 열정과 에너지를 활성화하면

표 9.1 국가 역할에 대한 재정의

국가의 기능	시장실패 관리			형평성(equity) 개선
최소 기능	순수 공공재 제공			빈곤층 보호
중간 기능	외부효과 대응	독과점 규제	불완전 정보의 극복	사회보험 제공
활동적 기능	민간활동 조정			재분배

출처: World Bank, 1997: 27, 표 1에서 재구성

핵심개념 9.3

신공공관리론(New Public Management)

1980년대부터 선진국과 개도국에 걸쳐 광범위하게 등장한 신공공관리론은 재정효율성이 높고 변화지향적인 공공서비스를 목표로 한 공공 부문 조직변화를 말한다. 정책의 세부사항은 상황에 따라 달라지지만, 신공공관리론은 규모가 큰 공공 부문의 단위를 세분화하는 것과 연관되어 있다(종종 업무 중 일부를 민간 부문에 위탁한다). 그리고 공공 부문 간의 경쟁과 구성원에 대한 인센티브 제공을 포함하는 신공공관리론은 시장 중심 메커니즘을 사용한다. 또한 이러한 이행은 공공 부문 노조의 약화, 전문가나 기술전문직의 자율권 저하와, 이와 반대로 일반 관리자 간부급의 성장, 그리고 공공서비스를 운영하는 지명직 고위직(민주적으로 선출되지 않은)의 강화된 권한 등을 포함한 광범위한 정치적·경제적 변화를 수반한다(Ferlie et al., 1996). 비록 이 연구가 영국의 보건서비스 사례에 기반을 두고 있지만, 비슷한 맥락적 요인들이 개도국에도 중요하게 작용한다. 일반 대중이 변화의 '고객'이라고 주장되지만, 실상 그 결과는 매우 막연하다. 공공서비스에 대한 지역의 민주적 감독이 약화되는 점이 특히 우려스럽다. 비용보전(cost recovery)의 다양한 형태와 결합되면, 이는 개도국의 많은 지역에서 빈곤층이 점차 공공서비스 혜택에서 배제된다는 점을 의미할 수 있다.

사례연구 9.4

인도네시아의 KDP: 위로부터의 굿 거버넌스 실행

1990년대 후반 세계은행이 수행한 민족지 연구에 의하면, 수하르토(Suharto) 정권(1967~1998)은 부패와 개발 프로젝트의 엘리트 독점과 고질적인 폭력으로 인도네시아의 국가–사회 관계에 좋지 않은 영향을 미쳤다고 밝히고 있다. 따라서 세계은행은 아주 작은 마을 단위에서 사회적 자본을 재건하면 경제발전 뿐 아니라 굿 거버넌스를 위한 풀뿌리로부터의 압력(grassroots pressure)을 만들어 낼 수 있다고 주장했다. 작은 마을에 있는 공동체는 여전히 사회서비스, 신용(credit), 종교적 목적을 위해 함께 일하고, 세계은행은 이러한 공동의 노력을 마을공동체와 국가 간 연계를 향상시키는 토대로 보았다.

세계은행의 인도네시아 국가지원전략(Country Assistance Strategy, 2001~2003)은 주요 사회개발 프로그램, 지역공동체의 역량증진과 지역 거버넌스 개혁을 위한 지역개발 프로젝트[KDP, Kecamatan Development Project: 끄짜마탄(Kecamatan)은 인도네시아의 읍·면 단위를 지칭]를 포함한다. KDP는 공공사업 프로그램(public works programmes, 마을 주민들이 도로나 다리 같은 지역 인프라를 만드는 것)과 소상공인을 위한 융자 등 마을개발 프로젝트를 위해 상당히 표준화된 '메뉴'를 따른다. 그러나 이것을 실행하는 방식은 매우 참신했다. 마을 주민들은 KDP 자금을 쓰기 위해 참여적 프로젝트 계획과 경쟁적인 입찰 등을 포함하는 세부 규칙과 절차를 따라야 했고, 이는 주민들이 정부와 일을 할 때 투명성, 효율성, 책무성에 대한 기대치를 높이도록 확실하게 디자인되었다. 부패척결이 특별히 강조된 목표였다. 자금지원은 공개적으로 발표되고, 사업 수행 당사자에게 직접 자금을 제공했으며, 주민들이 오래된 부패관행에 대해 문제를 제기하면 인센티브를 주었다.

세계은행식 접근의 가장 큰 문제는 KDP 프로젝트가 기술관료 주도로 진행되었다는 점보다는 광범위한 거버넌스 문제를 다루지 않은 것이었다. KDP가 기획된 시기에 세계은행과 다른 공여기관은 환경 및 인권탄압에 관한 끔찍한 전력을 가진 인도네시아 벌목회사가 사업을 확장된 데 차관을 지속적으로 제공하였다(〈사진 9.4〉). 인권감시(Human Rights Watch) 보고서에 따르면, 벌목회사들은 마을 주민의 토지권을 침해하였고, 보안 자회사는 인도네시아 경찰의 보호하에 벌목에 반대하는 주민을 폭력적으로 억압하였다. 이들의 업무를 관리하기 위한 4,000명의 컨설턴트를 투입하는 '병행관료제(parallel bureaucracy)'를 비롯하여 막대한 자원을 KDP 과정에 지원함으로써, 이러한 개발 프로젝트의 제한된 범위 내에서는 협력을 강화하고 부패를 감소시켰다. 하지만 국제금융, 국제적 벌목기업, 인도네시아 정부 간의 보다 큰 문제를 무시하면서 풀뿌리 개혁의 성과를 바라기는 어렵게 되었고, 이는 '굿 거버넌스'를 위한 적절한 출발점이 될 수 없었다.

사진 9.4 인도네시아 수마트라 지역의 벌목 트럭. © Robert Harding

출처: Human Rights Watch, 2003; T. M. Li, 2007에서 발췌

338

개발도상국과 **국제개발**

서, 얼굴 없고 제멋대로 행동하는 관료들을 대중의 요구에 반응하는 '효율적이고(leaner)' 목표지향적인 기관으로 변화시키려는 의도였다. 하지만 실제로는 세계은행이 성공사례라고 발표한 국가에서조차 의도한 대로 결과가 나오지 못했다(〈사례연구 9.6〉, 그리고 〈사례연구 10.3〉과 비교할 것).

굿 거버넌스에서 발전국가로 회귀?

지금까지 논의한 것처럼 굿 거버넌스는 아마도 이론적으로는 훌륭한 목표이지만 실제로는 항상 논쟁의 여지가 있다. 선진국의 원조 공여국과 세계은행 같은 기관들이 개도국의 거버넌스를 '개선'시키려는 압력은 국제개발의 방향성과 관련하여 중요한 질문을 던진다. 첫 번째 질문은 공여국이 설정한 시간 내에 결과를 성취하는 것이 얼마나 실질적이고 가능하겠는가 하는 것이다. 굿 거버넌스 프로그램은 국가나 국가 행위가 영향을 받으면 변화한다는 믿음에 기초한다. 만약 재정적 규율과 인센티브 구조가 올바르게 구축되면 국가는 빠르게 개혁을 추진할 수 있을 것이다. 하지만 실행에 옮겨지면 단순히 변화가 필요한 관계들 간의 협소한 정의 때문만이 아니라(〈사례연구 9.4〉), 개혁 프로그램이 국가와 사회의 관계에서 의도하지 않은 변화를 생성하기 때문에 문제가 생길 수 있다(〈사례연구 9.6〉). 거버넌스 개입의 횟수와 세부사항이 확산됨에 따라 그러한 개입이 실패할 가능성도 커질지 모른다. 개혁과 개혁이 파생시킨 갈등을 관리할 수 있는 개도국 정부의 능력을 넘어서는 개혁 아젠다를 단순화시켜야 한다는 주장이 분명히 있다(Grindle, 2004). 보다 일반적으로 한국의 발전국가(〈사례연구 9.3〉) 논의가 보여 주듯이, 국가의 효과성은 역사적 뿌리를 가지고 있으며, 선진국의 '좋은' 제도적 관행들도 몇 세대에 걸쳐 형성된다(Chang, 2002). 국제원조 커뮤니티가 개도국들이 10년 내외에 비슷한 변화를 만들어 내리라고 생각하는 것은 너무도 낙관적인 생각이다. 최악은 이것이 위험스러울 정도로 부적절한 의욕으로 이끌 수 있다는 것이다. 9·11 이후 이라크와 아프가니스탄의 '체제 변화'를 가져오려 했던 미국 주도 연합군의 경험은, 기존의 거버넌스 구조를 없애는 것이 선진국 규범을 기반으로 안정적인 새로운 체제를 구축하는 것보다 훨씬 쉽다는 것을 보여 준다.

개혁의 실현가능성에 더해 두 번째 질문은, '굿' 거버넌스에 관한 누구의 생각과 가치가 실행되어야 하는가이다. 앞서 언급한 것처럼(〈사상가와 논쟁 9.2〉), 여기에는 개혁이 지향하는 방향과 이 방향이 지지하는 국가, 사회, 시장 간의 관계와 관련하여 신자유주의 가정이 전제되어 있다. 비록 거버넌스 개혁에 대한 많은 아젠다들이 언뜻 보기에는 '관리적' 또는 '기술적' 이슈로 보이지만, 그 이면에는(또는 이미 내재되어 있는) 정부의 역할과 목표에 관한 정치적 선택들이 있고, 모든 개도국들의 우선순위가 시장 주도 성장의 지지에 있지 않다는 것을 기억하는 것이 중요하다.

'굿 거버넌스'를 위한 지배적 접근이 갖는 신자유주의 뿌리를 무시해 버리더라도, 이에 대한 분석의 공간적 초점에 관한 문제는 여전히 남는다. 1950~1960년대 근대화론과 마찬가지로 국가적 차원에 지나치게 집중한 결과 최근 거버넌스의 문제는 내부 정치와 제도적 요인의 결과로 간주되는데, 이러한 시각에서는 '나쁜' 거버넌스가 출현하는 국제적 맥락이 숨겨져 있다. 지리학에 근거한 분석들은 거버넌스 문제가 국경 내에서 독립적으로 존재하는 것이 아니며, 특히 구조조정 프로그램을 통한 세계은행과 국제통화기금(IMF)의 초기 개혁시도(4장과 10장)는 오늘날의 굿 거버넌스 프로그램이 만들려는 국가의 능력 자체를 약화시키는 데 종종 책임이 있다는 것을 인정했다. 선진 공여국이 이 같은 문제를 공개적으로 인정하는 경우는 매우 드물지만, 2006년 영국 국제개발부(Department for International Development)의 백서에서는 이 점이 강조되었다. 백서는 돈세탁, 다국적기업의 부족한 기업책임, 전통적 무기의 무역, 자연자원에 대한 불법 판매와 같은 국제적 문제들이 개도국의 국내적 거버넌스 문제를 만들어 내는 데 일조한다고 주장한다(DFID, 2006). 따라서 개도국의 공공관료 개혁이 독립적으로 효과가 있을 것이라고 단순하게 가정하기보다는 글로벌 거버넌스 구조를 개혁하는 것이 더 중요하다(Williams, 2009).

그러나 세계은행이 따르는 특정한 굿 거버넌스 아젠다를 비판하는 것과 개발목표로서 국가 개혁의 아이디어를 포기하는 것과는 중요한 차이가 있다. 만약 굿 거버넌스 아젠다가 부분적으로 과거 캄보디아 폴 포트 정권의 끔찍한 행동 때문에 부상했다면, 짐바브웨의 무가베(Mugabe) 정부나 시리아의 아사드(al-Assad) 정부의 최근 사례는 개도국의 국내 행동의 정당성 여부가 국제적으로 정당한 관심 분야가 된다는 것을 보여 준다. 이 장과 제6장에서 논의한 것처럼, 훨씬 더 '정상적'인 환경에 처해 있는 국가에서 정부의 질은 국민의 삶에 매우 중요한 함의를 가진다. 하지만 여기서 개도국들이 국제 공여기구들이 처방한 변화 프로그램을 따라야 할 필요가 있는지에 대해서는 명확하지 않다. 성공적인 개도국의 거버넌스 개혁 사례로부터 배우고, 왜 이러한 사례들이 나타났고 어떻게 다른 국가에서 반복되었는지 묻는 것이 훨씬 더 좋은 접근이라는 주장도 있다(Grindle, 2004). 포르투알레그레(Porto Alegre)가 보여 준 지방정부 수준의 참여적 예산수립이라는 혁신은 바로 이러한 성공사례로(〈사례연구 9.5〉), 선진국의 도시나 다른 개도국에서도 시도되었다(이와 관련하여 Wampler and Hartz-Karp, 2012 참조). 선진국의 아젠다를 하향식으로 주입하는 것보다 '상향식' 과정과 실천을 통한 상호학습이야말로 거버넌스 개혁의 가장 큰 잠재력이 존재하는 곳일 것이다.

21세기 들어 지정학적 조건이 변화하면서, 어떤 개도국은 굿 거버넌스 아젠다 연계 조건부 원조에 대한 대안을 가지게 되었다. 이는 미국 헤게모니에 대한 도전으로(〈사상가와 논쟁 3.1〉), 경제개발에 필요한 자금과 대안적 개발 모델을 제공하는 중국이 제기한 것이다. 중국의 성장은 많은 종류의 원자재 가격을 올리고, 많은 아프리카 국가에 직접 투자를 늘렸다. 이때 주요 인프라 개발 프로젝트는 자연자원에 대한 접근과 밀접하게 연계되었다(〈사례연구 3.5〉). 중국에 가치 있는 자원을 보유한 국가에게는 전통 공여국들이 제시하는 원조수혜 이행조건에 비해 이러한 프로젝트가 제시하는 조건이 적었다. 중국은 개도국을 다스리는 방법에 대해 '지도(tutelage)'하는 모습이 아닌 상호개발에 대한 기회를 제공한다고 스스로를 표방한다(Mawdsley, 2007, 2012b; Tan-Mullins et al., 2010).

중국의 놀랄 만한 경제성장은 이데올로기 측면에서도 중요성을 지닌다. 즉 21세기에 '발전국가'로의 회귀가능성이 있다는 것을 보여 준다. 신자유주의 모델과 달리, 중국의 발전을 주도한 주요 행위자는 정부라는 것이다. 가령 국영 중국개발은행은 상하이 푸둥(浦東) 국제공항(〈사진 9.5〉)과 싼샤 댐 건설 같은 거대한 인프라 프로젝트에 건설 비용의 대부분인 300억 달러를 투자했다(China Development Bank, 2008). 중국은 국가의 크기와 강력한 오랜 중앙 통제수단으로 인해 이러한 발전경로를 따라가는 데 여타 국가들이 갖고 있지 않은 이점을 갖는데, 그중에서도 특히 국제시장의 압력으로부터 자유로울 수 있다. 그러나 중국은 또한 다른 국가들이 따르는 시범모델을 제공하기도 한다. 브라질, 베네수엘라, 베트남, 모잠비크, 말라위, 우간다(〈사례연구 9.6〉)에서는 국가개발은행과 토착산업에 대한 보조금 지급과 같은 발전국가 요소가 다시 등장하였다. 이들 국가에서는 동아시아의 경제 성공이 희망을 제공했으며, 세계은행의 정책처방에 대해 다소 공개적으로 저항하는 데 기여하였다(Hanlon, 2012; Harrison, 2010). 이러한 잠재적 '발전국가'의 새로운 세대가 장기적으로 성공할지는 확실하지 않다. 하지만 빈곤경감 전략보고서(PRSP, 〈사례연구 11.5〉)와 같은 메커니즘을 통한 원조조건은 개도국 내에서 이데올로기 우위와

사례연구 9.5

아래로부터의 굿 거버넌스(Good governance from below): 포르투알레그레의 참여예산제

브라질에서 1988년 군사정권의 지배가 종식된 후 많은 지방정부들은 참여예산제라는 실험을 했다. 그중 가장 유명한 사례가 인구 130만 명의 포르투알레그레(Porto Alegre) 시이다. 참여예산제는 1989년 브라질 노동당(PT, Partido dos Trabalhadores) 후보가 시장으로 당선되면서 시작되었는데, 지역 거버넌스에 극적인 변화를 가져왔다. 노동당은 빈곤층 대책을 최우선시하도록 지방정부의 우선순위를 바꾸고, 시민참여를 증진할 수 있는 권한을 갖고 있었다. 이는 시 예산 수립 과정을 뒤엎으면서 결정된 것들이었다. 시를 16개 구역으로 나누고, 구역 총회를 매년 열어 시 예산을 설명하고 토론하며, 참석자들은 구역 예산 포럼에 참여할 대표를 선출한다. 각 구역 총회들은 지역 예산 지출의 우선순위를 논의하는 주민모임, 보건정책 같은 핵심사안을 논의하는 주제포럼, 그리고 구역 예산 포럼에서 선출된 대표단으로 구성된 시예산위원회의 지원을 받았다. 종합해 보면 이러한 활동은 정부에 직접 참여할 수 있는 중요한 기회를 만들어 주었다. 1994년 조사에 의하면, 도시 전체 인구의 8.3%가 참여예산 수립 과정의 특정 단계에서 참여했다(Matthaeus, 1995; Souza, 2001에서 재인용).

이것이 도시 거버넌스에 주는 잠재적 혜택은 상당하다. 예산 수립을 위한 시민의 참여는 가장 기술적이고 부패하기 쉬운 정부 활동을 시민이 감시할 수 있게 하고, 따라서 세계은행이 우간다에서 추진한 사업과는 대조적으로 재정 책무성을 확립하는 데 시민 중심의 메커니즘을 제공하였다(〈사례연구 9.6〉). 또한 시 예산 지출을 지역의 요구에 맞게 재조정하기도 하고, 빈곤층에게 대중교통 문제가 가장 시급한 분야라는 시 정부의 가정을 바로잡고 예산을 상하수도 시설에 대한 투자로 수정하기도 했다. 하지만 이와 같은 성공에 대해 의문점은 여전히 남아 있다. 예산 모임들은 시 예산의 일부만 다루고, 40%가 넘는 대표자들이 도시의 빈곤층으로부터 선출되긴 하지만 여성 대표가 상위 수준 모임의 참여율이 낮은 것처럼 최빈곤 계층의 참여율은 낮았다. 그럼에도 불구하고 포르투알레그레의 참여예산제 도입은 후견주의적이고 권위적인 시 정치를 덜 부패하고 더 민주적인 방식으로 대체하였으며, 브라질뿐 아니라 다른 나라에서도 도시 거버넌스의 좋은 모델이 되었다는 평가가 주류를 이룬다.

출처: Abers, 1998; Baiocchi, 2001; de Sousa Santos, 1998; Souza, 2001에서 발췌

국가 정책에 대한 실질적 통제력을 잃게 된다는 증거가 있다(Hickey, 2012). 2008년 금융위기는 이러한 변화를 분명 가속화하였다. 하지만 중남미와 아프리카에서 나타난 '포스트 신자유주의(post-neoliberal)' 개발 아젠다(Grugel and Riggirozzi, 2012)는 국가 주권을 더 많이 되찾고자 하는 폭넓은 욕구를 이야기한다(Harrison, 2010).

이와 함께 일부 개도국은 워싱턴 컨센서스 시기 동안 세계은행이 처방한 국가의 사회서비스와 복지제공 역할 축소제안을 받아들이지 않는다. 세계은행과 다른 개발기관들이 강조하는 밀레니엄 개발계획에 포함되어 있는 빈곤 이슈에 초점을 맞추는 것이 중요하지만, 많은 개도국들은

개발도상국과 **국제개발**

사진 9.5 중국 상하이 푸둥 신도시. © Robert Harding

고유의 사회정책 이니셔티브를 갖고 실험해 보려는 의지가 점점 더 커지는 것도 명백하다. 1997년 멕시코의 프로그레사(Progresa) 프로그램은 조건부 현금지원 프로그램(〈사례연구 9.7〉)의 시초이다[2002년 오포르투니다데스(Oportunidades)로 명칭이 바뀌었다]. 이는 중남미뿐만 아니라 다른 지역으로 빠르게 확산되었고, 방글라데시, 필리핀, 캄보디아, 심지어는 2007~2010년까지 오퍼튜니티 NYC(Opportunity NYC)를 실시한 뉴욕 등지에서 관련 프로그램을 실험하였다(Riccio et al., 2010). 남아공에서 빈곤층을 위한 주택의 대량 제공이나 인도의 농촌고용보장 프로그램(National Rural Employment Guarantee Programme) 법 제정도 또 다른 예이다(〈사진 9.6〉). 이러한 사례들은 개도국의 국내정책 아젠다 내에서 사회적 보호의 중요성이 크게 증가한 것(Surender, 2013, 역사적 개괄 참조)뿐만 아니라, 국가가 빈곤에 직접 대응할 보다 명확하고 전향적인 역할을 보여 준다.

복지제공의 증대는 아마도 근대화론 시기 동안 신생독립 개도국이 가졌던 열망, 즉 급속한 산업화와 경제성장을 위한 프로그램과 함께 케인스 방식의 사회복지 제공을 할 수 있다는 열망을 연상시킨다. 그렇다면 이제 국가의 주요 목표가 선(先) 경제성장, 후(後) 복지정책 방향으로 나

사례연구 9.6

우간다: 거버넌스 개혁에서 발전국가까지?

우간다는 1980년대 후반부터 거버넌스 개혁의 국제적 이니셔티브를 오랫동안 경험하였다. 왜냐하면 1990년대 우간다는 해외원조에 매우 의존적이 되면서 세계은행이 '위로부터'의 개혁의 지렛대 전략을 사용하는 최고의 대상국이 되었다. 우간다는 고채무 빈곤국(HIPC)으로 선정된 최초의 국가 중 하나이고, 공여국 주도의 빈곤퇴치행동계획(Poverty Eradication Action Plan, 빈곤경감 전략보고서의 전신, 〈사례연구 11.5〉)은 공공서비스 전달의 확실한 개선을 목표로 하였다. 개혁의 첫 10년은 결과가 혼재되어 나타났다. 원조조건과 개선된 책무성 절차는 새로운 재원이 학교시설, 보건서비스와 생수 공급에 대해 지역단위까지 도달했음을 의미한다. 동시에 지방의 탈중앙화되고 권한이 있는 지방정부에 대한 움직임은 완전히 반대였다(Craig and Porter, 2003). 원조는 '올바르게' 사용되지만, 이는 지방정부를 중앙에서 공여국에 의해 승인된 계획의 단순한 집행자로 만들면서, 외부 원조에 계속 의존하게 만든다(Harrison, 2005). 지방정부의 수익을 증가시키거나, 고유의 이니셔티브를 추진하거나, 지역주민들과의 연계를 구축하려는 인센티브가 줄어드는 연쇄효과가 나타났다. 조건부 원조는 '상향적' 재정 책무성을 개선시키지만, 동시에 지역주민들에 대한 지방정부의 '하향적' 정치적 책무성, 즉 굿 거버넌스의 중요한 기반을 침식한다.

2006년 무세베니(Museveni) 대통령은 공여국 주도와 빈곤에 집중된 아젠다에 대해 점차 각성하게 되었다. 그해 우간다는 고채무 빈곤국에서 졸업하고 대규모의 원유매장량을 발견하면서, 2010년에 시작된 야심찬 국가개발계획의 작성이 촉발되었다. 중국, 한국, 말레이시아의 경험에 직접적으로 기반하여 우간다 경제를 '근대화'하려는 개발계획은 로스토(Rostow, 1960)의 생각을 떠올리게 한다. 즉 경제에 있어 성장 부문에 대한 투자를 강조하고(제조업, 석유와 가스, 농업), 중국의 재정지원이 뒷받침한다. 하지만 여기에는 우려스러운 변화가 있다. 사회투자(보건, 교육, 식수 및 하수처리)의 중요성이 경시되고, 석유 주도 성장으로부터 발생되는 사회적·공간적 불평등에 대응하는 전략들이 치밀하게 수립되지 않았다. 보다 더 근본적으로는 시민사회 행위자들이 개발계획 수립 과정에서 민간 부문 조직이나 정치 엘리트에 의해 쫓겨남에 따라, '발전국가'로서 우간다의 위상에 여전히 의문이 남는다는 점이다. 즉 성장을 통제하고 조정하는 역량을 갖추고 있는가, 아니면 새로운 아젠다가 단순히 대통령과 가까운 후원자들에게 새로운 기회를 제공하는 것뿐인가?

출처: Craig and Porter, 2003; Harrison, 2004, 2005; Hickey, 2013에서 발췌

아갈 것인지에 대한 갈등이 생겨나기 쉽다(Surender, 2013: 25). 하지만 앞의 두 정책 목표 모두 1980년대와 1990년대 초 세계은행, IMF, 미국재무부가 고취한 협소한 신자유주의 비전으로부터 벗어나며, 오늘날 개도국 개발의 행위자로서 국가가 갖는 지속적인 중요성을 보여 준다.

개발도상국과 **국제개발**

사진 9.6 복지의 확대: 남아공의 주거 프로그램. 광고 게시판은 남아공 주거 프로그램의 실적을 보여 주고 있는데, 빈곤선 아래에 있는 가정에게 기본 서비스를 갖춘 주택이 무상으로 제공된다. ⓒ Sarah Charlton

사례연구 9.7

조건부 현금지원과 빈곤경감: 페루의 훈토스 프로그램

취약 가정의 '인적 자본(human capital)', 즉 아이들에게 투자하여 세대 간 빈곤세습을 막으려는 목적으로 조건부 현금지원(CCT, Conditional cash transfers) 프로그램이 21세기 들어 중남미 지역에서 빠르게 확산되었다. 지원금은 교육, 아동영양, 보건 분야에 초점을 두고 있으며, 참여자들 특히 어머니들이 가정의 빈곤탈출을 위해 '공동책임'을 질 것을 요구한다. 이 프로젝트의 전신으로 멕시코의 프로그레사/오포르투니다데스(Progresa/Oportunidades) 프로그램이 있는데, 여기에 참여한 아이들의 학교 출석률과 영양상태가 개선되었다고 알려졌다(Molyneux, 2006). 그리고 2005년 페루는 고질적인 아동빈곤을 해결하기 위해 훈토스(Juntos)라는 독자 프로그램을 만들었다(5세 이하 아동의 2/3는 빈곤을 겪고 있으며, 5명 중 1명은 극심한 빈곤에 시달린다. Jones et al., 2008). 페루 정부는 이 정책을 대통령 주재 장관회의하에 둠으로써 성공의지를 보였다(다른 사회정책들은 여성·사회개발부에서 맡는다).

훈토스는 한 달에 한 번씩 100솔(약 30달러)의 현금을 14세 이하 자녀를 둔 어머니에게 직접 지급한다. 지급조건은 산전-산후 건강검진과 아동백신 프로그램 실시, 유효한 ID카드 유지, 아이들의 학교 출석 보장, 아동들의 교육과 개발을 지원하는 훈련 프로그램 참석 등이다(〈사진 9.7〉).

프로그램의 실행은 신청, 그리고 충족 여부 확인의 절차로 진행된다. 훈토스는 대체로 프로그램 혜택을 받는 대상자 중에서 선출된 여성지도자들에게 주로 의지하는데, 이들은 지원을 제공하기 위한 언어능력과 사회적 네트워크를 갖고 있으며, 교회 같은 시민사회 주체들로부터 지지를 받고 있다. 이를 통해 교사와 학부모가 취학아동의 결석을 숨기기 위해 상호거래를 하는 것 같은 문제를 조기에 발견할 수 있도록 했으며, 프로그레사/오포르투니다데스와 마찬가지로 백신 접종률과 학교 출석률의 상승에 인상적인 영향을 주었다(Jones et al., 2008). 이 프로그램을 통해 국가는 또한 보건과 교육 서비스에 대한 새롭고 광범위한 데이터베이스를 구축할 수 있다.

이와 같은 실질적인 성공에도 불구하고 구조적인 불평등에 대처하는 데는 역부족이다. 훈토스는 페루 여성 인권단체와의 연결이 약하다. 이는 훈토스 프로그램이 자녀의 보건과 '청결함'을 보장하는 어머니의 의무만을 강조할

사진 9.7 페루 아야쿠초(Ayacucho) 주 타울리(Taulli)에서 열린 훈토스 회의에 참석한 여성들. ⓒ Francisco Ferreira

뿐, 여성의 권리와 권한(empowerment)과 관련된 이슈는 중요하게 여기지 않는다는 것을 의미한다. 또한 아동빈 곤은 역사적으로 보건과 교육 서비스 제공이 약한 페루의 원주민 공동체에 집중되어 있다(〈사례연구 6.3〉). 따라서 훈토스는 이미 적정 공급능력을 넘어선 서비스에 대해 수요를 증가시키고, 서비스를 이용하려는 원주민 환자와 학생들은 자주 인종차별을 받는다(Molyneux and Thomson, 2011). 따라서 훈토스는 뚜렷하게 격차가 존재하는 사회에서 복지제공 시스템을 구축하는 것이 어려움을 보여 준다. 한편으로는 가난한 가정에 제공된 현금지원은 즉각적인 혜택을 주지만, '공동책임'은 시민으로서의 지위를 제고하지 않은 채 여성의 책임만 확장시킬 위험이 있다.

출처: Jones et al., 2008; Molyneux, 2006; Molyneux and Thomson, 2011에서 발췌

나가며

이 장에서는 개발이 어떻게 관장되고, 개발의 목적이 무엇인가라는 질문에 대해 아주 다른 두 가지 접근을 살펴보았다. 20세기 중반 국가 주도 개발이 모든 국가에서 급속한 산업화의 결과로 모두에게 '낙수효과'의 혜택을 가져올 것이라는 낙관주의가 선진국과 개도국 간에 존재했다. 이 같은 비전의 부정적 측면, 즉 거대 프로젝트는 종종 경제적 혜택이 의문스럽고 막대한 환경적·사회적 비용을 수반한다는 것은 돌이켜보면 쉽게 보이는데, 이는 '국익'을 위해 계획된 변화를 가져오려는 개도국의 관료와 기술엘리트들의 역량을 과도하게 신뢰한 결과이다. 나르마다 프로젝

트와 개도국들의 비슷한 사례들이 야기한 인적 비용이 지속적으로 커져 가면서 '개발'의 개념을 국가만이 정의해야 하는지, 그리고 어떻게 개발이 이루어져야 하는지에 의문을 제기하는 것이 중요하다.

국제적 지원을 받는 거버넌스 개혁 프로그램은 정부의 재정 책무성을 담보하는 새로운 구조와 신공공관리 이론을 바탕으로, 과잉된 발전국가를 어느 정도 바로잡는 노력을 기울였다. 독단적이고 부패한 관료집단 대신 전문적이고 공적인 책임감이 있는 공무원을 국민들이 경험하면서 '국가를 바라보는(seeing the state)' 새로운 방식이 제공될 것이라고 약속되었다(6장). 우간다의 사례(〈사례연구 9.6〉)에서 알 수 있듯이, '위로부터의' 개혁을 실행하는 것은 실질적인 어려움이 있다. 공여국들은 개도국에서 변화를 일으킬 수도 있겠지만, 개도국 국민에게서 국가의 책무성을 제거하는 비용을 치러야 한다. 또한 세계은행의 굿 거버넌스 아젠다의 기저에 흐르는 신자유주의 개발 비전에 대해 의문을 제기하는 것, 그리고 돈을 주어 가난한 개도국이 굿 거버넌스를 준수하도록 만드는 것이 이들의 주권을 침해하는 것을 정당화하는 것은 아닌지 질문하는 것 역시 중요하다. 만약 굿 거버넌스 아젠다가 중국의 부상과 2008년 금융위기와 같은 광범위한 지정학적 변화로 인해 현재의 힘과 영향력을 잃어 가고 있다면, 현재 아프리카 또는 다른 지역에서의 국가 주도 개발로의 '회귀'는 초기 근대화 과정에서 발생하는 엘리트의 포획과 생계의 파괴(Cox and Negi, 2010)에 대한 문제점을 드러내기 쉽다.

개발을 관장할 때 생기는 문제는 쉽게 찾을 수 있지만, 이에 대한 해결책을 찾는 것은 더 어려울 수 있다. 한국은 많은 개도국이 열망하는 빠른 경제성장을 이루었지만, 이를 단순히 다른 국가들이 따라할 수 있는 '올바른' 개발정책들을 수용한 결과라고 할 수는 없다. 경제적 전환은 한국이 가졌던 특정한 지리적·역사적 기회에 달려 있었다. 이는 또한 국가적 제도에 대한 오랜 투자의 결과이고, 권위주의적 부작용도 불러왔다. 만약 이 장에서 포르투알레그레가 '성공한 이야기'로서 등장한다면, 그것이 이룬 가장 중요한 성취가 시민들 삶의 극적인 물질적 개선이기 때문에 그런 것은 아니다. 물론 여기에 약간의 이익은 있겠지만, 이는 제한된 예산을 더 빈곤한 지역과 주민을 위해 투입하여 성취된 수수한 성과이다. 오히려 포르투알레그레의 성공요인은 더 많은 시민참여와 지방정부 행동의 민주적 관리를 가능케 만든 시민과 지방정부 간의 변화된 관계에서 찾아야 한다. 경제적 성공과 공적인 책무성 중에 어떤 것이 보다 더 중요한가에 대한 판단을 추상적으로 내릴 수는 없다. 그러나 이처럼 대조적 사례들은 개발목표들이 항상 논쟁적이고 그 결과로 누가 개발을 관장해야 하는지, 그리고 개발의 목적이 무엇인지 하는 것은 항상 이론적·정치적 논쟁의 여지가 있다는 점을 우리에게 상기시켜 준다.

더 읽을거리

국가 주도 개발 프로젝트에 대한 주요 평가와 관련된 것:

Roy, A. (1999) 'The Greater Common Good', in A. Roy, *The Cost of Living*, London: Harper Collins.

복습 문제 / 활동

개도국 조사하기

1. 세계은행의 거버넌스와 반부패 웹사이트를 활용하여, 여러분에게 익숙한 개도국이나 국가에 대한 굿 거버넌스 지표를 찾아보자(이 책의 사례연구를 읽은 여러분은 이미 탐구하고 있다). 이 지표들은 거버넌스의 어떤 측면을 말해 주거나 간과한다고 생각하는가?

2. 〈사례연구 9.4〉와 〈사례연구 9.5〉의 내용을 다시 보자. 어떤 조건들이 '굿 거버넌스'에 대한 포르투알레그레의 실험이 성공하도록 했는가? 인도네시아의 경험은 어떻게 다른가? 이 두 사례의 차이가 다른 개도국에서 거버넌스 개혁 가능성에 대해 무엇을 말하고 있는가?

토론 탐구하기

1. 최근 세계은행에서 발행한 연례 『세계개발보고서(World Development Report)』(아래 웹사이트 참조)와 UNDP의 『인간개발보고서(Human Development Report)』를 통독하자. 개발을 위한 국가의 역할을 위 두 기관은 각각 어떻게 바라보는가? 이러한 보고서들을 비판적으로 읽어 내는 방법을 알기 위해서는, 에마 매드슬리(Emma Mawdsley)와 존 리그(Jon Rigg)의 글에서 제시된 사례들을 보자(Mawdsley and Rigg, 2002, 2003).

2. 국가 주도 개발을 강조하는 주장은 정부가 국익에 부합하는 개발을 책임지는 권한을 가졌다는 것이다. 이러한 주장을 비판적으로 평가하기 위해 인도(〈사례연구 9.2〉; '더 읽을거리'에 있는 Arundhati Roy의 에세이), 한국(〈사례연구 9.3〉), 그리고 우간다(〈사례연구 9.6〉)의 자료들을 살펴보자.

3. '굿 거버넌스' 아젠다가 발전하면서, 이에 대한 학문적 비판이 제기되었다. 이 장 안에서 소개된 주장들을 다시 보자(앞의 '굿 거버넌스로부터 발전국가로의 회귀?'). 그리고 '더 읽을거리' 목록에 있는 Crook and Booth(2011)와 Merilee Grindle(2004)의 논문들과 비교해 보자. 이 저자들은 굿 거버넌스가 어떤 방향으로 변화해야 한다고 생각하는가?

이 논문은 국가 주도의 개발을 고압적인 정부가 견제 없이 추구할 때 일어날 수 있는 일이 무엇인지를 설명하고 있다. 소설가인 아룬다티 로이(Arundhati Roy)는 인도의 핵 프로그램과 나르마다 개발(〈사례연구 9.2〉)에 대해 감정을 자극하지만, 시사점이 큰 주장을 한다.

Ferguson, J. (1990c) *The Anti-Politics Machine: 'Development', Depoliticization and Bureaucratic Power in Lesotho*, Cambridge: Cambridge University Press.
이 자료는 국가 관리형, 그리고 국제적으로 지원받는 개발 프로그램의 위험과 관련하여 심오한 질문을 제기한 매우 읽기 편한 책이다.

Li, T. M. (2007) *The Will to Improve: Governmentality, Development and the Practice of Politics*, Durham, NC: Duke University Press.
쉽게 읽을 수는 없지만, 서론과 제7장은 특별히 읽어 볼 만하다.

거버넌스를 개선할 수 있는 실질적인 방식을 조망한 두 개의 연구:

Tendler, J. (1997) *Good Governance in the Tropics*, Maryland: Johns Hopkins University Press.
스마트하고 효과적인 브라질의 국가 주도 개발 개입을 잘 설명하고 있다.

Fung, A. and Wright, E. O. (eds) (2003) *Deepening Democracy: Institutional Innovations in Empowered Participatory Governance*, London: Verso.
선진국과 개도국 전반에 걸쳐 사례연구들을 비교한 흥미로운 모음집이다.

'굿 거버넌스' 아젠다 변화를 제안한 두 가지 연구:

Crook, R. C. and Booth, D. (eds) (2011) 'Working with the grain? Rethinking African governance', *IDS Bulletin* 42(2).

Grindle, M. (2004) 'Good enough governance: poverty reduction and reform in developing countries', *Governance: An International Journal of Policy, Administration and Institutions* 17(4): 525-548.

웹사이트

www.mcc.gov   Millennium Challenge Corporation(MCC)
밀레니엄 챌린지 코퍼레이션 웹사이트는 개도국이 원조에 접근하는 데 굿 거버넌스 지표가 어떠한 영향을 미치는지에 관해 흥미로운 예들을 제공한다.

www.undp.org   United Nations Development Programme (UNDP)

UNDP의 연간 보고서인 『인간개발보고서(Human Development Reports)』는 개발에 대해 다른 입장을 제공하고, 종종 개도국에서 국가와 공공 부문의 보다 적극적인 역할을 제안한다.

www.worldbank.org/wdr/   The World Bank's World Development Report

세계은행의 『세계발전보고서(World Development Report)』는 세계은행이 생각하기에 '좋은' 개발실천이 무엇인지를 설명하는 연례 보고서이다.

www.worldbank.org/wbi/governance   The World Bank's Governance and Anti-Corruption webpages

여기에 세계은행의 굿 거버넌스 지표들의 데이터베이스(국가, 연도 그리고 주제별로 찾을 수 있음)와 그들의 정의와 용어에 관한 다양한 배경 논문과 논의가 있다.

개발도상국과 **국제개발**

한국의 ODA 개관

한국은 공적개발원조(ODA) 수원국에서 공여국으로 전환한 몇 안 되는 국가 중 하나이다. 1945년 이후 1999년까지 약 127억 달러의 ODA를 받았으며, 1995년 세계은행의 개발차관 졸업국이 됨으로써 사실상 수원대상국 대열에서 벗어났다. 한국이 공여국으로서 체계적이고 본격적으로 ODA를 제공하기 시작한 것은 2010년 경제협력개발기구(OECD), 개발원조위원회(DAC) 가입과 함께이다. 2010년 ODA 정책의 법적 안정성 확보를 위한 '국제개발협력기본법' 제정, 범정부적인 ODA 선진화계획인 '국제개발협력 선진화방안'을 통해 국제사회의 원조 규범과 기준에 부합하는 체계를 갖추었다. 나아가 2010년 서울 G20 정상회의에서 '서울 개발의제(Seoul Development Consensus for Shared Growth)'를 채택하고, 2011년 OECD DAC의 원조효과성을 위한 4차 고위급 회담(HLF-4)인 부산 세계개발원조총회를 개최하여 '부산 글로벌 파트너십'을 조직하는 등 ODA 공여국으로서의 국제적 위상을 확대, 강화해 왔다.

현재 한국의 ODA 추진체계는 총괄·조정기관－주관기관－시행기관의 3단 구조로 되어 있다. 국무총리를 위원장으로 하고 중앙 행정기관 및 관련 공공기관의 장과 민간위원으로 구성된 국제개발협력위원회가 ODA 총괄·조정 기관의 역할을 한다. 대표적인 주관기관은 기획재정부와 외교부로, 기획재정부는 유상원조 및 다자협력 중 다자간 개발은행(MDB)과의 협력을 주관하고, 외교부는 무상원조 및 다자협력 중 UN, 기타 기구와의 협력을 주관하고 있다. 이외에도 여타 정부부처 및 지자체와 공공기관들도 각 기관의 전문성을 바탕으로 ODA 사업에 참여하고 있다. 시행기관으로는 유상협력의 기재부 산하 한국수출입은행과 무상협력의 외교부 산하 한국국제협력단이 대표적이다.

한국의 ODA 예산규모는 OECD DAC 회원국 중에서 매우 낮은 수준이다. 2013년 한국의 ODA 총 규모는 약 2조 400억 원으로 GNI 대비 비중은 0.13%이다. 이는 2013년 OECD DAC 회원국 평균 0.3%의 절반에 다소 못 미치는 수준으로, 28개 회원국 중에서는 23위에 해당한다. 2014년 약 2조 2,600억 원(ODA/GNI 0.15%), 2015년 약 2조 3,700억 원(ODA/GNI 0.15%)으로 다소 증가했지만 여전히 하위권에 있으며, OECD의 ODA/GNI 권고 수준인 0.7%에는 한참 못 미친다.

2015년 총 ODA 중 양자협력 대 다자협력 간 비율은 약 71:29이며, 무상협력 대 유상협력 간 비율은 약 50:50 수준이다. 지역별로는 베트남을 필두로 아시아 지역에 가장 많은 ODA가 제공되며(46%), 아프리카(17.1%), 중동·CIS(5.9%), 중남미(5.2%) 순이다. 최근 몇 년간 아시아 지역 ODA 비중은 점차 감소하는 반면, 경제협력 잠재력 고려 및 최빈국 지원 등으로 아프리카 지역에 대한 ODA는 증가하는 추세이다. 분야별로는 교통(17.7%), 교육(11.5%), 공공행정(9.6%), 수자원(9.4%), 에너지(8.9%), 보건(8.2%), 농림수산(5%) 순이다. 형태별로는 미얀마 기술교사 양성센터 설립사업 등 프로젝트 지원이 63.8%로 가장 비중이 크며, 그중 70%는 중점협력국을 대상으로 한다. 이외에도 기술 및 경험을 전수하는 개발컨설팅, 해외봉사단 파견, 초청연수, 해외긴급구호, 국제기구 협력, 시민사회·기업·대학과의 민관협력 프로그램 등 다양한 ODA 프로그램을 진행하고 있다.

한국은 2015년에 ODA 사업의 투명성 제고를 위해 정부 차원의 국제원조투명성기구(IATI)에 가입하여 원조정보 공개를 추진할 계획이며, Post-2015 의제수립 과정에 적극 참여하는 등 다양한 노력을 기울이고 있다. 이처럼 한국은 OECD DAC 가입 이후 ODA 관련 체계를 빠르게 정비하고, 한국의 개발경험과 노하우를 개도국에 전수해 왔으며, 나아가 선진공여국으로서의 위상을 갖추기 위해 노력하고 있다. 앞으로 한국은 그동안의 성과를 공고히 하는 한편으로, ODA 규모

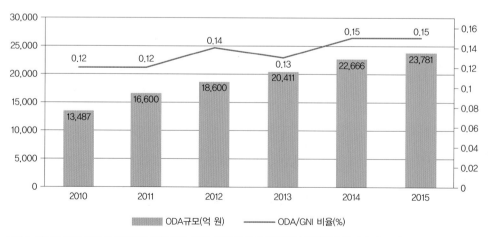

그림 1. 한국의 ODA 규모 및 GNI 대비 비율 현황. 출처: 제20차 국제개발협력 실무위원회 회의자료(2014)

개발도상국과 **국제개발**

사진 1. 한국국제협력단(KOICA) 활동 모습

의 확대와 지속가능한 개발재원 마련, 통합적이고 일원화된 ODA 정책체계 구축 등의 도전과제를 안고 있다.

참고문헌

– 국무총리실, '제20차 국제개발협력 실무위원회' 회의자료(2014)

– 외교부 개발협력 홈페이지, http://www.devco.go.kr/index.do

– 한국국제협력단 홈페이지, http://www.koica.go.kr

시장과 개발

들어가며

　이 장에서도 제9장처럼 '개발'을 달성하기 위한 전략에 초점을 맞춘다. 그 전략은 시장 주도 개발이지만, 앞 장의 국가 주도 개발 논의처럼 시기나 장소에 따라 차이가 있다. 시장은 국가 주도 개발전략에서도 역할이 있지만, 이 장에서는 '자유시장' 체제처럼 국가 통제가 거의 없는 시장원리를 옹호하는 개발이론과 정책에 집중한다.

　최근 공식적인 국제개발 정책은 빈곤경감, 경제성장, 삶의 질 향상을 위해 주요 행위자인 시장에 기반을 두고 있다. 21세기를 시작하면서 이 같은 이데올로기적 입장은 패권적으로까지 보이기도 한다. 이 장에서는 시장 주도 개발정책의 부상과 그 실행 및 결과가 공간적으로 어떻게 달라지는지를 개괄적으로 살펴본다. 개발을 위해 시장의 작동에 초점을 둔다는 것은 개인 노동자와 소비자뿐만 아니라 대기업부터 아주 작은 회사를 포괄하는 민간 부문도 경제적 의사결정의 핵심이란 것을 의미한다. 또한 환경보호, 출산, 국가 안보와 같은 영역까지 시장의 활동은 확대되었다. 마이클 샌델(Michael J. Sandel)이 저서 『돈으로 살 수 없는 것: 시장의 도덕적 한계(What Money Can't Buy: The Moral Limits of Markets)』에서 주장했듯이, "오늘날 사고파는 논리가 더 이상 물질적 재화에만 그치지 않고 점차 삶의 전체를 지배한다"(2012: 6). 샌델은 주로 선진국에 초점을 맞추고, 많은 국가에서 복지국가의 영역이 해체·조정되거나 시장의 힘을 부추긴다고 주장한다. 보편적 복지국가 시스템을 구축한 경우가 거의 없는 개도국에서는 생존은 종종 비공식 경제활동에 달려 있다(7장과 이 장 후반부 참조). 하지만 다른 형태의 도덕 경제(11장) 또한 경제와 사회관계의 틀을 규정한다.

여기에서 초점을 맞추고 있는 자유시장 방식이 국가, 시민사회 단체, 지역공동체, 가정이 아무 역할을 하지 않는다는 것을 의미하는 것은 아니다(9장과 11장). 오히려 여기서 설명하는 접근의 틀은 개발 '문제'에 대해 시장을 중심으로 한 해결책을 강조한다. 이 장은 시장적 접근을 강조하는 논리가 어떻게 틀을 잡았는지, 그리고 어떤 경우에는 비정부 주도 개발에 기여하는 NGO나 개인을 어떻게 포위해 버렸는지를 개괄적으로 보여 준다. 시장 주도 개발은 국가의 존재를 부정하는 것이 아니라, 오히려 국가의 역할이 상품과 서비스의 공급자에서 회사, 조직, 개인 들이 스스로 결정할 수 있게 하는 제도로 전환해야 함을 강조한다.

시장과 자유무역

때때로 신고전주의 접근이라고 언급되는 시장 중심 접근은 먹거리, 토지, 주거, 서비스, 노동 같은 자원배분에서 시장이 가장 공정하고 효율적인 방식이라고 전제한다. 즉 상품의 가격이나 노동자의 임금 수준은 수요와 공급 간의 관계에 의해 결정된다는 것을 의미한다(〈그림 10.1〉). 만약 공급이 늘어나면 가격은 내려가지만, 반면 상품이 부족하다면 가격은 올라갈 것이다. 가령 〈그림 10.1〉에서 수요 곡선 I (D_1)은 특정 시점과 장소에서 어떤 상품에 대한 수요유형이다. 만약 가격이 올라간다면(y축) 상품의 수요는 줄어든다(x축). 공급자(예컨대 회사)에게 공급 곡선(S_1)은 가격이 올라갈수록 생산이 늘어난다는 것을 보여 준다. 수요와 공급 곡선이 만나는 지점(E_1)에서 생산량(Q_1)이 정해지고 가격(P_1)이 결정된다.

상품과 서비스가 다르면 수요와 공급 곡선이 달라지고 기울기도 달라진다. 또한 가격 이외에 다른 요인의 변화로 인해 공급과 수요 곡선의 위치가 시간이 지나면서 이동할 수도 있다. 일반적으로 곡선의 형태는 변하지 않지만, 축 위에서 위치는 변한다. 가령 가구소득이 증가하면 어떤 상품에 대한 수요 곡선은 오른쪽(D_2)으로 움직일 수 있는데, 이는 구매자들의 소득이 낮았을 때에 비해 소득이 증가하면 가격이 더 높아지더라도 기꺼이 사려고 한다는 것을 의미한다. 공급 곡선의 이동은 대개 기술의 변화 또는 투입원가의 변동 때문에 발생할 수 있다.

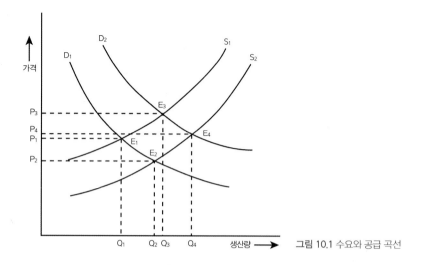

그림 10.1 수요와 공급 곡선

  임금에 대해서도 같은 원리가 작동한다. 수요 곡선은 노동자를 채용하기 위한 고용주의 수요를 나타내며, 공급 곡선은 노동자의 공급을 말한다. 임금 수준은 이 두 곡선이 교차하는 지점이라고 할 수 있다. 이와 같은 자유시장 체계는 희소한 자원을 가장 효율적인 방식으로 배분하며, 공급자들은 수요가 요구되는 상품으로 생산을 전환하고, 노동자들은 자신의 기술 수요가 더 많이 요구되는 곳으로 옮기거나 더 높은 임금을 받을 수 있는 기술을 개발하도록 장려한다고 주장된다. 이러한 이동을 방해하는 장애물은 이 장 후반부에서 논의한다. 자원배분에 대한 시장 역할을 이렇게 해석하는 것은, 개인은 자신의 유용성이나 만족감을 극대화하기 위해 충분한 정보를 근거로 합리적 선택을 한다는 가정에서 비롯된다. 또한 모든 개인은 노동자와 소비자로서 시장에 참여할 수 있다고 가정한다.

  때때로 자유방임주의 접근이라고 불리는 이 같은 자유시장 개념은 대부분의 경제 문제, 자유무역, 분업에 있어 정부의 개입을 줄일 것을 촉구한 애덤 스미스(Adam Smith)의 『국부론(An Inquiry into the Nature and Causes of the Wealth of Nations)』(1979[1776])과 연관이 있다. 자유무역 개념은 19세기 초반, '비교 우위(comparative advantage)' 개념을 발전시킨 경제학자 데이비드 리카도(David Ricardo)에 의해 촉진되었다. 그는 국가가 다른 국가에 비해 자원 측면에서 상대적으로 우위를 점하는 상품의 생산을 특화시킨다면 전반적인 생산량이 증가한다고 주장한다. 자유무역은 모든 국가들이 자국의 발전을 위해 필요한 재화에 대해 접근하도록 하기 때문에 매우 중요하다(〈그림 10.2〉 참조).

개발도상국과 국제개발

〈그림 10.2〉는 절대 우위와 비교 우위에 대한 개념을 단순하게 나타낸 것이다. 네 가지 시나리오 모두 두 개의 국가가 있다(A국과 B국). 생산량 수치는 각국에서 특정 노동자 수와 토지의 면적 같은 단위별로 생산되는 밀 또는 섬유의 양이다. 시나리오 A와 B는 각각의 국가들이 다른 국가에 비해 하나의 생산품에 대해 보다 더 효율적으로 생산하는 절대 우위의 상황을 보여 준다. 이경우 무역은 A국이 밀 생산을 특화하게 하고, B국은 섬유를 특화하게 하며(시나리오 B), 각각 필요한 상품을 다른 국가로부터 수입하게 한다. 전체 생산은 증가한다.

리카도는 비교 우위 상황에서는 한 국가가 다른 국가에 비해 효율성 우위가 없는 경우라도 무역이 전체 생산량을 증가시킨다고 주장한다. 시나리오 C에서, A국은 밀과 섬유를 B국보다 훨씬 효율적으로 생산한다. 이때 무역이 가능하다면, 10%의 생산능력을 비교 우위가 있는 상품에 사용함으로써 전체 생산량이 증가한다. B국은 상대적으로 비효율적인 밀 생산에 노력을 투입시키기보다 밀의 생산을 멈추고 섬유 생산을 특화시키는 것이 현명하다. 차라리 섬유에서 밀 생산으로 생산력의 10%를 전환하면 A국도 이득을 얻을 수 있다.

18세기 후반과 19세기 초반에 스미스와 리카도가 제시한 자유시장과 자유무역에 대한 기본 원리는 이후 다양한 상황 속에 처해 있는 국가와 국제 경제정책 수립의 기초가 되었다. 이제부터는 특히 개도국에서 어떻게 시장이 개발로 가는 길에 동원되었는지를 살펴보고, 이와 같은 정책이 아프리카, 아시아, 중남미 지역의 국민들에게 어떻게 영향을 주는지에 대해 생각해 본다.

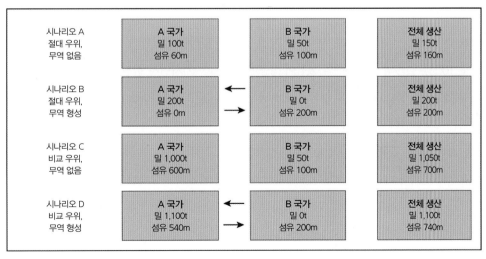

그림 10.2 상대적 이익과 비교 우위

개발정책에 있어 신자유주의의 부상

1960년대 후반과 1970년대에 잇따른 세계 경제위기는 일군의 연구자와 이론가로 하여금 선진국과 개도국 모두의 개발에 있어 국가 역할을 재고하게 만든 계기가 되었다. 국가가 중요한 역할을 하고 국가 경제가 외국투자에 비교적 폐쇄적인 경제체계는 경제성장과 이를 기반한 사회개발을 촉진하기 못하고 부진한 성장을 경험하였다. 시장 친화적이며 개방적인 경제의 동아시아와, 폐쇄적이고 보호주의 경제정책을 편 중남미가 흔히 비교되었다(Balassa, 1971). 더 큰 시장의 자유와 제한된 국가 역할에 대한 아이디어가 모여서 '신자유주의'라는 용어로 불렸다(〈핵심개념 4.3〉).

신자유주의의 아이디어에 따르면, 국가의 역할은 '강력한 개인의 사적 재산권, 법치, 자유롭게 작동하는 시장과 자유무역을 선호'하는 것이다(Harvey, 2007: 64). 적합하다고 판단하는 대로 행동하는 개인(사람과 기업)의 권리에 초점을 두는 것은 애덤 스미스가 『국부론』에서 제기한 주장을 강하게 상기시킨다. 밀턴 프리드먼(Milton Friedman)과 프리드리히 하이에크(Friedrich von Hayek) 같은 신자유주의 이론가들은 시장을 자유롭게 할수록 경제성장을 통해 긍정적인 낙수효과(trickle-down)의 영향으로 사회의 모든 영역에 혜택을 가져올 것이라 믿는다. 하지만 어떻게 이것이 실질적으로 작동하는지, 특히 사유재산권과 관련해서는 항상 이론가들의 예상대로 되는 것은 아니다.

몇몇 동아시아 국가가 외국 무역과 투자를 위해 경제를 개방하여 경제성장을 이룬 점에서 칭송을 받았지만, 전 세계적으로 신자유주의 정치·경제 원리를 실천한 첫 사례는 칠레이다(〈사례연구 10.1〉). 칠레의 신자유주의 실험이 성공한 것으로 여겨지면서 선진국들, 특히 1979년부터 대처(Margaret Thatcher)하의 영국과 1980년부터 레이건(Ronald Ragan) 정부의 미국이 칠레의 정책을 채택하였다.

신자유주의는 종종 몰역사적이며 비공간적인 일관된 사고틀로 제시되지만[1], 현실에서는 신자유주의 정책이 다양하게 존재한다는 사실을 인정하는 것이 중요하다(Barnett, 2005). 따라서

---

1) 역주: 신자유주의적 자유시장 시스템이 시간적·공간적 특수성과 관계없이 보편적으로 경제성장을 이끌 것이라고 본다는 점에서 몰역사적·비공간적이라고 평가받는다.

칠레와 '시카고 보이스'

민주적으로 선출된 살바도르 아옌데(Salvador Allende)가 이끈 좌파정권을 전복시키고 1973년 아우구스토 피노체트(Augusto Pinochet) 장군이 정권을 잡았다.

1975년 이후 피노체트 정부가 채택한 경제정책은 시카고 대학의 경제학과에서 유학한 경제학자들이 주로 개발하였다. 따라서 비록 피노체트 정부와 관련된 모든 경제학자들이 시카고에서 훈련을 받지는 않았지만 이들을 '시카고 보이스(Chicago Boys)'로 불렀다.

피노체트 정부는 경제 문제는 합리적이고 중립적인 시각에서 판단하고 해결되어야 한다고 주장하면서, '정치적'이기보다는 '기술관료(technocratic)'의 성격을 띤 정책을 집행하였다. '개발 문제'를 해결하기 위한 기술관료적 해결방안에 집중하는 분위기가 당시 국제금융기구 내에 널리 퍼져 있었다(세계은행에 관한 Mawdsley and Rigg, 2002, 2003). 이 접근법은 '문제'의 구성과 소위 '합리적 해결'은 권력의 행사에 의존한다는 점에서 정치적이라는 사실을 인정하지 않았고, 지금도 인정하지 않고 있다(〈사례연구 9.4〉와 제2장 개발에 대한 논의)

1950년대 칠레 산티아고의 가톨릭 대학에서 경제학을 전공한 학생들은 포드 재단과 록펠러 재단으로부터 일부 지원을 받아 시카고 대학에서 유학할 수 있게 되었다. 미국 정부는 이러한 지원을 적극적으로 장려했는데, 이는 중남미에서 위험한 좌파 이데올로기가 퍼지는 것을 우려했기 때문이다. 1955~1963년 동안 30명의 경제학자가 시카고에서 유학했으며, 시카고 대학 교수들이 산티아고에 가서 강의하였다. 당시 시카고 경제학과의 핵심교수는, 칠레 학생들에게 지대한 영향을 주면서 이들이 신자유주의 개발을 위한 가장 적절한 방안으로 받아들이게 만든 밀턴 프리드먼이다. 따라서 이 사례는 시카고와 산티아고가 인적자원과 사상적 교류 네트워크의 허브 역할을 하는 신자유주의 정책개발의 지리학을 보여 준다.

'시카고 보이스'는 피노체트 정부에서 요직을 차지하면서 대규모 민영화, 외국인 투자개방, 수입 대체보다는 수출주도적 정책의 촉진을 포함하는 신자유주의 사상을 실행할 수 있었다. 1980년대초 경기불황 이후 보다 극단적인 형태의 자유시장 정책은 비록 축소되었다 하더라도, 이러한 정책은 피노체트 정권(1973~1990) 기간 내내 유지되었다. 신자유주의적 개혁과 반대세력을 통제하는 능력은 권위주의적 정권, 극단적 탄압 및 국가 폭력과 강하게 연결되어 있다.

1990년대 들어 민주주의 체제로 복귀한 후에도 신자유주의 정책은 지속되었다(비록 사회보호 등의 부문에서 국가의 광범위한 개입이 있었긴 했지만). 2000년부터 소득과 관계없이 모든 칠레인을 대상으로 의료서비스를 제공하기 위한 보건 부문 개혁이 시행되었다. 그리고 칠레 솔리다리오(Chile Solidario)라 불리는 조건부 현금지원 제도(9장)도 도입되었다. 사회서비스를 제공하는 데 민간 부문의 역할에 대한 지속적인 논쟁이 있으며, 가장 대표적인 사례로 영리적 성격의 대학에 반대하는 학생들의 항의가 계속되고 있다(2013년 6월 현재).

출처: Dezalay and Bryant, 2002; Harvey, 2007; Huneeus, 2000; Silva, 1991에서 발췌

신자유주의 정책을 실행, 경험, 논쟁하는 방식을 논의할 때, 신자유주의가 채택되는 과정을 강조하는 '신자유주의화(neoliberalization)'에 대해 흔히 이야기한다(England and Ward, 2007; Peck and Tickell, 2002). 지금부터는 신자유주의 사고가 어떻게 1980~1990년대 국제개발 영역

에서 헤게모니를 쥐게 되었는지, 그리고 특수한 개발 개입의 형태를 구성하는 데 어떻게 여전히 핵심적인 역할을 하고 있는지를 검토하는 데 초점을 둔다. 다른 한편으로는 개도국에서 발견되는 신자유주의의 공간성(spatiality)을 조명하고 이러한 과정들이 저항되는 방식에 대해서도 언급할 것이다(Smith et al., 2008). 이에 대한 내용은 제11장에서도 자세히 다룬다. 제9장에서도 새로운 형태의 국가 개입의 부상과 '포스트 신자유주의(post-neoliberal)' 경제의 성장에 대해 논의했다.

채무 위기와 구조조정 정책

신자유주의 정책은 칠레와 1970년대 선진국 일부에서 실행되면서 시작되었다. 그러나 신자유주의화 과정이 대부분의 개도국과 이후 동유럽 및 구소련 지역의 이행기 경제에서 보다 더 두드러지게 나타난 시기는 1980년대이다. 이러한 과정의 촉매제는 1982년 멕시코 정부가 더 이상 공공채무의 상환을 할 수 없다고 발표한 이후 전개된 '채무 위기'이다. 물론 채무 위기는 더 긴 역사를 갖고 있다(Cobridge, 1993b; Griffith-Jones, 1988; Nafzinger, 1993).

1960년대와 1970년대 초반 많은 개도국 정부는 인프라 확장과 산업발전 같은 '근대화' 프로젝트를 열정적으로 수행하기 위해 은행에서 차입을 했다(4장). 이는 상대적 저금리와 희망적 경제성장 전망을 근거로 하여 합리적인 방안으로 여겨졌다. 한편, 은행들은 산유국이 예치한 '오일달러(petrodollars)' 덕분에 풍부한 대출자금을 보유하였다. 이러한 자금순환은 최소한 단기적으로는 문제가 거의 없는 전략처럼 보였다.

1970년대 원유가격의 과도한 상승은 비산유국 경제에 매우 부정적인 영향을 주었다. 경제발전을 위한 주요 자원인 석유의 수입으로 인해 외화보유고가 고갈되었고, 유가 상승은 교통, 전력 생산, 농식품 등 경제 전반에 걸쳐 연쇄적인 물가 상승을 가져왔다. 이러한 유가 상승은 금리 상승로 이어져 세계경제 불황과 함께 많은 채무국들을 경제 붕괴의 벼랑으로 몰고 갔다. 채무변제(debt servicing, 이자 및 원금 일부의 상환) 수준을 수출을 통한 수익과 비교해 보면, 채무 불이행은 단지 시간문제일 뿐이었다. 가령 1982~1985년 동안 채무 변제액은 아르헨티나 수출액의 83%, 멕시코의 52.1%에 달했다(Corbridge, 1993b).

개도국 정부는 국가 부채가 상승하고 채무상환을 할 수 없는 상황에서 IMF와 세계은행으로부터 지원을 받을 수밖에 없었다(4장). 민간은행은 부채가 과도한 정부에 더 이상 돈을 빌려 줄 수 없었지만, 정부는 여전히 막대한 지출이 필요했다. IMF와 세계은행으로부터 추가적인 자금을 빌리려면 '구조조정 정책 또는 프로그램(SAP, Structural Adjustment Policies or Programmes)'을 채택하는 조건이 부과되었다. SAP의 기본 원칙은 국가 역할을 축소하고 시장의 영향력을 강화하겠다는 신자유주의 사고를 따랐다. 거의 예외없이 1980년대 중반까지, 대부분의 개도국들은 SAP의 수용 말고는 다른 대안이 없었다(Stewart, 1995).

SAP는 개도국 정부에 보조금 축소, 민영화, 공공 부문 인력감축 등을 통해 지출을 줄이도록 강요하였다(7장). 그뿐만 아니라 조세제도를 개선하여 세수를 증대시키고, 무역관세를 낮추거나 없애서 외국인 투자를 장려하는 개방경제를 추구하고, 통화가치를 평가절하하였다(Mohan et al., 2000). 이 같은 정책은 경제적 지구화를 확대·심화시키고 개도국이 글로벌 경제에 편입되게끔 도왔다(4장). 개도국과 동유럽의 이행기 경제[2])에서 이러한 정책들이 광범위하게 펼쳐지는 것은 '워싱턴 컨센서스(Washington Consensus)'의 일환이었다(〈핵심개념 10.1〉).

반면 SAP는 정부가 필요한 주요 자원을 확보하게 하고, 결과적으로 보통은 경제가 안정되지만 흔히 사회적·공간적 불평등이 가중되는 문제와 연관이 있다. 빈곤층을 위한 기초적 식품보조를 줄이고 의료제도에서 '원가 보전' 프로그램을 실행한다는 것은 기본 욕구를 충족하기 위한 일상적 고통이 더 커진다는 것을 의미한다(Konadu-Agyemang, 2000; Stewart, 1995). 일부 계층에게는 국내 및 국외 이주노동이 하나의 해결책일 수 있다(4장의 송금). 반면, 다른 수백만 명에게는 업무량을 증가시키고 가계지출을 줄이는 전략이 채택되었다. 분명한 점은 이러한 행동들이 개도국 대다수 사람들의 삶의 기준과 질에 영향을 주고 '인간의 얼굴을 가진 (구조)조정'을 촉구하게 만들었다(Cornia et al., 1987). 또한 SAP는 암묵적으로 여성의 생산노동과 재생산노동의 증가에 의존한다는 점에서 '젠더맹(gender-blind)'이라는 비판을 받는다(Elson, 1991). 또한 이러한 미봉책이 가령 아이들의 학교 결석이나 나쁜 건강 상태로 인해 장기적 관점에서 가계의 생활수준과 국가 발전에 영향을 준다는 우려도 있다(Moser, 1992). 이는 다시 다음 세대로 빈곤이 이전되는 결과를 가져온다.

---

2) 역주: 계획경제 체제에서 시장경제 체제로 전환되는 국가의 경제시스템을 의미하며, 동유럽 국가들, 중국, 베트남, 인도네시아 등이 이에 해당한다.

워싱턴 컨센서스(Washington Consensus)

1989년 경제학자 존 윌리엄슨(John Williamson)이 처음 제안한 '워싱턴 컨센서스'는 매우 구체적인 일련의 정책 변화를 말한다. 구체적으로는 국가 재정지출의 통제·재조정을 비롯하여, 경제활동의 탈규제화와 민영화 추진 등을 통해 시장 주도적 경제성장을 장려하는 목적이 있다. 그리고 자유변동환율제(free-floating exchange rates), 무역과 자본이동 자유화를 통해 국가 경제를 글로벌 시장에 개방하는 것이다. 이러한 변화에 대한 '컨센서스'는 실행가능한 경제발전 경로를 제시하는 데 합의한 미국 재무성, 세계은행, IMF로부터 나왔으며, 몇몇 경우에는 시장 주도 개혁을 지지하는 개도국 정부도 동참하였다. 컨센서스를 지지하지 않는 국가도 세계은행과 IMF의 차관을 받으려면 구조조정 프로그램의 이행조건을 수용해야 했고, 특히 1980년대와 1990년대를 지나면서 많은 개도국들이 정책 아젠다를 추진하는 데 중요하게 작용했다. 워싱턴 컨센서스는 점차 시장 근본주의를 지향하는 외부 주도의 정책변화라는 더욱 확대된 의미를 가지게 되었다. 1990년대 후반 이후 밀레니엄 개발목표(MDG)를 중심으로 개발 아젠다가 재구성되었다는 점은, 세계은행이 개도국에 어떠한 정책 아젠다를 부여하는 태도를 바꾸기 시작했다는 것을 뜻한다. 2008년 금융위기와 그 후 은행의 재국유화를 비롯하여 실시된 일부 케인스적 경제관리 조치들(《핵심개념 9.1》)은 자유시장 성장의 장기적 가능성이 선진국에서도 점차 의문이 제기되고 있다는 것을 의미한다.

단지 경제적 빈곤층만 SAP의 부정적 영향을 받는 것은 아니다. 많은 중산층 가구에게도 공공부문 인력 축소는 매우 큰 타격을 주었다(《사례연구 7.4》). 과거 관세나 수입할당제(쿼터) 덕분에 외국과의 경쟁에서 보호받은 기업가는 수입품과의 경쟁에 직면하게 되었고, 특히 섬유를 비롯한 다수의 산업 부문에서 국내 기업들은 문을 닫게 되었다.

특히 중남미와 사하라 이남 아프리카 국가들은 빈곤과 불평등이 증가하면서 SAP의 강한 충격을 받았다. 세계은행은 동아시아 국가를 다른 개도국에 비해 사회 불평등이 증대되지 않으면서 높은 경제성장률을 성취한 모범사례로 제시하였다. 1993년 세계은행 보고서인 『동아시아의 기적(The East Asian Miracle)』은 개도국의 성공을 대표하는 전형을 보여 주었다. 그러나 자세히 살펴보면 한국, 대만, 홍콩, 싱가포르와 같은 국가들은 신자유주의 정책을 단순히 채택한 것이 아니라 지역 내에 다양성이 있었으며, 또한 여전히 상당한 수준의 국가 개입이 있었다(《사례연구 10.2》, 《사례연구 9.3》의 발전국가로서의 한국)

SAP는 시장 주도 개발을 위해 모든 국가에게 일괄적으로 적용되는 만병통치적(one-size-fits-all) 접근이다. 개도국 정부가 SAP를 수용할지 아닐지를 선택할 수 있다는 주장도 있지만,

사례연구 10.2

동아시아의 기적

1993년 세계은행은 『동아시아의 기적(The East Asian Miracle)』 보고서를 발간했다. 이 보고서는 1965~1989년까지 동아시아와 중남미, 사하라 이남 아프리카 국가들의 경험을 비교한 것이다. 주요 결론은 동아시아 국가들이 경제적 불평등 수준이 높지 않은 상태에서 높은 수준의 경제성장을 이루었다는 것이다(연평균 4%가 넘는 1인당 GDP 성장). 경제성장을 이룬 국가들은 일본을 필두로 홍콩, 싱가포르, 한국, 대만과 같은 '신흥공업국/경제(Newly Industrializing Countries/Economies(NICs 또는 NIEs)'로 '기러기 편대' 유형으로 불렸다. 다음 그룹으로는 태국, 말레이시아, 필리핀이고, 베트남과 인도네시아 같은 이행경제 국가가 그 다음 그룹에 속했다.

이 보고서의 저자들은 동아시아 성공의 요인을 외국인 투자를 위한 개방경제와 국가 개입의 제한에서 찾았다. 이러한 해석을 바탕으로, 사회 불평등 없이 경제성장을 이루어 낸 이들 국가의 정책들을 다른 개도국이 경제 및 개발 부문에서 채택하도록 촉구하였다. 아프리카와 중남미와 비교되는 '아시아'의 경제성공을 이렇게 해석하는 시각은 개도국 간의 차이를 만드는 다른 형태의 표상(representation)을 반영한다(2장).

이 보고서는 발간 이후에 여러 각도에서 비판을 받았다. 우선, '동아시아의 기적'이라는 개념 자체가 도전을 받았다. 그 이유는 첫째, 이 개념이 동아시아의 모든 국가들이 동일하고 비슷한 유형을 따른다는 것을 함축하고 있고, 둘째, '기적'은 설명할 수 없는 무언가를 의미하는데 세계은행은 이러한 성공이 매우 분명한 정책에 기인한다고 설명하고 있기 때문이었다. 또한 상이한 동아시아 국가들의 경제적 성공에서 국가의 역할에 대한 해석 역시 비판을 받았다. 많은 연구자들이 자유시장 주도의 경제발전이라기보다는 특정 국내 산업의 보호와 같은 국가 개입의 역할에 주목하였다(〈사례연구 9.3〉의 한국의 발전국가).

사진 10.1 대만 타이중(臺中) 시의 자전거 생산 공장 조립라인. © Chris Stowers, Panos

1997년 동아시아 경제는 태국 바트(baht)화의 평가절하에 따른 엄청난 경제적 문제로 어려움을 겪었다. 이 지역의 투자 신용도는 곤두박질쳤으며, 투자금 회수로 인해 심각한 경제위기를 초래하게 되었다. 그리고 여전히 자유로운 돈의 이동은 신자유주의 정책의 핵심적 측면이라 할 수 있지만, 이러한 상황에서 어떤 국가는 국민들의 삶에 부정적 영향을 수반하는 경제적 붕괴를 맞게 된다.

동아시아 경제위기에 대해 세계은행은 이들 국가의 재정운용 실수와 동아시아 지역의 '정실주의(cronyism)'의 결과 때문이라고 주장한다. 이와 같은 재난이 재발하지 않도록 보다 엄격한 규제 투명성이 요구되었다. 제2장의 논의처럼, 동아시아를 비롯한 개도국 경제는 2008년 금융위기 시에 대다수 선진국가에 비해 충격의 정도가 덜했다. 중국이 주도하는 동아시아 지역의 지속적인 경제적 성공은 외국 무역과 투자에 대한 개방뿐만 아니라 국가 개입에 의해서도 계속 뒷받침되고 있다(9장).

출처: Bird and Milne, 1999; Rigg, 2003; Wade, 1999; World Bank, 1993에서 발췌

현실적으로 실현가능한 대안이 없다면 SAP를 선택할 수밖에 없다. SAP는 기존의 글로벌 권력(power) 관계를 강화하고 있으며, 선진국은 개도국과 개도국 국민들에게 이러한 권력을 행사하고 있다고 볼 수 있다(Peet, 2007). SAP의 부정적 측면, 특히 사회적 측면과 국가 간 다양성에 대한 무감각의 인식은 비록 수사적인 것에 불과하다 할지라도 빈곤경감 전략보고서(PRSP)에서 다루어졌다.

빈곤경감 전략보고서

20세기 말부터 유엔, 세계은행, 그리고 대부분의 선진국과 개도국들에 의한 국제개발 노력은 빈곤경감에 초점이 맞춰져 있다. 밀레니엄 개발목표(MDG)(〈표 5.2〉)는 하루에 1.25달러 미만의 빈곤선을 기준으로 2015년까지 빈곤경감 목표를 수립하였다. 하지만 이처럼 빈곤개념을 경제적으로 접근하면 빈곤의 다양한 차원, 즉 허약한 건강상태, 낮은 수준의 교육, 정치적 소외와 열악한 주거조건 등을 인식하지 못하게 된다는 것은 분명하다(Narayan, 2000). 그리고 이러한 문제는 모두 경제적 빈곤의 결과로 나온다는 가정을 가지게 된다(2장).

국제금융기구와 선진국 정부는 빈곤경감 목표를 달성하기 위해 신자유주의라는 정책틀을 채택했다. 이는 대부분의 개도국 정부도 채택했다[베네수엘라의 차베스(Chávez)와 볼리비아의 모랄레스(Evo Morales) 정부를 포함한 몇몇 예외는 있다. 2장 참조]. 외국투자에 대한 경제개방, 국가 경제에 있어 국가 역할의 축소, 기업가정신과 혁신은 사회의 모든 부문에 혜택을 가져오는 부

를 창출하는 방안으로 여겨졌다. 영국 국제개발부(DFID, 2000)의 백서『지구화를 빈민을 위해 (Making Globalization Work for the Poor)』(〈표 10.1〉)는 민간 부문의 역할을 강조하면서 세계 무역의 더 많은 개방을 요구한다. DFID는 빈곤국가의 불평등한 협상력을 인식하면서 글로벌 제도의 개혁이 필요하다고 주장한다. 하지만 전체적 메시지는, 빈곤경감은 시장 주도적 메커니즘을 통해 달성할 수 있다는 것이다.

표 10.1 빈국의 지구화를 돕기 위한 주요 방식(DFID의 틀)

주요 전략	
효과적인 정부와 효율적인 시장 촉진	부패 척결 인권 존중 분쟁 해결 법치 강화 서비스 제공과 시장운영에 대한 국가 규제
사람에 대한 투자, 기술과 지식의 공유	빈곤층의 보건 및 교육 서비스 접근성 개선 빈곤층의 신기술 접근 보장(예: 인터넷) 친빈곤적 조사의 증진 지적 재산권 보호
민간재원 활용	기업의 사회적 책임(CSR) 장려 국제금융 시스템 강화 개도국에서의 민간투자 강화 빈곤층에 대한 금융 접근성 제고 조세제도의 간소화
무역이익의 확보	공정한 국제무역 체제 창출, WTO의 개혁 무역장벽 완화 운송 인프라 투자를 통한 빈민의 시장 접근 지원
글로벌 환경 문제 대처	환경적 지속가능성의 개발계획 고려 환경보호를 위한 국제협력 민간 부문의 자원활용 개선
개발원조의 효과적 활용	빈곤경감을 위한 개발지원 역점 빈국의 채무 탕감 국가 주도의 빈곤경감 전략 개발지원에서 현지조달(local procurement)의 장려
국제시스템 강화	국제기관들의 개혁 시민사회의 동원 빈국의 발언력 강화

출처: DFID, 2000

외국투자에 대한 경제개방과 경쟁은 다국적 및 초국적기업(4장)에서 일자리가 늘어나고 서비스 제공 측면에서 어느 정도 이득이 있다. 하지만 많은 국가에서 빈부격차가 크게 증가하고 있으며, 최빈곤층의 생활환경은 흔히 더 악화된다(World Commission on the Social Dimension of Globalization, 2004).

또한 빈곤경감에 집중하는 것은 개도국 정부가 세계은행으로부터 더 많이 차입하기 위한 조건에도 들어 있다. 세계은행 자금에 접근하기를 원하는 정부는 빈곤경감을 위한 조치들이 실행되는 방안을 담은 빈곤경감 전략을 수립해야 한다(Craig and Porter, 2003). 초기 SAP와 비교해 볼 때 PRSP는 개별 국가별로 다르고, '굿 거버넌스' 아젠다의 일환으로 NGO나 지역공동체 단체 같은 적절한 이해당사자들(〈사례연구 11.5〉)과의 전국적인 협의가 반드시 포함되어야 한다고 세계은행은 주장한다(World Bank, 2007: 9장). 하지만 이러한 PRSP는 여전히 신자유주의 틀 안에 있다(〈사례연구 10.3〉). PRSP는 반드시 '국유(nationally owned)'(DFID의 용어, 〈표 10.1〉)이어야 한다는 주장에도 불구하고, 이러한 국가 소유권은 외부적으로 주어진 제약조건 내에서만 작동할 수 있다.

빈곤경감, 지속가능한 생계와 기업가정신

개발과 관련된 민간 부문의 역할에 대해 논의할 때 흔히 초국적기업(TNC)이나 다국적기업(MNC) 같은 대기업의 이미지를 떠올리게 된다. 하지만 개도국의 민간 부문 사업체나 중소기업은 흔히 비공식 경제(informal economy)에 속한다(7장). 이들이 빈곤경감과 경제발전 관련 중요 논쟁에서 주목 대상이다. 일자리가 없는 사람들을 위한 사회안전망을 제공하는 복지국가의 역할을 못하는 개도국에서 중소기업은 하나의 생존전략이다. 이에 대한 대안적 해석은 소규모 사업체야말로 역동성, 창조성, 미래성장을 위한 잠재력을 보여 주는 증거이다. 사업주는 경제적 자원을 창출하고 이들이 만드는 부와 일자리로 인해 경제발전에 보다 광범위하게 기여한다.

이와 같은 접근은 특히 에르난도 데소토(Hernando de Soto)의 주장과 가까운데, 이는 그의 책 『또 다른 길(The Other Path)』(1989)에 요약되어 있다. 물론 현실에서의 상황은 훨씬 더 복잡하다(멕시코시티 맥락에서 유용한 논쟁 정리는 Biles, 2008 참조).

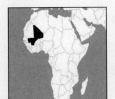

사례연구 10.3

말리의 빈곤경감 전략보고서

말리는 세계에서 경제적으로 가장 가난한 국가의 하나이고(2005년 구매력 평가지수 기준 1인당 국민총소득 853달러), 2013년 UNDP 인간발전지수 순위 186개 국가 중 182위(UNDP, 2013: 146)이다. 따라서 말리는 PRSP 수립을 위한 완벽한 대상이라 할 수 있다.

말리 정부는 두 개의 PRSP를 만들었다. 첫 번째는 2002~2006년을 계획연도로 삼은 2002년 문서이고, 두 번째는 2007~2011년을 다룬 2006년 문서이다. 이 두 문서의 작성 과정에 이해당사자들이 초청되었지만, 시간과 비용 및 참여자 선정방식으로 인해 심각한 제약이 있었다(〈사례연구 11.5〉의 니카라과). 정치적 불안과 2012년 말리의 군부쿠데타로 세 번째 PRSP는 아직 작성되지 않았다. 성장 및 빈곤경감 전략계획 2012-2017이 준비되고 있지만, 아직 참여적 과정을 거치지 못하고 있다.

두 개의 PRSP에 제시된 목표와 정책은 효율적이고 탈집중화된 정부, 관료제 축소, 민간 부문 역할 확대, 외국 투자와 무역 확대, 시민사회 행위자의 역할 제고와 굿 거버넌스(9장) 등과 같은 신자유주의적 사고와 일치한다. 말리 경제에서 민간 부문 참여 확대의 장애요인을 부패, 인프라 부족, 열악한 규제제도, 낮은 수준의 교육, 특히 중소기업의 제한된 재원확보 등에서 찾았다. 따라서 두 번째 PRSP 정책은 이러한 문제점을 밝히면서, 구체적으로 말리 공항과 철도 운영권을 민간 부문 입찰로 결정하고 강력한 반부패 조치를 실행하였다. 또한 민간 부문에서 중소기업 자금지원을 장려하고, 탈중앙화된 서비스 제공을 통해 보건과 교육 서비스 부문에 투자를 시도하였다. 이와 같은 목표들은 2012-2017 전략틀에서도 두드러지게 강조되었다.

말리의 PRSP는 명확하게 말리인들이 자국의 문제를 중심에 두고 작성되었다. 가령 가뭄과 메뚜기떼 공습 같은 문제뿐 아니라, 코트디부아르 분쟁이 주는 부정적 영향에 대해서도 논의한다. 내륙국인 말리의 경제에서 무역과 관광의 70% 이상이 주요 교역상대국인 코트디부아르를 통해 이루어진다. 또한 미국이 자국 면화재배 농민에게 지급하는 보조금이 말리의 면화 생산기반을 약화시킨다고 보고, 이 문제에 관해 WTO에 로비를 제기한 말리 정부의 노력이 언급되었다. 이처럼 말리의 맥락에 맞는 사례들이 포함되어 있긴 하지만, 말리의 PRSP에 있는 대다수 정책들은 여느 사하라 이남 국가들에도 적용될 수 있다. 이러한 정책들이 유익한 결과를 가져올 수 있는 가능성을 부정하지는 않지만, 전략문서를 작성하는 데 기반이 되는 틀거리는 이미 세계은행과 IMF에 의해 제시된 것이다.

출처: Government of Mali, 2002; Ministry of the Economy and Finance, 2006; Republic of Mali, 2013; UNDP, 2007에서 발췌

소규모 사업체에서 비공식적 고용과 자영업은 빈곤가정의 취약성을 이해하기 위한 생계(livelihoods) 접근으로 간주되기도 한다. 여기서는 빈곤가정에 무엇이 부족한가에 초점을 맞추는 것이 아니라, 빈곤가정이 가지고 있는 것과 할 수 있는 것이 무엇인지를 인식하는 것이 핵심적인 출발점이다(Chambers and Conway, 1992; de Haan and Zoomers, 2005). 생계 접근의 가치는 사회과학 내에서 논쟁 중이지만(Rigg, 2007의 개관), 1990년대 후반 DFID가 생계 접근을

정책대응과 개발원조의 주요 틀로 채택하면서 세계적으로 중요한 위상을 가진 후에 세계적인 관심을 받았다(DFID, 1999; 〈그림 10.3〉). DFID는 생계를 다음과 같이 정의한다.

> 생계는 능력, 자산(물질적·사회적 자원 포함), 생활수단을 위해 요구되는 활동을 의미한다. 생계는 자원기반을 약화시키지 않으면서 스트레스와 충격에 대응하고 극복하며, 또 현재와 미래에 능력과 자산을 유지하거나 키워 나갈 수 있을 때 지속가능하다(DFID, 1999).

이 접근의 논리적 개요는 〈그림 10.3〉과 같다. 이 접근에서 심장과 같은 가계는 금융자본(예: 돈), 물리적 자본(예: 도구 또는 장비), 인적 자본(가계구성원의 능력과 교육), 사회적 자본(신뢰의 관계), 자연자본(예: 토지 또는 자연자원에 대한 접근성) 등으로 분류되는 자산의 범위를 가지고 있다고 본다. 각각의 가계는 이처럼 다른 종류의 자산을 서로 다르게 가지며, 거시경제적 맥락, 법률체계, 문화적 규범과 같은 광범위한 구조에 따라 자산을 활용하는 능력이 달라진다. 이 점이 바로 개별 가정이 다소간 충격에 대처할 수 있는 취약성 맥락(vulnerability context)을 형성한다.

이러한 분석을 공유하는 DFID와 다른 국제기구들, 정부, 그리고 NGO는 자산 형성을 가능하게 하는 광범위한 제도적 맥락을 변화시키기 위한 정책을 개발하였다. 금융자본과 관련해서는 자유롭게 사업체를 설립하고 가능하면 성장하게 하는 신자유주의 정책이 그 핵심과제이다. 신자유주의 정책은 사업체의 설립을 공식적으로 승인하는 데 필요한 시간과 돈을 줄이고, 불필요하게 제한 요인이 많은 곳에서는 노동자 보호와 환경규제를 완화한다.

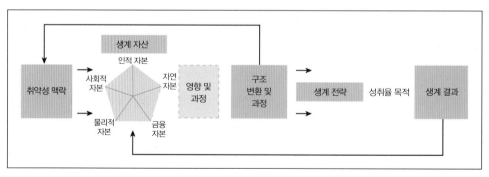

그림 10.3 DFID의 지속가능한 생계 접근 프레임워크(Sustainable Livelihoods Framework). 출처: DFID, 1999

개발도상국과 **국제개발**

저소득 계층이 금융자산을 형성하는 핵심정책은 소액금융(microcredit)으로, 이는 1990년대 이래 빈곤감소를 위한 어떤 논의에서도 등장한다. 소액금융은 제도권 은행의 금융혜택을 받지 못하는 빈곤층에게 아주 적은 양의 신용거래를 제공하는 것이다. 소액금융은 자산형태의 담보나 정기적인 소득과 저축이 부족하기 때문에 제도권 은행으로부터 소외된 빈곤층에게 소액자금을 제공한다. 방글라데시 출신의 무함마드 유누스(Muhammad Yunus)가 1983년 설립한 그라민 은행(The Grameen Bank)이 오늘날 소액금융 제도를 가능하게 한 선구자로 인식되지만, 실은 대다수의 개도국에서 상호간에 돈을 빌리고 빌려 주는 관행은 오랜 역사를 가지고 있다(Roy, 2010). 그라민 은행이 많은 농촌 여성들에게 소액의 자금을 대출해 줌으로써 이들 스스로 작은 사업을 시작하는 데 성공했다고 알려지면서, 소액금융 제도는 개도국 전역에 빠르게 확산되었다. 소액금융은 본질적으로 신자유주의적이지는 않지만, 여러 방식으로 넓은 의미의 신자유주의 아젠다에 편입되었다. 더욱이 대규모 금융기관들이 소액금융을 잠재적인 수익 모델로 간주하면서 소액금융의 유익성에 대한 의문도 제기되었다(〈사상가와 논쟁 10.1〉).

소액금융을 반드시 NGO나 금융기관이 제공할 필요는 없다. 신기술의 도입 덕분에 수천 킬로미터 떨어진 대출자와 대여자들을 연결할 수 있는 기회도 생겨났다. 예를 들어 키바(Kiva)는 선진국의 개인이 25달러 이상의 돈을 개도국 개인에게 빌려 줄 수 있는 온라인 플랫폼을 제공한다. 자금은 수혜국의 파트너 기관에 전달되고, 각 파트너 기관들은 국가신용등급 제도처럼 신용도가 평가된다(4장). 2013년 6월 현재 약 95만 명의 공여자로부터 약 4억 4,000만 달러가 68개국의 개인에게 대출되었다(Kiva, 2013). 이 기술은 선진국과 개도국 국민 간의 새로운 네트워크와 소통 채널을 형성하였고, 참여하는 개인과 공동체의 새로운 주체성(subjectivities)이 등장하는 데 잠재적으로 기여했다(다음의 윤리적 무역에 대한 논의 참조).

휴대폰 같은 신기술들 또한 새로운 사업기회를 제공하였다. 그러나 개발을 위한 정보통신기술(ICT4D) 연구들은 ICT는 사회적·공간적으로 평등하게 제공되지 못하고 있고(〈표 10.2〉), 기술을 개발 '문제'에 대한 해결책으로 보는 시각은 그 기술이 사용되고 있는 맥락을 이해하지 못하고 있다는 점을 강조한다. 제9장에서 논의한 하향식 근대화 프로젝트들처럼, 하드웨어만 강조하면서 사람들이 어떻게 왜 기술을 사용하는지, 기술이 어떤 자연환경 속에서 사용되는지를 무시하면 매우 부정적인 결과를 가져올 수 있다(Kleine, 2013; Unwin, 2009).

그러나 개도국 전역에 걸친 휴대폰 사용의 확산은 어떤 맥락에서는 매우 긍정적인 결과를 가져온다고 여겨진다. 민주화운동에서의 역할(〈사례연구 6.7〉 이집트의 2011년 폭동)에서부터 케냐의 송금방식인 엠페사(M-Pesa)에 이르기까지 휴대폰은 가족과 친구 간의 소통뿐만 아니라 개발을 위한 중요한 도구가 되었다. 많은 개도국들에서 휴대폰, 배터리 충전, 통신서비스 수요로 인해 소규모 사업들이 꽃을 피우고 있다(〈사례연구 10.4〉).

자유무역, 공정무역, 그리고 윤리적 소비주의

자유시장 체제의 작동은 적절한 국가 규제와 법의 집행력, 사유재산권의 존중에 달려 있다. 이

사상가와 논쟁 10.1

빈곤완화의 도구로서 소액금융

소액금융의 기본 전제는 아주 간단하다. 저소득층 사람들은 담보물도 없고 대출금을 갚지 못할 위험성이 높기 때문에 제도권 은행과 거래하기가 어렵다. 소액금융 제도에서는 개인이든 그룹이든 소액을 대출받기 때문에 이런 장애물이 제거된다. 소규모 사업체에 자본이 투자되고, 이를 통해 더 많은 기금을 창출하고 빈곤을 완화시킬 수 있다.

이러한 소액금융의 성공 사례는 많이 있지만, 이것이 대규모로 확대되면서 처음 시작된 방글라데시나 많은 다른 개도국에서 서로 엇갈린 결과가 나타났다. 소액금융은 수혜자를 신자유주의적 주체로 프레이밍하는 방식으로 해석될 수 있다. 이들이 이익창출에 매진하면서 호혜성 규범과는 충돌하는 다른 규범 속에서 행위하는 것이다. 또한 소액금융이 흔히 여성을 대상으로 하기 때문에, 그룹 대출(group credit)에 기반을 둔 방식에서는 구성원 개인 혹은 다른 가족구성원이 부패하거나 착취하는 경우도 생겨난다. 이런 경우, 대체로 남성이 소액금융으로 생겨난 자원을 통제한다. 마지막으로 영세사업의 성공을 위한 역량은 개인의 훈련과 교육의 정도뿐만 아니라 시장 접근성에 의해 크게 좌우된다.

제도권 은행들이 소액금융을 점점 더 자본을 만들어 내는 잠재적 길로 바라보면서 소액금융의 금융화(financialization)가 강조된다. 특히 중남미에서 이러한 현상이 유행했지만 이제는 다른 개도국으로 확산되었고, 이들은 미국의 서브프라임모기지론 같은 파생상품에 사용되었던 인프라나 방식을 똑같이 채택한다(4장). 소액금융에 신용등급이 매겨지고, 위험을 분산하는 다양한 방식을 포함하는 금융상품이 사고팔릴 수 있다. 기존 제도권 금융기관이 소액금융 분야를 습격하면서, 저소득 채무자의 상환능력을 넘어서는 대출을 일삼는 약탈적 대출관행도 생겨난다. 이로 인해 마을 단위의 공동체 그룹에서 실행되었던 소규모의 소액금융이 결국에는 글로벌 금융시스템에 편입되었다.

출처: Roy, 2010; Wright, 2005에서 발췌

표 10.2 전 세계 전화 및 인터넷 사용(2010)

	인터넷 사용자 수(100명당)	유선·무선 전화 사용자 수(100명당)
전 세계	30.0	95.2
아랍 국가	27.2	99.6
동아시아 및 태평양	29.8	92.2
유럽 및 중앙아시아	43.4	150.0
중남미 및 카리브 해	34.1	116.7
남아시아	8.4	64.4
사하라 이남 아프리카	11.3	47.1

출처: UNDP, 2013: 189

사례연구 10.4

가나의 휴대폰 사용과 기업가정신

2000년 이후 가나에서는 휴대폰과 통신요금의 비용감소와 더불어 수신 지역 확대 및 음질 개선으로 인해 휴대폰 사용이 급격히 증가하였다. 2010년 100명당 72.6 명이 유선전화나 휴대폰을 사용하였다(UNDP, 2013: 188).

이는 소규모 사업체가 효율성을 높이면서 사업을 확대할 수 있는 기회를 제공했다. 가령 양파무역 사례에서 휴대폰이 어떻게 쓰이는지 살펴볼 수 있다(Overå, 2006). 모하메드(Mohammed)는 가나 남부 아크라(Accra) 지역과 북부 바우쿠(Bawku) 지역에서 양파를 생산하고 있는데, 두 지역은 900km 떨어져 있다. 두 지역의 기후 차이로 인해 그는 일년 중에 양파를 생산할 수 있는 기간을 더 확보했다. 그는 휴대폰을 통해 바우쿠 농부들에게 아크라의 양파 수요와 수확에 맞춰 파종과 수확 시기를 연기하거나 앞당기도록 알릴 수 있게 되었다. 휴대폰이 없었던 때에는 모하메드가 두 지역을 직접 왔다 갔다 하거나 농부들의 자의적 판단으로 양파를 심고 수확할 수밖에 없었다. 또 다른 양파 판매자인 아부바카(Abubakar)는 휴대폰을 소비자와 관련하여 유용하게 활용한다. 그는 휴대폰으로 소비자들에게 연락하여 어느 버스에 그들이 받을 양파를 실었는지 알려 줄 수 있게 되었다. 그러나 이 사례연구는 비즈니스에서 휴대폰이 갖는 한계도 분명 존재한다는 점을 언급하면서, 대면접촉을 통해 형성된 기존 신뢰관계의 중요성을 강조하였다.

휴대폰이 너무 쉽게 빈곤경감과 비즈니스에 유익한 도구로 비쳐지는 것을 경계할 필요를 위와 유사한 맥락에서 주장하기도 한다(Sey, 2011). 아크라와 프람프람(Prampram)의 휴대폰 사용자들이 사업용도로 휴대폰을 사용하는 경우는 오히려 드물었으며, 많은 경우 가족이나 친구들과 연락하는 데 가장 중요하게 사용하였다.

가나에서 비즈니스의 확대에 기여할 수 있는 휴대폰의 잠재성에 대한 의구심에도 불구하고, 휴대폰 사용은 명백히 새로운 비즈니스 관행과 경제활동에 기여했다. 휴대폰을 활용하여 기존의 비즈니스를 개선시킬 뿐 아니라 휴대폰 기기의 판매와 배터리 충전서비스 제공을 통해 사업기회가 확대되고 있다(〈사진 10.2〉).

출처: Overå, 2006, Sey, 2011; UNDP, 2013에서 발췌

사진 10.2 가나 아크라의 휴대폰 가판대. ⓒ Robert Afutu-Kotey

는 개별 국가들에서 입법기관과 규제기관을 통해 이루어진다(칠레 사례 같은 억압적인 방식도 있다).

세계적인 단일정부가 존재하지 않기 때문에 글로벌 자유시장은 다른 형태의 규제기관이 필요하다. 1995년 이래로 이 역할은 세계무역기구(WTO)가 수행하는데, 회원국들은 국제무역을 위한 규칙에 대한 논의와 합의를 하고, 또한 어떠한 경제 분야가 이러한 규칙을 따라야 하는지도 논의한다(3장).

WTO 회원국들은 공식적인 자유무역협정이 체결되지 않은 경우에 특정 국가의 제품과 서비스에 대해 특혜 대우를 하지 않는다는 규칙에 동의한다. WTO 회원국 간에 분쟁이 발생할 경우 WTO는 동의된 규칙을 활용하여 중립적인 중재 역할을 하게 된다. WTO는 기본적으로 자유무역을 장려하지만, 소비자보호나 질병통제와 같은 경우에는 무역을 제한할 수 있다(WTO, 2013). 그러나 WTO는 다음 문서에서처럼, 보편적으로 국가의 규제로부터 무역을 자유화하는 것을 목표로 한다.

개발도상국과 국제개발

경쟁적 수입품의 도전을 피하려는 유혹은 항상 존재한다. 부국의 정부는 보조금이나 복잡한 허가절차, 그리고 자국의 생산자를 보호하는 명분인 환경보호나 소비자보호라는 정당한 정책목표 뒤에 숨어서 단기적인 정치적 이익을 위해 보호주의라는 비상신호(siren call)를 따르기 쉽다. 보호주의는 궁극적으로 소비자에게 낡고 매력 없는 제품을 제공하는 오만하고 비효율적인 생산자를 만들어 낸다. 종국에는 보호와 보조금에도 불구하고 공장들은 문을 닫고 일자리는 없어진다. 만약 전 세계적으로 다른 정부들도 이러한 정책을 추구한다면, 시장은 축소되고 전 세계 경제활동은 위축될 것이다. 회원국들이 WTO 협상에서 성취하고자 하는 목표 중 하나는 보호주의를 향해 자멸적이고 파괴적인 길로 들어서는 것을 막기 위해서이다 (WTO, 2013).

경제성장의 촉진과 사회복지를 촉구하는 WTO의 목적은 칭찬할 만하며, 이러한 정책들은 개도국 빈곤경감에 기여할 수 있다. 그러나 WTO는 두 가지 주요 이유로 비판받아 왔다. 첫 번째는 취약한 국내경제를 무역 자유화를 요구하면서 악화시킨다는 것(Payne, 2006)이고, 두 번째는 중립을 지키기보다 선진국의 이익을 따른다는 것이다(Peet, 2007). 1999년 시애틀 시위, 2009년 제네바 시위처럼 전 세계에서 발생한 WTO 반대시위들은 WTO의 몇몇 정책에 대한 반감의 깊이와 투명성 결여가 어떻게 받아들여지고 있는지를 보여 준다.

특히 신자유주의 의제를 수용한 국제기구뿐만 아니라, 사회정의운동도 개도국 개인과 지역공동체의 생활환경을 개선하기 위한 수단으로 무역을 받아들였다. 사회정의운동에는 국제 NGO인 옥스팜(Oxfam)부터 지역 기반의 작은 단체들도 참여하였다. 특히 이러한 조직들은 선진국 시장 접근의 공평성을 위한 캠페인을 진행하였고, 선진국 농부와 다른 생산자들을 위한 불공정한 보조금에 반대하였다(Oxfam, 2013). 이들은 개도국 생산자가 상품을 해외로 판매함으로써 소득을 창출하고 외화수입을 가져오는데, 이는 생산자뿐만 아니라 좀 더 넓게는 국가 전체에 혜택을 준다고 주장한다. 이러한 캠페인은 공정한 시장 접근의 규칙을 강화하기 위한 WTO에 대한 로비 활동을 포함한다.

그러나 자유무역주의의 확대와 시장 접근성의 개선이 항상 생산자의 생활수준을 높이지는 않는다. 이는 무역 시스템의 구조로 인해 영세한 1차상품 생산자는 완성품 가격 중 아주 작은 부분만 차지하기 때문이다. '공정무역(fair trade)' 개념은 이러한 문제를 제기하기 위해 생겨났다.

1989년 네덜란드에서 시작된 인증과 표시 시스템을 통해(Fairtrade International, 2013), 점점 더 많은 생산품들이 '페어트레이드(Fairtrade)' 상품으로 생산되고 판매되었다. '페어트레이드(Fairtrade)'는 '공정무역(fair trade)'과 다르게 특정 형태의 인증상품을 말한다. 넓은 의미의 공정무역 시스템은 생산자가 그들의 물건에 대해 시장가치와 관계없이 공정한 가격을 보장받는 것을 말한다. 그뿐만 아니라 보건이나 교육시설 같은 지역공동체 활동에도 기여한다(Blowfield, 1999; Fairtrade Foundation, 2013). '공정무역' 인증은 보통 유럽에 기반을 둔 기구들이 개도국의 생산자를 방문하여 이루어진다.

페어트레이드(Fairtrade) 상품들은, 특히 커피와 바나나 같은 경우(〈사진 10.3〉) 몇몇 선진국에서 눈에 띄는 시장 점유율을 차지한다(〈표 10.3〉). 그러나 전체 시장에 비하면 여전히 아주 작은 부분이다. 공정무역에 참여하는 개도국 사회후생에 기여하는 데에는 흔히 상당한 성과가 있다. 원조기구에 대한 기부와 마찬가지로 공정무역 제품의 증가는 관용의 지리학(geographies of generosity)의 새로운 형태로(2장), 물리적으로 멀리 떨어져 있는 사람들을 서로 연결시키는 기회를 만든다.

사진 10.3 니카라과 협동조합 UCA San Ramón의 커피 생산자들. © Matt Kadey

개발도상국과 국제개발

표 10.3 영국 페어트레이드(Fairtrade) 승인상품 매출액 증가(1998~2012)

	연간 매출액, 백만 유로			
	1998	2003	2007	2012
커피	13.7	34.3	117.0	192.4
차	2.0	9.5	30.0	79.7
코코아 제품	1.0[a]	7.3	25.6	320.9
설탕 제품	–	8.7	50.6	549.1
꿀 제품	–	6.1	2.7	3.6
바나나	–	24.3	150.0	242.5
꽃	–	–	24.0	23.7
와인	–	–	8.2	23.9
면	–	–	34.8	39.6
과일	–	1	28	12.3
과일주스	–	1.1	13.8	14.5
그 외	–	–	8.3	28.0
총계	16.7	92.3	493.0	1530.2
초콜릿[b]	–	9.2	35.8	542.4

주: a에는 초콜릿 매출을 포함함. b는 이 표의 코코아, 설탕 등 다른 항목 매출도 포함함. 따라서 초콜릿 매출은 총계에 포함시키지 않음

출처: Fairtrade Foundation, 2008, 2013

가나의 쿠아파쿠쿠(Kuapa Kookoo)는 공정무역운동으로 잘 알려진 생산자 조직이다. 이 기구는 1992년 카카오 거래 가격을 높이기 위해 노력한 카카오 재배 농민들에 의해 설립되었다. 가나의 SAP(Konadu-Agyemang, 2000)가 실시되면서 국가가 운영하는 카카오 마케팅위원회는 폐지되었고, 농부들은 자신의 카카오를 스스로 판매하게 되었다. 이전에는 카카오 마케팅위원회가 농부들의 카카오를 정찰제로 구입하면서 안정적 소득을 제공하였으나 여기에는 부정부패 혐의를 포함한 문제가 있었다.

두 곳의 국제 NGO가 쿠아파 쿠쿠 협동조합에 대출과 회계장부 작성 관련한 재무적 조언 및 훈련을 제공하였다. 또한 선진국에서 공정무역 거래를 할 수 있도록 도왔다. 쿠쿠 협동조합은 1998년 데이 초콜릿사(Day Chocolate Company)를 설립하여 초콜릿 생산자와 소비자를 직접 연결하였다(Doherty and Tranchell, 2007). 쿠쿠 협동조합은 '농민의 트러스트(The Farmer's Trust)'라는 공공기금을 만들었다. 이는 투표로 선출된 농부들이 운영하고 공정무역을 통해 모은 사회적 프리미엄(social premium)의 사용방안을 결정하였다(Tiffen, 2002). 이를 통해 지역주민

에게 장기적 혜택을 가져오는 프로젝트에 투자할 수 있게 되었다.

공정무역 상품의 소비는 지난 10년간 다른 선진국과 마찬가지로 영국에서도 급격하게 증가하였고, 소비자들은 자신의 구매력을 생산자들의 삶의 질 개선에 기여하는 데 활용하였다. 그러나 몇몇 연구자들(가령 Lindsey, 2004; Sidwell, 2008)은, 공정무역은 자유시장 작동을 방해함으로써 장기적이고 더 나은 발전을 막는다고 주장한다. 심지어 공정무역은 사실 '불공정 무역'(《사상가와 논쟁 10.2》)을 의미한다고 설명하기도 한다(Sidwell, 2008). '페어트레이드(Fairtrade)' 커피에 대한 논쟁은 자유무역 지지자와 반대자 간에 의견이 충돌하는 핵심내용을 보여 준다. 자유무역 지지자들의 주장은 완전한 자유시장의 작동을 전제로 하고 있으나, 반대자들은 실제 세계경제 시스템은 완전한 자유시장을 토대로 하지 않으며, 이는 특정 국가와 기업이 자신의 이익을 위해 시스템을 움직이는 권력을 행사한다고 믿는다.

인정받을 수 있는 기업활동을 하는 기업을 지지하거나, 혹은 바람직하지 않은 활동을 하는 기업제품 구매를 거부하는 데 구매력을 사용하는 소비자들의 역할은 소위 '윤리적 소비'의 일부가 되었다(Blowfield, 1999). 이러한 결정은 '공정무역'과 같이 생산자들이 지급받는 가격에 의해 이루어지지만, 그 외에도 환경보전 활동, 노동조건(예컨대 다국적기업의 현지공장), 그리고 넓게는 사회 프로그램 참여 등과도 관련이 있다. 대부분의 경우 소비자들은 선진국에 살고, 생산자와 노동자들은 개도국에 위치한다. 이러한 방식으로 시장에 소비자가 개입하면서 가장 눈에 띄는 현상은 다국적기업을 비롯한 많은 기업들의 운영방식에 변화가 있었다는 것이다. 이러한 기업들은 점점 더 기업의 사회적 책임(CSR) 전략(《핵심개념 10.2》)을 통해 소비자들에게 자사의 운영실태를 전달하고 있다(Conroy, 2007).

개도국의 지속가능한 개발과 사회정의를 증진하기 위한 소비자들의 구매력 활용은 점점 더 중요해지고 있으며 정교한 형태로 나타난다. 아프리카의 HIV/AIDS 퇴치를 위한 기금모금을 위한 RED 캠페인은 좋은 사례이다. 웹사이트에는 다음과 같은 문구가 있다. "소비자로서 우리는 한 해에 수백만 명의 생명을 구할 힘이 있다", "당신은 소비자로서 변화를 이끌어 낼 힘이 있다는 것을 알 필요가 있다"(Red Campaign, 2013). 이 캠페인은 애플, 스타벅스, 컨버스, 코카콜라 같은 세계적 브랜드를 보유한 기업과 함께하는데, 이들 기업은 특정한 제품과 서비스를 구매하도록 연결된 캠페인에 기부한다. 기부는 또한 트위터나 페이스북 같은 SNS와도 연결이 되어 있다(joinred.com, 2013).

시장과 서비스 제공

신자유주의의 주장에 따르면, 시장원리는 단순히 전통적인 형태의 제품과 서비스 거래뿐만 아니라 '기초 서비스'인 사회기반시설, 보건, 교육을 제공하는 데도 적용되어야 한다. 이렇게 함으로써 더욱 효율적이고 공평하게 서비스가 제공된다고 주장한다. 이러한 원리는 개도국과 선진국 모두에 있어 두 가지 주요 방법으로 실행되어 왔다.

첫째, '비용보전(cost recovery)'의 원칙이 특히 보건 분야에서 촉진되었다. 이는 국가가 무상 보건서비스를 제공하기보다는 환자들이 치료와 약 비용을 지불하는 것을 의미한다. 이러한 정책이 시행되고 있는 대부분의 국가에서는 유아 예방접종과 같은 극소수 기초서비스만 무상으로 제공되고, 환자들은 의료서비스에 점차 더 많은 돈을 지불한다. SAP와의 관계에서 보았듯이, 이러한 정책은 대부분의 국민들에게 매우 부정적인 영향을 줄 수 있다. 국민들은 의료서비스 지출능력이 없거나, 의료비에 돈을 쓰면서 먹거리나 교육 같은 다른 곳에 돈을 쓸 여력을 가지지 못한다 (Lee et al., 2002).

보건 분야의 비용보전 주장 이면에는 정부예산이 한정되어 있다는 인식이 존재한다. 환자들에게 청구된 의료비가 회수되어 다른 보건 분야에 투자된다. 게다가 의료서비스에 대한 비용청구는 의료인이나 의료보험 제공자로서의 민간 부문의 참여를 증진시킨다(Sen, 2003). 그러나 소비자로서 시장에 참여하려면 돈이 필요하다. 돈 없는 아주 가난한 개인은 정규 의료서비스로부터 소외당할지도 모른다. 마찬가지로 민간 부문 제공자들은 서비스의 가격이 너무 낮다면 시장

사상가와 논쟁 10.2

공정무역 또는 자유무역?

공정무역은 개도국의 영세한 생산자들을 착취하는 글로벌 무역 시스템의 문제점을 바로잡기 위한 하나의 방법으로 소개되었다. 커피는 영국에서 페어트레이드(Fairtrade) 상품으로 인증받은 첫 상품으로 널리 판매되었다. 1989년 국제커피협약(International Coffee Agreement)의 붕괴 이후 커피 가격이 급락하던 상황에서 커피에 대한 관심이 커졌다. 커피협약은 주요 생산국과 소비국 간의 협상을 통해 커피 가격을 결정하였다. 페어트레이드 재단(Fairtrade Foundation)과 페어트레이드(Fairtrade) 인증 커피를 구매하는 소비자들에게, 공정무역 시스템은 자유시장에서 형성된 낮은 커피 가격으로 고통받는 생산자들을 지원하는 데 도움을 주었다.

자유시장 지지자인 마크 시드웰(Mark Sidwell)과 브링크 린지(Brink Lindsey)는 공정무역이 결과적으로 커피 생산자들을 돕는 것이 아니기 때문에, 영세 커피 농부와 노동자들을 지원하기 위한 다른 전략이 필요하다고 주장한다. 첫 번째 주장은, 자유시장 체제에서 작물과 경제활동의 다양화를 장려하지 않고 고정가격을 보장해 줌으로써 페어트레이드 조직들이 오히려 커피 생산자들을 저소득 상황에 갇히게 만든다는 것이다. 시드웰은 "페어트레이드 모델은 가난한 농부들이 언제까지나 농부로 남아 있을 것이라고 가정하고 그들의 농업적 틈새시장(agrarian niche)을 보조함으로써 농부들이 더 나은 삶을 꿈꾸는 가능성을 부정한다."라고 주장하였다(2008:13). 〈그림 10.1〉의 수요와 공급 곡선의 관계에서, 페어트레이드 커피의 가격은 두 곡선의 접점에서 형성되지 않고 페어트레이드 조직에 의해 결정된다. 이는 생산자들이 다른 일을 해서 더 나아질 수도 있을 때에도 커피 농부로 머물러 있게 만드는 것을 의미한다.

또한 시드웰은 페어트레이드 인증이 토지를 소유한 농부에게만 유익하며, 농장에서 일하고 있는 더 열악한 환경에 있는 노동자들은 참여할 수 없게 되어 있다고 지적한다. 다시 말해, 엄격한 인증기준은 최빈국인 에티오피아나 르완다의 생산자들이 참여하는 데 더욱 어려움을 준다. 가령 멕시코와 콜롬비아에 훨씬 더 많은 수의 인증을 받은 생산자들이 있다. 따라서 페어트레이드 시스템은 어려운 농부들을 돕지만, 전 세계적으로 더욱 가난한 농부들에게 반드시 혜택이 돌아가는 것은 아니다. 시드웰과 린지의 해결책은 커피가 자유시장 가격으로 팔려야 한다는 것이다. 그로 인해 몇몇 농부들은 커피 생산을 그만두어야 함을 의미할지도 모르지만, 이들에게 적절한 직업전환을 위한 훈련 프로그램을 지원할 수 있다. 또 다른 대안으로는 농부들이 세계시장에서 더 높은 가격을 받기 위해 생산품의 질을 개선하는 선택을 할 수도 있다.

페어트레이드 재단은 국제 커피 시장이 공평한 경쟁의 장이 아니라는 점을 들면서 이러한 주장을 반박한다. 단순히 커피 생산자가 소비자에게 직접적으로 판매하는 경우가 아니라 생산지에서부터 카페와 슈퍼마켓까지의 상품 사슬이 존재하기 때문이다. 또한 많은 생산자들이 페어트레이드 커피 판매를 통해 얻은 수익으로 과테말라에 시트러스나 바나나 같은 새로운 작물의 다양화를 시도하거나 가공시설에 투자하여 부가가치를 높일 수 있는 방법을 모색하는 데 사용한다. 끝으로, 페어트레이드 재단은 보다 나은 훈련과 기술지원이 영세 농부들에게 유익할 것이라는 데 동의한다.

출처: Fairtrade Foundation 2013; Le Mare, 2008; Lindsey, 2004; Sidwell, 2008

핵심개념 10.2

기업의 사회적 책임(CSR, Corporate Social responsibility)

기업의 사회적 책임 개념은 1990년대 중반 이후 기업들이, 그중 특히 거대 다국적기업(MNC)이나 초국적기업(TNC)이 구매윤리, 노동, 환경적 관행에 대한 소비자의 압력에 대응하면서 많은 관심을 받았다. 가령 나이키, 갭, 셸, 네슬레 등의 기업을 비판하는 세간의 이목을 끈 캠페인들은 브랜드 이미지가 제품에 막대한 영향을 미치는 기업에게 심각한 우려를 야기하였다. 기업의 사회적 책임은 기업이 단순히 이익의 극대화에만 집중하면 안 되며 환경파괴나 열악한 노동환경을 통해 이득을 취하지 말아야 한다는 전제를 가지고 있다. 대부분의 대기업들은 현재 연례보고서에 사회공헌 실적을 포함시키며, 많은 경우 자발적인 행동강령을 채택하였다.

출처: Dicken, 2011

개발도상국과 국제개발

에 진입하지 않을 것이다. 즉 세계의 일부 중산층을 대상으로 하는 민간 의료서비스 제공사업이 급속히 발전하고 있지만, 아주 가난한 개인들은 소외된다는 것을 의미한다(Willis and Khan, 2009).

둘째, 정부가 점차 물, 전기, 통신, 주택 같은 서비스의 '제공자'가 아니라 '조력자(enabler)'가 되라고 강력하게 촉구한다(Jones and Ward, 1994). 다시 말해, 이러한 정책의 지지자들은 정부가 모든 국민에게 서비스를 제공할 능력이나 예산이 부족하기 때문에 민간 부문이 더 효율적으로 제공할 수 있다는 주장을 편다. 이러한 정책을 채택함으로써 대규모 민영화 프로그램이 등장하고 결과적으로 외국투자의 물결이 일어난다(Osumanu, 2008).

몇몇 부문, 특히 통신 부문에서 민영화와 외국투자는 통신망을 급속하게 넓히면서 안정된 서비스와 통화료 인하라는 큰 성공을 거두었다. 수도나 전기 같은 다른 부문에서는 대체로 망은 넓어졌지만, 최빈곤층은 서비스 비용을 감당하기 어렵다(〈사례연구 10.5〉). 전 세계 곳곳에서, 가장 두드러진 곳으로는 볼리비아와 가나에서 상수도 민영화를 반대하는 시위와 길거리 시위가 확산되고 있다.

보건 분야의 몇몇 사례나 남아공 빈곤층을 위한 상수도 공급 사례(〈사례연구 10.5〉)처럼 정부는 기초서비스 제공에 대한 안전망을 제공한다. 그러나 이 안전망은 등록 주소지가 있는 가구에만 제공되기 때문에 소외되는 가구가 발생한다. 서비스 제공이 적절하게 이루어지지 못하는 지역에서는 개인이나 지역사회가 스스로 지원할 수 있도록 하거나, NGO가 서비스 제공을 할 수 있도록 하고 있다(11장). 자유시장 원칙의 도입은 개도국 빈민층에게 상수도 공급을 확대시키지 못했다. 그러나 볼리비아와 남아공 사례에서 볼 수 있듯이 공영화된 상수도 역시 예산부족 같은 문제를 가진다.

상수도 민영화에 반대하는 시위자들은 물은 상품이 아니라 인간의 기본권이라고 주장하며, 연구자들은 민영화가 '신자유주의적 자연'의 사례라고 본다(McCarthy and Prudham, 2004). 앞서 언급한 마이클 샌델의 주장으로 돌아가면, 과거에는 시장의 힘이 개입하는 것을 부적절하다고 여겼던 분야로 시장이 점차 이동하고 있다. 상수도 공급의 경우를 보면, 이전에 누구나 사용가능한 '자유재'였던 물이 민영화로 인해 시장에서 사고팔 수 있는 상품으로 변했다는 것이다(Bakker, 2007).

신자유주의적 접근은 환경보호와 보전을 위해서 채택되기도 한다. 이러한 접근은 자연자원에

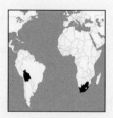

'빈곤층을 위한' 볼리비아와 남아공의 물 정책

볼리비아와 남아공 정부는 도시 지역의 식수 접근성을 높이기 위한 시도를 하고 있으며, 특히 최빈곤층을 상수도망에 편입시키기 위한 '친빈곤층 정책(pro-poor policies)'을 펴고 있다. 이러한 정책은 신자유주의 면모를 가지고 있긴 하지만, 민간기업에 넘기는 것에서부터 공영 서비스 분야 간 교차보조를 줄이는 것에 이르기까지 매우 다양하다.

1996년 프랑스가 주도하는 컨소시엄인 아구아스 델 이이마니(Aguas del Illimani)는 볼리비아 정부로부터 30년간 볼리비아 수도인 라파스(La Paz)의 엘알토(El Alto) 지역에서 상수도 운영 독점권을 확보했다. 계약에는 상수도망을 확대하고 빈곤층에 상수도 서비스를 제공하는 조항이 담겨 있다. 기업의 조항준수를 보장하기 위해 규제구조가 만들어졌다. 이는 과거 국유화 서비스와 비교하여, 서비스가 가능하도록 조력하는 과정에서의 정부의 역할에 포함되어 있다.

라파스-엘알토 프로젝트는 세계은행으로부터 친빈곤층에 입각한 물 공급 사례로 공개적인 지지를 받았다. 그러나 아구아스 델 이이마니가 빈곤층에게 유리한 절차를 수립하긴 했지만, 빈곤계층이 수도에 접근하는 것이 종종 불가능한 경우가 발생했다. 기업은 상수도망을 확장한다는 목표는 달성했지만, 새로 확장된 서비스의 대부분은 도시 주변의 비공급 지역보다는 이미 서비스가 제공된 지역으로 확대되었다. 가격구조는 소비자가 사용한 물에 대해서만 요금을 지불하도록 되었으나, 이를 위해서는 수도계량기 설치가 필요했는데 많은 경우 공급되지 않았다. 수도요금은 세금으로 인상되고 요금표는 미국 달러로 계산되었다. 한 설문에 따르면 2/3에 해당하는 가구가 수도요금을 감당할 수 없다고 한다.

이러한 상황에 대한 대중의 불만이 점점 늘어나면서 시위가 발생했다. 코차밤바(Cochabamba) 지역에서도 '물전쟁'이 일어났는데, 2000년 비싼 수도요금에 반대해 격렬한 폭력시위가 일어나고 아구아스 델 투나리(Aguas del Tunari)사는 40년간의 독점권을 포기하게 되었다. 두 경우 모두 식수공급은 공공 부문으로 다시 넘겨졌다. 그러나 빈곤층의 물에 대한 접근은 신뢰할 수 없는 서비스와 인프라에 대한 투자의 부재로 인해 여전히 문제이다.

남아공의 도시들은 인종차별주의 시대 이후(post-Apartheid)* 상수도 공급 확대를 위한 다양한 전략을 채택했다. 가령 요하네스버그에는 상수도 공급회사의 운영을 개선하기 위해 민관협력 파트너십이 구축되었다. 여기에는 볼리비아에서 아구아스 델 이이마니 컨소시엄에 참여했던 수에즈 리오네즈 데조(Suez Lyonnaise des Eaux) 사도 포함되었다. 이 파트너십은 경영의 효율성을 개선하고 수도 공급을 확대하였지만 회사는 정부 소유였다.

케이프타운에서 물 공급은 여전히 공공기업이 담당하지만 신자유주의적 접근은 효율성과 비용보전의 측면에서 점차적으로 당연시되고 있다. 수도요금표는 가계소득에 따라 정해진다. 즉 부유한 가정이 가난한 가정보다 더 많은 요금을 내는 것이다. 더욱이 국가 기준에 따른 최빈 가구는 매달 6,000ℓ의 수돗물을 무료로 공급받는다. 또한 상수도망을 3만 가구까지 확대하려고 하는데, 이는 대부분 현재 수돗물에 접근하지 못하는 가난한 교외 지역에서 이루어질 예정이다. 이러한 정책들은 빈민층을 지원하려는 분명한 목표가 있지만, 시 정부 예산의 고갈로 인해 과연 중기적으로 지속할 수 있을지에 대한 우려가 존재한다. 2004년에는 공공기금의 부족으로 서비스 유지가 어려웠고, 결국 수도요금을 올릴 수밖에 없었다. 빈민층에게 깨끗한 물을 제공할 수 있도록 노력하는 동시에 효율성을 높이고 교차보조를 낮추는 신자유주의적 정책을 도입하려는 케이프타운 시 정부가 안고 있는 딜레마가 존재한다 (Jaglin, 2008).

출처: Jaglin, 2008; Laurie and Crespo, 2007; Smith, 2008에서 발췌

* 역주: post-Apartheid는 1994년 4월 27일 남아공 넬슨 만델라 대통령에 의한 인종차별정책 폐지 이후를 의미한다.

가격을 책정해야 사람들이 환경을 오염시키거나, 숲을 파괴하거나, 멸종위기의 종을 사냥하는 것을 멈추게 될 것이라고 가정한다. 이는 개인이 시장 신호에 따라 합리적인 판단을 내릴 수 있고 또 내린다는 전제에서 출발한다(Brockington and Duffy, 2011).

이 분야에서 가장 큰 발전은 생태계 서비스 지불제(PES)라고 할 수 있다(〈핵심개념 10.3〉). PES는 국가와 지역사회에 자연자원을 보호하는 비용을 제공하는 것을 목적으로 한다. 이는 기후변화 경감전략의 일환으로 적극적으로 받아들여졌으며, 특히 글로벌 기후체제와 탄소흡수원(carbon sinks)에 영향을 미치는 열대우림과 관련이 있다. 가령 멕시코 남부 라칸돈(Lacandon) 우림에서 PES를 받는 지역사회와 그렇지 않은 지역의 주민 참여를 비교하였는데, 숲을 보호하기 위한 금전적 장려금은 주민 참여를 유발하는 유일한 힘이 아니라는 점이 관찰되었다. 즉 주민들 간의 집단 책임감과 생물다양성에 관한 도덕적 개념 또한 중요했다(Kosoy et al., 2008).

시장 주도형 보전 프로젝트에 대한 연구들에서는 특히 환경보호와 지속가능한 지역공동체의 삶 모두를 성취하기 위한 프로젝트에서 시장의 역할이 점차 확대되는 것을 인정하면서도, 시장 지향적 접근이 갖는 매우 다양한 특성들이 예리하게 강조된다(Roth and Dressler, 2012). 또한 정부의 지속적인 역할, 그리고 이러한 제도가 특정한 지역에서 어떻게 작동되는지를 이해하는 것이 중요함도 강조되었다. 이는 신자유주의화와 신자유주의적 정책실행의 시공간적 차별성 논의와 같은 선상에 있다.

핵심개념 10.3

생태계 서비스 지불제(PES, payment for ecosystem services)

'생태계 서비스'는 인간에게 자연환경이 제공하는 혜택을 포괄하는 용어이다. 밀레니엄 생태계 평가(Millennium Ecosystem Assessment, 2005)는 이러한 서비스를 4가지로 구분하였다. (1) '제공': 생계 유지나 판매용으로 사용될 수 있는 목재나 물고기 등, (2) '규제': 예컨대 이탄지대(peatlands)나 숲이 탄소흡수원으로서 갖는 역할, (3) '문화': 생태계가 여가나 종교, 영적 생활에 활용되는 측면, (4) '지지': 다른 생태적 기능을 지원하는 서비스(예: 토양 형성).

생태계 서비스 지불제(PES)는 이러한 서비스를 보호하기 위해 시장가치를 도입하는 것이다. 가령 정부는 벌목권을 활용하여 외화수입을 창출하기보다는 국제기구나 국제 NGO를 통해 열대우림을 보호하는 비용을 지급받을 수 있다.

출처: Millennium Ecosystem Assessment, 2005: 27

나가며

1980년대 이래로 시장 주도적 접근은 개발에 있어 지배적인 접근이었다. 그 지지자들은 시장 주도 접근이 정부 주도 접근보다 더 효율적이고 공정하다고 주장한다. 왜냐하면 정치에 휘둘리지 않고 기술적이고 합리적인 해결책을 제시할 수 있다고 보기 때문이다. 그러나 이 장에서 보았듯이, '기술관료적 해결책'과 합리성 개념은 특정한 정치적 견해에 기반하고 있고, 신자유주의 정책을 도입할 때 국가와 국제적 차원의 권력(power)이 개입한다.

신자유주의는 분명히 국제개발 그룹이나 개도국 정부에서 지배적인 담론이긴 하지만, 신자유주의화의 과정은 시공간적으로 뚜렷하게 차이가 있다. 볼리비아와 남아공의 수도공급 사례는 최빈곤층을 보호하면서 동시에 효율성과 비용보전 개선을 추구하는 신자유주의 접근이 얼마나 다르게 실행되었는지를 입증한다. SAP에서 PRSP로의 전환 또한 IMF와 세계은행에서 시작한 신자유주의 정책이 시간이 지나면서 많이는 아니지만 어떻게 조금씩 조정되었는지를 보여 준다.

마지막으로, 제3부의 초점이 '차이 만들기'이기 때문에 시장 주도 혹은 신자유주의 정책이 일부 개인과 지역에 긍정적인 영향을 미쳤다는 것을 인정하는 것은 중요하다. 일자리 창출과 새로운 경제적 기회는 전 세계 많은 곳에서 시장개방이 증가하고 가능했다. 소비품에 대한 더 많은 선택과 더 나은 서비스도 관찰되었다. 그러나 시장의 힘에 의존하면 소비자로서 시장에 참여할 돈이 없는 사람이나 노동시장으로부터 배제되고 주변화된 사람들이 소외된다. 다음 장에서는 풀뿌리 혹은 지역기반 접근이 어떻게 이러한 소외계층을 도울 수 있는지에 대해서 살펴보고, 제9장과 제10장에서 논의된 시장 주도와 정부 주도 시스템을 대체할 수 있는 대안적 개발모델을 논의하고자 한다.

더 읽을거리

Development for International Development (DFID) (2002) *Making Globalization Work for the Poor*, London: HMSO.

http://webarchive.nationalarchives.gov.uk/+/http:/www.dfid.gov.uk/Documents/publica tions/whitepaper2000.pdf.

국제개발 정책이 빈곤감소를 위해 어떻게 신자유주의 사고에 근거하고 있는지 보여 주는 사례이다.

Harvey, D. (2007) *A Brief History of Neoliberalism*, Oxford: Oxford University Press.
　신자유주의에 대한 명쾌한 개관과 공간적으로 차별화된 영향력에 대해서 설명하고 있다.

Geoforum (2012) Themed issue on market-oriented conservation. *Geoforum* 43(3).
　전 세계의 시장 주도형 보전전략 및 그 운영을 이해하는 데 장소의 중요성을 다룬 논문 모음이다.

Roy, A. (2010) *Poverty Capital: Microfinance and the Marking of Development*, Abingdon and New York: Routledge.
　소액금융의 다양성에 대한 강한 주장과 실증적으로 풍성한 개관, 그리고 어떻게 이것이 신자유주의 정책 수립과 거버넌스 구조와 결합되었는지를 설명해 놓은 책이다.

웹사이트

www.adamsmith.org   The Adam Smith Institute
  영국에 위치한 자유시장경제 싱크탱크

www.fairtrade.net   Fairtrade International

www.fiartrade.org.uk   The Fairtrade Foundation

www.globalenvision.org   Global Envision
  세계 최빈곤 계층의 빈곤을 감소하기 위한 방법으로 자유시장 체제를 지지하는 기구

www.grameenfoundation.org/   Grameen Foundation
  소액금융 제도와 그라민 재단의 활동에 대한 정보 제공

www.red.org   Red Campaign
  옷, 전자제품, 그 외 물품들을 판매하여 기금을 마련함을 통해 AIDS, 결핵, 말라리아 퇴치에 사용

www.ucasanramon.com/   Unión de Cooperativas Agropecuarias San Ramón   (Agrofish-
ery Cooperatives Union, San Ramón)
  니카라과의 협동조합으로 공정무역 커피 생산에 관여(〈사진 10.3〉 참조). 홈페이지는 대부분 스페인어로
  되어 있으며, 협동조합이 하는 경제 및 사회활동을 보여 주는 많은 사진이 제공됨

www.wto.org   세계무역기구

한국의 시장적 접근: 한국국제협력단의 임팩트 투자

임팩트 투자(Impact Investment)는 재무적인 투자 수익 창출과 동시에 사회적·환경적 임팩트도 목표로 하는 자본투자를 의미한다. 이는 선진국에서 자선활동과 공공예산만으로는 사회적 문제 해결에 필요한 재정을 감당하기 어려워짐에 따라 성과기반의 공공서비스 혁신을 통해 정부의 비효율성을 개선하기 위해 도입된 것으로, 아직은 초기 단계이나 향후 높은 성장 잠재력을 가지고 있다고 평가되고 있다. 대표적인 사례로 사회성과연계채권(SIB, Social Impact Bond)이 있다. 정부 정책과제에 민간투자자들이 자금을 제공하고 사회적 성과를 내면 정부가 수익금을 지급하는 방식이다.

국제개발협력 분야에서의 임팩트 투자 역시 공공 부문의 예산이나 기부만으로는 빈곤문제 해결에 한계가 있다는 맥락에서 진행되고 있다. 다시 말해서 국가 중심적 접근이나 ODA 재원 중심의 전략에 한계가 있다는 지적이 제기되면서 시장적 접근을 통한 돌파구 모색 차원에서 임팩트 투자가 시도되고 있는 것이다. 특히 정부들이 지속가능한 개발재원 확보를 위해 민간기업과의 관계를 새롭게 고려하고, 개발금융기관들이 공적 개발프로그램을 보완하기 위해 민간기업에 투자하는 방식으로 전환하면서 활기를 띠고 있다. 이러한 흐름은 국제개발협력 분야에서 민관협력을 통한 개발재원 확보라는 최근의 추세와 맞닿아 있다. 그리고 그 기저에는 개도국 주민의 시장접근성 향상이라는 전제가 깔려 있다. 기업의 가치사슬에 빈곤층이 생산자, 소비자, 피고용자, 기업가로 참여하여 기업과 빈곤층의 상호이익을 추구하는 포용적 비즈니스(inclusive business) 모델이나, 저개발국의 빈곤층(BOP, Bottom of the Pyramid)을 원조의 대상이 아니라 미래의 잠재시장으로 간주하고 기업의 수익을 확보하는 동시에 빈곤층의 후생수준도 높이는 방식이 대표적이다. 임팩트 투자의 범위는 마이크로 파이낸스, 저소득층을 위한 주거사업, 저비용 필수에너지 기술 등 세계 빈곤층의 문제를 구조적으로 해결하기 위한 모든 사업과 관련되어 있다.

우리나라의 임팩트 투자 사례로는 올해부터 2018년까지 한국국제협력단(이하 KOICA) 민관협력실과 미국의 임팩트 투자기관인 망고펀드(MANGO Fund)의 협력으로 진행되는 '우간다 중소기업 금융접근성 개선사업'을 들 수 있다. 우간다의 기업활동 환경이 열악하고 중소기업에 필요한 규모의 금융서비스가 거의 부재하다는 점에 착안한 것으로, KOICA와 MANGO Fund가 50만 달러 규모의 임팩트 투자 펀드를 조성하여 우간다 중소기업의 금융접근성을 향상시키고 맞춤형 기술자문을 제공하여 기업운영 역량을 강화한다는 내용을 골자로 한다. 단기적으로는 105명의 피고용인과 1,300여 명에 이르는 간접 수혜자에게 혜택이 돌아가며, 장기적으로는 우간다 정부의 중소기업에 대한 인식변화 효과로 우간다 산업화 달성 및 빈곤친화적(pro-poor) 시장 형성에 기여할 것으로 전망된다.

KOICA는 이러한 임팩트 투자 사업방식을 국내 민간기업 및 개발 NGO와의 파트너십 운영에도 활용하고 있다. 현재 KOTRA와 함께 개발협력형 청년예비창업가(GYB, Global Young Businessman) 육성 및 창업 지원 프로그램인 'KOICA-KOTRA 개도국 사회적 기업가 양성 프로그램'을 진행하고 있다. 또한 함께일하는재단과 함께 'KOICA 지구촌 사회적 기업 육성사업'을 통해 사회적 기업들에게 사업비 및 컨설팅을 제공하고 민간 부문의 임팩트 투자 추가연계 기회도 제공한다는 계획이다.

개발을 위한 임팩트 투자는 개도국에 비즈니스 자본을 제공하고 글로벌 자본시장에서의 혁신을 유도하고 있다. 그러나 효과측정 및 관리가 어렵다는 문제점도 제기된다. 따라서 임팩트 투자가 지속가능한 개발재원 확보라는 목표를 달성하기 위해서는 기대했던 사회적 임팩트가 얼마나 발생하는지를 측정하는 효과적인 평가시스템을 개발하는 것도 중요하다.

더 읽을거리

Antony Bugg-Levine and Jed Emerson, 2011, *Impact Investing: Transforming How We Make Money While Making a difference*, Jossey-Bass.

Judith Rodin and Margot Brandenburg, 2014, *The Power of Impact Investing*, Wharton Digital Press.

한국국제협력단, 2014, "우간다 중소기업 금융접근성 개선사업" 소개 자료.

*출처: KOICA 불어 브로셔

글로벌 농지확보 경쟁과 제3세계 소농의 위기, 그리고 한국

많은 선진국들과 중동 산유국, 그리고 우리나라를 비롯한 동아시아 국가들까지 글로벌 식량위기 시점을 전후로 하여 아프리카를 중심으로 값싼 농지를 선점하는데(global land grabbing) 열을 올리고 있다. 그 면적은 전 세계적으로 최근 10년 동안 5,000~1억 1,500만ha에 달하는 것으로 추정되고 있다. 최근 사회운동계와 사회과학 학계에서 가장 뜨거운 쟁점의 하나이기도 하다. 하지만 국가의 정책적 지원하에서 실제로 움직이는 것은 다국적기업과 투자펀드들이다.

최근 국내에 번역 출간된 『땅뺏기』라는 책에 이러한 상황이 잘 나와 있다. 에티오피아, 탄자니아, 브라질 등의 개도국들이 해외자본을 끌어들여 농업개발이라는 명목으로 자국의 땅을 내주고 있고, 유럽 자본, 중동 및 동아시아 국가들이 글로벌 금융자본을 등에 업고 서로 쟁탈전을 벌이고 있는 상황이다.

이 문제에서 우리나라가 자유로울 수 없는 까닭은 MB 정부 때 '해외농업투자지원법'이라는 법률까지 만들어 가면서 식량안보와 식량자주율 제고를 명목으로 농촌공사와 농수산식품유통공사를 내세워 우리나라 재벌의 해외 농업개발과 농지투자를 적극 밀어 주었기 때문이다. 그리고 2008년 마다가스카르 정부를 뒤엎게 만들면서 결국에는 무산된 대우로지스틱스의 130만hr 농지임대계약 건이 전 세계적으로 깊이 각인되었기 때문이다.

아프리카 국가들이 헐값에 장기간 임대해 주고 있는 '비어 있다고' 여기는 국유지들은 사실은 근대화 이전부터 전통적으로 마을 단위의 농촌공동체가 농사나 목축을 위해 공유해 온 농지이다. 그래서 하루아침에 이들 소농들은 자신들의 토지에서 쫓겨나게 되고, 이곳에 울타리가 쳐지게 되는 것이다. 글로벌 자본은 2008년 이후 농산물 상품(commodity)에 대한 투기뿐만 아니라 농지에 대한 투기를 통해 이중으로 수익을 창출하고 있는데, 이러한 투기는 헤지펀드나 일반적인 투자펀드뿐만 아니라 국민연금 같은 연기금도 자유롭지 못하다. 여러 단계를 거쳐 이루어지는 금융 파생상품의 연결고리를 통해 결국 거의 모든 금융상품들이 이러한 제3세계 농지나 식량작물에 대한 투기와 연결되어 있기 때문이다. 다만 우리 모두가 이러한 현장에서 물리적으로 또한 단계적으로 너무 멀리 떨어져 있어서 인지하지 못할 뿐이다.

　현재 전 세계적으로 이 문제에 대한 논의와 담론전이 한창이다. 농민운동과 사회운동 진영에서는 토지 빼앗기(land grab)로 규정하고 전면적으로 중단할 것을 촉구하는 반면에, 기업들이나 세계은행류의 국제기구들은 이것이 해외농업 개발 내지는 해외농업 투자라는 점을 강조한다. 글로벌 식량위기를 맞이하여 전 세계적으로 식량공급을 다시 끌어올리기 위해서는 뒤떨어지는 제3세계 농업과 농지의 생산성을 끌어올려야 하고, 이를 위해서는 선진국의 인프라 투자가 필수적이라는 것이다. 최근 국제기구들은 선진국의 개도국 농지 선점이 아니라 선진국의 개도국 농업에 대한 투자라는 점을 부각하고, 책임 있고 윤리적인 투자의 기준을 선정하는 데 노력을 기울이고 있다. FAO가 중심이 되어 책임 있는 농업투자 가이드라인(RAI)을 발표하기도 하였다. 하지만 그렇다고 해서 본질은 달라지지 않고, 투자의 비윤리성을 제어할 장치가 마땅치 않으며, 무엇보다도 대부분의 투자가 제3세계의 소농들을 내쫓고 선진국의 농산업적 모델을 이식하는 데 불과하다는 점에서 근본적인 한계가 있다.

• 출처: 허남혁, 2014, 전 세계 농업 및 먹거리운동의 동향: 지속가능한 농업 및 먹거리로의 전환을 위한 과제 모색, 모심과살림 연구소 중에서 발췌

더 읽을거리

스테파노 리베르티·유강은 역, 2014, 땅뺏기: 새로운 식민주의 현장을 여행하다, 레디앙, http://insights.ifpri.info/files/2012/10/landrushmap.png

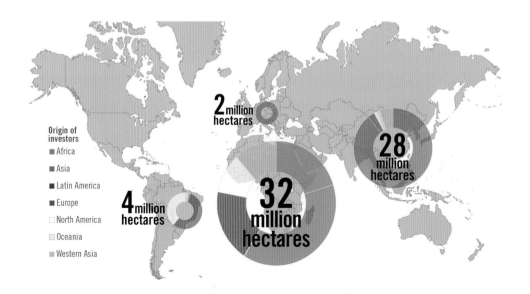

풀뿌리 개발

들어가며

제9장과 제10장에서는 시장 주도와 정부 주도 개발에 대해 각각 살펴보았다. 두 접근은 제2차 세계대전 이후 개발 분야 학술 및 정책 논쟁에서 주류였다. 정부 주도 전략은 종종 좌파의 정치적 프로젝트와 연계되고, 자유시장 체제는 정치적 우파와 연계되기 되기 때문에, '국가 중심(more state)' 아니면 '시장 중심(more market)' 주장은 학술적·정치적 차원에서 모두 개발을 위한 정책 선택의 거의 전부인 것처럼 보일 수도 있다. 그러나 이 장에서는 개발 아이디어에 대한 제3의 중요한 근거를 살펴볼 것이다. 이는 공동체와 시민사회, NGO가 국가나 시장과 함께 (혹은 대신하여) 핵심적인 역할을 하는 자율적인 개발방식을 말한다. 최근에야 '주류'의 일부로 편승하긴 했지만, 이러한 논의는 오래된 역사적 뿌리를 가지고 있다. 그리고 어떻게 개발을 취할 수 있을지 뿐만 아니라, 진정한 개발이란 무엇이며 누가 개발을 정의할 것인지에 대한 중요한 질문을 제기한다.

이 장은 세 부분으로 나누어진다. 우선, 개도국에서 나타나고 있는 지역공동체 주도(commu-nity-led) 개발과 지역공동체 규모(community-scale)의 개발에 대한 주장들을 살펴본다. 다음으로, 개발학자와 현장전문가들이 어떻게 연구와 활동을 통해 지역주민들의 역량과 지식을 논의의 중심에 두게 되었는지를 알아본다. 마지막으로, 이러한 '대안적' 개발이 개발의 주류로 받아들여지고 지역공동체 차원과 NGO 활동이 보다 광범위한 변화를 위한 프로그램으로 '확장'되는 경우에 과연 어떤 일들이 벌어지는지를 살펴본다. 지역공동체 주도 개발은 논쟁에 활기를 불러일으키고 새로운 형태의 시도에 영감을 주었지만, 쉽고 보편적인 해결책을 제시하지는 못한다. 앞서 정부 주도 및 시장 주도 접근들의 한계점과 가능성을 비판적으로 검토한 것처럼, 지역공동체 주도 개발의 잠재성뿐만 아니라 한계에 대해서도 비판적 성찰을 할 필요가 있다. 여기서 우리는 중요한 질문들을 던지게 된다. 누가 '지역공동체'를 대표하거나 '대변하는가'? 언제, 어떻게 '풀뿌리' 관점이 더 큰 제도적 체계 내에 수용될 수 있는가? 마지막으로 중요한 질문은, 풀뿌리의 역량 (empowerment)을 강조하게 되면 정부와 강력한 시장이 개발의 위험과 책임을 공동체에 떠넘기는 것인가? 우리는 결론에서 이 질문들을 다시 다룬다.

도덕경제와 인간적 규모의 개발[1]

비록 정부와 시장 주도 개발이 대개 정치적으로 반대 입장에 놓여 있긴 하지만, 양자의 접근이 개도국의 지역공동체나 그것이 지향하는 가치를 폄하하는 태도는 서로 공유하였다. 이러한 태도는 가장 극단적으로 근대화 이론(〈사상가와 논쟁 9.1〉)에서 보인다. 즉 노골적으로 전통적 삶의 방식 전환을 목표로 하고, 토착적 가치체계 전체에 '개발에 대한 비경제적 장애물'(Hoselitz, 1952)이라는 꼬리표를 붙인다. 개발국가(9장)를 촉구하면서 사회에 대한 계획적인 개입이 가져올 이득을 강조하고, 신자유주의는 개도국의 '신흥시장'이 세계경제와 연결되면 혜택이 있다고 주장한다. 만약 극적인 개입이 없다면 개도국 전체는 전통적인 거버넌스 체계의 비합리성과 생계경제의 비효율성 때문에 '낙후될' 것이라는 점을 강하게 시사한다. 이처럼 지역공동체나 지역에 대해 '낙후된' 혹은 '퇴보적인'이라는 꼬리표를 다는 것은 그만큼 '진보'에 대한 명확한 관점을 견지하고 있다는 것을 말한다. 정치적 좌파와 우파는 진보를 이루는 서로 다른 접근과 방법을 추구했지만, 물질적 풍요, 복지, 기회 등과 같은 개발목표들은 대체로 공유하였다. 이러한 명백한 비전은 탄자니아 니에레레(Nyerere)에서 농촌개발을 위한 정부 계획을 인위적으로 단순화하거

---

1) 역주: 막스 니프(Max-Neef)와 그의 동료들이 제시한 개념으로, 인간은 생존과 창조, 참여와 자유 등의 근본적인 욕구를 가지고 있으며, 이러한 욕구들이 충족되지 않을 때 이를 빈곤(poverty)으로 보고, 사회적 실천이나 가치, 조직형태 등을 통해 이러한 욕구들이 충족되는 개발을 강조한다.

나(〈사례연구 6.2〉), 혹은 필리핀의 대안적 경제의 복잡함과 광범위함을 인지하지 못한 사례(〈사례연구 7.1〉)에서 보이듯이 종종 다른 대안들을 무시하거나 살펴보지 않을 때 생겨난다.

많은 '반개발' 학자들은(가령 Escobar, 1995; Sachs, 1992) 지역공동체에 대한 이 같은 부정적인 인식이 개발의 주류 논의를 지배해 왔으며, 지역문화와 가치체계가 보유한 훨씬 더 긍정적인 측면을 간과하도록 만들었다고 주장한다. 현장에는 다양한 토착문화가 존재한다. 실제로 지역공동체 차원의 공유자산을 구축하고, 어려운 시기에 위험을 감소시키기 위해 가까운 동족 간이나 다른 관계에서 노동과 부를 공유하는 토착적인 문화적 관행이 널리 퍼져 있다. 케냐에서는 보통 남성이나 여성 간에 공동의 협업체가 조직되어, 한 가구가 스스로 하기 힘든 집을 짓거나 농사를 짓기 위해 땅을 고르는 일 등의 중요한 일을 지역공동체 차원에서 함께 한다. 이러한 활동은 스와힐리어로 바람비(barambee)라고 불리는데(문자 그대로 '모두 함께 합시다'), 동아프리카에서 널리 행해진다. 또한 이러한 참여는 수혜자에게만 큰 도움을 주는 것이 아니라 다른 한편으로 협력하는 주민들 간의 결속력을 강화시킨다. 요약하면, 참여자 간에 사회적 자본(〈핵심개념 11.1〉)을 유지하고 발전시키는 것이다.

유사한 차원에서 전통적 가치체계는 종종 지역공동체 차원에서 소유를 공유하는 방법들을 가지고 있다. 힌두교의 자즈마니(jajmani) 시스템에서는 모든 카스트들이 수확 이후 생산물과 서비

핵심개념 11.1

사회적 자본(Social Capital)

사회적 자본은 1990년대부터 국제개발 논의에서 '유행어'가 되었는데, 서로 대조적인 정의가 존재한다. 미국의 정치학자 로버트 퍼트넘(Robert Putnam, 1993)은 지역공동체에서 친족관계, 협업과 친목을 통해 사람들이 '수평적'으로 연결되거나 권력자나 외부기관과 '수직적'으로 연결되는 것으로 정의하였다. 세계은행은 퍼트넘의 연구를 참고해서 이러한 네트워크가 종종 최빈곤 계층에서 결여되어 있다고 보았다. 빈곤은 사회적 고립으로부터 발생하거나 그 결과일 수 있으며, 따라서 세계은행은 사회적 자본을 개발 프로젝트를 통해 '만들어야' 하는 것으로 보았다. 프랑스의 사회학자 피에르 부르디외(Pierre Bourdieu, 1984)는 이와는 다르게 사회적 자본을 정의하였다. 즉 주어진 환경에서 사회적 활동을 '적절하게' 할 수 있게 하는 지식과 역량 혹은 능력을 의미한다. 이러한 차원에서 사회적 자본은 사회 내의 강력한 집단이 자신들의 지위와 차별성을 보여 줄 수 있는 자원으로 사용되기도 한다. 따라서 이 경우 사회적 자본은 주변화(marginalization)에 대한 해결책이 아니라 원인이 된다.

출처: Bebbington, 2008; Fine, 1999; Harriss, 2002; Putnam, 1993에서 발췌

스를 함께 교환한다. 이러한 제도는 비록 불평등한 카스트 제도와 공존하였고 화폐경제의 도입으로 사라졌지만, 여전히 자선의 전통은 굳건히 남아 있다. 이슬람 문화에서 구호금을 나누는 자캇(zakat)은 종교적 의무이며, 가난한 가정이 부자 이웃에게 도움을 요청하는 것을 사회적으로 승인된 관행으로 인정한다.

이러한 문화적 관행은 물질적인 지원을 제공할 뿐만 아니라 지역공동체의 가치, 더 나아가 개발 자체의 가치에 대한 대안적 생각을 구체화하는 데 중요하다. 굳건한 지역공동체의 연대를 근대성 확산의 장애물로 보기보다는 지역화된 도덕경제의 근간으로 볼 수 있다. 도덕경제란 개인의 이익 추구를 제한하고, 선하고 공정한 행위를 권장하는 일련의 사회적 관계로 정의할 수 있다. 더 넓게는, 전통적 가치체계는 개발은 이런 것이어야 한다는 '보편적' 정의에 대해 다양하고 지역적 특성을 가진 도전과제를 제시한다. 여기서 간소한 삶, 종교적 활동에 따른 이웃과의 조화로운 생활은 '주류적' 개발 접근이 강조하고 있는 물질적 향상에 대한 강조만큼이나 가치 있게 여겨져야 한다(〈사례연구 2.4〉 부탄의 행복지수 참조). 제임스 스콧(James C. Scott)의 『약자의 무기(The Weapons of the Weak)』(1985)가 보여 주듯이, 개발 자체는 이러한 가치체계를 근본적으로 교란시킬 수 있다. 스콧의 연구는 1970년대 후반 말레이시아 농촌에 미친 녹색혁명형 농업기술의 영향에 관한 것이다. 대부분의 사람들에게 먹거리의 공급이 개선된 반면에, 노동력의 사용과 부의 공유를 관장하는 전통적 사회관계가 자본주의 세계관으로 대체되면서 최빈곤층은 지역공동체로부터 급속히 소외되고 있는 것을 알게 되었다.

지역공동체가 실질적이고 윤리적 가치를 가진다는 생각, 그리고 시장이나 정부가 추진하는 사회적 변화로 파괴된 가치가 갖는 잠재성은 '주류적' 접근에 도전하려는 분명한 목표를 가진 대안적 개발을 추구하는 데 중요한 역할을 해 왔다. 인도에서 간디에게 농업사회에서 전수된 가치, 기술, 지식은 정치적·경제적 개발 모두의 핵심이었다(〈사상가와 논쟁 11.1〉). 그의 생각은 다양한 방법으로 이상적인 인도 마을에 존재한 도덕경제를 재발견하고 재창조하는 것이다. 그는 인도를 산업발전을 통해 근대화하고자 했던 동시대인(예: 총리를 지낸 네루)들에게 직접 도전하였다(〈사례연구 9.2〉). 간디가 힌두교 윤리가치에 기반하고 동시에 그 안에 있는 카스트 제도의 관료제 같은 부분을 전환시키려고 시도한 것은 내적 모순에 직면하였다. 지역공동체는 조화롭다고 가정하는 개발 아이디어에 대해서는 중요한 비판적인 질문이 제기될 수 있다. 그럼에도 불구하고 간디가 남긴 유산이 갖는 중요성은 인도를 비롯한 전 세계적으로 수많은 대안적 개발활동가

간디의 자치와 사르보다야

간디(Mohandas K. Gandhi, 1869~1948)는 1920년부터 인도 독립투쟁의 중요한 지도자였고, 세계적으로는 영국 식민주의에 대한 비폭력 저항을 이끌어 주목받았다. 그러나 간디에게 자치(swaraj)는 단순히 정치적 독립이 아니라, 비폭력 원칙을 통해 사회-경제의 대안적 개발모델인 '모두의 복지(sarvodaya)'를 펼치는 것이었다. 사르보다야는 노동의 존엄성과 공동생활의 자급자족, 실용교육 등에 바탕을 두고 있다. 독립 직후 인도는 거대한 빈곤과 실업 문제에 직면하였다. 간디는 그 해결책으로 중공업의 빠른 확산보다는 마을의 경제활동 회복을 주장했다. 그는 민주적 마을자치를 바랐고, 마을이 국가경제의 중심으로 회복되기를 원했다. 그는 마을 단위라면 어디라도 면직업과 농업을 위한 협동조합 결성을 옹호했고, 대규모 산업은 최소화하고 마을공동체의 필요만 충족시키며, 국가에 의해 운영되어야 한다고 주장했다. 손수 직조한 카디(khadi) 옷을 입고 물레(인도 국기의 핵심상징)를 돌리는 것이 영국 식민주의에 대한 저항을 나타내는 중요한 정치적 상징이 되었다. 간디에게는 마을 중심적 개발이라는 대안적 비전을 의미하는 것이었다.

1948년 간디 암살 이후, 그의 사상은 네루(Nehru) 총리에 의해 완전히 무시되었다. 네루는 인도를 중앙계획적 산업성장의 길로 확실히 들어서게 하였다. 비록 간디의 사상은 정부 정책에서 중요성을 잃었다고 하더라도 여전히 영향력이 있었다. 그의 사르보다야 이상은 마을공동체 모델을 만든 사회운동가에 의해 실제로 적용되었다. 간디의 추종자였던 아차리아 비노바 바베(Acharya Vinoba Bhave)는 '불가촉천민'들에게 자발적으로 토지를 기증하는 활동을 촉구하면서 전국적인 부단(bhoodan, 토지기증) 운동을 시작하였다. 인도 바깥에서는 사르보다야 운동이 스리랑카에서도 생겨났고, 간디는 여전히 전 세계적으로 지역 중심적이고 환경적인 개발 노력의 귀감으로 자주 인용된다.

출처: Bhatt, 1982; Hardiman, 2003; Kantowsky, 1985에서 발췌

들에게 영감을 주었다.

근대화에 대한 또 다른 대안적 개발은 파울루 프레이리(Paulo Freire)의 활동과 그 활동의 배경이 된 1960년대 중남미의 급진적인 환경에서 영감을 얻었다(〈사상가와 논쟁 11.2〉). 간디의 생각이 지역공동체는 변화하지 않고 조화롭다는 것이라면, 프레이리는 지역공동체는 자기인식과 투쟁을 통해 만들어져야 한다고 보았다. 프레이리는 1960년대 중남미에서 중요하게 부각된 로마 가톨릭 교회의 급진적 해방신학 운동에 적극적으로 참여하였다. 이는 농촌의 소작농과 도시의 빈민들을 가톨릭 기반의 공동체로 조직하여 성직자와 신자 간의 위계질서를 연대와 상호지원 관계로 대체시키는 데 일조하였다. 빈민들에게 이러한 공동체는 각자가 일상에서 경험하는 다양한 형태의 억압에 대한 비판적 인식을 일깨우는 공간이었고, 가톨릭 교회와 밀접하게 접촉하면서

파울루 프레이리와 의식화

브라질 출신의 파울루 프레이리(Paulo Freire, 1921~1997)는 간디처럼 중산층 가정에서 태어난 변호사로, 급진적 사회개혁에 헌신하였다. 프레이리는 교육을 통해 사회가 더욱 정의롭고 인간적으로 변화할 수 있다고 생각하였고, 그의 업적은 특히 개도국에서 교육이론과 사회운동가들에게 중요한 영향을 주었다. 그의 활동은 억압에 대한 마르크스주의 분석에서 영감을 받았고, 가톨릭 교회의 자기희생과 구원에도 영향을 받았다. 이는 해방신학과도 깊은 관련이 있는데, 그가 글을 쓸 당시 중남미에서는 매우 중요한 가톨릭 교회의 급진적 운동이 있었다.

그의 가장 유명한 책 『억압된 자의 페다고지(Pedagogy of the Oppressed)』(1968)에서 그는 교사로부터 만들어진 지식을 '저금'하는 수동적인 학생을 양성하는 '은행식' 모델에 반대하였다. 그는 교사와 학생 간의 대화와 존중 및 상호학습을 기초로 한 교육을 주장하였다. 더 나아가 사회의 부정의 자체가 교육의 중요한 주제가 되었다. 교육은 "억압과 억압의 원인을 억압된 자의 성찰 대상으로 삼아야 하며, 그러면 이들은 바로 성찰을 통해 해방투쟁에 필연적으로 참여할 것이다. 이러한 투쟁을 통해 페다고지가 형성되고 재형성될 것이다"(Freire, 1968: 33; Leeman, 2004에서 재인용). 교사는 학생에게 단순히 기술을 전달하는 행위뿐 아니라, 억압구조와 이를 극복하기 위한 실천을 인식하게 하는 의식화를 도와주어야 한다.

프레이리에게 이것은 단순한 교육이론이 아니라, 실천과 연결되어야 했다. 그는 1959년 브라질 교육체계에 관한 박사학위를 받자마자 브라질의 성인 문해력 교육과정에 의식화 개념을 실제로 적용하였고, 45일 만에 300명의 사탕수수 노동자들이 글을 읽을 수 있게 되었다. 브라질 군사정부에 의해 투옥되고 추방당한 이후 칠레로 활동무대를 옮겼으며, 아프리카의 기니비사우(Guinea-Bissau)에서 국가적 문맹퇴치 노력에 막대한 영향을 미쳤다. 그의 사상은 교육 분야를 넘어 다른 분야에도 영감을 주었다. 가령 방글라데시의 가장 큰 개발 NGO의 하나인 농촌증진위원회(BRAC)는 의식화 개념을 도입하여, 가난한 농부들이 정부가 주는 혜택을 받지 못하게 하는 농촌 권력구조를 밝혀 내도록 활동하고 있다.

출처: Chambers, 1983; Freire, 1968; Leeman, 2004; Smith, 1997에서 발췌

계급의식도 점차 고양되었다.

여러 가지 차이점은 있지만, 간디와 프레이리의 주장은 공통적으로 근대사회에 존재하는 억압을 강조하며, 억압된 자들의 임파워먼트를 위해 지역공동체 내에 존재하는 잠재력에 주목한다. 가능성의 공간으로서 이러한 의미의 지역공동체 혹은 '풀뿌리'는 어떻게, 누구에 의해 대안적 개발이 현장에서 실행될 수 있는가에 대한 질문을 불러일으킨다. 국가와 시장은 모두 잠재적으로 억압의 근원이라고 볼 때, 강화된 시민사회 속에서 조직되거나 강화된 시민사회를 대표하는 조직은 보다 '인간적 규모'의 개발 과정과 결과 모두에서 중요한 일부를 구성한다.

NGO 부문은 이러한 대안적 개발 아이디어가 명확하게 표현되고 실제로 실행되는 하나의 메

커니즘을 제공하였다. NGO는 '사회적 약자의 삶의 질을 높이기 위해 노력하는 자치적 비영리 민간기구'로 정의할 수 있다(Vakil, 1997: 2060). NGO는 선진국의 거대한 개발단체인 케어(CARE)나 옥스팜(Oxfam)부터 개도국의 작은 NGO(또한 지역공동체 기반 기구인 CBO)에 이르기까지 다양한 많은 조직들을 포함한다. NGO는 스스로 국제개발의 중요한 행위자로 성장했고, 일부 논평가들은 NGO 분야가 새로운 아이디어와 접근방법을 실험할 수 있는 조직적 유연성을 가지며, 개발에 있어 '마법의 탄환'을 제공할지도 모른다고 기대했다(Edwards and Hulme, 1995 참조). 이러한 희망을 반영하고 있는 NGO 커뮤니티는 1980년대 이후 국제원조의 통로가 되면서 급격하게 증가하였다. 신뢰할 만한 엄밀한 통계는 없지만, 적어도 전반적인 경향은 분명하다. 우간다는 1992년 500개의 NGO가 2007년 7,000개로 증가하였고(Fowler, 2012), 네팔은 더욱 급증하여 1990년 249개에서 2001년 12,388개로 증가하였다(Whitehand, 2003: 106-107). 그리고 가장 큰 규모의 국제 NGO 6개 단체의 총지출 규모는 2008년 70억 달러에 달했다(Ronalds, 2010; Fowler, 2012에서 재인용). 다음 절에서 이러한 NGO 커뮤니티의 성장에 대한 비판적 해석과, 어떻게 시민사회가 강화될 수 있는지에 대한 대안적 아이디어를 다룬다. 그러나 여기에서는 개도국과 선진국의 NGO 모두가 자신들의 활동에서 임파워먼트 활동이 핵심적이라고 공개적으로 표명한다는 것을 언급하는 것이 중요하다. 이는 결국 지역공동체와 공동체의 지식을 받아들일 필요성을 의미한다.

공동체와 지역지식에 대한 존중

공동체의 지식과 역량(capabilities)이 개발활동의 중심이 되어야 한다는 생각은 많은 기관의 활동과 운동에 영감을 준 '대안적' 개발 철학 속에 내재되어 있다. 그러나 오랜 기간 경제학자, 기획자, 과학자, 행정가 등 전문가들의 지식이 개발활동을 지배하였고, 지역공동체의 역량은 이러한 전문가가 주민에게 전달하는 새로운 기술, 새로운 형태의 조직이나 훈련을 통해 변환되어야 한다는 암묵적 전제가 있었다. 확실히 숙련된 전문가들은 개도국의 삶의 다양한 측면에서 중요한 역할을 하지만, 만약 전달되는 지식이 항상 일방적이라면 위험해질 수도 있다. 개발 문제에 대한 지역적 이해와 잠재적 해결책은 외부인의 관점으로 완벽하게 대체되고, 특수한 맥락에 적합한 많은 지식이 어쩌면 사라지고, 외부 전문가들은 지역적으로 가치 있는 전통들을 '후진적'이고 비효율적이며 아니면 그냥 잘못된 것으로 치부할 수 있다.

자연자원을 통제하는 문제는 지역주민과 전문가의 지식이 충돌하는 중요한 사안이고, 정부가 선량한 환경관리라는 비전을 실행하려는 시도는 개도국의 많은 지역에서 분쟁을 야기한다. 지리학자, 인류학자를 비롯한 여러 학자들이 수행한 연구는 키시두구(Kissidougou) 숲 보호 사례(〈사례연구 11.1〉)에서처럼 현지의 환경지식이 보다 더 긍정적인 측면에서 재평가받을 자격이 있다는 증거를 제공한다. 그러나 새로운 증거가 나오더라도 공식적인 태도를 바꾸기는 어려울 수 있다. 한 연구는 왜 이러한지를 다음과 같이 설명한다(Leach and Mearns, 1996a). 환경관리를 잘한다는 것에 대한 정부의 입장이 환경정책의 틀을 잡는 정형화되고 단순화된 '사회적 통념'들을 형성하고, 이는 다시 관성과 권력집단의 이해관계가 결합하면서 고정화된다. 초기 식민지 과학자들의 아프리카 연구는 종종 아프리카에 적용하기에 항상 적절하지는 않은 유럽의 생태적 조건에 의존하면서, 결과적으로 균형과 안정성에 과도하게 집착하였다.

프랑스 식물학자 앙드레 오브르빌(André Aubréville; 1897~1982) 등의 과학자들은 식민지 산림·환경 부처를 설립하고 지도하였다. 그 이후에 비평형적 환경에 대한 더욱 정교한 생태학적 분석이 발전되었음에도 불구하고, 과거의 이론이 관료들의 교육에서 계속적으로 기본적 바탕이 되었다. 국가가 자연자원과 농촌 인구를 관리하고자 하는 의지에 힘입어, 이러한 기관들은 새롭고 (종종 매우 엄격한) 법적인 권한을 갖게 되었고, '관행적 통념'에 반대할 수 있는 기회는 제한되었다. 토착주민들은 전통적 방식을 그냥 몰래 따르는 것이, 전통적 방식에 관심도 없을뿐더러 적대적이기까지 한 관료들에게 고유의 환경지식을 설명하는 것보다 훨씬 쉬웠다. 심지어 오늘날에도 국제원조 기구와 미디어에 의해 관행적 통념이 여러 가지 형태로 재생산되고 있다. 이는 종종 사막화 방지나 생물다양성 보전 같은 글로벌한 노력에 관한 '스토리'를 중심으로 활용된다. 지역의 환경지식은 대개 너무 복잡하거나 접근하기 어렵고, 장소특정적이기 때문에 그러한 아젠다에 쉽게 들어맞지 않는다.

지역주민들의 지식이 주목받지 못한다면, 이들의 기술적 성취가 전문가들이 설계한 시스템에 의해 종종 무시되는 일은 그리 놀라운 것도 아니다. 1960년대부터 대규모 원조자금(포드 재단, 록펠러 재단, FAO, UNDP 등)이 녹색혁명 기술을 개발하고 확산하는 데 사용되었다(〈핵심 개념 7.2〉). 1971년에는 16개 주요 국제연구센터들의 연구를 조정하기 위해 국제농업연구자문

사례연구 11.1

사바나 숲의 왜곡된 모자이크

기니(Guinea) 키시두구(Kissidougou)의 지형은 공중에서 보면 사바나 초원에 리본과 섬처럼 보이는 숲이 섞여 있는 조각보처럼 생겼다(〈사진 11.1〉). 또한 이곳 환경은 관료들에 의해 현지주민들이 훼손한 것으로 거듭 오해받고 있기도 하다. 초기 유럽 여행가들은 이곳의 숲의 섬들(forest islands)이 과거 울창했던 숲에서 살아남은 부분이라고 생각했으며, 이처럼 키시두구에 사막화가 진행되고 있다는 것은 식민지 시대와 독립 이후 환경관리에 대한 행정가들의 접근에 있어 핵심적인 문제의식이었다.

벼농사를 위한 화전식 이동경작 같은 이 지역의 토지이용 관행이 숲 손실의 원인으로 여겨졌고, 그 결과 현지 주민들에게 중요한 농업과 사냥활동이 법적으로 금지되었다. 벌목은 엄격하게 제한되었고, 방화 행위에는 사형까지 선고되었다.

제임스 페어헤드(James Fairhead)와 멜리사 리치(Melissa Leach)는 이 사진을 연구했다. 항공사진과 위성 이미지 같은 역사적 기록들에 대한 시계열 분석을 통해, 일부 숲의 섬들은 사라진 반면에 몇몇은 그 자리에 다시 생겨났고 나무의 총량은 증가하고 있다는 것을 보여 준다. 그뿐만 아니라 전통적인 토지이용 관행이 숲의 재생에 일조한다는 사실도 보여 준다. 즉 마을에서 가까운 곳에 소를 방목함으로써 자연적인 산불완충대(fire-break)를 제공하였고, 텃밭을 일구면서 재와 거름을 뿌림으로써 토질을 개선했다. 풀을 조심스럽게 태워 건기의 파괴적인 산불을 예방했고, 다목적 용도의 수종을 많이 심었다. 마을 노인들의 증언에 따르면 지금은 숲으로 둘러싸인 거주지역은 초원 위에 세워진 것이었다. 나무들이 마을과 함께 증가하고, 또 마을 때문에 증가한 것이다. 현지 주민들이 나무를 보전하는 데 중요한 기술과 지식을 많이 가졌음에도 불구하고, 주민들의 관점은 1990년대에 숲 행정가들로부터 여전히 무시받았다. 전문적인 교육훈련과 환경보호를 위한 국제원조는 서아프리카 지역 숲의 손실에 대한 대대적인 관심을 바탕으로 '관행적 통념(received wisdom)'에 따라 사막화 위험에 처한 경관에 대한 조치를 취했다. 그러나 이것은 현지의 환경조건이나 토착주민들의 토지관리라는 측면과는 잘 맞지 않았다.

사진 11.1 기니 키시두구 지역, 사바나 숲 모자이크. ⓒ Google Images

출처: Fairhead and Leach, 1996

그룹(CGIAR, Consultative Group for International Agricultural Research)이 설립되었다. 노먼 볼로그(Norman Borlaug) 박사의 연구를 바탕으로 쌀, 밀, 옥수수 등의 주요 작물의 다수확품종(HYV)이 개발되었고, 질소비료와 결합되면서 수확량을 크게 증가시켰다. '기적의 종자'는 실제로 수확량을 엄청나게 증가시켰고, 특히 중남미와 아시아의 주곡 생산에 큰 변화를 가져왔다. 하지만 그 대가를 치러야 했다. 생산량을 높이기 위해 고비용의 화학비료와 엄격하게 관리되는 관개시설, (적어도 녹색혁명 초기에는) 화학농약의 광범위한 사용에 의존하게 되었다(Conway, 1997). 따라서 '개선된' 기술이 가져온 사회적·생태적 영향은 상반된 결과를 낳았다. 지역의 농업체계와 작물품종은 표준화된 다수확품종의 단작으로 대체되었다. 부유한 농부들은 기술변화를 통해 큰 부를 축적했지만, 그러한 부가 농촌의 최빈곤층, 특히 농업노동자들에게 고루 분배된 것은 아니었다(Lipton and Longhurst, 1989). 기술은 또한 자연적이거나(병충해에 대한 취약성 증대) 인위적인(화학물질의 의존성 증대로 유가 인상에 대한 취약성 증대) 새로운 위험에 농민들을 노출시켰다.

CGIAR 안팎에서 이루어진 후속 연구를 보면, 지역공동체 기반으로 농업을 혁신해 온 주요한 역사가 공간적으로 광범위하게 펼쳐져 있음을 알 수 있다. 이는 안데스의 감자 수확법에서부터 남인도와 동아프리카의 공동체 중심 관개시설(〈사례연구 11.2〉)에 이르기까지 다양한데, 극적인 변화를 보여 주진 않지만 매우 중요한 혁신들이다. 이러한 발견에 영감을 받아 몇몇 학자들은 토착적 기술지식을 옹호하면서, 이것이 농업생태계 연구의 한 분야로 수용되어야 한다고 주장하면서, 고비용 (중앙집권적) 육종과 유전공학 프로그램과 마찬가지로 활용가능한 저영향의 '대안기술'적 해법을 제공한다(Chambers et al., 1989; Conway and Barbier, 1990; Conway, 1997).

이러한 경험을 바탕으로 대안개발활동가들은 지역지식과 토착기술을 주변화하는 '전문가 편향성'을 명백하게 와해시키려고 노력했다. 1980년대부터 응용인류학자, 농업체계를 연구하는 현장연구자, 프레이리로부터 영감을 얻은 활동가 겸 참여적 연구자들이 지역지식을 평가하는 새로운 방법론을 고안하기 위해 한데 모였다. 이는 RRA(Rapid Rural Appraisal, 신속 농촌평가) 기법으로 처음 알려졌고, 이러한 방식을 설명하는 이름은 얼마 후에 PRA(Participatory Rural Appraisal, 참여적 농촌평가)로, 그리고 현재는 PLA(Participatory Learning and Action, 참여적 학습과 행동)으로 바뀌었다. 명칭이 변하는 것과는 상관없이, 이러한 접근들을 한데 묶어 주는 것은 주류적 개발로부터 소외된 개도국 주민과 지역을 포함하고자 하는 노력이다(〈사상가와 논쟁

11.3〉). 이러한 방법들은 다른 경쟁 방법과 비교해 중요한 이점을 가진다. 즉 인류학자들의 장기 현지조사에 비해 훨씬 빠르게 농촌생활에 대한 통찰력 있는 이해를 제공하며, 형식적인 설문조사에서 얻을 수 있는 것보다 훨씬 더 직접적으로 지역민들의 생각을 보여 준다. 이 기법이 NGO 커뮤니티로 빠르게 확산된 것은 그리 놀라운 일이 아니다. 공식 데이터가 부재하거나 오해의 소지가 있는 경우에 이러한 방법들은 심각한 시간적·재정적 제약조건하에서 일하는 NGO의 행동 우선순위에 영향을 주거나, 아니면 실제적으로 자원이 되는 실질적 정보를 제공한다.

참여적 기법은 흔히 사회적 교환과 상호학습에 용이하도록 의도적으로 설계된 환경 속에서 응답자 그룹에게 사용된다. 그래서 유용한 정보를 빨리 생성할 뿐 아니라 '전문적' 연구자와 '일반' 참여자 간의 구분을 없애기 위해서도 활용된다. 지역의 의견을 듣고, 새로운 기법을 지역주민과 함께 실험하고, 주민들에게 공유된 지식을 관리할 수 있는 권한을 주는, 이런 모든 일들이 가능하려면 연구자의 행동과 태도가 변화해야 한다. 그리고 이러한 방법은 참여적 활동이 자료를 '추출'하는 방식과는 의도적으로 거리를 두게끔 한다. 참여적 기법의 지지자들에게 이러한 방법은 단순히 지역지식을 가시화하거나 지역지식의 외부 '전문가' 접근성을 높이는 것뿐만 아니라, 애초에 이러한 지식을 주변화했던 권력관계에 전면으로 도전하는 것이기도 하다. 이들은 공개적으로 참여자들 스스로의 이해와 분석이 갖는 가치(와 외부 전문가들의 한계점)를 알리려고 하였고, 그렇게 함으로써 중요한 두 가지 결과가 나타났다. 풀뿌리 수준에서 참여적 활동은 스스로의 역량에 대한 자의식을 높이고, 지역공동체를 넘나드는 새로운 네트워크와 연대를 촉진한다(〈사례연구 11.3〉). 외부 전문가들은 자신들이 현장에 들고 온 '관행적 통념'에 의문을 제기하고(〈사례연구 11.1〉), 자신의 전문성과 역할에 대한 비판적 자기성찰을 촉진함으로써 스스로가 변화되는 변혁적인 경험을 겪게 될 수 있다. 여기서 기대하는 바는 개발산업을 완벽하게 재편하는 것이다. 즉 계몽된 활동가들이 자신이 속해 있는 기관 내부의 지식·권력의 위계질서에 도전하고, 가난한 사회적 약자들과 동등한 파트너로 일함으로써 개발에서 '꼴찌를 가장 우선시하는 데'(Chambers, 1983) 헌신하는 것이다.

이 접근에는 귀감이 될 부분이 많고, 향후 개발활동을 개선하기 위한 희망이 되고 있다. 그러나 참여적 접근이 공동체의 임파워먼트와 제도적 변화를 가져올 것이라는 기대에 관해서는 의문을 던질 필요가 있다. 이미 토착 관개시설(〈사례연구 11.2〉)과 남아공의 '전통적 권위'(〈사례연구 6.1〉) 행사에 대한 사례에서 논의된 것처럼, 지역공동체의 임파워먼트는 어두운 측면도 있다. 전

사례연구 11.2

케냐 케리오 계곡의 전통적·현대적 관개시설

케냐 케리오 계곡(Kerio Valley)은 마라웨트(Marakwet) 절벽과 체랑가니 (Cherangani) 고원의 북쪽 능선을 따라 흐르며, 마라웨트와 포콧(Pokot) 주민들 이 설치한 전통적인 관개시설은 1800년대 초에 널리 사용되었다. 말라붙은 계곡 바닥에서 농부와 목축인 간에 교 환관계가 형성된 이래로 관개시설은 먹거리의 확보를 위해 매우 중요하였다. 이 지역의 강수량은 계절적 영향을 많이 받았고, 관개시설은 4, 5월에 비가 내릴 때 농사를 돕는 데 필수적인 역할을 하였다. 이는 다양한 작물(카사 바, 바나나, 옥수수 및 채소) 수확을 가능하게 하였다. 이 지역은 관개시설 없이는 수수 농사와 목축만 가능한 곳이 었다. 바위와 잡목으로 만들어진 보는 강의 급류를 관개 고랑으로 틀어 언덕과 계곡면에 물을 공급하였다(〈사진 11.2〉). 기술적인 측면은 아주 간단하다. 관개는 온전히 중력에 의한 것이고, 고랑 자체는 흙 수로로 간혹 돌로 다 져졌다. 그러나 이 시설을 운영하기 위해서는 수로 유지에 필수적인 노동력이 공급되고, 14km에 달하는 고랑의 모든 사용자들에게 물이 공유되도록 세심한 사회적 조직이 요구되었다. 관개수를 이용할 권리는 공식회의를 통해 수로가 지나가는 땅을 가진 모든 마을주민들에게 분배되었다. 시간대별로 물을 사용할 권리가 주어지지만 모두가 동일한 권리를 부여받는 것은 아니다. 여성들은 물에 대한 직접적인 권리가 없으며, 시설정비에 더 많이 기여한 사 람들은 더 많은 물을 얻을 수 있다.

규율의 준수 여부는 할례를 받은 남성들의 모임인 코콰(Kokwa)에서 수행하며, 물을 훔치다 걸리면 염소로 벌금을 내야 한다(무력을 행사하기도 한다). 또한 보다 일상적인 수준에서는 개별 농민들이 이웃의 작물이나 물 사용에

사진 11.2 전통적 방식으로 관개되는 토지인 샴바(shamba), 케냐 웨이웨이(Wei-Wei) 계곡. ⓒ Glyn Williams

개발도상국과 **국제개발**

대해 대부분 잘 알고 있다.

마찬가지로 먹거리의 생산공급을 위해 고안되었지만 현대식 스프링클러 관개시스템을 사용하는 웨이웨이 지역 관개프로젝트(사진 11.3)와 포콧과 마라웨트의 고랑들은 매우 대조적이다. 이 방식은 농민들에게 상품성 있는 작물을 재배할 수 있게 해 주지만, 이탈리아의 원조를 통한 몇몇 핵심 전문가 및 기술자에게 의존할 수밖에 없게 만든다. 그러나 전통적인 관개시설은 지속가능성의 문제를 안고 있다. 케리오 계곡에서 발생한 거대한 사회적 변화로 인해 코콰의 위엄은 사라지고 젊은이들은 일자리를 찾아 떠났으며, 수로를 관리하는 명예는 지역공동체 내에서 점차 사라졌다. 단순한 기술과 지역 환경자원을 활용한 훌륭한 관개시스템이 지역공동체의 숙련과 염원, 조직 형태가 변화함에 따라 점점 약화되고 있다.

출처: Adams et al., 1997; Adams and Watson, 2003; Davies, 2008, 2012에서 발췌

사진 11.3 케냐 웨이웨이 계곡의 현대식 스프링클러 시설. © Glyn Williams

통적인 도덕경제는 종종 극심한 젠더 불평등과 사회적 불평등에 기초한다. 좋을 때에는 참여적 방법을 통해 이러한 문제점을 밝힐 수 있지만, 반대로 참여적 개발활동가들을 어려운 자리로 내몰 수 있다. 이들은 지역공동체 내부에 존재하는 억압의 형태를 바꾸는 데 힘써야 하는가? 아니면 지역공동체의 장점을 부각하여 매정한 외부인들로부터 공동체를 보호해야 하는가? 아니면 둘 다인가? 만약 전자가 중요하다면, 누구의 가치가 변화 과정을 지배해야 하는가? 참여적 개발의 영감을 주는 주요 인사들은 기독교와 마르크스(프레이리), 혹은 힌두교와 러스킨(간디)의 저

로버트 체임버스와 참여적 학습 및 활동 기법

로버트 체임버스(Robert Chambers)는 1980년대 초부터 참여 연구 분야에서 핵심적인 역할을 하고 있으며, 개발활동가들에게 다양한 참여적 기법을 시도하고 경험을 공유하도록 장려하고 있다. 참여적 접근의 몇 가지 공통 요소들로는 신속하고, 유연하며, 현장 중심의 연구 참여자들의 활발한 참여(Chambers, 1994; Conway, 1998)가 있다. 참여적 기법은 참여자들로 하여금 자신의 경험과 삶을 토론하고, 논의하고, 지도를 그리고, 순위를 매기고, 비교하게 한다. 또한 이는 〈그림 11.1〉처럼 종종(항상 그렇지는 않지만) 뚜렷이 시각화될 수 있다.

전략 \ 위기	제2차 세계대전 1939~1945	메뚜기 떼 피해 1950	마을 화재 1967	가뭄 1973	쥐 피해 1976	메뚜기 떼 피해 1988
Neow나무 열매 먹기	•••••	••••	••	•••	•••	•
야생풀 먹기	•••••	••••	•	•	•	
카사바 먹기	•••••	••••				
Dugoor나무 열매 먹기	••					
식량 원조	•••••	••••	••	••••	••	•
면화 수확 및 길쌈	••	•••				
옥수수겨 먹기	•••••	•••				
사냥	•••••				•••	
동부콩 먹기	•••••	•••••		••	••	•••
메뚜기 떼 도랑 파기	••					
Neow나무 열매와 옥수수 교환	•••••		••	••		
닭 판매	•••••	•••••	•••••	•••••	•••••	•••••
이주(농촌 → 농촌 또는 도시)				•••••	•••••	•••••
국제 이주				•••••	•••••	••••••
약한 동물을 팔아 음식 사기			••	•••	•••	•••
밀가루 사기				•••		
동물을 먹이기 위해 가지 꺾기				•••		
기르고 있는 동물 먹기	•••••			••••••		

그림 11.1 위기 시 마을 대처전략 매트릭스. 출처: Schoonmaker Freudenberger, 1993: 32

이 매트릭스는 세네갈의 한 마을에서 주민들이 모여 박스마다 돌로 표시를 한 후 각각의 행동에 대한 상대적 우선 순위를 정하여 만든 것이다. 여기서 참여적 방법의 중요한 특징들을 많이 볼 수 있다. 매트릭스 속의 역사적 사건 이나 재난은 참여자들의 논의를 통해서 결정되기 때문에, 마을 외부인은 결코 만들 수 없는 고유의 항목들이 포함 된다. 또한 이 매트릭스는 마을 주민들에게 직접 공개되어 설문 결과를 보고 나름의 해석을 할 수 있게 한다. 물론 참여적 기법은 지식 생산 측면에서 제약이 있다. 이번 경우에는 매트릭스가 주로 '성인 남성집단'에 의해 만들어졌기 때문에(여성은 소수만 참여) 각각의 성별을 모두 대표하지는 못한다(Schoonmaker Freudenberger, 1993: 32).

체임버스는 이러한 기법을 통해 민주적 방법으로 지식을 수집할 수 있으며, 따라서 참여적 방법을 통해 참여적 연구자들이 생각을 공유하고, 혁신하고, 실질적 가치를 반영하고 실험할 공간을 가질 수 있게 하는 것이 중요하다고 주장한다[학술지 PLA Notes는 이러한 공간을 제공하고 IIED 웹사이트(www.iied.org)는 공개되어 있다]. 새로운 방법론을 세련되게 정제하기 이전에, 체임버스는 개발전문가들이 이러한 실험들을 시작점으로 더욱 겸손하고 자기비판적인 태도를 갖출 수 있다고 보았다. 그는 1950년대 케냐에서 식민지 구역을 관리했던 당시의 경험을 비춰 보며 목동들에게 더 나은 방목 조건을 제공하지 못한 실패 요인은 "권력, 무지, 그리고 나의 무지에 대한 무지"(Chambers, 2005: 84)라고 말했다. 그는 이러한 위험이 많은 개발전문가들에게 내재되어 있기 때문에 참여적 연구는 21세기에 반드시 필요하다고 주장한다.

출처: Chambers, 1994, 2005; Conway, 1988; Schoonmaker Freudenberger, 1993에서 발췌

사진 11.4 참여적 농촌 평가, 케냐 북서부 시고르 (Sigor). ⓒ Vandana Desai

작으로부터 선별적으로 선택된 가치에 의지해 위 질문에 각자 대답했다. 오늘날의 개발활동가들은 스스로가 지역공동체 전체의 합의된 주장을 대변한다고 주장할 수 없다. 이들은 지역공동체 내부의 갈등과 차이를 어떻게 절충할 것인지, 그리고 외부 세상에 비쳐진 '지역공동체'의 상을 걸러내거나 이에 영향을 주는 자신들의 역할에 관한 분명한 입장 표명을 해야 한다.

또한 개발전문가들은 스스로를 변화시키는 데 도움을 주는 새로운 지식 생산법이 갖는 능력에 관해 어려운 질문을 던질 필요가 있다. 로버트 체임버스의 글에서는 자발성과 필연성을 강하게 느낄 수 있다. 개발전문가들이 참여의 가능성에 대해 일단 눈을 뜨면 의지 있고 역량 있는 변화의 주체가 된다. '꼴찌를 가장 우선시하는' 순수한 헌신성이 개발업계에서 실제로 일어나는 것은 말할 것도 없고 지배적으로 되려면 직면할 필요가 있는 제도적 제약, 개인의 질투심, 내부적 정치 투쟁 등에 대한 언급은 다소 적은 편이다. 1980년대 후반 참여적 접근에 대한 관심이 폭발한

이래 확실하게 '대안적 개발'의 핵심적 요소인 참여, 민주화, 공동체 임파워먼트(empowerment) 등이 '주류' 개발의 미사여구와 담론 속의 일부가 되었다. 이제 대안적 개발이 이렇게 확대되면서 제기된 이슈에 대해 살펴보자.

주변부에서 주류로? 규모를 키우기

최고의 참여적 개발활동가들은 어떤 '지역공동체'가 갖고 있는 특정한 비전 속에 내재된 문제가 있다는 것을 인정한다. 또한 이들은 풀뿌리 수준에서 시작하고 끝나는 개발 개입에는 한계가 있다는 것도 알고 있다. 세계시장의 변화는 개도국의 가장 낙후된 농촌공동체에도 영향을 미친다. 마찬가지로 국내 또는 국제적 거버넌스의 프로세스로부터 자유로운 지역 역시 거의 없다. 오늘날 대안개발 활동가들은 간디의 '마을 공화국' 규모에서만 활동한다는 희망을 가져서는 안 된다. 즉 그 어느 때보다도 지역적으로 또 세계적으로 생각하고 행동해야 한다.

국제 NGO 커뮤니티에서는 이 점을 오랫동안 인지해 왔으며, 데이비드 코튼(David Korten, 1987)도 이와 관련해 선진국의 국제 NGO들이 3세대에 해당한다고 언급했다.[2] 많은 NGO들은 설립 초기에는 주로 재난구호 활동에 참여했지만, 점차 풀뿌리 개발 프로그램과 프로젝트로 진화하였다. 이때 몇몇은 지역공동체 중심 또는 참여적 접근방식을 통해 국내외의 공식 개발 프로그램에 대한 대안으로 나서기를 꾀했다. 그러나 '3세대'의 접근방식은 풀뿌리 프로젝트를 직접 수행하는 데 더 적합한 토착 NGO와 CBO를 지원하고 자금을 제공하는 파트너십을 통해 리더십를 발휘하고 조정자 역할을 하는 것이다. 이를 통해 선진국 NGO들은 애드보커시(advocacy) 역할을 위해 국제적인 연결망을 활용하고, 국내 또는 글로벌 규모의 정책 논쟁에 참여한다(2장).

그러나 '규모 확대'는 큰 규모의 선진국 기구들에만 해당되는 것이 아니다. 〈사례연구 11.3〉처

---

2) 역주: 코튼은 1990년 그의 저서 *Getting to the 21st Century*를 통해 개발 NGO '4세대론'을 제시하며 세대별 역할을 설명하였다. 1세대 개발 NGO는 구호와 복지 성격을 가지며 공여자 역할을 한다. 2세대에서 개발 NGO는 지역개발 활동을 위한 동원자(mobilizer) 역할을 하며, 3세대에서는 지속가능한 시스템 개발을 위한 촉진자(catalyst) 역할을 한다. 마지막 4세대에서 개발 NGO는 주민운동(people's movement)을 하는 활동가(activist)이자 교육자 역할을 한다. 물론 이러한 세대 구분이 역사적 발전경로를 모두 설명하는 것은 아니며, 개별단체들은 세대의 특징을 동시에 추진할 수도 있고, 특정 세대의 역할에 초점을 맞춘 활동을 전개하기도 한다.

럼, 뭄바이 빈민가 거주자들이 직면한 문제는 뭄바이 NGO들의 그룹인 '얼라이언스(Alliance)'가 대도시, 주, 국가 수준에서 정부와의 관계를 필요로 하고, 이로써 자신들의 국제적 네트워크를 발전시킨다는 것을 의미하였다. 얼라이언스는 세계은행, UNDP와 같이 힘 있는 국제기구와 상향적 연계를 맺는 데 성공하였고, 이러한 연계를 통해 인도의 일부 주에서 영향력을 행사하였다. 하지만 얼라이언스가 특별히 중요한 이유는 단지 '수직적'인 연계에 의존한 것이 아니라, 수많은 NGO들과의 '수평적' 네트워크를 형성하였다는 데 있다. 국제 파트너 NGO인 국제슬럼거주자연합(SDI, Shack/Slum Dwellers International)이 얼라이언스에 제공한 지원은 남–남 협력과 연계의 영역이 상당히 넓으며(〈사례연구 7.8〉 케냐의 KENASVIT과 NASTHA 참조), 이는 선진국 도시나 기관을 통하지 않고 대안적인 국제개발과 정치적 아젠다 형성에 일조한다는 것을 일깨워 준다.

그러나 세계은행이 얼라이언스 같은 NGO들과 파트너십을 맺고 자금을 제공한다는 사실은 1980년대 이후 주요 국제개발기구에도 중요한 변화가 일어나고 있다는 것을 보여 준다. 첫째,

사례연구 11.3

국제슬럼거주자연합: 뭄바이 NGO의 세계 진출

2011년 인도의 인구조사는 뭄바이 시 인구를 약 1,250만 명으로 추산하고(광대한 근교 배후지역은 제외), 이 중 절반에 못 미치는 인구만이 정식 주거(formal sector housing)를 활용하고 있다고 밝혔다. 따라서 뭄바이가 주택문제 캠페인 NGO의 네트워크인 '얼라이언스(Alliance)'의 활동무대가 된 것은 놀라운 일이 아니다. 얼라이언스의 핵심파트너는 SPARC(사회복지 전문가 NGO), 인도 슬럼거주자연맹(National Slum Dwellers Federation, 뭄바이에 역사적 기반을 가진 CBO), 그리고 마힐라 밀란(Mahila Milan, 여성들의 자체 저축조직)이다. 미국의 인류학자 아룬 아파두라이(Arun Appadurai, 2001)는 이들 활동의 3가지 핵심요소를 묘사하였다. 일상적 저축제도를 통해 슬럼 거주자들을 채용하여 얼라이언스의 조직력을 강화한다. 빈민가에 대한 참여적 조사는 얼라이언스에게 정부기관이 종종 알지 못하는, 그래서 NGO가 슬럼 거주자 편에서 권위 있게 주장할 수 있음을 의미하는 비공식 부문(informal sector)의 생활수준에 대한 상세한 지식을 제공한다(Patel et al., 2009). 마지막으로 중요하게는, 얼라이언스는 지역주민들을 조직화하여 이들에게 공공화장실 정비(〈사진 11.5〉)부터 철로 옆 판자촌 거주자들의 대체주택 마련에 이르기까지 지역시설 정비를 맡겨 빈민가 업그레이드 활동을 추진한다. 얼라이언스는 도시의 수많은 주택문제에 대한 실질적인 해결책을 제시함으로써 인기 있는 파트너 단체가 되었다. 현재 유엔–해비타트, 세계은행과 함께 뭄바이에서 프로그램을 진행하고, 빈민가 거주자의 이주에 대한 인도의 국가 정책에도 영향을 미치고 있다(Burra, 2005).

사진 11.5 얼라이언스가 지은 공공화장실, 인도 뭄바이 코티와디(Khotiwadi). © Colin McFarlane

얼라이언스는 1996년 지역공동체를 기반으로 한 독립적인 목소리를 내기 위해 설립되었고, 국제 네트워크인 국제슬럼거주자연합(SDI)을 창립하였다. SDI는 얼라이언스의 활동에 아주 중요한 기여를 할 수 있는 그룹으로 구성되어 있고, 현재 아시아, 아프리카, 남아메리카에서 30개 국가의 NGO가 참여하고 있다(www.sdinet.org). 원거리 및 면대면 방문(종종 세계은행이나 선진국의 지원으로)을 통한 이러한 그룹들과의 네트워킹은 참여단체 간에 풍부한 경험과 정보를 공유한다는 점뿐만 아니라, 지역의 정치인들에게 '빈민들도 세계시민적인 연결망이 있다'(Appadurai, 2001: 42)는 중요한 메시지를 전달한다. 뭄바이 최대 슬럼지역인 다라비(Dharavi)를 상업시설과 고급 아파트단지로 개발하려는 강력한 비즈니스 이해관계에 대해 이 메시지의 중요성은 그 어느 때보다도 컸다. 얼라이언스는 강력한 지역공동체의 기반과 외부와의 네트워크를 활용하여 이러한 계획에 반대하였고 자체적인 대안도 제시하였다(Patel and Arputham, 2007; Patel et al., 2009). 그러나 현재 이 책을 집필하는 동안에도 뭄바이가 주도인 마하라쉬트라 주정부의 총리는 여전히 다라비의 재개발을 계획하고 있다.

출처: Appadurai, 2001; Arputham and Patel, 2010; Burra, 2005; McFarlane, 2008a, 2008b; Patel and Arputham, 2007; Patel et al., 2009; Whitehead and More, 2007에서 발췌

NGO가 점차 공적개발원조(ODA)의 채널이 된 것이 중요하다. 가령 1973~1988년 동안은 세계은행의 프로젝트 중 NGO가 참여한 비율은 10% 미만이었지만, 1990년에는 50%로, 2006년에는 70%로 증가하였다(World Bank, 2007; Nelson, 2008: 550 재인용). 이처럼 개발재원이 변화하고 있다는 사실이 앞서 논의했던 NGO의 급격한 성장을 설명하는 데 도움을 준다. 즉 공적개

개발도상국과 **국제개발**

발원조가 점점 더 '제3섹터' 조직을 통해 이루어지면서 현지 NGO의 기회가 극적으로 증가하고 있다.

그러나 이러한 변화는 관련 NGO들에게 양면적인 약속이다. 세계은행 프로젝트에서 NGO의 참여는 재정적으로 비교적 규모가 작고 전반적인 정책방향이나 프로젝트의 기획에 저촉되지 않는 특정 업무로 한정된다. NGO가 프로젝트의 '사회적 기금' 부분에서 서비스 전달자 역할을 하거나 착수 시점에 '일회성 자문'으로만 참여하기 때문에, 간디나 프레이리가 요청했던 소외계층의 필요와 열망을 중심으로 개발목표를 급진적으로 재설정하는 경우는 거의 없고 제한적인 역할만 부여받는다(Nelson, 2008). NGO 참여기회의 확대는 국제개발원조의 지형 변화로부터 영향을 받은 것이지, 그 반대방향은 아니었다. 1990년대에 서비스 제공 프로그램을 시행하는 NGO의 재원은 늘어나게 되었는데, 그 이유는 구조조정 정책(10장)이 많은 개도국 정부의 실질적 영향력을 감소시키면서, 정부가 직접 수행했던 활동을 NGO가 대체하게 되었기 때문이다. 이는 분명 이상적인 입장과는 거리가 멀다. 왜냐하면 사회서비스가 지역공동체나 지방정부가 아니라 원조 공여기관을 상대로 책임을 져야 하는 NGO들에 의해 제공되기 때문이다. 이는 또한 국민들이 국가로부터 제공받아야 하는 당연한 권리인 사회서비스 제공을 수혜 대상이 감사해야 할 '자선'으로 전락시켜 버렸다. 2000년 이후 원조 공여기관의 관심이 밀레니엄 개발목표(MDG)로 이동하고, 2001년 이후 '테러와의 전쟁'이 본격화되며 개도국 정부들이 NGO 애드보커시 캠페인에 반발하면서, '대안적' 개발의제를 설정할 수 있는 NGO의 자율성은 더욱 축소되는 효과가 발생하였다(Fowler, 2012).

그와는 반대로 모든 NGO들이 선진국 공여기관과의 파트너십으로 '매수'당한 것은 아니었고, 이들이 공적 개발기구들에 얼마간 영향력을 행사할 수 있다는 증거도 있다. 환경 NGO들이 인도 나르마다(Narmada) 계곡의 사다르 사로바르(Sadar Sarovar) 댐 건설사업과 네팔의 아룬(Arun)강 사업과 같은 주요 댐 건설 프로젝트를 반대하는 지속적인 압력을 가하면서, 세계은행이 이 두 프로젝트에 대한 지원을 철회하였을 뿐 아니라 주요 인프라 프로젝트의 융자조건으로 환경 및 사회적 조건을 새롭게 추가하였다. 실제로 세계은행은 인프라 프로젝트에 영향을 받는 지역공동체에서 이주해야 하는 주민들의 재정착에 관해 규칙을 강화하였고, 이는 뭄바이 공항과의 연계 교통망 강화 및 공항 확장 프로젝트로 인해 떠나야 하는 비공식 주거자들이 정당한 대우를 받을 수 있는 중요한 근거가 되었다(Patel and Arputhan, 2007).

휠씬 더 중요한 두 번째 변화는, 1980년대 '대안적' 접근으로 비쳐졌던 참여와 지역공동체 임파워먼트 담론을 주요 개발기구들이 점차 수용했다는 것이다. 이는 의심할 여지 없이 '주류' 개발 사업 방식에 변화를 가져왔고, 1990년대 초반 이후로 개도국에서 진행된 다양한 개발활동들에서 대중 참여와 지역공동체의 대표를 보장하는 메커니즘이 폭발적으로 확대되었다. 핵심 자연자원의 통제권한을 일정 부분 지역공동체에 부여하는 지역공동체 기반 자연자원관리(CBNRM) 프로그램은 다양한 국제 공여기구들로부터 지원을 받은 활동의 하나이다. 인도의 마을 숲 위원회(특히 세계은행이 지원), 지역의 관개수요를 관리하는 이집트 물사용자조직(독일 원조기관 GTZ 지원), 짐바브웨의 지역공동체 기반 야생동물 보호프로그램인 CAMPFIRE(WWF 지원) 등이 있다. 이러한 프로그램에서는 지역공동체, 즉 '이용자 집단'이 새로운 풀뿌리 기구에 참여하도록 초대된다. 물론 여기에는 종종 지역 내 권력구조의 부정적 측면을 대비한 안전장치가 포함되어 있다. 가령 대부분의 인도 주정부들은 마을 숲 위원회의 총회 및 관리위원회에서 여성들의 대표권을 보장하고 있다(Jewitt and Kumar, 2000).

이는 시민사회를 개발 과정의 주요 부분으로 점점 더 강화시킨다는 점에서 잠재적으로 중요한 전환이다. 많은 공여기관들은 이를 성공적 개발을 가늠하는 핵심지표로 삼고 있다.

개발을 상상함에 있어 '능동적인 시민'이 우선적인 대상이 되었다. ⋯ 조금 더 적극적인 용어로 시민성(citizenship)의 틀을 다시 설정함에 가지게 되는 가설은, 시민들이 권리와 책무성을 요구하는 참여 과정을 통해 서비스의 수동적 수혜자에서 권리를 갖는 '능동적 시민'으로 전환될 것이라는 점이다(Robins et al., 2008: 1071).

오늘날 독일의 GTZ, 영국의 DFID, 혹은 세계은행이 지지하는 '능동적인 시민'이라는 개념을 통해 시민 사회단체는 국가에 반대해서 스스로 공간을 만들어 내야 할 필요(2011년 이집트 시위 사례, 〈사례연구 6.7〉) 없이 저절로 참여의 공간이 주어진다(〈핵심개념 11.2〉). 더욱이 '능동적인 시민'을 키우는 과정의 일환으로 인도네시아의 KDP(〈사례연구 9.4〉) 프로그램처럼 지역공동체의 사회적 자본을 축적하고, 정치적 참여를 지지하고 유지할 수 있는 제도적 구조를 구축한다. 케랄라(Kerala)의 민중계획 캠페인(People's Planning Campaign)과 쿠둠바슈리(Kudumbasbree)(〈사례연구 11.4〉) 실험은 이와 관련하여 외부 공여기관의 개입 없이 독자적으로 만들어진

참여를 위해 초대된 혹은 창조된 공간

연구자들은 참여적 개발에 대한 비판적인 연구를 통해 참여를 위해 '초대된' 공간과 '창조된' 공간을 구분하였다 (Cornwall, 2004; Miraftab, 2009; 그 외에 Kesby, 2007의 평론 참조). '초대된' 공간은 민중을 위해 정부(예: 〈사례연구 11.4〉의 Kudumbashree 조직)나 NGO 혹은 외부 기관에 의해 만들어진 것이다. 이를 통해 지역공동체는 강력한 외부 권력에 대항하여 자신들의 의견을 직접 전달할 수 있다. 하지만 동시에 이러한 참여는 특정 규칙이나 행동에 대한 제한이 따른다. 가령 외부 개발기관이 만든 특정 사안에 대해서만 논의할 수 있다. '창조된' 공간은 민중들의 행동을 통해 스스로 만들어진다. 이러한 공간에는 다른 문제가 따르는데, 사회에 저항하는 자발적인 에너지를 효과적인 지역공동체 조직의 운영을 위해 사용해야 하는 경우를 들 수 있다.

사례연구 11.4

인도 케랄라의 지역공동체 역량강화: 민중계획 캠페인부터 쿠둠바슈리까지

1990년대 중반 인도 케랄라 주 좌파정부는 극적인 분권화(decentralization) 프로그램을 실행하였다. 선출된 판차야트(panchayats, 마을위원회)와 자치단체에 막강한 권력과 재원을 주어 지역의 개발계획 실행에 책임을 지도록 하였다. 중요한 것은 이러한 변화가 외부의 원조에 의한 것이 아니라는 점이었다. 이는 참여적 방식으로 데이터를 수집하고, 민중계획 캠페인(People's Planning Campaign)으로 알려진 대중동원 방식을 활용하였다. 공개된 개발계획에 대해 각계각층의 주민들이 지역공동체 회합을 통해 논의하였다. 1997~1998년 동안 200만 명 이상의 주민이 참여하였다(Thomas Issac and Heller, 2003: 84).

분권화 프로그램은 인도의 타 지역과는 대조적으로 케랄라 지역의 판차야트와 지자체를 강력하고 자주적으로 만들었다. 하지만 첫 캠페인이 끝나자 개발계획 과정에 주민참여를 지속시키는 것이 더욱 어렵다는 것이 드러났다. 2006년 좌파정부가 재집권하면서 참여를 독려하기 위한 다른 방법을 시도하였다. 케랄라의 빈곤퇴치 프로그램인 쿠둠바슈리(Kudmbashree)에 여성들을 직접적으로 참여시키는 것이었다. 쿠둠바슈리는 여성들을 모아 자립적인 공동기금을 만들고, 공동농업에서 생태관광에 이르기까지 신용대출이나 소액창업제 등을 통해 지원하였다. 그 외에도 여성 그룹을 연합체로 묶고, 스스로 마을·생활권 단위와 판차야트·지자체 단위의 리더를 선출하게 함으로써 쿠둠바슈리 그룹들에게 계획 과정에 필요한 역할을 부여하였다. 이는 가난한 여성들이 자신들의 관심사에 대해 집단적으로 논의할 수 있는 공간을 제공했다는 점에서, 또한 지방정부 구조와 직접 연계되도록 했다는 점에서 현명한 제도적 설계였다(〈그림 11.2〉). 지역위원회에서 여성의 위상이 올라갔고, 쿠둠바슈리 그룹은 여성들이 정치적 경력을 쌓는 중요한 발판이 되었다. 그러나 어려움도 있었다. 보통 사회적 자본을 지닌 부유하고 연줄이 든든한 여성들이 리더가 되었고, 쿠둠바슈리에서 활발한 활동을 하기 위해서는 많은 시간이 필요했다. 따라서 빈곤층 여성들은 이러한 조건을 갖추지 못했고, 종종 회원들이 상층계급 여성들에게 사회적 수치를 당할 수도 있었다. 최빈곤층 여성들이 쿠둠바슈리 그룹에서 떨어져 나가게 된 것은 지역개발 참여를 통한 여성 역량강화 계획이 가

저온 의도치 않은 결과였다. 그리고 이 때문에 빈곤퇴치를 위한 주정부의 대책을 구성하는 중요한 요소를 놓치게 되었다.

출처: Devika and Thampi, 2007; Heller et al., 2007; Thomas Isaac and Heller, 2003; Williams et al., 2011; Williams et al., 2012에서 발췌

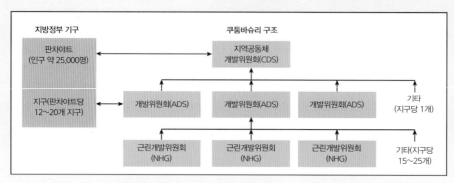

그림 11.2 쿠둠바슈리 그룹과 지방정부 내 여성 대표자. 출처: Williams et al., 2011

좋은 사례이다. 이는 개발계획 과정에서 주민들, 특히 가난한 여성의 '발언권'을 증진시키는 진정성 있는 시도이다. 그러나 설사 그렇더라도 최빈곤층과 사회적 약자들은 흔히 자신들에게 제공되는 참여적 공간을 차지할 능력이 떨어진다는 참여적 개발의 역설로부터 완전히 벗어날 수는 없다.

참여를 위해 초대된 공간과 적극적 시민권의 옹호는 어느 정도는 1990년대에 참여적 개발의 지지자들이 희망했던 바로 그 결과들이다. 참여에 대한 실험은 개발의 더 많은 분야로 '외연적으로(outwards)' 확대될 뿐만 아니라 국제개발기구 내부에서의 제도화를 통해 '상부로(upwards)'도 확대되었다(Holland and Blackburn, 1998). 이와 같이 참여가 확대되고 있다는 증거는 있지만, 이러한 변화가 얼마나 현장에서 실질적인 영향력을 미치고 있는지에 대한 의문은 여전히 남아 있다. 1990년대 이후부터 세계은행은 공개 보고서들에서 참여의 중요성을 점점 더 강조하고 있다. 『빈곤에 대한 공격(Attacking Poverty)』(World Bank, 2000), 그리고 빈곤에 초점을 두고 30년 동안 발행된 『세계개발보고서(World Development Report)』는 전 세계 빈곤의 경험을 분석한 복수국가 참여연구 프로젝트 「빈민의 목소리(The Voices of the Poor)」의 조사결과를 분석에 포함시키기로 했다. 더욱 근본적으로 개도국들이 채무탕감과 빈곤경감 자금을 받기 위해 작

성하는 빈곤경감 전략보고서는 참여를 바탕으로 작성되어야 한다(9장, 10장). 이 보고서는 국가의 핵심적인 사안이기 때문에, 정부가 보고서를 작성할 때 시민사회에 폭넓은 자문을 구해야 한다. 두 가지 경우 모두 수사에 비해 실제 결과는 그리 인상적이지 못했다. 태국을 비롯한 몇몇 국가들에서 참여적 연구방법이 『빈곤에 대한 공격』에서 사용되었는데, 잘해야 피상적 수준에 그쳤다(Parnwell, 2003). 빈곤에 대한 다수의 경험을 직접 그려 낸 부분이 최종 보고서에 포함되었지만, 이 연구는 세계은행의 기저에 깔려있는 신자유주의적 빈곤경감 접근법을 극적으로 변화시키지는 못했다(Mawdsley and Rigg, 2002 참조). 니카라과의 PRSP 작성 과정에서도 정부가 시민사회의 참여를 독려하는 의무를 다해야 한다고 시민사회 그룹들이 외쳤지만, 실제로 의미 있는 개입이 가능한 기회는 매우 제한적이었다(〈사례연구 11.5〉).

2000년대 초 전문가들은 지역공동체의 개입과 참여가 이러한 제도변화 과정을 통해 포섭되면서 부정적인 결과를 가져올 수 있다는 우려를 나타냈다. 『참여: 새로운 폭군?(Participation: The New Tyranny?)』(Cooke and Kothari, 2001)이라는 책은 제도화된 참여가 개발 과정에서 지역주민이 목소리만 내게 하고 실질적인 권한은 갖지 못할 가능성을 제기하였다. 이는 지역구성원들이 '자신들의 의견'을 참여적 학습활동이나 마을 숲 위원회에서 개진함으로써 이들의 개발사업 반대의 목소리는 더 묻힐 수도 있다는 것을 의미한다. 전국적 범위에서 긴급재건 시민코디네이터(CCER, Civil Coordinator of Emergency and Reconstruction)가 니카라과 PRSP 작성 과정에서 강제로 참여당하고 있다고 느낀 사례가 있다(〈사례연구 11.5〉). 안타깝게도 '참여적' 개발이 풀뿌리 참여자의 '권한을 강화한다(empower)'고 약속함으로써 개발 프로젝트의 성공 책임을 지역공동체로 떠넘기고, 국가와 국제개발기구는 자신의 책임을 축소할 수 있다. 여기서 문제점은 작은 규모에서 '지역공동체'와 함께한다는 참여적 개발의 초점이 개발기구들의 활동으로부터, 좀 더 크게는 권력과 불평등 구조로부터 관심을 돌리기 위한 아주 유용한 방법으로 사용된다는 것이다(Mohan and Stokke, 2000; 〈사례연구 9.4〉 참조). 요컨대 개발에서 정치를 완전히 분리한다는 것이다.

이는 설득력 있는 주장으로, 대안적 개발의 '규모 키우기'에 대해 유용한 경고를 보낸다. 개발의 주류에 진입한 지역공동체의 개입과 참여라는 아이디어가 간디나 프레이리 같은 진보적 사상가들에게서 그 뿌리를 찾을 수 있다는 이유만으로, 그 결과 역시 항상 희망하는 대로 좋을 것이라는 것을 의미하지는 않는다. 그러나 이 점은 지역공동체 중심의 대안적 개발을 추구하는 사람들

사례연구 11.5

니카라과의 PRSP 과정

1998년 10월 허리케인 미치(Mitch)가 니카라과를 강타하였고, 이는 중앙아메리카에서 200년 만에 발생한 최악의 재난이었다. 허리케인은 부실한 주택의 거주자나 침수지역 주민들에게 심각한 피해를 입힘으로써 니카라과의 빈곤을 더욱 심화시켰을 뿐 아니라, 시민사회의 인상적인 재건 노력을 촉발시켰다. 350개가 넘는 지역 NGO, 생산자단체, 노조, 사회운동 등으로 구성된 전국적인 조직체로서 출범한 긴급재건 시민코디네이터(CCER)는 국가의 정책적 대응이 보다 민중 중심적으로 될 수 있도록 노력하였다.

허리케인 이후 재건 기간 동안 니카라과는 세계은행의 고채무 빈곤국으로 부채탕감 중에 있었고(9장), 그 결과 국가빈곤경감 전략보고서(PRSP, Poverty Reduction Strategy Paper)를 작성하게 되었다. 니카라과 정부는 시민사회의 조언을 최소화하여 재빨리 보고서를 작성하였고(중간보고서는 심지어 스페인어로 번역되지도 않았다), 빈곤과 빈곤경감에 대해 경제성장에 초점을 둔 협소한 접근을 택했다. CCER은 이를 비판하고, 네트워크를 동원하여 빈곤경감을 위한 전국적 차원의 시민사회 협의 과정을 빠르게 거쳤다. 그 결과 단 9개월 만에 지속가능한 인간개발 중심의 빈곤경감을 위한 대안적 접근을 촉구하는 협의문 「La Nicaragua que Queremos(우리가 원하는 니카라과)」를 만들어 냈다. 이 협의문은 최종 PRSP에 실리지는 않았지만 CCER의 일부 요소들은 보고서에 첨부되었고, 세계은행은 공공참여의 확대 필요성을 인정하였다.

니카라과 정부, CCER, 그리고 세계은행 간의 역할 충돌은 시민사회가 공식 거버넌스 구조로 진입하기 어렵다는 것을 보여 주었다. 니카라과 정부는 부채탕감을 위해 PRSP의 빠른 승인이 필요했기 때문에, 빈곤경감에 대한 전국적인 참여활동을 진행할 시간이 없었다고 주장했다. 세계은행 역시 PRSP 작성에 어떻게 적절한 참여가 이루어져야 하는지에 대한 명백한 가이드라인을 제공하지 못했다. 그 과정 속에서 CCER은 풀기 힘든 딜레마를 겪었다. 참여를 하지 않으면 정부의 신자유주의적 빈곤경감 접근이 실행될 것이었고, 참여를 한다면 근본적으로 의문이 있는 과정에 정당성을 부여할 위험이 있었으며, 운동조직으로서의 진실성을 잃게 될 것이었기 때문이다.

출처: Bradshaw and Linneker, 2003에서 발췌

이 희망을 단박에 포기하게 하기보다는 스스로의 활동을 성찰하게 만드는 경고이다. 『참여: 새로운 폭군?』의 몇몇 집필자들은 참여적 개발이 오늘날 개도국의 지역공동체를 정신적으로 통제하려는 시도라고 주장한다(Henkel and Stirrat, 2001; Rahnema, 1992). 이는 프란츠 파농(Franz Fanon)이 식민주의를 설명하는 방식과 유사하다(3장). 참여와 지역공동체 중심의 개발에 대한 부정적 견해만 볼 것이 아니라, 참여가 만들어 낼 수 있는 변화의 가능성도 함께 고려해야 한다. 이러한 접근은 정부와 다른 개발기구들이 지역공동체와 소통해야만 하는 새로운 규칙과 기대, 그리고 지역주민들이 자신의 정치적 주장을 표현하거나 시민으로서의 권리를 표현하는 새로

운 기회를 포함한다(Mohan and Kickey, 2004; Williams, 2004a). 인도 라자스탄 지역 NGO인 Mazdoor Kisan Shakti Sangathan은 1990년대 정부의 개발 프로젝트에서 발생한 부정부패를 파헤쳤고, 그 결과 전국적인 정보공개 캠페인이 일어나 결국 2005년 정보권리법이 통과되었다(Jenkins and Goetz, 1999; Sihag and Sihag, 2009). 2008년 남아공 더반(Durban)의 판자촌 거주민 단체인 Abahlali baseMjondolo는 남아공 헌법재판소의 판결을 통해 정부가 비공식 거주자들을 쉽게 철거시킬 수 있게 만든 법안을 뒤집는 데 성공하였다(Gibson, 2008, 2012; Zikode, 2008). 이러한 사례들, 그리고 지역공동체 중심으로 국제적 네트워크를 구축한 SDI 캠페인 사례(〈사례연구 11.3〉)를 보면서 참여적 접근은 매우 정치적이며 임파워먼트를 달성한다는 중요한 교훈을 얻을 수 있다.

나가며

지역공동체 중심적 개발이 굉장한 호소력을 지녔다는 사실은 의심의 여지가 없다. 과거에는 너무도 자주, 개발은 합리적이고 과학적인 지식과 대규모 프로젝트를 '진보'로 받아들이고, 지역공동체의 대안적 개발이나 개도국 현지의 전문성과 기술을 평가절하했다. 간디나 프레이리 같은 사상가들의 업적은 '근대'가 항상 '전통'보다 선호되어야 하는가에 대한 의문을 던지게 했고, 현지주민과 '전문가' 사이에 명백한 지식의 위계질서가 과연 존재하는지 묻게 하였다. 두 사상가는 단순히 인도와 브라질을 넘어서 개도국 전역에 걸친 사회운동가, 환경운동가, 교육자에게 많은 영향을 끼쳤다.

그러나 지역공동체 중심적 개발이 혹 이상주의로 빠지지 않으려면 주의 깊게 성찰함으로써 그것이 갖는 매력에 대해 균형을 잡을 필요가 있다. 이 장에서는 세 가지 우려점을 조망했다. 첫째, 우리는 '지역공동체'의 본성에 대해 매우 철저하게 생각해 봐야 한다. 대안적인 개발활동이 안정적이고 조화로우며 아름답게 상상되는 공동체를 전제하면 안 된다. 지역공동체는 항상 변화하며, 내부적인 권력관계가 존재하고, 이는 구성원 사이에 성별, 계급, 인종, 혹은 다른 차이에 의한 소외를 만들어 낸다. 케냐의 토착적 관개시설(〈사례연구 11.2〉)은 그 좋은 사례가 될 수 있다. 이 시설은 토착적인 로우테크 기술로 지역의 농업생산을 돕는 역할을 한다. 그러나 이 시설은 남성으로만 구성되어 주민들의 변화된 수요를 더 이상 만족시키지 않을 수도 있는 기구인 코콰(kokwa)에 대한 사회적 통제에 의존하고 있다. 둘째, 우리는 '지역공동체'가 어떻게 대표될 수 있는지를 조심스럽게 고민해야 한다. 빠르게 성장하고 있는 NGO는 대안적인 지역공동체 중심 개발을 확산시키는 데 영향을 미치고 있다. 그러나 여전히 이 지역공동체가 누구를, 무엇을 대표하는가 하는 질문은 남겨져 있다. CCER(〈사례연구 11.5〉)과 뭄바이 얼라이언스(Alliance)(〈사례연구 11.3〉)는 꽤 명쾌하게 자신들의 입장을 밝혔고, 지역공동체와 끈끈한 연결도 유지하고 있다. 그러나 모든 NGO들이 현장에서 이들처럼 개방되거나 민주적이지 않을 수 있다. 마지막으로, 우리는 지역공동체 중심의 접근이 주류 개발에 편입될 때의 권력관계를 유심히 살펴볼 필요가 있다. 여기서 말하는 '규모의 상승(scale-up)'이 핵심적인 가치와 주장을 흐리게 만드는 결과를 가져올 수 있고, 전혀 다른 개발 아젠다를 갖고 있는 더욱 강력한 기관에게 정당성을 부여하지 않는지 매우 조심해야 한다.

이 장에서 소개한 사례처럼 지역공동체 중심적 개발이 갖고 있는 우려와 문제에 대해 확실하고 객관적인 해결책은 없다. 결과적으로, 대안적인 개발활동가들은 자신의 활동을 지도하는 공식적 혹은 비공식적인 가치와 정치에 대해 분명하게 밝히는 것이 중요하다. 그러나 국가 주도 혹

복습 문제 / 활동

개도국 조사하기

1. *The Lie of the Land*(아래 참조), 혹은 Richard Peet와 Michael Watt의 *Liberation Ecologies*(2004)에서 실증 사례를 활용하여, 언제 왜 토착민의 환경지식이 개발현장에서 간과되었는지를 설명해 보자.
2. 〈사례연구 11.3〉과 SDI 홈페이지를 활용하여 알아보자. 얼라이언스(Alliance)와 그의 국제 파트너들의 활동은 도시개발 현장에서 지역공동체의 의견을 어느 정도 '증폭'시키는 데 기여하였는가?

토론 탐구하기

1. PLA Notes(웹사이트는 아래 참조)의 최근 실린 논문을 검토해 보자. 참여적 방법은 개발현장에서 지역공동체의 견해를 대표하는 데 얼마나 유용한가?
2. 참고자료 목록에서, Sam Hickey와 Giles Mohan의 *Participation: From Tyranny to Transformation*(특히 Andres Cornwall, Sam Hickey, Giles Mohan, Glyn Williams의 장), Mike Kesby(2007)의 논문을 살펴보자. 왜 '임파워먼트'가 참여적 개발접근을 통해 자동적으로 성취되지 않는가? 공간을 통해 경험되고 형태를 이루는 참여적 실천은 어떠한 방법으로 권력관계를 드러내는가?

은 시장 주도 개발에서도 동일하게 나타난 것처럼, 여기서도 풀리지 않는 문제들이 있다. 지역공동체 중심적 접근은 개발에 대한 궁극적인 목적과, 현장의 목소리와 아이디어가 가지고 있거나 가져야만 하는 역할에 대해 근본적인 질문을 던짐으로써, 오늘날 개도국 개발에 아주 핵심적인 부분을 차지하고 있음을 스스로 증명해 왔다.

더 읽을거리

로버트 체임버스의 저작은 비록 비판적 시각으로 읽어 내야 하지만 대안적 개발접근에 대해 이해하기 쉽고 열정적인 소개를 하고 있다.

Chambers, R. (1983) *Rural Development: Putting the Last First*, London: Prentice Hall.

Chambers, R. (1997) *Whose Reality Counts: Putting the Last First*, London: Intermediate Technology Publications.

환경에 대해 '전문가'와 '전통적인' 지식체계의 충돌의 예를 가장 잘 그려 낸 저작 중의 하나이다.

Leach, M. and Mearns, R. (eds) (1996b) *The Lie of the Land: Challenging Received Wisdom on the African Environment*, Oxford: James Currey.

마지막으로, 참여적 접근에 내재한 문제점에 관해서는 다음을 참조

Cooke, B. and Kothari, U. (eds) (2001) *Participation: The New Tyranny?*, London: Zed Books.

Hickey, S. and Mohan. G. (eds) (2004) *Participation: From Tyranny to Transformation?: Exploring New Approaches to Participation in Development*, London: Zed Books.

Kesby, M. (2007) Spatialising participatory approaches: the contribution of geography to a mature debate, *Environment and Planning A* 39(12): 2813-31.

웹사이트

http://www.iied.org/download-participatory-learning-and-action   PLA Notes online

PLA 기법에 관한 지식을 발전시키고 확산하는 데 영향력이 있는 과거 출판물을 모아 둔 무료 기록보관사이트.

http://www.sidnet.org/   Shack/Slum Dwellers International

도시개발에 관한 국제적인 논쟁에서 비공식 임시 거주자의 활동과 이익을 대변하기 위한 남남교류 네크워크를 구축한 NGO 사례를 제시하고 있다.

http://www.abahlali.org/   Abahlali baseMjondolo

남아공 더반 에테크위니(eThekwini/Durban)의 지역공동체 기반조직으로, 빈민가 거주자의 권리를 둘러싼 고도의 정치화된 장에서 '만들어진' 참여공간에 관한 예를 보여 준다.

필리핀의 마스코바도: 가난한 이들의 설탕에서 공정무역 상품으로

건강에 대한 관심 증가와 식생활의 고급화로 단 음식에 대한 선호도가 점차 떨어지고 있지만, 설탕은 여전히 요리에서 빠뜨릴 수 없는 중요한 기본 조미료이다. 열대작물인 사탕수수를 원재료로 만든 설탕은 드라마틱한 역사를 거쳐 전 세계의 식탁에 오르게 되었다. 설탕은 세계를 움직여온 '첫 번째 세계상품'이며, 16~19세기까지 면직물과 함께 세계사를 움직인 원동력으로 꼽힌다. 설탕은 유럽 노동자들의 일상적 열량공급원으로 궁극적으로 공업발달에 기여하기도 했지만, "설탕이 있는 곳에 노예가 있었다."라는 말에서도 볼 수 있듯이 유럽 열강들이 노예무역과 식민지 쟁탈전쟁을 통해 세계 곳곳에 크나큰 불행의 씨앗을 남겼다.

필리핀에서도 설탕생산을 둘러싼 역사는 명암이 뚜렷하다. 농업을 넘어서 최초의 근대산업 기틀을 마련할 수 있었던 것도 설탕산업의 덕이지만, 다른 한편 필리핀 정치발전의 걸림돌로 지적되는 과두정(oligarchy)이나 소수의 엘리트 가문 출현, 그로 인한 빈부격차의 심화와 고착화의 근원 또한 설탕의 역사와 함께하기 때문이다. 필리핀 설탕 역사에서 산업화를 향한 분명한 변화는 18세기 중반부터이다. 1910년의 필리핀 설탕 수출량은 1830년과 비교할 때 거의 2,000배나 상승했는데, 이러한 수요의 극적 상승은 대부분 영국에 의한 것이었다. 이러한 과정에서 필리핀 내 사탕수수 재배지가 급증하였을 뿐 아니라 수출이 증대되었고, 필리핀의 설탕산업은 세계시장 안에 깊숙이 포섭되기 시작했다. 미국 식민지 시기 필리핀의 설탕산업은 최고 전성기를 구가했다. 제2차 세계대전 이후 세계적 수준의 설탕산업의 구조조정에도 불구하고, 미국과의 특수관계로 인해 생산량과 수출량을 오히려 늘림으로써 필리핀의 설탕산업은 구조조정의 시기를 놓치게 되었다. 1980년대 국제 설탕가격의 폭락과 반복되는 자연재해로 필리핀의 주요 설탕 산지에 심각한 사회경제적 문제가 발생했다. 특히 필리핀 설탕의 절반 정도가 집중된 바사야 지방의 네그로스(Negros) 섬은 심각한 기아상태로 '아시아의 에디오피아'라는 오명을 얻기도 했다.

하지만 설탕산업이 최악의 상황에 처한 바로 그 순간 일본의 인도주의적 시민조직과 일본 생협조직들의 지원으로 1987년 이후 네그로스 섬을 중심으로 공정무역의 씨앗이 뿌려졌다. 이들이 거래하는 설탕은 미국인들의 기호에 따라 대량생산되던 정제된 백설탕이 아니라 적절한 수분과 당밀성분과 각종 무기질을 함유한 비정제 갈색설탕 마스코바도(Mascovado)인데, 현재 필리핀산 마스코바도는 유럽과 한국, 일본, 싱가포르 등지의 윤리적 소비자들 사이에서 인지도를 높여 가고 있다.

2006년부터 한국의 두 생협이 네그로스 섬과 인근의 파나이(Panay) 섬의 생산자조직으로부터 마스코바도 설탕을 수입하여 회원들에게 공급하고 있다. 한국의 생협들은 1987년 민주화 이후 한국 시민사회 형성기에 도시의 의식적 소비자조직과 농촌에서 친환경농업을 실천해 온 농민조직들이 유기농산물 직거래운동으로 출발하였다. 하지만 국내 생산이 불가능한 필요품목을 수입해야 하는 구조적 한계에 봉착하였고, 이에 따라 관행적 원료 수입이 아니라 공정무역을 통해 제3세계 생산자로부터 안전하게 생산된 설탕 등 1차 농산물의 수입을 결정하였다.

두 생협 모두 단순히 마스코바도의 무역거래를 넘어서 인적 교류, 대중캠페인을 주도하며 공정무역의 사회화에 기여했다. 필리핀 현지에서는 무역활동에 기초한 경제적 성장과 자립, 수혜농민 수의 확대, 파나이 섬 내에서 공정무역의 지역적 확산에 기여했다. 특히 아이쿱(iCOOP)생

사진 1. 한국 생협의 지원으로 건립된 필리핀 파나이 섬 안티크 주의 설탕공장. ⓒ 엄은희

개발도상국과 국제개발

사진 2. 여러 국가로 수출하는 마스코바도 상품들을 설명하는 파나이공정무역센터 고(故) 로메오 카팔라 의장(필리핀의 빈농과 함께 공정무역을 이끌어 오던 로메오 의장은 2014년 3월 오토바이 무장괴한들에 의해 피살되었다). ⓒ 남종영

협의 경우에는 파나이 섬의 안티크 지방에 새로운 공장과 커뮤니티센터 건립을 지원함으로써, 지역사회에서의 고용창출과 생활환경 개선 및 안정화에 큰 기여를 한 것으로 평가된다. 이처럼 한국의 두 생협이 참여하는 공정무역은 시장기반의 거래활동이면서 동시에 국제개발협력 사업이자, 협동조합 간 협동의 국제화 사례라 볼 수 있다.

더 읽을거리

가와기타 미노루, 장미화 역, 2003, 설탕의 세계사, 좋은책만들기.

마일즈 리트비노프·존 메딜레이, 김병순 역, 2007, 인간의 얼굴을 한 시장경제, 공정무역, 모티브북.

대안적 지역개발사업 사례:
동티모르 주민조직운동 및 사회적 기업 '피스커피'

2005년 이후 한국YMCA전국연맹(이하 YMCA)은 동티모르의 중부 산악지역 사메(Same)를 사업 대상지로 선정하고, 지역의 주요 산업인 커피 농사의 효율성 제고를 통해 지역사회 개발활동을 수행하였다. 준비기간을 거쳐 2006년 본격적으로 착수한 사업은 사업 초기에는 YMCA에서 직접 운영하는 2개의 커피 공동작업장을 설립하였으며, 이후 주민자립을 위한 2개의 생산자 소그룹을 지원하였다. YMCA는 사업을 수행하는 과정에서 일방적이고 수혜적인 경제지원 형태가 아닌, 마을 주민이 스스로를 사업의 파트너로 인식하고 주체적으로 사업을 진행할 수 있도록 수평적이고 민주적 의사소통을 강조하며, 지속적으로 주민 역량교육을 실시하였다.

2012년 하반기부터 2014년까지 YMCA는 한국국제협력단(KOICA)의 '대학과의 파트너십을 통한 국제개발협력사업'을 통해 경희대학교 국제개발협력연구센터(이하 CIDEC)와 파트너십을 체결하였다. YMCA와 CIDEC은 파트너십을 통해 기존의 사업모델을 공정무역 커피 생산부터 판매까지의 가치사슬을 구성하고 사회적 기업과 주민조직운동을 핵심개념으로 하는 사업모델을 재구성하였다. 2년간의 사업을 통해 주민들이 고용되었고, YMCA가 직영하고 있던 2개의 커피 가공장을 폐쇄하고 커피 가공생산의 주민자립화를 위해 7개의 생산자 소그룹을 추가로 선정하며 소그룹 가공장을 건립하였다. 또한 커피 생산과 판매를 연결하는 가치사슬에서 수출뿐만 아니라 수도 딜리에 동티모르 주민들을 위한 최초의 카페인 사회적 기업 '피스커피(PEACE COFFEE)'를 설립하였다. 커피 가공 소그룹을 통해 소그룹 생산자들은 커피를 통한 안정적인 소득 창출 및 지역사회 결속이 강화되었다.

사회적 기업 '피스커피'는 사메 지역의 가공 소그룹을 연결하여 한국으로 커피를 수출할 뿐만 아니라 수도인 딜리(Dili)에 그린빈 가공장을 세우고 동티모르 최초로 현지인을 위한 카페를 열어 현재까지 운영되고 있다. 피스커피는 21명의 현지 직원을 고용하고 있으며, 취약계층의 일자리 창출과 지역사회 발전을 위한 재정공헌을 통해 사회적 기업으로서의 정체성을 구체적으로 실현하도록 하며 동티모르 YMCA와 연계하여 청년그룹을 통한 환경캠페인 및 전시회 개최 등을 통해 청년문화 활성화에도 기여하고 있다. 또한 그린빈 가공장과 카페를 통한 수익 창출은 장기적으로 전체 사업운영이 지속가능하게 추진될 수 있는 실질적 밑거름이 된다.

사진 1. 사회적 기업 '피스커피(PEACE COFFEE)'　　　　　　　　　　　　　　　　**사진 2.** 소그룹 가공장

　　YMCA는 오랫동안 현지 직원과의 업무수행 경험으로 인해 직원 간의 신뢰도가 높고 안정적인 조직 구조를 가지고 있다. 하지만 동티모르 내에 아직 사회적 기업 관련 법령이 없어 정관의 부속 조항으로 사회적 기업 성격을 규정하고 있는 상황이고, 현지 인력 재원의 부족으로 사회적 기업의 전문적인 경영능력보다는 조직 내의 직원과의 신뢰관계를 통해 기업을 끌어 나가야 하는 도전과제가 있다. 또한 현지 물가와 비교하여 지나치게 높은 카페 임대료 및 원자재 가격으로 인해 높은 판매율에도 불구하고, 카페의 안정적인 수익 창출이 쉽지 않다. 매해 직접적으로 커피 생산량에 영향을 미치는 커피 가격 하락 및 상승 등 국제시장의 급격한 지각변동이나 기후적 요건 역시 위험요인이나 2015년부터 현지인에게 사업운영을 완전히 이양하는 출구전략을 이행한 보기 드문 사례이다.

나가며

   이 책이 부디 독자들에게 흥미를 불러일으키며 새로운 방식으로 개도국의 사람과 장소를 사고할 수 있도록 자극했기를 희망한다. 이 책이 광범위한 대상과 생각들을 다루긴 했지만, 핵심은 네 가지 주장이다. 첫 번째 주장은 개도국에 대한 표상이 중요하다는 것이다. 이는 현실세계에서 중요한 효과를 미칠 수 있으며, 이 책에서 다양한 방식으로 살펴본 바이다. 제2장에서 이 주장을 꽤 깊이 다루었는데, 이는 선진국이 개도국에 대해 뒤떨어지고 빈곤과 위험의 장소라고 보는 이미지를 시작부터 의도적으로 깨기 위해서였다. 역사적으로 개도국에 대한 이 같은 부정적 표상들이 식민주의자들에 의한 심리적 통제의 중요한 요소였지만(프란츠 파농의 주장; 3장), 오늘날 개도국에 대한 표상들이 선진국의 개발기관이나 미디어 등의 협소한 관심에 의해 전적으로 지배되는 것은 아니다. 개도국이 개도국을 상상하는 방식들 역시 중요하고 다양한데, 즉 선진국이 갖는 표상에 근거하거나 이를 훼손할 수도 있다. 몇몇은 G77, 즉 비동맹운동 내에서처럼 적극적으로 개도국에 대해 통일되거나 통일된 집단이라는 느낌을 구축하고자 하기도 하고, 다른 사람들은 특정 도시들의 장소마케팅에서처럼 근대성에 대한 열망과 차이를 선별적으로 채택하기도 한다. 이러한 일련의 표상들을 검토하는 것은 매우 중요하다. 글로벌 거버넌스하에서 환경이나 무역에서 양허를 얻기 위해 협상하는 개도국들에서부터, 개도국 정부가 스스로를 '전통적'이고 도덕적인 가치의 수호자로 내세움으로써 개인들에게 발생하는 영향에 이르기까지, 다양한 공간적 스케일에서 체감되는 물질적 효과들 때문이다. 이는 또한 개도국을 상상하는 방식으로 '개발'을 위치 짓는데도 도움이 된다. 이것 역시 강력한 물질적 효과를 갖지만, 중립적이거나 포괄적이라고 주장될 수는 없다. 이 역시 다른 무엇보다도 표상의 한 방식이다.

이 책의 제2부와 제3부는 특히 두 번째와 세 번째 주장의 중요성을 강조하였다. 즉 개도국은 지구화 과정 중에서 핵심적이고 능동적인 일부이며, 개도국을 더 잘 이해하기 위해서는 개도국의 특수한 역사와 지리에 대해 좀 더 세밀한 관여가 필요하다는 것이다. 제2부는 개도국의 등장과 그 속에서의 위상, 그리고 포괄적인 정치적·경제적·사회적 과정들에 미친 영향을 살펴보면서, 이러한 주장들을 '거시적' 관점에서 접근하였다. 여기서 중요한 점은 이러한 과정을 형성하는 데 개도국의 역할이 강조되었다는 점이다. 아프리카에서 중국의 역할이 커져 가는 것(〈사례연구 3.5〉와 〈사례연구 4.6〉; 9장)은 여기서 분명한 한 가지 사례이다. 하지만 개도국은 선진국의 이해관계에 대해 이처럼 명백한 지정학적 도전을 제기할 때에만 지구화의 과정에 영향을 미친다는 인상을 독자들에게 남기는 것은 잘못된 것이다. 싱가포르가 떠오르는 '글로벌 도시'이자 도시개발의 대안적 모델로서 갖는 커다란 위상이나, 아프리카 교회의 영향을 통해 전 세계 기독교를 탈바꿈시키고 있는 점은, 지구화가 선진국에서 개도국으로 '확산되는' 과정만은 아니라는 것을 강력하게 상기시켜 준다. 사고와 가치의 흐름이 개도국에서 개도국으로, 그리고 개도국에서 선진국으로 흐르기도 한다.

이 책은 제2부의 주제를 이렇게 다룸으로써, 개도국의 장소를 단순히 '세계체제'(Wallerstein, 1984) 내의 변방으로 묘사하는 설명들로부터 의도적으로 멀어지고자 했다. 오늘날 부와 권력의 글로벌 구조 내에서 엄청난 불평등이 존재하긴 하지만, 단순히 글로벌한 사회적·경제적·정치적 구조 내에서 개도국의 경험을 개도국의 장소들에서 읽어 낼 수 있는 것은 아니다. 따라서 개도국의 대부분이 식민화와 탈식민화를 겪었다는 사실 때문에 독자들은 이러한 과정들이 경험되어 온 방식들의 엄청난 차이에, 그리고 그로 인해 오늘날의 유산들이 달라졌음에 눈을 감아서는 안 된다. 마찬가지로 개도국의 대부분이 시장통합(4장), 이주와 도시화(5장)의 과정을 겪고 있지만, 이 과정들이 단순히 동질적인 것은 아니다. 이러한 과정들은 상이한 방식들로 개도국에 영향을 미치며, 그 속의 장소들이 갖는 특수성들을 말살하는 것보다는 재생산하는 데 중요하다. 이러한 주장은 진보적 장소감(Massey, 1996; 〈핵심개념 1.2〉 참조)이라는 개념에 익숙한 지리학자들에게 특히 분명하다. 하지만 특히 세계은행이 사회적·경제적 변화의 공간성을 다루고자 하는 시도들이 편파적이고 단순했기 때문이라는 점은 다시 생각해 볼 만하다(World Bank, 2009; 비판적 논평은 Rigg et al., 2009 참조).

이 책의 제3부는 사람들의 일상적 삶을 바라봄으로써 이러한 생각들을 다시 전면으로 가져온다. 제6장부터 제8장까지는 모두 사람들의 일상적 관행들을 살펴봄으로써, 개도국에서 삶의 다양성 그리고 땅 위에서 경험되는 지구화의 차별적인 영향을 강조한다. 사람들이 일하는 관행의 변화(7장), 소비 패턴(8장), 정치적 개입양식(6장)에 대한 다양한 스냅샷을 통해, 이 책은 지구화의 모순적인 효과들을 제기하면서 풀뿌리 수준에서 이를 능동적으로 다시 만들어 가는 사람들의 역할을 보여 주었다. 여기서는 공간의 사회적 생산 속에서 권력의 포괄적인 구조가 사람들의 행위주체성과 어떻게 결합되는지를 볼 수 있다(〈핵심개념 1.1〉). 리우데자네이루의 파벨라에 대한 국가의 통제력이 재작동함으로써(〈사례연구 6.6〉), 아니면 케냐의 도심지를 정당하게 활동할 수 있는 공간으로 다시금 만들어 가는 비공식 상인들(〈사례연구 7.8〉)을 통해서 말이다.

따라서 개도국의 역사와 지리에 거시적으로, 또 미시적 스케일로 관여하면 지구화가 동질적으로 경험되는 것이 아니며, 많은 맥락들 속에서 차별화의 증대에 기여한다는 점을 잘 알 수 있다. 하지만 그뿐만이 아니라 이를 통해 개도국의 경험에 기초한 대부분의 사회과학 이론의 기저에 놓여 있는 몇몇 가정들을 비판적으로 성찰할 수 있도록 해 준다. 산업화와 근대화로 인해 선진국은 19세기부터 전통적인 사회적 관계를 뒤엎고 점차 비종교화되었지만, 이러한 추세가 보편적이거나 뒤집을 수 없을 것이라는 보장은 없다. 개도국의 경험은 개도국이 주요한 행위자로 관여하고 있는 글로벌한 교환을 통해 종교성이 재생되고 있으며(5장), 권위와 권력의 전통적인 '형태'가 현재 정치체제의 중요한 구성요소이고(6장), '근대성' 그 자체(2장)가 장소특수적인 사회적·문화적 실천들을 통해 끊임없이 경합되고 있음을 보여 준다(8장).

이 책의 마지막 주장은 개도국을 개발이라는 렌즈를 통해서만 읽어서는 안 된다는 것이다. 따라서 이 책은 마지막 절에서 개도국을 '개발'하고자 하는 의도적인 시도들에 대한 논의를 제공하였다. 또한 개발이 단일한 실체가 아니라, 본질적으로 경합적인 열망들의 집합체라는 것을 보여 주는 방식으로 하고자 했다. 이는 지구화에 대한 개도국의 능동적인 역할과 개도국의 역사와 지리에 대한 개입이 중요하다는 이 책 앞부분의 주장에서 기인하는 것이다. 국제개발산업의 핵심 기관과 행위자들이 개도국의 국가, 시장, 시민사회가 개발이 무엇이고 어떻게 증진되어야 하는지에 관한 자신들의 상반된 주장을 제기하는 데 기초가 되는 맥락의 일부를 설정하는 데 중요할 수는 있다. 하지만 국제개발산업이 이를 독점하는 것은 아니다. 국제개발 내의 논쟁을 이끌어가는 데에 개도국의 개발 경험도 종종 마찬가지로 중요하다. 가령 동아시아의 '호랑이 경제'(〈사례연구 9.3)과 〈사례연구 10.2〉) 내에서 창출되는 경제적 전환에서, 포르투알레그레의 참여적 거버넌스 경험(〈사례연구 9.5〉)에서 아니면 뭄바이에서의 동맹 같은 단체들이 취하는 혁신적인 형태의 사회적 행동(〈사례연구 11.3〉)에서처럼 말이다.

개발에 대해 이러한 비판적 접근방식을 제기할 때, 이 책이 1990년대부터 인기를 얻고 있는 '반개발'(anti-development) 또는 '탈개발'(post-development)적 시각에 전적으로 동의하는 것은 아니라는 점을 강조해야겠다. 개발산업 내에서 표상의 속임수나 수사를 해체하는 것은 가치 있는 일이다(〈사상가와 논쟁 1.1〉; 2장). 하지만 그 지점에서 멈추면서, '개발'은 의심을 갖지 못하는 개도국에 부과되는 외래적 가치와 관행의 단일한 집합체라는 인식을 독자들에게 남겨 주는 것은 잘못된 것이다. 개발에 대한 비판적 관여는 그 용어에 대한 상이한(그리고 때로는 본질적으로 혼종적인) 지역의 이해 속에서 중요한 열망들을 심각하게 고려해야 할 동등한 책임을 갖는다고 우리는 생각한다.

그 결과 이 책의 의도는 모든 의도적인 개발시도들에 대해 던져져야 할 중요한 질문들을 독자에게 장착해 주는 것이다. 누가, 그리고 어떻게 변화를 지배하고 있는가?(9장) 추구되는 경제성장에 따른 비용이 얼마나 누구에게 발생하는가?(10장) 개발 과정에 대한 지역공동체의 소유라는 생각이 어떻게, 무엇을 목적으로 활용되고 있는가?(11장) 이 책은 '부풀려진' 국제개발 성공담에 대해 독자들이 건강하게 의심할 수 있도록 해 주길 바란다. 하지만 더 나은 개발 개입의 형태에 대한 탐색이 희망 없는 일로 보인다고 말할 정도로 냉소적이지는 않다.

이 책은 중심 주장들을 중심으로 구성한 탓에, 본의 아니게 개도국의 다른 중요한 측면 중 잘 다루어지지 못한 것이 있다. 지속가능한 개발, 환경 악화, 기후변화에 관한 질문들은 글로벌 스케일에서 분명하게 제기되고 있고, 개도국에 사는 많은 사람들의 미래에 엄청난 의미를 갖는 것인데도 불구하고, 이 책의 구성에서는 명확하게 제기되지 못했다. 하지만 환경적 측면들은 다양한 지점들에서 우리의 논의를 통해 엮어질 수 있다. 글로벌 환경 거버넌스에 대한 고찰(〈사례연구 3.6〉), 도시의 환경(부)정의를 둘러싼 지역적 투쟁(〈사례연구 6.4〉), 토착적 환경지식의 인정(〈사례연구 11.1〉과 〈사례연구11.2〉) 등이다. 이러한 관련성은 인간과 개도국 자연환경 프로세스 간의 관계를 보여 주는 것이지만, 아프리카, 아시아, 중남미, 카리브 해 지역에서의 환경적 논쟁을 포괄적으로 검토하려면 새로운 책 한 권이 더 필요할 것이다(서로 다르지만 쉽게 접근가능한 좋은 사례를 보려면 Adams, 2009나 Robbins, 2012 참조).

주제의 선정과 접근방식에서 균형감을 유지하는 것은 항상 어려운 일이다. 가령 이 책이 개도국이 보편적으로 '퇴행적'이고 빈곤에 찌들어 있다는 부정적인 전형에 대해 도전할 뿐만 아니라, 개도국 내에 존재하는 부와 권력의 극단적인 불평등을 간과하지 않기를 희망한다. 그에 따라 제5장은 의도적으로 보건 문제의 렌즈를 통해 글로벌 불평등의 현실을 보이고자 했다. 다른 장들에 나오는 인도 농촌에서 정치적 주변화에 직면한 사람들(〈사례연구 6.5〉), 더반의 비공식 주거에서 실업에 적응하기 위한 투쟁(〈사례연구 7.6〉), 가나에서 휴대폰 사업의 기회를 포착하려는 사람들(〈사례연구 10.4〉)은 이 책을 읽는 대부분의 사람들과는 매우 다른 기회들을 갖고 있다. 우리의 희망은 이러한 사례들을 강조함으로써 빈곤의 측정을 둘러싼 기술적 논쟁을 부각하기보다는 독자들에게 이러한 불평등의 원천에 대해 좀 더 풍부한 느낌을 제시하려 한 것이다. 그리고 그들의 생생한 경험의 일부를 다룸으로써 민중의 행위주체성에 대해 통찰을 제시하려 했다. 이와 비슷하게 우리는 이 책을 통해 젠더의 중요성을 보이고자 했다. 이 책 전반에 걸친 젠더에 대한 접근방식 또한 개도국의 삶을 이해하는 데 차이의 다른 축들 또한 핵심적이라는 우리의 견해를 밝히고자 했다. 젠더와 함께 민족성, 카스트, 계급, 종교, 섹슈얼리티 등이 개도국 사람들의 경험을 형성하는 데 있어서 핵심적이다.

이 책이 개도국을 이러한 방식으로 제시함으로써 두 가지를 달성했기를 희망한다. 하나는 개발학에서 대부분의 저술들에서 발생하고 있는 중요한 부재, 즉 공간과 장소의 중요성에 대한 비판적 논의를 바로잡는 것이다. 다른 하나는 '주류' 지리학과 기타 사회과학의 현 관심사에 개도국의 다양성과 복잡성을 비교적 쉽게 지도화하는 방식으로 유지하는 것이다. 이 책에서 제기한 주된 정치적 주제들은 국제적 거버넌스 구조에서 개도국의 위상, 국가 건설의 과정, 국가 권력에 대한 민중의 경험과 저항 등이었다. 이러한 주제들은 개도국에서 국가 주도 개발의 현 과정에 대해 비판적인 질문을 제기하지만(9장), 이러한 주제 각각이 또한 그 자체로 정치지리학에서 중요하다(물론 정치지리학의 대부분이 선진국을 탐색의 영역으로 간주하고 있긴 하지만). 이 책은 개도국의 사회적·문화적 사안들을 살펴봄으로써 정체성의 형성과 수행에 있어서 물질문화가 갖는 역할에 대한 사안을 제기하고, 개도국으로부터 나오는 상품, 사고, 사람의 글로벌한 흐름이 선진국 장소들의 사회적·정치적 지리에 기여한다는 점을 강조한다. 마찬가지로, 이 책은 경제적 과정의 공간성이 개도국의 경제적 삶이 변화하는 방식에서 핵심적이라는 것을 보여 주고자 했으며, 이를 통해 경제지리학이 선진국의 경험에 부여하는 중심성에 대해 의문을 제기하고자 했다

(Yeung, 2007 참조). 개도국에서 경제적 과정의 다양성을 인정한다는 것은 또한 '경제적인 것'을 개념화하는 대안적인 방식들이 존재함을 뜻하며(Geoforum, 2008), 이를 통해 공식적인 시장경제를 넘어서는 경제적 공간의 중요성을 강조하고 있다(Gibson-Graham, 2005; 〈사례연구 7.1〉참조).

'개발도상지역'의 지리가 나아갈 곳은 어디인가?

저자들이 대학생 때 처음으로 '개발지리학'을 접한 이래로 개도국은 극적으로 변화하고 있다. 그 이후는 저자들이 가장 강력한 개인적 유대를 맺고 있는 개도국들에서 매우 중요한 의미를 갖는 시기였다(〈사례연구 1.1~1.3〉). 멕시코는 외채위기에서 벗어나 OECD 회원국과 G20의 반열에 올랐다. 인도의 경제성장은 이제 정말로 글로벌하게 활동하고 있는 타타자동차 같은 기업들에서 나타난다. 다인종의 민주화된 남아공에서는 이제 아파르트헤이트 이후 세대가 성인으로 성장했다. 1980년대 후반만 해도 이러한 글로벌한 변화들―신자유주의화의 급격한 도래(10장), 환경변화에 대한 국제적 대응의 추구(3장), 삶과 생활양식의 초국적화 심화(5장, 8장)―이 저자들에게 친숙한 개도국들에 영향을 미친다는 것을 상상하는 것은 매우 힘들었을 것이다. 따라서 개도국이 앞으로 어떠한 미래를 갖게 될 것인지 예측하는 것은 매우 위험스러운 일이다(2007~2008년 글로벌 금융위기의 초반부에 이 책의 초판이 출간되었을 때도 언급했었다). 하지만 우리는 지금껏 견지하고 있는 두 가지 예측을 제기하고자 한다.

첫 번째는 이 책의 주제인 개도국 자체가 점차 경합적인 용어가 될 것이라는 점이다. 이 책은 '개도국'와 '선진국'를 구분하는 브란트 라인이 현재 지리학 교재보다는 역사책에 어울리는 경계선처럼 보인다고 주장했다. 브란트 라인은 부국과 빈국을 명확하게 구분하지 못하며, 개도국 내에 존재하는 다양성, 그리고 극단적인 불평등―선진국과의 복잡한 연계성들은 물론이거니와―을 포착하지 못한다. 2008년 이후의 사건들은 이 같은 점이 더욱 커지고 있음을 잘 보여 준다. 즉 일본, 미국, 유럽연합의 깊은 불황(유로화의 미래에 대한 불확실성으로 인해 더욱 심화되었다)과 더불어 발생한 BRICS 국가들의 등장은 권력과 영향력의 지형이 급격하게 변화하고 있음을 의미한다(Sidaway, 2012). 식민주의와 제국으로 인한 고통이라는 공통의 역사를 통해 단일화된 '개도국'라는 생각이 여전히 일깨워지고 있지만, (브란트 라인이) 글로벌 '코어'와 그 '주변부' 간에 의미 있는 현재의 경계선이 되고 있다는 주장은 학계의 주장이라기보다는 개도국들이 글로벌 환경협상이나 개도국 간 무역협정 시에 스스로가 제기하는 것에 더 가깝다. 하지만 이처럼 변화하는 지리에 대한 국제적인 반응은 얼마간 중요한 변이를 보여 준다. 영국 정부의 국제개발부(DFID)는 2012년 11월 2015년부로 인도에 대한 개발원조를 철수할 것이라고 선언하였다. 지난 10년 동안 '급속한' 성장과 개발의 진전을 겪고 있다는 이유였다(Greening, 2012). 인도는 아프리카에 대한 국제개발원조의 중요한 공여국이 되어 가고 있으며(Mawdsley, 2012b), 이와 동시에 전 세계 빈민 중 1/3의 고국이기도 하다. 불평등이 커져 가는 시기에 브란트라인의 적실성이 점차 약해진다고 해서 선진국이건 개도국이건 간에 민주화, 평등, 사회적·환경적 정의를 위한 투쟁에 관여할 필요성이 지속되고 있다는 점에 눈 감으면 안 될 것이다.

두 번째 예측은, 미래의 지리학과 학생들에게는 개도국에 대한 지식이 앞으로 더 많이 필요하게 될 것이라는 점이었다. 이 책은 개도국의 지리를 강의할 때 강조되어야 할 두 가지 변화의 측면이 있다는 점을 지적했다. 첫 번째는 개도국에 대한 연구의 지평을 '개발'의 범위로만 한정하지 않고 이를 넘어서 더욱 넓혀야 할 필요가 있다는 점이다. 이 책 전반에서 우리가 인용한 연구들, 특히 제4부는 (다른 분야의 학자들과 마찬가지로) 지리학자들이 개도국의 사람과 장소들을 '개발'하기 위한 국제적 계획들에 비판적으로 관여하는 데 매우 핵심적인 역할을 수행해 왔음을 보여 주고 있다. 개도국에서 수행된 모든 지리학 연구들을 '개발지리학'으로 분류하는 것은 너무도 제한적이다(Sidaway, 2011; WIlliams, 2011). 이들 연구들이 도시화의 미래나 초국가적 정체성의 구성 등과 마찬가지로 중요한 다른 여러 학문적 논쟁에 기여할 수 있는 능력을 무시하는 것이기 때문이다. 이는 자연스럽게 변화의 두 번째 필요성과 연결된다. 즉 선진국에서 가르치는 '주류' 지리학(과 다른 사회과학)에 대해 개도국 학자와 국가들의 관심사가 광범위하게 재관여하는 것이다.

이 책에서 포착하고자 했던 개도국 사람들의 삶이 보여 주는 믿기 어려운 역동성(사회·문화적·경제적·정치적)은 그곳에서 살고 있는 전 세계 인구의 80%에 초점을 맞추는 연구를 더욱 증진시키는 것이 얼마나 중요한지를 잘 보여 준다. 이는 단지 '개발지리학자'나 '지역전문가'의 일만이 아니라, 지리학의 모든 하위분야들이 해야 할 일이다. 즉 지리학자들의 관심 속에서 개도국의 자리를 새롭게 잡는 것이 지리학 전체의 미래를 위해 중요하다.

'개발지리학'의 위상이 이렇게 변화하는 것은 2008년 초판 발행 때에도 그랬지만 오늘날에도 필연적인 것처럼 보인다. 학계가 연구와 강의의 적실성을 입증하라는 압력이 커지면서, 이러한 변화들은 더욱더 중요해지고 있다. 하지만 이 책을 쓸 때 우리의 주된 목적은 대학원생 노동시장의 수요에 대응하는 것도, 대학의 성과목표를 위한 실적을 채우는 것도, '개발지리학'에 대한 우리 자신의 비전을 증진하기 위한 것도 아니었다. 그보다는 우리가 초판에서 결론 내렸던 목적 때문이었다.

브란트 라인의 남쪽에는 매혹적이고 빠르게 변화하는 세계가 존재하고 있고, 이 책의 의도는 이러한 역동성과 재미를 소통하고자 하는 것이었다. 우리의 삶 자체가 이 세계에 개인적이고도 직업적으로 관여하면서 엄청나게 풍요로워졌고, 이 책에 힘입어 독자들도 그렇게 해보길 기대한다.

이는 우리들에게 여전히 가장 중요한 집필 이유이다.

2013년 6월
글린 윌리엄스, 폴라 메스, 케이티 윌리스

한국의 농업이주노동:
신토불이 국산 농수축산물도 외국인 이주노동자가 책임지고 있다

지구 반대편에서 생산되는 농수축산물이 우리의 식탁을 점령하면서 많은 농민과 국민들이 신토불이와 로컬푸드를 이야기한다. 하지만 국내에서 생산되는 한우도 한돈도 사실은 외국인 이주노동자들의 노동력에 점점 더 많이 의존하고 있다. 현재 이주노동자가 전체 농축산 노동에서 차지하는 몫은 5.4%인데, 임금노동으로 한정시키면 36.7%의 노동을 공급한다. 이주노동자가 농축산업 생산에 '결정적 존재'가 됐다는 의미이다(이문영, 2015). 2004년 이주노동자 고용허가제가 본격화되면서 농업 분야에 합법적으로 외국인 노동자들이 고용되기 시작했다. 2014년 9월말 현재 농축산 분야 '등록노동자'는 23,687명(그중 여성이 31.0%)이다. 국적으로는 캄보디아 40%, 베트남 30%, 네팔, 태국, 미얀마 순이다.

이렇게 외국인 이주노동자들이 농업 분야에서 늘어나는 근본적인 원인은 한국 농업의 일손이 부족하기 때문이다. 농촌의 고령화로 농촌에는 일할 사람이 없고, 그 빈자리를 이들이 메워야 하는 상황이 되고 있다. 한국의 농업현장(특히 축사, 하우스)이 점차 연중 돌아가는 공장처럼 규모가 커지고 있다는 점도 이들의 상시고용을 가능케 하는 원인이기도 하다. 가족소농 중심의 농업구조를 가진 우리나라에서 본격적인 '농업노동자'의 출현이다. 이처럼 대규모 생산현장에는 주로 등록노동자들이 일하고, 그 외에 비상시적인 수확철 노동은 불법체류 노동자들이 사용된다.

문제는 이들의 노동이 '합법적'으로 착취되고 있다는 점이다. 1952년 제정된 근로기준법 제63조은 근로시간과 휴일, 휴게시간 조항이 농축수산업에만은 예외적으로 적용되지 않음을 명시하고 있다. 이 조항이 지금까지 유지되면서, 이주노동자를 고용하는 농장주들이 초과 근로시간에 대한 수당을 주지 않아도 되는 것이다. 마을 사람들이 마음대로 돌려쓰는 경우도 흔하다. 숙소의 주거환경 문제도 심각하다.

전남 장성의 돼지는 녹차를 먹고 특화된다. ㄹ(28세, 남, 캄보디아)은 2,000여 두의 돼지농장

사진 9. 한겨레21 제1025호(2014.8.25.) 표지. 고용허가제 10년: 이주노동자를 착취해 만들어진 한국인의 먹거리

사진 10. 엠네스티 한국지부가 국내 생협 및 먹거리운동단체들과 함께 시작한 인권밥상 캠페인

에서 '연중무휴'로 일했다. 사료를 주고, 배설물을 치우고, 도축도 하며 사체를 처리하다가도 사장의 옥수수밭을 매고, 사장 누나 밭의 양파를 출하하고, 사장 아버지 고추밭에서 풀을 뽑았다. 양돈 노동자로 계약한 그는 사장 가족의 '가노'처럼 쓰였다. 매일 13~14시간 일했고 한 달 최다 노동은 370시간에 달했다. … 형이 계약해 동생이 쓰고, 20대 딸이 고용해 60대 아버지가 부리며, 75살 노모의 이름으로 40대 아들이 사용한다. 가족 혹은 마을 주민들끼리 '공용'하기도 한다. 우리의 밥상에 오르는 식재료는 사람과 사람에게 물건처럼 넘겨지는 사람들의 손으로 번식하고 생육하는 단계에 와 있다. 계약을 지켜 달라고 ㄹ이 요구했을 때, 사장은 "모두 농업"이라고 답했다(이문영, 2015).

우리의 밥상은 인간다운가. 밥상의 안전성을 묻는 탈근대시대에 밥상의 인간성을 묻는 (전)근대적 물음이 뒤늦게 도착한다. 세계화·국제화에 휘말린 저개발국가의 노동이 안전한 '지역' 식재료 생산에 투입되면서 나타나는 현상이다. 의식과 생활은 글로벌을 강조하되 먹거리는 로컬리티를 추구하는 한국 사회에서 밥상의 탄생은 글로벌 스탠더드와 한참 멀다. '우리'는 배제의 언어다. '우리에서 배제당한 사람들' 없인 '우리의 신토불이 밥상'도 없다는 현실 속에 아시아의 비참은 숨어 있다(이문영, 2015).

이렇게 오늘날 '우리'의 밥상은 개도국이라는 존재 없이는 차려질 수 없을 만큼 '글로벌'하다. '로컬'한 우리 국산 농수산물도 사실은 매우 '글로벌'하다. 하지만 그것이 '글로벌' 스탠더드와는 한참 거리가 멀다.

더 읽을거리

이문영, 2015, '우리'의 밥상에 차려진 아시아의 비참, 녹색평론, 제141호(2015년 3-4월호).

고통을 수확하다: 한국 농축산업 이주노동자 착취와 강제노동(앰네스티한국지부, 2014), http://amnesty.or.kr/campaign_library/9896

고용허가제 농축산업 이주노동자 인권백서: 노비가 된 노동자들(이주인권연대 농축산업 이주노동자 권리 네트워크, 2013), http://goo.gl/5chJid

한겨레21 특별기획: 인권밥상(2014), http://h21.hani.co.kr/arti/SERIES/162/?cline=1

용어정리

행위주체성 Agency 개인이 행위할 수 있는 능력. 종종 우리의 행위를 형성하고 통제한다고 여겨지는 추상
적인 경제적·사회적·정치적 구조(자본주의 같은)를 가리키는 '구조'와 대비되어 사용된다.

원조 Aid 경제개발을 증진하고 사회적 복지를 개선하기 위해 양허조건으로 이루어지는 자원의 이전(〈핵심
개념 2.6〉)

브레턴우즈 Bretton Woods 전후 국제 경제제도를 확립하기 위해 1944년 미국에서 개최된 회의

자본주의 Capitalism 재화와 서비스의 교환과 가치평가에서 시장에 핵심적인 역할을 부여하는 경제적 조
직체계

시민사회 Civil society 정부 바깥에 존재하는 공식적·비공식적 조직. 보통은 민간 부문 조직과 가정/혈연
집단은 제외된다.

냉전 Cold war 미국이 주도하는 자본주의 세계와 소련이 주도하는 공산주의 세계 간의 정치적 긴장 시기
(1940년대 후반~1989년)

식민주의 Colonialism 다른 국가에 의한 영토와 국민에 대한 공식적인 정치적 통제

상품사슬 Commodity chain 원료를 투입해 시작되는 생산에서부터 최종 판매단계에 이르기까지 연결되
는 일련의 경제적 상호작용

공산주의 Communism 카를 마르크스와 프리드리히 엥겔스의 저작에 기반한 정치적·경제적 체계. 재산
은 국가가 소유하고, 경제는 중앙에서 계획된다.

복합 (정치) 비상사태 Complex political emergency 정치적 불안정성이 주된 원인인 인도주의적 위기(〈
핵심개념 3.2〉)

소비 Consumption 재화와 서비스의 사용

기업의 사회적 책임 Corporate social responsibility 기업이 이윤 극대화뿐만 아니라 자신들의 활동윤리
와 관련하여 수행해야 할 필요성

코즈모폴리터니즘 Cosmopolitanism 장소나 사람들에 붙여지는 표식의 하나로, 세련되고 국제감각을 지
닌 자세를 뜻한다. 문화적 다양성을 편안하게 여기고 이를 포용하는 자세를 시사한다.

정실주의 Cronyism 개인적(때로는 비밀의/불투명한) 관계를 장점보다 선호하는 정치적·경제적 관계의
체계

문화자본 Cultural capital 특정한 문화적 배경 속에서의 수행을 성공적으로 만들어 주거나, 특정한 문화적
배경을 통해 성공할 수 있도록 해 주는 숙련과 지식

문화적 변화 Cultural change 예컨대 사람들의 문화적 규범이나 정체성에 영향을 미치는 종교, 소비, 민족
주의의 실천이 변화하는 것

문화적 지구화 Cultural globalization 문화적 규범과 관행의 국제적 확산. 종종 문화적 동질화 과정으로 지칭하는 데 사용된다.

외채 위기 Debt crisis 1980년대 선진국 금융기관들의 외채를 상환하는 데 실패한 일련의 개도국들로부터 발생한 위기

외채 상환 Debt Servicing 국제적 차관과 관련하여 국가정부가 되갚는 행위. 보통 이자와 원금의 일부 상환을 포함한다.

탈식민화 Decolonization 영토와 주민에 대한 공식적인 정치적 통제가 외국에서 토착지배로 넘어가는 것

해체 Deconstruct(ion) 텍스트, 언어, 이미지 및 기타 표상의 형태들에 대한 깊이 있는 분석. 보통은 그 밑에 깔려 있는 암묵적인 생각들에 대한 탐구를 수반한다.

민주주의 Democracy 시민이 정치적 권력을 직접 또는 직접 선출한 대표자를 통해 행사하는 정부체제

인구학 Demography 인구에 대한 연구

탈규제화 Deregulation 특히 국가의 직접적 역할을 축소하는 것과 관련된 규제나 통제의 철폐

발전국가 Developmental state 특히 산업화를 통한 경제성장을 주도하는 데(단순히 규제하는 것보다) 능동적 역할을 수행하는 국가

디아스포라 Diaspora 본국에서 떨어져 살고 있는 인구(〈핵심개념 5.2〉)

담론 Discourse 저술, 시각이미지, 또는 기타 수단을 통한 표상의 형태

노동분업 Division of labour 상이한 장소에서 상이한 사람에 의해 수행되는 소규모 임무들로 노동과정을 분화하는 것

가사노동 Domestic labour 가정 내 또는 주변에서 수행되는, 임금이 지불되지 않는 노동(〈핵심개념 7.3〉)

민족성 Ethnicity 공유하는 신념, 종교, 문화적 관행에 기반한 민족들의 정체성 또는 (자가)분류

유럽중심주의 Eurocentrism 유럽(또는 선진국)의 경험을 중심적이라고 간주하거나 유럽/선진국이 우월하다고 보는 사고

유로달러 Eurodollars 미국 바깥의 은행들이 보유하고 있는 미국 달러

수출가공지대 Export Processing Zones(EPZ) "외국투자자를 유치하기 위해 특별한 인센티브를 제공하는 산업지구로, 수입된 자재가 재수출되기 전에 그곳에서 얼마간의 가공을 거친다"(ILO, 2004: 37).

공정무역 Fair trade 시장가격과는 상관없이 재화에 대해 최소 가격을 생산자에게 보장해 주는 무역체계. 사회적 프로그램을 위한 부가적 지불을 포함한다.

변동환율 Floating exchange rate 환율이 정부에 의해, 또는 금이나 다른 통화(보통 미국 달러)에 고정되지 않고 시장에 의해 결정되는 체계

포드주의 Fordism 대량생산을 중심으로 하는 생산체계. 종종 조립라인과 상당한 노동분업을 활용한다.

외국인 직접투자 Foreign direct investment(FDI) 정부나 민간기업의 외국에 대한 투자

공식경제 Formal economy 법적인 틀 속에서 규제받으면서 수행되는 경제활동

공식정치 Formal politics 헌법적 정부체계 및 공적으로 규정되는 기관과 절차의 작동(Painter and Jeffrey, 2009: 7)(〈핵심개념 6.1〉)

자유무역 Free trade 관세나 수입할당 등과 같은 장벽들로 간섭받지 않는 무역

G8 미국, 영국, 독일, 프랑스, 일본, 이탈리아, 캐나다, 러시아(1997년 이후) 간의 협상을 위한 포럼. 이들 국가들의 역사적 부와 권력에 기반하고 있으면서 중국, 브라질, 인도는 배제하고 있다.

G77 1964년 UNCTAD 회의에서 결성된 개도국 77개국의 모임으로 현재 134개국으로 확대되었다.

젠더 Gender 남성과 여성 간에 사회적으로 만들어진 차이(〈핵심개념 5.1〉)

지정학 Geopolitics 영토, 자원 같은 지리적 관심사에 관한 국가의 행위를 연구하는 접근방식

글로벌 거버넌스 Global governance 글로벌 규모에서의 거버넌스의 실천(〈핵심개념 3.3〉)

글로벌 정치경제 Golbal political economy 글로벌 규모에서 벌어지는 경제적·정치적 과정들의 상호관련 체계

글로벌 생산네트워크 Global production network 재화와 서비스의 글로벌 교역에 결부되어 있는 생산, 유통, 소비, 규제, 금융의 네트워크(〈핵심개념 4.1〉)

글로벌 가치사슬 Global value chain 한 상품의 생산, 유통, 소비 단계들로, 각 단계에서 부가되는 가치에 초점을 맞춘다(〈핵심개념 4.1〉).

지구화 Globalization 전 세계의 사람과 장소를 서로 가깝게 만들어 주는 경제적·정치적·사회적·문화적 과정. 종종 '축소되는 세계' 개념으로 요약된다.

거버넌스 Governance 정부 및 비정부 행위자(사기업, 시민사회단체)를 포괄하여 규범을 만드는 형태

통치성 Governmentality 정부와 정부가 통치하는 국민이 상호작용하는 방식(〈핵심개념 3.1〉)

녹색혁명 Green Revolution 1960~1970년대 새로운 농업생산 형태의 도입. 다수확 종자품종, 관개, 비료의 사용이 포함된다.

국내총생산 Gross Domestic Product(GDP) 한 나라 내에서 생산된 모든 재화와 서비스의 가치

국민총소득 Gross National Income(GNI) 특정 국가의 국민들에 의해 생산된 모든 재화와 서비스의 가치를 측정한 것(〈핵심개념 2.9〉)

헤게모니적 Hegemonic 하나의 생각, 행동방식, 정부가 지배적인 상태. 잘 뿌리내리고 있어서 매우 자연스러워 보인다.

가정기반 노동 Home-based work 가정 내에서 이루어지는 소득창출 활동

인간발전지수 Human Development Index(HDI) 인간 개발의 수준에 대한 지표를 제공하기 위해 UNDP가 고안한 측정도구. 교육, 보건, 생활기준 등의 지표가 포함되어 있다.

혼종화 Hybridization 두 문화의 융합과 혼성(〈핵심개념 8.1〉)

정체성 Identity 직접 또는 타자에 의해 특정한 집단에 속하는 것으로 간주하는 것(〈핵심개념 5.3〉)

제국주의 Imperialism 하나의 지리적 지역이 다른 지역을 지배하는 체제. 공식적인 정치적 통제를 포함할 수 있다.

수입대체 산업화 Import subsitution industrialization(ISI) 관세장벽의 철폐를 통해 자국의 산업개발을 촉진하고자 하는 경제전략

토착적 기술지식 Indigenous technical knowledge 환경과의 오랜 상호작용에 기반하여 토착주민들이

보유하고 있는 지식

비공식 경제 Informal economy 공식적 통제와 법률을 벗어나 발생하거나 비공식화된 고용관계를 통해 발생하는 경제활동(〈핵심개념 7.1〉)

비공식 정치 Informal politics "동맹을 형성하고, 권력을 행사하고, 다른 사람에게 무언가를 하도록 하며, 영향력을 발전시키고 특정 목표와 이익을 보호하고 개진한다(Painter and Jeffrey, 2009: 7)(〈핵심개념 6.1〉)

적시 생산 Just-in-time production 투입물의 활용과 산출물의 제공이 수요에 의거해 이루어지는 생산의 형태

케인스 경제학 Keynesian economics 자유방임 접근에 비해 경제에 대한 정부 개입의 증대를 요구한 존 메이너드 케인스의 이름을 딴 경제사상의 학파(〈핵심개념 9.1〉).

자유방임 Laissez-faire 국가 개입의 최소화와 시장자유의 극대화를 수반하는 자본주의의 한 형태

생활양식 Lifestyle 한 개인이 살아가는 방식 또는 삶의 방식. 그 사람이 행하는 사회관계와 소비실천을 포함하며, 또한 그 사람의 문화적 가치를 반영한다.

생계 Livelihood 생활수단에 필요한 능력, (물질적·사회적 자원을 포함한) 자산, 활동(DFID, 1999)

맬서스주의 Malthusian(ism) 통제받지 않는 인구의 성장이 자원의 부족사태, 사회적 불안, 죽음을 가져올 것이라고 주장하는, 인구성장과 자원 간의 관계에 대한 해석

물질문화 Material culture 인공물과 사람 간에 발전되는 관계(〈핵심개념 8.3〉)

중상주의 Mercantile 국가가 관세를 통해 적극적으로 무역적 이해관계를 보호하는 자본주의의 한 형태

밀레니엄 개발목표 Millenium Development Goals(MDG) 2000년 국제적으로 채택된 일련의 개발목표 치로, 최빈계층의 생활조건의 개선에 초점을 맞춘다.

근대성 Modernity 근대적인 상태, 또는 그 시대의 근대적인 상태. 근대성에 대한 대안적 형태가 존재하지 만, 보통은 근대적인 것에 대한 선진국의 생각을 가리키는 데 사용된다(〈핵심개념 2.7〉).

근대화 Modernization 단순한 사회에서 복잡한 사회로, 그리고 더 진보되었다고 주장되는 사회로 진화하는 과정

도덕경제 Moral economy 가까운 혈연공동체에 의존하는 사회적 인정에 의해 감독되는 경제적 관계의 체계

다국적기업 Multinational corporation(MNC) 일국 이상의 국가에서 재화나 서비스의 생산을 조율할 수 있는 힘을 갖고 있는 기업

승수효과 Multiflier effect 주어진 투자순환의 결과로 생산된 부가적인 경제활동

국민국가 Nation-state 주권을 갖고 있다고 주장하는 영토가 명확히 규정된 민족의 지리적 경계와 이상적으로 부합하는 국가

신자유주의 Neoliberalism 경제적·정치적 발전에서 국가보다는 시장의 역할을 강조하는 접근

신자유주의화 neoliberalization 신자유주의적 정책의 시행

신국제노동분업 New International Division of Labour(NIDL) 제조업이 NICs로 이동하는 현상과 관련되

개발도상국과 **국제개발**

어 있는 글로벌 노동분업

신공공관리 New Public Management 시장과 유사한 메커니즘을 도입하여 재정적 효율성을 제고하기 위한 공공 부문의 조직적 변화(〈핵심개념 9.3〉)

신흥산업국 Newly Industrializing Country(NIC) 급속한 경제성장이 OECD 국가들 수준에 근접한 경제개발의 수준을 달성하고 있는 국가들

비동맹운동 Non-Aligned Movement(NAM) 국제적 사안들에 있어서 회원국의 자결을 보장할 목적으로 주로 구 식민지 국가들로 구성된 조직

규범적 Normative 사물이 실제로 어떠한가를 단순히 기술하기보다는 사물이 어떠해야 하는가를 나타낸다.

역외 금융거래 Off-shore banking 규제가 미약한 영토에서 주로 비거주민의 비즈니스를 위해 이루어지는 금융거래

공적개발원조 Official Development Assistance(ODA) OECD의 개발원조위원회(DAC) 회원국들이 개도국들에게 개발목적으로 양허이자율로 제공하는 재정적 원조

고령인구 의존율 Old Age Dependency Ratio 노동인구 대비 고령인구의 비율

석유수출국기구 Organization of Petroleum Exporting Countries(OPEC) 공통의 경제적 이해관계를 보장할 목적으로 핵심 석유생산국들로 구성된 기구

오리엔탈리즘 Orientalism 서구의 자체적 표준에 비해 비서구 세계를 상이하고 열등하다고 규정하는 효과를 갖는 일련의 제도적 실천들(〈핵심개념 2.5〉)

타자화 Othering 차이의 범주를 확립하는 기술의 과정. 그 속에서 '타자'는 보통 지배적 범주에 의해, 그리고 그 조건 속에서 규정된다(가령 서구적/동양적-오리엔탈리즘 참조).

패러다임 전환 Paradigm shift 어떤 현상에 대한 기존의 안정적인 이해방식의 극적인 전환. 종종 새로운 세계관을 제시한다.

수동적 저항 Passive resistance 직접적인 대치보다는 비활동이나 비순응을 통해 권력을 침해하고자 하는 저항

생태계 서비스 지불 Payment for ecosystem services(PES) 인간이 환경으로부터 받는 편익을 보호하기 위해 이루어지는 지불(〈핵심개념 10.3〉)

수행성 Performativity 한 개인의 정체성 또는 사회적 규범과의 관계를 구성하는 요소들을 수행하거나 '드러내는' 발화 또는 다른 행위(〈핵심개념 6.2〉)

오일달러 Petrodollars 국제은행들이 보유하고 있는 달러 보유고 중에서 석유판매로 발생한 달러

장소 Place 일상적 활동에서 의미와 위치를 갖는 곳(〈핵심개념 1.2〉)

장소 마케팅 Place marketing 투자유치나 관광 같은 경제적 편익을 제공할 의도로 특정 입지(도시 등)를 마케팅하는 행위

인구성장률 Population growth rates 자연적 증가 및 이주로 인해 특정 시기 동안 발생하는 인구의 변동

포스트식민주의 Postcolonialism 선진국에 뿌리내린 개념과 이해들을 해체하고자 하는 이론적 접근

탈식민지 시대 Post-colonialism 식민주의 이후의 시대(〈핵심개념 2.3〉)

포스트개발주의 Post-development 개발 담론과 개발 개입의 이데올로기적 성격을 강조하는 일련의 사고들

포스트구조주의 Post-structuralism 세계에 대한 단일한 해석을 채택하기보다는 지식은 항상 편파적이고 맥락적이라는 점을 인정하는 이론적 접근

빈곤 Poverty 보통은 경제적 곤경과 그로 인해 사회 내에서 온전히 참여하지 못하는 무능력으로 정의된다. 광의의 해석은 주변화와 사회적 배제 등 빈곤이 갖는 다면적 성격을 강조한다.

빈곤경감 전략보고서 Poverty Reduction Strategy Paper(PRSP) 외채를 진 개도국 국가가 세계은행과 파트너십하에서 빈곤퇴치를 위한 합의된 국가적 접근법에 관하여 작성하는 문서

권력 Power 행위할 수 있는 능력(power to), 타자를 통제할 수 있는 능력(power over), 또는 일상적인 기법, 전략, 실천 내에서 작동하는 무엇인가이다(〈핵심개념 1.3〉).

보호주의 Protectionism 국민경제를 외부의 경쟁자들로부터 보호하기 위해 무역관세 및 기타 조치들을 부과하는 것

공공근로 프로그램 Public works programmes 공공인프라의 개발을 통해 고용을 제공하기 위한 국가 주도 프로그램

인종 Race 피부색 같은 육체적 특성과 그러한 특성의 유전적 표지에 근거한 인류의 분류

상대주의적 Relational 다른 사람/사물과의 차이나 유사점에 근거하여 한 사람이나 사물의 정체성을 구성하는 것

송금 Remittances 이주노동자들이 본가에 보내는 돈이나 물건

표상/재현 Representation 언어, 상징, 신호, 이미지가 대상, 사람, 사건, 과정, 사물을 나타내는 방식(〈핵심개념 2.1〉)

저항 Resistance 능동적 또는 수동적으로 권력에 반대하는 과정

사티 Sati 남편의 화장식 때 아내가 스스로 희생하는 힌두교의 전통적인 관행

세속주의 Secularism 공적 행위에서 종교적 가치를 제거하는 것

섹슈얼리티 Sexuality 성적 욕망 및 실천과 관련된 정체성

사회자본 Social capital 개인과 공동체가 갖는 수평적·수직적인 사회적 관계. 특정 목적을 달성하기 위해 동원될 수 있다(〈핵심개념 11.1〉).

사회변동 Social change 특히 사회와 사람과 관련된 변화의 과정들

사회적 구성 Social construction 세계를 바라보는 범주 또는 방식이 객관적이거나 자연적인 것이 아니라, 사회적 상호작용을 통해 구성된다는 생각

사회적 재생산 Social reproduction 사회생활이 물질적·사회적 수단들을 통해 재생산되는 방식

사회주의 Socialism 공공이 경제의 소유권과 통제력을 갖는 정치적·경제적 조직형태

국부펀드 Sovereign wealth fund 개인이나 민간기업이 아닌 국가가 소유한 투자펀드

주권 Sovereignty 국민과 영토(지배지역)에 대한 절대적 통제권

공간 Space 지리학의 핵심개념으로 추상적 공간, 인지적 공간, 사회적으로 생산된 공간 등을 모두 포괄하는 다양한 의미를 지니고 있다(〈핵심개념 1.1〉).

이해당사자 Stakeholder 특정 과정이나 상황에 대해 정당한 이해관계를 갖고 있는 개인 또는 조직

구조조정 정책/프로그램 Structural adjustment policies/programmes 공공지출 축소와 국제수지 균형 달성을 목적으로 국제 공여기구들이 채무국에 부과하는 일련의 정책

자급농업 Subsistence agriculture 상업적 교환보다는 가구의 필요를 충족시키기 위한 농업

지속가능발전 Sustainable development 미래세대의 필요를 훼손하지 않으면서 현 세대의 필요를 충족시키는 발전(〈핵심개념 3.4〉)

무역수지 Terms of trade 한 국가의 수입액 대비 수출액 비중

초국적기업 Transnational corporation(TNC) 한 나라 이상에서 활동하는 기업

초국가주의 Transnationalism 국가의 경계를 넘어서서 발생하는 경제적·사회적·정치적 과정(〈핵심개념 8.2〉)

낙수효과 Trickle-down effect 경제성장의 혜택이 주요 집중지역에서부터 시작되어 다른 경제 및 사회 부문들로 확산될 것이라는 생각

비유 Trope 어떤 묘사나 서사 속을 관통하는 공통의 또는 지배적인 주제

도시화 Urbanization 도시지역에서 생활하는 인구비중이 증가하는 것

워싱턴 컨센서스 Washington Consensus 시장 주도적 성장을 장려하기 위한 일련의 정책변화들로, 미국 국무부, 세계은행, IMF가 지원한다(〈핵심개념 10.1〉).

서구화 Westernization 서구적 가치와 관행이 비서구사회로 확산되는 것

Aalbers, M. (2009) 'Geographies of the financial crisis', *Area*, 41(1): 34-42.

Abaza, M. (2001) 'Shopping malls, consumer culture and the reshaping of public space in Egypt', *Theory, Culture and Society* 18(5): 97-122.

Abers, R. (1998) 'From clientalism to cooperation: local government, participatory policy, and civic organizing in Port Alegre, Brazil', *Politics and Society* 26: 511-37.

Abu Dhabi Investment Authority (2013) 'Portfolio overview'. Online: http://www.adia.ae/En/Investment/Portfolio.aspx [accessed 5 June 2013].

ACTSA, Christian Aid and SCIAF (2007) 'Undermining development: copper mining in Zambia', report published by Action for Southern Africa, Christian Aid and the Scottish Catholic International Aid Fund.

Adams, W. M. (2009) *Green Development: Environment and Sustainability in a Developing World* (third edition), London: Routledge.

Adams, W. M. and Watson, E. E. (2003) 'Soil erosion, indigenous irrigation and environmental sustainability, Marakwet, Kenya', *Land Degradation & Development* 14(1): 109-22.

Adams, W. M., Watson, E. E. and Mutiso, S. (1997) 'Water, rules and gender: water rights in an indigenous irrigation system, Marakwet, Kenya', *Development and Change* 28(4): 707-30.

Adelkhah, F. (2000) *Being Modern in Iran*, New York: Columbia University Press.

Adeney, K. (2007) *Federalism and Ethnic Conflict Regulation in India and Pakistan*, New York: Palgrave Macmillan.

Adeney, K. (2012) 'A step towards inclusive federalism in Pakistan? The politics of the 18th Amendment', *Publius: The Journal of Federalism* 42(4): 539-65.

Afshar, H. (1999) 'The impact of global and the reconstruction of local Islamic ideology, and an assessment of its role in shaping Feminist politics in post-revolutionary Iran', in H. Afshar and S. Barrientos (eds) *Women, Globalisation and Fragmentation in the Developing World*, London: Macmillan, pp.54-76.

Ahmed, L. (2011) *A Quiet Revolution: The Veil's Resurgence from the Middle East to America*, New Haven, CT: Yale University Press.

Allen, J. (1997) 'Economies of power and space', in R. Lee and J. Wills (eds) *Geographies of Economies*, London: Hodder Arnold, pp.59-70.

Allman, J. (2004) 'Fashioning Africa: power and the politics of dress', in J. Allman (ed.) *Fashioning Africa: Power and the Politics of Dress*, Bloomington and Indianapolis: Indiana University Press, pp.1-10.

Amin, S. (1989) *Eurocentrism*, London: Zed Books.

Anders, G. (2005) *Civil Servants in Malawi: Cultural Dualism, Moonlighting and Corruption in the Shadow of Good Governance*, Erasmus Universiteit Rotterdam, PhD Dissertation, School of Law. Online: http://hdl.handle.net/1765/1944 [accessed 14 February 2013].

Anderson, A. (1997) *Pluriformity and Contextuality in African Initiated Churches*, paper presented at Conference on Christianity in the African Diaspora, University of Leeds, September 1997. Online: http://artsweb.bham.ac.uk/aanderson/index.htm.

Anderson, B. and Tolia-Kelly, D. (2004) 'Matter(s) in social and cultural geography', *Geoforum* 35(6): 669-74.

Anderson, J. (2011) 'Conservative Christianity, the Global South and the battle over sexual orientation', *Third World Quarterly* 32(9): 1589-605.

Andresen, S. (2007) 'The effectiveness of UN environmental institutions', *International Environmental Agreements: Politics, Law and Economics* 7(4): 317-36.

Ansell, N. (2005) *Children, Youth and Development*, London: Routledge.

Appadurai, A. (2001) 'Deep democracy: urban governmentality and the horizon of politics', Environment and Urbanization 13(2): 23-43.

Appe, S. (2007a) 'From state intervention to cultural synthesizism in Bogotá, Colombia', *CultureWork: A Periodic Broadside for Arts and Culture Workers*, July, 11(2), Centre for Community Arts and Cultural Policy, Arts and Administration, University of Oregon.

Appe, S. (2007b) 'Cultura para Todos: Colombian Community Arts...and politics, community arts network'. Online: http://www.communityarts.net/ [accessed 1 June 2008].

Arputham, J. and Patel, S. (2010) 'Recent developments in plans for Dharavi and for the airport slums in Mumbai', *Environment and Urbanization* 22(2): 501-4.

Atkinson, P. (1999) 'Representations of conflict in the Western media: the manufacture of a barbaric periphery', in T. Skelton and T. Allen (eds) *Culture and Global Change*, London: Routledge, pp.102-8.

Baillie Smith, M. and Laurie, N. (2011) 'International volunteering and development: global citizenship and neoliberal professionalisation today', *Transactions of the Institute of British Geographers* 36(4): 545-59.

Baiocchi, G. (2001) 'Participation, activism and politics: the Porto Alegre experiment and deliberative democratic theory', *Politics and Society* 29: 43-72.

Bakker, K. (2007) 'The "commons" versus the "commodity": alter-globalization, antiprivatization and the human right to water in the global south', *Antipode* 39(3): 430-55.

Balassa, B. (1971) 'Trade policies in developing countries', *American Economic Review* 61: 178-87.

Banerjee, M. (2007) 'Sacred elections', *Economic and Political Weekly* 42(17): 1556-62.

Banerjee, M. (2011) 'Elections as Communitas', *Social Research* 78(1): 75-98.

Barnett, C. (2003) 'Media transformation and new practices of citizenship: the example of environmental activism in post-apartheid Durban', *Transformation: Critical Perspectives on South Africa* 51: 1-24.

Barnett, C. (2005) 'The consolations of "neoliberalism"', *Geoforum* 36: 7-12.

Barnett, C. and Land, D. (2007) 'Geographies of generosity: beyond the "moral turn"', *Geoforum* 38(6): 1065-75.

Barrett, H. (2009) *Health and Development*, Abingdon: Routledge.

Barrientos, S. and Smith, S. (2007) 'Mainstreaming fair trade in global production networks: own brand fruit and chocolate in UK supermarkets', in L. Raynolds, D. L. Murray and J. Wilkinson (eds) *Fair Trade: The Challenges of Transforming Globalization*, London: Routledge, pp.103-22.

Baviskar, A. (1997) *In the Belly of the River; Tribal Conflicts over Development in the Narmada Valley*, Delhi: Oxford University Press.

Baviskar, A. (2003) 'Between violence and desire: space, power, and identity in the making of metropolitan Delhi', *International Social Science Journal* 55(1): 89-98.

Bayat, A. (1997) 'Un-civil society: the politics of "informal people"', *Third World Quarterly* 18(1): 53-72.

Baylies, C. and Bujra, J. (2000) *AIDS, Sexuality and Gender in Africa: Collective Strategies and Struggles in Tanzania and Zambia*, London: Routledge.

Beall, J. and Fox, S. (2009) *Cities and Development*, Abingdon: Routledge.

Beaverstock, J. (2002) 'Transnational elites in global cities: British expatriates in Singapore's financial district', *Geoforum* 33(4): 525-38.

Bebbington, A. (2008). 'Social Capital and Development', in V. Desai and R. Potter (eds) *The Companion to Development Studies*, London: Hodder Education.

Beck, U. (1992) *Risk Society: Towards a New Modernity*, London: Sage.

Beck, U. (1999) *World Risk Society*, Cambridge: Polity Press.

Bell, D. and Valentine, G. (1997) *Consuming Geographies: We Are Where We Eat*, London: Routledge.

Bell, M. (1994) 'Images, myths and alternative geographies of the Third World', in D. Gregory, R. Martin and G. Smith (eds) *Human Geography: Society, Space and Social Science*, London: Macmillan, pp.174-99.

Bennett, T., Grossberg, L. and Morris, M. (eds) (2005) *New Keywords: A Revised Vocabulary of Culture and Society*, Oxford: Wiley-Blackwell.

Berkes, F. (2008) *Sacred Ecology* (second edition), New York and London: Routledge.

Berry, O. (2013) 'The perfect trip: Borneo', *Lonely Planet Traveller* June: 68-81.

Bhabha, H. (1994) *Locations of Culture*, London: Routledge.

Bhatt, V. V. (1982) 'Development problem, strategy and technology choice: Sarvodaya and Socialist approaches in India', *Economic Development and Cultural Change* 31(1)(October): 85-99.

Bhattachrayya, D. (1999) 'Politics of middleness: the changing character of the Communist Party of India (Marxist) in Rural West Bengal (1977-90)', in B. Rogaly, B. Harriss-White and S. Bose (eds) *Sonar Bangla? Agricultural Growth and Agrarian Change in West Bengal and Bangladesh*, London: Sage.

Bickham Mendez, J. (2002) 'Creating alternatives from a gender perspective: transnational organizing for maquila workers' rights in Central America', in N. A. Naples and M. Desai (eds) *Women's Activism and Globalization: Linking Local Struggle and Transnational Politics*, London: Routledge, pp.121-41.

Biles, J. J. (2008) 'Informal work and livelihoods in Mexico: getting by or getting ahead?' *Professional Geographer* 60(4): 541-55.

Bird, G. and Milne, A. (1999) 'Miracle to meltdown: a pathology of the East Asian financial crisis', *Third World Quarterly* 20(2): 421-37.

Blaut, J. M. (1993) *The Colonizer's Model of the World*, London: The Guilford Press.

Bleischwitz, R., Dittrich, M. and Pierdiecca, C. (2012) 'Coltan from Central Africa, international trade and implications for any certification', *Resources Policy* 37(1): 19-29.

Blom Hansen, T. and Stepputat, F. (eds) (2001) *States of Imagination: Ethnographic Explorations of the Postcolonial State*, Durham, NC: Duke University Press.

Blowfield, M. (1999) 'Ethical trade: a review of developments and issues', *Third World Quarterly* 20(4): 753-70.

Blunt, A. and Dowling, R. (2006) *Home*, London: Routledge.

Blunt, A. and Bonnerjee, J. (2013) 'Home, city and diaspora: Anglo-Indian and Chinese attachments to Calcutta', *Global Networks* 13(2): 220-40.

Bok, S. (2010) 'Population and ethics: expanding the moral space', in J. S. Fishkin and R. E. Goodwin (eds) *Population and Political Theory*, Oxford: Wiley-Blackwell, pp.5-20.

Bonnett, A. (2004) *The Idea of the West*, Basingstoke: Palgrave Macmillan.

Bose, M. (2007) 'Women's home-centred work in India - the gendered politics of space', *International Development Planning Review* 29(3): 271-98.

Boughton, J. M. (2012) *Tearing Down Walls: The International Monetary Fund 1990-1999*. Online: http://www.imf.org/external/pubs/ft/history/2012/pdf/c2.pdf [accessed 27 May 2013].

Bourdieu, P. (1984) *Distinction: The Social Judgement of Taste*, London: Routledge.

Bourdillon, M. (2006) 'Children and work: a review of current literature and debates', *Development and Change* 37: 1201-26.

Bradshaw, S. and Linneker, B. (2003) 'Civil society responses to poverty reduction strategies in Nicaragua', *Progress in Development Studies* 3(2): 147-58.

Brandt Commission (1980) *North-South: A Programme for Survival*, London: Pan.

Brickell, K. (2008) '"Fire in the house": gendered experiences of drunkenness and violence in Siem Reap, Cambodia', *Geoforum* 39(5): 1637-798.

Brickell, K. (2011) 'The "stubborn stain" on development: gendered meanings of housework (non-)participation in Cambodia', *Journal of Development Studies* 47(9): 1353-70.

Brickell, K. (2012) '"Mapping" and "doing" critical geographies of home', *Progress in Human Geography* 36(2): 225-44.

Brickell, K. and Chant, S. (2010) '"The unbearable heaviness of being": reflections on female altruism in Cambodia, Philippines, the Gambia and Costa Rica', *Progress in Development Studies* 10(2): 145-59.

Brockington, D. and Duffy, R. (2011) *Capitalism and Conservation*, Oxford: Wiley-Blackwell. (Also available as a special issue of *Antipode*, 42(3), 2011.)

Brooks, A. (2013) 'Stretching global production networks: the international second-hand clothing trade', *Geoforum* 44: 10-22.

Brosche, J. (2008) *Darfur - Dimensions and Dilemmas of a Complex Situation*, Uppsala University, Department of Peace and Conflict Research: UCDP Paper No. 2.

Brunn, S. D. (ed.) (2006) *Wal-Mart World: The World's Biggest Corporation in the Global Economy*, London: Routledge.

Bryceson, D. (2002) 'The scramble in Africa: reorienting rural livelihoods', *World Development* 30(5): 725-39.

Bulatao, R. and Ross, J. (2002) 'Rating maternal and neonatal health services in developing countries', *Bulletin of the World Health Organization* 80(9): 721-7.

Bulbeck, C. (1998) *Re-Orienting Western Feminisms*, Cambridge: Cambridge University Press.

Burra, S. (2005) 'Towards a pro-poor framework for slum upgrading in Mumbai, *India', Environment and Urbanization* 17(1): 67-88.

Butler, J. (1999) *Gender Trouble: Feminism and the Subversion of Identity*, London: Routledge.

Cameron, J. (2007) Teaching a Politics of Hope and Possibility, Invited Keynote Presentation to SocCon 2007 (National Conference of New Zealand Social Sciences Teachers). Online: http://www.communityeconomies.org/Resources/Teaching-Resources [accessed 27 May 2013], Griffith School of Environment, Griffith University, Nathan, QLD, 4111, Australia.

Campbell, C. (2003) '"Letting them die": how HIV/AIDS prevention programmes often fail', The International Africa Institute, in combination with James Currey, Oxford.

Campbell, D. (2007) 'Geopolitics and visuality: sighting the Darfur conflict', *Political Geography* 26: 357-82.

Caribbean Community (CARICOM) Secretariat (2013) 'CARICOM homepage'. Online: http://www.caricom.org/ [accessed 26 May 2013].

Carmody, P. (2011) *The New Scramble for Africa*, Cambridge: Polity.

Carmody, P. R. and Owusu, F. Y. (2007) 'Competing hegemons? Chinese versus American geo-economic strategies in Africa', *Political Geography* 26: 504-24.

Carter, S. and Dodds, K. (2011) 'Hollywood and the "war on terror": genre-geopolitics and "Jacksonianism" in The Kingdom', *Environment and Planning D: Society and Space* 29(1): 98-113.

Castles, S. and Miller, M. J. (2009) *The Age of Migration: International Population Movements in the Modern World* (fourth edition), Basingstoke: Macmillan.

Castree, N. (2009) 'Connections and boundaries in an interconnected world', in N. J. Clifford, S. L. Holloway, S. P. Rice and G. Valentine (eds) *Key Concepts in Geography* (second edition), London: Sage, pp.153-72.

Castro, F. W. (2013) 'Afro-Colombians and the cosmopolitan city: new negotiations of race and space in Bogotá, Colombia', *Latin American Perspectives*, 189, 40(2): 105-17.

Chambers, R. (1983) *Rural Development: Putting the Last First*, London: Prentice Hall.

Chambers, R. (1994) 'The origins and practice of Participatory Rural Appraisal', *World Development* 22(7): 953-69.

Chambers, R. (1997) *Whose Reality Counts: Putting the First Last*, London: Intermediate Technology Publications.

Chambers, R. (2005) 'Critical reflections of a development nomad', in U. Kothari (ed.) *A Radical History of Development Studies: Individuals, Institutions and Ideologies*, London: Zed Books, pp.67-87.

Chambers, R. and Conway, G. (1992) *Sustainable Rural Livelihoods: Practical Concepts for the 21st Century*, IDS Discussion Paper 296, Brighton: Institute of Development Studies.

Chambers, R., Pacey, A. and Thrupp, L. (eds) (1989) *Farmer First: Farmer Innovation and Agricultural Research*, London: Intermediate Technology Publications.

Chang, H.-J. (2002) *Kicking Away the Ladder: Development Strategy in Historical Perspective*, London: Anthem.

Chant, S. (2007) *Gender, Generation and Poverty: Exploring the 'Feminisation of Poverty' in Africa, Asia and Latin America*, Cheltenham: Edward Elgar.

Chant, S. and McIlwaine, C. (2009) *Geographies of Development in the 21st Century: An Introduction to the Global South*, Aldershot: Edward Elgar.

Chapman, G. (2002) 'Changing places: the roles of science and social science in the development of large-scale irrigation in South Asia', in R. Bradnock and G. Williams (eds) *South Asia in a Globalising World*, Harlow: Prentice Hall, pp.78-99.

Chatterjee, P. (2004) *The Politics of the Governed: Reflections on Popular Politics in Most of the World*, New York: Columbia University Press.

Chen, M. A. (2001) 'Women in the informal sector: a global picture, the global movement', *SAIS Review* XXI(1): 71-82.

Chen, M. A. and Vanek, J. (2013) 'Informal employment revisited: theories, data and policies', *The Indian Journal of Industrial Relations* 48(3): 390-401.

China Development Bank (2008) *The Three Gorges Dam*. Online: http://www.cdb.com.cn/english/NewsInfo.asp?NewsId =280 [accessed 5 July 2008].

China Ziejiang Investment and Trade Symposium (ZJITS) (2013) 'Zambia-China Economic Trade and Cooperation Zone'. Online: http://www.zjits.com/index.php/en/jwtz_c_detail/168.html [accessed 7 June 2013].

Chong, A. (2004) 'Singaporean foreign policy and the Asian Values Debate, 1992-2000: reflections on an experiment in soft power', *The Pacific Review* 17: 95-133.

Chouliaraki, L. (2006) *The Spectatorship of Suffering*, London: Sage.

CIA (2013) The Central Intelligence Agency World Factbook. Online: https://www.cia.gov/library/publications/the-world-factbook/index.html [accessed 28 March 2013].

Clapham, C. (1985) *Third World Politics: An Introduction*, London: Croom Helm.

Cleasby, A. (1995) What in the World is Going On? London: 3WE.

Coe, N. M., Kelly, P. F. and Yeung, H. W. C. (2013) *Economic Geography: A Contemporary Introduction* (2nd Edition), Oxford: Wiley-Blackwell.

Cohen, R. (1997) *Global Diasporas: An Introduction*, London: UCL Press.

Cole, S. (2007) 'Beyond authenticity and commodification', *Annals of Tourism Research* 34(4): 943-60.

Coleman, S. and Crang, M. (2002) 'Between place and performance', in S. Coleman and M. Crang (eds) *Tourism: Between Place and Performance*, Oxford: Berghahn.

Collier, P. (2007) *The Bottom Billion: Why the Poorest Countries are Failing and What Can Be Done About It*, Oxford: Oxford University Press.

Colombia Travel (2013) www.colombia.travel/ [accessed March 2013].

개발도상국과 국제개발

Conroy, M. (2007) *Branded: How the 'Certification Revolution' is Transforming Global Corporations*, Gabriola, B.C.: New Society Publishers.

Conway, G. (1988) Editorial, *RRA Notes* 1(1): 1.

Conway, G. (1997) *The Doubly Green Revolution: Food for All in the 21st Century*, London: Penguin.

Conway, G. and Barbier, E. (1990) *After the Green Revolution: Sustainable Agriculture for Development*, London: Earthscan.

Cooke, B. and Kothari, U. (eds) (2001) *Participation: The New Tyranny?* London: Zed Books.

Corbridge, S. (1993a) 'Colonialism, post-colonialism and the political geography of the Third World', in P. J. Taylor (ed.) *Political Geography of the Twentieth Century: A Global Analysis*, London: Belhaven Press.

Corbridge, S. (1993b) *Debt and Development*, Oxford: Wiley-Blackwell.

Corbridge, S. (1998) 'Beneath the pavement only soil: the poverty of post-development', *Journal of Development Studies* 34(6): 138-48.

Corbridge, S. (2007) 'The (im)possibility of development studies', *Economy and Society* 36(2): 179-211.

Corbridge, S. and Kumar, S. (2002) 'Community, corruption, landscape: tales from the tree trade', *Political Geography* 21: 765-88.

Corbridge, S., Williams, G., Srivastava, M. and Veron, R. (2005) *Seeing the State: Governance and Governmentality in India*, Cambridge: Cambridge University Press.

Cornelissen, S. (2008) 'Scripting the nation: sport, mega-events, foreign policy and script-building in post-apartheid South Africa', *Sport in Society: Cultures, Commerce, Media, Politics* 11(4): 481-93.

Cornia, G. A., Jolly, R. and Stewart, F. (1987) *Adjustment with a Human Face*, Oxford: Oxford University Press.

Cornwall, A. (2004) 'Spaces for change? Reflections on issues of power and difference in participation in development', in Mohan, G. and Hickey, S. (eds) *Participation -From Tyranny to Transformation? Exploring New Approaches to Participation in Development*, London: Zed Books.

Counihan, C. and van Esterik, P. (eds) (2013) *Food and Culture: A Reader* (third edition), Abingdon: Routledge.

Courson, E. (2011) 'MEND: political marginalization, repression and petro-insurgenc in the Niger Delta', *African Security* 4(1): 20-43.

Cox, K. and Negi, R. (2010) 'The state and the question of development in Sub-Saharan Africa', *Review of African Political Economy* 37(123): 71-85.

Craig, D. and Porter, D. (2003) 'Poverty Reduction Strategy Papers: a new convergence', *World Development* 31(1): 53-69.

Crang, M. (2010) 'The death of great ships: photography, politics and waste in the global imaginary', *Environment and Planning A* 42(5): 1084-102.

Crang, P. (2005) 'The geographies of material culture', in P. Cloke, P. Crang and M. Goodwin (eds) *Introducing Human Geographies* (second edition), London: Hodder Arnold, pp.168-81.

Cresswell, T. (2009) 'Place', in R. Kitchin and N. Thrift (eds) *International Encyclopedia of Human Geography*, Oxford: Elsevier, pp.169-77.

Crewe, E. and Fernando, P. (2006) 'The elephant in the room: racism in representations, relationships and rituals', *Progress in Development Studies* 6(1): 40-54.

Crook, R. C. and Booth, D. (eds) (2011) 'Working with the grain? Rethinking African governance', *IDS Bulletin* 42(2).

Crush, J. (ed.) (1995) *Power of Development*, London: Routledge.

Cumings, B. (1998) 'The Korean crisis and the end of "late" development', *New Left Review* 231: 43-72.

Curry, G. (2005) 'Reluctant subjects or passive resistance?' *Singapore Journal of Tropical Geography* 26(2): 127-31.

Daily Trust (2013) 'Nigeria's oil revenue fell by N761bn in 2012 - CBN', *Daily Trust*, 26 April 2013. Online: www.dailytrust.com.ng.

Dalzel, A. (1793) *The History of Dahomy, an Inland Kingdom of Africa, Compiled from Authentic Memoirs*, London: G & W Nicol.

Danielsen, F., Beukema, H., Burgess, N. D., Parish, F., Brühl, C. A., Donald, P. F., Murduyarso, D., Phalan, B., Reijnders, L., Struebig, M. and Fitzherbert, E. B. (2009) 'Biofuel plantations in forested lands: double jeopardy for biodiversity and climate', *Conservation Biology* 23(2): 348-58.

Datta, A. (2012) *The Illegal City: Space, Law and Gender in a Delhi Squatter Settlement*, Farnham, Surrey: Ashgate.

Davies, M. (2008) 'The irrigation system of the Pokot, northwest Kenya', *Azania: Archaeological Research in Africa* 43(1): 50-76.

Davies, M. (2012) 'Some thoughts on a "useable" African archaeology: settlement, population and intensive farming among the Pokot of northwest Kenya', *African Archaeological Review* 319-53.

Davis, M. (2006) *Planet of Slums*, London: Verso.

de Haan, L. and Zoomers, A. (2005) 'Exploring the frontier of livelihoods research', *Development and Change* 36(1): 27-47.

de Haas, H. (2006) 'Migration, remittances and regional development in Southern Morocco', *Geoforum* 37: 565-80.

de Soto, H. (1989) *The Other Path: The Invisible Revolution in the Third World*, New York: Harper and Row.

de Soto, H. (2000) *The Mystery of Capitalism: Why Capitalism Triumphs in the West and Fails Everywhere Else*, London: Black Swan.

de Sousa Santos, B. (1998) 'Participatory budgeting in Port Alegre: toward a redistributive democracy', *Politics and Society* 26: 461-510.

Deeb, L. (2006) *An Enchanted Modern: Gender and Public Piety in Shi'i Lebanon*, Princeton: Princeton University Press.

Department for International Development (DFID) (1999) Sustainable Livelihoods Guidance Sheets, Overview, DFID.

Department for International Development (DFID) (2000) *Making Globalisation Work for the Poor*, London: HMSO. Online: http://webarchive.nationalarchives.gov.uk/+/http://www.dfid.gov.uk/Documents/publications/whitepaper2000.pdf.

Department for International Development (DFID) (2006) *Eliminating World Poverty: Making Governance Work for the Poor*, London: HMSO. Online: http://www. officialdocuments.gov.uk/document/cm68/6876/6876.pdf.

Derudder, B., Hayler, M. and Taylor, P. (2011) 'Goodbye Reykjavik: international banking centres and the global financial crisis', *Area* 43(2): 173-82.

Devasahayam, T. W. (2005) 'Power and pleasure around the stove: the construction of gendered identity in middle-class South Indian Hindu households in urban Malaysia', *Women's Studies International Forum* 28(1): 1-20.

Devika, J. and Thampi, B. (2007) 'Between "empowerment" and "liberation": the Kudumbashree initiative in Kerala', *Indian Journal of Gender Studies* 14: 33-60.

Dezalay, Y. and Bryant, G. (2002) *The Internationalization of Palace Wars: Lawyers, Economists and the Contest to Transform Latin American States*, Chicago: University of Chicago Press.

Diallo, Y., Hagemann, F., Etienne, A., Gurbuzer, Y. and Mehran, F. (2012) Global child labour developments: Measuring trends from 2004 to 2008, International Labour Office, Statistical Information and Monitoring Programme on Child Labour (SIMPOC), p.13.

Díaz del Castillo, B. (1956 [1632]) *The Discovery and Conquest of Mexico*, 1517-1521, New York: Grove Press.

Dicken, P. (2011) *Global Shift: Mapping the Changing Contours of the World Economy* (sixth edition), London: Sage.

Dodds, K. (2007) *Geopolitics: A Very Short Introduction*, Oxford: Oxford University Press.

Dogra, N. (2011) 'The mixed metaphor of "Third World Woman": gendered representations by international development NGOs', *Third World Quarterly* 32(2): 333-48.

개발도상국과 국제개발

Doherty, B. and Tranchell, S. (2007) '"Radical mainstreaming" of fairtrade: the case of the Day Chocolate Company', *Equal Opportunities International* 26(7): 693-711.

Dorward, A. and Chirwa, E. (2011) 'The Malawi agricultural input subsidy programme 2005-6 to 2008-9', *Journal of Agricultural Sustainability* 9(1): 232-47.

Douglass, M. (2006) 'Global householding in Pacific Asia', *International Development Planning Review* 28(4): 421-45.

Dowdney, L. (2003) Children of the Drug Trade: A Case Study of Children in Organized Armed Violence in Rio de Janeiro, Rio de Janeiro: 7Letras.

Driver, F. (2001) *Geography Militant: Cultures of Exploration and Empire*, Oxford: Wiley-Blackwell.

Dwyer, C. (2005) 'Diasporas', in P. Cloke, P. Crang and M. Goodwin (eds) *Introducing Human Geographies* (second edition), London: Hodder Arnold, pp.495-50.

Dwyer, D. and Bruce, J. (eds) (1998) *A Home Divided: Women and Income in the Third World*, Stanford: Stanford University Press.

Dyson, J. (2008) 'Harvesting identities: youth, work and gender in the Indian Himalayas', *Annals of the Association of American Geographers* 98(1): 160-79.

Economist (2005) 'Breaking up is hard to do', *The Economist*, 12 October 2005.

Edwards, M. and Hulme, D. (eds) (1995) *Beyond the Magic Bullet: NGO Performance and Accountability in the Post-Cold War World*, London: Macmillan.

Ehrenreich, B. and Hochschild, A. R. (eds) (2002) *Global Woman: Nannies, Maids and Sex Workers in the New Economy*, London: Granta Books.

Ehrlich, P. R. (1968) *The Population Bomb*, New York: Ballantine Books.

Elson, D. (ed.) (1991) *Male Bias in the Development Process*, Manchester: Manchester University Press.

Energy Information Administration (EIA) (2013) 'Top world oil producers, 2011'. Online: http://www.eia.gov/countries/index.cfm [accessed 1 June 2013].

England, K. and Ward, K. (eds) (2007) *Neoliberalization: States, Networks, Peoples*, Oxford: Wiley-Blackwell.

Escobar, A. (1995) *Encountering Development: The Making and Unmaking of the Third World*, Princeton: Princeton University Press.

Evans, P. B. (1989) 'Predatory, developmental, and other apparatuses: a comparative political economy perspective on the Third World state', *Sociological Forum* 4(4): 561-87.

Expomuseum (2013) Homepage of the World's Fair Museum. Online: www. expomuseum.com [accessed 24 May 2013].

Fahmi, W. (2009) 'Bloggers' street movement and the right to the city. (Re)claiming Cairo's real and virtual "spaces of freedom"', *Environment and Urbanization* 21(1): 89-107.

Faier, L. (2012) 'Affective investments in the Manila region: Filipina migrants in rural Japan and transnational urban development in the Philippines', *Transactions of the Institute of British Geographers* (doi: 10.1111/j.1475-5661.2012.00533.x).

Fairhead, J. and Leach, M. (1996) 'Rethinking the Forest-Savanna Mosaic: colonial science and its relics in West Africa', in M. Leach and R. Mearns (eds) *The Lie of the Land: Challenging Received Wisdom on the African Environment*, Oxford: James Currey.

Fairtrade Foundation (2008) 'Facts and figures on Fairtrade'. Online: www.fairtrade. org.uk/what_is_fairtrade/facts_and_figures.aspx [accessed 29 July 2008].

Fairtrade Foundation (2013) 'Facts and figures on Faitrade'. Online: www.fairtrade.org.uk/what_is_fairtrade/facts_and_figures.aspx [accessed 18 May 2013].

Fairtrade International (2013) 'Fairtrade International homepage'. Online: www. fairtrade.net [accessed 16 June 2013].

Fanon, F. (2001 [1961]) *The Wretched of the Earth*, London: Penguin.

Farmer, P. (2006) *AIDS and Accusation: Haiti and the Geography of Blame* (second edition), Berkeley: University of California Press.

Featherstone, D. (2003) 'Spatialities of transnational resistance to globalization: the maps of grievance of the Inter-Continental Caravan', *Transactions of the Institute of British Geographers* 28(4): 404-21.

Federal Writers' Project, Tennessee (1939) *Tennessee: A Guide to the State*, State of Tennessee, Dept. of Conservation.

Feinsilver, J. M. (1989) 'Cuba as a "world medical power": the politics of symbolism', *Latin American Research Review* 24(2): 1-34.

Ferguson, J. (1990a) 'Mobile workers, modernist narratives: a critique of the historiography of transition on the Zambian copperbelt, Part one', *Journal of Southern African Studies* 16(3): 385-412.

Ferguson, J. (1990b) 'Mobile workers, modernist narratives: a critique of the historiography of transition on the Zambian copperbelt, Part two', *Journal of Southern African Studies* 16(4): 603-21.

Ferguson, J. (1990c) The Anti-Politics Machine: 'Development', *Depoliticization and Bureaucratic Power in Lesotho*, Cambridge: Cambridge University Press.

Ferlie, E., Ashburner, L., Fitzgerald, L. and Pettigrew, A. (1996) *The New Public Management in Action*, Oxford: Oxford University Press.

Fincher, R. and Iveson, K. (2008) *Planning and Diversity in the City: Redistribution, Recognition and Encounter*, Basingstoke: Palgrave Macmillan.

Fine, B. (1999). 'The developmental state is dead - long live social capital?' *Development and Change* 30: 1-19.

Flint, C. (2011) *Introduction to Geopolitics*, Abingdon: Routledge.

Food and Agriculture Organization (FAO) (2007) Food security statistics. Online: http://www.fao.org [accessed 12 August 2007].

Food and Agriculture Organization (FAO) (2009) T*he State of Food and Agriculture: Livestock in Balance*, Rome: Geneva. Online: Available at www.fao.org.

Food and Agriculture Organization (FAO) (2013) 'FAOSTAT'. Online: http://faostat3.fao.org/home/index.html [accessed 7 June 2013].

Food and Agriculture Organization (FAO), World Food Programme (WFP) and International Fund for Agricultural Development (IFAD) (2012) *The State of Food Insecurity in the World: Economic Growth is Necessary but not Sufficient to Accelerate Reduction of Hunger and Malnutrition*, Geneva: FAO. Online: Available at www.fao.org.

Foucault, M. (1980) *Power-Knowledge: Selected Interviews and Other Writings*, 1972-1977, edited by Colin Gordon, Brighton: Harvester Press.

Fowler, A. (2012) 'Development NGOs', in M. Edwards (ed.) *The Oxford Handbook of Civil Society*, Oxford: Oxford University Press.

Frank, A. G. (1967) *Capitalism and Underdevelopment in Latin America*, London: Monthly Review Press.

Freedman, L. P. (2003) 'Strategic advocacy and maternal mortality: moving targets and the Millennium Development Goals', *Gender and Development* 11(1): 97-108.

Freire, P. (1972 [1968]) *Pedagogy of the Oppressed*, Harmondsworth: Penguin.

Freund, B. (1998) *The Making of Contemporary Africa: The Development of African Society since 1800* (second edition), Boulder: Lynne Rienner Publishers.

Friedmann, J. (1992) *Empowerment: The Politics of Alternative Development*, Oxford: Blackwell Publishers.

Fukuyama, F. (1989) 'The end of history?', *The National Interest* (Summer).

Fukuyama, F. (1992) *The End of History and the Last Man*, New York: Free Press.

Fung, A. and Olin Wright, E. (eds) (2003) *Deepening Democracy: Institutional Innovations in Empowered Participatory Governance*, New York: Verso.

Gadgil, M. and Guha, R. (1995) *Ecology and Equity: The Use and Abuse of Nature in Contemporary India*, London: Routledge.

Gaetano, A. (2008) 'Sexuality in diasporic space: rural-to-urban migrant women negotiating gender and marriage in contemporary China', *Gender, Place and Culture* 15(6): 629-45.

Gender and Aids, UNIFEM (2007) United Nations Development Fund for Women. Online: www.genderandaids.org.

Geoforum (2008) Themed issue on 'Rethinking economy', *Geoforum* 39(3): 1111-69.

Geoforum (2012) Themed issue on 'Market-oriented conservation', *Geoforum* 43(3): 363-656.

Gereffi, G. (1994) 'The organization of buyer-driven global commodity chains: how US retailers shape overseas production networks', in G. Gereffi and M. Korzeniewicz (eds) *Commodity Chains and Global Capitalism*, London: Praeger, pp.95-122.

Gereffi, G. and Korzeniewicz, M. (eds) (1994) *Commodity Chains and Global Capitalism*, London: Praeger.

Gereffi, G., Humphrey, J., Kaplinsky, R. and Sturgeon, T. J. (2001) 'Introduction: globalisation, value chains and development', *IDS Bulletin* 32(3): 1-8.

Ghazvinian, J. (2007) *Untapped: The Scramble for Africa's Oil*, London: Harcourt.

Ghertner, D. A. (2011) 'Rule by aesthetics: world-class city-making in Delhi', in A. Roy and A. Ong (ed.) *Worlding Cities: Asian Experiments in the Art of Being Global*, Chichester: Wiley-Blackwell, pp.279-306.

Ghertner, D. A. (2012) 'Nuisance talk and the propriety of property: middle class discourses of a slum-free Delhi', *Antipode* 44(4): 1161-87.

Ghosh, A. (1992) *In an Antique Land: History in a Guise of a Traveller's Tale*, London: Granta.

Ghosh, A. (2000) *The Glass Palace*, New Delhi: Ravi Dayal, Penguin India.

Ghosh, A. (2008) *Sea of Poppies*, London: John Murray.

Gibson, K., Cahill, A. and McKay, D. (2010) 'Rethinking the dynamics of rural transformation: performing different development pathways in a Philippine municipality', *Transactions of the Institute of British Geographers* 35: 237-55.

Gibson, N. (2008) 'Introduction: a new politics of the poor emerges from South Africa's shantytowns', *Journal of African and Asian Studies* 43(1): 5-17.

Gibson, N. C. (2012) 'What happened to the "Promised Land"? A Fanonian perspective on post-Apartheid South Africa', *Antipode* 44: 51-73.

Gibson-Graham, J. K. (2005) 'Surplus possibilities: postdevelopment and community economics', *Singapore Journal of Tropical Geography* 26(1): 4-26.

Gibson-Graham, J. K. (2006a) *The End of Capitalism (As We Knew It): A Feminist Critique of Political Economy*, Minneapolis: University of Minnesota Press.

Gibson-Graham, J. K. (2006b) *A Postcapitalist Politics*, Minneapolis: University of Minnesota Press.

Gilbert, A. (1997) 'Employment and poverty during economic restructuring: the case of Bogota, Colombia', *Urban Studies* 34(7): 1047-70.

Glassman, J. (2012) 'The global economy', in T. J. Barnes, J. Peck and E. Sheppard (eds) *The Wiley-Blackwell Companion to Economic Geography*, Oxford: Wiley-Blackwell, pp.170-82.

Global Environmental Facility (GEF) (2013) 'What is the GEF?'. Online: http://www.thegef.org/gef/whatisgef [accessed 29 May 2013].

Global Footprint Network (2010) 'Footprints for nations'. Online: http://www.footprintnetwork.org/en/index.php/GFN/page/footprint_for_nations/ [accessed 25 May 2013].

Gold, J. R. (ed.) (1994) *Place Promotion: The Use of Publicity and Marketing to Sell Towns and Regions*, Oxford: Wiley-Blackwell.

Gollin, J. (2007) 'Miskito lobster diving and industry facts'. Online: http://members.tripod.com/~D_Parent/threshold_

dap.html#Facts.

Gootenberg, P. (1993) *Imagining Development: Economic Ideas in Peru's 'Fictitious Prosperity' of Guano, 1840-80*, Berkeley: University of California Press.

Gould, P. and White, R. (1974) *Mental Maps*, Harmondsworth: Penguin.

Gould, W. T. S. (2009) *Population and Development*, Abingdon: Routledge.

Government of Mali (2002) 'Final PRSP'. Online: http://siteresources.worldbank.org/INTPRS1/Resources/Country-Papers-and-JSAs/Mali_PRSP.pdf.

Green, D. and Raygorodetsky, G. (2010) 'Special issue: Indigenous peoples' knowledge of climate and weather', *Climatic Change* 100(2): 239-354.

Greening, J. (2012) Written Ministerial Statement by the Secretary of State for International Development Justine Greening on aid to India, November 9th 2012. Online: https://www.gov.uk/government/speeches/justine-greening-update-on-aid-toindia [accessed 4 June 2013].

Gregory, D. (2004) *The Colonial Present: Afghanistan, Palestine, Iraq*, Oxford: Wiley-Blackwell.

Griffith-Jones, S. (ed.) (1988) *Managing World Debt*, Hemel Hempstead: Harvester Wheatsheaf.

Grillo, R. (2004) 'Islam and transnationalism', *Journal of Ethnic and Migration Studies* 30(5): 861-78.

Grindle, M. (2004) 'Good enough governance: poverty reduction and reform in developing countries', *Governance: An International Journal of Policy, Administration and Institutions* 17(4): 525-48.

Grove, R. (1995) *Imperialism: Colonial Expansion, Tropical Island Edens and the Origins of Environmentalism, 1600-1860*, Cambridge: Cambridge University Press.

Grugel, J. and Riggirozzi, P. (2012) 'Post-neoliberalism in Latin America: rebuilding and reclaiming the state after crisis', *Development and Change* 43(1): 1-21.

Guardian, The (2012) 'UN warns of looming worldwide food crisis in 2013', *Guardian* online, 13 October 2012. Online: http://www.guardian.co.uk/global-development/2012/oct/14/un-global-food-crisis-warning [accessed 19 April 2013].

Gudavarthy, A. (ed.) (2011) *Re-framing Democracy and Agency in India: Interrogating Political Society*, London: Anthem Press.

Guha, R. and Martinez-Alier, J. (1997) *Varieties of Environmentalism: Essays North and South*, London: Earthscan.

Gupta, A. (1995) 'Blurred boundaries: the discourse of corruption, the culture of politics and the imagined state', *American Ethnologist* 22(2): 375-402.

Gustafason, B. (2009) *New Languages of the State: Indigenous Resurgence and the Politics of Knowledge in Bolivia*, Durham, NC: Duke University Press.

Gutmann, M. (1996) *The Meanings of Macho: Being a Man in Mexico City*, Berkeley: University of California Press.

Hall, C. M. and Lew, A. A. (2009) *Understanding and Managing Tourism Impacts: An Integrated Approach*, Abingdon: Routledge.

Hall, S. (1997) 'The work of representation', in S. Hall (ed.) *Representation: Cultural Representations and Signifying Practices*, London: Sage, pp.13-72.

Halliday, F. (2002) 'West encountering Islam: Islamophobia reconsidered', in A. Mohammadi (ed.) *Islam Encountering Globalisation*, London: Routledge, pp.14-35.

Hampton, M. P. and Christensen, J. (2007) 'Competing industries in islands: a new tourism approach', *Annals of Tourism Research* 34(4): 998-1020.

Hanlon, J. (2012) 'Governance as "kicking away the ladder"', *New Political Economy* 17(5): 691-8.

Hansen, K. T. (2004) 'Dressing dangerously: miniskirts, gender relations, and sexuality in Zambia', in J. Allman (ed.) Fashioning Africa: Power and the Politics of Dress, Bloomington and Indianapolis: Indiana University Press, pp.166-85.

Hardiman, D. (2003) *Gandhi in His Time and Ours: The Global Legacy of His Ideas*, London: C. Hurst and Co.

Hardt, M. and Negri, A. (2000) *Empire*, Cambridge, MA: Harvard University Press.

Harper, S., Zeller, D., Hauzer, M., Pauly, D. and Sumaila, U. R. (2013) 'Women and fisheries: contribution to food security and local economies', *Marine Policy* 39: 56-63.

Harrison, E. (2000) 'Men, women and work in rural Zambia', *European Journal of Development Research* 12(2): 53-71.

Harrison, G. (2004) 'HIPC and the architecture of governance', *Review of African Political Economy* 31(99): 125-8.

Harrison, G. (2005) 'The World Bank, governance and theories of political action in Africa', *British Journal of Politics and International Relations* 7(2): 240-70.

Harrison, G. (2010) 'Post-Neoliberalism?', *Review of African Political Economy* 37(123): 1-5.

Harrison, P. and Palmer, R. (1986) *News Out of Africa: Biafra to Band Aid*, London: Hilary Shipman.

Harrison, P., Todes, A. and Watson, V. (2008) *Planning and Transformation: Learning from the Post-Apartheid Experience*, Abingdon: Routledge.

Harriss, J. (2002). *Depoliticizing Development: The World Bank and Social Capital*, London: Anthem.

Hart, G. (2001) 'Development critiques in the 1990s: *culs de sac* and promising paths', *Progress in Human Geography* 25: 649-58.

Hart, G. (2003) *Disabling Globalization: Places of Power in Post-Apartheid South Africa*, Berkeley: University of California Press.

Harvey, D. (2005) *The New Imperialism*, Oxford: Oxford University Press.

Harvey, D. (2007) *A Brief History of Neoliberalism*, Oxford: Oxford University Press.

Hay, M. J. (2004) 'Changes in clothing and struggles over identity in colonial western Kenya', in J. Allman (ed.) *Fashioning Africa: Power and the Politics of Dress*, Bloomington and Indianapolis: Indiana University Press, pp.67-83.

Haynes, J. (1999) *Religion, Globalization and Political Culture in the Third World*, Basingstoke: Palgrave Macmillan.

Held, D., McGrew, A., Goldblatt, D. and Perraton, J. (1999) *Global Transformations*, Cambridge: Polity Press.

Heller, P., Harilal, K. N. and Chaudhuri, S. (2007) 'Building local democracy: evaluating the impact of decentralization in Kerala, India', *World Development* 35(4): 626-48.

Henderson, J. C. (2012) 'Developing and regulating casinos: the case of Singapore', *Tourism and Hospitality Research* 12(3): 139-46.

Henkel, H. and Stirrat, R. (2001) 'Participation as spiritual duty: empowerment as secular subjection', in B. Cooke and U. Kothari (eds) Participation: *The New Tyranny?* London: Zed Books, pp.168-84.

Herod, A. (2009) *Geographies of Globalization: A Critical Introduction*, Chichester, UK: Wiley.

Hess, M. and Yeung, H. W. C. (2006) 'Whither global production networks in economic geography', *Environment and Planning A* 38(7): 1193-204.

Hickey, S. (2012) 'Beyond "poverty reduction through good governance": the new political economy of development in Africa', *New Political Economy* 17(5): 683-90.

Hickey, S. (2013) 'Beyond the poverty agenda? Insights from the new politics of development in Uganda', *World Development* 43: 194-206.

Hickey, S. and Mohan, G. (eds) (2004) *Participation: From Tyranny to Transformation?: Exploring New Approaches to Participation in Development*, London: Zed Books.

Hobsbawm, E. (1983) 'Introduction: inventing tradition', in E. Hobsbawm and T. Ranger (eds) *The Invention of Tradition*, Cambridge: Cambridge University Press, pp.1-14.

Hodgson, D. L. (2001) 'Of modernity/modernities, gender and ethnography', in D. L.

Hodgson (ed.) *Gendered Modernities: Ethnographic Perspectives*, Basingstoke: Palgrave Macmillan, pp.1-23.

Holland, J. and Blackburn, J. (1998) *Whose Voice?: Participatory Research and Policy Change* London: Intermediate Technology.

Holston, J. (2009) 'Dangerous spaces of citizenship: gang talk, rights talk and rule of law in Brazil', *Planning Theory* 8: 12-31.

Hoselitz, B. F. (1952) 'Non-economic barriers to economic development', *Economic Development and Cultural Change* 1(1): 8-21.

Howard, P. and Hussain, M. (2011) 'The upheavals in Egypt and Tunisia: the role of digital media', *Journal of Democracy* 22(3): 35-48.

Hudson, R. (2000) 'Offshoreness, globalization and sovereignty: a postmodern geopolitical economy?' *Transactions of the Institute of British Geographers* 25: 269-83.

Huish, R. and Kirk, J. M. (2007) 'Cuban medical internationalism and the development of the Latin American School of Medicine', *Latin American Perspectives* 34(6): 77-92.

Human Rights Watch (2003). Without Remedy: Human Rights Abuse and Indonesia's Pulp and Paper Industry, C1501. Online: http://www.refworld.org/docid/3f4f59553. html [accessed 21 April 2013].

Huneeus, C. (2000) 'Technocrats and politicians in an authoritarian regime: the "ODEPLAN Boys" and the "Gremialists" in Pinochet's Chile', *Journal of Latin American Studies* 32: 461-501.

IF Campaign (2013) 'What is IF?'. Online: http://enoughfoodif.org/ [accessed 26 May 2013].

Iliffe, J. (1995) *Africans: The History of a Continent*, Cambridge: Cambridge University Press. International Labour Organization (ILO) (2004) Organizing for Social Justice, Report of the Director-General, Global Report Under The Follow-Up To The ILO Declaration On Fundamental Principles And Rights At Work, International Labour Conference, 92nd Session 2004 Report I (B), International Labour Office, Geneva. Online: http://www.ilo.org/wcmsp5/groups/public/---dgreports/---dcomm/---publ/documents/publication/wcms_publ_9221130304_en.pdf.

International Labour Organization (ILO) (2007) 'ILO homepage'. Online: www.ilo.org.

International Labour Organization (ILO) (2013a) Global Employment Trends 2013, International Labour Organization. Online: http://www.ilo.org/wcmsp5/groups/public/---dgreports/---dcomm/---publ/documents/publication/wcms_202326.pdf[accessed 19 April 2013].

International Labour Organization (ILO) (2013b) Child Labour in Agriculture, International Labour Organization. Online: http://www.ilo.org/ipec/areas/Agriculture/lang--en/index.htm [accessed 19 April 2013].

International Labour Organization (ILO) (2013c) Child Labour, International Labour Organization. Online: http://www.ilo.org/global/topics/child-labour/lang—en/index. htm [accessed 22 April 2013].

International Monetary Fund (IMF) (2008) 'The IMF at a glance'. Online: www.imf.org/external/np/exr/facts/glance.htm [accessed 23 June 2008].

International Monetary Fund (IMF) (2012) *IMF World Economic Outlook Database, April 2012*. Online: http://www.imf.org/external/pubs/ft/weo/2012/01/weodata/index.aspx [accessed 15 June 2013].

International Monetary Fund (IMF) (2013) 'About the IMF'. Online: http://www.imf.org/external/about/overview.htm [accessed 29 May 2013].

International Organization for Migration (IOM) (2013) International Organization for Migration. Online: http://www.iom.int/cms/en/sites/iom/home.html.

Ismail, S. (2011) 'Civilities, subjectivities and collective action: preliminary reflections in light of Egyptian Revolution', *Third World Quarterly* 32(5): 989-95.

Jackson, P. (2000) 'Rematerialising social and cultural geography', *Social and Cultural Geography* 1: 9-14.

Jackson, P. (2004) 'Local consumption cultures in a globalizing world', *Transactions of the Institute of British Geographers*

29: 165-78.

Jackson, P. (2005) 'Identities', in P. Cloke, P. Crang and M. Goodwin (eds) *Introducing Human Geographies*, London: Hodder Arnold, pp.391-99.

Jackson, P., Thomas, N. and Dwyer, C. (2007) 'Consuming transnational fashion in London and Mumbai', *Geoforum* 38: 908-24.

Jaglin, S. (2008) 'Differentiating networked services in Cape Town: echoes of splintering urbanism?' *Geoforum* 39(6): 1897-906.

Jalal, A. (1995) *Democracy and Authoritarianism in South Asia: A Comparative and Historical Perspective*, Cambridge: Cambridge University Press.

James, A. and Vira, B. (2010) '"Unionising" the new space of the new economy? Alternative labour organising in India's IT enabled services-business process outsourcing industry', *Geoforum* 41(3): 364-76.

Janowski, M. (2007) 'Introduction: Feeding the right food: the flow of life and the construction of kinship in Southeast Asia', in M. Janowski and F. Kerlogue (eds) *Kinship and Food in South East Asia*, Copenhagen: NIAS, pp.1-23.

Jarosz, L. (1992) 'Constructing the Dark Continent: metaphor as geographic representation of Africa', *Geografiska Annaler B* 74(2): 105-15.

Jenkins, R. and Edwards, C. (2006) 'The Asian drivers and Sub-Saharan Africa', *IDS Bulletin* 37(1): 23-32.

Jenkins, R. and Goetz, A.-M. (1999) 'Accounts and accountability: theoretical implications of the right-to-information movement in India', *Third World Quarterly* 20(3): 603-22.

Jewitt, S. and Kumar, S. (2000) 'A political ecology of forest management: gender and silvicultural knowledge in the Jharkhand, India', in P. Stott and S. Sullivan (eds) *Political Ecology: Science, Myth and Power*, London: Edward Arnold, pp.91-116.

Johnston, R. J. and Sidaway, J. D. (2004) *Geography and Geographers: Anglo-American Human Geography since 1945* (sixth edition), London: Hodder Arnold.

Joinred.com (2013) 'Joinred homepage'. Online: www.red.org/ [accessed 16 June 2013].

Jones, A. (ed.) (2006) *Men of the Global South: A Reader*, London: Zed Books.

Jones, G. and Ward, P. (1994) 'The World Bank's "new" Urban Management Programme:
paradigm shift or policy continuity', *Habitat International* 18(3): 33-51.

Jones, N., Vargas, R. and Villar, E. (2008) 'Cash transfers to tackle childhood poverty and vulnerability: an analysis of Peru's Juntos programme', *Environment and Urbanization* 20: 255-73.

Jones, R. (2011) 'Border security, 9/11, and the enclosure of civilization', *The Geographical Journal* 177(3): 213-17.

Joshi, S. (2013) 'Understanding India's representation of North-South climate politics', *Global Environmental Politics* 13(2): 128-47.

Kabakian-Khasholian, T., Campbell, O., Shediac-Rizkallah, M. and Ghorayeb, F. (2000) 'Women's experiences of maternity care: satisfaction or passivity?' *Social Science & Medicine* 51: 103-13.

Kandiyoti, D. (2007) 'Old dilemmas or new challenges? The politics of gender and reconstruction in Afghanistan', *Development and Change* 38(2): 169-99.

Kantowsky, D. (1985) 'Gandhi - from East to West', *Manas* 38(44) (30 October): 1-7.

Kaplinsky, R. (2005) *Globalization, Poverty and Inequality*, Cambridge: Polity Press.

Katz, C. (2004) *Growing Up Global: Economic Restructuring and Children's Everyday Lives*, Minneapolis: University of Minnesota Press.

Kaviraj, S. (1991) 'On state, society and discourse in India', in J. Manor (ed.) *Rethinking Third World Politics*, London: Longman.

Kelly, P. (2000) *Landscapes of Globalization: Human Geographies of Economic Change in the Philippines*, London: Routledge.

Kesby, M. (2007) 'Spatialising participatory approaches: the contribution of geography to a mature debate', *Environment and Planning A* 39(12): 2813-31.

Khan, M. S. and Mirakhor, A. (1990) 'Islamic banking: experiences in the Islamic Republic of Iran and in Pakistan', *Economic Development and Cultural Change* 38(2): 353-75.

Kirk, J. (2009) 'Cuba's medical internationalism: development and rationale', *Bulletin of Latin American Research* 28(4): 497-511.

Kitchin, R. (2009) 'Space II', in R. Kitchin and N. Thrift (eds) *International Encyclopedia of Human Geography*, Oxford: Elsevier, pp.268-75.

Kiva (2013) 'Kiva: About us'. Online: http://www.kiva.org/about [accessed 12 June 2013].

Klare, M. and Volman, D. (2006) 'The African "oil rush" and US national security', *Third World Quarterly* 27(4): 609-27.

Klein, N. (2002) *No Logo*, London: Flamingo Press.

Kleine, D. (2013) *Technologies of Choice? ICTs, Development and the Capabilities Approach*, Cambridge, MA: MIT Press.

Kohli, A. (1994) 'Where do high growth political economies come from? The Japanese lineage of Korea's "developmental state"', *World Development* 22(9): 1269-93.

Konadu-Agyemang, K. (2000) 'The best of times and the worst of times: structural adjustment programs and uneven development in Africa: the case of Ghana', *Professional Geographer* 52(3): 469-83.

Kopinak, K. (1997) *Desert Capitalism*, London: Black Rose Books.

Korf, B. (2007) 'Antinomies of generosity: moral geographies and post-tsunami aid in Southeast Asia', *Geoforum* 38: 366-78.

Korten, D. C. (1987) 'Third generation NGO strategies: a key to people-centered development', *World Development* 15(1): 145-59.

Kosoy, N., Corbera, E. and Brown, K. (2008) 'Participation in payments for ecosystem services: case studies from the Lacandon rainforest, Mexico', *Geoforum* 39(6): 2073-83.

Kothari, U. and Laurie, N. (2005) 'Different bodies, same clothes: an agenda for local consumption and global identities', *Area* 37(2): 223-7.

Krueger, A. (1974) 'The political economy of rent seeking', *American Economic Review* 64: 291-303.

Larner, W. (2009) 'Neoliberalism', in R. Kitchin and N. Thrift (eds) *International Encyclopedia of Human Geography*, Oxford: Elsevier, pp.374-8.

Last, M. (1999) 'Understanding Health', in T. Skelton and T. Allen (eds) *Culture and Global Change*, London: Routledge, pp.70-83.

Laurie, N. and Crespo, C. (2007) 'Deconstructing the best case scenario: lessons from water politics in La Paz-El Alto', *Geoforum* 38: 841-54.

Lausent-Herrera, I. (2011) 'The Chinatown in Peru and the changing Peruvian Chinese community(ies)', *Journal of Chinese Overseas* 7(1): 69-113(45). Online: http://en.youscribe. com/catalogue/reports-and-theses/knowledge/ humanities-and-social-sciences/the-chinatown-in-peru-and-the-changing-peruvian-chinese-communities-1530860[accessed 26 March 2013].

Le Mare, A. (2008) 'The impact of fair trade on social and economic development: a review of the literature', *Geography Compass* 2(6): 1922-42.

Leach, M. and Mearns, R. (1996a) 'Environmental change and policy: challenging

received wisdom in Africa', in M. Leach and R. Mearns (eds) *The Lie of the Land: Challenging Received Wisdom on the African Environment*, Oxford: James Currey, pp.1-33.

Leach, M. and Mearns, R. (eds) (1996b) *The Lie of the Land: Challenging Received Wisdom on the African Environment*,

Oxford: James Currey.

Lee, K., Buse. K. and Fustukian, S. (eds) (2002) *Health Policy in a Globalising World*, Cambridge: Cambridge University Press.

Lee, Y.-J. and Koo, H. (2006) '"Wild geese fathers" and a globalised family strategy for education in Korea', *International Development Planning Review* 28(4): 533-53.

Leeds, E. (1996) 'Cocaine and parallel polities in the Brazilian urban periphery', *Latin American Research Review* 31(3): 47-83.

Leeman, P. (2004) 'Book review: *Pedagogy of the Oppressed*'. Online: http://fcis.oise.utoronto.ca/~daniel_sc/freire/pl.html.

Lefebvre, H. (1991) *The Production of Space*, translated Donald Nicholson-Smith. Oxford: Basil Blackwell. [Originally published 1974.]

Lenin, V. I. (1973) *Imperialism: The Highest Stage of Capitalism*, Peking: Foreign Language Press. [Originally published 1917.]

Leonard, L. and Pelling, M. (2010) 'Mobilisation and protest: environmental justice in Durban, South Africa', *Local Environment* 15(2): 137-51.

Leturque, H. and Wiggins, S. (2010) 'Thailand's story: Thailand's progress in agriculture: transition and sustained productivity growth', Development Progress Report, ODI,Overseas Development Institute. Online: http://www.developmentprogress.org/sites/developmentprogress.org/files/thailand_agriculture.pdf [accessed 21 April 2013].

Lever-Tracey, C. (2002) 'The impact of the Asian crisis on diaspora Chinese tycoons', *Geoforum* 33: 509-23.

Lewis, W. A. (1955) *The Theory of Economic Growth*, London: George Allen and Unwin.

Li, A. (2013) 'China's African policy and the Chinese immigrants in Africa', Tan, C.-B. (ed.) *Routledge Handbook of the Chinese Diaspora*, Abingdon: Routledge, pp.59-70.

Li, P. and Li, E. (2013) 'The Chinese overseas population', in C.-B. Tan (ed.) *Routledge Handbook of the Chinese Diaspora*, Abingdon: Routledge, pp.15-28.

Li, T. M. (2007) *The Will to Improve: Governmentality, Development and the Practice of Politics*, Durham, NC: Duke University Press.

Lidchi, H. (1999) 'Finding the right image: British development NGOs and the regulation of imagery', in T. Skelton and T. Allen (eds) *Culture and Global Change*, London: Routledge, pp.87-101.

Lindsey, B. (2004) 'Grounds for complaint? "Fair trade" and the coffee crisis', London: Adam Smith Institute. Online: www.adamsmith.org.

Lipton, M. and Longhurst, R. (1989) *New Seeds and Poor People*, London: Unwin and Hyman.

Livingstone, D. (1857) *Missionary Travels and Researches in South Africa*, London: John Murray.

Livingstone, David N. (1992) *The Geographical Tradition: Episodes in the History of a Contested Enterprise*, Oxford: Wiley-Blackwell.

Llosa, M. V. (1989) Preface to Hernando de Soto's 'The Other Path', in S. Corbridge (ed.) *1995 Development Studies: A Reader*, London: Edward Arnold.

Lloyd-Evans, S. (2002) 'Child Labour', in V. Desai and R. Potter (eds) *The Companion to Development Studies*, London: Hodder Education, pp.215-19.

Lutz, C. A. and Collins, J. L. (1993) *Reading National Geographic*, Chicago: University of Chicago Press.

Lynch, M. (2011) 'After Egypt: the limits and promise of online challenges to the authoritarian Arab state', *Perspectives on Politics* 9(2): 301-10.

Mackenzie, F. (1995) 'Selective silence: a feminist encounter with environmental discourse in colonial Africa', in J. Crush (ed.) *Power of Development*, London: Routledge, pp.100-12.

Magadi, M., Zulu, E. and Brockerhoff, M. (2003) 'The inequality of maternal health care in urban Sub-Saharan Africa in the 1990s', *Population Studies* 57(3): 347-66.

Malthus, T. (1985 [1798]) *An Essay on the Principle of Population*, London: Penguin.

Mamdani, M. (1996) *Citizen and Subject: Decentralized Despotism and the Legacy of Late Colonialism*, Princeton, NJ: Princeton University Press.

Mansour, E. (2012) 'The role of social networking sites (SNSs) in the January 25th Revolution in Egypt', *Library Review* 61(2): 2012.

Marx, K. (1909) *Capital Volume 1*, London: William Glaisher.

Massey, D. (1996) 'A global sense of place', in S. Daniels and R. Lee (eds) *Exploring Human Geography*, London: Hodder Arnold, pp.237-45 [Originally published in *Marxism Today*, June 1991, 24-9].

Mawdsley, E. (2002) 'Regionalism, decentralisation and politics: state reorganisation in contemporary India', in R. Bradnock and G. Williams (eds) *South Asia in a Globalising World: A Reconstructed Regional Geography*, Harlow: Prentice Hall, pp.122-43.

Mawdsley, E. (2007) 'China and Africa: Emerging challenges to the geographies of power', *Geography Compass* 1(3): 405-21.

Mawdsley, E. (2012a) 'The changing geographies of foreign aid and development cooperation: contributions from gift theory', *Transactions of the Institute of British Geographers* 37(2): 256-72.

Mawdsley, E. (2012b) *From Recipients to Donors: Emerging Powers and the Changing Development Landscape*, London: Zed Books.

Mawdsley, E. and Rigg, J. (2002) 'A survey of World Development Reports I: discursive strategies', *Progress in Development Studies* 2(2): 93-111.

Mawdsley, E. and Rigg, J. (2003) 'The World Development Report II: continuity and change in development orthodoxies', *Progress in Development Studies* 3(4): 271-86.

Mawdsley, E. and McCann, G. (2010) 'The elephant in the corner: reviewing India-Africa relations in the new millennium', *Geography Compass* 4(2): 81-93.

Mbendi Information for Africa (2007) www.mbendi.co.za.

McCarthy, J. and Prudham, S. (2004) 'Neoliberal nature and the nature of neoliberalism', *Geoforum* 35: 275-83.

McClenaghan, S. (1997) 'Women, work and empowerment: romanticizing the reality', in E. Dore (ed.) *Gender Politics in Latin America*, Monthly Review Press, pp.19-35.

McClintock, A. (1995) *Imperial Leather: Race, Gender and Sexuality in Colonial Contest*, London: Routledge.

McCord, A. (2012) *Public Works in Sub-Saharan Africa: Do Public Works Work for the Poor?* Cape Town: Juta Press.

McCord, A. and Meth, C. (2013) 'Work and welfare in the global South: public works programmes as an instrument in social policy', in R. Surender and R. Walker *Social Policy in a Developing World*, Cheltenham: Edward Elgar, pp.172-82.

McCormick, J. (1989) *The Global Environmental Movement: Reclaiming Paradise*, London: Belhaven.

McDowell, L. (1998) *Gender, Identity and Place*, Cambridge: Polity Press.

McEvedy, C. (1972) *The Penguin Atlas of Modern History to 1815*, London: Penguin.

McEwan, C. (2009) *Postcolonialism and Development*, Abingdon: Routledge.

McFarlane, C. (2008a) 'Postcolonial Bombay: decline of a cosmopolitanism city?' *Environment and Planning D: Society and Space* 26: 480-99.

McFarlane, C. (2008b) 'Sanitation in Mumbai's informal settlements: state, "slum", and infrastructure', *Environment and Planning A* 40: 88-107.

Meadows, D. H., Meadows, D. L., Randers, J. and Behrens III, W. W. (1972) *The Limits to Growth: A Report for the Club of Rome's Project on the Predicament of Mankind*, London: Earth Island.

Mee, L. (2005) 'The Role of UNEP and UNDP in Multilateral Environmental Agreements', *International Environmental Agreements: Politics, Law and Economics* 5(3): 303-21.

Mega City Task Force of the International Geographical Union (2008). Online: http://www.megacities.uni-koeln.de/index.htm [accessed 1 June 2008].

Metal-Pages (2013) 'Tantalum metal prices'. Online: http://www.metal-pages.com/metals/tantalum/ [accessed 29 May 2013].

Meth, P. (2003) 'Rethinking the "domus" in domestic violence: homelessness, space and domestic violence in South Africa', *Geoforum* 34: 317-27.

Meth, P. (2009) 'Marginalised men's emotions: politics and place', *Geoforum* 40: 853-63.

Meth, P. (2012) 'Housing the urban poor in South Africa: insurgency, informality, and the challenge of achieving "decency" through formalisation', unpublished conference paper, Conference: 'Changing socio-spatial configurations of inclusion and exclusion: planning and counter-planning in the African city', The Nordic Africa Institute & African Centre for Cities, 7-8 March 2012, Uppsala, Sweden.

Meth, P. (2013a) 'Viewpoint: Millennium Development Goals and urban informal settlements: unintended consequences', *International Development Planning Review* 35(1): v-xiii.

Meth, P. (2013b) '"I don't like my children to grow up in this bad area": parental anxieties about living in informal settlements', *International Journal of Urban and Regional Research* 37(2): 537-55.

Millennium Challenge Corporation (MCC) (2007) *Report on the Criteria and Methodology for Determining the Eligibility of Candidate Countries for Millennium Challenge Account Assistance in Fiscal Year 2008*. Online: http://www.mcc.gov/documents/reports/mcc-report-fy08-criteria-and-methodology.pdf [accessed 26 May 2008].

Millennium Challenge Corporation (MCC) (2012) 2012 Annual Report. Online: http://www.mcc.gov/documents/reports/report-2012-001-1242-01-annual-report-2012_1.pdf [accessed 21 April 2013].

Millennium Ecosystem Assessment (2005) *Ecosystems and Human Well-being, Policy Responses, Volume 3*, Washington: Island Press. Online: www.unep.org/maweb/en/Global.aspx.

Ministry of the Economy and Finance, Mali (2006) 'Growth and Poverty Reduction Strategy Paper. Second Generation PRSP, 2007-2011'. Online: http://siteresources. worldbank.org/INTPRS1/Resources/Mali_PRSP(April2008).pdf.

Miraftab, F. (2009). 'Insurgent planning: situating radical planning in the Global South', *Planning Theory* 8(1): 32-50.

Mitchell, K. (1997) 'Different diasporas and the hype of hybridity', *Environment and Planning D: Society and Space* 15: 533-53.

Mitchell, T. (1995) 'The object of development: America's Egypt', in J. Crush (ed.) *Power of Development*, London: Routledge, pp.129-57.

Mngadi, P. T., Thembi, I. T., Ransjo-Arvidson, A.-B. and Ahlberg, B.M. (2002) 'Quality of maternity care for adolescent mothers in Mbabane, Swaziland', *International Nursing Review* 49: 38-46.

Mohan, G. and Hickey, S. (2004) 'Relocating participation within a radical politics of development: critical modernism and citizenship', in S. Hickey and G. Mohan, (eds) *Participation: From Tyranny to Transformation?: Exploring New Approaches to Participation in Development*, London: Zed Books, pp.59-74.

Mohan, G. and Stokke, K. (2000) 'Participatory development and empowerment: the dangers of localism', *Third World Quarterly* 21(2): 247-68.

Mohan, G., Brown, E., Milward, B. and Zack-Williams, A. B. (2000) *Structural Adjustment: Theory, Practice and Impacts*, London: Routledge.

Mohanty, C. T. (1991) 'Under Western eyes: feminist scholarship and colonial discourses', in C. T. Mohanty, A. Russo and L. Torres (eds) *Third World Women and the Politics of Feminism*, Bloomington: Indiana University Press, pp.51-80.

Molyneux, M. (2006) 'Mothers at the service of the New Poverty Agenda: Progresa/Oportunidades, Mexico's Conditional Transfer Programme', *Social Policy and Administration* 40(4): 425-49.

Molyneux, M. and Thomson, M. (2011) 'Cash transfers, gender equity and women's empowerment in Peru, Ecuador and Bolivia', *Gender and Development* 19(2): 195-212.

Momsen, J. H. (2009) *Gender and Development* (second edition), London: Routledge.

Moro, H. (1998) 'Ambivalent messages: organizational purposes of NGOs and images of the South', *Development in Practice* 8(1): 74-8.

Morrell, R. and Swart, S. (2005) 'Men in the Third World: postcolonial perspectives on masculinity', in M. Kimmel, J. Hearn and R. W. Connell (eds) *Handbook of Studies on Men and Masculinities*, London: Sage, pp.90-113.

Morris, M. (2006) 'China's dominance of global clothing and textiles: is preferential trade access an answer for Sub-Saharan Africa?' *IDS Bulletin* 37(1): 89-97.

Morse, S. (2004) *Indices and Indicators of Development: An Unhealthy Obsession with Numbers*, London: Earthscan.

Moser, C. (1992) 'Adjustment from below: low-income women, time and the triple role in Guayaquil, Ecuador', in H. Afshar and C. Dennis (eds) *Women and Adjustment Policies in the Third World*, Basingstoke: Macmillan, pp.87-116.

Moser, C. O. N. (2009) *Ordinary Families, Extraordinary Lives*, Washington, DC: Brookings Institution Press.

Murphy, C. N. (2000) 'Global governance: poorly done and poorly understood', *International Affairs* 76(4): 789-804.

Murray, S. O. and Roscoe, W. (eds) (1998) *Boy-Wives and Female Husbands: Studies of African Homosexualities*, Basingstoke: Macmillan.

Murray, W. E. (2006) *Geographies of Globalization*, London: Routledge.

Myers, G. (2001) 'Introducing human geography textbook representations of Africa', *Professional Geographer* 53(4): 522-32.

Nafzinger, E. W. (1993) *The Debt Crisis in Africa*, Oxford: Wiley-Blackwell.

Nagar, R., Lawson, V. McDowell, L. and Hanson, S. (2002) 'Locating globalization: feminist (re)readings of the subjects and spaces of globalization', *Economic Geography* 78(3): 257-84.

Najam, A. (2005) 'Developing countries and global environmental governance: from contestation to participation to engagement', *International Environmental Agreements: Politics, Law and Economics* 5(3): 303-21.

Nanda, V. P. (2006) 'The "good governance" concept revisited', *Annals of the American Academy of Political and Social Science* 603: 269-83.

Narayan, D. (2000) *Voices of the Poor: Can Anyone Hear Us?* New York: Oxford University Press for World Bank.

Nasr, V. R. (2000) 'International politics, domestic imperatives, and identity mobilization: sectarianism in Pakistan, 1979-1998', *Comparative Politics* 32(2): 171-90.

Nederveen Pieterse, J. (1992) *White on Black: Images of Africa and Blacks in Western Popular Culture*, London: Yale University Press.

Nelson, P. (2008) 'The World Bank and NGOs', in V. Desai and R. B. Potter (eds) *The Companion to Development Studies* (second edition), pp.550-4. London: Hodder Education.

New Deal Network (2003) *TVA: Electricity for All*. Online: http://newdeal.feri.org/tva/[accessed 15 December 2013].

Nieuwenhuys, O. (2007) 'Embedding the global womb: global child labour and the new policy agenda', *Children's Geographies* 5: 149-63.

Norget, K. (2006) *Days of Death, Days of Life: Ritual in the Popular Culture of Oaxaca*, New York: Columbia University Press.

Ntsebeza, L. (2003) 'Democracy in South Africa's countryside: is there a role for traditional authorities?' *Development Update* 4(1): 55-84.

Ntsebeza, L. (2004) 'Democratic decentralisation and traditional authority: dilemmas of land administration in rural South Africa', *European Journal of Development Research* 16(1): 71-89.

Nyaupane, G. P. and Timothy, D. J. (2010) 'Power, regionalism and tourism policy in Bhutan', *Annals of Tourism Research* 37(4): 969-88.

O Tuathail, G. (1996) *Critical Geopolitics: The Politics of Writing Global Space*, London: Routledge.

O Tuathail, G. (2002) 'Post cold-war geopolitics: contrasting superpowers in a world of global dangers', in R. J. Johnston, P. J. Taylor and M. Watts (eds) *Geographies of Global Change*, Oxford: Wiley-Blackwell.

O'Neill, J. (2001) 'Building better global economic BRICs'. Global Economics Paper 66. New York: Goldman-Sachs.

O'Reilly, K. (2000) *The British on the Costa del Sol: Transnational Identities and Local Communities*, London: Routledge.

Ojaba, E., Leonardo, A. and Leonardo, M. (2002) 'Food aid in complex emergencies: lessons from Sudan', *Social Policy and Administration* 36(6): 664-84.

Ojo, M. A. (2011) 'Transnational religious networks and indigenous pentecostal missionary enterprises in the West African coastal region', in A. Adogame, R. Gerloff and K. Hock (eds) *Christianity in Africa and the African Diaspora*, London: Continuum Publishing, pp.167-79.

Okonje-Iweala, N. (2008) 'Point of view: Nigeria's shot at redemption', *Finance and Development* 45(4): 42-4.

Ong, F. S. (2002) 'Ageing in Malaysia: a review of national policies and programmes', in D. R. Philips and A. C. M. Chan (eds) *Ageing and Long-term Care: National Policies in the Asia-Pacific*, Ottawa: International Development Research Centre(IDRC).

Ong, F. S. and Tengku, A. H. (2010) 'Social protection in Malaysia: current state and challenges', in M. Ahser, S. Oum, and F. Parulian (eds) *Social Protection in East Asia -Current State and Challenges*, Jakarta: Economic Research Institute for Asean and East Asia, pp.182-219.

Organization of the Petroleum Exporting Countries (OPEC) (2013) OPEC homepage. Online: http://www.opec.org/opec_web/en/ [accessed 6 June 2013].

Osumanu, I. K. (2008) 'Private sector participation in urban water and sanitation provision in Ghana: experiences from the Tamale Metropolitan Area (TMA)', *Environmental Management* 42: 102-10.

Ouzgane, L. (ed.) (2006) *Islamic Masculinities*, London: Zed Books.

Overa, R. (2006) 'Networks, distance and trust: telecommunications development and changing trading practices in Ghana', *World Development* 34(7): 1301-15.

Overseas Compatriot Affairs Commission (OCAC) (2013) Statistics. Online: www.ocac.gov.tw [accessed 26 March 2013].

Oxfam (2013) 'Issues we work on: businesses and poverty'. Online: http://www.oxfam.org.uk/what-we-do/issues-we-work-on/businesses-and-poverty [accessed 17 October 2013].

Pain, R. (2010) 'Globalized fear? Towards an emotional geopolitics', *Progress in Human Geography* 33(4): 466-86.

Painter, J. and Jeffrey, A. (2009) *Political Geography* (second edition), London: Sage.

Palmer, M. (ed.) (2002) *The Times World Religions*, London: Times Books.

Pan American Health Organization (PAHO) (2007) www.paho.org.

Panigrahi, J. K. and Amirapu, S. (2012) 'An assessment of EIA system in India', *Environmental Impact Assessment Review* 35: 23-36.

Panizza, F. (2009) *Contemporary Latin America: Development and Democracy Beyond the Washington Consensus*, London: Zed Books.

Parnell, S. and Robinson, J. (2012) '(Re)theorizing cities from the Global South: looking beyond neoliberalism', *Urban Geography* 33(4): 593-617.

Parnwell, M. (2003) 'Consulting the poor in Thailand: enlightenment or delusion?' *Progress in Development Studies* 3(2):

99-112.

Parrenas, R. (2005) *Children of Global Migration: Transnational Families and Gendered Woes*, Stanford: Stanford University Press.

Parry, M. L., Canziani, O. F., Palutikof, J. P., van der Linden, P. J. and Hanson, C. E. (eds) (2007) 'Cross-chapter case study: indigenous knowledge for adaptation to climate change', in *Climate Change 2007: Impacts, Adaptation and Vulnerability. Contribution of Working Group II to the Fourth Assessment Report of the Intergovernmental Panel on Climate Change*, Cambridge: Cambridge University Press, pp.843-68. Online: http://www.ipcc-wg2.gov/publications/AR4/index.html.

Patel, S. and Arputham, J. (2007) 'An offer of partnership or a promise of conflict in Dharavi, Mumbai?' *Environment and Urbanization* 19(2): 501-8.

Patel, S., Arputham, J., Burra, S. and Savchuk, K. (2009) 'Getting the information base for Dharavi's redevelopment', *Environment and Urbanization* 21(1): 241-52.

Patrick, E. (2005) 'Intent to destroy: the genocidal impact of forced migration in Darfur, Sudan', *Journal of Refugee Studies* 18(4): 410-29.

Payne, A. (2006) 'The end of green gold? Comparative development options and strategies in the Eastern Caribbean banana-producing islands', *Studies in International Comparative Development* 41(3): 25-46.

Peck, J. and Tickell, A. (2002) 'Neoliberalizing space', *Antipode* 34(3): 380-404.

Peet, R. (2007) *Geography of Power: The Making of Global Economic Policy*, London: Zed Books.

Peet, R. and Watts, M. (eds) (2004) *Liberation Ecologies: Environment, Development and Social Movements* (second edition), Abingdon: Routledge.

Perez Ibarra, G. (2013) 'Social housing developments in Mexico: understanding the dialogue between people and their 'INFONAVIT houses', unpublished paper

presented at 'Urban Housing in Mexico and South Africa: learning from comparison', Department of Town Planning, University of Sheffield, 7 June 2013.

Perrons, D. (2004) *Globalization and Social Change: People and Places in a Divided World*, London: Routledge.

Perry, M., Kong, L. and Yeoh, B. (1997) *Singapore: A Developmental City State*, Chichester: John Wiley & Sons.

Pew Forum (2012) http://www.pewforum.org/ [accessed 15 June 2013].

Phelps, N. (2007) 'Gaining from globalisation? State extraterritoriality and domestic economic impacts: the case of Singapore', *Economic Geography* 83(4): 3711-393.

Phillips, L. (2006) 'Food and globalization', *Annual Review of Anthropology* 35: 37-57.

Pletsch, C. E. (1981) 'The Three Worlds, or the Division of Social Scientific Labor, circa. 1950-1975', *Comparative Studies in Society and History* 23(4): 565-90.

Pollard, J. and Samers, M. (2007) 'Islamic banking and finance: postcolonial political economy and the decentring of economic geography', *Transactions of the Institute of British Geographers* 32(3): 313-30.

Pollard, J. and Samers, M. (2013) 'Governing Islamic finance: territory, agency and the making of cosmopolitan financial geographies', *Annals of the Association of American Geographers* 103(3): 710-26.

Porter, G., Hampshire, K., Abane, A., Munthali, A., Robson, E., Mashiri, M. and

Tanle, A. (2012) 'Youth, mobility and mobile phones in Africa: findings from a

three-country study', *Information Technology for Development* 18(2): 145-62.

Power, M. (2003) *Rethinking Development Geographies*, London: Routledge.

Power, M., Tan-Mullins, M. and Mohan, G. (2012) *Powering Development: China's Energy Diplomacy and Africa's Future*, Basingstoke: Palgrave Macmillan.

Pratt, G. (2012) *Families Apart: Migrant Mothers and the Conflicts of Labor and Love*, Minneapolis: University of Minnesota Press.

Pratt, M. L. (1992) *Imperial Eyes: Travel Writing and Transculturation*, London: Routledge.

Prunier, G. (2004) 'Rebel movements and proxy warfare: Uganda, Sudan and the Congo', *African Affairs* 103: 359-83.

Purvis, A. (2003) 'The tribe that survives on chocolate', *The Observer Food Magazine* 9 November. Online: www.guardian.co.uk.

Putnam, R. (1993) *Making Democracy Work: Civic Traditions in Modern Italy*, Princeton, NJ: Princeton University Press.

Rabbitts, F. (2012) 'Child sponsorship, ordinary ethics and the geographies of charity', *Geoforum* 43(5): 926-36.

Radcliffe, S. (2012) 'Development for a postneoliberal era? Sumak Kawsay, living well and the limits to decolonisation in Ecuador', *Geoforum* 43(2): 240-49.

Radhakrishna, M. (2001) *Dishonoured by History: 'Criminal tribes' and British colonial policy*, Hyderabad: Orient Longman Ltd.

Raghuram, P. (1999) 'Religion and development' in T. Skelton and T. Allen (eds) *Culture and Global Change*, London: Routledge, 232-9.

Rahnema, M. (1992) 'Participation', in W. Sachs (ed.) *The Development Dictionary: A Guide to Knowledge as Power*, London: Zed Books, pp.116-31.

Rahnema, M. (1997) 'Introduction', in M. Rahnema with V. Bawtree (eds) *The Post-Development Reader*, London: Zed Books, pp.ix-xix.

Rangachari, R., Sengupta, N., Iyer, R. R., Banerji, P. and Singh, S. (2000) *Large Dams: India's Experience*, a WCD case study prepared as an input to the World Commission on Dams, Cape Town. Online: http://www.international-rivers.org/campaigns/the-world-commission-on-dams.

Rangan, H. and Gilmartin, M. (2002) 'Gender, traditional authority and the politics of rural reform in South Africa', *Development and Change* 33(4): 633-58.

Ranger, T. (1983) 'The invention of tradition in colonial Africa', in E. Hobsbawm and T. Ranger (eds) *The Invention of Tradition*, Cambridge: Cambridge University Press, pp.211-62.

Raynolds, L. (1997) 'Restructuring national agriculture, agro-food trade, and agrarian livelihoods in the Caribbean', in D. Goodman and M. Watts (eds) *Globalising Food: Agrarian Questions and Global Restructuring*, London: Routledge, pp.86-96.

Red Campaign (2013) 'Redcampaign homepage'. Online: www.redcampaign.org/[accessed 16 June 2013].

Republic of Mali (2013) Plan for the Sustainable Recovery of Mali, 2013-2014. Online: http://www.imf.org/external/pubs/ft/scr/2013/cr13111.pdf.

Riccio, J. A., Dechausay, N., Greenberg, D. M., Miller, C., Rucks, Z. and Verma, N. (2010) Toward Reduced Poverty Across Generations: Early Findings from NewYork City's Conditional Cash Transfer Program (1 March, 2010). MDRC, March 2010. Online at SSRN: http://ssrn.com/abstract=1786981.

Rigg, J. (2003) *Southeast Asia: The Human Landscape of Modernization and Development* (second edition), London: Routledge.

Rigg, J. (2007) *An Everyday Geography of the Global South*, London: Routledge.

Rigg, J., Bebbington, A., Gough, K. V., Bryceson, D. F., Agergaard, J., Fold, N. and Tacoli, C. (2009) 'The World Development Report 2009 "reshapes economic geography": geographical reflections', *Transactions of the Institute of British Geographers* 34: 128-36.

Rigg, J., Salamanca, A. and Parnwell, M. (2012) 'Joining the dots of AGRARIAN CHANGE in Asia: a 25 year view from Thailand', *World Development* 40(7): 1469-81.

Robbins, P. (2012) *Political Ecology* (second edition), London: John Wiley and Sons.

Roberts, S. M. (2002) 'Global regulation and trans-state organisation', in R. J. Johnston, P. J. Taylor and M. Watts (eds)

Geographies of Global Change: Remapping the World (second edition), Oxford: Wiley-Blackwell, pp.143-57.

Robins, S., Cornwall, A. and von Lieres, B. (2008) 'Rethinking "citizenship" in the postcolony', *Third World Quarterly* 29(6): 1069-86.

Robinson, J. (2006) *Ordinary Cities: Between Modernity and Development*, London: Routledge.

Rodney, W. (1972) *How Europe Underdeveloped Africa*, London: Bogle-L'Ouverture Publications.

Rogerson, C. (1996) 'Urban poverty and the informal economy in South Africa's economic heartland', *Environment and Urbanization* 8(1): 167-97.

Rosiere, S. and Jones, R. (2012) 'Teichopolitics: re-considering globalisation through the role of walls and fences', *Geopolitics* 17(1): 217-34.

Ross, F. (2010) *Raw Life, New Hope: Decency, Housing and Everyday Life in a Post-Apartheid Community*, Cape Town: UCT Press.

Rostow, W. W. (1960) *The Stages of Economic Growth: A Non-Communist Manifesto*, Cambridge: Cambridge University Press.

Roth, R. J. and Dressler, W. (2012) 'Market-oriented conservation governance: the particularities of place', *Geoforum* 43(3): 363-6.

Roundtable on Sustainable Palm Oil (RSPO) 'RSPO homepage'. Online: http://www.rspo.org/ [accessed 7 June 2013].

Routledge, P. (2003) 'Voices of the dammed: discursive resistance amidst erasure in the Narmada Valley, India', *Political Geography* 22: 243-70.

Roy, A. (1999) 'The Greater Common Good', in A. Roy, *The Cost of Living*, London: Harper Collins.

Roy, A. (2010) *Poverty Capital: Microfinance and the Making of Development*, Abingdon and New York: Routledge.

Roy, A. (2012) 'Urban informality: the production of space and practice of planning', in R. Weber and R. Crane (eds) *The Oxford Handbook of Urban Planning*, New York: Oxford University Press, pp.691-705.

Roy, A. and AlSayyad, N. (eds) (2004) *Urban Informality: Transnational Perspectives from the Middle East, Latin America and South Asia*, Lanham, MD: Lexington Books.

Rozario, S. (2006) 'The new burqa in Bangladesh: empowerment or violation of women's rights', *Women's Studies International Forum* 29(4): 368-80.

Ruthven, M. (1997) *Islam: A Very Short Introduction*, Oxford: Oxford University Press.

Ruud, A. E. (2011) 'Democracy in Bangladesh: a village view' in S. T. Madsen, K. Bo Nielsen and U. Skoda (eds) *Trysts with Democracy: Political Practice in South Asia*, London: Anthem Press, pp.45-70.

Sachs, W. (ed.) (1992) *The Development Dictionary: A Guide to Knowledge as Power*, London: Zed Books.

Said, E. (1978) *Orientalism*, Harmondsworth: Penguin.

Sandel, M. J. (2012) *What Money Can't Buy: The Moral Limits of Markets*, London: Penguin.

Santos, M. (1979) *Shared Space: The Two Circuits of the Urban Economy in Underdeveloped Countries*, London: Methuen Books.

Sautman, B. and Hairong, Y. (2007) 'Friends and interests: China's distinctive links with Africa', *African Studies Review* 50(3): 75-114.

Schech, S. and Haggis, J. (2000) *Culture and Development: A Critical Introduction*, Oxford: Wiley-Blackwell.

Schlosberg, D. (2004) 'Reconceiving environmental justice: global movements and political theories', *Environmental Politics* 13(3): 517-40.

Schoonmaker Freudenberger, M. and Schoonmaker Freudenberger, K. (1993) 'Fields, fallow and flexibility: natural resource management in Ndam Mor Fademba, Senegal. Results of a Rapid Rural Appraisal', *IIED Drylands Papers* 05. London: IIED.

Scott, J. C. (1985) *The Weapons of the Weak: Everyday Forms of Peasant Resistance*, New Haven, CT: Yale University Press.

개발도상국과 국제개발

Scott, J. C. (1998) *Seeing Like a State: How Certain Schemes to Improve the Human Condition have Failed*, New Haven, CT: Yale University Press.

Scott, D. and Barnett, C. (2009) 'Something in the air: civic science and contentious environmental politics in post-apartheid South Africa', *Geoforum* 40(3): 373-82.

Seidenberg, P., Nicholson, S., Schaefer, M., Semrau, K., Bweupe, M., Masese, N., Bonawitz, R., Chitembo, L., Goggin, C. and Thea, D.M. (2012) 'Early infant diagnosis of HIV infection in Zambia through mobile phone texting of blood test results', *Bulletin World Health Organisation*, 1 May; 90(5): 348-56.

Sen, K. (2003) 'Restructuring health services and policies of privatisation - an overview of experience', in K. Sen (ed.) *Restructuring Health Services: Changing Contexts & Comparative Perspectives*, London: Zed Books, pp.1-32.

Sey, A. (2011) '"We use it different, different": making sense of trends in mobile phone use in Ghana', *New Media and Society* 13(3): 375-90.

Shih, Y.-P. and Chang, C.-H. (2010) 'The sweet and the bitter of drips: modernity, postcoloniality and coffee culture in Taiwan', *Cultural Studies - Critical Methodologies* 10(6): 445-56.

Shin, H. B. and Li, B. (2012) 'Migrants, landlords and their uneven experiences of the Beijing Olympic Games', CASE Paper, Discussion Paper CASE/163. London: Centre for Analysis of Social Exclusion. Online: http://eprints.lse.ac.uk/45608/.

Short, R. J. (1982) *An Introduction to Political Geography*, London: Routledge and Kegan Paul.

Shreshta, N. (1995) 'Becoming a development category', in J. Crush (ed.) *Power of Development*, London: Routledge, pp.266-77.

Sibley, D. (2002) *Geographies of Exclusion*, London: Routledge.

Sidaway, J. (2011) 'The ends of development geography', in 'Symposium: Geographers and/in development' (ed. D Simon), *Environment and Planning A* 43: 2788-800.

Sidaway, J. (2012) 'Geographies of development: new maps, new visions?' *The Professional Geographer* 64(1): 49-62.

Sidaway, J. D. and Pryke, M. (2000) 'The strange geographies of "emerging markets"', *Transactions of the Institute of British Geographers* 25: 187-201.

SIDSNET (2013) 'SIDSnet tourism page'. Online: http://www.sidsnet.org/tourism [accessed 1 June 2013].

Sidwell, M. (2008) 'Unfair Trade', London: Adam Smith Institute. Online: Available at www.adamsmith.org.

Sihag, S. and Sihag, S. (2009) 'Destroying the culture of secrecy: empowerment and dignity through right to information: a case study of MKSS in Rajasthan', *Community Development Journal* 44(3): 382-92.

Silva, P. (1991) 'Technocrats and politics in Chile: from the Chicago boys to the CIEPLAN monks', *Journal of Latin American Studies* 23: 385-410.

Simon, D. and Leck, H. (2013) 'Fostering multiscalar collaboration and co-operation for effective governance of climate change adaptation', *Urban Studies* 50(6): 1221-38.

Simone, A. (2004) *For the City Yet to Come: Changing African Life in Four Cities*, London: Duke University Press.

Skaggs, J. M. (1994) *The Great Guano Rush: Entrepreneurs and American Overseas Expansion*, Basingstoke: Macmillan.

Sklair, L. (2000) *The Transnational Capitalist Class*, Oxford: Wiley-Blackwell.

Skovdal, M., Campbell, C., Madanhire, C., Mupambireyi, Z., Nyamukapa, C. and Gregson, S. (2011) 'Masculinity as a barrier to men's use of HIV services in Zimbabwe', *Globalization and Health* 7: 13.

Slater, C. (1995) 'Amazonia as Edenic Narrative', in W. Cronon (ed.) *Uncommon Ground: Rethinking the Human Place in Nature*, New York: W.W. Norton.

Smith, A. (1979) *An Inquiry into the Nature and Causes of the Wealth of Nations*, Books 1-3, London: Penguin. [Originally published in 1776.].

Smith, A., Stenning, A. and Willis, K. (eds) (2008) *Social Justice and Neoliberalism: Global Perspectives*, London: Zed

Books.

Smith, D. M. (1992) 'Introduction', in D. M. Smith (ed.) *The Apartheid City and Beyond: Urbanization and Social Change in South Africa*, London: Routledge, pp.1-10.

Smith, L. (2008) 'Power and the hierarchy of knowledge: a review of a decade of the World Bank's relationship with South Africa', *Geoforum* 39(1): 236-51.

Smith, M. (1997) 'Paulo Freire and informal education', *The Encyclopaedia of Informal Education*. Online: www.infed.org/thinkers/et-freir.htm.

Smith, S. (2005) 'Society-Space', in P. Cloke, P. Crang and M. Goodwin (eds) *Introducing Human Geographies* (second edition), London: Hodder Arnold, pp.18-33.

Solomon, N. (2005) 'Aids 2004, Bangkok: a human rights and development issue', *Reproductive Health Matters* 13(25): 174-81.

Southern African Customs Union (SACU) (2013) 'SACU homepage'. Online: http://www.sacu.int/ [accessed 26 May 2013].

Souza, C. (2001) 'Participatory budgeting in Brazilian cities: limits and possibilities in building democratic institutions', *Environment and Urbanization* 13: 159-84.

Sparke, M. (2007) 'Geopolitical fears, geoeconomic hopes and the responsibilities of geography', *Annals of the Association of American Geographers* 97(2): 338-49.

Srinivas, T. (2007) 'Everyday exotic: transnational space, identity and contemporary foodways in Bangalore City', *Food, Culture and Society* 10(1): 85-107.

Standard & Poor's (2013) 'Sovereign rating and country T & C assessment histories March 2013'. Online: www.standardandpoors.com.

Starbucks (2013) 'Starbucks Coffee International'. Online: http://news.starbucks.com/about+starbucks/starbucks+coffee+international/ [accessed 16 June 2013].

Stewart, F. (1995) *Adjustment and Poverty: Options and Choices*, London: Routledge.

Stivens, M. (2006) '"Family values" and Islamic revival: gender, rights and state moral projects in Malaysia', *Women's Studies International Forum* 29(4): 354-67.

Stockholm International Peace Research Institute (SIPRI) (2012) SIPRI Yearbook 2012: Armaments, Disarmament and International Security: Summary. Online: http://www.sipri.org/yearbook/2012 [accessed 27 May 2013].

Stockholm International Peace Research Institute (SIPRI) (2013). Stockholm International Peace Research Institute Military Expenditure Database. Online: http://www.sipri.org/research/armaments/milex/milex_database [accessed 27 May 2013].

Streetnet International (2012) Summary report: Case studies of collective bargaining and representative forums for street traders. Online: http://www.streetnet.org.za/docs/research/2012/en/composite.pdf [accessed 19 April 2013].

Structural Adjustment Participatory Review Initiative (SAPRI) / Ghana (2001) The Impact of SAP on Access To and Quality of Tertiary Education, Draft, April 2001.

Online: http://www.saprin.org/ghana/research/gha_education.pdf.

Subrahmanian, R. (2002) 'Children's work and schooling: a review of the debates', in V. Desai and R. Potter (eds) *The Companion to Development Studies*, London: Hodder Education, pp.400-5.

Sumner, A. (2012) 'Where do the poor live?', *World Development* 40(5): 865-77.

Supreme Court of India (2000) Narmada Bachao Andolan v. Union of India and Others. 10 SCC 664 (18 October 2000). Online: http://indiankanoon.org/doc/1938608/[accessed 18 July 2013].

Surender, R. (2013) 'The role of historical contexts in shaping social policy in the global South', in R. Surender and R. Walker *Social Policy in a Developing World*, Cheltenham: Edward Elgar, pp.14-34.

개발도상국과 **국제개발**

Tan, C.-B. (ed.) (2013) *Routledge Handbook of the Chinese Diaspora*, Abingdon: Routledge.

Tan-Mullins, M., Mohan, G. and Power, M. (2010) 'Redefining "aid" in the China-Africa context', *Development and Change* 41: 857-81.

Tassi, G. (2004) 'Death looms over Miskito lobster divers', InterPress Service, 3 February.

Tatz, C. (2011) 'The destruction of aboriginal society in Australia', in S. Totten (ed.) *Genocide of Indigenous Peoples*, New Brunswick, NJ: Transaction Publishers, pp.87-116.

Taylor, P. and Bain, P. (2008) 'United by a common language? Trade union responses in the UK and India to call centre offshoring', *Antipode* 40(1): 131-54.

Telfer, D. J. and Sharpley, R. (2008) *Tourism and Development in the Developing World*, Abingdon: Routledge.

Tendler, J. (1997) *Good Governance in the Tropics*, Maryland: Johns Hopkins University Press.

The Tobacco Atlas (2012) The Tobacco Atlas, The American Cancer Society. Online: www.tobaccoatlas.org [accessed 25 March 2013].

Thomas Isaac, T. M. and Heller, P. (2003) 'Democracy and development: decentralised planning in Kerala', in A. Fung and E. Olin Wright (eds) *Deepening Democracy: Institutional Innovations in Empowered Participatory Governance*, New York: Verso.

Thomas, A. (with B. Crow, P. Frenz, T. Hewitt, S. Kassan and S. Treagust) (1994) *Third World Atlas* (second edition), Buckingham: Oxford University Press.

Thompson, P. (2005) 'Foundation and empire: a critique of Hardt and Negri', *Capital and Class* 86: 73-98.

Thrift, N. (2009) 'Space: the fundamental stuff of geography', in N. J. Clifford, S. L. Holloway, S. P. Rice and G. Valentine (eds) *Key Concepts in Geography* (second edition), London: Sage, pp.85-96.

Tiffen, P. (2002) 'A chocolate-coated case for alternative business models', *Development in Practice* 12(3&4): 383-97.

Titu Cusi Yupanqui (2005 [1570]) *An Inca Account of the Conquest of Peru*, translated, introduced and annotated by R. Bauer, Boulder: University Press of Colorado.

Toal, G. (2003) 'Re-asserting the regional: political geography and geopolitics in a world thinly known', *Political Geography* 22(6): 653-65.

Tomlinson, J. (1999) 'Globalised culture: the triumph of the West?' in T. Skelton and T. Allen (eds) *Culture and Global Change*, London: Routledge, pp.22-9.

Tourism Council of Bhutan (2013) 'Trip Planner'. Online: http://www.tourism.gov.bt/plan/minimum-daily-package [accessed 15 June 2013].

Toyota, M. (2006) 'Ageing and transnational householding', *International Development Planning Review* 28(4): 515-31.

Toyota, M. and Xiang, B. (2012) 'The emerging transnational "retirement industry" in Southeast Asia', *International Journal of Sociology and Social Policy* 22(11/12): 708-19.

Trade and Investment Jamaica (JAMPRO) (2013) 'JAMPRO homepage'. Online: http://www.jamaicatradeandinvest.org/ [accessed 14 June 2013].

Truelove, Y. and Mawdsley, E. (2011) 'Discourses of citizenship and criminality in clean, green Delhi', in I. Clark-Decès (ed.) *A Companion to the Anthropology of India*, Oxford: Wiley-Blackwell.

Tucker, C. M. (2011) *Coffee Culture: Local Experiences, Global Connections*, Abingdon and New York: Routledge.

Tull, D. M. (2006) 'China's engagement in Africa: scope, significance and consequences', *Journal of Modern African Studies* 44(3): 459-79.

UNAIDS (2012) World Aids Day Report 2012, Global Fact Sheet. Online: www.unaids. org [accessed 25 March 2013].

UN-Habitat (2007) 'World population prospects'. Online: www.unhabitat.org.

UN-Habitat (2010) *State of the World's Cities 2010/2011: Bridging the Urban Divide*, London: Earthscan. Online: www. unhabitat.org.

UN-Habitat (2012) *State of the World's Cities 2012/2013: Prosperity of Cities*, Nairobi: UN-Habitat.

UNHSP (United Nations Human Settlements Programme) (UN-Habitat) (2003) *The Challenge of Slums: Global Report on Human Settlements 2003*, London: Earthscan.

UNICEF (2012) 'Statistics by area: maternal health'. Online: www.childinfo.org [accessed 29 October 2012].

United Nations (2008) 'About the United Nations: introduction to the structure and work of the UN'. Online: http://www.un.org/aboutun/ [accessed 14 June 2008].

United Nations (2012a) 'The future we want: outcome of the Rio +20 Conference'. Online: http://sustainabledevelopment.un.org/ [accessed 29 May 2013].

United Nations (2012b) 'Millennium Development Goals: 2012 progress chart'. Online: http://www.un.org/millenniumgoals/pdf/2012_Progress_E.pdf.

United Nations (2013) 'The United Nations at a glance'. Online: http://www.un.org/en/aboutun/ [accessed 30 June 2013].

United Nations Centre for Human Settlements (UNCHS) (HABITAT) (1996) *An Urbanizing World: Global Report on Human Settlements, 1996*, Oxford: Oxford University Press.

United Nations Conference on Trade and Development (UNCTAD) (2012) *UNCTAD Handbook of Statistics 2012*, New York and Geneva: UNCTAD. Online: www.unctad.org.

United Nations Conference on Trade and Development (UNCTAD) (2013) 'World Investment Report Annex Table 28: the world's top 100 non-financial TNCs by foreign assets'. Online: www.unctad.org [accessed 18 May 2013].

United Nations Department of Economic and Social Affairs (UNDESA) (2009) *Trends in International Migrant Stock: The 2008 Revision* (UN database POP/DB/MIG/Stock/Rev.2008). Online: http://esa.un.org/migration/index.asp?panel=4.

United Nations Department of Economic and Social Affairs (UNDESA) (2012) *World Urbanisation Prospects: The 2011 Revision*. Online: http://esa.un.org/unup/ [accessed 6 November 2012].

United Nations Department of Economic and Social Affairs (UNDESA) (2013) United Nations Department of Economic and Social Affairs: Population Division, Population Estimates, Projections Section. Online: http://esa.un.org/unup/unup/index_panel1.html [accessed 27 March 2013].

United Nations Development Programme (UNDP) (2007) *Human Development Report 2007/8*, Oxford: Oxford University Press. Online: www.undp.org.

United Nations Development Programme (UNDP) (2013) *Human Development Report 2013: The Rise of the South - Human Progress in a Diverse World*, New York: United Nations Publications.

United Nations (UN) Population Division (2007) *World Population Ageing*, 2007, United Nations Department of Economic and Social Affairs, Population Division.

United Nations World Tourism Organization (UNWTO) (2006) 'Tourism Market Trends'. Online: www.world-tourism.org [accessed 22 July 2006].

United Nations World Tourism Organization (UNWTO) (2012) UNWTO: Tourism highlights 2012 edition, Madrid: UNWTO. Online: http://mkt.unwto.org/en/publication/unwto-tourism-highlights-2012-edition.

United States Department of State (2007) *Why Population Aging Matters: A Global Perspective*, US Department of State.

United States Official Development Assistance (USODA) (2013) US Official Development Assistance Database. Online: http://usoda.eads.usaidallnet.gov/data/fast_facts.html [accessed 29 March, 2013].

UN-OHRLLS (UN Office of the High Representative for the Least Developed Countries, Landlocked Developing Countries and Small Island Developing States) (2013) 'List of small island developing states'. Online: http://www.un.org/special-rep/ohrlls/sid/list.htm [accessed 1 June 2013].

Unwin, T. (2008) 'Conflict, development and aid', in V. Desai and R. Potter (eds) *The Companion to Development Studies* (second edition), London: Hodder Education, pp.450-3.

Unwin, T. (ed.) (2009) *ICT4D*, Cambridge: Cambridge University Press.

Uppsala Conflict Data Programme (UCDP) (2013) *UCDP Battle-Related Deaths Dataset*. Online: http://www.pcr.uu.se/research/ucdp/ [accessed 28 May 2013].

Urry, J. and Larsen, J. (2011) *The Tourist Gaze 3.0*, London: Sage.

Vakil, A. (1997) 'Confronting the classification problem: towards a taxonomy of NGOs', *World Development* 25: 2057-71.

van Velthoven, M. H. M. M. T., Brusamentoa, S., Majeeda, A. and Cara, J. (2013) 'Scope and effectiveness of mobile phone messaging for HIV/AIDS care: a systematic review', *Psychology, Health & Medicine* 18(2): 182-202.

Vanderbeck, R. M. and Johnson, H. (2000) '"That's the only place where you can hang out": urban young people and the space of the mall', *Urban Geography* 21(1): 5-25.

Vandergeest, P. (2007) 'Certification and communities: alternatives for regulating the environmental and social impacts of shrimp farming', *World Development* 35(7): 1152-71.

Vanek, J., Chen, M., Hussmanns, R., Heintz, J. and Carre, F. (2012) *Women and Men in the Informal Economy: A Statistical Picture*, Geneva: ILO and WIEGO.

Venkatraman, M. and Nelson, T. (2008) 'From servicescape to consumptionscape: a photo-elicitation study of Starbucks in the New China', *Journal of International Business Studies* 39(6): 1010-26.

Vertovec, S. (1999) 'Conceiving and researching transnationalism', *Ethnic and Racial Studies* 22(2): 447-62.

Vihmaa, A., Mulugettab, Y. and Karlsson-Vinkhuyzenc, S. (2011) 'Negotiating solidarity? The G77 through the prism of climate change negotiations', *Global Change, Peace & Security* 23(3): 315-34.

Visser, G. (2008) 'The homonormalisation of white heterosexual leisure spaces in Bloemfontein, South Africa', *Geoforum* 39(3): 1347-61.

Wade, R. (1990) *Governing the Market: Economic Theory and the Role of Government in East Asian Industrialization*, Princeton: Princeton University Press.

Wade, R. (1999) 'Gestalt shift: from "miracle" to "cronyism" in the Asian crisis', *IDS Bulletin* 30:1.

Wade, R. (2000) 'Wheels within wheels: rethinking the Asian crisis and the Asian model', *Annual Review of Political Science* 3: 85-116.

Wagstaff, M. (1994) 'The development of a modern world system', in T. Unwin (ed.) *Atlas of World Development*, Chichester: Wiley, pp.10-11.

Wainaina, B. (2005) 'How to write about Africa', *Granta*, 92. Online: http://www.granta.com/Archive/92/How-to-Write-about-Africa/Page-1.

Wainwright, J. (2008) *Decolonizing Development: Colonial Power and the Maya*, Oxford: Wiley-Blackwell.

Wallerstein, I. (1984) *The Politics of the World-Economy*, Cambridge: Cambridge University Press.

Walmart (2012) Walmart 2010 Annual Report. Online: http://www.walmartstores.com/sites/annual-report/2012/financials.aspx.

Walton-Roberts, M. and Pratt, G. (2005) 'Mobile modernities: a South Asian family negotiates immigration, gender and class in Canada', *Gender, Place and Culture* 12: 173-95.

Wampler, B. and Hartz-Karp, J. (2012) 'Participatory budgeting: diffusion and outcomes across the world', *Journal of Public Deliberation* 8(2), Article 13.

Ward, K. (1999) 'Africa', in A. Hastings (ed.) *A World History of Christianity*, London: Cassell, pp.192-237.

Warf, B. (2012) 'Cosmopolitanism and space', *The Geographical Review* 102(3): iii-iv.

Waters, J. (2006) 'Geographies of cultural capital: education, international migration and family strategies', *Transactions of the Institute of British Geographers* 31: 179-92.

Waters, J. (2011) 'Time and transnationalism: a longitudinal study of immigration, endurance and settlement in Canada', *Journal of Ethnic and Migration Studies* 37(7): 1119-35.

Watts, M. (2004) 'Violent environments: petroleum conflict and the political ecology of rule in the Niger Delta, Nigeria', in R. Peet and M. Watts (eds) *Liberation Ecologies: Environment, Development, Social Movements* (second edition), London: Routledge, pp.273-98.

Watts, M. and Goodman, D. (1997) 'Agrarian questions: global appetite, local metabolism- nature, culture, and industry in *fin-de-siècle* agro food systems', in D. Goodman and M. Watts (eds) (1997) *Globalising Food: Agrarian Questions and global restructuring*, London: Routledge, pp.1-32.

Watts, M. and Ibaba, I. S. (2011) 'Turbulent oil: conflict and insecurity in the Niger Delta', *African Security* 4(1): 1-19.

Whitehand, C. (2003) *NGOs and Participatory Development in Nepal: National, Institutional and Community Dynamics.* Unpublished PhD Thesis, Geography, Keele University.

Whitehead, A. and Tsikata, D. (2003) 'Policy discourses on women's land rights in Sub-Saharan Africa: the implications of the re-turn to the customary', *Journal of Agrarian Change*, 3(1&2): 67-112.

Whitehead, J. and More, N. (2007) 'Revanchism in Mumbai? Political economy of rent gaps and urban restructuring in a global city', *Economic and Political Weekly* (23 June): 2428-34.

WIEGO (2012) Institutional Members: Kenya National Alliance of Street Vendors and Informal Traders (KENASVIT). Online: http://wiego.org/wiego/kenyanational-alliance-street-vendors-and-informal-traders-kenasvit [accessed 19 April 2013].

WIEGO (2013) WIEGO Brochure 2013. Online: http://wiego.org/sites/wiego.org/files/resources/files/WIEGO_Brochure_2013.pdf [accessed 17 April 2013].

Wilding, R. (2006) '"Virtual" intimacies? Families communicating across transnational contexts', *Global Networks* 6(2): 125-42.

Williams, G. (1995) 'Modernizing Malthus: the World Bank, population control and the African environment', in J. Crush (ed.) *Power of Development*, London: Routledge, pp.158-75.

Williams, G. (2004a) 'Evaluating participatory development: tyranny, power and (re) politicisation', *Third World Quarterly* 25(3): 557-578.

Williams, G. (2004b) 'Towards a repoliticisation of participatory development: political capabilities and spaces of empowerment', in Hickey, S. and Mohan, G. (eds) *Participation: From Tyranny to Transformation? Exploring New Approaches to Participation*, London: Zed Books, pp.92-109.

Williams, G. (2009) 'Good governance', in R. Kitchin and N. Thrift (eds) *International Encyclopedia of Human Geography*, Oxford: Elsevier, pp.606-14.

Williams, G. (2011) 'Development: Part 1', in J. Agnew and J. Duncan (eds) *The Wiley-Blackwell Companion to Human Geography*, Oxford: Wiley-Blackwell, pp.559-74.

Williams, G. and Mawdsley, E. (2006) 'Postcolonial environmental justice: government and governance in India', *Geoforum* 37: 660-70.

Williams, G., Thampi, B. V., Narayana, D., Nandigama, S. and Bhattacharyya, D.(2011) 'Performing participatory citizenship: power and politics in Kerala's Kudumbashree programme', *Journal of Development Studies* 47(8): 1261-80.

Williams, G., Thampi, B. V., Narayana, D., Nandigama, S. and Bhattacharyya, D. (2012) 'The politics of defining and alleviating poverty: state strategies and their impacts in rural Kerala', *Geoforum* 43(5): 991-1001.

Williams, J. M. (2010). *Chieftaincy, the State, and Democracy: Political Legitimacy in Post-Apartheid South Africa*, Bloomington, IN: Indiana University Press.

Williams, M. (2005) 'The Third World and global environmental negotiations: interests, institutions and ideas', *Global Environmental Politics* 5(3): 48-69.

Willis, K. (2009) 'Squatter settlements', in R. Kitchin and N. Thrift (eds) *International Encyclopedia of Human Geography*,

Oxford: Elsevier, pp.403-8.

Willis, K. (2011) *Theories and Practices of Development* (second edition), Abingdon: Routledge.

Willis, K. (2014) 'Development', in R. Lee, N. Castree, R. Kitchen, V. Lawson, A. Paasi and C. W. J. Withers (eds) *The Sage Handbook of Progress in Human Geography*, London: Sage.

Willis, K. and Khan, S. (2009) 'Health reform in Latin America and Africa: decentralisation, participation and inequalities', *Third World Quarterly* 30(5): 991-1005.

Wilson, F. (2000) 'Representing the state? School and teacher in post-Sendero Peru', *Bulletin of Latin American Research* 19: 1-16.

Wilson, F. (2001) 'In the name of the state? Schools and teachers in an Andean province', in T. Blom Hansen and F. Stepputat (eds) *States of Imagination: Ethnographic Explorations of the Postcolonial State*, Durham, NC: Duke University Press, pp.313-44.

Wilson, T. D. (1998) 'Approaches to understanding the position of women workers in the informal sector', *Latin American Perspectives*, 99, 25(2): 105-19.

Wolford, W. (2011) 'Development: Part 2', in J. Agnew and J. Duncan (eds) *The Wiley-Blackwell Companion to Human Geography*, Oxford: Wiley-Blackwell, pp.575-87.

Wolpert, S. (2000) *A New History of India* (sixth edition), Oxford: Oxford University Press.

World Bank (1993) *The East Asian Miracle*, Oxford: Oxford University Press.

World Bank (1997) *World Development Report 1997: The State in a Changing World*, Oxford: Oxford University Press.

World Bank (2000) *World Development Report 2000/1: Attacking Poverty*, Oxford: Oxford University Press.

World Bank (2006) 'World Bank webpage'. Online: www.worldbank.org [accessed 23 July 2006].

World Bank (2007) 'PovertyNet'. Online: www.worldbank.org [accessed 4 October 2007].

World Bank (2009) *World Development Report 2009: Reshaping Economic Geography*, Washington, DC: World Bank.

World Bank (2011) *World Development Report 2012: Gender Equality and Development*, Washington, DC: World Bank. Online: www.worldbank.org.

World Bank (2012a) *World Development Indicators 2012*, Washington, DC: World Bank. Online: http://data.worldbank.org/data-catalog/world-development-indicators[accessed 28 March 2013].

World Bank (2012b) *World Development Report 2013: Jobs*, Washington, DC: World Bank. Online: www.worldbank.org.

World Bank (2013a) 'Energy use data'. Online: http://data.worldbank.org/indicator/EG.USE.PCAP.KG.OE [accessed 24 May 2013].

World Bank (2013b) 'World Bank data'. Online: data.worldbank.org [accessed 2 June 2013].

World Bank (2013c) 'The World Bank: about us'. Online: www.worldbank.org/about[accessed 29 May 2013].

World Bank (2013d) 'World Bank data: employment in agriculture'. Online: http://data.worldbank.org/indicator/SL.AGR.EMPL.ZS?page=2 [accessed 21 April 2013].

World Bank (2013e) 'Data: Income share held by highest 10%'. Online: http://data.worldbank.org/indicator/SI.DST.10TH.10 [accessed 14 June 2013].

World Bank (2013f) 'Data: Labor participation rate, female (% of female population ages 15+)'. Online: http://data.worldbank.org/indicator/SL.TLF.CACT.FE.ZS[accessed 14 June 2013].

World Bank (2013g) 'Worldwide Governance Indicators'. Online: http://data.worldbank.org/data-catalog/worldwide-governance-indicators [accessed 3 December 2013].

World Commission on Environment and Development (WCED) (1987) *Our Common Future*, Oxford: Oxford University Press.

World Commission on the Social Dimension of Globalization (2004) *A Fair Globalization: Creating Opportunities for All*, Geneva: ILO. Online: www.ilo.org.

World Health Organization (WHO) Regional Office for Africa (2005) 'Cardiovascular diseases in the African region, Current situation and perspectives' (AFR/RC55/12), Brazzaville, Congo: WHO Regional Office for Africa.

World Health Organization (WHO) Statistics (2010) WHO Country Statistics, World Health Organization.

World Health Organization (WHO) (2013a) Measles, Fact Sheet No. 286, February 2013[accessed 25 March 2013].

World Health Organization (WHO) (2013b) Tuberculosis, Fact Sheet No. 104, February 2013 [accessed 25 March 2013].

World Health Organization (WHO) (2013c) Cardiovascular Disease, Fact Sheet No. 317[accessed 25 March 2013].

World Health Organization (WHO) (2013d) Health Transition [accessed 14 May 2013].

World Health Organization (WHO), UNICEF, UNFPA and the World Bank (2012) *Trends in Maternal Mortality: 1990-2010*. Online: http://www.who.int/reproductivehealth/publications/monitoring/9789241503631/en/ [accessed 29 October 2012].

World Trade Organization (WTO) 2013. 'What is the WTO?'. Online: http://www.wto.org/english/thewto_e/whatis_e/whatis_e.htm [accessed 29 May 2013].

World Travel and Tourism Council (WTTC) (2013) Economic data search tool. Online:http://www.wttc.org/research/economic-data-search-tool/ [accessed 18 May 2013].

World Wildlife Fund-India (WWF-India) (2013) *Palm Oil Market and Sustainability in India*, New Delhi: WWF-India. Online: http://awsassets.panda.org/downloads/palmoilmarketsustainability_india_2013.pdf.

Wright, A. (2006) *Ripped and Torn: Levi's, Latin America and the Blue Jean Dream*, London: Ebury Press.

Wright, K. (2005) 'The darker side to microfinance: evidence from Cajamarca, Peru', in J. Fernando, L. Milgram and K. Rankin (eds) *The Perils and Prospects of Microfinance: Globalization, Neo-liberalism and the Cultural Politics of Empowerment*, Abingdon: Routledge, pp.154-71.

Wright, M. (2006) *Disposable Women and Other Myths of Global Capitalism*, Abingdon: Routledge.

Yamashita, S. (2003) *Bali and Beyond: Explorations in the Anthropology of Tourism*, Oxford: Berghahn Books.

Yapp, R. (2011) 'Police seize biggest Rio slum as World Cup clean-up begins', *The Telegraph*, 13 November 2011. Online: http://www.telegraph.co.uk/news/worldnews/southamerica/brazil/8887389/Police-seize-biggest-Rio-slum-as-World-Cup-cleanup-begins.html [accessed 13 June 2013].

Yeoh, B. S. A. and Huang, S. (2000) '"Home" and "away": foreign domestic workers and negotiations of diasporic identity in Singapore', *Women's Studies International Forum* 23(4): 413-29.

Yeung, H. W. C. (2007) 'Remaking economic geography: insights from East Asia', *Economic Geography* 83: 339-48.

Young, J. (2005) 'Sudan: a flawed peace process leading to a flawed peace', *Review of African Political Economy* 103: 99-113.

Yuval-Davis, N. (1997) *Gender and Nation*, London: Sage.

Zack-Williams, A. B. (2006) 'Kwame Francis Nkrumah', in D. Simon (ed.) *Fifty Key Thinkers on Development*, Abingdon: Routledge, pp.187-92.

Zack-Williams, A. B. and Mohan, G. (2002) 'Editorial: Africa, the African Diaspora and development', *Review of African Political Economy* 92: 205-10.

Zambia-China Economic Trade and Cooperation Zone (ZCCZ) (2013) 'ZCCZ homepage'. Online: http://zccz.cnmc.com.cn/indexen.jsp [accessed 7 June 2013].

Zikode, S. (2008) 'The greatest threat to future stability in our country is the greatest strength of the Abahlali baseMjondolo Movement (SA) (Shackdwellers)', *Journal of African and Asian Studies* 43(1): 113-17.

Zurick, D. (2006) 'Gross National Happiness and environmental status in Bhutan', *Geographical Review* 96(4): 657-81.

주요 참고문헌 번역

Amin, 『유럽중심주의』
Beck, 『위험사회』, 『글로벌 위험사회』
Bhabha, 『문화의 위치』
Blaut, 『식민주의자의 세계 모델』
Bourdieu,, 『구별짓기』
Butler, 『젠더 트러블』
Chang, 『사다리 걸어차기』
Coe, 『현대경제지리학 강의』
Davis, 『슬럼, 지구를 뒤덮다』
Dicken, 『세계경제공간의 변동』
Ehrlich, 『인구폭탄』
Fanon, 『대지의 저주받은 자들』
Freire, 『페다고지』
Gibson-Graham, 『그따위 자본주의는 끝났다』
Hardt, 『제국』
Harvey, 『신제국주의』, 『신자유주의: 간략한 역사』
Klein, 『슈퍼브랜드의 불편한 진실』
Lefevbre, 『공간의 생산』
Lenin, 『제국주의』
Malthus, 『인구론』
Marx, 『자본론』
Putnam, 『사회적 자본과 민주주의』
Robbins, 『정치생태학』
Rostow, 『경제성장의 제 단계』
Sachs, 『반자본 발전 사전』
Said, 『오리엔탈리즘』
Sandel, 『돈으로 살 수 없는 것들』
Scott, 『국가처럼 보기』
Smith, 『국부론』

Geographies of Developing Areas
: The Global South in a Changing World